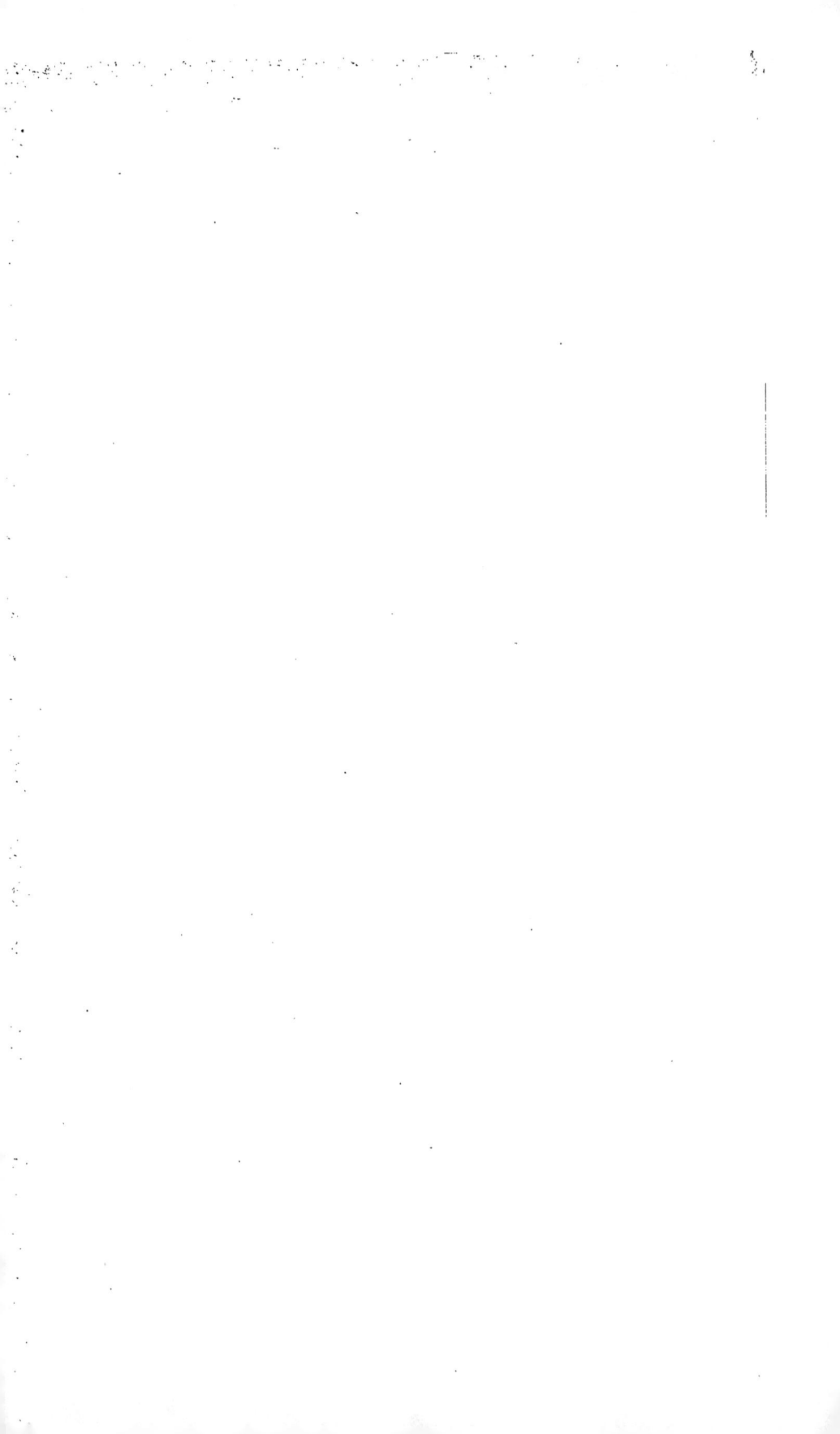

BIBLIOTHÈQUE DE L'ENSEIGNEMENT AGRICOLE

PUBLIÉE SOUS LA DIRECTION DE

M. A. MÜNTZ

Professeur à l'Institut National Agronomique

LÉGISLATION
RURALE

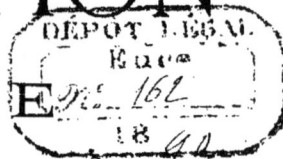

PAR

P. GAUWAIN

Maître des requêtes au Conseil d'État
Commissaire du Gouvernement au Contentieux
Professeur à l'Institut national agronomique

PARIS

LIBRAIRIE DE FIRMIN-DIDOT ET Cⁱᵉ

IMPRIMEURS DE L'INSTITUT

56, RUE JACOB, 56

1890

BIBLIOTHÈQUE DE L'ENSEIGNEMENT AGRICOLE

PRINCIPAUX RÉDACTEURS

LÉGISLATION

RURALE

TYPOGRAPHIE FIRMIN-DIDOT. — MESNIL (EURE).

BIBLIOTHÈQUE DE L'ENSEIGNEMENT AGRICOLE

PUBLIÉE SOUS LA DIRECTION DE

M. A. MÜNTZ

Professeur à l'Institut National Agronomique

LÉGISLATION RURALE

PAR

P. GAUWAIN

Maître des requêtes au Conseil d'État
Commissaire du Gouvernement au Contentieux
Professeur à l'Institut national agronomique

PARIS

LIBRAIRIE DE FIRMIN-DIDOT ET Cᴵᴱ

IMPRIMEURS DE L'INSTITUT

56, RUE JACOB, 56

1890

PRÉFACE

Ce livre est principalement écrit pour les agriculteurs, mais je serais bien heureux s'il pouvait mériter,
tout au moins dans quelques-unes de ses parties, l'agrément des jurisconsultes.

Il figure dans la bibliothèque de l'enseignement
agricole à un titre tout spécial. Les ouvrages qui ont
été publiés jusqu'à présent et ceux qui le seront par
la suite enseignent les moyens de dompter ou d'asser-
vir les forces de la nature et de les faire contribuer
à la production de ces résultats merveilleux qui nous
ont tous éblouis il y a quelques mois. Celui que je
soumets à la bienveillance du public est destiné à
propager la connaissance des lois qui régissent les
hommes entre eux, au point de vue du juste et de
l'injuste; nous quittons le monde des choses pour
entrer dans celui des idées; nous passons du domaine
physique dans le domaine moral.

Ce n'est pas un traité de législation rurale que j'offre à mes lecteurs : ce n'en est qu'un simple résumé. J'ai cherché, parmi les lois ou règlements de toute nature qui se trouvent disséminés dans les recueils, quelles étaient les dispositions qu'il importait le plus aux agriculteurs de connaître. J'ai voulu mettre entre leurs mains une sorte de manuel de leurs droits et de leurs obligations vis-à-vis de leurs semblables, afin de leur éviter de ces déconvenues qui ne se traduisent pas seulement par des pertes d'argent, mais qui laissent après elles des haines ou des rancunes encore plus tenaces et plus regrettables à la campagne qu'à la ville. Je me suis borné à exposer les règles les plus essentielles, en ayant soin d'indiquer leur raison d'être. Un certain nombre d'entre elles sont en ce moment l'objet de vives attaques, et sur bien des points des réformes ont été proposées. Parmi ces attaques, il y en a d'injustes, et, parmi ces prétendues réformes, beaucoup ne constitueraient que de périlleux changements; mais il n'en est pas moins vrai que sur bien des points notre législation est susceptible de progrès. Je n'ai pas cru pouvoir me dispenser de faire connaître mon sentiment personnel sur le mérite des modifications législatives qui ont été proposées au cours de ces dernières années.

Quel sera le sort de ce livre? Je l'ignore, mais je serai suffisamment récompensé s'il contribue à déve-

lopper chez ceux qui me feront l'honneur de me lire
l'esprit de justice, qui est tout l'opposé de l'esprit de
chicane. On a dit fort justement que les tribunaux ne
sont faits que pour ceux qui n'ont pas l'esprit de s'en
passer. Je serais enchanté si je pouvais aider, pour
si peu que ce fût, à la mise en pratique de cette
vérité.

ERRATA

Page 216 : à la 6e ligne, *au lieu de* : article 661, *lire* : article 662.

Page 355 : à la note, *au lieu de* : la loi du 25 mars 1853, *lire* : la loi du 23 mars 1855.

LÉGISLATION RURALE

INTRODUCTION.

I. — Avant de définir ce qu'on entend par droit
rural, ou par législation rurale (les deux expressions
sont ici synonymes), il importe de bien se rendre compte
de la valeur de chacune de ces deux expressions : droit,
législation.

Le mot *droit* a deux acceptions différentes : il a un
sens large, et un sens restreint.

Pris dans son sens large, il signifie l'ensemble des
préceptes ou des règles de conduite à l'observation desquelles il est permis d'astreindre l'homme par une
coercition extérieure ou physique.

Ces préceptes, auxquels chacun est tenu de se conformer sous la sanction de la loi, sont, parmi les préceptes de la morale, ceux qui ont été considérés comme
les plus essentiels. Ce sont ceux dont l'inaccomplissement soulèverait la conscience publique et introduirait
dans le sein de la société des idées de colère ou de
vengeance incompatibles avec le fonctionnement régulier et paisible des services sociaux. C'est ainsi que
la loi met à la disposition du créancier la force publique, afin d'éviter qu'il ne se fasse lui-même justice;

c'est ainsi qu'elle réprime par des peines plus ou moins énergiques les attentats à la vie ou à la propriété d'autrui. A côté de ces préceptes, que le législateur a déclarés obligatoires, il en est d'autres qui ne pouvaient comporter une pareille sanction. Ce sont, d'abord, les actes purement intérieurs, qui échappent par leur nature même à toute idée de coercition physique. Ce sont, parmi les actes extérieurs, ceux dont l'inobservation ne constitue pas par elle-même un élément de trouble : le devoir de la charité par exemple. Ces derniers préceptes n'ont d'autre sanction que le cri de la conscience, l'estime ou le mépris des hommes et le jugement de Dieu.

Le mot droit, pris dans son sens large, comprend donc l'ensemble des règles que nous sommes tenus d'observer vis-à-vis de nos semblables.

Pris dans son sens restreint, le mot droit signifie toute faculté donnée ou reconnue par la loi : le droit de propriété par exemple, le droit d'usufruit, le droit d'usage, etc.

II. — Nous pouvons maintenant essayer de définir ce qu'il faut entendre par législation rurale ou par droit rural.

On entend par législation rurale ou par droit rural l'ensemble des préceptes ou des règles qui régissent les rapports des agriculteurs, soit avec le sol qu'ils cultivent, soit avec leurs semblables, soit avec l'administration au sujet des principaux actes que comporte une exploitation rurale.

La législation rurale a donc un triple objet. Elle comprend l'étude des droits qui peuvent porter sur le sol, l'étude des droits qui peuvent s'établir de personne à personne, enfin l'étude des relations juridiques qui ne peuvent manquer de se former entre l'agriculteur et les différents organes de l'administration.

Le domaine qui se présente devant nous est des plus étendus.

III. — Le premier et le plus important des droits qui peuvent porter sur le sol, c'est le droit de propriété. Nous aurons à le définir, à indiquer ce qu'il comporte, à préciser ses limites, à faire connaître comment il s'acquiert et comment il se perd. Nous étudierons ensuite les droits qui dérivent de la propriété et qui en constituent les démembrements, comme l'usufruit, l'usage, les servitudes rurales et forestières.

IV. — Après avoir étudié ce qu'il est permis de demander au sol, lorsqu'on est propriétaire, usufruitier, usager, ou titulaire d'un droit de servitude, nous rechercherons ce qu'on peut demander à ses semblables, lorsque par une cause quelconque on est devenu leur créancier. Nous étudierons d'abord les règles applicables aux principaux contrats en usage dans les campagnes : aux ventes ou échanges d'immeubles ruraux, aux ventes d'animaux domestiques, au bail à ferme, au métayage, à l'emphytéose, au cheptel, au louage d'ouvriers ou domestiques, au contrat de transport, de prêt, d'assurance, etc. Nous verrons ensuite que les contrats ne sont pas la seule source des obligations et qu'on peut devenir créancier ou débiteur en vertu d'un quasi-contrat, comme la gestion d'affaires par exemple, ou à raison d'un acte dommageable, comme le délit ou le quasi-délit, ou enfin en vertu de la loi elle-même. C'est la loi par exemple qui impose aux cultivateurs l'obligation de fournir à l'administration militaire, en cas de réquisitions, les denrées ou prestations nécessaires à l'approvisionnement de l'armée. Nous nous demanderons quels sont les droits et quelles sont les obligations qui naissent de chacune de ces sources.

Mais il ne servirait à rien d'être créancier si l'on ne

pouvait parvenir à se faire payer. Nous rechercherons
donc quelles précautions doit prendre un créancier vigilant pour être certain d'obtenir ce qui lui est dû, et quels
sont les moyens que la loi met à sa disposition pour
lui permettre de triompher ou de la mauvaise foi de
son débiteur, ou de son mauvais vouloir, ou de son
insolvabilité. C'est à ce moment que se présenteront devant nous les questions si importantes du crédit foncier et du crédit agricole. Puis, lorsque nous en serons
là, nous nous demanderons quelles sont les dérogations aux règles ordinaires qui peuvent résulter de l'é-
tat des personnes, de l'état de minorité par exemple, de
l'état de femme mariée, ou de l'état de commerçant.
Enfin, dans un court appendice, nous donnerons un
aperçu des tribunaux judiciaires, et de la manière dont
ils fonctionnent.

Notre premier volume sera consacré à cette étude.

V. — Nous aurons ensuite à décrire les différents organes de l'administration avec lesquels les habitants des
campagnes peuvent se trouver en contact, à faire connaître les principaux rouages de la machine administrative, et quand nous aurons décrit ces rouages, nous
devrons rechercher en quoi leur fonctionnement peut
importer à l'homme des champs. C'est ainsi qu'après
avoir étudié les règles relatives à la constitution de l'administration centrale, qui rayonne sur toute l'étendue
du territoire français, les règles relatives à l'administration départementale et à l'administration communale dont
le domaine est restreint à des fractions plus ou moins
étendues du territoire, les règles relatives à certains organes spéciaux, comme les chambres consultatives d'a-
griculture par exemple, qui ont reçu du législateur un
certain nombre d'attributions toutes particulières, nous
rechercherons quels rapports juridiques peuvent naître

entre ces différents organes et les cultivateurs. Nous étudierons le rôle imparti à chacun, soit dans les mesures qui peuvent avoir pour objet la conservation des
biens ruraux, ou la police rurale, soit dans celles qui
peuvent avoir pour objet l'amélioration des mêmes biens,
tant par la diffusion de l'enseignement agricole que par
la création d'institutions spéciales, comme les haras qui
sont destinés à l'amélioration de la race chevaline, et
les établissements similaires destinés aux autres catégories d'animaux domestiques. Nous verrons en quoi l'exécution des travaux publics, soit qu'il s'agisse de travaux
nationaux, soit qu'il s'agisse de travaux de moindre importance, peut affecter la propriété privée; nous rechercherons quels sont, en cette matière, les droits du propriétaire, lorsqu'on touche à son bien pour le lui prendre
ou pour en diminuer la valeur, et quelles sont aussi ses
obligations, lorsque l'exécution de ces travaux augmente la valeur des terres sur lesquelles ou dans le voisinage desquelles ils sont effectués. Nous étudierons les
règles relatives à la création et à l'entretien des voies de
communication, et notamment des chemins vicinaux et
des chemins ruraux, dont tout cultivateur fait un si grand
usage, en insistant particulièrement sur les règles relatives au régime des propriétés riveraines.

Après les voies de communication, nous rencontrerons une autre source de richesse à l'égard de laquelle
l'administration possède des pouvoirs fort étendus : nous
voulons parler des eaux. Nous verrons que si certaines
eaux peuvent être pour les particuliers l'objet de véritables droits, l'exercice de ces droits est soumis à des règles fort strictes, dont l'application a été confiée le plus
souvent à l'autorité administrative. Nous rechercherons,
soit à propos des eaux courantes, qui sont en général des
eaux utiles, soit à propos des eaux stagnantes, qui sont la

plupart du temps des eaux nuisibles, quels sont les droits et les obligations de chacun. Nous ferons con naître ensuite la législation qui régit certains établis sements insalubres, comme les porcheries, les dépôts d'engrais, les distilleries, les féculeries, etc. Enfin nous exposerons les règles applicables aux principaux impôts ruraux, c'est-à-dire aux impôts qui pèsent par ticulièrement sur l'agriculture, soit qu'ils aient été éta blis sur le sol, comme la contribution foncière, celle des portes et fenêtres, celle de l'enregistrement, soit qu'ils aient été établis sur les principaux produits du sol, comme l'impôt sur les boissons ou l'impôt sur le sucre.

L'étude des rapports de l'agriculteur avec l'adminis tration au sujet des principaux actes qui peuvent se rat tacher à une exploitation rurale se trouvera ainsi divi sée en sept chapitres, dans lesquels nous examinerons successivement les règles qui concernent :

1º La police rurale, ou les mesures qui ont pour objet la conservation des biens ruraux;

2º Les mesures qui ont pour objet l'amélioration des cultures;

3º L'exécution des travaux publics;

4º Les voies de communication;

5º Le régime des eaux;

6º Les établissements insalubres;

7º Les principaux impôts ruraux.

Nous consacrerons un court appendice à l'organisa tion des tribunaux administratifs, et à la description de la manière dont ils fonctionnent.

Toutes ces matières seront l'objet de notre second vo ume.

VI. — Quelles sont les sources de toutes ces règles? Les sources de la législation rurale sont au nombre de six.

1° La loi;

2° Les règlements;

3° Certains actes antérieurs à 1789;

4° Les décrets-lois;

5° Les avis émis sous le premier empire par le Conseil d'État;

6° Les usages.

Quelques mots sur chacune de ces sources.

VII. *La loi.* — C'est la plus importante, et c'est aussi la plus abondante. C'est d'elle que procèdent les règles essentielles, celles qui déterminent les droits et les obligations des citoyens entre eux ou vis-à-vis de la société. Toutes les fois qu'il s'agit de toucher à la propriété ou à l'état des citoyens, de fixer le chiffre des impôts, de régler les conditions du service militaire, de désigner les tribunaux chargés de statuer sur les contestations qui peuvent naître, une loi est nécessaire. Tout à l'heure nous verrons qu'une fois le principe posé, alors qu'il ne s'agit plus que d'en régler l'application, le Président de la République peut édicter les mesures d'exécution qu'il juge indispensables et que ces mesures d'exécution deviennent alors obligatoires comme la loi elle-même. Mais, pour imposer le principe, l'intervention du législateur est nécessaire. C'est là un point sur lequel tout le monde est aujourd'hui d'accord.

Tout récemment la règle que nous venons de rappeler a été, de la part du législateur, l'objet d'une consécration formelle. Il s'agissait de déterminer, en matière de ventes d'animaux domestiques, les vices cachés qui seraient considérés comme rédhibitoires et dont l'existence au jour de la vente donnerait à l'acheteur le droit de demander, soit l'annulation du contrat, soit la réduction du prix. La Chambre des députés et le Sénat se trouvaient en face du projet de code rural préparé par le Conseil d'État en 1870,

qui contenait une disposition portant que si, après le vote
de la loi, on reconnaissait la nécessité d'un remaniement
de la liste des vices rédhibitoires, ce remaniement
pourrait être fait par un décret rendu en Conseil d'État.
A l'appui de cette proposition, l'auteur de l'exposé des
motifs faisait remarquer qu'une nomenclature des vices
rédhibitoires ne peut être permanente, attendu que d'une
part des maladies nouvelles peuvent toujours se manifester, et que d'autre part la science peut trouver à chaque
instant des moyens curatifs assez énergiques pour que
l'affection réputée incurable soit retranchée du nombre
des vices rédhibitoires; on ajoutait qu'une pareille nomenclature est toujours en réalité l'œuvre des hommes
spéciaux, des organes accrédités de la science, qui en
sont les véritables auteurs, et que le pouvoir législatif se
borne le plus souvent, en fait, à sanctionner purement et
simplement leur travail. On invoquait l'exemple de la
Belgique, dans laquelle, en vertu d'une loi du 28 janvier 1850, c'est le pouvoir exécutif qui détermine les vices
rédhibitoires. On invoquait enfin l'utilité de la mesure
proposée; en pareille matière, disait-on, il est nécessaire
d'aller vite et de recourir à des procédés d'exécution rapides, incompatibles avec les formalités longues et compliquées d'une loi.

La Chambre des députés refusa pourtant de souscrire
à cette proposition. Son rapporteur, l'honorable M. Maunoury, fit remarquer fort justement qu'il s'agissait de
régler, en matière de ventes d'animaux domestiques, les
droits respectifs du vendeur et de l'acheteur, et que le
soin de déterminer les effets des conventions ne pouvait
appartenir qu'au législateur lui-même. Il y a bien dans
notre législation une loi qui a confié au pouvoir exécutif un droit analogue à celui que le projet de loi dont
nous parlons proposait de conférer au gouvernement,

c'est la loi du 21 juillet 1881 sur la police sanitaire des animaux. D'après l'art. 2 de cette loi, un décret du Président de la République, rendu sur le rapport du ministre de l'agriculture, après avis du comité consultatif des épizooties, peut ajouter à la nomenclature des maladies réputées contagieuses toutes autres maladies contagieuses qui prendraient un caractère dangereux (1). Mais il importe de remarquer que le pouvoir conféré au Président de la République par cet article touche beaucoup moins gravement à la propriété privée que celui que le projet de loi sur les vices rédhibitoires proposait de lui attribuer. L'effet d'un décret qui ajoute à la nomenclature des maladies contagieuses une maladie nouvelle est uniquement d'imposer aux détenteurs d'animaux atteints de cette maladie ou exposés à en subir la contagion un certain nombre de précautions plus ou moins gênantes, mais établies dans leur propre intérêt; il ne porte, comme nous le verrons plus tard, aucune atteinte aux droits dont ces animaux peuvent être l'objet. Tout autre serait l'effet d'un décret qui modifierait la liste des vices rédhibitoires.

On peut définir la loi, un ordre émané du pouvoir législatif ou, si l'on préfère, un axiome général de conduite auquel chacun est tenu de se conformer.

VIII. — Mais qui fait la loi? D'où procède-t-elle?

La loi est un acte de souveraineté qui ne peut émaner que du souverain lui-même. Or, le souverain, dans notre constitution, n'est autre que le peuple. La nation fran çaise, prise dans son ensemble, est maîtresse de ses des-

---

(1) Il a été fait récemment usage de cette prérogative. Un décret du 28 juillet 1888 a ajouté à la nomenclature des maladies contagieuses : le charbon symptomatique emphysémateux et la tuberculose dans l'espèce bovine; le rouget et la pneumo-entérite infectueuse dans l'espèce porcine.

tinées; c'est d'elle que procède tout pouvoir, et c'est en son nom seul que se rend la justice.

Mais si la loi émane du peuple, et si c'est en son nom qu'on l'applique, elle n'est cependant pas votée directement par l'ensemble des citoyens français. Les deux grandes manifestations par lesquelles s'exerce la souveraineté nationale, le pouvoir de faire la loi, et le pouvoir de l'appliquer, appartiennent à de hautes autorités, désignées par les électeurs eux-mêmes. Ces autorités sont : le Sénat, et la Chambre des députés, plus spécialement chargés de faire la loi, et le Président de la République, plus spécialement chargé de l'appliquer. Le pouvoir de faire la loi a reçu le nom de pouvoir législatif, et celui de l'appliquer le nom de pouvoir exécutif.

IX. — Ces deux pouvoirs sont séparés. Les auteurs de notre constitution n'ont pas voulu que le pouvoir d'appliquer la loi fût confié aux mêmes mains que celui de faire la loi elle-même, et ils n'ont fait en cela que suivre l'exemple de toutes les constitutions postérieures à 1789. Il n'y a pas de liberté, disait Montesquieu (1), lorsque la puissance législative est réunie à la puissance exécutive, parce qu'on peut craindre que la puissance législative ne fasse des lois tyranniques pour les exécuter tyranniquement. Et la grande Assemblée constituante, dans sa Déclaration des droits de l'homme et du citoyen, exprimait la même pensée lorsqu'elle disait qu'une société dans laquelle la garantie des droits n'était pas assurée, ni la séparation des pouvoirs déterminée, n'avait pas de constitution. (Déclaration des droits, art. 6.)

Mais si ces pouvoirs sont séparés, ils ont cependant entre eux de nombreux points de pénétration et de contact. Il serait déraisonnable d'interdire au pouvoir qui

(1) *Esprit des lois*, liv. XI, chap. vi.

est chargé d'appliquer la loi et qui est responsable de la marche des services publics, toute participation à l'œuvre législative. On a toujours reconnu au chef de l'État le droit de présenter les projets de lois dont la pratique a démontré la nécessité ou l'utilité : le Président de la République a donc reçu, en ce qui concerne l'élaboration des lois, le droit d'initiative. Les projets qu'il a préparés sont portés aux Chambres par les ministres, et soutenus par eux ou par des commissaires du gouvernement, choisis soit parmi les membres du Conseil d'État, soit parmi les directeurs des grands services administratifs. Le Président de la République a en outre, ainsi que nous le verrons tout à l'heure, le droit et en même temps le devoir de promulguer et de publier les lois : mais c'est là une attribution qui peut être considérée comme rentrant dans les fonctions normales du pouvoir exécutif, puisqu'elle a pour but d'assurer l'exécution des lois préalablement votées par les deux Chambres. Il peut aussi, avec l'avis conforme du Sénat, dissoudre la Chambre des députés.

X. — D'autre part, si le principe de la séparation des pouvoirs législatif et exécutif ne s'oppose en aucune manière à ce que ce dernier participe à l'œuvre législative, le même principe ne s'oppose pas davantage à ce que le Sénat et la Chambre des députés surveillent l'application des lois et prennent une part indirecte à l'œuvre du pouvoir exécutif. Dans tous les pays libres, le Parlement est appelé à exercer sur les actes des ministres, au moyen du droit d'interpellation, un contrôle qui peut sans doute donner lieu à des abus, mais qui n'en est pas moins pour les citoyens une garantie des plus efficaces contre les entraînements du pouvoir. C'est le Président de la République qui nomme les ministres, qui les place à la tête des grands services publics, et qui les remplace par d'autres lorsqu'il le juge convenable ; mais, dans la pratique, c'est beaucoup moins du Président de la République que du Parlement que dépendent les ministères. Les deux Chambres exercent sur les actes du gouvernement, et jusqu'à un certain point sur le choix même des personnes que le Président charge des affaires publiques une influence prépondérante. Ce pouvoir, elles l'exercent au moyen d'ordres du jour de confiance ou de blâme. Nous vivons en effet sous le régime de la responsabilité ministérielle : chaque ministre, pris individuellement, est personnellement responsable de ses actes. (1); tous sont responsables solidairement des actes accomplis par l'un ou plusieurs d'entre eux, quand il s'agit des actes les plus importants, de ceux qui rentrent dans ce qu'on appelle la politique générale.

A d'autres points de vue encore, le pouvoir législatif a été investi d'attributions qui, logiquement, auraient dû être confiées au pouvoir exécutif. En voici quelques exemples :

Le pouvoir de juger les contestations que l'application de la loi peut faire naître rentre dans les fonctions normales du pouvoir chargé de procurer l'exécution de la loi, c'est-à-dire du pouvoir exécutif : aussi le Président de la République nomme-t-il la plupart des juges. Par exception le Sénat et la Chambre des députés ont reçu de la constitution actuelle un certain pouvoir de juridiction. Ils seraient, le cas échéant, les juges des ministres et du Président de la République. La mise en accusation serait prononcée par la Chambre des députés, et ce serait le Sénat qui prononcerait le jugement. Le Sénat peut également être constitué en Cour de justice par un décret du Président de la République, rendu en Conseil des

---

(1) C'est pour faciliter l'exercice de cette responsabilité que les ministres sont tenus de contresigner les actes du Président de la République.

ministres, pour juger toute personne prévenue d'attentat commis contre la sureté de l'État.

On a été plus loin, et on a admis depuis longtemps déjà le droit pour les Chambres de prendre une part active et directe à l'administration même du pays, en ordonnant certaines mesures particulières qui ont pour objet, non pas d'établir pour l'ensemble de la nation française des règles générales de conduite, obligatoires pour tous, mais de pourvoir à la satisfaction de certains intérêts collectifs. C'est ainsi que le législateur s'est réservé le droit de déclarer l'utilité publique des grands travaux, d'autoriser les concessions de chemins de fer, soit d'intérêt général, soit même d'intérêt local, d'autoriser l'aliénation ou l'échange d'une propriété de l'État, toutes les fois que la valeur de cette propriété dépasse un million, etc. L'acte par lequel les Chambres déclarent d'utilité publique l'établissement d'un port ou d'un chemin de fer n'a de la loi que l'apparence et la forme extérieures. De tels actes ne sont, au fond, que des actes d'administration pour la régularité desquels on a exigé l'approbation de l'autorité la plus élevée qui soit en France. Quand nous étudierons le droit administratif, nous en rencontrerons un grand nombre.

Enfin les Chambres exercent, à l'égard des nations étrangères, des attributions importantes, qu'il nous suffira d'indiquer en passant : elles ont seules le droit de faire la paix, de déclarer la guerre, et d'approuver les conventions diplomatiques.

On voit, par ce rapide exposé des attributions respectives des Chambres et du Président de la République en matière législative que si les deux pouvoirs sont séparés, ils ne sont pas cependant isolés l'un de l'autre. Ils se contrôlent et se soutiennent tout à la fois.

XI. — Nous savons maintenant quels sont les pouvoirs appelés à prendre part à la confection des lois.

Voyons comment se fait la loi.

La loi résulte de l'accord des deux Chambres. Tout député ou sénateur a le droit d'initiative, comme le Président de la République lui-même. Toutefois, les propositions de lois qui émanent de l'initiative parlementaire sont soumises à un mode d'élimination spécial : elles ne sont l'objet d'un examen prolongé qu'après qu'elles ont été prises en considération. Les projets de lois qui émanent du gouvernement ne sont pas soumis à cette épreuve, mais l'avantage qui en résulte pour eux se réduit, dans la pratique, à fort peu de chose, car il est extrêmement rare que les propositions émanant des membres du Parlement ne soient pas prises en considération.

Les projets ou propositions de lois sont discutés par chaque Chambre. Pendant tout le cours de la discussion, le Président de la République et chacun des membres de la Chambre qui est saisie du projet ont le droit de déposer des amendements : le droit d'amendement n'est en effet qu'une des formes par lesquelles peut s'exercer le droit d'initiative.

Quand un projet ou proposition a été voté par une Chambre, il est envoyé à l'autre par le gouvernement ou par le président de la Chambre qui vient de se prononcer.

Pour que ce projet devienne loi, il faut qu'il soit intervenu entre les deux Chambres un accord complet. Leur pouvoir est égal : aucune d'elles n'a de prééminence sur l'autre, et il appartient au gouvernement, lorsqu'il a élaboré un projet de loi, d'en saisir à son gré celle qu'il lui plaît de choisir. Il n'y a d'exception que pour les lois de finances, qui doivent être présentées d'abord à la Chambre des députés.

Le Conseil d'État intervient assez fréquemment, de son côté, dans l'élaboration des lois, de celles surtout qu'on est convenu d'appeler des lois d'affaires. Le gouvernement lui soumet la plupart de ses projets avant de les présenter aux Chambres. Celles-ci, de leur côté, peuvent demander le renvoi au Conseil d'État des projets du gouvernement, ainsi que des propositions de lois qui émanent de l'initiative parlementaire. Mais jamais en dehors de ces deux cas le Conseil d'État ne peut intervenir dans l'œuvre de la confection de la loi (1).

XII. — Voilà la loi votée par les deux Chambres : est-elle dès à présent obligatoire ?

Non. Pour que les citoyens soient tenus de s'y conformer, il faut qu'elle ait été promulguée, et qu'elle ait été ensuite publiée.

Qu'est-ce que promulguer une loi ?

La promulgation d'une loi est l'acte par lequel le Président de la République atteste au corps social l'existence de la loi et enjoint à tous de lui obéir. C'est à la fois un certificat d'existence, et un ordre.

D'après le décret du 6 avril 1876, la promulgation doit être faite dans la forme suivante : « Le Sénat et la Chambre des députés ont adopté, le Président de la République promulgue la loi dont la teneur suit : (texte de la loi). » Voilà l'attestation. « La présente loi, délibérée et adoptée par le Sénat et la Chambre des députés, sera exécutée comme loi de l'État. » Voilà l'ordre.

Le Président de la République ne peut refuser de promulguer les lois : autrement, le pouvoir législatif serait sous sa dépendance. Il est tenu de faire cette promulga-

(1) Toutes les règles que nous venons d'indiquer se trouvent contenues dans les lois constitutionnelles des 24 février, 25 février et 16 juillet 1875, 14 août 1884, et dans les lois du 2 août, 30 novembre et 24 décembre 1875, 9 décembre 1884, 16 juin 1885 et 3 février 1889 sur les élections des sénateurs et des députés.

tion dans un délai qui ne peut excéder un mois et qui est
réduit à 3 jours lorsque l'urgence de la loi a été reconnue par les deux Chambres. Mais s'il n'a pas le droit de
refuser la promulgation, il peut provoquer du Parlement
une nouvelle délibération : c'est là une prérogative dont,
jusqu'à présent, il n'a pas été fait usage.

La promulgation une fois faite, il ne reste plus qu'à la
porter à la connaissance des citoyens : c'est l'objet de
la publication.

Cette publication résulte de l'insertion de la loi au
Journal Officiel. La loi ainsi publiée n'est pas obligatoire immédiatement et par le seul effet de cette insertion.
Elle le devient seulement un jour franc après la date de
la réception au chef-lieu de chaque arrondissement du
Journal Officiel qui la contient, (Décret du Gouvernement de la Défense nationale du 5 novembre 1870.)

XIII. *Les règlements.* — Les règlements constituent
la seconde source de la législation rurale. Ce sont des
lois d'ordre secondaire qu'il appartient au Président de
la République et à quelques-unes des autorités placées au
dessous de lui d'édicter.

Les Chambres, lorsqu'elles votent une loi, se bornent
d'ordinaire à poser les principes généraux, elles laissent
de côté les détails d'exécution, les formalités à suivre. Ces
détails et ces formalités absorberaient inutilement leur
temps et leur attention; d'autre part, si les lois contenaient tous les détails d'exécution, comme ces détails sont
exposés à des modifications fréquentes, le législateur serait sans cesse occupé à corriger ou à compléter son
œuvre.

Les lois contiennent ainsi des lacunes volontaires et
intentionnelles, qu'il est nécessaire de combler. Il arrive
souvent que le législateur charge expressément de ce soin
le pouvoir exécutif; c'est ce qui se produit toutes les fois

qu'il insère dans un texte législatif la mention suivante :
un règlement d'administration publique déterminera les
mesures à prendre pour l'application de la présente loi.
Dans ce cas, le Conseil d'État est nécessairement con-
sulté : le règlement d'administration publique qui serait
rendu sans son avis préalable serait illégal (1).

XIV. — Mais toutes les lois ne contiennent pas de délégation semblable. Il peut se faire que le législateur n'ait
pas prévu qu'un règlement serait nécessaire, et qu'il n'ait
donné au pouvoir exécutif aucune délégation expresse.
S'ensuivra-t-il que si, lors de la mise à exécution de la
loi, des lacunes se manifestent, si des imperfections qui
compromettent ou rendent impossible son application
viennent à se révéler, le Président de la République
n'aura pas le droit d'y pourvoir? Faudra-t-il surseoir à
l'exécution de la loi et attendre que le législateur ait
complété son œuvre?

Non. On a toujours admis qu'à défaut de délégation
expresse le Président de la République puise dans sa raison
d'être, dans la nature même de ses pouvoirs, le droit
d'assurer l'exécution de la loi en ordonnant toutes les
mesures de détail qui peuvent être indispensables. C'est
un principe qui est de tous les temps et de tous les
pays.

Toutefois, l'absence d'une délégation législative n'est pas
sans entraîner, au point de vue de l'étendue des pouvoirs
qui appartiennent dans ce cas au Président de la République, d'importantes conséquences. Lorsqu'il fait un règlement en vertu de son pouvoir propre, il doit se borner
à édicter les mesures indispensables à l'application de
la loi. Lorsqu'il fait un règlement en vertu d'une délégation du législateur, son pouvoir ne connaît d'autres

(1) Le Conseil d'État, statuant au contentieux, a fait récemment l'application de ce principe. — 6 janvier 1888, affaire Salles.

limites que celles de la délégation qui lui a été donnée. De telle sorte que si le législateur lui avait confié le soin d'édicter de ces mesures qui d'ordinaire rentrent dans le domaine de la loi, le Président de la République aurait le droit de les ordonner. C'est ainsi par exemple que la loi du 2 mai 1855 sur la taxe municipale des chiens a confié à un règlement d'administration publique, intervenu le 4 août 1855, le soin de déterminer les pénalités applicables aux possesseurs de chiens en cas de non-déclarations ou de fausses déclarations, bien que le droit d'établir des peines soit en principe réservé au législateur. Mais en revanche le Président de la République, lorsqu'il agit en vertu de son pouvoir propre, est affranchi d'une formalité qu'il est tenu de suivre lorsqu'il agit comme délégué du législateur. Tandis que les règlements faits en vertu d'une délégation doivent être nécessairement soumis au Conseil d'État, ceux qui sont rendus en l'absence de toute délégation législative sont affranchis de cette épreuve. Il y a là une bizarrerie qui tient à une simple question de mots. On réserve en effet, dans le langage du droit, le nom de règlements d'administration publique à ceux qui sont rendus en vertu d'une délégation du législateur et on appelle règlements proprement dits ceux qui sont rendus par le Président de la République en vertu de son pouvoir propre. Or 'article 8 de la loi du 24 mai 1872 sur le Conseil d'État n'a prescrit de soumettre à ce grand corps que les règlements d'administration publique, et n'a pas étendu cette obligation aux autres règlements.

XV. — Le Président de la République n'est d'ailleurs pas le seul qui ait le droit de faire des règlements. Ce pouvoir a été conféré par nos lois à un assez grand nombre d'agents.

Les ministres quelquefois, les préfets et les maires

beaucoup plus souvent, peuvent édicter des mesures obligatoires. C'est ainsi que l'article 2 de la loi des 15 juillet 1878 — 2 août 1879, sur le phylloxera et le doryphora, a confié au ministre de l'agriculture le soin de régler les conditions sous lesquelles peuvent entrer et circuler en France les plants, sarments, débris de vignes, etc., provenant des pays étrangers ou des parties du territoire français déjà envahies par le phylloxera. Deux arrêtés, en date des 13 et 15 juin 1882, ont été pris dans ce but par le ministre de l'agriculture.

C'est ainsi encore que les préfets et les maires ont reçu d'un certain nombre de lois, en matière de police, une délégation assez étendue, que nous aurons plus tard à étudier de près.

XVI. *Actes antérieurs à* 1789. — Avant 1789, c'était le roi qui exerçait à la fois le pouvoir législatif et le pouvoir exécutif. Les états généraux, qui représentaient les différentes classes de la nation, n'étaient convoqués que de loin en loin, lorsqu'il s'agissait d'obtenir leur consentement à l'établissement de nouveaux impôts; dans l'intervalle des convocations, c'était l'autorité royale qui cumulait tous les pouvoirs. Les actes par lesquels le roi imposait des règles à ses sujets ont reçu différents noms. On appelait *ordonnances* les actes qui réglaient avec étendue certaines matières : telles étaient l'ordonnance d'avril 1667 sur la procédure, l'ordonnance d'août 1681 sur la marine. Les *édits* étaient ceux qui réglaient un point déterminé : tel était l'édit de 1607 sur l'alignement, celui d'août 1669 sur les eaux et forêts, celui de janvier 1774 sur le partage des biens communaux dans la Bourgogne. Les *lettres patentes* concédaient habituellement des faveurs. Les *déclarations* étaient les actes qui expliquaient et réformaient au besoin les ordonnances ou les édits antérieurs. *Les arrêts du*

Conseil étaient des décisions rendues par le roi en son Conseil d'État, qui interprétaient et quelquefois modifiaient des actes rendus précédemment : tels étaient par exemple les arrêts du Conseil du 7 septembre 1755 et du 20 mars 1780, concernant l'extraction des matériaux dans les propriétés privées, l'arrêt du Conseil du 13 novembre 1777, sur le partage des biens communaux dans l'Artois (1).

La plupart de ces actes ont été expressément ou implicitement abrogés par les grandes lois qui ont été votées depuis le commencement de ce siècle. Pourtant, un certain nombre d'entre eux subsistent encore. L'Assemblée constituante, loin de les abroger en masse, les a provisoirement maintenus. Certains ont même été expressément confirmés par la loi des 19-22 juillet 1791, tit. Ier art. 29 : ce sont les règlements relatifs à la voirie.

XVII. — Au-dessous des actes procédant de l'autorité royale, il s'en trouvait d'autres qui émanaient d'autorités locales, comme les intendants, lesquels exerçaient autrefois des fonctions analogues à celles de nos préfets, et représentaient en province le pouvoir central. Ces actes, lorsqu'ils étaient régulièrement rendus, étaient obligatoires dans toute l'étendue du territoire soumis à l'autorité de leur auteur : ils sont encore obligatoires, dans les mêmes limites territoriales, lorsqu'ils n'ont pas été abrogés. Tels sont par exemple les règlements de 1773 et 1774, spéciaux à la généralité de Lille et à l'Artois, et interdisant de placer des moulins à vent à une certaine distance des routes.

Enfin les parlements s'étaient, de leur côté, arrogé

---

(1) On consultera utilement sur ces matières les *Conférences sur l'administration et le droit administratif* de M. Aucoc, et notamment l'introduction qui précède ce remarquable ouvrage.

le droit de faire la loi. Cette usurpation leur était facile :
il leur suffisait pour cela de décider que toutes les fois
que se présenterait devant eux telle ou telle question de
droit, ils la trancheraient de telle ou telle manière. Les
justiciables n'avaient plus dès lors qu'à obéir. C'est ainsi
que le parlement de Paris, à deux reprises différentes, les
4 septembre 1673 et 13 juillet 1699, avait décidé que les
marchands de bœufs seraient responsables de toute maladie ayant amené la mort des animaux vendus dans
les neuf jours après la vente. Ces arrêts, qui portaient
le nom d'arrêts de règlement, n'étaient que trop fréquents dans l'ancienne France. Souvent le roi lui-même
les confirmait. Les auteurs du Code civil, en 1804,
ont pris soin de couper court à cet abus, pour l'avenir,
en interdisant aux juges, dans l'article 5, de prononcer
par voie de disposition générale et réglementaire sur les
causes qui leur sont soumises, mais aucune loi n'a prononcé l'abrogation de tous les arrêts de règlement rendus par les parlements avant 1789, et la Cour de Cassation a dû reconnaître le caractère obligatoire de tous
ceux qui avaient été respectés par les lois modernes.
C'est ainsi qu'il a fallu, pour abroger les arrêts du parlement de Paris des 4 septembre 1673 et 13 juillet 1699,
qui avaient été confirmés par des lettres patentes des
1er février 1743 et 17 juin 1782, une disposition formelle de la loi du 2 août 1884 sur les ventes d'animaux domestiques.

XVIII. *Décrets-lois.* — Il s'en trouve dans notre législation un nombre assez considérable. Les décrets-lois
sont de deux sortes :

On donne d'abord ce nom à tous les actes ordonnant des mesures rentrant dans le domaine de la loi,
qui ont été rendus pendant une période révolutionnaire,
soit en 1848, soit après le coup d'État du 2 décembre

1851, soit après le 4 septembre 1870. Pendant le temps qui s'écoule entre la chute d'un gouvernement et la réunion des représentants de la nation, l'adoption de nouvelles mesures ayant un caractère législatif peut devenir nécessaire. Il ne peut y être pourvu qu'au moyen de décrets par les détenteurs du pouvoir, et ces décrets, tout irréguliers qu'ils sont, si on ne les considère qu'en eux-mêmes et abstraction faite des circonstances qui les expliquent, n'en sont pas moins obligatoires comme la loi elle-même.

A ces décrets, il faut en ajouter d'autres qui, eux, n'ont pas d'excuse. Tels sont les décrets rendus par Napoléon Ier sur des matières législatives, à l'époque où rien ne lui résistait plus : nous citerons notamment le décret du 16 décembre 1811 sur le régime des routes, décret qui imposait aux riverains de ces routes des servitudes nouvelles, et qui excédait dès lors les pouvoirs que Napoléon tenait de la constitution de l'an VIII. Il n'appartenait qu'au Corps législatif et au Sénat d'édicter de semblables mesures, et l'illégalité des décrets qui ont été rendus dans ces circonstances n'est pas douteuse. Mais, tout inconstitutionnels qu'ils aient été dans l'origine, ils n'en doivent pas moins être respectés. Lorsqu'en effet il a été permis de contester leur légalité, ce qui n'est arrivé qu'après la chute de leur auteur, on se trouva en présence de droits qu'il était de l'intérêt général de ne pas inquiéter. Ces actes inconstitutionnels avaient été longtemps appliqués; ils avaient servi de base à des conventions particulières, à des transactions qu'on n'aurait pu faire tomber sans trouble. La Cour de Cassation, pour les maintenir, eut recours à une disposition de la constitution impériale d'après laquelle les décrets inconstitutionnels devaient être déférés au Sénat dans le délai de dix jours après leur date, et, se fon-

dant sur ce qu'aucune réclamation n'était intervenue à ce moment, ainsi que sur une disposition de la
charte de 1814 qui maintenait les actes législatifs intervenus depuis 1789, elle a reconnu leur caractère obligatoire.

XIX. *Avis du Conseil d'État sous le premier empire.*
— Ces avis constituent la cinquième source de la législation rurale.

Sous la constitution de l'an VIII, les avis par lesquels
le Conseil d'État développait le sens des lois, sur la
demande du gouvernement, étaient obligatoires, à la
condition qu'ils eussent été approuvés par l'empereur
et publiés selon le mode usité à cette époque.

XX. *Les usages.* — Les usages ont, dans les campagnes, une importance considérable. Autrefois ils constituaient à eux seuls, dans les pays au nord de la Loire,
presque toute la législation. Ils étaient très nombreux :
d'origine germanique pour la plupart, ils variaient d'une
province à une autre, souvent même d'une ville à une
autre. Il n'y avait pas moins de soixante coutumes générales, applicables à toute une province : telles étaient
notamment les coutumes d'Orléans, de Normandie, de
Bretagne. Quant aux coutumes locales, on en comptait
environ trois cents : les coutumes locales étaient spéciales à un district ou à une commune, et se bornaient
le plus souvent à régler quelques points particuliers,
tandis que les autres points restaient soumis à l'empire
de la coutume générale. La tâche du magistrat et du
jurisconsulte était donc fort compliquée. Il y avait sur
le territoire français une foule de législations différentes,
et il était souvent fort difficile de savoir quelle était celle
qu'on devait appliquer.

De bonne heure on réclama l'unité de législation, et nos
anciens rois ne cessèrent de tendre vers ce résultat. Mais

l'unité de législation fut longue à obtenir. Il ne fallut rien moins que le concours de circonstances qui produisit l'Assemblée constituante et, par suite, la révolution de 1789, pour permettre de briser les résistances locales. Le Code civil acheva l'œuvre commencée par nos anciens rois. La loi du 30 ventôse an XII, qui promulgua ce code, contient un article 7 qui abroge expressément les coutumes générales ou locales dans toutes les matières qui sont l'objet des nouvelles lois.

L'unité législative a été un bienfait; mais l'uniformité absolue eût été désastreuse pour l'agriculture. Par suite de la diversité des climats et des cultures, les habitudes agricoles ne peuvent être partout les mêmes. Les besoins sont différents, suivant qu'il s'agit du Midi ou du Nord, des plaines ou des montagnes, des pays à céréales et des pays d'élevage ou de vignobles. De là des diversités que les rédacteurs du Code civil ont pris le sage parti de respecter et d'abandonner à l'usage.

XXI. — Mais, pour qu'un usage soit obligatoire, il ne suffit pas qu'une pratique plus ou moins longue l'ait introduit dans les habitudes des populations. Toutes les fois que le législateur a entendu rendre un usage obligatoire, il l'a dit expressément. C'est ainsi par exemple que dans l'art. 645 du Code civil, relatif aux contestations qui s'élèvent si fréquemment à l'occasion de la jouissance des eaux, il a prescrit de s'en rapporter aux règlements particuliers et locaux, ce qui comprend les usages. C'est ainsi encore que dans l'art. 663, relatif aux clôtures dans les villes et faubourgs, il a décidé que la hauteur des clôtures serait fixée d'après les règlements particuliers ou les usages constants et reconnus. Il a usé du même procédé dans l'art. 671, qui a trait à la distance qui doit être observée dans les plantations par rapport aux fonds voisins; dans l'art. 674, relatif aux

distances qui doivent être maintenues entre les maisons voisines et certaines constructions, telles que des
fours ou des étables par exemple; dans l'article 1777,
qui détermine les obligations respectives du fermier
entrant et du fermier sortant. D'autres lois que le
Code civil ont également suivi cette règle; c'est ainsi
que la loi du 14 floréal an XI, sur le curage des cours
d'eau non navigables, dispose que les riverains seront
tenus d'y contribuer entre eux conformément aux usages locaux. Nous pourrions citer d'autres exemples encore. Ceux que nous avons énumérés nous paraissent
suffisants pour donner une idée exacte des conditions
auxquelles sont soumis les usages pour être obligatoires. Ils n'ont ce caractère que dans les matières pour
lesquelles le législateur le leur a expressément reconnu;
dans toutes les autres, c'est la loi ordinaire, le droit
commun qui est applicable.

Telles sont les sources de la législation rurale.

XXII. — Il nous reste à faire connaître les recueils dans
lesquels on peut trouver ces lois, ces règlements, ces actes antérieurs à 1789, ces décrets-lois, ces avis du Conseil
d'État et ces usages d'où procèdent les règles dont l'ensemble constitue la législation rurale.

On s'imagine généralement que pour trouver ces règles il suffit d'ouvrir le code rural.

C'est une grave erreur.

Nous avons bien un code rural, mais il porte la date
des 28 septembre-6 octobre 1791, et si plusieurs de ses
dispositions constituaient par rapport au passé un progrès immense, les pratiques agricoles ont tellement varié
depuis sa promulgation, qu'on peut dire de lui qu'il est
beaucoup plus vieux que son âge. D'autre part, un certain
nombre des règles qu'il contenait ont été abrogées, notamment par le Code civil, de telle sorte qu'il en reste re-

lativement peu de chose. Les dispositions qui s'y trouvent sont principalement consacrées au parcours et à la
vaine pâture, aux gardes champêtres, et à la police rurale. Mais la propriété, l'usufruit, les servitudes, les contrats ruraux, le crédit foncier ou agricole n'y sont même
pas mentionnés. L'agriculteur qui n'aurait étudié de la
législation rurale que ce qui s'en trouve contenu dans
le Code rural de 1791 connaîtrait donc bien certaines
dispositions exceptionnelles, édictées à l'usage spécial
des cultivateurs, et dont l'utilité est hors de doute, mais
il ignorerait les avantages que confère le droit de propriété par exemple, il ne saurait pas ce que c'est qu'une
servitude. Les règles relatives à la possession et à ses
effets, celles qui sont relatives à la vente, aux échanges,
au louage, etc., lui seraient absolument inconnues.

Le Code rural des 28 septembre-6 octobre 1791 est
donc fort loin d'être le seul recueil qui contienne les
règles de la législation rurale. Nous devrons en consulter
un grand nombre d'autres.

XXIII. — Ces recueils, quels sont-ils?

Ce sont, avant tout, les autres codes.

Un code est une loi fort étendue, ou même une collection de lois classées par le législateur lui-même dans
un ordre méthodique. Les codes ont l'avantage de
présenter, sous un petit format, l'ensemble des lois
applicables à certaines matières. Tels sont, indépendamment du Code rural, le Code civil, le Code de procédure
civile, le Code de commerce, le Code pénal, le Code
d'instruction criminelle, le Code forestier.

Un mot sur chacun d'eux.

Le Code civil détermine les rapports des particuliers
entre eux au point de vue de la famille, de la propriété,
des successions, des contrats, etc. Il se compose d'une
série de lois qui ont été promulguées d'abord sépa-

rément et qui ont été ensuite réunies en une seule par une loi du 30 ventôse an XII (1804).

Le Code de procédure civile détermine et organise les moyens mis à la disposition des citoyens pour faire reconnaître et respecter leurs droits en justice. Il a été voté en 1806.

Le Code de commerce, voté en 1807, établit dans l'intérêt des commerçants un certain nombre de règles spéciales. Il a été l'objet, depuis sa promulgation, de fréquents remaniements.

Le Code pénal, adopté en 1810, contient l'énumération des faits qualifiés par la loi crimes, délits et contraventions, ainsi que des pénalités qui leur sont applicables.

Le Code d'instruction criminelle, voté deux ans avant le code pénal, en 1808, détermine les règles qui ont pour but de faciliter la recherche des infractions à la loi pénale et d'en procurer la répression.

Le Code forestier, qui date de 1827, détermine les règles spéciales applicables aux bois de l'État, des communes ou établissements publics et des particuliers.

Enfin le Code rural contient, ainsi que nous venons de le dire, un certain nombre de dispositions spéciales à l'agriculture.

XXIV. — Chacun de ces recueils nous fournira son sujet d'études. Au Code civil nous emprunterons à peu près tout ce qui concerne le droit de propriété, l'usufruit, les servitudes, les contrats, les actes dommageables, le crédit, etc.

Au Code de procédure civile nous emprunterons la théorie des actions possessoires, qui jouent un si grand rôle dans les campagnes, et les notions générales sur le fonctionnement des tribunaux judiciaires.

Du Code de commerce, nous aurons à faire connaître l'esprit, et aussi les règles les plus essentielles. Sans doute, l'agriculteur n'est pas en général un commerçant et, par suite, le Code de commerce ne lui est pas applicable. Mais il peut faire des actes de commerce, souscrire une lettre de change par exemple, et par là se soumettre aux dispositions exceptionnelles qui concernent ce genre de contrat. Il peut surtout se trouver en contact avec des commerçants ; il a dès lors intérêt à connaître, en même temps que la législation qui le régit personnellement, celle qui régit ses adversaires. Les marchands de bestiaux, un grand nombre de compagnies d'assurances, celles à primes fixes, les entrepreneurs de transports, sont des commerçants, soumis aux règles du Code de commerce : quand un agriculteur se trouve en rapport avec eux, n'est-il pas essentiel qu'il sache ce que la législation spéciale à laquelle ils sont soumis leur impose, et dans quelle mesure cette législation peut influer sur ses propres droits ?

Du Code pénal, nous aurons à étudier les dispositions relatives aux infractions à la loi qui portent atteinte à la propriété, aux animaux et aux récoltes.

Du Code d'instruction criminelle, nous détacherons quelques notions sommaires sur les réparations civiles auxquelles peuvent donner lieu les crimes, délits ou contraventions.

Du Code forestier, nous aurons à étudier en détail les dispositions qui s'appliquent au défrichement des bois des particuliers, celles qui sont relatives aux droits d'usages forestiers, celles qui concernent les délits forestiers, enfin celles qui ont trait à l'administration des bois communaux et à l'affouage.

Du Code rural de 1791, nous aurons à étudier toutes les dispositions qui n'ont pas été abrogées.

XXV. — Mais les codes sont loin de contenir toutes les règles que nous aurons à étudier.

Il y a d'abord toute une catégorie de lois que nous n'y trouverons pas : ce sont celles qui règlent les rapports des citoyens avec l'administration et dont l'ensemble constitue le droit administratif. Nous n'y trouverons non plus ni les règlements, ni les actes antérieurs à 1789, ni les décrets-lois, ni les avis du Conseil d'État rendus sous le premier empire, ni les décrets inconstitutionnels de Napoléon Ier, ni les usages.

Les lois administratives se trouvent dans le Bulletin des lois : on nomme ainsi une collection officielle, commencée en l'an II, et qui s'est continuée jusqu'à nos jours.

Les lois administratives n'ont jamais pu être codifiées. Elles sont trop nombreuses. Elles sont aussi trop mobiles : ce sont des lois d'action, qui varient avec les besoins de la société auxquels elles ont pour but de pourvoir.

C'est ainsi que l'invasion du phylloxera a rendu nécessaire une législation spéciale, qui disparaîtra le jour où le phylloxera sera vaincu. Mais ce jour-là d'autres fléaux viendront peut-être menacer les récoltes et rendre nécessaire l'adoption de nouvelles mesures législatives : comment codifier ce qui est de sa nature si prompt à changer? Les lois sur la propriété, sur la procédure, sur les crimes ou délits reposent sur des principes permanents. Il en est tout autrement des lois dont nous parlons, qui se déplacent sans cesse avec les nécessités qui constituent leur raison d'être.

Celui qui veut étudier les lois qui règlent les rapports des citoyens avec l'administration est donc tenu de les chercher dans le volumineux recueil que nous venons d'indiquer, et dans lequel elles sont insérées à peu près par ordre chronologique.

Il a été fait en outre, par un certain nombre de légistes, quelques collections plus faciles à consulter et plus maniables, la collection des lois publiée par M. Duvergier par exemple.

Enfin il existe des recueils qui comprennent, indépendamment du Code civil, du Code de procédure civile, du Code de commerce, du Code d'instruction criminelle, du Code pénal et du Code forestier, les lois qui, n'étant contenues dans aucun de ces codes, sont d'un usage courant.

XXVI. — Où trouve-t-on les règlements, les actes antérieurs à 1789, etc.?

Les règlements les plus importants, ceux qui sont l'œuvre du Président de la République, sont insérés le plus souvent au Journal Officiel et toujours au Bulletin des lois. On est donc assuré de les trouver dans ce dernier recueil.

Quant aux règlements locaux, il en est autrement. Les règlements préfectoraux sont insérés dans le Recueil des actes administratifs de la préfecture.

Les règlements municipaux ne sont, pour la plupart, insérés dans aucun recueil spécial. Ils sont conservés dans les archives de la mairie, où l'on peut en prendre connaissance.

Les actes antérieurs à 1789 ont été recueillis dans un certain nombre de publications, sous le titre de Collections des anciennes lois françaises. Quant aux décrets-lois, aux décrets inconstitutionnels, aux avis rendus par le Conseil d'État sous le premier empire, on les trouve dans le Bulletin des lois.

XXVII. — Les usages n'ont été, jusqu'à présent, l'objet d'aucun travail de classification générale. De là, devant les tribunaux, des difficultés assez grandes, dont le gouvernement s'est préoccupé à diverses reprises. Le 26 juillet 1844, pour la première fois, le ministre de l'Intérieur adressa aux préfets une circulaire pour leur ordonner de recueillir les usages locaux de leurs départements : l'ordre ne fut exécuté qu'en partie. Une seconde circulaire, du 5 juillet 1850, n'eut pas beaucoup plus de résultat. Il en intervint une troisième, le 15 février 1855. qui réitérait les mêmes injonctions et qui prescrivait en même temps les mesures qui avaient paru les plus utiles pour obtenir une constatation à la fois régulière et complète des usages locaux. Dans chaque canton devait être constituée par le préfet une commission de recherches. Cette commission devait être présidée par le juge de paix ; elle devait comprendre un membre de la chambre consultative d'agriculture, un membre du Conseil général, un certain nombre d'officiers ministériels exerçant dans la localité et de cultivateurs instruits. L'œuvre de chaque commission devait être revisée à la préfecture par les magistrats composant la Cour d'appel, ou à défaut de Cour d'appel, par les membres du tribunal chef-lieu et par les jurisconsultes les plus connus du département.

Ces commissions furent en général instituées, mais en 1858 une faible partie du travail seulement était achevée. Le Sénat, qui à cette époque avait pris l'initiative d'un projet de code rural, comme nous le verrons tout à l'heure, demanda aux commissions de terminer leur œuvre le plus tôt possible et il émit le vœu que cette œuvre fût sanctionnée par le gouvernement.

Ni l'un ni l'autre de ces désirs ne put recevoir de satisfaction. En 1870, le travail restait à faire dans la plupart des départements, et la guerre amena dans ce travail une interruption complète. Quant à donner la sanction gouvernementale à ces collections d'usages, et à leur imprimer ainsi un caractère officiel et authentique, on n'y pouvait pas penser. Le Conseil d'État, auquel ces collections avaient été envoyées pour l'aider dans la préparation du Code rural qui est actuellement soumis aux Chambres, fit remarquer, par l'organe de son rapporteur (1) que dans ces recueils il pourrait y avoir sans doute des règles très sages, mais qu'il pourrait s'y trouver aussi plus d'un adage sans valeur ou dont l'application serait difficile. « L'usage, disait le savant rapporteur, pris tel qu'il est, ne s'impose pas avec une rigueur absolue. Il admet une certaine élasticité et permet des exceptions toutes les fois que la raison le commande. En lui donnant l'autorité qui résulterait de la sanction gouvernementale, on lui donnerait la rigidité de la loi, et souvent elle serait excessive. »

Les usages n'ont donc pas été recueillis partout, et là où ils l'ont été, les collections dans lesquelles ils sont contenus n'ont aucun caractère officiel. Il suit de là que, dans les départements où les circulaires de 1844, 1850 et 1855 ont été complètement exécutées, les collections qui ont été dressées peuvent être d'un très grand secours pour le juge, mais que ce dernier peut chercher la vérité en dehors d'elles. Dans les autres départements, il est permis de croire que si le travail n'a pas été mené à bonne fin, c'est qu'il n'en résulte aucune gêne, soit parce que les usages sont déjà bien constatés, soit parce qu'ils sont tombés en désuétude : nous verrons par la suite que ce dernier fait s'est produit plus fréquemment qu'au premier abord on ne serait tenté de le croire.

(1) Rapport de M. Bayle-Mouillard, conseiller d'État, sur le livre Ier du projet de Code rural (1870).

XXVIII. Nous connaissons maintenant les sources de la législation rurale, et nous savons également où trouver les règles dont l'ensemble constitue cette législation.

Il nous reste à dire un mot de la jurisprudence, et de l'utilité que présente son étude.

La jurisprudence, c'est l'ensemble des décisions judiciaires. Ces décisions ne sont obligatoires que pour les personnes entre lesquelles elles ont été rendues, mais il n'en est pas moins vrai que quand les tribunaux chargés d'appliquer la loi ont pris l'habitude d'interpréter une loi douteuse dans tel ou tel sens, il serait à la fois puéril et dangereux de ne pas s'y conformer dans sa pratique journalière, car il est infiniment probable que si la même question se représente, la solution sera également la même. Si donc les décisions de la jurisprudence n'ont pas l'autorité de la loi elle-même, si elles ne constituent pas à proprement parler une source de la législation rurale, elles n'en sont pas moins essentielles à connaître. Nous ne manquerons pas de citer, dans la mesure que nous permettra le cadre restreint de cet ouvrage, les principales décisions de l'autorité judiciaire et du Conseil d'État (1).

XXIX. — Il ne nous est pas permis de quitter ce sujet sans faire connaître les modifications assez profondes qu'il est depuis le commencement de ce siècle question d'introduire dans la législation rurale et qui n'ont jamais été si près d'aboutir : nous voulons parler du projet de code rural actuellement soumis au Sénat et à la Chambre des députés, et dont une partie est déjà votée et appliquée. On peut dire que l'origine de ce

(1) Le Conseil d'État n'est pas seulement, ainsi que l'indique son nom, chargé de donner des avis sur les questions qui lui sont soumises. Il est le juge suprême des difficultés qui s'élèvent en matière administrative et il rend en cette qualité de véritables arrêts.

projet remonte à l'Assemblée constituante. La grande
Assemblée avait trouvé, en 1789, une législation rurale des plus arriérées. Les deux caractères dominants
de cetté législation étaient, d'une part l'excès de règle-
mentation, d'autre part l'assujettissement de l'agriculture à la féodalité. Les règlements qui enchaînaient
l'agriculture étaient loin d'être toujours fort raisonna-
bles. Des lettres patentes de 1599 interdisaient dans
le jardinage l'emploi du fumier de pourceau ; une ordonnance du 13 décembre 1697 défendait, sous peine
de 300 livres d'amende, l'usage de ce que les agronomes appellent aujourd'hui l'engrais flamand. En
1731, un arrêt du Conseil interdisait toutes nouvelles
plantations de vignes. Plusieurs édits défendaient de
faucher les blés, parce que la faux coupait trop près
du sol le chaume destiné aux pauvres. Il n'était pas
permis aux cultivateurs d'avoir des pigeons ni de
posséder des garennes ouvertes : le droit de colombier, le droit de chasse et de garenne étaient des droits
seigneuriaux.

Dès le 4 août 1789, l'Assemblée constituante dé-
truisait le régime féodal, et avec lui les droits exclu-
sifs de colombier, de chasse et de garenne. Le 2 septembre suivant, elle ordonnait la préparation d'un
code rural. Le 5 juin 1791, le travail était prêt :
il avait pour base, suivant les expressions de son rapporteur (Heurtaut-Lamerville), la liberté la plus absolue
dont puissent jouir les campagnes ; il devait faire plus
pour la tranquillité des champs que la constitution
elle-même, et les habitants des campagnes ne devaient
plus avoir besoin d'autre catéchisme. Cet enthou-
siasme du rapporteur fut loin de se communiquer à
l'Assemblée : elle refusa d'adopter la plus grande partie
du projet, et de réduction en réduction elle en vint à

voter la loi des 28 septembre - 6 octobre 1791. C'était une sorte d'avortement, et l'Assemblée s'en était si bien rendu compte qu'elle avait décidé que le Code rural comprendrait, outre la loi du 28 septembre 1791, celles que les Assemblées suivantes viendraient à voter sur le même objet. Mais quelque incomplète qu'elle soit, la loi de 1791 n'en a pas moins rendu à l'agriculture, en proclamant le principe de la liberté de la culture, en faisant tomber tous ces règlements ridicules que nous avons cités plus haut, un immense service. En décidant (articles 1 et 2) « que le territoire de la France, dans toute son étendue, est libre comme toutes les personnes qui l'habitent; que les propriétaires sont libres de varier à leur gré la culture et l'exploitation de leurs terres, de conserver à leur gré leurs récoltes, et de disposer de toutes les productions de leurs propriétés, » l'Assemblée constituante affranchissait définitivement le sol français et y déposait le germe de tous les progrès que le paysan, débarrassé de toute entrave, devait y accomplir. Il serait injuste de ne pas rendre à la loi des 28 septembre-6 octobre 1791 l'hommage qui lui est dû.

Mais, cela fait, on n'en est pas moins obligé de reconnaître qu'elle était fort incomplète; aussi dès que le Code civil eut été voté, songea-t-on de nouveau au Code rural. Une commission spéciale, constituée au ministère de l'Intérieur par Chaptal, prépara un projet comprenant 280 articles. En 1808, le ministre de l'Intérieur, Crétet, adressait le projet à un conseiller d'État qui possédait en matière de droit rural une compétence particulière, M. de Verneilh, et lui demandait un rapport dans *les huit jours*. Huit jours pour une œuvre pareille!

M. de Verneilh prit son temps. Il provoqua, dans

chaque département, la constitution de commissions consultatives chargées de donner leur avis sur le projet et composées, sous la présidence des préfets, de magistrats, de conseillers généraux, de cultivateurs et de membres des sociétés d'agriculture. Les avis de ces commissions furent imprimés de 1810 à 1814. M. de Verneilh rédigea définitivement son projet, qui fut imprimé à la suite : il comprenait 960 articles. Ce n'était plus un projet de loi. C'était un livre, un commentaire. M. de Verneilh était parti de cette idée « qu'un code rural, destiné à être comme le manuel journalier des agriculteurs, devait réunir aux principes les règles d'application; qu'il devait offrir, par conséquent, le plus de développements possible, non seulement sur toutes les parties du droit et de la police des campagnes, mais encore sur la procédure administrative qui y est relative. En un mot, disait-il, un code de ce genre m'a paru devoir être, si je puis m'exprimer ainsi, une sorte de *Corpus juris,* tant pour l'instruction des propriétaires et des cultivateurs que pour diriger les magistrats et autres officiers chargés de juger les différends et de surveiller l'ordre public dans les campagnes. »

C'était faire absolument fausse route; c'était faire œuvre, non de législateur, mais de jurisconsulte. Le législateur n'a pas à répéter deux fois ses ordres, une première fois dans le Code civil par exemple, une seconde fois dans le Code rural; or le projet de M. de Verneilh contenait une bonne partie du Code civil, du Code pénal et un certain nombre de lois administratives. Il ne fut pas discuté.

De 1814 à 1852, les Chambres firent un certain nombre de lois rurales, comme la loi du 20 mai 1838 sur les vices rédhibitoires. Mais l'idée de faire un code rural complet ne fut reprise qu'en 1854. Le Sénat, usant du droit qui lui appartenait, d'après la constitution de 1852, d'appeler l'attention des pouvoirs publics sur les projets de lois d'un grand intérêt national, entreprit d'en poser les bases, et il prépara le projet actuellement soumis aux Chambres. Trois remarquables rapports, dus à M. de Casabianca, furent adoptés par le Sénat les 3 avril 1856, 4 juin 1857 et 7 mai 1858. Le premier était relatif au régime du sol, le second au régime des eaux, le troisième à la police rurale.

Le Sénat n'avait eu garde de tomber dans l'erreur de méthode qui avait, plus encore que les événements politiques de 1814, empêché l'adoption du projet de M. de Verneilh. Il ne proposait l'adoption que d'un certain nombre de règles qui n'avaient pas trouvé place dans les autres codes, et qui ne pouvaient intéresser que l'agriculture.

Le rapport à l'empereur qui contenait le projet (c'était sous la forme d'un rapport au chef de l'État qu'il devait être fait usage de la prérogative résultant de l'article 30 de la constitution de 1852) fut soumis au Conseil d'État, et la division à laquelle s'était arrêtée le Sénat a été conservée.

En 1870, le livre relatif au régime du sol et celui relatif au régime des eaux étaient prêts. Le premier même avait déjà été présenté au Corps législatif, lorsque éclata la guerre de 1870. Tout fut de nouveau interrompu jusqu'en 1876. A cette époque le gouvernement soumit au Sénat les deux premiers livres. Deux ans plus tard, en 1878, il constituait au ministère des Travaux Publics une grande commission chargée de l'étude de l'utilisation et de l'aménagement des eaux; un nouveau projet sur le régime des eaux sortit des délibérations de cette commission. Le gouvernement le soumit encore au Conseil d'État et le déposa ensuite sur le bureau du Sénat. Ce travail devint ainsi le texte définitif du livre II du projet de code rural. Le Sénat, pendant ce temps, avait déjà commencé la discussion du livre Ier : elle est actuellement achevée.

Le livre Ier comprend 9 titres. Huit d'entre eux sont passés à l'état de lois. Le titre Ier, consacré aux chemins ruraux et aux chemins et sentiers d'exploitation, est devenu la loi du 20 août 1881. Il en est de même des titres II et III, sur le parcours et la vaine pâture, ainsi que sur le ban de vendange, la vente des blés en vert, la durée de l'engagement des domestiques et du louage des ouvriers ruraux, qui ont été promulgués le 9 juillet 1889. Le titre IV est devenu la loi du 18 juillet 1889 sur le métayage, et le titre VI, celle du 4 avril de la même année sur les animaux employés à l'exploitation rurale.

Le titre VII, qui était intitulé *Des maladies contagieuses des animaux,* et qui ne comprenait que deux articles, a donné lieu à une grande et bienfaisante loi promulgée le 21 juillet 1881 sous le nom de loi sur la police sanitaire des animaux.

Le titre VIII, sur les vices rédhibitoires dans les ventes d'animaux domestiques, est devenu la loi du 2 août 1884.

Enfin, un titre complémentaire, qui remaniait un certain nombre d'articles du Code civil concernant les clôtures, la mitoyenneté des haies et des fossés, les plantations et le passage en cas d'enclave, a été définitivement adopté le 20 août 1881. Le législateur a procédé ici par voie de modification aux anciens articles du Code civil : les dispositions nouvelles ont pris la place des anciennes, sous les mêmes numéros; elles ne sont donc pas destinées à figurer dans le Code rural.

Quant au titre V, sur le bail emphytéotique, il n'attend plus qu'un vote favorable de la Chambre des députés.

Le livre II est moins avancé. Une partie seulement en a été adoptée par le Sénat : aucune ne l'a été par la Chambre des députés.

Enfin, en 1886, le gouvernement a saisi le Sénat du livre III, sur la police rurale. Le Sénat ayant demandé le renvoi du projet au Conseil d'État, celui-ci en délibère actuellement.

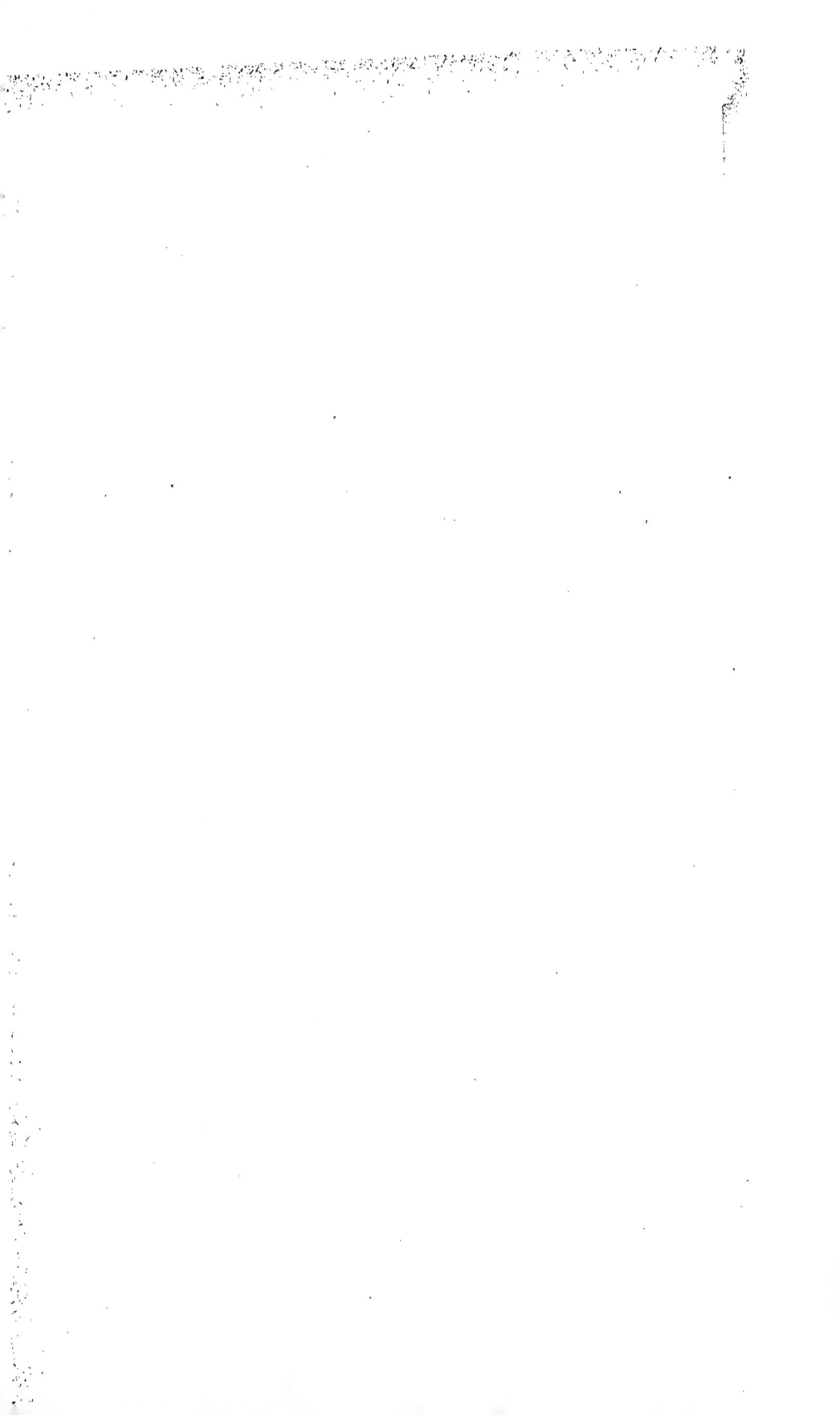

PREMIÈRE PARTIE.

DES DROITS QUI PORTENT SUR LE SOL.

1. — Il s'agit ici des droits qui portent directement sur la terre et sur ses accessoires, et qui n'exigent, pour être exercés, l'intermédiaire de personne.

Ce sont ces droits qui constituent le régime du sol. Ils ont reçu le nom de droits réels (les Romains les appelaient *jura in re*) parce qu'ils sont établis sur des choses, et qu'ils n'impliquent par eux-mêmes aucun rapport de personne à personne. Lorsque je suis propriétaire d'un champ, j'ai le droit de labourer, de herser, d'effectuer tous les travaux nécessaires à la préparation de la récolte sans avoir rien à solliciter de mes voisins.

Si je suis usufruitier, je pourrai percevoir également les fruits du domaine sur lequel porte mon droit, sans demander l'avis et à plus forte raison l'autorisation de personne. Si j'ai acquis au profit de mon fonds une servitude rurale de passage, il me sera permis d'exercer cette servitude toutes les fois que les besoins de ma culture l'exigeront, sans avoir à faire intervenir le propriétaire du fonds qui doit la servitude. Le caractère essentiel d'un droit réel est d'être absolu, complet par lui-même et opposable à tous.

Par là, les droits réels diffèrent profondément des droits personnels, qui feront l'objet de la seconde partie de cet ouvrage. Les rapports qui constituent ces derniers sont des rapports restreints entre un petit nombre de personnes. Si je suis créancier, je n'ai le droit d'invoquer ma créance qu'à l'encontre de mon débiteur ou de ses représentants, parce que c'est seulement de lui à moi que cette créance existe, tandis que si j'invoque un droit réel, je puis exiger de tous le respect de ce droit.

Les droits réels comprennent la propriété, l'usufruit, l'usage et les servitudes. Parmi ces dernières, nous étudierons successivement les servitudes rurales et les servitudes forestières, auxquelles on a donné le nom d'usages dans les bois (1).

---

(1) L'hypothèque est aussi un droit réel, mais c'est un droit réel qui est toujours l'accessoire d'une créance, et dont l'étude se rattache par là à celle des droits personnels. Nous nous en occuperons dans notre seconde partie.

LIVRE PREMIER.

DU DROIT DE PROPRIÉTÉ.

2. — Le droit de propriété est le plus complet de tous les droits, c'est aussi celui qui découle le plus directement de la nature. Il est le plus complet, car il comprend tous les autres; il est pour ainsi dire leur réservoir commun, et l'usufruit, l'usage, les servitudes ne sont que ses démembrements. Il est, nous dit l'article 544 du Code civil, le droit de jouir et disposer des choses de la manière la plus absolue, pourvu qu'on n'en fasse pas un usage prohibé par les lois ou par les règlements.

C'est en même temps celui qui découle le plus directement de la nature. L'idée de propriété n'est autre chose que la distinction du tien et du mien, si profondément gravée dans le cœur de l'homme. Elle est une des premières idées qui viennent à l'enfant. Demandez, disait Voltaire, à un enfant sans éducation, qui commence à raisonner et à parler, si le grain qu'un homme a semé dans son champ lui appartient, et si le voleur qui a tué le propriétaire a un droit légitime sur ce grain, vous verrez si l'enfant ne répondra pas comme tous les législateurs de la terre. On trouve la propriété à l'origine de toutes les peuplades. « Partout, a dit Garnier (1), on voit l'homme s'approprier tout ce qui lui est nécessaire et ce qu'il produit, son arc et ses flèches d'abord, puis sa cabane, et plus tard sa maison, son jardin, sa terre. A mesure que l'homme se développe, il devient plus attaché à ce qu'il possède, et à mesure que la société progresse, elle sent davantage le besoin de garantir le droit de propriété. »

Aussi le législateur n'est-il pas intervenu pour créer la propriété, mais seulement pour la reconnaître. Les termes mêmes de l'article 544 indiquent que les auteurs du Code civil se sont considérés comme étant investis à cet égard, non pas d'un pouvoir créateur, mais seulement d'un pouvoir modérateur.

Ces idées, il est vrai, n'ont pas toujours prévalu. De nos jours, elles sont battues en brèche par les socialistes ; sous l'ancien régime, elles étaient vivement attaquées par les partisans de l'autorité royale. On considérait alors l'État comme le concédant originaire de tous les biens, et, chose étrange, cette théorie a été soutenue, à une époque encore toute récente, par une des grandes administrations de l'État. Pour mieux assurer le paiement des droits de succession, l'administration de l'enregistrement prétendait exercer sur le prix des immeubles compris dans chaque succession un droit de privilège, et, à l'appui de cette prétention, elle soutenait que le droit de préférence réclamé par elle avait été retenu par l'État à son profit lors de la concession originaire. La prétention avait été admise par un certain nombre de Cours d'appel, et on put croire un moment qu'elle allait triompher. Mais la Cour de Cassation,

(1) *Traité d'Économie politique*, p. 96

par un arrêt du 23 juin 1857, condamna formellement ce système, et reconnut du même coup la préexistence et l'indépendance du droit de propriété par rapport à l'État.

3. — Pour étudier le droit de propriété avec les développements qu'il mérite, nous rechercherons : 1° qui peut être propriétaire, et quelles sont les choses sur lesquelles ce droit peut porter; 2° quels sont les avantages que confère le droit de propriété et quelles sont ses limites; 3° quelles sont les règles applicables à certaines formes particulières de la propriété, comme la co-propriété et l'indivision; 4° comment s'acquiert la propriété.

CHAPITRE PREMIER.

QUI PEUT ÊTRE PROPRIÉTAIRE, ET QUELLES SONT LES CHOSES SUR LESQUELLES LE DROIT DE PROPRIÉTÉ PEUT PORTER?

I.

4. — *D'abord, qui peut être propriétaire?*

Peuvent être propriétaires : les individus, quel que soit leur âge ou leur nationalité, un certain nombre d'associations administratives, et un certain nombre de sociétés commerciales ou même civiles.

Les individus. — Il en est parmi eux qui, tout en étant propriétaires, ne peuvent pas exercer eux-mêmes leurs droits : tels sont les mineurs, les interdits, les femmes mariées. Mais pour n'avoir pas l'exercice de ces droits, ils n'en jouissent pas moins des avantages qui en découlent, et si d'autres personnes sont chargées de l'administration de leurs biens, ce n'est qu'à leur profit.

Un certain nombre d'associations administratives. — Ce sont l'État, les départements, les communes, les établissements publics et les établissements d'utilité publique. Toutes ces associations jouissent, comme les individus, du droit d'acquérir, de posséder et de transmettre. Elles constituent ce qu'on a appelé des personnes morales. Les trois premières de ces associations, l'État, les départements et les communes, sont même protégées, dans la jouissance de leurs droits de propriété, d'une manière toute particulière à l'égard de certains biens. On distingue en effet les biens qui leur appartiennent, en deux grandes catégories : dans la première sont ceux qui font partie du domaine privé ; dans la seconde, ceux qui font partie du domaine public. Les premiers sont les biens de rapport, les forêts par exemple. Les seconds sont les biens consacrés à un usage public. Ces derniers sont inaliénables et imprescriptibles, et tant que dure la destination à laquelle ils sont affectés, ils ne sont susceptibles d'aucune appropriation privée. Nous aurons l'occasion de revenir sur ce principe lorsque nous étudierons les modes d'acquisition de la propriété, et notamment la prescription.

Les établissements publics sont des autorités particulières que la loi a créées pour la gestion d'un service public, auxquelles elle a conféré le droit d'acquérir et de posséder des biens, et qui sont distinctes de l'État, des départements et des communes. Telles sont, par exemple, les chambres consultatives d'agriculture et les associations syndicales autorisées.

Les établissements d'utilité publique sont des institutions privées, fondées par des sociétés particulières, et auxquelles on a conféré le bénéfice de la personnalité civile à raison de leur utilité. Telles sont, par exemple, un grand nombre de sociétés agricoles : la Société nationale d'agriculture de France, la Société nationale d'horticulture, etc., et tous les syndicats professionnels agricoles. Nous verrons plus tard à quelles conditions la loi a soumis la constitution et le fonctionnement de ces sortes d'établissements.

Enfin, la plupart des sociétés commerciales jouissent

également du bénéfice de la personnalité civile; elles peuvent étre propriétaires, en tant que sociétés. Les sociétés en participation, qui sont des sociétés momentanées, que l'on constitue en vue d'une opération particulière et sans publicité, sont les seules qui ne jouissent pas de la personnalité civile.

Les sociétés civiles (on nomme ainsi celles qui se constituent entre non-commerçants), ne sont pas des personnes morales. Il en résulte que les sociétés qui se forment entre cultivateurs, en vue de l'exploitation d'un fonds, n'ont pas de patrimoine qui leur appartienne. Les immeubles mis en commun restent la propriété des associés. Cependant les sociétés minières ont reçu de la loi du 21 avril 1810 la personnalité civile. Nous reviendrons plus tard sur tous ces points.

II.

SUR QUELS BIENS LE DROIT DE PROPRIÉTÉ PEUT-IL PORTER?

5. Jetons les yeux sur une exploitation rurale. Rien de plus varié que les objets qui s'y rencontrent. Dans la maison, des meubles; dans les écuries et les étables, des animaux; dans les granges, des récoltes, des machines, des outils ou ustensiles; dans les champs, des meules, des tuyaux de drainage, des perches, des échalas, etc. Tous ces objets peuvent être l'objet d'un droit de propriété, mais, suivant qu'ils sont mobiliers ou immobiliers, ce droit ne s'exerce pas à leur égard de la même manière. La propriété des immeubles est pour les rédacteurs du Code la propriété par excellence; aussi l'ont-ils organisée et assurée avec le plus grand

soin ; la propriété des meubles au contraire est restée, à leurs yeux, une propriété secondaire. Quelques exemples rendront cette situation sensible.

Si le propriétaire du domaine que nous avons sous les yeux se marie sans faire de contrat, ce qui se produit encore fréquemment, il conservera la propriété de tous ses immeubles, mais il perdra celle de tous ses meubles. Ceux-ci tomberont dans la communauté, c'est-à-dire dans la société particulière qui s'est formée lors du mariage entre les deux époux, et lorsque le mariage sera dissous, ces meubles, qui lui appartenaient exclusivement autrefois, se partageront par moitié entre le conjoint survivant et les héritiers de l'autre, sans que l'on ait égard à leur provenance. (Articles 1401 et suivants du Code civil.)

Si le même propriétaire vend un de ses immeubles, la vente ne sera opposable aux tiers qu'après que l'acte passé entre les parties aura été transcrit sur les registres du conservateur des hypothèques. Jusque-là, les tiers auprès desquels l'acheteur ferait valoir son acquisition n'ont pas à en tenir compte, car, en ce qui les concerne, le vendeur n'a pas cessé d'être propriétaire. (Loi du 23 mars 1855.) — Si c'est un meuble qu'il a vendu, la vente est parfaite et emporte mutation de propriété à l'égard de tous par le seul effet du consentement.

Lorsqu'il vient à perdre la possession d'un de ses immeubles, il ne cessera d'en être propriétaire et son droit ne sera prescrit qu'après un délai qui ne sera jamais moindre de dix ans. Au contraire, s'il perd la possession d'un meuble et si celui qui acquiert cette possession est de bonne foi, la prescription sera instantanée, et le possesseur sera devenu du même coup propriétaire. C'est ce que l'article 2279 du Code civil exprime par cette formule énergique : en fait de meubles, la possession vaut titre.

Si le propriétaire que nous considérons a eu le malheur de s'endetter, ses créanciers, à défaut de paiement à l'échéance, auront le droit de provoquer la vente forcée de ses biens et de se faire payer sur le prix. Ils obtiendront rapidement et sans grands frais la saisie et la vente des meubles; mais, pour les immeubles, ils auront à remplir de nombreuses formalités.

Si ce même propriétaire a besoin de crédit, il pourra donner des hypothèques sur ses immeubles. Les meubles au contraire n'ont pas de suite par hypothèque.

S'il s'élève une contestation relativement à un de ces immeubles, le litige devra être porté devant le tribunal dans le ressort duquel est situé cet immeuble. En cas de contestation portant sur un meuble, le tribunal qui doit être saisi est celui dans le ressort duquel le propriétaire de ce meuble a son domicile : les meubles en effet n'ont pas de situation par eux-mêmes, ils sont attachés à celui qui les possède. Les Romains, qui nous ont laissé d'admirables monuments juridiques, disaient dans leur langage énergique : *mobilia ossibus personæ inhærent*.

Enfin si ce propriétaire était âgé de moins de vingt et un ans, ou s'il était interdit, son tuteur serait assujetti, en ce qui concerne l'administration et la disposition de sa fortune mobilière, à des règles infiniment moins strictes qu'en ce qui concerne l'administration et la disposition de sa fortune immobilière.

6. — Pourquoi ces différences si considérables?

Les unes s'expliquent par la nature même des choses, d'autres par des motifs économiques, d'autres enfin par les souvenirs de l'ancien droit.

Par la nature des choses. — Les meubles en effet sont plus sujets à périr que les immeubles, ils sont aussi plus difficilement reconnaissables. De là, la règle du Code civil d'après laquelle, à défaut de contrat, les meubles tombent dans la communauté. Si l'on avait réservé à chaque conjoint la propriété de ses meubles, de grandes difficultés n'auraient pas manqué de se produire à la dissolution de la communauté. C'est la même considération qui a fait admettre la prescription instantanée des meubles en faveur du possesseur de bonne foi.

Par des motifs économiques. — Les valeurs mobilières sont en effet le plus souvent des valeurs commerciales. Il importe que leur circulation ne soit pas entravée par des formalités trop strictes. De là, la dispense de transcription pour la vente des meubles. De là aussi, les formalités moins rigoureuses en ce qui concerne leur saisie et leur vente forcée.

Enfin par les souvenirs de l'ancien droit. — On ne considérait autrefois comme pouvant avoir une valeur appréciable que les immeubles. Le commerce était alors fort peu développé, et la législation interdisait le prêt à intérêt. On considérait le prêt à intérêt comme une mauvaise action ; on y voyait une sorte d'exploitation de la pauvreté d'autrui, un acte contraire aux principes de la religion chrétienne. Toute l'épargne se portait donc vers la terre. Dans ces conditions, les meubles, si l'on en excepte quelques objets d'art, ne pouvaient avoir de valeur sérieuse. Les temps ont bien changé depuis, mais en 1804, lorsqu'a été voté le Code civil, on était encore sous l'impression du passé. Là est assurément la cause principale du dédain des rédacteurs du Code civil pour les meubles. Le 27 février 1880, une loi a été rendue pour protéger la fortune mobilière du mineur contre l'omnipotence du tuteur. Il est permis de supposer que l'avenir verra plus d'une modification du Code civil s'accomplir dans le même sens.

7. — Quels sont donc les immeubles ? Quels sont les meubles?

Le Code civil, dans ses articles 518 et suivants, en donne une énumération assez détaillée, que nous allons suivre, en nous attachant spécialement à ceux des immeubles ou des meubles compris dans cette énumération qu'on rencontre le plus habituellement dans les exploitations rurales.

Le Code énumère 3 classes d'immeubles : 1° les immeubles par nature; 2° les immeubles par destination; 3° les immeubles par l'objet auquel ils s'appliquent. Il aurait pu y ajouter une quatrième classe d'immeubles, qui ont reçu le nom d'immeubles par détermination de la loi : ce sont les actions de la Banque de France, celles du canal du Midi, etc., qui sont meubles par leur nature, mais auxquelles la loi a conféré les privilèges attachés à la qualité d'immeubles.

De ces quatre catégories d'immeubles, nous ne nous occuperons que des deux premières. La troisième comprend les droits qui portent sur des immeubles, et auxquels la loi, bien qu'ils constituent par eux-mêmes quelque chose d'immatériel et d'intangible, a reconnu le même caractère que les biens sur lesquels ils portent. Quant aux immeubles par détermination de la loi, leur étude ne rentre pas dans un ouvrage de législation rurale.

8. 1. *Immeubles par nature.* — Ce sont les fonds de terre, les bâtiments, les tuyaux servant à la conduite des eaux, les produits du sol. On pourrait soutenir rigoureusement que les fonds de terre sont les seuls objets véritablement immobiliers par leur na-

ture. Les bâtiments en effet se composent de divers éléments qui sont mobiliers par eux-mêmes, comme le bois, le fer et la pierre. La loi a cependant admis qu'à partir du moment où ces éléments étaient incorporés au sol et en faisaient partie intégrante, ils devenaient immeubles par nature. La seule condition prescrite à cet effet, c'est que l'incorporation au sol soit effective. Peu importe que les bâtiments aient été construits par le propriétaire du fonds, par le fermier ou l'usufruitier (Cass., 7 avril 1862, 13 février 1872) ; peu importe aussi la manière dont l'incorporation a eu lieu. Il n'est pas nécessaire notamment que la jonction des matériaux au sol ait eu lieu à l'aide de ciment ou de crampons, si, indépendamment de ces moyens, l'objet mobilier incorporé au sol y adhère par son propre poids. Tel serait un moulin à vent ou à eau, pourvu qu'il fût fixe sur pilier ; telle serait encore une machine à vapeur installée dans des conditions telles qu'il fût impossible de la déplacer sans l'exécution de travaux plus ou moins considérables. Dès lors qu'il y a adhérence de la construction au sol, la construction a le caractère d'un immeuble ; la Cour de Cassation (10 avril 1867) a reconnu qu'il en était ainsi lors même que le bâtiment aurait été construit sur le domaine public, comme pourrait l'être une usine sur un cours d'eau navigable. Ce caractère persiste aussi longtemps que dure l'édifice, mais dès que celui-ci est démoli, les matériaux qui le composaient redeviennent meubles.

Les tuyaux servant à la conduite des eaux dans un héritage sont, eux aussi, des objets mobiliers par eux-mêmes, qui ne deviennent immeubles qu'à raison du fonds auquel ils sont attachés. Les mêmes règles que celles qui concernent les bâtiments leur sont applicables (art. 523).

Les produits du sol, tant qu'ils n'en ont pas encore été détachés, sont également immeubles par nature. Tels sont (art. 520) : les récoltes pendantes par les racines et les fruits des arbres non encore recueillis. Tels sont aussi les arbres, plants et arbustes, soit isolés, soit dépendant d'une forêt ou d'une pépinière, sans qu'il y ait à distinguer entre ceux qui ont grandi dans le sol même où ils sont nés et ceux qui auraient été transplantés dans un autre fonds pour s'y développer : les uns et les autres sont immeubles. Il en serait autrement cependant d'arbres qui n'auraient été déposés dans un fonds que momentanément, jusqu'à leur vente ou leur transplantation, ou qui auraient été plantés dans des caisses ou dans des pots, et qui ne feraient pas partie du sol.

Les produits du sol conservent leur qualité d'immeubles jusqu'au moment où ils en sont détachés. Les blés ne deviennent meubles qu'après avoir été fauchés, et les arbres qu'après avoir été abattus. Mais ce principe comporte deux dérogations importantes :

1º Quand une récolte sur pied est l'objet d'une saisie, cette saisie n'a pas lieu suivant les règles prescrites pour la saisie immobilière; elle a lieu d'après les règles beaucoup moins compliquées de la saisie-brandon. (Articles 626 et suivants du Code de procédure civile.)

2º Quand on vend une récolte sur pied, la vente est mobilière. Elle n'est donc en aucune façon soumise à la transcription. (Cass., 30 juillet 1884.)

9. 2. *Immeubles par destination.* — Ce sont toujours des objets mobiliers par eux-mêmes, qui empruntent leur caractère immobilier au fonds sur lequel ils ont été fixés. Il y a trois classes d'immeubles par destination :

1º Les choses que le propriétaire d'un fonds y a placées pour le service et l'exploitation de ce fonds;

2° certains animaux que le propriétaire a attachés au fonds et qui s'y développent librement; 3° certains objets que le propriétaire a attachés au fonds à perpétuelle demeure.

10. — Voyons d'abord ce que comprend la première classe de ces immeubles (article 524).

Ils ont tous un caractère commun qui les distingue profondément des immeubles par nature, c'est que leur immobilisation ne peut résulter que du fait du propriétaire lui-même ou de son représentant. Placés dans le fonds par le fermier ou par l'usufruitier, ils conserveraient leur caractère de meubles.

Ce sont d'abord les animaux attachés à la culture, soit qu'ils aient été livrés directement par le propriétaire au fermier, soit que celui-ci les ait trouvés dans la ferme lorsqu'il s'y est installé. Tels sont, non seulement les bêtes de trait employées aux travaux agricoles, mais encore les bestiaux destinés à fournir les engrais, et ceux qui, à raison de la nature de l'exploitation à laquelle ils sont attachés, doivent être considérés comme les instruments nécessaires de cette exploitation : par exemple, les étalons dans les haras, les vaches dans les fermes qui sont destinées à la production du lait ou du fromage. Mais il en est autrement de ceux de ces animaux qui ne seraient attachés à un fonds que pour y être engraissés et ensuite revendus, comme des bestiaux d'embouche par exemple ou des volailles : ces derniers seraient meubles.

Sont aussi immeubles par destination, les ustensiles aratoires, les charrues, etc., ainsi que les semences approvisionnées par le propriétaire, soit que celui-ci cultive lui-même son fonds, soit qu'il en ait confié l'exploitation à un fermier ou métayer. Ces semences ne gardent du reste le caractère d'immeubles par destina-

tion que jusqu'au moment de leur emploi. Une fois répandues sur le sol, elles font corps avec lui et deviennent immeubles par nature.

Sont encore immeubles par destination les pressoirs,
chaudières, alambics, cuves et tonnes, les vases vinai-
res connus sous le nom de foudres. Mais une exception
doit être faite pour les tonneaux. Il a été jugé que les
tonneaux n'étant pas destinés seulement, comme les
tonnes, à contenir le vin, mais à le transporter et surtout à être vendus avec lui, devaient être considérés
comme meubles. (Grenoble, 3 février 1851.)

Sont encore immeubles par destination les échalas
pour les vignes et les perches à houblon.

Il en est de même des pailles et engrais, lorsqu'ils
ont été placés sur un fonds par le propriétaire pour
servir à la litière des animaux et à l'amendement des
terres. Les pailles et engrais qui auraient été placés
dans un fonds pour être vendus seraient meubles.

Nous pensons qu'aux pailles il faut assimiler les
foins, lorsqu'ils sont affectés à la nourriture des animaux attachés à la culture. Le caractère immobilier que
la loi reconnaît à ces animaux nous paraît impliquer le
même caractère pour les objets nécessaires à leur existence. L'article 524 ne parle pas, il est vrai, des foins,
mais son énumération n'a rien de limitatif. Il ne parle
pas non plus des échalas et des perches à houblon,
et cependant personne ne fait difficulté de leur reconnaître le caractère d'immeubles par destination, lorsque, bien entendu, ils ont été placés dans le fonds par
le propriétaire. L'extension nous paraît donc toute naturelle. Nous n'en devons pas moins reconnaître que
la question divise les auteurs, et qu'elle n'a pas été jusqu'à présent tranchée d'une manière décisive par la
jurisprudence. Il existe seulement sur ce point un ju-

gement du tribunal de Bourganeuf, en date du 21 juillet 1849, qui est conforme d'ailleurs à notre opinion.

11. — La seconde catégorie d'immeubles par destination comprend des biens d'une nature toute différente de ceux compris dans la première. Jusqu'ici nous
nous sommes trouvés en présence de biens attachés au
fonds par le propriétaire, et susceptibles d'être détenus
matériellement. Les immeubles par destination que
nous avons à énumérer maintenant sont des choses qui
ont été attachées également au fonds par le propriétaire,
mais dont celui-ci n'a pas la possession matérielle. Ce
sont des animaux qui jouissent d'une liberté plus ou
moins grande, et qui ne tiennent au fonds que par l'intention qu'ils ont d'y rester. Ce sont, par exemple, les
pigeons des colombiers, les lapins des garennes, les
abeilles des ruches à miel et les poissons des étangs.
(Art. 524.) La loi considère ces différents animaux, lorsqu'ils sont dans leur état sauvage ou demi-sauvage,
comme des accessoires du fonds.

Pour que ces animaux conservent leur caractère d'immeubles, il faut qu'ils soient en liberté, le pigeon dans
son colombier, le lapin dans sa garenne, le poisson dans
son étang. Ils deviendraient meubles s'ils devenaient
l'objet d'une prise de possession effective, ou s'ils étaient
enfermés, le pigeon dans une volière, le lapin dans un
clapier, le poisson dans un vivier. Avec la perte de leur
liberté disparaîtrait le lien qui les rattache au fonds de
terre sur lequel ils vivent et qui les fait considérer comme
immeubles. (Cour de Bourges, 2 décembre 1887.)

Aux lapins des garennes il faudrait assimiler toute espèce de gibier renfermé dans un parc.

Mais on ne saurait considérer comme immeubles les
vers à soie contenus dans une magnanerie. La proposition avait été faite, lors de la préparation du Code civil,

de leur reconnaître le caractère d'immeubles par destination : elle fut repoussée par le Conseil d'État, par le motif que les vers à soie ont une existence trop éphémère.

12. — Il nous reste à fournir quelques explications
sur la troisième catégorie des immeubles par destination. Ce sont, nous dit l'art. 524, § dernier, tous effets
mobiliers que le propriétaire a attachés au fonds à perpétuelle demeure. Ici nous retrouvons entre ces objets
et le sol un lien matériel, semblable à celui que nous
avons rencontré quand nous avons recherché comment
un meuble pouvait devenir un immeuble par nature ;
il faut une adhérence apparente et durable, une attache par le fer, la chaux ou le ciment. Mais il faut, en
outre, une condition qui n'est pas exigée pour les objets mobiliers qui deviennent immeubles par nature : il
faut, ici, que les objets aient été attachés au fonds par
le propriétaire lui-même. Comment distinguera-t-on
les objets qui deviendront immeubles par le seul fait
de leur incorporation au sol, et ceux qui ne le deviendront que si cette incorporation est ordonnée par le
propriétaire lui-même? On admet généralement qu'il y
a lieu de considérer comme immeubles par nature ceux
de ces objets sans lesquels le bâtiment ne serait pas
complet, comme les portes d'une étable ou les râteliers
d'une écurie. On considérera au contraire comme immeubles par destination les objets mobiliers qui, sans
faire partie du fonds lui-même, y ont été attachés par
le propriétaire, soit pour le préserver de dégradations,
soit pour en rendre l'usage plus commode ou plus
agréable : tels seraient par exemple un paratonnerre, un
auvent placé au-dessus d'une porte, un tuyau de des-
cente pour les eaux pluviales, pourvu que ce tuyau ne
fît pas corps avec le bâtiment lui-même, car il serait
dans ce cas immeuble par nature. L'article 525 du Code

civil énumère un certain nombre de ces objets. Bien que les exemples qu'il donne n'aient qu'un rapport fort éloigné avec le sujet de cet ouvrage, ils n'en confirment pas moins la règle que nous avons admise.

13. — Quels sont les meubles ?

La réponse est facile.

Ce sont tous les objets qui ne rentrent dans aucune des catégories d'immeubles que nous venons de définir. Les meubles sont corporels ou incorporels. Les premiers sont les objets qui sont susceptibles de se mouvoir par eux-mêmes, ou d'être mis en mouvement par une force étrangère. Les meubles incorporels sont les droits qui peuvent nous appartenir sur les objets mobiliers. De même que la loi considère comme immeubles les droits qui portent sur des immeubles, de même elle considère comme meubles les droits qui portent sur des objets mobiliers. Elle identifie le droit lui-même avec l'objet sur lequel il porte.

CHAPITRE II.

QUELS SONT LES AVANTAGES QUE COMPORTE LE DROIT
DE PROPRIÉTÉ ET QUELLES SONT SES LIMITES ?

14. — Les auteurs du Code civil, nous l'avons déjà vu, ont défini le droit de propriété, non par sa nature juridique, mais par voie d'énumération de ses principaux attributs. Ils auraient pu dire de lui qu'il est le droit en vertu duquel une chose se trouve soumise, d'une manière absolue et exclusive, à la volonté et à l'action d'une personne (1). Ils ont préféré en donner une définition moins juridique mais plus familière, et ils se sont arrêtés à celle qui est contenue dans l'article 544. « La propriété, ont-ils dit, est le droit de jouir et de disposer des choses de la manière la plus absolue ; » mais ils ont immédiatement ajouté : « à la condition toutefois qu'on n'en fasse pas un usage prohibé par les lois ou par les règlements. »

La propriété, en effet, n'est pas un droit sauvage : dans toute société le droit de l'un s'arrête nécessairement au point où commence celui d'autrui. De là, de toute nécessité, des dispositions particulières destinées à

(1) Aubry et Rau, t. II, p. 151.

régler, entre les propriétaires voisins, les rapports que la contiguïté des terres fait naître et qui dégénéreraient facilement en occasions de conflits. De là aussi, certaines dispositions qui ont eu pour but de faire fléchir, dans des cas déterminés, le droit de propriété devant l'intérêt public.

Nous rechercherons dans les sections qui vont suivre : 1º quelles sont les facultés inhérentes au droit de propriété ; 2º quelles en sont les limites.

SECTION PREMIÈRE.

Quelles sont les facultés inhérentes au droit de propriété ?

15. — Les Romains employaient, pour définir ces facultés, une formule des plus énergiques. Ils disaient que la propriété comporte les trois facultés suivantes : *uti, frui, abuti,* ce que nous traduirons ainsi : user, jouir, disposer.

User d'une chose, c'est la faire servir à tous les usages compatibles avec sa nature.

En jouir, c'est recueillir les fruits ou revenus qu'elle est susceptible de produire.

En disposer, c'est l'aliéner, la détruire (1), ou la dénaturer ; c'est vendre ou donner une maison par exemple, ou même la démolir ; c'est défricher une forêt, supprimer un vignoble, convertir une terre en étang.

Nous allons rechercher, dans deux paragraphes distincts : 1º les avantages que comporte chacun de ces trois éléments du droit de propriété ; 2º les mesures que

_____

(1) Toutefois, il est défendu au propriétaire lui-même de mettre le feu à son bien. (Article 434 du Code pénal.)

la loi permet au propriétaire de prendre pour se réserver la jouissance exclusive de ces avantages et en exclure les autres.

§ I. — DES AVANTAGES INHÉRENTS AU DROIT D'USER, AU
DROIT DE JOUIR ET AU DROIT DE DISPOSER.

Droit d'user.

16. — C'est, nous venons de le dire, le droit de faire
servir un fonds à tous les usages que comporte sa nature.
Le propriétaire pourra donc bâtir, planter, effectuer des
fouilles, donner à son fonds telle destination qu'il voudra, élever des pigeons, établir des garennes, entretenir
telle ou telle espèce d'animaux qu'il lui plaira d'avoir et
en tel nombre qu'il le jugera convenable. Cela semble
aller de soi.

Nous savons pourtant qu'il n'en a pas toujours été
ainsi. Nous avons déjà vu qu'avant 1789 il n'était pas
permis à tout le monde d'avoir un colombier à pied :
c'était là un droit seigneurial, et la plupart des propriétaires ne pouvaient avoir que des pigeons de volière. Il n'était pas permis non plus aux simples propriétaires ruraux d'avoir des garennes ouvertes, c'est-à-
dire des garennes qui ne fussent pas entourées de murs
ou de fossés remplis d'eau : ces sortes de garennes ne
pouvaient être tenues que par les seigneurs de fiefs. Il
n'était pas permis d'avoir des moulins, même des moulins portatifs et à bras. En Picardie et en Normandie, il
était interdit par les coutumes, qui avaient alors, ainsi
que nous l'avons vu, force obligatoire, d'avoir des tau-
reaux et des verrats. Le droit de posséder un taureau
pour couvrir les vaches, un verrat pour couvrir les

trujes, était un droit seigneurial, connu sous le nom de droit de tor ou de droit de verrat.

Mais ce ne sont plus là que des souvenirs, et toutes ces interdictions ont disparu.

Le droit de propriété comprend également le droit de labourer librement les terres, de donner aux sillons la direction et la profondeur qu'on juge nécessaire, ainsi que celui de se servir des instruments de culture et des engrais que comporte la nature de l'exploitation ou du sol. Il comporte aussi la liberté des assolements. On n'est pas propriétaire d'un champ, disaient les rédacteurs du projet de code rural de 1808, lorsqu'on ne peut pas y faire tout tout ce que l'on veut, quand on le veut et comme on le veut (1).

Le droit de propriété implique aussi le droit exclusif de passage, et notamment du passage en vue de la chasse.

17. — Quelques explications sont ici nécessaires.

Sous l'ancien régime, la chasse était un attribut royal. On la considérait comme un élément de la souveraineté, à la jouissance duquel les sujets ne pouvaient être admis que par voie de concession. Cette concession pouvait être faite expressément, en faveur des personnes qui avaient mérité cet honneur. Elle pouvait aussi l'être implicitement : c'est ainsi qu'on avait admis que le droit de chasse avait été originairement communiqué aux terres tenues en fief, en sorte que la chasse, dans la réalité, était l'apanage exclusif du roi et des seigneurs. Quant aux hommes de roture, ils ne pouvaient même pas avoir de chiens de chasse; et il fallait que cette législation fût bien d'accord avec les idées d'alors pour que Pothier, l'un de nos plus grands jurisconsultes, l'approuvât fort,

(1) Toutes ces solutions découlent directement, soit de l'article 544 du Code civil, soit de la liberté d'exploitation établie par les art. 1 et 2 de la loi des 28 septembre - 6 octobre 1791.

en faisant remarquer que la chasse détournerait inutilement les artisans, les paysans et les commerçants de leurs travaux.

La seule chasse, d'ailleurs, qui fût permise aux seigneurs était la chasse à courre. La chasse au chien d'arrêt était interdite comme indigne du passe-temps d'un gentilhomme, comme chasse *cuisinière et trop destructive*. Un certain nombre d'ordonnances, parmi lesquelles la grande ordonnance de 1669 sur les eaux et forêts, titre XXX, article 16, avait interdit à toute personne, noble ou non, d'avoir des chiens couchants.

Les peines qui servaient de sanction à ces règles étaient en général des plus sévères : celui qui était trouvé chassant sans en avoir le droit était puni de la peine du carcan à la troisième condamnation.

L'Assemblée constituante ne laissa rien subsister de toute cette organisation. Dans la célèbre nuit du 4 août 1789, elle supprima le droit seigneurial de la chasse et des garennes ouvertes, et attribua à tout propriétaire le droit de détruire et faire détruire, mais seulement sur ses possessions, toute espèce de gibier, sauf à se conformer aux lois de police qui pourront être faites relativement à la sûreté publique.

C'était reconnaître au droit de chasse le caractère d'un attribut du droit de propriété : tout propriétaire put dès lors chasser sur ses terres.

Mais les lois de police, que le décret du 4 août 1789 annonçait comme devant être faites, tardèrent à être votées. Le droit de chasse, reconnu à tout propriétaire sans réglementation, sans limites, donna lieu à des abus considérables : l'Assemblée constituante fut obligée de voter les 22-30 avril 1790, par provision et en attendant que l'ordre de ses travaux lui permît de plus grands développements sur cette matière, une

loi qui limitait notamment les époques où il serait
permis aux propriétaires de chasser. Cette loi provisoire dura jusqu'au 3 mai 1844 : à cette époque fut
promulguée une loi sur la police de la chasse qui a
rendu les plus grands services, qui est encore aujour-
d'hui appliquée et qui, si elle comporte certaines améliorations dont le Sénat est en ce moment même saisi,
ne saurait être bouleversée sans danger pour l'agriculture. Elle a eu un double but : conserver le gibier par
la limitation du nombre des chasseurs, des époques où
il est permis de chasser, des procédés de chasse, et par
la répression du braconnage; protéger en même temps
les propriétés et les récoltes.

Nous n'avons pas à en faire en ce moment l'étude
complète : elle est avant tout une loi de police, et la
police de la chasse rentre à plusieurs points de vue
dans le droit administratif. Mais elle contient un certain nombre de dispositions qui découlent de la reconnaissance du droit de chasse comme attribut de
la propriété, et par là elle rentre dans le livre Ier de
cet ouvrage.

18. — Qu'est-ce que chasser?

On considère comme fait de chasse tout acte qui a
pour but la recherche, la poursuite et la capture du
gibier, qu'il soit accompli par le chasseur lui-même,
ou seulement par ses auxiliaires.

Ainsi, le fait d'envoyer un chien dans une propriété
et d'attendre à la bordure, en attitude de chasse, le
gibier qu'on suppose s'y tenir, est un fait de chasse
(Cass., 17 juillet 1884). La même solution doit évidemment être admise si, au lieu d'un chien, on y a
envoyé un enfant (Angers, 27 janvier 1873). La traque,
qui consiste, en battant le terrain devant soi et en faisant du bruit, à faire lever le gibier et à le pousser

vers l'affût, est également un fait de chasse (Cass.,
16 janv. 1872), tant de la part des traqueurs que de la
part du chasseur lui-même (Cass., 15 décembre 1870).
Peu importe que les traqueurs ne soient pas entrés
dans la propriété, s'il est constant qu'ils ont cherché,
par leurs cris, à inquiéter le gibier (Cass., arrêt précité du 15 décembre 1870 et arrêt du 23 janvier 1873).
Lorsqu'un chasseur est obligé, pour aller de l'une à
l'autre des parcelles sur lesquelles il a le droit de
chasse, de traverser un terrain sur lequel ce droit ne
lui appartient pas, il doit tenir ses chiens, rappeler
ses auxiliaires et mettre lui-même le fusil en bandou-
lière ou tout au moins sur l'épaule.

19. — Mais ce n'est pas un fait de chasse que
d'aller prendre sur le terrain d'autrui la pièce de gibier
que l'on vient d'abattre. Toutes les fois que cette pièce
de gibier, après avoir reçu un ou plusieurs coups de feu
partant du terrain sur lequel elle pouvait être chassée,
tombe morte sur un champ voisin, le chasseur a le
droit d'aller la prendre, et si le propriétaire de ce terrain
lui en interdit l'accès, de la réclamer, car en la tuant
il en a fait sa propriété, elle est devenue sa chose;
elle est à lui (Cass., 28 août 1868). Il aurait le même
droit si l'animal était dans un état tel que sa capture
fût imminente et certaine, et qu'il n'y eût plus qu'à le
saisir, soit que l'animal eût été blessé d'un coup de
feu, soit qu'il eût été forcé par des chiens courants
(Cass., 29 avril 1862; 23 juillet 1869). Mais si la blessure était légère et permettait au gibier de s'échapper,
ou bien si l'animal poursuivi par les chiens n'était
pas sur ses fins, de telle sorte que pour en prendre
possession il fût nécessaire de le tirer de nouveau ou de
l'abattre, la solution serait différente. La Cour de Cassation a refusé de considérer comme licite le fait, par des

chasseurs qui poursuivaient un sanglier blessé, de l'avoir suivi, en dehors des terres où ils avaient le droit de chasse, dans un bois où le trouvant en lutte sanglante avec leurs chiens, ils l'avaient tué de plusieurs coups de fusil (Cass., 22 août 1868). Il est facile par là d'augurer de la solution qui interviendrait au cas où l'animal ainsi achevé, au lieu d'être dangereux pour la vie des chiens ou des hommes, serait un animal inoffensif.

20. — Le droit de chasse, ainsi caractérisé, appartient-il toujours au propriétaire ?

Il y a deux cas dans lesquels le droit de chasse appartient à d'autres qu'au propriétaire. Lorsque l'usufruit est séparé de la propriété, et lorsque le propriétaire a concédé sur son immeuble un droit d'emphytéose, le droit de chasse appartient alors, soit à l'usufruitier, soit à l'emphytéote. Mais le fermier ordinaire n'a pas, dans le silence du bail, le droit de chasse; il a même été décidé que le fermier dans ce cas ne pouvait s'opposer à l'épinage des terres pour empêcher le braconnage de nuit et l'emploi des filets traînants (Paris 11 juillet 1867).

Le droit de chasse, qu'il appartienne au propriétaire lui-même, à l'usufruitier, ou à l'emphytéote, peut du reste être cédé, soit gratuitement, soit à prix d'argent. Dans ce dernier cas, il intervient entre le cédant et le cessionnaire un véritable contrat de louage. C'est aux termes de la permission gracieusement donnée par le propriétaire, ou du contrat de bail consenti par lui, qu'il faut se référer pour déterminer l'étendue du droit concédé. Si le bail de chasse limite par exemple le nombre des personnes qui pourront être admises à la chasse, le nombre des battues qui pourront être faites, le nombre des animaux qui seront tués, toutes ces conditions devront être observées stricte-

ment. A défaut d'énonciations spéciales, la permission
donnée par un propriétaire de chasser sur ses terres
sera réputée n'avoir été donnée que dans les conditions les moins désavantageuses pour le cédant : c'est
ainsi qu'elle ne s'appliquera par exemple qu'aux terres
dépouillées de leurs fruits (Amiens, 5 décembre 1869);
elle ne se transmettra pas aux héritiers du permission-
naire (Dijon, 15 janvier 1873).

21. — Quelle est la sanction de toutes ces règles?
Cette sanction est très énergique. La loi du 3 mai 1844
ne s'en est pas remise, pour la garantie du droit de
chasse, à la sanction des lois civiles; elle a attaché à la
transgression des règles que nous venons d'exposer,
le caractère d'un délit. Celui qui chasse sans permission sur le terrain d'autrui commet un délit de chasse
(Loi du 3 mai 1844, art. 11 §, 2 et 5). Mais ce délit a un
caractère spécial; il ne peut être poursuivi d'office par
le ministère public. D'après l'art 26 §, 2 de la loi précitée,
la poursuite ne peut être exercée sans une plainte de la
partie intéressée. L'absence de plainte équivaut ainsi à
une permission donnée après coup. Il n'en est autrement, et la poursuite ne peut avoir lieu d'office qu'autant que le délit aurait été commis dans un terrain entouré d'une clôture continue faisant obstacle à toute
communication avec les héritages voisins, ou sur des
terres non encore dépouillées de leurs fruits.

22. — La loi de 1844 contient du reste une disposition fort sage, qui tempère ce que sa rigueur pourrait
avoir d'excessif à l'égard de la chasse à courre. Quelle que
soit l'étendue du bois ou de la plaine dans lesquels un
maître d'équipage a le droit de chasse, il n'est pas rare
que les animaux lancés en franchissent les limites.
Sans doute le devoir des chasseurs et des piqueurs
est alors de rompre les chiens ; le piqueur qui conti-

nuerait à sonner de la trompe, non pour les ramener,
mais pour les appuyer, commettrait un délit de chasse
(Cassation, 58 janvier 1875), et il en serait de même non
seulement du chasseur qui se posterait en lisière du bois
pour y attendre la sortie du gibier (Cass., 15 décembre 1866), mais encore de celui qui se bornerait à y
laisser séjourner ses chiens sans essayer de les rompre
et de les faire sortir (Cass., 7 décembre 1872). Il ne suffirait nullement à ce dernier d'arguer de sa bonne foi et
de prouver qu'il a cessé de prendre part à la chasse, car
il est tenu, non seulement de ne pas chasser lui-même,
mais d'empêcher ses chiens de chasser sur le terrain
d'autrui. Cependant l'ardeur de ces derniers peut être
plus forte que leur obéissance, et le chasseur qui s'en
trouve quelquefois fort éloigné, peut, quelle que soit sa
bonne volonté, ne pas parvenir à les reprendre. Aura-
t-il, dans ce cas, commis un délit de chasse? L'article
11, § 2 de la loi du 3 mai 1844 laisse à cet égard au juge
un plein pouvoir d'appréciation. « Pourra, dit-il, ne pas
être considéré comme délit de chasse le fait du passage
des chiens courants sur l'héritage d'autrui, lorsque ces
chiens seront à la suite d'un gibier lancé sur la propriété de leur maître, sauf l'action civile s'il y a lieu,
en cas de dommage. » Le tribunal pourra donc absou-
dre le fait, lorsque les circonstances le permettront, et
ne condamner le chasseur qu'à la réparation des dégâts s'il en a été commis. C'est d'ailleurs, aux termes de
la jurisprudence, au chasseur qui prétend n'avoir pu
retenir ses chiens, à prouver l'impossibilité qu'il allègue (Cass., 7 décembre 1872).

23. — Une dernière remarque doit être faite à ce
sujet. De ce que le fait de chasser sur le terrain d'autrui
est interdit, il ne faudrait pas conclure que le chasseur
qui tue en délit une pièce de gibier n'en devient pas

légitimement propriétaire. Le gibier, tant qu'il jouissait de sa liberté, n'appartenait à personne, il était son propre maître, et le propriétaire du terrain où il se trouvait n'avait aucun droit sur lui. Le chasseur qui le capture ne commet donc aucun vol; il s'empare seulement d'une chose sur laquelle personne n'a rien à prétendre; il en devient dès lors propriétaire comme premier occupant (Cass., 13 août 1840). Il n'en serait autrement que si le gibier était enfermé dans un enclos dont il ne pût s'échapper, comme un lapin dans une garenne fermée par exemple. Sa capture constituerait dans ce cas un vol, comme la prise de possession d'un poisson dans un vivier.

Droit de jouir de la chose dont on a la propriété.

24. — C'est le droit de recueillir les produits, revenus, ou émoluments que donne la chose.

On entend par fruits les objets qu'une chose produit ou reproduit annuellement, ou à des termes périodiques plus courts ou plus éloignés, sans que sa substance change. Ce sont, par exemple : les récoltes, le croît des animaux, les coupes de bois taillis et celles des futaies soumises à un aménagement régulier.

Ces fruits appartiennent au propriétaire, moins en vertu d'une acquisition nouvelle que par suite de l'évolution naturelle que subit la chose elle-même : celle-ci ne fait pour ainsi dire que se séparer en deux parties.

Les fruits ne constituent un objet distinct de la chose qui les produit que par la perception : alors seulement ils ont une existence propre. Ainsi, la vente d'un fonds couvert de récoltes sur pied comprend celle des récoltes, qui appartiendront au nouveau propriétaire comme le fonds lui-même.

25. — Mais le propriétaire, au lieu de faire sa récolte lui-même, peut louer son bien à un fermier. Le prix du bail représentera alors pour lui les fruits que produit naturellement la terre, et ce prix constituera un fruit civil. On entend en effet par fruits civils les sommes dues par un tiers en vertu d'une obligation ayant pour cause la jouissance de la chose, et telle est bien l'obligation du fermier.

A quel moment le propriétaire acquerra-t-il le prix du fermage?

Il semble que ce doive être le jour du paiement. Il n'en est cependant pas ainsi.

Aux yeux de la loi, les fruits civils sont réputés s'acquérir jour par jour; toutes les vingt-quatre heures, le propriétaire acquiert $\frac{1}{365}$ de ce que son fermier lui doit. Il en résulte que, quand un fonds affermé est vendu au milieu de l'année, le prix de la location se partage, sauf convention contraire, entre le vendeur et l'acquéreur, proportionnellement au temps pendant lequel s'est exercé le droit de chacun, sans que celui qui aurait perçu ce prix en totalité soit autorisé à le retenir.

26. — Indépendamment des fruits ou revenus que produit la chose, le propriétaire acquiert tout ce qui s'y unit ou s'y incorpore. La propriété du sol emporte en effet la propriété du dessus et du dessous. (Article 552 du Code civil.) Lorsqu'une personne plante ou construit sur le terrain d'autrui, ces plantations ou constructions appartiennent au propriétaire du sol. Sans doute, elles ne lui appartiendront pas sans indemnité, mais cette indemnité a été fixée par le Code (article 555) de la façon la plus avantageuse pour le propriétaire du sol. Si celui qui a construit était de bonne

foi, c'est-à-dire s'il se croyait lui-même propriétaire du
sol sur lequel il a fait ces dépenses, il n'a droit qu'au
remboursement, soit de la plus-value qu'il a procurée
au fonds, soit du prix des matériaux et de la main-
d'œuvre, au choix du propriétaire, lequel ne manquera
pas d'opter pour le mode de libération le moins coûteux. Si au contraire celui qui a construit était de
mauvaise foi, c'est-à-dire s'il savait qu'il n'était pas propriétaire, il aura droit dans tous les cas au remboursement de ses dépenses, ce qui lui donne, par l'effet
d'une bizarrerie assez difficile à expliquer, une situation meilleure en apparence que celle du constructeur
de bonne foi; mais en revanche il peut être contraint
de démolir ou d'enlever à ses frais et sans indemnité
ses plantations et constructions, ce qui permet au
propriétaire de l'amener facilement à composition. Il
pourrait même, au besoin, être condamné à des dommages et intérêts envers le propriétaire si ses travaux
avaient diminué la valeur du fonds. Cette dernière
situation, extrêmement précaire comme on le voit, serait celle du fermier qui aurait fait des améliorations,
sans prendre soin de s'entendre au préalable avec le propriétaire (1). Celui-ci peut, sous la menace d'une démolition, imposer au fermier telles conditions qui lui
plaisent : le fermier livré à sa discrétion ne peut faire
autrement que de les subir. On conçoit que dans ces
conditions les fermiers ne soient guère tentés de planter
ou de bâtir : pour les intéresser à réaliser ces améliorations, le Parlement anglais a voté en 1883 une loi
qui détermine le montant des indemnités qui peuvent
être dues en fin de bail par le propriétaire pour les plus-
values réalisées. Plusieurs propositions de lois conçues

(1) On voit par là que la mauvaise foi dont il est question n'implique
pas nécessairement une idée de fraude.

dans le même ordre d'idées ont été récemment présentées à la Chambre des députés : nous indiquerons plus loin, lorsque nous retrouverons cette question, en traitant du bail à ferme, quelles sont les raisons pour lesquelles la législation anglaise ne nous paraît pas susceptible d'être appliquée en France.

27. — De cette hypothèse, qui est la plus fréquente, nous devons rapprocher l'hypothèse inverse, celle dans laquelle le propriétaire du sol a construit ou planté chez lui avec les matériaux ou les arbres d'autrui. Supposons, par exemple, que le propriétaire ait acheté des matériaux à un individu qui les avait lui-même volés. Quand la construction sera élevée, elle appartiendra au propriétaire du sol, par application du principe posé par l'article 552, à l'exclusion du propriétaire des matériaux, qui pourra seulement exiger le remboursement de la valeur des matériaux et même, s'il y a lieu, des dommages-intérêts. Reconnaître au propriétaire des matériaux le droit de réclamer la démolition de l'édifice et de reprendre ses matériaux, c'eût été autoriser une mesure contraire à l'intérêt général, sans profit pour personne (art. 554).

28. — Les plantations et les constructions ne sont pas les seuls objets qui en s'incorporant au sol tombent dans le patrimoine de celui à qui ce sol appartient. Il en est de même des alluvions, des îles qui se forment dans le lit des cours d'eau non navigables, et aussi de certains animaux, lorsqu'ils viennent à se fixer sur un fonds, comme les pigeons qui élisent domicile dans un colombier, les lapins qui se réfugient dans une garenne, les poissons qui passent d'un étang dans un autre.

Nous laisserons de côté, pour le moment, tout ce qui touche aux droits des riverains d'un cours d'eau

relativement à la propriété des alluvions et des iles. L'é-
tude de ces droits se rattache à celle du régime des
eaux et nécessite pour être bien comprise la connaissance préalable d'une partie de nos lois administratives.
Nous ne nous occuperons donc, quant à présent, que
du droit du propriétaire du sol sur les animaux qui
viennent à s'y fixer.

29. — Ce droit, aux termes de l'article 564 du
Code civil, est un droit de propriété. Les pigeons, lapins, poissons qui se fixent dans un colombier, dans
une garenne ou dans un étang, appartiennent au propriétaire de ce colombier, de cette garenne ou de cet
étang; ils deviennent l'accessoire du fonds sur lequel
ils passent. Il suit de là que celui qui mettrait la main
sur ces pigeons, sur ces lapins, sur ces poissons, commettrait un vol, fût-il leur ancien propriétaire.

Mais, pour que l'acquisition prévue par cet article
se réalise, deux conditions sont nécessaires.

Il importe de remarquer en premier lieu qu'il n'est
question dans cet article que d'animaux sauvages, ou
tout au moins à demi sauvages, car ni les lapins de garenne, ni les poissons, ni même les pigeons, ne peuvent être rangés dans la catégorie des animaux domestiques. Les pigeons, a dit Buffon, « ne sont réellement
ni domestiqués comme les chiens et les chevaux, ni
prisonniers comme les poules. Ce sont plutôt des cap-
tifs volontaires, des hôtes fugitifs qui ne se tiennent
dans le logement qu'on leur offre qu'autant qu'ils s'y
plaisent, autant qu'ils y trouvent la nourriture abondante, le gîte agréable et toutes les commodités de la
vie; pour peu que quelque chose leur déplaise, ils quittent et se dispersent pour aller ailleurs. » Cette indépendance d'humeur se rencontre à un plus haut degré
encore chez les autres animaux énumérés dans l'arti-

cle 564 : leur propriété est, par suite, essentiellement précaire, et le législateur, en décidant qu'ils appartiendraient à celui sur le fonds duquel ils se seraient fixés, n'a fait que se conformer aux lois de la nature.

La seconde condition exigée par la loi, c'est que la désertion de l'ancien colombier, de l'ancienne garenne ou de l'ancien étang n'ait pas été provoquée par fraude ou artifice. Dans le cas contraire, l'acquisition ne serait pas légitime.

Si même on prenait à la lettre l'article 564, il faudrait décider que dans ce cas l'acquisition n'a jamais pu se réaliser, et que le propriétaire du colombier, de la garenne ou de l'étang abandonné peut toujours réclamer la restitution de ses lapins, de ses pigeons et de ses poissons. Mais une semblable réclamation ne pourrait se concevoir que pour ceux de ces animaux qui seraient aisément reconnaissables et sur l'identité desquels il n'y aurait aucun doute ; de telle sorte que, dans la pratique, le droit du propriétaire du fonds déserté se résoudra le plus souvent en une indemnité.

30. — Il est une autre espèce d'animaux dont l'article 564 ne parle pas et qui sont cependant soumis à la même règle : ce sont les abeilles. Les abeilles sont, de leur nature, des animaux sauvages, qui n'appartiennent à personne. Mais elles sont en même temps, comme les lapins, les poissons, etc., susceptibles d'une certaine appropriation. Elles peuvent être enfermées dans des ruches : à partir de ce moment, le miel et la cire qu'elles produisent appartiennent exclusivement au propriétaire des ruches ; quant à elles, elles constituent un accessoire du fonds sur lequel il leur plaît de rester et peuvent même devenir immeubles par destination (article 524).

Rarement les abeilles quittent la ruche pour s'établir dans la ruche voisine, mais il en est autrement des essaims. Les essaims sont de jeunes abeilles qui, dès que leurs ailes sont assez fortes, s'échappent de la ruche où il n'y a plus place pour elles et prennent leur volée. Elles deviennent alors la propriété du premier qui s'en empare et qui réussit à les enfermer dans une ruche. Cette acquisition est pourtant subordonnée à une condition, c'est que l'ancien propriétaire de l'essaim ait cessé de le suivre. Aussi longtemps que celui-ci est à sa poursuite et qu'il ne le perd pas de vue, il peut le réclamer. « Le propriétaire d'un essaim a le droit de le réclamer et de s'en ressaisir tant qu'il n'a pas cessé de le suivre, nous dit la loi du 28 septembre 1791 (titre I, section III, art. 5) ; autrement l'essaim appartient au propriétaire du terrain sur lequel il s'est fixé. » Cette disposition se retrouve dans l'article 9 de la loi du 4 avril 1889 sur les animaux employés à l'exploitation des propriétés rurales.

31. — Mais il ne faudrait pas étendre ces règles aux volailles. Souvent les animaux de basse-cour s'échappent et fuient chez le voisin : ils ne changent pas pour cela de propriétaire. Il est en effet facile, la plupart du temps, de les reconnaître, et d'obtenir leur restitution. Toutefois la nature même des choses exige que les réclamations soient formées dans un délai aussi bref que possible ; sinon, on serait en droit de considérer les volailles comme abandonnées. D'après l'article 5 de la loi précitée du 4 avril 1889, les personnes chez lesquelles ces animaux se sont enfuis doivent en faire la déclaration à la mairie. Le propriétaire peut les réclamer pendant un mois à partir de cette déclaration. Passé ce délai, le propriétaire du fonds sur lequel les volailles se sont fixées a le droit de les considérer comme siennes.

Droit de disposer.

32. — Le droit de disposer est le troisième élément du droit de propriété. Il peut, nous l'avons vu, aller jusqu'à l'abdication. On peut en effet abandonner un fonds sans le transmettre à personne, mais nous verrons plus tard que la propriété n'en sera pas perdue pour cela, aussi longtemps du moins qu'un autre ne l'aura pas acquise; elle sera seulement devenue en fait un droit inefficace et stérile.

La plupart du temps c'est par une aliénation que se manifeste et s'exerce le droit de disposer. On ne détruit ou on n'abandonne que les objets dépourvus de valeur. Quant aux autres, on les donne, on les échange, ou on les vend. Nous étudierons plus loin les règles relatives aux aliénations gratuites et aux aliénations à titre onéreux.

§ 2. — DES MESURES QUE LA LOI PERMET AU PROPRIÉTAIRE DE PRENDRE POUR S'ASSURER LA JOUISSANCE EXCLUSIVE DE SON DROIT.

33. — Il ne suffisait pas au législateur de déterminer les éléments dont se compose le droit de propriété; il fallait encore rendre possible son exercice, et en assurer la jouissance. De là un certain nombre de mesures destinées à prévenir les usurpations et à réserver au propriétaire les avantages que la loi lui a reconnus. Parmi ces mesures figurent au premier rang le droit pour le propriétaire d'opérer le bornage de son fonds et le droit de le clore. Sans le bornage, les limites de la propriété sont incertaines; sans le droit de clôture, le propriétaire ne serait véritablement pas maître chez lui.

Les règles applicables au bornage et aux clôtures sont des plus importantes : elles donnent lieu, dans les campagnes, à de fréquentes contestations.

I. — Du bornage.

34. — Le bornage est la simple constatation des limites reconnues d'un fonds. Cette constatation peut avoir lieu à l'amiable ou en justice : elle s'opère au moyen de la plantation de pierres-bornes, ou de tout autre signe de délimitation en usage dans le pays. Tantôt on entoure la pierre de tuileaux ou de cailloux qui lui servent de *garants* ou *témoins*. Tantôt on place sous la pierre du charbon pilé, ou des morceaux de verre, de cuivre ou de métal. ou toute matière qui indique que la borne a été plantée de main humaine, et dans un but déterminé. On conçoit quelle sécurité le bornage d'un champ donne à son propriétaire : il consolide le droit de celui-ci à l'égard de ses voisins, il en détermine matériellement l'étendue, il rend infiniment plus difficiles les anticipations qui pourraient être commises, et il en rend. dans tous les cas, le succès absolument improbable. Pour qu'une anticipation commise sur un fonds puisse fonder un droit au profit de son auteur, il faut en effet qu'elle ait duré 3o ans, et il n'arrivera guère qu'un propriétaire laisse son voisin empiéter pendant 3o ans de suite sur un fonds dont les limites ont été matériellement reconnues. Ce propriétaire hésitera d'autant moins à poursuivre l'usurpateur que l'article 456 du Code pénal punit d'amende et d'emprisonnement quiconque aura déplacé ou supprimé des bornes ou pieds corniers ou autres arbres servant de limites entre des héritages.

Les règles relatives au bornage ont trait aux quatre questions suivantes : Qui peut demander le bornage? A propos de quels fonds peut-on le demander? Devant quel juge, à défaut d'accord amiable, la demande doit-elle être portée? Qui doit en supporter les frais? Nous rechercherons ensuite quelles sont les réformes dont la législation actuelle est susceptible.

35. — Qui peut demander le bornage ?

Le propriétaire d'abord, l'usufruitier, l'usager et l'emphytéote ensuite (1).

Quant au fermier ordinaire, le droit de demander le bornage ne lui appartient pas. Il n'a pas, en effet, de droit réel sur la terre qu'il cultive, il n'a de droits qu'à l'encontre du bailleur qui seul est obligé envers lui; lorsque, par le fait de ses voisins, il éprouve quelque difficulté dans l'exploitation du fonds, c'est au bailleur qu'il doit s'adresser pour faire cesser le trouble ou le dommage.

36. — Mais il se peut que ce propriétaire, cet usufruitier, cet usager, cet emphytéote soit incapable d'agir par lui-même, qu'il soit mineur par exemple Dans ce cas, l'action en bornage sera exercée en son nom par le tuteur, mais elle le sera dans des conditions différentes, suivant que les limites des fonds voisins seront contestées ou non. Lorsque la ligne séparative des deux héritages est certaine et reconnue, lorsque l'action en bornage tend seulement à la plantation de pierres-bornes suivant une ligne acceptée d'avance, le tuteur peut agir seul, sans avoir à demander aucune

(1) L'usufruit, nous le verrons plus tard, est le droit de jouir d'une chose pendant un certain temps, comme le propriétaire lui-même; c'est un droit qui confère, au point de vue de la jouissance du fonds, à peu près les mêmes avantages que la propriété, mais qui est essentiellement temporaire. L'usage est un usufruit réduit aux besoins de l'usager. L'emphytéose est un droit réel, résultant de baux à long terme d'une nature particulière.

autorisation au conseil de famille : dans ce cas, en effet, le bornage est un acte de simple administration, un acte d'administration courante.

Mais lorsque la ligne séparative de deux fonds est incertaine et contestée et que dès lors l'action en bornage tend à faire régler l'étendue et l'assiette d'un droit de propriété, la situation change. Il ne s'agit plus d'un acte sans importance, puisque le droit de propriété lui-même peut s'en trouver modifié. Si celui qui demande le bornage est un mineur, le tuteur devra obtenir l'autorisation du conseil de famille (art. 464 C. C.), car l'action en bornage prend alors le caractère d'une action relative aux droits immobiliers du mineur.

37. — Pour quels fonds peut-on demander le bornage?

Pour que le bornage puisse être demandé, il n'est pas nécessaire que les deux fonds voisins soient des fonds de terre ; le bornage peut être demandé entre deux fonds dont l'un est en nature de prairie par exemple et l'autre couvert de bâtiments.

Mais il faut que les deux fonds soient contigus : autrement le bornage n'a plus de raison d'être. Ainsi, l'action en bornage ne serait pas admise entre deux fonds séparés par un cours d'eau, ou par une route, ou par un chemin public.

Toutefois deux fonds ne cesseraient pas d'être contigus parce qu'ils seraient séparés par un fossé ou un sentier privé ; il se peut en effet que ce fossé ne soit pas à la place où il devrait être, que le propriétaire de l'un des deux fonds l'ait poussé plus avant dans la direction du fonds voisin qu'il n'avait droit de le faire. Le bornage, dans ce cas, conserve toute son utilité.

L'action en bornage peut d'ailleurs être intentée à toute époque, et quel que soit le temps pendant lequel les deux fonds sont restés sans limites déterminées. Elle est, en ce sens, imprescriptible.

38. — Devant quel juge, à défaut d'accord amiable entre les parties, l'action doit-elle être portée?

Aux termes de l'article 6, n° 2, de la loi du 25 mai 1838, les actions en bornage sont de la compétence du juge de paix dans le ressort duquel sont situés les immeubles; mais cette compétence cesse lorsque la propriété ou les titres qui l'établissent sont contestés. Dès qu'au cours d'une action en bornage une question de propriété s'élève, le juge de paix doit se dessaisir. L'action en bornage ressortit alors au tribunal d'arrondissement qui, après avoir statué sur la question de propriété, fera opérer le bornage lui-même et règlera tout le litige (Cass., 18 juin 1884). Il va de soi toutefois que si la contestation soulevée au sujet de la propriété ou des titres n'était manifestement pas sérieuse, si elle reposait sur des allégations tellement vagues que leur manque de fondement ne fût pas douteux, le juge de paix pourrait retenir l'affaire, car il ne serait pas possible dans ce cas de dire que la propriété ou les titres qui l'établissent sont contestés. Décider le contraire, ce serait donner aux plaideurs de mauvaise foi le moyen de modifier, par l'emploi d'une simple formule, les règles de compétence établies par la loi.

Pour qu'il y ait véritablement contestation de nature à dessaisir le juge de paix, il faut que l'un des deux adversaires prétende et que l'autre nie qu'une partie d'un des deux fonds lui appartient, soit parce qu'il l'a acquise par prescription, soit parce qu'elle a été l'objet d'une aliénation en sa faveur de la part du véritable propriétaire. Il en serait ainsi par exemple si l'un des deux propriétaires voisins produisait un acte de vente attribuant au fonds vendu une contenance de trois hectares, et si son adversaire soutenait au contraire que le vendeur, n'ayant jamais été propriétaire au lieu dit que de deux hectares et demi, n'avait pu dès lors conférer à son acheteur plus de droits qu'il n'en avait lui-même.

39. — Mais il ne faudrait pas croire que le juge de paix cesse d'être compétent par cela seul que les limites des deux fonds ne seraient pas dès à présent certaines et reconnues. Le pouvoir du juge de paix ne consiste pas uniquement à faire planter des pierres-bornes sur les points qui lui sont indiqués par les parties. S'il est vrai que le bornage n'est, comme nous l'avons dit, qu'une simple constatation matérielle des limites de deux fonds, il ne s'ensuit nullement que le juge chargé de cette opération n'ait pas le droit de rechercher quelles sont ces limites. Il pourra donc faire procéder à un arpentage, si cette opération est nécessaire, pour permettre l'application sur le terrain des titres invoqués de part et d'autre, pourvu que ces titres ne soient pas contestés.

40. — Comment les frais occasionnés par le bornage doivent-ils se répartir entre les propriétaires intéressés?

L'art. 646 du Code civil répond à cette question d'une manière fort incomplète. Le bornage, dit-il, se fait à frais communs, ce qui signifie que chaque propriétaire doit prendre part à la dépense; mais les rédacteurs du Code ont négligé de faire connaître dans quelle proportion chacun serait tenu d'y contribuer. On admet généralement qu'il y a lieu de suivre la distinction suivante :

Certains frais sont toujours les mêmes, quelle que soit la contenance respective des deux fonds : tels sont les frais relatifs à la fourniture et à la plantation des pierres-bornes. Ils se partagent par moitié entre les propriétaires intéressés.

Il en est d'autres qui sont proportionnels à la contenance respective des deux fonds contigus : tels sont les frais d'arpentage. Ils sont l'objet d'une répartition proportionnelle.

Enfin il y a des frais qui auraient pu être évités, et qui dans ce cas doivent rester à la charge exclusive de celui qui les a rendus nécessaires. Tels sont les frais des contestations soulevées à l'occasion du bornage : si l'une des parties soulève une question de propriété et succombe dans sa prétention, les dépens seront supportés par elle seule, en vertu de l'article 130 du Code de procédure civile, d'après lequel toute partie qui succombe doit être condamnée aux dépens. Il en serait ainsi même des frais d'arpentage, si cet arpentage n'avait été rendu nécessaire que par les prétentions fausses ou exagérées de l'une des parties.

41. — Telle qu'elle est organisée par notre législation, l'action en bornage soulève fréquemment des difficultés si grandes que les propriétaires hésitent à y recourir. Parmi ces difficultés, les unes dérivent de la nature même des choses et sont par suite inévitables. D'autres au contraire pourraient être supprimées, ou tout au moins fort atténuées par le législateur.

Il arrive fort souvent qu'au cours d'une action en bornage, lors de l'arpentage, deux propriétaires s'aperçoivent que la contenance réelle de leurs fonds est inférieure à celle qui est indiquée dans leurs titres d'acquisition. C'est un fait qui s'explique de la manière la plus simple : les vendeurs sont toujours portés à ajouter à la contenance de leur domaine, si bien que lorsqu'il s'agit d'appliquer les titres sur le terrain, c'est ce dernier qui manque. Mais au lieu d'admettre cette explication pourtant si naturelle, les propriétaires ne sont que trop enclins à rechercher parmi leurs voisins quel est celui qui peut bien avoir profité de ce déficit, plus apparent que réel. On s'imagine que ce qu'on possède en moins, c'est un autre qui le détient en plus, et on l'assigne. Celui-ci cherchera de son côté à reprendre sur l'arrière-voisin ce qu'il aura été forcé d'abandonner, de telle sorte que de proche en proche, l'action en bornage peut nécessiter la mise en cause de tous ou presque tous les propriétaires d'un tènement ou lieu dit; les contestations ne s'arrêtent qu'à un obstacle naturel, chemin public ou cours d'eau.

A côté de ces difficultés, qui sont inévitables, car elles proviennent de l'imperfection humaine, il en est d'autres qui tiennent, soit à la mauvaise rédaction des titres de vente, soit à l'insuffisance du cadastre, et qui appellent l'attention du législateur. En France, les mutations de propriétés sont d'une facilité extrême : aucune forme solennelle n'est nécessaire; point n'est besoin de recourir à un notaire; la vente est parfaite entre les parties par le seul effet de leur consentement, et pour constater cette vente, un acte sous seing privé suffit. De là un trop grand nombre d'actes de vente conçus dans des termes équivoques, et n'indiquant même pas avec précision la parcelle vendue. Lorsqu'il s'agit de maisons, d'enclos, de domaines importants, l'obscurité de l'acte fait rarement naître un doute sur l'identité du bien vendu ; mais il en est autrement de la plupart des 125 millions (1) de parcelles dont se compose la propriété rurale.

Le plus souvent, voici comment se dresse le signalement de cette parcelle : Un tel vend ou donne à un tel une pièce de terre, actuellement en froment ou en avoine, d'une contenance de 50 ares ou environ, située dans la commune de..., au lieu dit le..., bornant

---

(1) Exactement 125,214,671 parcelles : statistique agricole de 1882.

d'un côté Pierre, de l'autre Paul, d'un bout Jacques, de l'autre Jean.

Or ce signalement peut s'appliquer à un grand nombre de parcelles. Ainsi que le regretté président Bonjean le faisait remarquer en 1866 au Sénat (1), l'indication de la culture, la plupart du temps, ne prouve rien, car, sauf pour quelques produits de nature spéciale, elle change chaque année. La contenance, pas davantage, car elle n'est indiquée que d'une manière approximative, et elle varie d'ailleurs par les empiétements. Quant à l'indication des voisins, elle est souvent mal faite; au surplus ceux-ci vendent, quittent la commune ou décèdent. Si bien que la constatation de l'identité d'une parcelle devient une véritable difficulté.

Cette difficulté s'aggrave à raison de l'imperfection et de l'inexactitude des plans du cadastre. Le cadastre, on le sait, est un inventaire constatant la contenance des biens fonds, leurs revenus et la valeur relative pour laquelle ils doivent être soumis à l'impôt foncier.

Il a pour base des plans sur lesquels sont mentionnées toutes les propriétés situées dans chaque commune, et lorsqu'en 1807 on entreprit la confection de ces plans, on eut tout naturellement l'idée de les faire servir à la fois à l'assiette de l'impôt et à la constatation de la propriété foncière : « Un bon cadastre, disait Napoléon Ier au Conseil d'État, sera le complément de mon code. Il faut que les plans soient assez exacts et assez développés pour servir à fixer les limites des propriétés et empêcher les procès. » On voulait constituer à l'aide du cadastre le grand-livre de la propriété foncière, donner un état civil à tous les immeubles, individualiser chaque parcelle. On voulait que, dans les pro-

(1) *Annales du Sénat,* 1866, p. 26.

cès, il servît nécessairement de titre toutes les fois qu'il s'agirait de prouver la propriété. Le cadastre devait être le grand livre terrier de la France. Ces idées étaient encore en 1811 celles de l'administration des finances (1). Mais, pour que le cadastre pût remplir ce but, il eût fallu l'établir, non pas conformément au fait, mais conformément au droit. Il eût fallu convoquer les propriétaires sur le terrain au moment où le plan devait être levé et provoquer leurs observations sur les contenances qu'on leur attribuait; puis tenir le plan et les pièces qui le complètent (nous voulons parler des états de section et de la matrice qui font connaître le nom des propriétaires) au courant des ventes ou aliénations qui devaient se produire et en accord parfait avec tous les mouvements de la propriété. Toutes les fois qu'une vente au eu rait lieu, le nom de l'ancien propriétaire aurait dû être remplacé sur les états de section et la matrice par le nom du nouveau, et toutes les fois que cette vente aurait amené la création d'une nouvelle parcelle, ou au contraire l'absorption d'une parcelle dans une autre, il aurait dû en être fait mention sur le plan. Rien n'eût été plus facile, ensuite, que de savoir quel était le propriétaire actuel d'un immeuble, et de reconnaître et de limiter ses droits. Mais on agit tout autrement. Le plan cadastral, tel qu'il fut exécuté, ne toucha en rien aux questions de propriété. Il constata, non pas le droit du possesseur de chaque héritage, mais le fait seul de la possession. Les propriétaires ne furent même pas convoqués à l'opération. Il était dès lors impossible de faire servir le cadastre à la preuve de la propriété, même au moment où il fut établi (2), et ces imperfections n'ont fait depuis

(1) *Recueil méthodique du cadastre*, publié en 1811, articles 1143 et 1144.
(2) Il ne fut achevé qu'en 1850.

que s'accroître. A chaque mutation de propriété, on mentionne bien sur la matrice le nom du nouveau propriétaire, car c'est d'après les indications de la matrice que les cotes foncières sont établies, et si ces indications étaient erronées, le recouvrement de l'impôt deviendrait impossible; mais le plan lui-même, et les états de section qui le complètent et lui servent de légende demeurent invariables. Ils se trouvaient déjà en 1846 si peu en harmonie avec le terrain qu'ils ne pouvaient plus, ainsi que le constatait le directeur général des contributions directes dans une circulaire de cette époque, servir de guide aux propriétaires et que les agents de l'administration eux-mêmes éprouvaient de l'embarras pour constater l'identité des propriétés. Depuis cette époque, le cadastre a été refait, il est vrai, dans un certain nombre de communes conformément à une loi du 7 août 1850, mais dans les autres, les inconvénients signalés n'ont fait que s'aggraver.

42. — Quels sont les remèdes qui peuvent être apportés à cette situation?

Il y a un remède qui a été souvent proposé, et qu'il est permis d'appeler héroïque. Il consisterait à faire actuellement ce qui aurait pu être fait en 1807. On procéderait de nouveau au mesurage de toutes les parcelles : on convoquerait à l'opération tous les propriétaires, et chacun d'eux serait tenu, ou d'adhérer aux résultats du mesurage, ou de faire juger, dans un délai et dans des formes à déterminer, ses prétentions contraires. Ce système a été soutenu énergiquement en 1866 devant le Sénat par le magistrat éminent dont nous avons cité le nom tout à l'heure. On invoquait en sa faveur l'exemple de la Suisse. Une loi de Genève, en 1841, a ordonné dans le canton la confection d'un cadastre en vue de la délimitation des propriétés particu-

lières : des règles de procédure toutes spéciales avaient
été établies. On avait institué dans chaque commune un
prud'homme qui exerçait une véritable magistrature,
qui statuait comme statue chez nous le juge de paix dans
une instance en bornage, mais avec des attributions
plus étendues.

Le Sénat repoussa la proposition, quelque séduisante
qu'elle fût. On fit remarquer, d'abord, que la dépense
s'élèverait à un milliard; que la réfection du cadastre,
en outre, soulèverait une multitude de procès qui ne
demandent qu'à dormir, et que d'ailleurs il n'était pas
impossible d'arriver à un résultat équivalent par d'autres moyens.

Il appartient, en effet, aux juges de paix d'exercer,
par la persuasion, la plus heureuse influence. Ils peuvent provoquer autour d'eux l'entente des propriétaires
et saisir toutes les occasions qui leur sont offertes de
faire des bornages ou abornements généraux. On peut
s'appuyer également à cet égard sur l'exemple de la
Suisse. En 1866, M. Bonjean, après avoir invoqué les
heureux résultats qu'avait donnés en 1841 la loi adoptée par le canton de Genève, faisait connaître que dans
le canton de Vaud, au lieu de rendre la délimitation
obligatoire, on s'était borné à y inviter les propriétaires,
et que l'invitation avait été aussi efficace que l'obligation. Pourquoi, si la liberté suffit, y substituer la contrainte?

43. — Cependant cette action des juges de paix, si
bienfaisante qu'elle soit, ne suffirait pas à elle seule pour
assurer une délimitation exacte de la propriété foncière.
Le Conseil d'État, saisi en 1877 d'une proposition de
réforme du cadastre, a reconnu la nécessité de certaines
réformes législatives. Après avoir repoussé les propositions de réforme radicale dont nous venons de parler,

et qui consistaient à rendre obligatoires, au moyen de la réfection du cadastre, les abornements généraux, il a pensé qu'il y avait lieu d'encourager ces abornements par les mesures suivantes.

D'après une loi du 7 août 1850, que nous avons citée plus haut, il peut être procédé à la réfection du cadastre dans les communes cadastrées depuis trente ans au moins qui consentent à en faire les frais et qui obtiennent du Conseil général un avis favorable à cette réfection. On a pensé à profiter de ce travail, lorsqu'il serait entrepris, pour le faire coïncider avec un bornage général des terres, et un certain nombre de Conseils généraux ont émis l'intention de concourir par des subventions aux frais des abornements qui seraient entrepris dans ces conditions. Les Conseils généraux pourraient être autorisés à créer dans ce but des ressources nouvelles et à les affecter au paiement de ces subventions.

En outre, reprenant un vœu émis par le Sénat au sujet du projet de code rural dont celui-ci avait pris l'initiative en 1854, le Conseil d'État a pensé que les opérations d'abornement qui seraient entreprises en vue d'opérations cadastrales déjà annoncées devraient être exemptés des droits de timbre et d'enregistrement qui sont actuellement perçus à l'occasion de tout bornage, qu'il soit effectué à l'amiable ou par voie judiciaire.

Enfin il a émis l'avis que, toutes les fois qu'il serait procédé au renouvellement du cadastre, les propriétaires devraient être convoqués sur le terrain et invités à reconnaître ou à contester les lignes de démarcation proposées. Cette convocation ne serait qu'une invitation. Ainsi que le faisait remarquer au Conseil d'État son éminent rapporteur (1), le propriétaire méfiant, celui

(1) M. du Martroy, alors président de section au Conseil d'État.

qui ne se sent pas les mains nettes du bien d'autrui, pourra ne pas s'y rendre, mais elle n'en fournirait pas moins l'occasion à ceux qui veulent s'entendre de le faire en présence, et, au besoin, avec les conseils des agents du cadastre. Si les propriétaires tombaient d'accord, il pourrait intervenir entre eux un acte constatant cet accord : il impliquerait le bornage, et le plan serait dressé en conséquence. Si les propriétaires ne répondaient pas à la convocation qui leur aurait été adressée, ou s'ils ne s'accordaient pas, le plan serait établi, comme il l'a été en 1807, conformément à la jouissance apparente, et sous réserve de tous les droits. Enfin, procès-verbal de l'opération tout entière serait dressé : l'accord des propriétaires ou les contestations qui se seraient élevées entre eux seraient constatés, et ceux-ci seraient invités à signer le procès-verbal.

Ces propositions sont excellentes, et elles ne manqueraient pas d'amener de précieux résultats. La dernière d'entre elles a déjà reçu la consécration de l'expérience, non seulement dans le canton de Vaud, mais encore en France. En 1846, lors du dépôt du projet de la loi du 7 août 1850, le gouvernement, sans admettre l'abornement forcé, avait cherché à provoquer les abornements facultatifs au moment du renouvellement des opérations cadastrales. Le moyen choisi par lui était la convocation des propriétaires, dans les mêmes conditions, ou à peu près, que celles proposées depuis par le Conseil d'État. Le législateur ne consacra pas cette innovation, mais dans l'intervalle de temps qui s'est écoulé entre la présentation du projet (1846) et son adoption (1850) des essais eurent lieu dans plusieurs départements, notamment dans le Doubs, et ils eurent un plein succès.

44. — Nous ne pouvons donc que faire des vœux en faveur de l'adoption définitive de ces propositions.

Elles n'ont qu'un seul défaut, c'est de n'être applicables qu'en cas de renouvellement des opérations cadastrales. Le Conseil d'État ne pouvait, il est vrai,
procéder autrement : saisi d'un projet de loi sur le cadastre, il ne pouvait se prononcer que sur la question
qui lui était posée, et il aurait excédé les limites de la
délégation qui lui avait été donnée par le gouvernement
s'il avait examiné les réformes que peut comporter notre
législation lorsqu'il s'agit d'opérer, en l'absence de tout
renouvellement cadastral, un abornement général. Il
est d'autre part bien certain que l'abornement général le
plus désirable est celui dont la confection est combinée
avec celle du plan cadastral. Mais les plans cadastraux
ne peuvent être renouvelés que fort rarement, à cause de la
dépense que cette opération entraîne. Il importe donc
que les abornements généraux accomplis en dehors de
toute réorganisation cadastrale soient également encou-
ragés. On pourrait, dans ce but, exempter les procès-
verbaux d'abornements du paiement des droits de timbre
et d'enregistrement. Dans la pratique, l'administration
de l'enregistrement ne s'y refuse pas, à la condition que
l'opération embrasse le territoire d'une commune entière :
plusieurs décisions ont été rendues dans ce sens lors
d'abornements généraux accomplis dans l'Est (1), mais
ce n'est là qu'une pratique bienveil lante. L'intérêt considérable qui s'attache à la délimitation exacte de la propriété foncière et à la suppression de procès difficiles
et coûteux qui en résultera justifie suffisamment la
consécration de cette pratique par la loi elle-même.

Il y aurait lieu également de régler d'une manière
favorable les conditions dans lesquelles les agents du
cadastre, géomètres et arpenteurs, et même les agents

_____

(1) Ces abornements généraux ont pris dans l'Est le nom de remem-
brements.

voyers pourraient concourir aux opérations d'art qu'un abornement rend nécessaires. Deux décrets en date des 10 mai et 1er juin 1854 ont réglé les conditions dans lesquelles le concours des ingénieurs des ponts et chaussées et des mines pourrait être obtenu par les départements, les communes et les associations de propriétaires pour l'exécution de travaux. Le décret du 26 décembre 1878, portant règlement d'administration publique pour l'application de la loi du 15 juillet 1878 sur le phylloxera dispose également que lorsque le ministre de l'Agriculture prescrit la submersion des vignes, le préfet charge les ingénieurs du département de faire exécuter les travaux exigés par cette opération. Des dispositions analogues pourraient être prises à l'égard des fonctionnaires dont nous venons de parler. Le vœu en a été formulé par le Sénat dans le célèbre Rapport à l'empereur, et il est facile de le réaliser. Il suffirait à la rigueur de simples instructions ministérielles.

II. — *Des clôtures.*

45. — La clôture d'un fonds présente plusieurs sortes d'avantages. Elle éloigne les maraudeurs et constitue ainsi une sûreté pour la propriété. D'après l'ancien adage, « Pour néant plante, qui ne clôt (1). » En outre, la législation voit avec plus de faveur les propriétés closes que les propriétés ouvertes. Lorsqu'un domaine est clos, dans les conditions fixées par l'art. 2 de la loi du 3 mai 1844, son propriétaire peut y chasser en tout temps. D'autre part, les délits qui sont commis à l'encontre d'une propriété close sont frappés de peines plus sévères.

(1) Loisel, *Institutions coutumières*, I, p. 298.

(Art. 391 et 446 du Code pénal.) Enfin certaines propriétés, lorsqu'elles sont closes, sont exemptes des servitudes imposées en vue de l'exécution des travaux publics, ou des obligations imposées en vue de la protection des récoltes, comme celles relatives au ban de vendange par exemple.

46. — Avant 1789 la plupart des coutumes, en même temps qu'elles reconnaissaient l'utilité de la clôture, déniaient aux propriétaires l'exercice de ce droit. Le privilège de la chasse entrait pour beaucoup dans cette interdiction : on voulait laisser aux plaisirs du chasseur seigneurial libre carrière. On voulait aussi laisser le champ libre à la vaine pâture, qu'on considérait presque partout comme une institution nécessaire.

La législation était d'ailleurs très variable. Il y avait des parties de la France, comme la Provence et la Bretagne, dans lesquelles il était permis de se clore. D'autres, comme le Maine, la Normandie, la Marche, etc., dans lesquelles la clôture, tout en étant admise, n'était pas sanctionnée par le législateur. Ceux qui violaient les clôtures n'encouraient aucune amende, et si le bétail entrait dans le clos, il était permis seulement de le *mettre hors gracieusement*. D'autres fois, au contraire, on forçait le propriétaire à clore hermétiquement son champ, afin de ne laisser aucune ouverture ou trouée par laquelle le gibier pût s'introduire, et cela sous peine de dix livres d'amende. (Ordonnance de 1669, titre XXX, art. 21.)

Le propriétaire rural n'était donc libre, la plupart du temps, ni de clore ni de ne pas clore. Le droit de décision à cet égard ne lui appartenait pas.

Il n'y avait pas moins de diversités au sujet des conditions que devaient remplir les clôtures pour produire certains effets légaux, comme l'affranchissement de la vaine pâture là où cet affranchissement était possible. On avait fini par admettre, dans certaines contrées, l'efficacité des clôtures imaginaires, consistant soit en des brandons ou chiffons mis au haut d'un piquet ou soit en un tas de pierres ou de mottes de terre qu'on appelait montjoie·: ces signes étaient considérés comme des clôtures symboliques.

La loi de 1791 a fait disparaître, d'une manière absolue, les prohibitions des coutumes, et a déclaré que le droit de clore et de déclore ses héritages résulte essentiellement de celui de propriété et ne peut être contesté à aucun propriétaire. (Loi du 28 sept. 6 octobre 1791, tit. I, sect. IV, art. 4.) Ce principe a été confirmé expressément par l'art. 647 du Code civil, d'après lequel tout propriétaire peut clore son héritage.

47. — Quels sont les modes de clôture admis par le Code civil?

Ce sont toutes les clôtures réelles, qu'il s'agisse de palissades, de haies vives, de murs, de treillages, de haies sèches, de fossés, de traverses en bois, de fils métalliques, etc. Le choix du propriétaire est absolument libre, et lorsqu'il veut planter une haie vive, il peut y employer la nature d'arbustes qui lui paraît devoir remplir le mieux le but qu'il se propose.

Les seules clôtures que la loi ne connaisse pas, ce sont les clôtures symboliques. Non pas qu'elle les prohibe. S'il plaît à un propriétaire dont le champ est couvert de fruits, à l'ouverture de la chasse, de bien marquer son intention de n'y laisser passer personne en plantant en terre un signe quelconque, rien de mieux. Mais ce signe par lui-même n'a aucune valeur : il n'a d'efficacité que comme indication d'un état de culture qui par lui-même est une défense, qui par lui-même interdit le passage des hommes ou des animaux. Celui qui passerait sur le fonds marqué de ce signe encourrait une amende, mais ce n'est pas par suite de l'apposition de ce signe, c'est en vertu de l'article 475, n° 9 du Code pénal qui interdit de passer sur les terrains chargés de grains ou de fruits mûrs ou voisins de la maturité.

48. — Les effets légaux que peuvent produire les clôtures réelles sont d'ailleurs subordonnés à certaines conditions de continuité et de solidité. Suivant qu'il s'agit de considérer une propriété comme close ou non, au point de vue de la chasse, ou au point de vue de la répression des délits qu'on peut y commettre, ou au point de vue de l'affranchissement d'une des servitudes dont nous avons donné l'indication plus haut, la loi est plus ou moins exigeante. Au point de vue pénal, peu importe la hauteur, la profondeur, la vétusté, la dégradation de la clôture. (Art. 391, Code pénal.) Au point de vue de l'affranchissement de la vaine pâture au contraire, il faut que la clôture soit effectivement en état de s'opposer à l'introduction des animaux. Au point de vue de la chasse, il existe également des règles spéciales. Notre intention n'est pas d'étudier actuellement les conditions auxquelles doivent satisfaire les clôtures à ces divers points de vue : nous les ferons connaître successivement, à mesure que nous aborderons les sujets auxquels l'examen de ces conditions se rattache.

49. — Mais nous devons dès à présent nous demander comment ces clôtures doivent être établies, et ce que comporte à cet égard le droit de propriété.

Toutes les clôtures doivent être établies sur le fonds même qu'elles ont pour but de protéger, et sur ce fonds seul. Il faut que la palissade, la haie sèche, le treillage, etc., aient leur point d'appui à l'intérieur de la propriété. Il faut de plus que leur mode d'établissement n'ait pas pour effet de faire perdre au propriétaire voisin une partie des avantages que peut lui procurer la jouissance de son fonds.

Il s'est produit sur ce point, notamment à propos de l'établissement de fossés, de murs, ou de haies vives, un certain nombre de difficultés dont quelques-unes ont été réglées par la loi elle-même.

La haie vive est par elle-même une excellente clôture, car elle est productive. Elle a cependant un inconvénient, c'est qu'elle absorbe une partie de la fertilité du sol. Si elle était placée sur la limite précise qui sépare les deux fonds, elle serait dommageable au propriétaire voisin, car elle étendrait chez lui ses racines et ses branches : aussi n'est-il permis de l'établir par rapport au fonds voisin qu'à la distance prescrite par les règlements particuliers ou les usages locaux, et à défaut de règlements et usages, qu'à la distance de 2 mètres si sa hauteur doit elle-même dépasser 2 mètres, et à la distance de 5o centimètres dans le cas contraire. (Art. 671, C. C.) Les murs et les fossés peuvent être également préjudiciables aux propriétaires voisins. Le mur peut avoir pour effet d'empêcher ceux-ci de labourer jusqu'à l'extrême limite de leurs fonds, comme ils le faisaient auparavant. Le fossé peut entraîner un éboulement de terres et diminuer par là la consistance de la propriété voisine. Aussi les anciennes coutumes avaient-elles établi à cet égard des règles spéciales : suivant les coutumes du Boulonnais, art. 169 et 171, et de Normandie, art. 181, celui qui faisait un mur de séparation à côté d'une terre labourable appartenant à son voisin était tenu de laisser un certain espace, qui était ordinairement de deux pieds et demi ou trois pieds, pour que le voisin pût toujours labourer son héritage à la charrue sans perdre aucune portion de son terrain. En ce qui concerne les fossés, il existait des usages analogues : dans la plupart des coutumes, le propriétaire qui creusait un fossé devait laisser une distance de 33 centimètres entre le bord extérieur de ce fossé et le fonds voisin. Ces derniers usages ont disparu, en tant qu'usages : le Code civil ne les a pas consacrés ; ils n'ont plus dès lors force obligatoire. Mais ce qui demeure toujours vrai, c'est que le droit de propriété, si absolu qu'il soit, ne permet pas de porter atteinte au droit d'autrui, et que le premier s'arrête là où le second commence. Il appartiendrait donc aux tribunaux, en constatant l'imminence d'ébranlement de terre que devrait causer dans le fonds voisin l'établissement d'un fossé à une distance trop rapprochée de ce fonds, de le faire combler et d'exiger une distance plus considérable (Cass., 11 avril 1848 et 3 juillet 1849).

SECTION DEUXIÈME.

Quelles sont les limites du droit de propriété par rapport aux avantages qu'il procure ?

50. — Ces limites, nous l'avons dit plus haut (1), sont de deux sortes : les unes ont été établies dans l'intérêt des propriétaires voisins, les autres dans l'intérêt public. Nous étudierons complètement les premières, mais nous réserverons pour la seconde partie de cet ouvrage l'étude de la plupart des autres. Presque toutes en effet ont été établies soit dans l'intérêt des travaux publics, comme l'expropriation et la servitude d'extraction des matériaux, soit dans l'intérêt de la voirie fluviale ou terrestre, comme la servitude de halage et celle de l'alignement, soit dans l'intérêt de la police rurale, comme les

(1) Voir page 60.

LÉGISLATION RURALE.   7

dispositions de la loi du 21 juillet 1881 sur les maladies contagieuses des animaux. Il est dès lors nécessaire, pour s'en rendre un compte exact, de connaître la législation spéciale qui concerne les travaux publics, la voirie, les eaux, la police; or, l'étude de cette législation rentre dans celle du droit administratif. Toutefois quelques-unes d'entre ces limitations affectent d'une manière si essentielle et si profonde le droit de propriété qu'il nous paraît impossible de différer plus longtemps leur étude. La législation relative aux mines, au défrichement des bois, à la culture de la vigne, à celle du tabac ne se borne pas à imposer aux propriétaires certaines précautions, certaines formalités et certaines gênes : elle touche aux attributs mêmes du droit de propriété; elle fait subir aux facultés inhérentes au droit lui-même des restrictions qui modifient jusqu'à un certain point sa nature. Il est certain que, par suite de ces restrictions, le droit d'user, de jouir et de disposer d'une forêt ou d'un vignoble n'est pas le même que celui d'user, de jouir ou de disposer d'un champ. On pourrait, sans exagération, dire d'un propriétaire de vignobles qui ne connaîtrait pas la législation relative au phylloxéra qu'il ne sait pas ce que c'est que d'être propriétaire. Les restrictions dont nous parlons ne sont pas d'ailleurs des restrictions transitoires ou éventuelles; elles sont permanentes. A tous ces points de vue, il nous a semblé que leur étude ne pouvait être séparée de l'étude de la propriété elle-même.

Pour plus de clarté, nous rapprocherons ces différentes restrictions des différentes facultés inhérentes au droit de propriété auxquelles elles servent de limites. Nous rechercherons quelles sont les restrictions du droit d'user, du droit de jouir, du droit de disposer, qui ont été établies, soit dans l'intérêt des voisins, soit dans l'intérêt général, et c'est seulement quand cette étude sera terminée que nous posséderons, sur le droit de propriété, des idées à la fois précises et complètes.

§ Ier. — RESTRICTIONS DU DROIT D'USER.

51. — On peut user de différentes manières du fonds dont on a la propriété. On peut, notamment, y élever des constructions, y faire des plantations, y effectuer des fouilles. Nous allons rechercher dans quelles conditions légales ces différents travaux peuvent être accomplis.

I. — *Des règles imposées au propriétaire qui veut construire.*

52. — Les règles qui ont été imposées, dans l'intérêt des fonds voisins, au propriétaire qui veut construire, concernent : 1° la manière dont les jours ou vues qui donnent sur ces fonds doivent être disposés; 2° la défense de faire aucun ouvrage qui puisse avoir pour effet de diriger sur le fonds voisin les eaux pluviales et ménagères et notamment les eaux provenant de l'égout des toits; 3° l'interdiction de faire auprès du mur séparatif de la propriété voisine certains ouvrages ou d'y appuyer certains objets sans observer les précautions et la distance prescrites.

Les règles qui ont été imposées dans l'intérêt public concernent : 1° l'alignement; 2° la prohibition de bâtir à certaine distance des bois soumis au régime forestier et des cimetières.

Étudions d'abord les premières :

53. *Des jours.* — On appelle jours les ouvertures qui ne laissent passer que la lumière (les Romains leur donnaient le nom de *lumina*), par opposition aux vues qui laissent passer la lumière, l'air et la vue.

Tout propriétaire peut pratiquer des jours dans son mur, lors même que ce mur joindrait immédiatement l'héritage d'autrui, mais ces jours doivent être treillagés pour empêcher le jet d'aucun objet sur cet héritage et très élevés pour empêcher la vue. Le treillage dont ils doivent être munis consiste en un treillis de fer dont les mailles ont un décimètre d'ouverture au plus, et qui repose sur un châssis à verre dormant (art. 676, C.C.). Les jours ne peuvent être établis qu'à une hauteur de $2^m,60$ au-dessus du plancher de la chambre qu'on veut éclairer, si c'est au rez-de-chaussée, et à une hauteur de $1^m,90$ au-dessus du plancher pour les étages supérieurs (art. 677).

Des vues. — La loi distingue entre les vues droites et les vues obliques.

Les vues droites sont celles au moyen desquelles on voit devant soi, sans tourner la tête.

Les vues obliques sont celles qui obligent le spectateur à tourner la tête à droite ou à gauche de l'axe de la fenêtre.

Les vues droites sont les plus gênantes ; aussi la loi se montre-t-elle plus sévère pour elles que pour les autres.

On peut avoir des vues obliques sur l'héritage clos ou non clos de son voisin s'il y a une distance de $0^m,60$ entre le mur dans lequel on les pratique et cet héritage (art. 679, C.C.). Cette distance se compte du jambage extérieur de la fenêtre à la limite du fonds voisin.

On ne peut avoir de vues droites, ni de balcons ou toute autre saillie sur l'héritage voisin qu'en observant une distance de $1^m,90$. La distance se compte alors du parement extérieur de la fenêtre à la limite des deux fonds (art. 678, C.C.).

Il est d'ailleurs toujours loisible au propriétaire voisin, si les vues ou même les simples jours éta-

blis sur son fonds le gênent, de construire lui-même
un mur ou toute autre clôture qui en supprimerait l'effet. Il en serait autrement toutefois s'il s'était interdit, par
une convention spéciale, l'exercice de ce droit, ou s'il
avait toléré, pendant trente ans au moins, des vues ou
des jours établis à des distances ou à des hauteurs
moindres que celles fixées par la loi. Celui qui aurait
ouvert ces vues ou ces jours, aurait, dans ce cas, acquis
sur le fonds voisin, soit par titre, soit par prescription,
un véritable droit de servitude (Cass., 22 août 1853).

54. *De l'écoulement des eaux.* — Le propriétaire qui
construit doit prendre les précautions nécessaires pour
empêcher le déversement de ses eaux sur le fonds voisin.

Cette défense concerne à la fois les eaux pluviales
et les eaux ménagères ou industrielles, mais elle est plus
stricte pour ces dernières que pour les autres.

Jamais, en règle générale, un propriétaire n'est tenu
de recevoir les eaux ménagères ou industrielles provenant du fonds voisin. Le propriétaire de ce dernier fonds
doit les conserver chez lui, ou les mener à la voie publique.

Il en est différemment des eaux pluviales : aux termes
de l'art. 640 du Code civil, les fonds inférieurs sont assujettis envers ceux qui sont plus élevés à recevoir les
eaux qui en découlent naturellement sans que la main
de l'homme y ait contribué, ce qui comprend les eaux de
source ou de pluie. Il y a là une sorte d'obligation naturelle des fonds les uns envers les autres que les rédacteurs du Code ont appelée une servitude résultant de la
situation des lieux. Mais cette obligation ne peut pas
être aggravée par le fait de celui qui construit. Ainsi
le propriétaire du fonds supérieur ne pourrait pas
disposer la pente de sa cour ou de son jardin de manière à diriger sur le fonds voisin les eaux plu-

viales qu'il aurait en excès. Il ne pourrait pas davantage établir ses toits de telle sorte que les eaux pluviales
s'écoulent autre part que sur son terrain ou sur la voie
publique.

De là, lorsqu'on recouvre une maison, l'obligation de
se conformer aux règles suivantes. Il faut d'abord (cela
va de soi) faire en sorte que le toit ne déborde pas sur le
fonds voisin et qu'il n'en recouvre aucune partie : agir
autrement, ce serait empiéter sur la propriété d'autrui.
Il faut de plus que celui qui construit, ou bien établisse
des chéneaux qui déversent les eaux pluviales sur son
propre terrain, ou bien recule sa construction de manière à laisser entre elle et le fonds voisin un espace
suffisant pour les recevoir (art. 681, C. C.). Enfin, il
est tenu de veiller à ce que les eaux pluviales qu'il a
recueillies sur son fonds ne se répandent pas sur la
propriété voisine dans des conditions dommageables
pour celle-ci. Il n'a le droit de rien faire, en un mot,
qui aggrave la situation du fonds inférieur (art. 640,
§ 2, C. C.).

55. *De certaines constructions spéciales.* — La loi a
prescrit des règles particulières relativement à certains
ouvrages dangereux ou incommodes, comme les fosses d'aisances, les puits, cheminées, âtres, fourneaux,
forges, étables, amas de sel ou d'autres matières corrosives (art. 674, C. C.).

Il n'est pas permis d'adosser ces diverses constructions au mur du voisin sans prendre certaines précautions. Celui qui les élève doit laisser entre elles et ce
mur la distance prescrite par les règlements et usages
particuliers sur la matière, ou faire les ouvrages intermédiaires prescrits par les mêmes règlements et
usages, pour éviter de nuire au voisin.

Le Code civil, on le voit, n'a indiqué lui-même ni la

distance qui devrait être observée, ni les ouvrages intermédiaires au moyen desquels il pourrait être suppléé
à cette distance. Il s'en est référé soit aux règlements
particuliers, soit aux usages.

Ces règlements sont en général des règlements municipaux. Il appartient en effet aux maires de prévenir,
par des précautions convenables, les accidents et les
fléaux calamiteux, tels que les incendies, les maladies
épidémiques et contagieuses, etc. (loi du 5 avril 1884,
art. 97, § 6) ; et d'ordonner par suite, à l'égard de la
construction des cheminées, des fours ou fourneaux,
des fosses d'aisances ou même des étables, les mesures
qui sont jugées nécessaires. Ces règlements, lorsqu'il
en a été pris, sont toujours obligatoires ; il n'appartiendrait pas aux propriétaires voisins de se dispenser entre
eux de leur exécution.

Mais ces règlements n'interviennent qu'autant qu'un
intérêt public les rend nécessaires. A leur défaut, on
consulte alors les usages locaux. D'après l'article 6,§3, de
la loi du 25 mai 1838, c'est au juge de paix qu'il appartient de connaître des actions relatives à ces matières.

56. — Les restrictions du droit d'user, qui ont
été prescrites dans un intérêt général ont trait : 1º à
l'alignement; 2º à certaines prohibitions de bâtir. Nous
n'étudierons en ce moment que ces dernières (1).

D'après l'art. 152 du Code forestier, il est interdit d'é-
tablir aucune maison sur perches, loge, baraque ou
hangar, sans l'autorisation du gouvernement, dans l'enceinte et à moins d'un kilomètre d'un bois soumis au
régime forestier. Les bois soumis au régime forestier
sont, indépendamment des bois de l'État, ceux des com-

---

(1) L'alignement a pour but d'assurer la conservation et dans certains cas
de faciliter l'élargissement des voies publiques : son étude se rattache à
celle des voies de communication.

munes et des établissements publics (hospices, fabriques, etc.) qui ont été reconnus susceptibles d'un aménagement régulier.

L'article 153 réduit à 500 mètres la distance prescrite par l'article précédent, lorsqu'il s'agit d'une ferme ou d'une maison. Il dispose en même temps que l'interdiction n'aura pas lieu à l'égard des bois des communes dont la contenance serait inférieure à 250 hectares.

Ces dispositions ont pour but principal de rendre plus facile la surveillance des forêts et d'assurer ainsi la conservation d'une des branches importantes de notre richesse nationale.

57. — Un décret du 7 mars 1808 (1) a défendu d'élever sans autorisation aucune habitation et de creuser aucun puits à moins de 100 mètres des cimetières établis hors des communes. Ces restrictions ont été établies dans l'intérêt de l'hygiène publique et de la santé des habitants.

II. — *Des règles auxquelles est soumis le propriétaire qui veut planter.*

58. — Les restrictions relatives aux plantations sont de deux sortes : 1° d'après les articles 671, 672 et 673 du Code civil (2), il n'est permis de planter ou plus généralement d'avoir des arbres qu'à une certaine distance du fonds voisin; 2° lors même que ces arbres sont à la distance légale, le propriétaire du fonds voisin peut s'opposer à ce que leurs branches et leurs racines s'avancent sur son héritage.

(1) Ce décret est un des décrets inconstitutionnels dont nous avons parlé dans notre introduction.
(2) Ces articles, dans leur teneur actuelle, sont récents; ils ont été promulgués le 20 août 1881 et insérés dans le Code civil en remplacement des anciens articles correspondants.

Ces deux règles sont d'une application extrêmement fréquente : elles méritent d'être expliquées avec quelques détails.

59. — I. *A quelle distance des propriétés riveraines est-il permis d'avoir des arbres ?*

D'après l'article 671, il n'est permis d'avoir des arbres, arbrisseaux et arbustes près de la limite de la propriété voisine, qu'à la distance prescrite par les règlements particuliers actuellement existants ou par des usages constants et reconnus, et, à défaut de règlements et usages, qu'à la distance de deux mètres de la ligne séparative des deux héritages pour les plantations dont la hauteur dépasse deux mètres, et à la distance d'un demi-mètre pour les autres plantations.

Ainsi, pour savoir quelle est la distance légale, on doit consulter d'abord les usages. Le Code ne fixe lui-même cette distance qu'à leur défaut; il leur attribue une influence prépondérante. On a voulu respecter les habitudes anciennes qui ont pu se fonder dans les différentes régions et qui se justifient par la diversité des climats ou des cultures. Les avantages et les inconvénients des plantations ne peuvent être les mêmes dans un pays d'élevage ou dans un pays de céréales : dans le premier, leur ombre entretient la fraîcheur des prairies et la santé des animaux; dans le second, elle épuise le sol et intercepte les rayons bienfaisants du soleil; là on les considère comme un bienfait, ici comme une gêne. Le maintien des anciens usages à leur égard se justifie aisément.

Mais il ne faudrait pas croire que si ces usages sont prépondérants en droit, ils le soient également en fait. Ils ont disparu presque partout pour faire place à la règle uniforme posée subsidiairement par le Code : la preuve en a été fournie par les recueils d'usages ruraux qui ont été élaborés, de 1855 à 1870, par les commissions qui en avaient été chargées dans chaque département (1). Un travail de vérification opéré sur trente de ces recueils par MM. Mesnard et Brincard, maîtres des requêtes au Conseil d'État, a démontré que dans quatre départements seulement les usages relatifs aux plantations avaient été conservés (c'étaient les départements de l'Ain, du Gard, du Pas-de-Calais et du Haut-Rhin), et que dans les vingt-six autres la règle générale posée par l'article 671 avait prévalu.

Le Conseil d'État, en 1870, avait été tellement frappé de ce fait qu'il avait proposé, dans son projet de code rural, d'abolir ces usages qui tombaient ainsi d'eux-mêmes et de leur substituer la règle uniforme posée par le Code civil. Le Sénat et la Chambre des députés ont cru préférable de les maintenir; on a craint que leur abolition n'amenât dans les habitudes de certaines contrées une réelle perturbation, et le principe posé par le Code civil de 1804 sur ce point a été de nouveau consacré.

60. — Quelle est, à défaut d'usage, la distance fixée par l'article 671 ?

Cette distance, nous l'avons vu, n'est pas la même pour tous les arbres. Elle est de deux mètres pour ceux dont la hauteur dépasse deux mètres, et de 50 centimètres pour les autres. Plus est grande en effet la hauteur d'un arbre, et plus cet arbre peut causer de dommages par son ombre, plus aussi il en cause par ses racines, car il est admis que la force et la longueur des racines sont en raison directe de l'élévation et de l'étendue des rameaux.

La distance est ainsi fixée, non pas d'après l'essence de l'arbre et suivant sa tendance à s'élever plus ou moins haut, mais d'après sa hauteur réelle. On pourra donc planter à 50 centimètres du fonds voisin des ar-

(1) Voir à la page 31.

bres à haute tige, comme l'épicéa par exemple, à la condition de les maintenir à une hauteur de moins de 2 mètres. Avant 1881, il en était autrement : la distance des
plantations par rapport au fonds voisin était fixée, non
d'après leur hauteur réelle, mais d'après leur nature.
S'agissait-il d'arbres à haute tige, la distance était de
2 mètres ; s'agissait-il d'arbres à basse tige, elle était de
50 centimètres. Mais la distinction des arbres à haute
tige et des arbres à basse tige donnait lieu à de fréquentes
difficultés ; elle permettait au voisin de faire arracher des
arbres de très petite taille qui ne causaient aucun préjudice, sous le prétexte qu'ils étaient susceptibles de parvenir à une grande hauteur. La nouvelle règle a fait
disparaître ces inconvénients.

La distance fixée par le nouvel article 671 s'applique
à tous les arbres, quelle que soit leur provenance. Peu
importe qu'ils aient été plantés de main d'homme, ou
qu'ils proviennent de semis naturels ou artificiels, ou
qu'ils soient même excrus d'anciennes souches. Cette
solution avait été admise par la jurisprudence avant
1881, bien que l'ancien article 671 ne parlât que d'arbres *plantés* : elle a été confirmée expressément par le
législateur lui-même qui interdit, non pas seulement de
planter, mais d'*avoir* des arbres à une distance moindre
que la distance réglementaire. Peu importe aussi que le
fonds voisin soit clos ou non, cultivé ou non.

61. — Il y a cependant une certaine catégorie
d'arbres à l'égard desquels la règle ne s'applique pas :
ce sont les espaliers. Il appartient au propriétaire
d'un mur d'y adosser des arbres, sans qu'il soit tenu
d'observer par rapport au fonds voisin aucune distance.
Leur ombre en effet ne peut causer aucun dommage, car
elle se confond avec celle du mur, et les fondations de
celui-ci empêchent les racines de s'étendre sur le fonds

voisin. Il faut seulement, d'une part, que les espaliers ne dépassent pas la crête du mur, et, d'autre part, que le mur appartienne bien au propriétaire des arbres ou soit tout au moins mitoyen. Si le mur appartenait au propriétaire du fonds voisin, le propriétaire des espaliers n'aurait pas le droit de s'en servir; il serait obligé de tendre des fils de fer ou de dresser des treillages pour supporter ses arbres. Toutefois, même dans ce cas, le propriétaire d'espaliers se trouverait dans une situation plus favorable que celui qui aurait planté des arbres en plein vent, puisque la loi le dispense d'observer la distance prescrite (art. 671, § 2, C. C.). Le mur, en effet, empêchera dans tous les cas les racines de pénétrer sur le fonds voisin.

L'exception relative aux espaliers est la seule que la loi ait admise. La règle prescrite par l'article 671 est applicable aussi bien lorsque les fonds voisins sont en nature de bois que lorsqu'ils sont couverts de tout autre produit. La Cour de Cassation s'était prononcée en ce sens le 20 mars 1828, et l'exposé des motifs de la nouvelle loi ne laisse aucun doute sur l'intention du législateur de consacrer cette solution.

62. — Comment se mesure la distance?

Des deux points qu'il s'agit de déterminer, il y en a un au sujet duquel il ne peut y avoir aucun doute : c'est la ligne séparative des deux fonds. Mais, pour l'arbre, quel sera ce point? La circonférence ou le centre? Le nouvel article 671 ne s'en explique pas expressément, mais la volonté du législateur a été certainement de prendre pour point fixe l'axe ou le centre de l'arbre. « C'est le seul, lisons-nous dans l'exposé des motifs, qui soit immuable et qui donne la distance au moment essentiel, celui de la plantation. C'est à cette époque que la distance doit être observée, car c'est alors que la contravention serait volontaire. Plus tard, l'accroissement étant irrégulier et l'arbre pouvant grossir beaucoup plus d'un côté que de l'autre, celui qui l'a planté en se conformant aux lois serait peut-être en faute, malgré lui et par le seul effet des forces de la nature, si la distance était calculée à partir de la circonférence. » Ces observations sont fort justes, et si l'article 671 ne les a pas consacrées par une disposition expresse, ainsi que le demandait le projet, les rapports présentés au Sénat et à la Chambre des députés ne laissent aucun doute sur l'intention qu'ont eue les rédacteurs du texte définitif de l'article, d'adopter cette interprétation (1).

63. — Quelle est la sanction de ces règles ?

Avant 1881, la sanction était des plus rigoureuses. D'après l'article 672, elle consistait dans l'arrachage de tout arbre planté à une distance moindre que la distance légale. Le voisin pouvait toujours exiger cet arrachage, quelque minime que fût la différence entre ces deux distances (Cass., 5 mars 1850). Le nouvel article 672 a supprimé cette rigueur inutile. Il dispose que les arbres plantés irrégulièrement seront arrachés ou *réduits* à la hauteur légale. Cette seconde opération suffit pour que les droits du voisin soient respectés. Lors donc qu'une plantation faite à moins de 2 mètres du fonds voisin dépassera 2 mètres, le propriétaire de l'arbre pourra, en cas de plainte du voisin, se dispenser de supprimer la plantation : il lui suffira de l'étêter. Ce ne sera qu'autant que l'arbre se trouverait à une distance moindre de 50 centimètres que son arrachage serait obligatoire : cette distance est en effet la distance minima à laquelle peut se trouver un arbre, quelle que soit sa hauteur, par rapport au fonds voisin.

(1) Voir le rapport de M. Clément au Sénat, p. 16, et le rapport de M. Leroy à la Chambre des députés, p. 18.

64. — Il y a cependant certains cas dans lesquels il peut être permis d'avoir un arbre à une distance moindre que la distance légale. Ces cas sont au nombre de trois. On peut acquérir le droit d'avoir un arbre même à moins de 50 centimètres du fonds voisin *par titre, prescription trentenaire ou destination du père de famille.*

Par titre. On entend ici par titre une convention, une donation, un acte de partage, etc. C'est la cause efficiente du droit, son principe générateur, et non l'acte écrit qui est destiné à constater cette cause et ce principe.

Par prescription trentenaire. Si, pendant 30 ans, mon voisin tolère l'existence d'un arbre planté trop près de son fonds, c'est probablement parce qu'il s'est engagé à supporter ce voisinage. Dans le cas contraire, il devait protester plus tôt : sa négligence lui aura fait perdre le droit qu'il avait de demander qu'il fût arraché ou réduit.

A partir de quel moment commenceront à courir ces 30 ans? Quel sera le point de départ de cette prescription?

Ce sera le moment où la plantation aura été faite, si dès ce moment la règle posée par l'article 671 se trouvait violée, si par exemple l'arbre avait été planté à moins de 50 centimètres, ou si, sa hauteur étant déjà de plus de deux mètres, il avait été planté à une moindre distance. Mais si l'arbre a été planté à une distance de 50 centimètres, et qu'il ne vienne que plus tard à dépasser deux mètres, ce ne sera qu'à partir de ce moment que la prescription commencera à courir, car ce n'est qu'à partir de ce moment que le voisin aura pu se plaindre. La contravention à la loi ne peut exister, et le propriétaire voisin n'est en demeure d'agir qu'autant que la hauteur légale de deux mètres est dépassée. Dans ce cas, la preuve que la prescription est acquise ne se fera pas sans difficulté, car le moment où un arbre dépasse la hauteur légale n'a rien de bien précis, et sa constatation est difficile; l'incertitude du point de départ de la prescription en paralysera souvent l'effet.

Enfin, l'article 672 met sur la même ligne que le titre et la prescription trentenaire, *la destination du père de famille*. On entend par là un certain arrangement qu'un propriétaire de deux héritages fait chez lui et d'où résulterait l'établissement d'une servitude si ces héritages appartenaient à des propriétaires différents. Un propriétaire, par exemple, fait des plantations sur la lisière de deux fonds qui lui appartiennent : rien ne l'en empêche, et tant qu'il restera propriétaire des deux fonds, cette situation ne présentera rien d'anormal. Mais si plus tard il vend l'un d'eux, il sera tenu de subir l'état de choses qu'il a lui-même créé, et son acheteur ne pourra pas davantage s'en plaindre. Les arbres devront être maintenus à la distance à laquelle ils auront été plantés, et cela par l'effet de la destination du père de famille (1). Il en est de même lorsque, par suite de décès, un fonds sur lequel des plantations ont été faites est partagé entre deux héritiers et que ces plantations se trouvent à moins de cinquante centimètres ou deux mètres de la ligne divisoire des nouveaux fonds.

En dehors des trois cas que nous venons de citer : titre, prescription trentenaire et destination du père de famille, il n'est permis d'avoir aucun arbre à une distance du fonds voisin moindre que la distance légale.

65. — Lorsqu'un propriétaire a acquis le droit d'avoir des arbres à moins de 50 centimètres ou à moins de

---

(1) Le mot père de famille (*paterfamilias*) est ici, comme en bien d'autres articles du Code, pris comme synonyme de propriétaire.

2 mètres du fonds voisin, suivant la hauteur de ces arbres, et que ceux-ci meurent, a-t-il le droit de les remplacer, ou au contraire est-il tenu, pour la plantation des nouveaux arbres, d'observer la distance légale?

Le dernier paragraphe de l'article 672 consacre expressément cette dernière solution, qui était déjà celle de la jurisprudence. Si l'arbre meurt, ou s'il est coupé ou arraché, le droit exceptionnel dont il était l'objet tombe avec lui. Un droit nouveau commence dès qu'il y a un nouvel arbre (1), et quelle que soit son origine, qu'il provienne d'une semence, d'une bouture ou d'un rejet, dans tous les cas la distance légale doit être observée. Il n'en serait autrement que si le titre qui concernait les anciens arbres donnait le droit de les remplacer dans les mêmes conditions.

66. — II. *Quels sont les droits du propriétaire à l'égard des branches et des racines qui peuvent avancer sur son héritage?*

D'après l'article 673, celui sur la propriété duquel avancent les branches des arbres du voisin peut contraindre celui-ci à les couper. Cette disposition est absolue : elle s'applique même aux arbres qui se trouvent à la distance légale et à ceux que le propriétaire voisin aurait acquis le droit d'avoir à une distance moindre par titre, prescription ou destination du père de famille. Elle s'applique aux arbres de lisière des forêts comme à ceux des vergers (2). Recouvrir le sol d'autrui des branches de ses arbres, c'est porter atteinte au droit de propriété, car, nous l'avons vu, la propriété

---

(1) Exposé des motifs, p. 147.

(2) A moins que les arbres qui servent de lisière aux forêts n'eussent déjà plus de 3o ans lors de la promulgation du Code forestier : dans ce cas, le propriétaire riverain du bois ne peut exiger leur élagage (art. 15o Code forestier).

du sol emporte en même temps celle du dessus : *dominus soli dominus est cœli.*

Le droit de faire couper les branches peut être exercé à toute époque; il est imprescriptible. Cette imprescriptibilité, qui avait déjà été reconnue par la Cour de Cassation avant 1881, se justifie par la difficulté d'assigner à la prescription, en cette matière, un point de départ certain; la croissance des branches a lieu lentement et insensiblement, et la détermination de l'époque précise à laquelle les branches ont commencé à avancer sur le fonds voisin serait à peu près impossible. Elle se justifie surtout parce que le fait, par un propriétaire, de laisser les arbres du voisin avancer leurs branches sur son fonds est un acte de tolérance, et qu'il est de principe que les actes de tolérance ne peuvent fonder ni possession, ni prescription à l'encontre de leur auteur (art. 673, paragraphe dernier).

67. — Aucune de ces solutions n'est nouvelle; elles résultaient déjà des anciens articles 671 et 672, mais le nouvel article 673 a conféré au propriétaire du fonds sur lequel avancent les branches des arbres du voisin, un droit nouveau en lui attribuant la propriété des fruits tombés naturellement de ces branches. L'exposé des motifs indique qu'en proposant cette innovation, le Conseil d'État a eu un double but : éviter la perte de ces fruits, que le propriétaire de l'arbre ne peut pas aller chercher, et, en les attribuant à celui qui souffre de l'extension des branches, éviter qu'il ne demande une mutilation nuisible peut-être à l'arbre tout entier. C'est là une solution excellente, mais elle a le défaut, à notre avis, de n'être pas complète. Que deviennent en effet les fruits autres que ceux qui tombent naturellement? Le nouvel article 673 ne le dit pas : de là des difficultés pratiques fort difficiles à résoudre. Par cela seul que l'ar-

ticle 673 n'a pas attribué au propriétaire du fonds sur lequel avancent les branches, le droit de recueillir les fruits qui ne tombent pas naturellement, elle a réservé le droit du propriétaire de l'arbre. Mais, pour user de ce droit, il faudrait que ce dernier pût passer sur le fonds voisin pour allér faire sa cueillette, et cette faculté, qui serait dérogatoire au droit commun de la propriété, ne lui a été conférée par aucun texte. M. Demolombe admet cependant en sa faveur le droit de passage : il estime que le voisin, en tolérant l'extension sur son fonds de branches qu'il aurait pu faire couper, a tacitement consenti, soit à remettre lui-même au propriétaire de l'arbre les fruits qu'il aurait recueillis, soit à le laisser venir sur son fonds pour en faire la récolte, à la charge d'indemnité en cas de dommage. Mais cette solution nous paraît difficile à admettre; elle repose uniquement sur une interprétation de volonté qui n'est peut-être pas très exacte : l'éminent jurisconsulte suppose que la tolérance du voisin est absolument désintéressée. Il n'y a peut-être pas de témérité à supposer que si le voisin laisse les branches s'avancer sur son fonds, c'est que leur ombre lui est agréable, ou qu'il trouve quelque profit dans les fruits qui en tombent naturellement; et dans ce cas, la présomption d'un contrat tacite disparaît. Nous pensons qu'il est plus conforme aux principes de dénier au propriétaire de l'arbre ce droit de passage ; pour qu'il puisse être exercé, un accord entre les propriétaires des deux fonds nous paraît absolument nécessaire. Notre opinion est d'ailleurs conforme à celle qui est exprimée sur le même sujet par l'exposé des motifs (1).

68. — Quant aux racines, les mêmes principes leur sont applicables. Le droit du propriétaire est même

(1) Exposé des motifs, page 148.

plus étendu lorsqu'il s'agit de réprimer l'empiétement causé par les racines, que lorsqu'il s'agit de réprimer l'empiétement causé par les branches. Dans ce
dernier cas, le propriétaire du fonds peut contraindre
le propriétaire de l'arbre à élaguer, mais il ne peut
pratiquer lui-même cet élagage. Quand au contraire il
s'agit des racines, le droit de les détruire lui-même ne
peut être refusé au propriétaire du fonds sur lequel elles
se trouvent : autant vaudrait dans ce cas lui interdire de
se servir de sa charrue (art. 673, C. C.).

69. — Il ne nous reste plus qu'à rechercher devant
quel juge les contestations qui pourraient s'élever au
sujet de l'application des articles précédents devraient
être portées, et par qui pourrait être présentée la demande.

Aux termes de l'art. 5, n° 2, de la loi du 25 mai 1838,
c'est le juge de paix qui doit connaître des actions relatives à la distance prescrite pour les plantations d'arbres
ou de haies, lorsque la propriété ou les titres qui l'établissent ne sont pas contestés.

Qui peut intenter cette action? Il n'est pas douteux
que non seulement le propriétaire, mais encore l'usufruitier et l'usager pourraient se prévaloir, à l'encontre
du voisin, des articles 671 à 674 du Code civil. Mais
il y a plus de difficultés pour le fermier. Le projet
préparé par le Conseil d'État proposait de conférer au
fermier le droit de réclamer l'élagage des branches et
de supprimer lui-même les racines, et la commission
du Sénat avait adopté cette innovation. Mais le Sénat,
lors de la discussion, en a décidé autrement, dans la
crainte que le fermier n'abusât par pure tracasserie du
droit qui lui aurait été reconnu, et il fut convenu que
les règles du droit commun demeureraient sur ce point
applicables.

Quelles sont ces règles?

C'est que le fermier, qui n'est investi d'aucun droit réel, qui n'a de droit sur la terre qu'il cultive qu'à raison du contrat intervenu entre lui et le bailleur, ne peut que réclamer l'intervention de ce dernier pour faire cesser le trouble que ses voisins apporteraient à sa jouissance. La Cour de Cassation, il est vrai, a décidé par un arrêt du 9 décembre 1817 que le fermier avait le droit d'agir directement contre le propriétaire d'une haie dont les branches nuisaient à ses récoltes, mais cet arrêt est ancien, et nous croyons qu'il est resté isolé. Le fermier suivra donc une voie plus sûre en demandant au bailleur d'intervenir pour faire cesser l'état de choses qui lui est préjudiciable, et la contestation s'engagera alors entre les deux propriétaires.

Toutefois, lorsqu'il s'agit de l'empiétement commis sur un fonds par les racines, le fermier pourra le plus souvent se dispenser de provoquer l'intervention du bailleur. Il a été reconnu par le Sénat, dans la discussion, que le droit qui appartient au fermier de faire tous les travaux nécessaires à sa culture implique celui de couper les racines, autant que les besoins de cette culture l'exigent. Ce que le Sénat a entendu lui interdire, c'est de couper les racines que le sillon le plus profondément creusé, comme aussi le jeu le plus profond de la bêche ne saurait atteindre. Mais il lui est permis de se débarrasser de toutes celles que, sans les chercher, il rencontre au cours de ses travaux.

III. — *Des règles auxquelles est soumis le propriétaire qui veut faire des fouilles.*

70. — Le droit d'effectuer des fouilles dans un fonds comporte un certain nombre de restrictions notables.

Parmi ces restrictions, les unes résultent de la nature même du droit de propriété, les autres d'un certain nombre de lois spéciales.

Les premières se résument dans le principe suivant : Il est interdit de faire aucun travail qui soit de nature à porter une atteinte matérielle au fonds voisin. De là l'interdiction de faire des fouilles dont l'exécution ou l'établissement entraînerait des éboulements sur ce fonds. Ce que nous avons dit précédemment des fossés s'appliquerait à plus forte raison à des fouilles plus importantes. De là également l'interdiction de faire des travaux qui jetteraient chez le voisin des eaux de source.

Toutefois des travaux qui n'auraient pas pour effet de porter une atteinte positive au fonds voisin et qui ne le priveraient que de certains avantages accessoires ne pourraient être interdits. Telles seraient, par exemple, des fouilles qui auraient pour effet de couper les veines d'eaux souterraines qui alimentaient un puits (Cass., 4 décembre 1849).

71. — La seconde catégorie de restrictions a été établie dans l'intérêt de la bonne exploitation des mines (loi du 21 avril 1810) et dans un but de protection pour certaines sources d'eaux minérales (loi du 14 juillet 1856).

Si l'on appliquait aux mines, sans restriction, les règles ordinaires de la propriété, elles appartiendraient aux propriétaires du sol. Ce principe est celui qui a prévalu en Angleterre et aux États-Unis. Dans ces pays, on considère la mine comme un accessoire du fonds sous lequel elle se trouve; ce système est appelé système de l'accession.

Aisément praticable dans les pays de grande propriété, comme les deux pays que nous venons de citer, il n'aboutit, dans les pays où la propriété est morcelée, qu'au gaspillage et à l'impuissance. Aussi la plupart des législations ont-elles attribué la propriété des mines, soit à l'inventeur, comme en Allemagne, soit à un concessionnaire, comme en France et en Belgique. Dans l'un et l'autre cas, la mine constitue une propriété distincte de celle de la surface : la concession d'une mine sur un fonds a pour effet de créer une propriété nouvelle. Le propriétaire du sol perd, à partir de ce moment, le droit de faire, dans le périmètre concédé, les fouilles qu'il pouvait jusque-là effectuer librement (loi du 21 avril 1810, article 7). Il subit de ce fait une sorte d'expropriation. Il est donc d'un très grand intérêt, pour les propriétaires du sol, de savoir dans quels cas ils peuvent être privés de leurs droits sur le tréfonds, et quels sont les rapports que la loi de 1810 établit, une fois la mine concédée, entre eux et le concessionnaire.

72. — D'après l'article 5 de la loi du 21 avril 1810, la concession d'une mine ne peut résulter que d'un décret en Conseil d'État, et elle ne peut porter que sur certaines substances minérales. Ces substances sont, d'après l'article 2 de la même loi, l'or, l'argent, le platine, le mercure, le plomb en filons, en couches ou en amas, le fer en filons ou couches, le cuivre, l'étain, le zinc, la calamine, le bismuth, le cobalt, l'arsenic, le manganèse, l'antimoine, le molybdène, la plombagine, ou autres matières métalliques, le soufre, le charbon de terre ou de pierre, le bois fossile, les bitumes, l'alun et les sulfates à base métallique.

Ces substances, fort nombreuses comme on le voit, ne sont d'ailleurs pas les seules qui peuvent être l'objet d'une concession de mines, et en faveur de la bonne exploitation desquelles il peut être dérogé au principe que la propriété de la surface emporte également celle du dessous. Une loi du 17 juin 1840 a ajouté à cette énumération les mines de sel gemme et les sources d'eau salée. La Cour de cassation avait déjà fait cette addition par voie de jurisprudence (arrêts des 8 septembre 1832 et 17 janvier 1835) en s'appuyant sur les termes mêmes de la loi de 1810. Les mots : *ou autres matières métalliques,* qui se trouvent dans l'art. 2 de cette loi indiquent en effet nettement, de la part du législateur, l'intention de ne donner à l'énumération contenue dans cet article qu'un caractère énonciatif et non limitatif. Le Conseil d'État, de son côté, a reconnu l'exactitude de cette interprétation en donnant un avis favorable à la concession d'une mine contenant du tungstène, substance qui ne figure pas à l'article 2.

Toutefois, pour qu'une substance non dénommée à cet article puisse être considérée comme un gîte minéral, il faut qu'elle puisse être assimilée à l'une de celles qui y sont expressément comprises. Le Conseil d'État a fait de ce principe une application remarquable dans un avis émis par lui le 17 décembre 1873, au sujet d'une demande en concession de gisements de phosphate de chaux. Il s'agissait de gisements de phosphate de chaux existant dans un certain nombre de communes des environs de Lille. Un sieur Astier en sollicitait la concession dans les conditions de la loi du 21 avril 1810, et il alléguait en faveur de sa demande l'utilité incontestable du phosphate de chaux pour l'agriculture. Sa demande fut repoussée par ce double motif « que le phosphate de chaux n'est pas compris au nombre des substances que l'article 2 de la loi du 21 avril 1810 a rangées dans la catégorie des mines; que d'autre part la nature des gisements de phosphate de chaux qui formaient l'objet de la demande et les conditions dans lesquelles ils se présentaient ne permettaient pas de les assimiler auxdites substances, et en conséquence d'en accorder la concession à titre de mi-

nes. » Le Conseil d'État reconnaissait implicitement par
là que la demande aurait pu être accueillie si elle avait
été formée à propos de substances qui par leur nature,
leur mode ordinaire de gisement et le mode le plus habituel de leur exploitation rentrent dans les classifications
établies par la loi de 1810. S'il a opposé à la demande
du sieur Astier une véritable fin de non-recevoir, c'est
que les phosphates de chaux rentrent dans la catégorie
des carrières, et surtout dans celle des substances terreuses dénommées dans l'article 4 de la loi. Or, les carrières restent toujours une dépendance directe et immédiate du sol; elles ne peuvent être exploitées que par les
propriétaires de la surface ou en vertu d'arrangements
spéciaux pris avec eux. Sans doute les phosphates de
chaux sont d'une grande utilité (1), mais la classification
des substances minérales, telle qu'elle a été réglée par la
loi, n'a pas uniquement pour base la valeur ou le degré
d'utilité de ces substances; il y a des marbres très précieux, et cependant les marbres ont été rangés dans la
catégorie des carrières.

73. — Quels sont, jusqu'au moment où la mine est
concédée, les droits du propriétaire du sol au-dessous
duquel se trouve ou est présumé se trouver un gîte mi-
nier? Avant la concession, le propriétaire du sol dans
lequel se trouvent ou sont présumées se trouver des
substances minérales peut faire des fouilles, même
dans un but de recherche, sans avoir aucune formalité
à remplir; il n'est tenu de se munir d'aucune autorisation; il peut même disposer de son droit de recherche au profit d'un tiers. Mais il ne faudrait pas que,
sous prétexte de recherches, il pût exploiter sans con-

(1) D'après les documents recueillis par le ministère des Travaux publics,
la quantité présumée des phosphates existant en France est de 32,435,900
tonnes, réparties entre 21 départements et 187 gisements.

cession les substances minérales que contient son fonds : aussi a-t-il été admis que le propriétaire de la surface ne peut disposer des minerais extraits qu'avec l'autorisation du ministre des Travaux publics.

Le droit de pratiquer des fouilles en vue de la recherche des mines n'appartient pas au surplus d'une manière exclusive au propriétaire du sol. Ce serait, en fait, lui réserver la propriété de la mine. S'il se présente un explorateur qui soupçonne l'existence de gisements, et qui se propose, en cas de découverte, d'en demander la concession, il importe que celui-ci puisse exécuter les travaux nécessaires. L'explorateur devra d'abord chercher à s'entendre avec le propriétaire du sol, mais s'il se heurte à un refus, l'explorateur pourra obtenir du Président de la République l'autorisation de faire des recherches. Cette autorisation ne lui sera donnée qu'après l'accomplissement de formalités qui donnent toute garantie au propriétaire, et à la charge d'une indemnité préalable (art. 10 et 12 de la loi de 1810). Cette indemnité, en cas de désaccord, sera réglée par le tribunal civil, mais la loi en a fixé elle-même les bases. Elle doit être du double du produit net du terrain endommagé, si le sol où ont eu lieu les travaux de recherche peut être remis en culture au bout d'un an. Dans le cas contraire, le propriétaire peut exiger de l'explorateur l'acquisition du sol (l. de 1810, art. 43, revisé par la loi du 27 juillet 1880) : le terrain que l'explorateur est tenu d'acquérir ainsi est toujours estimé au double de la valeur qu'il avait avant l'occupation. Il va de soi que cette indemnité n'est nullement exclusive de celle qui pourrait être due si les fouilles occasionnaient à la surface d'autres dommages que ceux résultant de l'occupation proprement dite (fissures, affaissements, éboulements de murs), mais l'indemnité, dans ce cas, serait une indemnité simple, et fixée dans les conditions du droit commun.

On voit que la loi de 1810, modifiée par la loi du 27 juillet 1880, a sauvegardé largement les droits du propriétaire de la surface. Il y a même certains travaux, d'après l'article 11, qui ne peuvent être effectués sans son consentement : ce sont, dans *les enclos murés, cours et jardins*, les sondages, l'ouverture de puits ou galeries et l'établissement de machines ou ateliers, et, *dans un rayon de cinquante mètres des habitations et des terrains compris dans les clôtures murées y attenant,* l'ouverture de puits et galeries.

74. — Quels sont les droits qui, la mine une fois concédée, restent au propriétaire du sol ?

Après la concession, le propriétaire de la surface conserve le libre exercice de tous ceux de ses droits qui, par leur nature, sont compatibles avec ceux qui viennent d'être conférés au concessionnaire. Il peut bâtir, planter, recueillir les fruits de la surface, en un mot exercer toutes les facultés inhérentes au droit de propriété, sauf une seule, celle qui consisterait à percevoir les produits de la mine. Il conserve même le droit de faire des fouilles, pour la recherche d'une source par exemple, ainsi que pour l'exploitation d'une carrière, dans le cas où son héritage en contiendrait. Le droit commun de la propriété ne subit d'autres restrictions que celles qui résultent nécessairement de la création d'une propriété nouvelle et indépendante de celle de la surface.

Les droits qui restent au propriétaire du sol ont été l'objet, de la part du législateur de 1810, de dispositions spéciales destinées à les garantir : la loi a déterminé l'étendue de la responsabilité du concessionnaire, comme elle avait déterminé la responsabilité de l'explorateur, en cas de dommages causés à la surface ; elle a aussi interdit au concessionnaire comme elle l'avait fait à l'explorateur certains travaux de nature à imposer au propriétaire du sol une gêne trop grande. Nous reviendrons dans un instant sur ces deux points.

75. — Mais la loi de 1810 a été plus loin : elle a reconnu au propriétaire du sol le droit au paiement d'une redevance annuelle, qu'on appelle redevance tréfoncière. Il ne serait pas absolument exact de considérer cette redevance comme le prix d'une expropriation subie par le propriétaire du sol, car celui-ci n'a jamais été propriétaire de la mine et n'a pu dès lors subir aucune expropriation. Elle est la constatation d'un certain droit de tréfonds, que la loi reconnaît, théoriquement, au propriétaire. Elle a pour but de le désintéresser de la privation de ce droit. C'est le décret de concession qui la fixe (art. 6 et 42). Le propriétaire a le droit d'être préalablement entendu, et de faire, au cours de l'accomplissement des formalités qui précèdent ce décret, les oppositions qu'il juge utile de former au sujet du chiffre ou du mode de calcul de la redevance offerte par le demandeur en concession.

Elle est en général peu élevée. La plupart du temps, elle n'est que de 5 à 10 centimes par hectare ; ce n'est dans ce cas, comme l'a dit spirituellement un ingénieur des mines qui était en même temps un économiste distingué, M. Michel Chevalier, qu'un coup de chapeau donné au droit de propriété. Mais dans certaines concessions, la redevance tréfoncière atteint des chiffres considérables : elle est de 300 francs par hectare pour les salines de l'Est. Dans le bassin houiller de la Loire, ces redevances sont fixées proportionnellement aux produits extraits : d'après une estimation faite en 1863 (1), par M. Luyton, ingénieur en chef des mines de Firminy, la redevance payée dans le bassin de la

(1) Bulletin de l'industrie minérale, t. IX, p. 386.

Loire variait, suivant la profondeur, de o^f,5o à o^f,7o la tonne (1). D'autres fois encore, la redevance tréfoncière consiste dans l'obligation pour le concessionnaire de livrer aux propriétaires du sol une partie des produits de la mine, à un prix réduit stipulé d'avance : il en est ainsi notamment lorsque le périmètre de la mine contient des terrains communaux, abandonnés à la jouissance des habitants.

Quelle que soit leur forme et leur chiffre, le caractère juridique de ces redevances est le même. Elles sont attachées au fonds, et le suivent en quelques mains qu'il passe (art. 18). Elles se divisent avec lui, lorsqu'il est partagé; leur valeur, unie à la surface, est, comme celle-ci, susceptible d'hypothèque. C'est une véritable rente foncière.

76. — Revenons maintenant aux dispositions de la loi de 1810 qui ont déterminé l'étendue de la responsabilité du concessionnaire en cas de dommages, et à celles qui lui ont interdit l'exécution de certains travaux.

Nous retrouvons ici la plupart des règles que nous avons fait connaître lorsque nous nous sommes demandé quelle était la responsabilité de l'explorateur muni d'un permis de recherches : la situation, en effet, est à peu de chose près la même. Pour exploiter la mine, il faut nécessairement occuper certains terrains : l'établissement des ouvrages qui pénètrent dans l'intérieur de la terre, des machines servant à extraire les minéraux ou à assécher la mine, des lieux de dépôt des produits extraits, des chemins de charroi, etc., ne peut se faire sans une occupation de certains points de la surface.

(1) Cette élévation du chiffre de la redevance tient à ce que, dans la Loire, les propriétaires de la surface exploitaient autrefois eux-mêmes les mines de houille ou les faisaient exploiter par des tiers moyennant de lourdes redevances, que la coutume avait consacrées.

Toutefois, ce sera dans ce cas, non pas le Président de la République, comme lorsqu'il s'agit d'accorder un permis de recherches sur le terrain d'autrui, mais le préfet qui donnera, sur le rapport des ingénieurs des mines, et après avoir mis le propriétaire à même de présenter ses observations, l'autorisation demandée, s'il la reconnaît nécessaire. L'intervention du préfet a paru suffisante, alors qu'il s'agissait, non pas de conférer un droit nouveau, mais seulement de régler l'exercice d'un droit antérieurement reconnu par le décret de concession. Quant au règlement de l'indemnité d'occupation, il comporte la même distinction que le règlement de l'indemnité due par l'explorateur pour les faits d'occupation antérieurs à la concession, et nous ne pouvons que renvoyer à nos observations antérieures (1).

Il en est de même des travaux qui sont interdits par la loi au concessionnaire. Ce sont ceux qu'il est interdit à l'explorateur de faire sans le consentement du propriétaire (art. 11). Sur tous ces points, c'est aux tribunaux civils qu'il appartient de statuer, en cas de contestation.

77. — La loi a pris à l'égard des travaux qui sont entrepris sous des lieux habités des précautions particulières pour que le paiement des indemnités qui pourraient être dues en cas de dommages ne subît aucune difficulté. Le concessionnaire est tenu de donner caution par avance au propriétaire du sol. Celui-ci peut en outre, dans le cas où des accidents seraient à craindre, en appeler au préfet, qui interdira les travaux s'il y a lieu, en vertu du droit qui lui a été conféré par les articles 50 de la loi du 21 avril 1810 et 8 de la loi du 27 juillet 1838.

(1) Voir ci-dessous, p. 121.

78. — Il va de soi qu'indépendamment des dégâts qui peuvent résulter de l'occupation de terrains, de l'exécution de travaux interdits par l'article 11, ou de travaux exécutés sous des lieux habités, le concessionnaire est également responsable de tout autre dommage qui pourrait résulter d'un fait d'exploitation. La Cour de cassation a proclamé en termes généraux cette responsabilité par un arrêt du 23 juillet 1862 rendu sur la requête d'un sieur Pras. L'application du principe a cependant donné lieu à certaines difficultés lorsque le dommage consiste dans l'interception de veines d'eau alimentant une source. La jurisprudence paraît fixée en ce sens que l'asséchement d'une source donne droit à une indemnité si elle jaillissait au-dessus du toit houiller; mais si la source jaillissait seulement dans le voisinage, à droite ou à gauche de la veine exploitée, la responsabilité du concessionnaire ne se trouverait pas engagée (Cass., 12 août 1872) : le concessionnaire serait considéré comme ayant agi dans les conditions prévues par l'article 552 du Code civil, ainsi qu'aurait pu le faire un propriétaire ordinaire.

79. — Nous devons indiquer en quelques mots la législation des carrières. Elle diffère profondément de celle des mines. Tandis que les mines sont soumises au régime de la concession, les carrières au contraire appartiennent au propriétaire du sol : elles sont soumises uniquement au régime de la *déclaration* et de la *surveillance* (art. 81 et 82 de la loi du 21 avril 1810).

Tout propriétaire de carrière qui veut l'exploiter est tenu d'en faire la déclaration au maire de la commune où la carrière est située.

Les travaux d'exploitation sont toujours soumis à la surveillance des ingénieurs des mines, mais cette surveillance est plus ou moins étroite suivant que l'exploitation a lieu à ciel ouvert, ou par galeries souterraines : dans ce dernier cas, l'article 82 reconnaît à l'administration un pouvoir fort étendu. Si les travaux étaient de nature à compromettre la sécurité publique, la conservation des voies de communication, la solidité des habitations, l'usage des sources, il y serait pourvu par le préfet.

Quant aux formes de la déclaration à laquelle sont soumis les exploitants de carrières et à l'organisation de la surveillance, elles ont été déterminées pour chaque département par des décrets réglementaires.

80. — Quelles sont les substances que la loi du 21 avril 1810 a rangées parmi les carrières?

D'après l'article 4 de la loi de 1810, les carrières renferment les ardoises, les grès, pierres à bâtir et autres, les marbres, granits, pierres à chaux, pierres à plâtre, les pozzolanes, les trass, les basaltes, les laves, les marnes, craies, sables, pierres à fusil, argiles, kaolin, terres à foulon, terres à poteries, les substances terreuses et les cailloux de toute nature, les terres pyriteuses regardées comme engrais, le tout exploité à ciel ouvert ou avec des galeries souterraines. Mais cette énumération est purement énonciative, et non limitative, comme celle de l'article 2 relatif aux mines. Les mots *pierres à bâtir et autres; substances terreuses et cailloux de toute nature* ne laissent à cet égard aucun doute. C'est ainsi que le phosphate de chaux, quoique non dénommé parmi les substances comprises dans la classe des carrières, a toujours été considéré comme devant leur être assimilé.

81. — La seconde restriction du droit qu'a le propriétaire d'opérer chez lui des fouilles résulte de la loi du 14 juillet 1856, rendue pour la conservation des eaux minérales.

Les sources d'eaux minérales dont l'utilité est recon-

nue peuvent être déclarées d'intérêt public par un décret
rendu en Conseil d'État. Ce décret détermine en même
temps autour de la source un périmètre dit de protection dans lequel aucun sondage, aucun travail souter-
rain ne peut être exécuté sans l'autorisation du préfet.

§ 2. — RESTRICTIONS DU DROIT DE JOUIR, OU DE PERCEVOIR
LES FRUITS OU PRODUITS DE LA CHOSE.

82. — Le droit qu'a tout propriétaire de percevoir
les fruits ou produits de son fonds comporte un assez
grand nombre de restrictions. La première a été établie
en faveur du possesseur de bonne foi, auquel la loi attribue
les fruits de la chose. D'autres portent moins sur le droit
de percevoir les fruits que sur le droit de cultiver librement, qui en est la conséquence : on peut ranger parmi
ces dernières les restrictions relatives à la vaine pâture,
celles qui ont été établies pour permettre la destruction du
phylloxéra, et celles qui concernent la culture du tabac.
Nous allons les étudier les unes après les autres.

I. — *Restriction établie en faveur du possesseur
de bonne foi.*

83. — Il faut supposer ici la perte, par le véritable
propriétaire, de la possession de son fonds et l'acquisition de cette possession par un autre. Celui-ci ne
sera pas nécessairement un usurpateur ou un homme
de mauvaise foi. Il peut se faire qu'il ait des raisons
très sérieuses de se croire le véritable propriétaire. Il est
possible en effet qu'il ait acheté le fonds qu'il détient,
ou qu'il l'ait reçu par donation ou par testament et n'ait
jamais éprouvé le moindre doute sur l'existence de son
droit. En dépit de sa bonne foi, il n'en sera pas moins

tenu de restituer le fonds, si le propriétaire le revendique avant que la prescription soit acquise, sauf le droit qui pourra lui appartenir, suivant les cas, de se retourner contre ceux qui lui ont transmis l'immeuble. Mais sera-t-il tenu de restituer, en même temps que le fonds, tous les fruits qu'il a produits entre ses mains ?

La loi a fait ici une distinction (art. 549 et 550 du Code civil). L'ancien possesseur aura fait les fruits siens et les aura acquis irrévocablement s'il était de bonne foi. Dans le cas contraire, il sera tenu de rendre les produits avec la chose.

Dans quel cas le possesseur devra-t-il être considéré comme étant de bonne foi ?

On est possesseur de bonne foi quand on détient en vertu d'un titre qu'on croit régulier et dont on ignore les vices, ou même quand on croit détenir en vertu d'un titre régulier, ce titre n'eût-il jamais eu d'existence. On tient, par exemple, d'un vendeur qu'on a cru être le légitime propriétaire, et qui ne l'est pas ; ou bien en vertu d'une donation dont on découvre plus tard l'irrégularité, ou d'un testament qui a été révoqué par son auteur et qui n'a par suite jamais eu d'effet. Exiger du possesseur de bonne foi la restitution de tous les fruits perçus, c'eût été consommer sa ruine au profit d'un propriétaire auquel on peut tout au moins reprocher d'avoir été négligent. Le possesseur de bonne foi acquerra donc légitimement les récoltes qu'il aura perçues et les fermages qui lui auront été payés, et il continuera de les acquérir aussi longtemps qu'il pourra se croire le véritable propriétaire. Mais cette acquisition cessera dès qu'il sera devenu un possesseur de mauvaise foi, ce qui se produira dès le moment où il aura été averti, d'une façon quelconque, que le fonds qu'il détient est l'objet d'une revendication. A partir de ce moment, il devra s'abstenir de consommer les fruits, et se tenir prêt à les restituer en même temps que la chose elle-même, pour le cas où il serait reconnu qu'en effet elle appartient à autrui. Il en sera ainsi lors même que ce possesseur serait intimement persuadé que la réclamation dirigée contre lui est sans fondement, et qu'il lui sera facile d'en triompher, car, depuis qu'il connaît cette réclamation, il sait qu'il pourra être obligé de restituer les fruits en même temps que le fonds lui-même, et il serait inexcusable s'il les consommait (Cass. 6 juillet 1868). La bonne foi est d'ailleurs toujours présumée chez le possesseur : c'est à celui qui réclame les fruits d'une chose à faire la preuve, toujours difficile, de la mauvaise foi de celui qui la possédait.

84. — Quant au possesseur de mauvaise foi, il est tenu de restituer les fruits, mais il a le droit d'exiger le remboursement des dépenses qu'il aura faites utilement. On conçoit facilement la nécessité d'une semblable réserve. Si le propriétaire qui revendique pouvait obtenir, sans aucun déboursé, tous les fruits perçus pendant un nombre d'années considérable peut-être, il s'enrichirait sans cause aux dépens de l'ancien possesseur : celui-ci perdrait le prix de ses labours, de ses travaux et de ses semences, et le propriétaire se trouverait ainsi récompensé de la négligence qu'il a mise à faire valoir ses droits. La loi ne pouvait admettre une pareille conséquence ; aussi l'article 548 dispose-t-il que les fruits produits par la chose, même entre les mains du possesseur de mauvaise foi, n'appartiennent au propriétaire qu'à charge de rembourser les frais.

II. — *Vaine pâture.*

85. — Ni la loi des 28 septembre-6 octobre 1791,
qui a longtemps régi la vaine pâture, ni celle du
9 juillet 1889 n'en ont donné de définition légale. Le
Code civil de son côté s'est borné, dans son article 648,
à disposer que tout propriétaire qui entoure d'une clôture son héritage perd son droit à la vaine pâture et au
parcours (1) en proportion du terrain qu'il y soustrait.

La définition la plus juste qui en ait été donnée par
les commentateurs, à défaut de la loi elle-même, est
celle qui se trouve contenue dans le Rapport à l'empereur dont nous avons déjà souvent parlé : c'est le droit
que les habitants d'une commune ont de conduire
leurs troupeaux sur les champs non clos des particuliers après que les récoltes ont été enlevées.

Proudhon (2) a défini de son côté le droit de vaine pâture la faculté que les habitants d'une commune ont d'envoyer pêle-mêle en dépaissance leurs bestiaux sur les
fonds les uns des autres, lorsque les fonds sont en jachères, ou après qu'ils ont été dépouillés de leurs fruits.

Il importe essentiellement, si l'on veut éviter en cette
matière les confusions qui ont trop souvent été commises, de bien distinguer la vaine pâture proprement
dite du pâturage des bestiaux sur les prairies communales d'une part; du pâturage des bestiaux sur le fonds
d'autrui à titre de servitude, d'autre part; enfin du pâturage dans les bois.

Le fait par les habitants d'une commune d'envoyer

(1) Le parcours est, comme nous le verrons un peu plus loin, la vaine
pâture exercée de commune à commune.
(2) *Des droits d'usage*, t. Iᵉʳ, p. 329.

leurs bestiaux paître dans les prairies communales ne constitue pas la vaine pâture, car ces prairies appartiennent à l'association communale dont ils font partie; en y envoyant leurs bestiaux, ils font en quelque sorte acte de propriétaires (1). La vaine pâture au contraire ne peut être exercée que sur le terrain d'autrui.

Il ne faut pas non plus confondre la vaine pâture avec la servitude de pâturage. La vaine pâture est une association tacite, de laquelle il est assez facile de se retirer. Nous verrons au contraire que tout autre est la servitude de pâturage : celle-ci consiste dans le droit, pour le propriétaire d'un fonds, d'envoyer ses bestiaux paître sur une ou plusieurs propriétés voisines : elle constitue, non pas un droit de communauté réciproque, mais un droit réel duquel résulte l'assujettissement d'un fonds à un autre. Une fois le droit établi, son existence est indépendante de la volonté du propriétaire du fonds qui doit la servitude (Cass., 27 avril 1859).

Enfin, la vaine pâture proprement dite ne peut avoir lieu dans les bois. La loi du 28 septembre 1791 l'y autorisait, mais le Code forestier a profondément modifié l'ancien état de choses et a soumis le pâturage dans les bois à des règles toutes particulières que nous examinerons un peu plus loin, dans les quelques pages que nous consacrerons aux servitudes forestières.

La législation de la vaine pâture est donc applicable uniquement au fait, par les habitants d'une commune, de mettre en commun, pour le pâturage seulement, les biens sur lesquels il n'y a ni fruit ni semence, et qui ne sont pas en défends.

86. — L'origine de la vaine pâture est fort ancienne.

(1) Le droit de pâturage, exercé sur les biens communaux, portait autrefois le nom de vive ou grasse pâture. Nous l'étudierons dans la partie de cet ouvrage qui traitera du droit administratif.

Elle remonte à l'époque où la plus grande partie du sol était en friche, et où l'industrie pastorale constituait la principale ressource des habitants. Les bras manquaient pour cultiver tout le sol; ce qui n'était pas en état de production servait au pâturage. La vaine pâture était exercée en commun : les habitants réunissaient leurs troupeaux et les gardaient ensemble, afin de mieux les défendre contre la dent des animaux sauvages et contre les déprédations des bandits.

87.— Les raisons qui ont donné naissance à la vaine pâture n'existent plus aujourd'hui; aussi cette institution a-t-elle toujours été en déclinant. Une loi du 22 juin 1854 l'a supprimée en Corse. Dans la métropole, la loi du 9 juillet 1889 l'a fait disparaître en principe, et ne l'a conservée qu'à l'état d'exception.

Déjà l'Assemblée constituante lui avait témoigné une défaveur qui s'était traduite, dans la loi des 28 septembre-6 octobre 1791, par les nombreuses restrictions ou réserves imposées à son exercice. Le projet de code rural préparé en 1808 la supprimait; il disposait, dans son article 6, que personne n'aurait le droit de faire paître ses bestiaux sur le terrain d'autrui, sans une permission expresse des propriétaires, en réservant toutefois aux préfets la faculté de retarder en tout ou en partie, suivant les circonstances locales et jusqu'au terme de trois années, l'exécution de cette mesure. On reprochait à la vaine pâture de présenter des obstacles insurmontables à la destruction des jachères, d'empêcher la formation des prairies artificielles qui resteraient exposées aux ravages des bestiaux, de propager et perpétuer les épizooties. Le Sénat, dans le Rapport à l'empereur (1), en demandait également la suppression : il ajoutait aux re-

_____
(1) Rapport à l'empereur, p. 21.

proches formulés par les rédacteurs dn projet de 1808, celui d'empêcher dans les prairies naturelles l'utilisation des regains, de perdre en la foulant aux pieds plus d'herbe qu'il n'en faudrait pour entretenir le même troupeau dans la ferme pendant une partie de l'année, de diminuer les fumiers et par suite la fertilité du sol, etc. Le Conseil d'État cependant, en 1870, n'allait pas jusqu'à proposer de l'abolir formellement.

Il avait été impressionné par cette considération que si, en général, l'opinion publique est peu favorable à la vaine pâture, cependant son abolition n'est pas demandée avec ardeur; il avait craint de rendre à peu près impossible, dans les pays de petite propriété, l'alimentation des troupeaux de moutons. Il avait craint surtout le mécontentement qu'aurait pu soulever dans plus d'une commune l'abrogation de la disposition de la loi de 1791 qui fait de la vaine pâture comme la ressource du pauvre. Il avait donc préféré la réduire encore de façon à la rendre absolument inoffensive. Le projet l'interdisait d'une manière absolue, non seulement sur les prairies artificielles, mais encore sur toutes les prairies naturelles, que la première herbe eût été coupée ou non (1). « Dans l'état actuel de l'agriculture, dit excellemment l'exposé des motifs, les prairies naturelles et les prairies artificielles sont cultivées. A certaines époques plus ou moins éloignées, elles sont soumises à l'assolement, labourées, ensemencées, et tant qu'elles sont en état de prairies, elles sont en état de production permanente; il n'y a là aucun temps pour la vaine pâture. La deuxième, la troisième herbe appartiennent au propriétaire aussi bien que la première.

(1) Sous l'empire de l'ancienne législation, la vaine pâture ne pouvait pas être exercée sur les prairies artificielles, mais elle pouvait l'être sur les prairies naturelles.

Elles servent à l'alimentation de ses bestiaux sur place, si elles ne peuvent être fauchées et emmagasinées dans ses granges. » Cette proposition a été consacrée par la loi récente du 9 juillet 1889.

En même temps, le projet préparé par le Conseil d'État proposait de confier à certains conseils locaux le droit de provoquer la suppression de la vaine pâture. D'après le système qu'il avait adopté, la vaine pâture aurait pu être supprimée par un décret rendu en Conseil d'État, toutes les fois que le conseil municipal en aurait demandé la suppression, et que le conseil général aurait émis un avis favorable. La vaine pâture n'aurait pu, dans ces conditions, être supprimée que là où son caractère nuisible aurait été dénoncé par les intéressés eux-mêmes.

Le Sénat a cru pouvoir faire un pas de plus vers sa suppression. D'après le projet qu'il a adopté, et qui est devenu la loi du 9 juillet 1889, la suppression de la vaine pâture est ordonnée en principe; elle est devenue la règle, et son maintien, l'exception. Le droit de vaine pâture ne pourra plus être exercé que dans les communes où, sur demande formulée dans le délai d'un an à partir de la promulgation de la loi, il aura été maintenu par une délibération du conseil général approuvée, en cas de divergence avec le conseil municipal, par un décret rendu en Conseil d'État.

La vaine pâture se trouve donc, en ce qui concerne son existence, soumise au régime suivant.

Elle est abolie en principe. La loi du 9 juillet 1889 a seulement réservé pendant un an, soit au conseil municipal, soit aux ayants droit, la faculté d'en réclamer le maintien. Lorsque la demande est formée par des particuliers, le conseil municipal doit être appelé à donner son avis dans les six mois. Dans les deux cas c'est le conseil général qui statue sur la demande. Sa décision est définitive si elle est conforme à la délibération ou à l'avis du conseil municipal. S'il y avait divergence, la question serait tranchée par décret rendu en Conseil d'État (article 2 et 3 de la loi précitée).

Il résulte de ces dispositions que le 9 juillet 1890, la vaine pâture cessera d'exister dans toutes les communes où son maintien n'aura pas été formellement réclamé. Dans les autres, sa suppression ou son maintien dépendront soit d'une délibération du conseil général, soit d'un décret en Conseil d'État. Si la suppression vient à être prononcée, cette mesure sera complètement irrévocable. Si au contraire la vaine pâture est maintenue, ce maintien ne sera pas absolument définitif. L'article 3, § 2, de la nouvelle loi dispose que, dans ce cas, le conseil municipal pourra encore en demander la suppression. Mais ce droit sera réservé au conseil municipal seul : de simples ayants droit ne pourraient pas l'exercer. De plus, la demande nouvelle formée par le conseil municipal devrait être précédée d'une enquête *de commodo et incommodo*.

Il s'en fallait d'ailleurs de beaucoup qu'avant la loi du 9 juillet 1889 la vaine pâture existât dans toutes les communes. D'après la loi des 28 septembre-6 octobre 1791, la vaine pâture ne pouvait être exercée que dans les lieux où elle était fondée sur un titre particulier, ou autorisé par la loi ou par un usage local immémorial. La loi nouvelle a consacré la même règle lorsqu'elle a indiqué comme origine de la vaine pâture l'ancienne loi ou coutume, l'usage immémorial ou le titre.

Ces différentes sources se réduisent en réalité à une seule : l'usage immémorial ou la coutume. Le titre dont il est question dans l'article précité ne peut pas être une convention particulière, car il en résulterait, non pas un simple droit de vaine pâture, mais une véritable servitude réciproque. Ce titre ne peut être qu'un acte de reconnaissance de l'ancien usage ou de la coutume, comme serait, par exemple, le jugement qui aurait reconnu l'existence dans une commune d'un droit de vaine pâture établi par l'usage. Le titre ne crée donc pas ici le droit; il n'en est pas le principe générateur, il ne fait que le constater et lui servir de preuve.

L'exercice de la vaine pâture pendant trente ans ou plus sur des fonds qui n'y sont pas assujettis ne suffirait pas à l'établir, car elle ne cause pas de préjudice aux propriétaires; elle n'a pour objet que des émoluments de peu de valeur; elle ne constitue pas un empiétement dommageable sur le fonds où elle s'exerce; elle doit être dès lors considérée, de la part du propriétaire qui la subit, comme un acte de simple faculté et de pure tolérance. Or les actes de ce genre ne peuvent jamais fonder, d'après l'article 2232 du Code civil, ni possession ni prescription (Cass. 24 décembre 1816; Besançon, 2 décembre 1868).

88. — L'étendue des droits qui résultent de la vaine pâture varie suivant les coutumes. D'après l'article 3 de la section 4 de la loi de 1791, confirmé par les articles 4 et 8 de la loi nouvelle, la vaine pâture ne s'exerce que conformément aux règles et aux usages locaux.

Il ne faudrait pourtant pas en conclure que les usages constituent la source unique des règles relatives à la vaine pâture. En même temps que l'Assemblée, constituante les a reconnus, elle en a restreint considérablement l'application. La grande Assemblée, qui voyait avec défaveur la vaine pâture, a posé un certain nombre de règles, ou, comme elle a dit elle-même, de *réserves* (art. 3) *que ne pourront jamais contrarier les anciens usages.* Ceux-ci ne sont donc applicables qu'autant qu'ils sont conformes à ces réserves, ou qu'il en résulte pour les propriétaires de troupeaux des droits moins étendus (Cass. 28 avril 1873).

Ces restrictions ne sont même pas les seules : les règlements municipaux peuvent en contenir d'autres. L'intervention du conseil municipal était déjà prévue par la loi de 1791 qui, dans son article 13, lui confiait le droit de fixer le nombre de têtes de bétail qui proportionnellement aux terres exploitées pourraient être envoyées au pâturage. L'article 19 de la loi du 18 juillet 1837 sur les attributions des conseils municipaux a considérablement élargi les attributions du conseil municipal en lui reconnaissant d'une manière générale le droit de délibérer sur les mesures à prendre en ce qui concerne la vaine pâture et le parcours ; la loi du 5 avril 1884 a confirmé cette attribution nouvelle en ce qui concerne la vaine pâture (art. 68, n° 6) ; et l'article 11 de la loi du 9 juillet 1889 a spécifié les mesures qui pourraient être prises à cet effet.

Enfin, le maire peut, en vertu du droit de police qui lui est propre, prendre des arrêtés réglementaires sur le même objet.

Les règles relatives à la vaine pâture peuvent donc procéder de quatre sources différentes : les usages, la loi, les délibérations des conseils municipaux, et les arrêtés des maires. Nous laisserons à nos lecteurs le soin de rechercher, dans les usages locaux, les dispositions qu'ils pourront avoir intérêt à connaître, et nous nous bornerons à indiquer, d'une part les prescriptions les plus essentielles des lois de 1791 et de 1889 qui ont déterminé, à défaut d'usages, le droit commun de la vaine pâture, et d'autre part les principales règles qui peuvent résulter des délibérations des conseils municipaux et des arrêtés des maires.

89. — Les dispositions les plus essentielles de la loi des 28 septembre-6 octobre 1791, et de celle du 9 juillet 1889, ont trait à la désignation des terrains sur lesquels la vaine pâture s'exerce, à celle des personnes qui peuvent y faire admettre leurs bestiaux, et aux conditions principales d'exercice du droit.

Quels sont les terrains qui peuvent être soumis à la vaine pâture ?

La vaine pâture ne peut jamais s'exercer sur les terrains clos (art. 4 et 6 de la loi nouvelle). Nous verrons dans un instant qu'il ne suffit pas d'une clôture quelconque, et que, pour faire obstacle à l'exercice de la vaine pâture, cette clôture doit présenter certaines conditions de continuité, de solidité et de hauteur, constituer en un mot un empêchement réel et efficace à l'introduction des animaux.

La vaine pâture ne peut jamais s'exercer sur les champs ensemencés ou couverts de quelque production que ce soit : elle ne peut avoir lieu qu'après la récolte (articles 5 de la loi nouvelle et 9 de la loi des 28 septembre-6 octobre 1791) et deux jours seulement après l'enlèvement de celle-ci (art. 22, titre 2 de cette dernière loi). Ces deux jours ont été réservés, soit aux propriétaires pour leur permettre d'achever la récolte, soit aux glaneurs que la loi préfère aux propriétaires de bestiaux. Il ne suffit pas d'ailleurs, pour que la vaine pâture puisse être exercée sur un champ, que ce champ soit complètement dépouillé de ses fruits, si les terres voisines sont encore en état de production. Il est nécessaire qu'il ait été procédé à l'enlèvement de la récolte de tous les champs compris dans le même canton ou finage, afin que le pâtre puisse facilement empêcher son troupeau de se répandre dans les champs qui seraient encore couverts de fruits.

Dans aucun cas (article 5 de la loi nouvelle) et dans aucun temps, la vaine pâture ne peut s'exercer sur les prairies naturelles ou artificielles.

90. — Quelles sont les personnes qui peuvent faire admettre leurs bestiaux à la vaine pâture?

La vaine pâture a été établie principalement au profit des propriétaires de la commune. Chacun d'eux peut donc y envoyer ses bestiaux, mais non pas en tel nombre qui pourrait lui convenir. D'après l'article 13 de la loi de 1791, confirmé par l'article 8 de la loi du 9 juillet 1889, les propriétaires de bestiaux ne peuvent envoyer leurs animaux prendre part à la vaine pâture que proportionnellement à l'étendue des terres qu'ils abandonnent à la dépaissance commune. La vaine pâture est un droit qui par son essence même exige la réciprocité. Il suit de là qu'on ne devra comprendre parmi les terres d'après l'étendue desquelles se mesure le droit de chacun, ni les vignes, ni les prairies naturelles ou artificielles, dans lesquelles la vaine pâture n'est jamais admise, et que d'autre part toute diminution de l'étendue des terres abandonnées par le propriétaire à la jouissance commune, soit par suite de l'établissement d'une clôture dans les conditions que nous verrons bientôt, soit par suite de la conversion d'un champ en vignoble ou en prairie entraînera une diminution du nombre des animaux admis à la vaine pâture (article 648 du Code civil; article 16, section 4, de la loi de 1791 et article 4 de la loi nouvelle). La quantité de bétail, proportionnellement à l'étendue du terrain, est fixée par les règlements et usages locaux, et à défaut de documents positifs à cet égard, il y est pourvu par délibération du conseil municipal (articles 13 de la loi de 1791 et 8 de la loi nouvelle). L'application de cette dernière disposition a donné lieu à quelques difficultés sous l'empire de l'ancienne loi. On s'est demandé ce qui arriverait si, aucun règlement ou usage local ne fixant le nombre des animaux à admettre à la vaine pâture proportionnellement à l'étendue du terrain, le conseil municipal avait négligé d'y pourvoir. Il a été décidé par la Cour de cassation (11 mai 1869) qu'en pareil cas la faculté d'envoyer les bestiaux au pâturage est identique en faveur de tous les ayants droit, quelle que soit l'importance respective de leurs exploitations.

Toute personne qui est propriétaire, dans la commune, de terres qu'elle abandonne après la récolte à la jouissance commune peut donc faire admettre ses bestiaux à la vaine pâture. Peu importe sa nationalité (Cass., 21 juin 1861). Peu importe aussi qu'elle ait ou non son domicile dans la commune, pourvu qu'elle y exploite des terres (articles 15 de la loi de 1791 et 8 de la loi nouvelle). Le propriétaire ou fermier exploitant des terres dans une commune où il n'a pas son domicile a le même droit que s'il y était domicilié. Ce droit en effet a pour base, non pas l'habitation, mais l'étendue des terrains apportés par chacun à la jouissance commune, et dès lors le forain, comme on l'appelle, doit être traité de la même façon que l'habitant. Il a même été décidé que le forain pouvait envoyer à la vaine pâture non seulement les bestiaux qu'il nourrit sur le territoire de la commune, mais encore ceux qui dépendraient d'une exploitation qui aurait son siège dans la commune voisine (Cass., 15 avril 1855). Il est seulement tenu d'exercer lui-même son droit. Il ne lui est pas permis de le céder à d'autres. Le législateur a voulu que la vaine pâture ne fût jamais exercée qu'entre gens qui se connaissent et qui vivent ensemble; il a craint que la cession du droit des propriétaires ou exploitants forains à la vaine pâture ne fût une cause de collision. Cette interdiction, qui dans la loi de 1791 ne concernait que les forains, a même été reproduite en termes généraux par la loi nouvelle (article 10). Aux termes de cet article, la vaine pâture doit être exercée directement par les ayants droit et ne peut être cédée à personne.

Après avoir ainsi fait la part des propriétaires de la commune dans la vaine pâture, la loi a fait celle du pauvre. Elle a disposé (articles 14 de la loi de 1791 et 9 de la loi du 9 juillet 1889) que tout chef de famille domicilié dans la commune, qui n'y serait ni propriétaire ni fermier, et le propriétaire ou fermier auquel la modicité de son exploitation n'assurerait pas l'avantage qui va être déterminé, pourront mettre sur les terrains soumis à la vaine pâture six bêtes à laine et une vache avec son veau. Les mêmes articles ont en outre expressément réservé à cette catégorie de personnes le bénéfice des lois, coutumes ou usages locaux qui leur accorderaient un plus grand avantage. De telle sorte que si la part du pauvre peut être plus forte que celle déterminée par ces articles, elle ne peut jamais être moindre. Ici la loi a, par exception, adopté à l'égard des anciens usages une règle inverse de celle qu'elle a suivie à tous les autres égards en ce qui concerne la vaine pâture : elle ne maintient ici que les usages favorables, elle refuse tout effet aux autres. C'est cette disposition, il ne faut pas se le dissimuler, qui protège le plus efficacement ce qui reste encore de la vaine pâture contre ses adversaires.

91. — En ce qui concerne les différentes espèces d'animaux qui pourraient être admis à la vaine pâture, la loi ne contient aucune interdiction. Les anciens usages sont donc pleinement obligatoires. Tantôt les moutons seront exclus, tantôt ils seront admis. Le plus souvent, le pacage des oies, des chèvres, des porcs

sera interdit; tantôt on les admettra sur les terres en friche.

La loi ne contient non plus aucune disposition relative à la destination des animaux présentés à la vaine pâture : peu importe donc que ces animaux dépendent d'une exploitation rurale, ou qu'ils appartiennent à un marchand de bestiaux (Cass., 15 mars 1862).

92. — Les conditions dans lesquelles, lorsqu'il existe, le droit de vaine pâture doit être exercé sont au nombre de deux :

La première concerne l'obligation de confier les bestiaux, dans les pays soumis à l'usage du troupeau en commun, au pâtre désigné par le maire (1), ou de les faire garder par troupeau séparé (article 12 de la loi de 1791, et articles 4 et 7 de la nouvelle loi). Cette règle a été établie tout à la fois pour prévenir les dégâts que les bestiaux pourraient causer sous la garde d'une personne négligente et pour faire que tout au moins la responsabilité soit effective et qu'en cas de dommage le propriétaire qui en a souffert sache à qui s'adresser. Elle est appliquée strictement. Deux propriétaires ne pourraient s'unir pour former un troupeau commun (Cass., 9 février 1838). Par exception, les cultivateurs pauvres peuvent s'entendre pour la garde en commun des animaux qu'ils ont le droit d'envoyer à la vaine pâture (art. 14 de la loi de 1791) : la Cour de Cassation admet la même solution en faveur des propriétaires ou exploitants forains (arrêt du 8 mai 1838).

La seconde condition concerne le cas où une maladie contagieuse se déclarerait dans un troupeau : l'article 19 de la loi de 1791 enjoignait au propriétaire

(1) Lorsqu'il y a un pâtre commun, son traitement n'est pas à la charge de la commune, mais à celle des propriétaires qui lui confient leurs troupeaux (Conseil d'État, 19 janvier 1854, affaire Turgend).

d'en faire la déclaration à la municipalité, qui devait assigner au troupeau un cantonnement spécial et lui désigner un chemin pour s'y rendre.

Cette disposition a été implicitement abrogée par la loi du 11 juillet 1881 sur la police sanitaire des animaux, et remplacée par des prescriptions plus rigoureuses, que nous étudierons plus tard.

93. — Tel est ce que nous avons appelé le droit commun de la vaine pâture. Il nous reste à rechercher quelle influence peuvent exercer en cette matière les règlements faits soit par les conseils municipaux, soit par les maires.

Nous connaissons l'origine des attributions du conseil municipal à cet égard : elles remontent à la loi de 1791. Leur exercice est actuellement régi par les articles 68 et 69 de la loi du 5 avril 1884 ainsi que par l'article 11 de la loi nouvelle. L'article 68 donne au conseil municipal le droit de prendre des délibérations sur la vaine pâture, et l'article 69 porte que ces délibérations, pour être exécutoires, devront être approuvées par le préfet après que celui-ci aura pris l'avis du conseil de préfecture. Le droit d'approbation ainsi conféré au préfet est absolu, et il s'exerce d'une manière discrétionnaire, en ce sens que le préfet n'est pas tenu de justifier de l'utilité de son approbation ou de son refus d'approbation. Il connaît cependant deux limites : d'abord le droit d'approuver n'implique pas le droit de modifier la délibération du conseil municipal; en second lieu, l'approbation conférée à un règlement est définitive et, une fois donnée, ne peut plus être retirée. C'est ce que le Conseil d'État a décidé notamment le 10 juillet 1885. Une délibération du conseil municipal de Romilly-sur-Seine régulièrement approuvée avait en 1821 créé un cantonnement en faveur de deux grands propriétaires. Le fermier de l'un de ces derniers contrevint à ce règlement et fut poursuivi devant le juge de paix : pour éviter d'être condamné, il sollicita et obtint du préfet un arrêté portant retrait de l'approbation donnée en 1821 par son prédécesseur. Le Conseil d'État a annulé pour excès de pouvoirs cet arrêté. Il a considéré d'une part que, l'initiative des règlements qui concernent la vaine pâture ayant été réservée au conseil municipal, c'est de lui seul que peut émaner toute modification à d'anciens règlements; d'autre part, que la délibération de 1821 avait constitué en faveur tant des propriétaires soumis à la vaine pâture que des propriétaires de troupeaux, de véritables droits auxquels il ne pouvait appartenir au préfet de porter atteinte.

94. — Mais ni l'article 68 ni l'article 69 de la loi du 5 avril 1884 n'avaient défini la nature et l'étendue des pouvoirs qui peuvent être exercés en la matière par les conseils municipaux : l'article 19 de la loi du 18 juillet 1837 ne l'avait pas fait davantage. L'article 11 de la loi nouvelle a comblé cette lacune. Les conseils municipaux peuvent toujours, porte cet article, prendre des arrêtés pour réglementer le droit de vaine pâture, notamment pour en suspendre l'exercice en cas d'épizootie, de dégel ou de pluies torrentielles, pour cantonner les troupeaux de différents propriétaires ou les animaux d'espèces différentes, pour interdire la présence d'animaux dangereux ou malades dans les troupeaux. La règle ainsi posée comporte quelques développements.

Il n'appartient pas au conseil municipal de statuer sur le droit lui-même, mais seulement d'en régler l'exercice. Le droit est ce que l'ont fait tout à la fois les usages et la loi; il est au-dessus des délibérations du conseil municipal, mais il en est autrement des conditions dans lesquelles ce droit s'exerce, et des mesures de détail qui peuvent être exigées. Il appartiendrait certainement à l'assemblée communale de faire varier le nombre des bestiaux d'après les saisons et le plus ou moins d'abondance du pâturage, de prescrire, par exemple, qu'il pourra être envoyé à la vaine pâture quinze moutons par hectare du 1er juillet au 1er décembre, et douze seulement du 1er décembre au 1er juillet (Cass., 3 mai 1850), ainsi que d'exiger que chaque propriétaire fasse à la mairie une déclaration détaillée de ses terres, avec pièces justificatives, de façon à permettre la détermination exacte du nombre de têtes de bétail que chacun pourra conduire à la vaine pâture (Cass., 1er juillet 1859).

L'article 11 donne expressément au conseil municipal le droit d'établir des cantonnements, c'est-à-dire d'attribuer à certains habitants de la commune, en raison de leur isolement ou de leur éloignement du centre, le droit exclusif de mener leurs bestiaux sur certaines parties du territoire, à charge par eux de renoncer à la vaine pâture sur les autres. Cette faculté, que les conseils municipaux exerçaient sans difficulté avant le vote de la loi nouvelle (Nancy, 9 février 1849; Cass., 15 juillet 1843), est maintenant au-dessus de toute contestation.

Le conseil municipal pourrait aussi sans aucun doute réserver aux propriétaires et fermiers qui en feraient la demande, la faculté de conduire leurs bestiaux sur leurs propres terres, en les excluant par réciprocité de toute participation à la vaine pâture sur les autres terres de la commune (Cass., 22 janvier 1859).

Mais il n'appartiendrait pas au conseil municipal, sous prétexte de réglementation, d'interdire la vaine pâture sur des terres qui s'y trouvent légalement soumises (Cass., 9 septembre 1853), ou de subordonner l'exercice de ce droit à une autorisation délivrée par le maire ou le commissaire de police (Cass., 5 février 1859).

L'exercice des pouvoirs qui ont été conférés aux conseils municipaux en cette matière est, on le voit, de nature à soulever bien des difficultés. Lorsqu'un règlement délibéré par le conseil municipal et approuvé par le préfet est illégal, tout intéressé peut le déférer au préfet en conseil de préfecture et, en cas de refus d'annulation, se pourvoir devant le Conseil d'État, par application des articles 63, 65 et 67 de la loi municipale du 5 avril 1884. C'est ce que le Conseil d'État a reconnu le 16 décembre 1887 sur la requête d'un sieur Dupas. En outre, le règlement serait dépourvu de toute sanction, soit civile, soit pénale, et les juges pourraient refuser de l'appliquer.

95. — Les pouvoirs qui appartiennent au maire n'ont pas donné lieu à de moindres difficultés. Bien qu'en effet ce soit aux conseils municipaux que nos lois ont principalement confié le soin de régler l'exercice de la vaine pâture, on est d'accord pour reconnaître que cette attribution n'est pas absolument exclusive. Le maire peut agir en une double qualité : comme exécuteur des délibérations adoptées par le conseil municipal, et en vertu de son droit de police. En sa qualité d'agent d'exécution des délibérations du conseil municipal, il doit non seulement publier ces délibérations, mais encore veiller à leur application. En vertu de son pouvoir propre, il lui appartient, dans certains cas, de compléter ces délibérations et de suppléer à leur insuffisance. C'est ainsi qu'il trouvera dans le droit de police qui lui appartient sur les chemins vicinaux et ruraux, celui de réglementer le passage des bestiaux sur ces chemins et d'y interdire la dépaissance (Cass., 1er décembre 1854). Il pourra également, dans le but de rendre la surveillance du pâtre commun plus facile, et de prévenir les divagations des

animaux, ordonner que ceux-ci soient marqués. Il pourra enfin fixer comme le conseil municipal lui-même les heures pendant lesquelles, suivant les saisons, la vaine pâture pourra être exercée. Les règlements pris ainsi par les maires, à la différence des délibérations prises par les conseils municipaux, n'ont pas besoin, pour être exécutoires, d'être expressément approuvés par le préfet. Il suffit qu'ils n'aient pas été annulés ou que leur exécution n'ait pas été suspendue par ce dernier (art. 95 de la loi du 5 avril 1884).

96. — Il ne nous reste plus maintenant qu'une seule question à examiner, c'est celle de savoir comment il est permis de s'affranchir de la vaine pâture.

Ici encore nous retrouvons la règle que nous avons déjà fait connaître et qui domine toute la matière. La loi de 1791 et la loi de 1889 ont déterminé des modes d'affranchissement qui, dans tous les cas, seront applicables, quelle que soit sur ce point la portée des anciens usages, mais elles n'ont pas abrogé ceux des anciens usages qui rendaient cet affranchissement plus facile. Elles doivent donc être entendues ainsi : lorsque les anciens usages ne permettaient en aucun cas de s'affranchir de la vaine pâture ou lorsqu'ils ne le permettaient qu'à des conditions plus rigoureuses que celles qui sont prescrites aujourd'hui, ces anciens usages doivent être considérés comme abrogés et remplacés par les règles nouvelles. Mais si au contraire ces usages rendaient l'affranchissement plus facile, ils devront continuer à être appliqués. La rédaction de l'article 3 de la loi de 1791, que nous avons déjà cité, ne laisse aucun doute sur ce point et, bien que la loi nouvelle ne s'en soit pas expliqué, le principe général posé par cet article domine plus que jamais la matière.

97. — Il y avait des coutumes dans lesquelles on

s'affranchissait de la vaine pâture, non seulement par la clôture, mais par une simple renonciation à la réciprocité (Cass., 28 avril 1873) ou par un simple signe. Dans certains pays, on mettait ses terres en défends par ce qu'on a appelé des clôtures symboliques : ainsi, dans les Basses-Alpes, l'Ardèche et le Var, on s'affranchissait de la vaine pâture en plaçant sur son fonds des tas de pierres ou de mottes, auxquels l'usage a conservé le nom de montjoie. Dans la Somme, on faisait servir aux mêmes fins des buttes de terre, des torches en paille ou des branchages; dans le Rhône et dans le département de l'Oise, il suffisait d'une raie de labour ou de quelques rameaux fixés en terre.

Nous avons déjà vu que ce ne sont pas là de véritables clôtures, et que la loi en général ne leur attribue aucun effet. Ici au contraire, tout à fait exceptionnellement, elles produiront l'effet d'une clôture réelle. Comme elles affranchissaient autrefois, dans certains pays, de la vaine pâture, le législateur n'a pas voulu qu'il pût être plus difficile de procurer l'affranchissement de son fonds sous le nouveau régime que sous l'ancien.

Mais il y avait au contraire des contrées dans lesquelles la vaine pâture était considérée comme une institution tellement nécessaire que nul ne pouvait s'y soustraire, même par le moyen de la clôture. Pour ces dernières, la loi de 1971 a disposé que ce mode d'affranchissement pourrait toujours être employé; elle a abrogé (article 4) toutes les lois et coutumes qui peuvent contrarier le droit de se clore; elle a disposé que le droit de vaine pâture ne pourra, en aucun cas, empêcher les propriétaires de clore leurs héritages, sauf une seule exception. Lorsque la vaine pâture est établie entre particuliers, et qu'elle résulte, non pas de la coutume, mais d'un titre, c'est-à-dire d'un contrat ou d'un acte susceptible de produire les mêmes effets, le propriétaire du fonds ne peut affranchir son fonds par la clôture. Dans ce cas, en effet, on se trouve en présence d'une véritable servitude, consentie le plus souvent à titre onéreux et dont il n'est pas possible de s'affranchir par sa seule volonté (Cass., 28 juillet 1875). Toutefois, la défaveur avec laquelle la loi envisage ce genre de servitude est telle qu'elle a réservé expressément au propriétaire du fonds qui en est grevé la faculté de la racheter (1). L'indemnité est fixée dans ce cas, soit à dire d'experts, soit par voie de cantonnement (art. 8 de la loi de 1791 et 12 de la loi du 9 juillet 1889).

98. — En même temps que la loi de 1791 consacrait ainsi le droit de se clore, elle indiquait ce qui devrait être considéré comme une clôture suffisante. La loi nouvelle a consacré la plupart de ses dispositions.

D'après l'article 6 de cette dernière loi, l'héritage sera réputé clos lorsqu'il sera entouré soit par une haie vive, soit par un mur, une palissade, un treillage, une haie sèche d'un mètre au moins, soit par un fossé d'un mètre vingt centimètres à l'ouverture et de cinquante centimètres de profondeur, soit par des traverses en bois ou des fils métalliques distants entre eux de trente-trois centimètres au plus et s'élevant à un mètre de hauteur, soit par toute autre clôture continue et équivalente faisant obstacle à l'introduction des animaux.

Ainsi la loi admet, comme mode de clôture efficace au point de vue de l'affranchissement de la vaine pâture : le mur, la palissade ou treillage, la haie vive, la haie sèche, le fossé et la clôture en fils de fer.

Il a été reconnu sous l'empire de l'ancienne loi que cette énumération n'était pas limitative, et qu'on devrait

(1) Nous verrons un peu plus loin que l'affranchissement par le rachat n'est pas possible pour les autres servitudes rurales.

considérer comme clos un fonds bordé d'un côté par une
rivière, de l'autre par un canal d'irrigation, et des deux
derniers par une ligne de piquets fichés en terre et reliés
par des fils de fer, bien que la loi de 1791 n'ait parlé ni
de rivières ni de canaux d'irrigation (Cass., 1er mars 1865).
Le même arrêt a reconnu qu'il n'était pas besoin que
chaque propriété eût une clôture particulière et qu'une
clôture collective était suffisante pour des héritages contigus. Ces solutions devraient encore être admises aujourd'hui.

99. — L'article 6 détermine la hauteur du mur,
de la palissade, du treillage et de la haie sèche qui peuvent servir de clôture. Il détermine également la largeur
et la profondeur du fossé, et les conditions d'établissement des traverses en bois et des fils métalliques. Quant
à la haie vive, il n'a rien spécifié.

Il n'est pas douteux que, pour procurer l'affranchissement de la vaine pâture, la haie vive doit constituer
une clôture effective et présenter un obstacle matériel
à l'introduction des bestiaux : cette solution est commandée par le texte même de l'article 6. Il faudra donc
que la haie vive ait une hauteur et une épaisseur suffisantes
pour se défendre elle-même : tant qu'elle ne remplira
pas ces conditions, il sera nécessaire de la renforcer
d'une haie sèche ou d'une palissade, si l'on veut qu'elle
procure l'affranchissement du fonds.

Il ne suffit pas d'ailleurs, pour que la vaine pâture ne
puisse plus s'exercer sur un fonds, que ce fonds ait été
clos à une certaine époque, il faut que la clôture subsiste. Si elle était dans un tel état de ruine qu'elle ne
présentât plus d'obstacles au passage des bestiaux, l'héritage se trouverait replacé dans la masse des terres soumises au pâturage. Cette solution est certaine : elle résulte des termes mêmes de l'article 6.

Mais le mauvais entretien d'une clôture a ses degrés, et il en résulte des difficultés d'appréciation fort embarrassantes pour les tribunaux. S'il n'y avait que quelques ouvertures dans la haie, et que la volonté du propriétaire de renoncer à l'entretenir ne fût pas manifeste, on devrait s'abstenir de faire passer les bestiaux, mais d'autre part le propriétaire du fonds devrait bien se garder de s'en prendre au propriétaire dont les bestiaux s'y seraient introduits d'eux-mêmes. L'existence d'une brèche quelconque ne permet pas en effet de considérer une clôture comme insuffisante et de faire pénétrer volontairement des bestiaux dans le fonds qu'elle entoure, mais celui qui omet de la réparer ne peut s'en prendre qu'à lui-même des conséquences directes de sa négligence. Il peut se présenter à cette occasion une foule de circonstances différentes, que les tribunaux apprécieront.

100. — Nous devons, en terminant l'exposé de ces règles, faire une remarque importante, que nous aurons à développer plus tard. Tout propriétaire de terrains soumis à la vaine pâture qui entrave l'exercice de ce droit, de même que tout ayant droit qui porte atteinte à la propriété d'autrui, est responsable du dommage qu'il cause. Il peut donc être condamné au paiement d'indemnités plus ou moins considérables. Il peut même, dans certains cas, être condamné à des peines que nous ferons connaître lorsque nous étudierons les délits ruraux.

101. — Quelques mots sur ce qu'on appelait autrefois le parcours.

Le parcours n'était autre chose que la vaine pâture exercée de commune à commune.

Avant 1789, le territoire était très irrégulièrement divisé ; souvent une partie des terres d'une commune ou paroisse était enclavée dans une autre commune, et la

reconnaissance des limites de chacune devenait fort
difficile : pour prévenir les contestations, on étendit la
vaine pâture d'une paroisse à une autre.

Le parcours, jusqu'à la loi dn 9 juillet 1889, avait été
soumis aux mêmes restrictions que la vaine pâture ; on
peut même dire qu'il avait été traité plus défavorablement encore que cette dernière. La loi de 1791 ne l'avait
en effet maintenu que *provisoirement,* et à la condition
qu'il fût fondé *sur un titre ou sur une possession au-*
torisée par les lois ou coutumes. L'existence d'un ancien
usage ne suffisait donc pas, il fallait que cet usage eût
été possédé, c'est-à-dire exercé. Comme la vaine pâture,
le parcours exigeait la réciprocité ; si les habitants de
l'une des deux communes intéressées affranchissaient
leurs fonds de la vaine pâture, soit par l'établissement
de clôtures, soit par la conversion de champs à céréales
en prairies artificielles ou en vignes, le parcours s'étei-
gnait en totalité ou en partie (loi de 1791, section 4,
article 17 ; Besançon, 28 janvier 1848).

102. — L'article 1er de la loi du 9 juillet 1889 l'abo-
lit d'une manière absolue. Il est certain que ce droit
a perdu toute raison d'être : les limites des communes
sont aujourd'hui bien déterminées ; leurs territoires ne
sont plus enclavés les uns dans les autres, et ils sont
exactement connus de tous leurs habitants. La pro-
miscuité des troupeaux appartenant à des communes
différentes ne peut, dans ces conditons, que susciter des
conflits, bien loin de les prévenir. D'après l'article premier de la nouvelle loi, la suppression du parcours a
lieu sans indemnité, sauf lorsqu'il a été acquis à titre
onéreux. Le montant de l'indemnité est alors réglé par
le conseil de préfecture, sauf renvoi aux tribunaux ordinaires en cas de contestation sur le titre.

III. — *Restrictions apportées à la culture de la vigne.*

103. — La législation que nous allons étudier n'est pas la première qui ait été édictée pour les vignobles. Nous avons cité dans notre introduction un arrêt du Conseil du Roi du 5 juin 1731 qui s'opposait à ce qu'on fît de nouvelles plantations de vignes. Il paraît qu'à cette époque les plants existants occupaient une trop grande quantité de terres propres à produire des grains ou à servir de pâturages; qu'ils augmentaient la cherté des bois par la consommation des échalas et multipliaient tellement la quantité des vins qu'ils en détruisaient la valeur et la réputation. Nous n'avons pas besoin de dire que la législation actuelle poursuit un but tout différent. Les restrictions qui ont été apportées récemment au droit de propriété, en ce qui concerne les vignobles, ont pour objet la défense des vignes contre le phylloxéra. Elles sont contenues dans deux lois qui portent la date du 15 juillet 1878 et du 2 août 1879 et qui ont été fondues ensemble, la seconde n'ayant fait que compléter la première; dans un règlement d'administration publique du 26 décembre 1878, dans un certain nombre de décrets ou d'arrêtés ministériels, et dans une loi toute récente du 15 décembre 1888.

Les lois des 15 juillet 1878 et 2 août 1879, ainsi que le règlement d'administration publique rendu pour leur exécution contiennent, en outre, un certain nombre de dispositions qui ont été prises, non pas en vue du phylloxéra, mais en vue du doryphora. Le doryphora est un insecte, importé d'Amérique, qui s'attaque aux pommes de terre, et dont on redoutait beau-

coup les ravages au moment du vote de la loi. Ces in-
quiétudes ne se sont pas réalisées, en sorte que les dispositions de la loi de 1878 relatives au *doryphora* n'ont
pas jusqu'à présent reçu d'application notable. Nous ne
ferons qu'en indiquer les dispositions essentielles, réservant à l'étude de celles qui sont relatives au phylloxéra
presque tout l'espace dont nous pouvons disposer.

104. — Lorsque la loi de 1878 a été promulguée, il
y avait quatorze ans que le phylloxéra exerçait ses ravages en France. C'est en effet en 1864 qu'il fit sa première apparition dans la vallée du Rhône, à Roque-
maure, près d'Avignon. Ses ravages furent constatés dès
l'année suivante, mais pendant plusieurs années on
resta sans données précises sur la cause du dépérissement constaté dans les vignes ; les viticulteurs s'en pre-
naient à l'appauvrissement du sol, et l'on continuait à
cultiver la vigne comme par le passé. Le mal cependant continuait à s'aggraver ; en 1868, on constatait que
quinze mille hectares étaient attaqués dans le département de Vaucluse : il fallut bien faire appel à la science.
Un certain nombre de propriétaires de la vallée du
Rhône demandèrent à la Société d'agriculture de l'Hé-
rault d'étudier les causes du dépérissement qu'on commençait à signaler partout. La société nomma une
commission dans laquelle figuraient MM. Planchon et
Bazille et qui reconnut la présence de l'insecte. On connaissait désormais la cause du mal : restait à découvrir le
remède. Les savants se mirent à l'œuvre, l'Académie des
Sciences saisie de la question constitua un comité spécial, mais en dépit de tous ces efforts on atteignit l'année 1870 sans avoir rien trouvé. Les malheureux événements qui se produisirent ensuite amenèrent un
nouveau temps d'arrêt dans l'étude de la question, de
telle sorte que, pour constater un progrès réel, il faut

aller jusqu'à l'année 1873. A cette époque, un agriculteur de Graveson, M. Faucon, eut l'idée d'utiliser, pour la destruction de l'insecte, les eaux qu'il avait tirées jusque-là du canal des Alpines pour l'irrigation de ses vignes, et son entreprise eut un plein succès. Le phylloxéra passe en effet une partie de son existence sous terre, dans un état d'engourdissement qui commence dès que la température descend au-dessous de dix degrés de chaleur, vers la fin de septembre. Ce n'est qu'au mois de mai que l'insecte se réveille et se met à attaquer les radicelles, et c'est seulement en juillet qu'il passe à l'état de nymphe et prend des ailes. Pendant sept mois de l'année, il est donc possible de l'atteindre. Les expériences de M. Faucon ont démontré qu'en entretenant sur le vignoble attaqué, pendant une durée de 40 à 45 jours, une lame d'eau de 25 à 30 centimètres de hauteur, il est possible (1) de détruire le phylloxéra par l'asphyxie.

Mais la submersion n'est pas applicable dans tous les terrains : la vigne se plaît sur les coteaux, et l'eau ne se trouve en abondance que dans les vallées. On n'avait donc résolu qu'une partie du problème. Une loi du 22 juillet 1874 créa un prix de 300,000 fr. au profit de quiconque découvrirait un moyen efficace pour détruire le dangereux insecte. La même loi ordonna la constitution, auprès du ministre de l'Agriculture, d'une commission supérieure du phylloxéra, et deux ans plus tard, en 1876, le ministre de l'Agriculture prescrivit aux préfets, sur la demande de cette commission, d'instituer dans les départements envahis ou menacés des co-

(1) On a cru longtemps que la destruction du phylloxéra dans ces conditions était certaine, et que la submersion était toujours efficace. Le rapport présenté en 1886 par la commission supérieure du phylloxéra indique que cette opinion ne doit pas être admise sans réserve.

mités d'étude et de vigilance. La résistance commençait ainsi à s'organiser.

Elle ne tarda pas à se manifester par des actes. On avait en effet reconnu que le phylloxéra se propage rarement de lui-même, et que, presque toujours, c'est au fait de l'homme qu'il faut attribuer sa présence : les préfets prirent des arrêtés pour interdire l'introduction, dans les différentes communes de leurs départements, de cépages venus du dehors, mais ces arrêtés, qui n'avaient, il faut bien le reconnaître, aucune base légale, ne passèrent pas sans contestation.

En même temps qu'on cherchait à empêcher l'extension du fléau par voie d'importation, on s'efforçait de restreindre ses effets dans les parties envahies du territoire, par l'application de traitements. On crut d'abord qu'il suffirait de faire appel à l'intelligence et à la raison des intéressés. La Compagnie des chemins de fer de Paris à Lyon et à la Méditerranée, dont le transport des vins constitue l'une des plus importantes sources de revenus, et qui se voyait gravement atteinte dans cette ressource, entreprit de se constituer pour ainsi dire l'associée des exploitants de vignobles pour l'exécution de travaux de défense. Elle fournissait les agents chimiques gratuitement, et ne demandait aux viticulteurs que la main-d'œuvre. L'exposé des motifs de la loi du 15 juillet 1878 nous fait connaître que, soit ignorance, soit apathie, soit découragement, ceux-ci refusèrent en général de profiter de pareils avantages.

L'administration chercha de son côté à stimuler le zèle des intéressés : elle n'y réussit pas davantage. En 1876, le ministre de l'Agriculture s'était résolu à provoquer près d'Orléans, l'exécution de mesures d'ensemble : cent soixante propriétaires avaient été convoqués et mis en demeure de se prêter à un essai de traitement;

sur ces cent soixante propriétaires, un tiers seulement
répondit à la convocation, un seul propriétaire consentit
à l'application du traitement.

105. — Le Gouvernement se considéra dès lors
comme suffisamment éclairé sur la nécessité d'une loi
nouvelle. Le nombre des hectares de vignes détruits
était en 1877 de 288,000 et le nombre de ceux gravement atteints de 365,000. Ce chiffre devait malheureusement s'élever encore. Il résulte du rapport présenté le
1er mars 1886 par M. le directeur de l'Agriculture à la
commission supérieure du phylloxéra (1) que l'étendue
du vignoble anéanti par l'insecte depuis le commencement de la maladie dépassait en 1885 un million d'hectares, et que l'étendue des vignes atteintes n'était pas
moindre de 642,000 hectares. Il était donc, dès 1877,
grand temps d'aviser. Au surplus, les viticulteurs eux-
mêmes imploraient le secours du législateur, et la Chambre des députés venait d'être saisie d'une pétition revêtue
de 5,000 signatures, dans laquelle on lui demandait de
prendre des mesures législatives. C'est en cette situation
que le Gouvernement soumit au Conseil d'État dans
la seconde partie de l'année 1877 le projet qui est devenu la loi du 15 juillet 1878. Les rédacteurs de ce projet s'étaient inspirés des résolutions qui avaient été
adoptées quelques mois auparavant dans un congrès
international tenu à Lausanne et dans lequel la France,
l'Autriche, le Portugal et diverses contrées de l'Allemagne s'étaient fait représenter. Longuement discuté
par le Conseil d'État, ce projet a été adopté sans observations par le Sénat et par la Chambre. La loi du
2 août 1879, nous l'avons dit, n'a que peu modifié celle
de 1878 : elle a eu seulement pour but d'augmenter sur

(1) Compte rendu des travaux du service du phylloxéra en 1885-1886,
p. 32.

deux points les pouvoirs de l'administration, et de régler à nouveau les conditions dans lesquelles il lui serait permis et dans certains cas prescrit de favoriser l'action des propriétaires de vignobles. Les mesures que ces deux lois contiennent se divisent en deux catégories bien distinctes : par les premières, le législateur s'est efforcé d'arrêter l'invasion en interdisant dans les pays indemnes l'importation de plants ou produits phylloxérés; par les secondes, il a conféré à l'administration les pouvoirs nécessaires pour entamer la lutte contre le phylloxéra sur place et se substituer aux propriétaires eux-mêmes, au cas où ceux-ci refuseraient d'agir.

106. — L'exécution de ces deux lois a été confiée à un service qui est dirigé par un inspecteur général et qui comprend un certain nombre d'agents spéciaux. Les employés des douanes concourent, de leur côté, de la manière la plus efficace, à l'observation des règles relatives à l'importation en France des vignes provenant de l'étranger. Enfin il existe, indépendamment de la commission supérieure du phylloxéra, qui siège à Paris, des commissions d'étude et de vigilance, qui ont été instituées par les préfets dans un certain nombre de départements, soit depuis la loi du 15 juillet 1878, soit même avant le vote de cette loi (1), et des commissions régionales, dont les membres sont nommés par le ministre de l'Agriculture en vertu d'une loi du 6 janvier 1879.

Toutes ces commissions ont été instituées pour permettre à l'administration représentée, tantôt par les préfets, tantôt par le ministre de l'Agriculture lui-même, de s'éclairer de leurs avis sur les mesures que peut comporter la situation des vignobles. L'administration peut

(1) Voir ce que nous avons dit à la page 157.

toujours les consulter; elle est même dans certains cas, tenue de le faire, ainsi que nous le verrons plus loin.

107. — I. *Mesures qui ont pour but d'empêcher la propagation de l'insecte.* — Ces mesures sont celles qui sont prescrites par les articles 1, 2, 12, 13 et 14 de la loi. Elles consistent dans une véritable mise en quarantaine des produits des pays phylloxérés.

Un décret du Président de la République peut interdire l'entrée, soit dans toute l'étendue, soit dans une partie du territoire français, de tout plant, sarment, feuille et débris de vignes, échalas ou tuteur déjà employé, compost ou terreau provenant soit d'un pays étranger, soit d'une partie du territoire français envahie par le phylloxéra (art. 1er).

D'après les articles 12 et 13 combinés, toute infraction est punie d'une amende de 50 à 500 francs; elle donnerait lieu, en outre, à un emprisonnement de un à quinze mois si elle avait été commise de mauvaise foi (Cass., 12 août 1887). Les peines ci-dessus sont doublées en cas de récidive; la loi considère qu'il y a récidive lorsque, dans les douze mois précédents, il a été rendu contre le contrevenant ou le délinquant un premier jugement de condamnation (art. 14). Si sévère que soit cette sanction, elle n'a pas arrêté complètement les introductions frauduleuses, et le tribunal correctionnel de Bône a dû, le 18 février 1886, prononcer une condamnation à six mois de prison et 500 francs d'amende pour introduction de sarments.

L'application de ces dispositions a rendu nécessaires des mesures d'ordre international, et des mesures d'ordre purement intérieur. Nous devons faire connaître les unes et les autres.

108. — Les mesures d'ordre international n'ont pas été fixées par les lois des 15 juillet 1878 et 2 août 1879,

et elles ne pouvaient pas l'être. Un peuple ne peut faire de lois que chez lui et pour lui, et la force obligatoire des dispositions qu'il prescrit s'arrête à la frontière.

Mais en confiant au Président de la République la faculté d'interdire l'entrée en France de tout plan, sarment, etc., provenant de l'étranger, la loi lui donnait implicitement le droit de s'entendre avec les nations voisines sur l'application des mesures qu'il croirait devoir prendre à cet effet. De là une convention, signée à Berne le 29 avril 1882, par laquelle la France, l'Allemagne, l'Autriche-Hongrie, le Portugal et la Suisse se sont entendus sur les dispositions à prendre pour se garantir mutuellement contre l'invasion du phylloxéra. De là aussi une série de décrets rendus pour l'exécution de cette convention internationale et déterminant soit les bureaux de douane par lesquels peut s'effectuer l'importation des plants, débris et produits de la vigne, et même l'importation des plants et produits des pépinières, jardins, serres et orangeries venant de l'étranger (1) (décrets des 8 juillet et 28 août 1882), soit les règles applicables à la circulation des raisins de vendanges, marcs, etc., dans les zones frontières de la France et de l'Allemagne (décret du 5 août 1884), soit enfin l'exportation, à destination d'un des États contractants, des ceps arrachés, sarments, etc. (décret du 10 septembre 1884).

A l'égard des États qui n'ont pas adhéré à la convention de Berne, le Président de la République jouit d'un pouvoir plus étendu encore, puisque ce pouvoir, qui procède du principe même de la souveraineté de la nation française sur son territoire n'a été restreint par

(1) La loi de 1878 et celle de 1879 n'avaient rien prescrit en ce qui concerne les plants et produits des pépinières, jardins, serres et orangeries venant de l'étranger; mais ces plantes et produits peuvent servir de véhicule au fléau, et la convention de Berne a, fort sagement, étendu sur ce point les pouvoirs de chacun des États contractants.

LÉGISLATION RURALE.   11

aucune convention diplomatique. C'est ainsi qu'un décret du 16 juillet 1887 a interdit l'importation des plants, des fleurs coupées et en pots, des fruits, des légumes frais, plus généralement de tous les produits horticoles et maraîchers de provenance italienne. Ce décret ne vise et n'avait à viser (1) ni les lois françaises sur le phylloxéra, ni la convention de Berne : aussi se borne t-il à constater dans ses motifs la nécessité de conjurer l'extension du fléau dans nos départements limitrophes.

109. — A la différence des mesures d'ordre international, les mesures d'ordre intérieur pouvaient être prises, et elles l'ont été effectivement par le législateur français seul.

Elles consistent dans la division de tous les arrondissements en trois catégories, à chacune desquelles correspond un régime spécial.

Les arrondissements compris dans la première catégorie sont les plus gravement atteints; ce sont ceux dans lesquels la situation de la vigne française est désespérée. Leur régime se caractérise par la liberté absolue d'y importer toute espèce de vignes. A quoi bon, en effet, aggraver encore le mal par une réglementation qui serait certainement inefficace, et qui ferait obstacle à la reconstitution des vignes en plants américains ou autres ? Au point où en sont venues les choses, qu'importe que l'arrondissement compte quelques phylloxéras de plus? L'importation y est donc permise. Mais il en est tout autrement de l'exportation. Celle-ci est absolument

(1) Viser une loi, c'est faire mention, dans un décret, dans un arrêté ou dans tout autre acte analogue, de la disposition législative dans laquelle l'auteur du décret ou de l'arrêté puise le droit d'agir. Cette mention a lieu dans la forme suivante : « Le Président de la République, ou le ministre, *vu la loi du*... Décrète, ou Arrête... »

interdite. L'arrondissement de la première catégorie doit s'abstenir de tout ce qui pourrait avoir pour effet de communiquer aux territoires voisins la maladie qui la ruine. La loi le soumet, au point de vue de l'exportation de ses vignes, à un isolement complet, sauf une exception. S'il importe en effet qu'il ne transmette pas à ceux de ses voisins qui sont sains ou qui sont moins gravement atteints que lui la maladie qui le dévore, il n'y a aucun inconvénient à ce qu'il communique librement avec ceux qui se trouvent aussi malades que lui. Au point de vue de l'exportation, le régime des arrondissements de la première classe peut donc être défini ainsi : interdiction complète à l'égard des arrondissements indemnes ou moins gravement atteints; liberté au contraire à l'égard des autres arrondissements de la première classe.

110. — Les arrondissements compris dans la seconde catégorie sont des arrondissements atteints moins gravement. Ici, la vigne française résiste encore, et tout espoir de vaincre n'est pas perdu. Il faut donc empêcher le mal de s'aggraver par l'introduction de nouveaux insectes : aussi l'importation de toute vigne, sarment, etc., provenant de l'étranger ou d'un arrondissement phylloxéré y est-elle interdite, sauf une exception que nous allons faire connaître à l'instant.

Quant à l'exportation, elle est également prohibée, sauf lorsque les produits exportés sont destinés à un arrondissement de la première classe.

111. — Tel est le régime auquel sont soumis les arrondissements de la seconde classe. Examinons la dérogation qu'il comporte relativement aux importations de vignes, ceps, etc.

Il se trouve souvent, dans l'étendue d'un même arrondissement, des régions diversement atteintes : les unes mériteraient d'être rangées dans la première catégo-

rie, les autres dans la seconde. On conçoit dès lors l'u-
tilité d'un traitement un peu différent pour les unes et
pour les autres. S'il était interdit d'une manière absolue
de faire, dans toute l'étendue de cet arrondissement,
aucune importation de vignes provenant de l'étranger,
la reconstitution des vignes perdues serait sérieusement
entravée. Le législateur a voulu éviter ce danger et il a
conféré au ministre de l'Agriculture, dans ce but, le droit
d'autoriser exceptionnellement l'introduction de plants
étrangers à destination de localités déterminées (article 1er, § 2, de la loi du 15 juillet 1878). C'est grâce à
cette disposition de la loi que la reconstitution d'un
grand nombre de vignobles au moyen de plants américains a pu être effectuée dans les arrondissements de la
seconde classe.

112. — Mais le pouvoir ainsi conféré au ministre de
Agriculture est un pouvoir redoutable. Les plants
américains en effet n'apportent pas seulement avec eux
le remède, ils apportent aussi le mal lui-même. Précisément à raison de la faculté qu'ils possèdent de résister
au phylloxéra et de le supporter sans dépérissement, ils
sont les agents par excellence de la propagation du fléau.
De telle sorte que si les viticulteurs qui ont absolument
perdu leurs vignobles et qui veulent les reconstituer considèrent l'importation de vignes américaines comme un
bienfait et voient le salut dans cette importation, ceux au
contraire qui défendent encore leurs vignes y voient un
danger qu'ils s'efforcent de tenir éloigné le plus longtemps
qu'ils peuvent. Pour atténuer ces inconvénients, l'administration a eu recours à deux sortes de mesures. Elle a
d'abord cherché à obtenir des plants américains aussi per-
fectionnés que possible, et dans ce but elle s'est attachée
à favoriser, en France même, la culture de ces plants.
C'est ainsi que le ministère de l'Agriculture fait cultiver,

sous la direction des professeurs de l'école de Montpellier, un grand nombre de cépages qui sont distribués ensuite aux viticulteurs qui en font la demande. C'est dans le même but que des subventions sont accordées aux pépinières qui se sont créées dans les départements : on conçoit aisément que ces cépages, élevés et surveillés avec soin, présentent infiniment moins de dangers que des cépages élevés en Amérique et importés directement de ce pays.

D'autre part, l'administration de l'Agriculture a cherché à entourer de garanties sérieuses l'exercice même du pouvoir que le législateur lui a conféré. La loi de 1878 et le règlement d'administration publique du 26 décembre 1878 n'avaient imposé au ministre aucune formalité; le pouvoir qu'ils lui avaient conféré en cette matière était donc arbitraire et absolu. Mais le ministre sentit lui-même le besoin d'une réglementation qui, en même temps qu'elle donnerait des garanties aux intéressés, allégerait sa propre responsabilité. Aussi, tous les ans, le décret rendu par le Président de la République, conformément à l'article 1er de la loi, pour désigner les arrondissements phylloxérés ou indemnes, porte-t-il dans un article 2 que le ministre de l'Agriculture ne pourra autoriser l'introduction, dans un arrondissement de la deuxième classe, de vignes provenant d'arrondissements phylloxérés qu'autant que se trouveront réunies toutes les conditions suivantes : 1° avis conforme des comités d'étude et de vigilance du département; 2° avis conforme du conseil général; 3° avis conforme de la commission supérieure du phylloxéra; 4° enquête dans les communes de l'arrondissement intéressé et dans les communes limitrophes de cet arrondissement dans une zone de 10 kilomètres. On voit par là que si la décision à prendre est grave, elle est soumise à de nombreuses et sérieuses garanties.

113. — Les arrondissements compris dans la troisième catégorie sont les arrondissements indemnes. Leur préservation a été le but principal de la loi ; c'est pour eux que la défense contenue dans les articles 1 et 2 a été principalement édictée. Aussi n'est-il permis, en aucun cas, d'y introduire aucune vigne, cep, etc., provenant de l'étranger ou d'un arrondissement phylloxéré, soit de la première, soit même de la deuxième classe, car le danger est le même dans un cas aussi bien que dans l'autre. Les seules importations qui y soient permises sont celles qui proviennent d'arrondissements indemnes.

Quant à l'exportation des vignes produites par l'arrondissement indemne, elle est libre. Cette exportation ne peut nuire à personne, puisque toutes les vignes de l'arrondissement sont saines.

114. — En même temps qu'elle a interdit l'importation et l'exportation des vignes de certains arrondissements à destination de certains autres, la loi du 15 juillet 1878 a, dans son article 2, soumis à des règles spéciales, qu'elle a chargé le ministre de l'Agriculture de déterminer, la circulation des plants dont l'importation ou l'exportation demeure permise. Deux arrêtés ministériels sont intervenus dans ce but les 13 et 15 juin 1882. Ces arrêtés, qui ont été publiés jusqu'à présent par le ministère de l'Agriculture dans le compte rendu annuel des travaux du service du phylloxéra, ont fixé les conditions dans lesquelles doit avoir lieu le transport, soit des vendanges, soit des plants de vignes, sarments, etc., soit même des plants, arbustes et de tous végétaux autres que la vigne, lorsqu'ils proviennent de pépinières, de jardins, de serres ou d'orangeries situés dans des arrondissements phylloxérés.

115.—Toutes les règles que nous venons d'exposer sont assez compliquées : il ne sera pas inutile de les éclairer de quelques exemples.

Prenons d'abord un arrondissement de la première classe, Lodève. Là, il est permis d'introduire des vignes de toute provenance. Mais l'exportation y est en général interdite : les vignes de l'arrondissement sont en quarantaine; elles ne peuvent être exportées qu'à destination d'arrondissements également compris dans la première classe.

Choisissons maintenant un arrondissement de la seconde classe : Montargis. Là, il n'est permis d'introduire des vignes provenant de l'étranger ou d'un arrondissement phylloxéré qu'en vertu d'une autorisation ministérielle, donnée dans les conditions que nous venons de faire connaître; mais les importations de vignes provenant d'arrondissements indemnes sont libres. Quant aux exportations, elles sont interdites, sauf lorsqu'elles ont lieu à destination d'un arrondissement de la première classe.

Enfin prenons un arrondissement indemne, Fontainebleau. Là les importations de vignes provenant de l'étranger ou d'arrondissements phylloxérés sont absolument interdites : seules, les importations de vignes provenant d'arrondissements non contaminés sont libres. Quant aux exportations, elles sont toujours permises.

116. — Il nous reste à faire connaître les conditions dans lesquelles il est procédé à la désignation des arrondissements phylloxérés ou non.

Aux termes de l'article 1er de la loi, cette désignation appartient au Président de la République. Tous les ans, un décret est rendu à cet effet : l'article 1er contient l'énumération de tous les arrondissements dans lesquels l'existence du phylloxéra a été constatée, quelle que soit la gravité du mal, et lors même qu'il n'y aurait dans certains d'entre eux qu'un ou quelques points d'attaque. L'article 2 distingue, entre ces arrondissements, quels sont ceux qui doivent être rangés dans la première classe, et quels sont ceux qui doivent être rangés dans la seconde. Pour faciliter l'exercice de cette attribution, il a été établi par le ministre de l'Agriculture, conformément à l'article 2 de la loi de 1878, des cartes avec tableaux à l'appui, indiquant par des teintes différentes les parties du territoire français attaquées par le phylloxéra. Ces cartes sont tenues constamment au courant, et le décret qui chaque année désigne les arrondissements phylloxérés ne fait qu'en consacrer et publier les indications. D'après le décret du 26 février 1888, il y a actuellement en France 190 arrondissements plus ou moins phylloxérés, parmi lesquels 138 ont été rangés dans la première classe et 53 dans la seconde.

117. — II. *Mesures qui ont pour but d'assurer la destruction de l'insecte.* — Dans l'état où étaient nos vignobles dès 1878, et en l'absence de moyens absolument efficaces pour assurer la destruction du phylloxéra, il était bien difficile de compter sur sa disparition complète; il n'était pas interdit cependant d'essayer d'arrêter ses progrès. De là un certain nombre de mesures qui ont pour but d'assurer le traitement des vignes malades, et de permettre à l'administration de triompher au besoin de la résistance des propriétaires.

Le législateur s'est efforcé, avant tout, de stimuler les efforts soit des propriétaires isolés, soit des syndicats de propriétaires. Mais, en cas de refus ou de négligence de ceux-ci, il a investi l'administration du droit d'imposer aux vignes malades le traitement que leur situation comporte.

118. — Pour stimuler le zèle des propriétaires, la loi a eu recours à l'allocation de subventions. Elle a même disposé que ces subventions seraient obligatoires (article 5) et devraient nécessairement être allouées toutes les fois que le propriétaire qui les sollicite traiterait ses vignes suivant l'un des modes approuvés par la commission supérieure du phylloxéra, c'est-à-dire par la submersion, le sulfure de carbone et le sulfocarbonate de potassium, et aurait obtenu de la commune ou du département une subvention. Dans ce cas, la subvention accordée par l'administration locale est doublée par l'État.

Cette disposition de la loi de 1878 a reçu, dans la pratique, une application très large : grâce au concours des départements, des communes et de l'État, un grand nombre de propriétaires ont pu recevoir gratuitement les insecticides qui leur étaient nécessaires et n'ont eu qu'à pourvoir aux frais de main-d'œuvre (1).

Les demandes de subventions sont, aux termes de l'article 8 du règlement d'administration publique, soumises à une commission spéciale composée : d'un représentant de l'administration pris dans les services financiers, d'un membre du conseil général ou du conseil municipal qui a alloué la première subvention, et d'un membre des comités d'étude et de surveillance. Cette commission examine les demandes et adresse ses propositions au préfet, tant sur le chiffre de la subvention à allouer que sur les conditions à imposer. La même commission surveille elle-même l'emploi des subventions, soit en nature, soit en argent.

119. — Indépendamment de ces subventions, qui ont un caractère obligatoire pour l'État, la loi de 1878

(1) Rapport présenté par M. le directeur de l'Agriculture à la commission supérieure du phylloxéra, le 1er mars 1886, p. 28.

en a prévu d'autres qui sont facultatives et dont le bénéfice a été réservé aux syndicats de propriétaires. Il
s'est en effet constitué dans les départements envahis ou
menacés des associations syndicales qui se sont proposé
pour but, tantôt la défense ou la reconstitution de vignobles atteints ou détruits, tantôt la recherche du
phylloxéra dans les régions indemnes. Ces associations
syndicales, qui se composent des propriétaires intéressés,
sont régies, quant à leur fonctionnement, par une loi du
21 juin 1865 que nous étudierons dans le second volume
de cet ouvrage. Il nous suffit pour le moment de dire
qu'elles jouissent de la personnalité civile et qu'elles peuvent dès lors acquérir et posséder. Cette capacité leur
permet de recevoir des subventions qui ne leur sont
d'ailleurs allouées (article 5, § § 2 et 3) qu'autant que
l'association a été approuvée par l'administration, et
que la section permanente de la commission supérieure
du phylloxéra a émis un avis favorable à l'octroi de la
subvention.

Sur ce point encore, la loi de 1878 a reçu une fort
large application. En 1888, l'État a subventionné
768 syndicats comprenant 26,923 propriétaires de vignes. Malheureusement, l'exiguïté des crédits portés au
budget a forcé l'administration à limiter à cinq hectares
l'étendue maxima des surfaces pouvant être subvention-
nées : c'est donc surtout la petite propriété qui profite
de ces allocations (1). Il a fallu, pour le même motif,
supprimer, dès 1883, les allocations aux syndicats de
submersion. La submersion en effet est un procédé
qui, appliqué dans de bonnes conditions, rémunère
largement et à coup sûr les propriétaires qui y ont
recours : en présence de la modicité des crédits, la

(1) Rapport précité, p. 29.

section permanente a cru devoir réserver les subventions aux entreprises dont les résultats sont moins connus et moins avantageux (1).

Un pas nouveau vient d'être fait dans cette voie. La loi du 15 décembre 1888 a eu pour but d'encourager la formation d'associations syndicales nouvelles en les dispensant dans certains cas de la nécessité du consentement unanime des propriétaires, qui avait été requis jusqu'alors, et en leur conférant, en ce qui concerne l'emploi des mesures nécessaires, des pouvoirs extrêmement étendus.

120. — Voyons maintenant comment et dans quelles conditions les vignes malades peuvent être soumises par l'administration à un traitement d'office.

Pour que ce traitement soit applicable, il ne suffit pas que les propriétaires aient refusé de l'opérer eux-mêmes ; il faut en outre que la vigne soit située, du moins en général, dans une contrée jusqu'alors indemne (article 4).

Les auteurs de la loi de 1878 ont pensé que dans les arrondissements déjà contaminés l'action du Gouvernement ne devait se faire sentir que par voie d'encouragements, et qu'il n'était possible d'autoriser l'administration à se substituer aux propriétaires pour le traitement de leurs vignes que dans les cas extrêmement graves. C'est donc seulement au cas d'invasion d'un arrondissement préservé jusque-là de l'atteinte du fléau que la loi autorise une restriction aussi grave du droit de propriété. Toutefois le principe n'est pas absolu. Le ministre peut, « dans les circonstances exceptionnelles, lorsqu'il y aura nécessité et urgence à préserver de l'invasion du phylloxéra une contrée vinicole, ordonner, sur l'avis conforme de la section permanente, l'application d'un

(1) Rapport présenté en 1884, p. 20.

traitement administratif hors des contrées indemnes. »
Cette exception n'avait pas été autorisée par la loi du
15 juillet 1878. Elle résulte de la loi du 2 août 1879.
L'exposé des motifs de cette dernière loi faisait remarquer que le caractère absolu de la règle posée l'année
précédente laissait l'administration désarmée vis-à-vis
des arrondissements les plus faiblement envahis, de ceux
dans lesquels les territoires attaqués étaient quelquefois
réduits à un hectare. Lorsque les points d'attaque se
trouvent à la jonction de deux grands vignobles, dont
l'un est encore indemne, le traitement des points nou-
vellement envahis est absolument nécessaire pour arrêter le phylloxéra au passage ou du moins pour ralentir
pendant quelque temps sa marche. Il a été décidé que
dans ce cas, mais dans ce cas seulement, s'il y a à la
fois nécessité et urgence, et si de plus la section permanente s'est prononcée dans ce sens, l'application
d'un traitement pourra avoir lieu, d'office, dans un
arrondissement phylloxéré : ce traitement peut d'ailleurs
être continué pendant plusieurs années.

121. — En quoi consiste-t-il?

Le traitement ne peut consister que dans l'un de ceux
approuvés par la commission supérieure du phylloxéra :
il ne peut jamais consister dans l'arrachage (1). Notre
législation est sur ce point beaucoup moins énergique
que celle des pays voisins. En Suisse, en Italie, en Autriche, en Russie, la loi confère expressément à l'administration le droit de prescrire l'arrachage ; en Allemagne, elle le lui confère implicitement en lui donnant la
faculté d'ordonner les mesures qui paraîtront propres à

---

(1) Il en est autrement lorsque le traitement est appliqué par des associations syndicales constituées conformément à la loi du 15 décembre 1888 :
ces associations ont le droit de pratiquer l'arrachage et jouissent à cet égard
de droits plus étendus que l'État lui-même.

combattre la propagation de l'insecte, sans imposer de
limites à cette faculté. Chez nous, au contraire, il n'est
permis à l'administration que de chercher à guérir la
vigne malade et à préserver les vignes environnantes. Il
y a là, à notre avis, dans notre législation, une lacune
regrettable, qui s'explique dans une certaine mesure par
les circonstances qui ont accompagné le vote de la loi du
15 juillet 1878. Nous avons déjà dit que cette loi avait été
précédée d'un congrès tenu à Lausanne l'année précédente, et dans lequel la Suisse s'était efforcée de faire
adopter par les principales puissances intéressées une législation uniforme. La Suisse recommandait vivement le
procédé de l'arrachage, qui lui avait parfaitement réussi
deux ans auparavant. Envahie à Prégny, près de Genève,
en 1875, elle avait fait détruire les vignes atteintes, et
jusqu'en 1877 le phylloxéra n'y avait pas reparu. Le
fait avait produit une impression profonde, et lorsque
le 6 août 1877 le congrès se réunit, toutes les probabi-
lités étaient en faveur de l'adoption de ce procédé radi-
cal; malheureusement, deux jours plus tard, le 8 août,
on vint annoncer au congrès que de nouvelles taches
venaient d'être découvertes à peu de distance des vignes
arrachées. Cette nouvelle exerça sur les délibérations
du congrès, et aussi sur celles du Conseil d'État, qui fut
saisi du projet de loi presque au même moment, une
influence facile à comprendre; on se dit que si l'arrachage lui-même n'était pas pour les vignes voisines un
moyen de préservation suffisant, il était inutile d'imposer un pareil sacrifice au droit de propriété, et on se
détermina en faveur de dispositions moins énergiques.
Ce fut, croyons-nous, un malheur. Il ne pouvait sans
doute être question, en 1877 ou 1878, d'arracher toutes
les vignes atteintes, mais l'emploi de ce procédé eût
sans doute permis d'isoler le fléau sur certains points et

de lui barrer certaines routes. L'exemple de la Suisse est là pour le prouver.

122. — Quelles sont les règles auxquelles doit se soumettre l'administration, lorsqu'elle entreprend le traitement d'un vignoble?

Avant d'entreprendre ce traitement, il importe de s'assurer de l'existence du phylloxéra. La loi autorise à cet effet l'administration à prescrire des visites, et au besoin des recherches ou investigations dans le vignoble.

Quand le phylloxéra a déjà fait son apparition dans la localité, c'est le préfet qui ordonne la visite des vignes malades et, au besoin, des vignes environnantes : sur l'avis qu'il a reçu, soit du propriétaire de ces vignes, soit de l'autorité municipale, soit du comité d'étude et de surveillance, il envoie immédiatement sur les lieux le professeur d'agriculture, et s'il y a lieu un ou plusieurs membres des comités d'étude, avec l'autorisation de pénétrer dans l'immeuble et d'y faire les opérations nécessaires pour constater l'existence du phylloxéra. Les délégués pourront au besoin mettre à nu un certain nombre de racines; ils rechercheront dans tous les cas l'origine de l'invasion et sa date; ils relèveront la nature du terrain et sa situation topographique; puis ils adresseront au préfet un rapport sommaire dont copie sera transmise au ministre de l'Agriculture.

Mais il peut se faire que le phylloxéra ne soit que soupçonné dans une localité, qu'il n'y ait pas encore fait son apparition, et que l'action préfectorale n'ait été provoquée par personne : l'administration dans ce cas sera-t-elle désarmée? Lui sera-t-il interdit de chercher à découvrir le mal, et devra-t-elle attendre, impassible, que le phylloxéra se manifeste au grand jour? Non; mais comme dans ce cas l'existence du phylloxéra n'est pas certaine, et que le résultat des recherches est douteux, la loi n'a pas voulu remettre à l'autorité préfectorale le soin d'ordonner ces recherches, qui peuvent n'avoir d'autre effet que de troubler plus ou moins profondément la culture des vignes, et elle l'a confié à une autorité plus haute, au ministre de l'Agriculture lui-même. Toutes ces solutions découlent de l'article 3 de la loi et de l'article 1er du règlement d'administration publique.

Toutefois, la règle d'après laquelle, lorsque le phylloxéra n'est que soupçonné, le droit d'ordonner des investigations appartient au ministre seul, comporte elle-même une exception. La disposition finale de l'article 3 de la loi porte que dans les cas urgents et particuliers le préfet pourra ordonner ces investigations. Il est même arrivé que l'exception a pris la place de la règle : un arrêté ministériel du 14 juin 1882, sur la légalité duquel il est peut-être permis d'avoir des doutes, a donné aux préfets une délégation générale en matière d'investigations. D'après cet arrêté, les préfets doivent faire procéder chaque année à la visite des vignes, plus souvent même s'il est nécessaire, et adresser au ministre un rapport annuel sur le résultat de ces recherches.

123. — Il importe de remarquer qu'à cet égard le propriétaire de vignes n'est tenu que de laisser faire : la loi ne lui fait pas un devoir de provoquer ces visites ou recherches; elle ne l'oblige à aucune déclaration. En 1878, lorsque la loi a été promulguée, on considérait la constatation de l'insecte comme très difficile, et on n'a pas cru possible d'imposer au propriétaire l'obligation de révéler lui-même l'existence d'un mal aussi peu aisé à reconnaître. La raison n'était peut-être pas suffisante, car il eût été facile d'obliger les propriétaires à signaler, non pas l'existence du phylloxéra, qui ne peut, en effet, être reconnu que par des gens expérimentés, mais le dépéris-

sement de la vigne qui en est la conséquence, et qui se
manifeste aux yeux de tous. C'est ce qui a été fait pour
l'Algérie par la loi du 21 mars 1883. L'erreur dans laquelle est tombé le législateur de 1878, toutefois, n'a
pas eu de conséquences graves : lorsque la présence
de l'insecte est révélée par l'état de dépérissement de la
vigne, le mal est souvent trop ancien pour ne pas s'être
étendu, et il est alors trop tard. Ce n'est que par l'inspection périodique des vignobles qu'il serait possible
d'arriver à des résultats sérieux.

Quoi qu'il en soit, la loi est formelle. Le propriétaire
de vignes n'est tenu que de subir les visites ou investigations qui sont ordonnées chez lui. Il a le droit d'ailleurs d'exiger des personnes qui se présentent au nom
de l'administration la preuve de la mission que celle-ci
leur a confiée.

124. — Voilà le phylloxéra constaté, et l'administration mise, par le fait de cette constatation, en état
de prendre parti : quelles sont les formalités qu'elle doit
suivre ?

Le préfet convoque d'abord les propriétaires des vignes phylloxérées ou leurs représentants : tuteurs, mandataires, etc. La convocation est faite dans un bref délai, six jours après la réception à la préfecture du rapport
des délégués. La réunion a lieu à la mairie, sous la
présidence du préfet, ou à son défaut, du sous-préfet
ou d'un des conseillers de préfecture. Le président
provoque les dires des intéressés, les invite à déclarer
s'ils sont disposés à traiter leurs vignes et à demander
dans ce cas le concours de l'administration. Procès-
verbal de la réunion est dressé. L'affaire est ensuite
soumise à la commission départementale : celle-ci
donne son avis, le préfet transmet au ministre les pièces,
avec son rapport, et l'instruction locale est close. Il ne

reste plus, sur le vu des renseignements et des avis recueillis, qu'à prendre une décision. C'est au ministre de l'Agriculture que ce droit a été réservé. Aussitôt après la réception des documents qui lui ont été transmis, le ministre réunit la section permanente de la commission supérieure du phylloxéra, et arrête, conformément à son avis, le mode et la nature du traitement à appliquer, l'étendue ou le périmètre des vignobles à traiter et de ceux sur lesquels l'action administrative devra être, s'il y a lieu, substituée à celle des propriétaires. Dans le cas où le ministre prescrit la submersion, le préfet charge les ingénieurs du département de faire exécuter les travaux exigés par cette opération (articles 4 de la loi et 2, 3, 4, 5 et 6 du règlement d'administration publique).

125. — A la charge de qui sont les dépenses occasionnées par le traitement des vignes?

Le traitement lui-même est à la charge de l'État (article 4 de la loi). Lorsque ce traitement entraîne avec lui des dommages accessoires, des pertes de récoltes par exemple, les propriétaires ont-ils droit à une indemnité? Une distinction doit être faite : ils ont droit à une indemnité pour la perte des récoltes détruites par mesure de précaution, mais aucune indemnité n'est due pour la destruction des récoltes sur lesquelles l'existence du phylloxéra aurait été constatée. Ces dernières, en effet, étaient perdues dans tous les cas, ou du moins tellement compromises que le propriétaire ne pouvait plus fonder sur elles d'espoir sérieux.

Lorsqu'une indemnité est due, elle est fixée en cas de contestation par le juge de paix, qui statue en dernier ressort, et sans appel, sur les demandes qui ne dépassent pas 100 francs.

126. — Telles sont les règles relatives à l'application des traitements administratifs. Ces traitements ten-

LÉGISLATION RURALE. 12

dent à devenir chaque année moins nombreux. Ainsi que le fait remarquer M. le directeur de l'Agriculture dans son rapport officiel de 1886, ce n'est qu'au moment de la première apparition du fléau que les traitements aux frais de l'État sont ordonnés; dans les départements envahis depuis quelque temps, la défense s'organise différemment, suivant les tendances spéciales à chaque région et les indications des délégués nommés par les préfets. C'est ainsi qu'en 1886, les frais de traitements administratifs, tant en France qu'en Algérie, ne se sont élevés qu'à 276,567 fr. 75 centimes, tandis que les subventions, tant aux particuliers qu'aux syndicats ont atteint le chiffre de 1,106,206 fr. (1).

127. — La législation relative au phylloxéra impose, on le voit, aux agriculteurs, des obligations nombreuses. L'observation de ces diverses prescriptions est assurée par des peines sévères. Nous connaissons déjà celles qui ont été édictées par les articles 12 et 13 de la loi de 1878 pour le cas d'introduction de vignes, etc., provenant de l'étranger ou d'arrondissements phylloxérés.

Les autres dispositions de la loi, et celles des décrets ou arrêtés rendus pour son exécution sont sanctionnées par une amende de 50 à 500 francs en cas de contraventions : la peine est doublée en cas de récidive. Cette peine s'applique lors même que la contravention aurait été commise sans mauvaise foi. Il peut seulement être accordé des circonstances atténuantes (articles 12, 14 et 15).

128. — Nous ne pouvons nous dispenser de signaler dès à présent, bien que son étude rentre dans celle des impôts ruraux, une loi du 2 décembre 1887, qui exempte de l'impôt foncier, dans les arrondissements phylloxérés, les terrains plantés ou replantés en vignes,

(1) Rapport fait à la Chambre des députés, au nom de la commission du budget, sur le ministère de l'Agriculture pour l'année 1888, p. 41.

pendant les quatre premières années de leur plantation ou replantation. Cette loi, qui a eu pour but de favoriser la reconstitution des vignobles, a été complétée par un règlement d'administration publique du 2 mai 1888. Nous la retrouverons plus tard.

Quant aux vignobles détruits, et non replantés, l'administration accorde à leurs propriétaires de larges remises d'impôt. Ces remises s'élèvent annuellement à plus de un million et demi : elles s'imputent sur une sorte de caisse commune, destinée à pourvoir aux dégrèvements qui ont pour objet les pertes de récoltes survenues à la suite d'événements fortuits, tels que grêle, gelée, inondation, sécheresse, etc. Les fonds qui alimentent cette caisse et qui proviennent de centimes ajoutés aux contributions foncière, mobilière et des portes et fenêtres, portent le nom de fonds de non-valeurs.

129. — La législation que nous venons d'exposer est celle de la métropole. L'Algérie a été dotée de lois spéciales, en date des 21 mars 1883 et 28 juillet 1886. L'espace nous manque pour les faire connaître en détail : elles diffèrent de la législation que nous venons d'exposer sous les trois rapports suivants :

1° Obligation pour le propriétaire de vignes de signaler immédiatement tout fait de dépérissement ou même tout symptôme maladif qui se serait manifesté dans son vignoble;

2° Droit pour l'administration de prescrire l'arrachage et la destruction des vignes, sauf indemnité;

3° Obligation pour les propriétaires de supporter une taxe spéciale dont le montant est destiné à faire face aux frais de visite des vignobles.

D'autre part, une loi du 29 mars 1885 avait rendu applicable jusqu'au 31 décembre 1887 à la zone franche du pays de Gex et de la Haute-Savoie une partie de notre législation algérienne, notamment celle qui autorise la destruction des vignes et qui soumet le propriétaire à certaines déclarations. Cette loi, qui avait été votée sur la demande de la Suisse et par suite de considérations diplomatiques, vient d'être prorogée jusqu'au 31 décembre 1890.

130. — Il ne nous reste plus qu'à indiquer brièvement les dispositions de la loi des 15 juillet 1878-2 août 1879 qui ont trait, spécialement, au doryphora.

Le système général de ces dispositions est le même que celui des dispositions relatives au phylloxéra, mais il est beaucoup plus simple.

Les articles 6, 7 et 8 de la loi ont pour but d'empêcher l'introduction en France du doryphora.

Un décret peut interdire l'importation des pommes de terre, feuilles et débris de cette plante, sacs et autres objets d'emballage servant ou ayant servi à les transporter et provenant des pays où l'existence du doryphora ou colorado aura été signalée (article 6).

Il est interdit de détenir et de transporter, sous quelque prétexte que ce soit, fût-ce même dans un but de recherches scientifiques, le doryphora, ses œufs, larves et nymphes (article 7).

Le ministre peut exercer, pour la fixation des conditions de transport des pommes de terre provenant de pays étrangers le même pouvoir qu'au sujet du transport des vignes ou ceps (article 8).

Les articles 9 et suivants sont relatifs aux mesures à prendre pour assurer la destruction de l'insecte au cas où il serait découvert sur le territoire français. L'administration a également un droit de visite et d'investigations, mais ce droit diffère sous deux rapports de celui qui lui a été conféré pour la constatation du phylloxéra. D'abord le

préfet est toujours compétent pour ordonner les recherches : un arrêté du ministre de l'Agriculture n'est jamais
nécessaire.

En second lieu, tout propriétaire, fermier ou métayer
qui découvre le doryphora dans un champ lui appartenant ou cultivé par lui est tenu d'en faire sur-le-champ la
déclaration au maire, qui, après vérification, en donne
avis au préfet. Le doryphora est en effet visible à l'œil
nu; sa constatation est facile; il importait dès lors d'imposer aux principaux intéressés l'obligation d'avertir du
danger l'administration (article 9).

Lorsque, après une instruction ordonnée par le préfet,
dans des conditions analogues à celles prévues pour la
constatation du phylloxéra, le ministre a reconnu nécessaire l'application d'un traitement administratif, ce traitement peut aller jusqu'à l'arrachage et à la destruction
par le feu ou par tout autre procédé. Il ne s'agit en effet,
dans ce cas, que de la destruction d'une récolte, qui n'a-
moindrit pas la valeur du fonds : la situation d'un champ
de pommes de terre est toute différente à ce point de vue
de celle d'un vignoble.

La destruction, lorsqu'elle a lieu par mesure de précaution, donne droit à l'allocation d'une indemnité; aucun
indemnité n'est due au contraire pour l'arrachage des
récoltes sur lesquelles l'existence du doryphora aurait été
constatée. La valeur des récoltes, dans le premier cas, est
déterminée au moyen d'une constatation contradictoire
faite sur le terrain même et avant leur destruction. En
cas de contestation sur le montant de l'indemnité, il
est statué par le juge de paix (article 11 de la loi).

Quant à la sanction de ces règles, elle est la même que
celle des règles relatives au phylloxéra. Toute introduction frauduleuse donne lieu à un emprisonnement de un
mois à quinze mois et à une amende de 50 à 500 francs.

Toute autre contravention à la loi, au règlement d'administration publique, ainsi qu'aux décrets et aux arrêtés qui pourraient être rendus ultérieurement ne donnerait lieu qu'à l'amende.

Le doryphora a fait, en 1887, une courte apparition à Mahlitzsch (Saxe) et à Sohé (Hanovre). On l'a combattu avec des arrosages de benzine brute.

IV. — *Restriction relative à la culture du tabac.*

131. — En principe, la culture du tabac est interdite. L'État s'est réservé le monopole de la fabrication et de la vente du tabac (1), et pour mieux assurer l'exercice de ce monopole, il n'autorise les agriculteurs à cultiver le tabac que dans les conditions qu'il détermine.

Notre législation sur cette matière est contenue dans les lois des 18 avril 1816, 12 février 1835 et 21 décembre 1872. Le tabac n'est pas cultivé dans tous les départements. Il donne en effet des produits excellents dans certains pays, médiocres ou mauvais dans d'autres. Il a donc fallu faire un choix. Des décrets désignent les départements dans lesquels la culture du tabac est autorisée : ces départements sont au nombre de quinze.

Chaque année, le ministre des Finances fixe les quantités de tabac à demander à la culture française. Depuis le décret du 29 décembre 1810, qui a créé le monopole de l'État, jusqu'à la loi du 12 février 1835, l'État ne s'est approvisionné qu'en feuilles de tabac français, à l'exception

(1) Le monopole de la fabrication et de la vente du tabac n'a été concédé à l'État que pour 10 ans, sauf renouvellement. La dernière loi qui l'ait maintenu est celle du 29 décembre 1882.

seulement d'un quinzième qu'il demandait aux tabacs exotiques. L'article 3 de la loi du 12 février 1835 a permis à la Régie de s'approvisionner en tabacs étrangers sans avoir à tenir compte de considérations autres que les besoins du service. Bien loin de limiter les achats de tabacs étrangers, cet article limite au contraire, par une disposition qui a trahi sans doute la véritable pensée du législateur, les quantités de tabac qui pourront être demandées aux cultivateurs français : le ministre, dit-il, fera la répartition de manière à assurer *au plus* les quatre cinquièmes des approvisionnements aux tabacs indigènes. Si l'on prenait cette disposition à la lettre, il serait permis à la Régie d'effectuer tous ses approvisionnements à l'étranger, puisque de ce côté son pouvoir n'a pas reçu de limites, et il ne lui serait jamais permis au contraire de s'approvisionner exclusivement en tabac français. Dans la pratique, la préférence est donnée aux tabacs exotiques : dans la période de 1881 à 1886, la moyenne des achats a été la suivante :

Tabacs exotiques : 23,114,678 kilogr. achetés au prix de 29,694,387 francs.

Tabacs indigènes : 18,473,063 kilogr. achetés au prix de 15,822,515 francs.

Les quantités de tabac à demander à la culture française étant ainsi déterminées, le ministre des Finances répartit chaque année ces quantités entre les différents départements autorisés à cultiver cette plante, et en fixe le prix. Ce prix est déterminé par arrondissement : il peut être accordé en outre, à titre d'encouragement de culture, 10 centimes par kilogramme de tabac, pour les qualités dites surchoix (loi du 28 avril 1816, article 192, et loi du 12 février 1835, articles 3 et 4). Il en est donné avis par publications et affiches.

La part qui doit être fournie par chaque département

une fois connue, le préfet, en conseil de préfecture, la répartit entre les arrondissements.

Là, une commission spéciale, composée du préfet, des chefs des services compétents, d'un conseiller général et d'un conseiller d'arrondissement, statue sur les demandes individuelles et accorde ou refuse les permis de culture. Ces permis sont absolument personnels. Tout propriétaire qui a obtenu un permis de culture doit, s'il le cède à un fermier ou métayer, faire agréer ce fermier ou métayer par la Régie; le fermier qui a des colons est soumis à la même obligation. Toutefois on ne considère pas comme fermiers ou métayers les entrepreneurs des travaux de culture de tabac à façon, alors même que leur rémunération consisterait dans une partie du prix du tabac. Le propriétaire n'est donc pas tenu de les faire agréer : il est seulement responsable de leurs actes (loi du 21 décembre 1872, article 2).

La loi ne permet pas d'accorder de permis de culture pour des surfaces de trop peu d'étendue. La loi du 28 avril 1816 (articles 180 et 202) n'admettait les agriculteurs à faire de déclarations que pour les pièces de terre de 20 ares au moins. Mais l'article 3 de la loi du 21 décembre 1872 a décidé que les déclarations de culture seront admises pour des pièces de terre d'une contenance inférieure à 20 ares, pourvu que cette contenance ne soit pas inférieure à 5 ares, et que l'ensemble de la déclaration représente au moins 10 ares. Il résulte en effet de l'expérience que, dans les conditions actuelles, la culture du tabac n'est abordable que pour les petits propriétaires, fermiers, ou colons pouvant utiliser les bras de leurs femmes et de leurs enfants dans les soins incessants exigés par cette plante. Tous ceux qui s'y livraient sur une certaine étendue y ayant renoncé, on a été ainsi conduit à admettre les déclarations pour de fort petites parcelles : on ne s'est arrêté qu'au point à partir duquel la surveillance de la Régie serait devenue impossible à exercer.

132. — Cette surveillance est d'ailleurs très stricte. Il est interdit de planter en tabac une surface plus grande que celle qui a été déclarée, ou de planter sur cette surface un nombre de pieds de tabac plus considérable que celui qui a été fixé. Tout excédent de plus d'un cinquième, soit sur l'étendue des terres déclarées, soit sur le nombre des pieds de tabac, donne lieu à une amende de 25 fr. par cent pieds de tabac plantés en excédent, sans toutefois que cette amende puisse s'élever au-dessus de 1,500 fr. En cas de contestation, soit sur la contenance des terres, soit sur le nombre des pieds plantés, le préfet ordonne d'office une vérification dont les frais sont supportés par celle des parties dont l'estimation présente la différence la plus forte avec les quantités reconnues.

D'autre part, les planteurs de tabac sont tenus de représenter à la Régie le produit intégral de leur récolte. Tout déficit constaté est présumé avoir été livré à la consommation, et le planteur est tenu de payer, au prix du tabac de cantine, la valeur des pieds qui manquent. Le montant des sommes dues par lui dans ce cas est recouvré au moyen d'un rôle, dans les formes à la fois sûres et expéditives adoptées pour les contributions directes et le Conseil d'État a décidé (8 juin 1888, Chevilley) que le conseil de préfecture ne pouvait pas accorder de réduction en se fondant sur des considérations qui ne seraient pas de nature à affecter le résultat matériel du décompte, comme les bons antécédents et la situation peu aisée du planteur. En cas de grêle, d'inondation ou d'autres accidents semblables, le planteur est admis à faire constater le dommage par les employés de la

Régie, en la présence du maire et de concert avec lui. En cas de contestation, il est statué par experts à la nomination du préfet.

La récolte faite, la Régie fait arracher les tiges et souches des plantations et prend possession des feuilles. On procède ensuite à l'application des prix; en cas de contestation sur la qualité du tabac et par suite sur le prix qui peut être dû, on s'en réfère à l'appréciation des experts dont il vient d'être parlé (loi du 28 avril 1816, articles 181 à 201).

133. — En général, les permis de culture ne sont délivrés qu'en vue de l'approvisionnement des manufactures de l'État; il peut cependant en être délivré, sous certaines conditions, pour l'exportation. Ces conditions sont déterminées par les articles 202 à 206 de la loi du 28 avril 1816 : elles consistent dans l'obligation pour les propriétaires ou fermiers de justifier de leur solvabilité ou de fournir caution, et d'obtenir l'autorisation du préfet. Les mesures de détail sont réglées par le préfet en conseil de préfecture.

134. — Telles sont les restrictions les plus importantes que comporte le droit de propriété relativement à la perception et à la jouissance des fruits ou produits de la chose qui est l'objet de ce droit. Elles sont loin d'être les seules. Nous pourrions citer notamment celles qui ont trait au glanage, au ban de vendange, à la mise en défends ou à la réglementation des pâturages en montagne. Mais parmi ces restrictions les unes, comme celles qui résultent du glanage ou du ban de vendange, n'affectent que faiblement et pour quelques jours seulement chaque année la propriété rurale; et leur exercice est en outre subordonné dans une large mesure aux règlements faits dans chaque commune par l'autorité administrative : leur étude trouvera naturellement sa place dans celle que nous

ferons plus tard de la police rurale. Les autres, comme la mise en défends et la réglementation des pâturages, nécessitent également la connaissance préalable d'une partie du droit administratif. Nous les retrouverons dans notre second volume.

§ 3. — RESTRICTIONS DU DROIT DE DISPOSER.

135. — Nous rencontrons ici les règles applicables au défrichement des bois.

De tout temps, les bois ont été l'objet de dispositions législatives spéciales. On considérait autrefois leur conservation comme une nécessité d'ordre public. C'était en effet avec les produits de nos forêts que se construisaient nos vaisseaux de guerre, et il importait que la France ne fût pas à cet égard exclusivement tributaire de l'étranger. Cette préoccupation avait dicté à l'Assemblée constituante une disposition par laquelle elle mettait les bois et forêts sous la protection de tous : les forêts, bois et arbres, portait l'article 1er de la loi du 11 décembre 1789, sont mis sous la sauvegarde de la nation, de la loi, de tous les tribunaux, des assemblées administratives, municipalités, communes et gardes nationales, qui sont expressément déclarés *conservateurs* de ces objets.

De nos jours, l'utilité des bois pour les constructions navales a beaucoup diminué, mais en revanche les ingénieurs, les militaires, les hygiénistes leur reconnaissent, aux divers points de vue qui les préoccupent, des effets qu'on ne soupçonnait pas autrefois ou auxquels tout au moins on n'attachait pas autant d'importance, et qui justifient le maintien d'une législation d'exception.

Les bois peuvent être grandement utiles à la salubrité publique, en protégeant les grandes agglomérations d'habitants contre des foyers pestilentiels.

Ils peuvent aider à la défense du territoire : la célèbre campagne de Dumouriez dans l'Argonne, et les opérations militaires accomplies par l'armée allemande en 1870 en ont donné la preuve.

Ils constituent, comme l'ont démontré les célèbres travaux de Brémontier, le meilleur obstacle à l'envahissement des sables et aux érosions causées par les eaux.

Ils sont enfin le moyen le plus efficace de prévenir les inondations : les travaux de reboisement faits depuis un demi-siècle l'ont établi d'une manière absolue. Les bois, en effet, interceptent et empêchent d'arriver jusqu'au sol une partie considérable des eaux pluviales (1). Mais là ne se borne pas leur action : l'eau qui parvient à pénétrer leur écran est absorbée en grande partie par le gazon et les racines des arbres, qui les dirigent vers les couches perméables dans lesquelles elles s'infiltrent. Le cours des eaux se trouve ainsi régularisé par le simple jeu des forces de la nature. Supprimez le bois dans la montagne, mettez au lieu de sa cuirasse verdoyante un sol nu, et vous verrez, à la fonte des neiges ou à la première pluie d'orage, se former, au lieu de paisibles cours d'eau, des torrents redoutables.

Le législateur a été ainsi amené à consacrer en faveur de la conservation et de la bonne exploitation des bois

---

(1) La proportion est de 37 % pour les feuillus, et de 55 % pour les résineux. (Rapport de M. Faré, ancien directeur général des forêts, à la commission supérieure d'utilisation et d'aménagement des eaux en 1878.)

un certain nombre de règles, parmi lesquelles celles qui sont relatives au défrichement des bois des particuliers jouent un rôle important.

Le système auquel s'est arrêté le législateur est un système mixte, qui n'est ni la liberté ni l'interdiction absolue. Les articles 219 et suivants du Code forestier reconnaissent au propriétaire de bois le droit de les défricher, mais ils confèrent en même temps à l'administration forestière le droit de faire opposition à ce défrichement dans certains cas. Ces cas sont déterminés limitativement; ils ne peuvent être étendus (1).

Avant de les examiner, nous devons bien nous fixer sur le sens du mot défrichement, et aussi sur le sens du mot bois. Avant d'étudier les règles juridiques qui s'appliquent à une opération déterminée, il est essentiel de savoir exactement en quoi cette opération consiste.

136. — Qu'entend-on par défrichement?

Défricher, c'est enlever du sol forestier tous ses produits naturels, pour le mettre en culture.

Le défrichement suppose ainsi nécessairement une modification complète dans l'exploitation du sol, et la substitution au bois soit de prairies, soit de toute autre culture.

Bien que des abus de pâturage ou des coupes à blanc étoc ne constituent pas nécessairement un défrichement, ils peuvent prendre ce caractère s'ils ont été accomplis dans le but d'amener la suppression du bois lui-même. Il est intervenu dans ce sens un arrêt intéressant de la Cour de Riom (11 février 1846). Un propriétaire avait fait exécuter une coupe à blanc; il y avait fait paître ensuite des bestiaux pour détruire les nouvelles pous-

(1) Les articles 219 et suivants, dans leur teneur actuelle, sont assez récents : ils datent de la loi du 18 juin 1859. Auparavant, nul propriétaire de bois ne pouvait défricher sans en avoir obtenu l'autorisation formelle.

ses. Poursuivi par l'administration des forêts pour
avoir défriché sans avoir sollicité et obtenu l'autorisation
qui était à ce moment nécessaire, il fut condamné. La
même solution s'imposerait avec plus de force encore
si, au lieu d'arbres feuillus qui repoussent de souches,
le bois était composé d'arbres résineux qui ne donnent
pas de rejet : le fait d'y avoir mené des bestiaux, après
une coupe à blanc, impliquerait nécessairement l'intention de leur faire consommer tous les plants qui auraient échappé à la cognée des bûcherons.

Les arrachages d'arbres ne constituent pas non plus un
défrichement lorsqu'ils ne sont faits que comme conséquence de travaux d'amélioration exécutés dans le bois.
Mais toutes les fois qu'au lieu de se borner à de simples
travaux d'amélioration, le propriétaire d'un bois le défri-
che en vue d'une replantation plus ou moins complète,
ce propriétaire est alors tenu de se soumettre aux règles
contenues dans les articles 219 et suivants du Code forestier. Dans ce cas, l'administration, lorsqu'elle juge nécessaire la conservation du bois, fait opposition au défrichement pour la sauvegarde de ses droits, sauf à accorder
ensuite au propriétaire les facilités nécessaires pour
lui permettre d'effectuer, s'il y a lieu, les opérations
d'arrachage des arbres ou de culture momentanée
du sol, qui auraient en vue la conservation du sol à
l'état boisé. Sans cette procédure, il serait trop facile
aux propriétaires, sous prétexte de défrichements temporaires, d'effectuer des défrichements définitifs et de tenir
en échec les droits de l'administration. La pratique est
très nettement établie en ce sens; et une note de la section de l'Agriculture du Conseil d'État, en date du 20 juillet 1880, reproduisant un certain nombre de notes précédentes, l'a consacrée de nouveau d'une manière formelle.

137. — Que faut-il entendre par bois?

Il ne faut considérer comme tels que les terrains consacrés à l'exploitation forestière à l'exclusion de toute autre culture. Les prés-bois, c'est-à-dire les bois qui sont tellement entremêlés de clairières qu'on ne puisse pas dire que ces clairières forment l'exception, et les terrains boisés assez étendus pour que le produit des arbres soit très faible et en très grande disproportion avec l'étendue de ces terrains, peuvent être défrichés librement. Mais dès qu'il s'agit de terrains dont le peuplement forestier constitue le principal rapport, les articles 219 et suivants s'appliquent. Peu importe qu'il s'agisse de mauvais bois. Peu importe aussi qu'il s'agisse ou non d'arbres portant fruit, comme les châtaigniers par exemple. Les règles relatives au défrichement des bois sont applicables sans distinction d'essences (Cass., 4 février 1847).

138. — Tous les bois ne comportent pas d'ailleurs l'application des règles spéciales que nous avons à faire connaître. Parmi les terrains qui doivent être considérés comme bois, il en est qui peuvent être défrichés librement, soit à raison de leur âge, soit à raison de leur destination, soit à raison de leur peu d'étendue (article 224 du Code forestier). Ce sont d'abord les jeunes bois pendant les vingt premières années qui suivent leur semis ou plantation, à la condition toutefois qu'il ne s'agisse pas de bois plantés en remplacement de bois indûment défrichés, ni de bois plantés en exécution de la loi du 4 avril 1882 (1) sur le reboisement des montagnes. Le législateur n'a pas voulu faire obstacle au défrichement des jeunes bois, parce qu'il a présumé que si le propriétaire qui a fait des dépenses considérables pour planter un

(1) Cette loi permet au Gouvernement d'exproprier, pour être ensuite l'objet de plantations, les terrains dont la consolidation est nécessaire dans la montagne : nous l'étudierons plus tard.

terrain détruit son œuvre, c'est que bien certainement ce terrain est impropre à l'exploitation forestière. Toutefois la raison qui a fait admettre cette exception en a fait déterminer en même temps les limites. L'exception est restreinte aux bois de moins de 20 ans semés ou plantés par la main de l'homme. Il ne serait donc pas permis de défricher librement un bois âgé de moins de 20 ans, qui proviendrait de semis naturels (Cass., 14 mai 1859). Le législateur n'a pas voulu non plus que la faculté de défricher les jeunes bois pût jamais être exercée deux fois de suite pour le même terrain. Un terrain qui, après avoir été boisé, aurait été l'objet d'un premier défrichement, que son propriétaire aurait ensuite laissé plus ou moins longtemps à l'état de terre vaine ou vague, et qu'il aurait enfin replanté depuis moins de vingt ans, ne pourrait être défriché de nouveau sans l'accomplissement des formalités ordinaires (Cass., 18 mai 1848). L'article 224 ne permet pas d'effectuer librement une série de défrichements successifs : par l'effet du premier défrichement que le propriétaire ordonne, son droit se trouve épuisé.

139. — La seconde catégorie de bois dont le défrichement n'est pas soumis aux restrictions des articles 219 et suivants comprend les parcs ou jardins clos ou attenant aux habitations. On entend par parc tout massif boisé servant principalement à l'agrément du propriétaire. La loi considère que le propriétaire d'un parc a un tel intérêt à sa conservation qu'on peut s'en remettre à lui. Mais pour que les parcs ou jardins bénéficient de l'exception prévue par l'article 224, il faut qu'ils remplissent l'une des deux conditions suivantes : qu'ils soient clos ou qu'ils soient attenants à une habitation. La loi n'exclut en cette matière aucun genre de clôture : il suffit que celle-ci soit réelle. Lorsqu'il s'agit

de parcs ou jardins attenants à une habitation, il est nécessaire que cette habitation ait une certaine importance, qu'elle comporte par elle-même un parc comme accessoire. Une maison de garde ne devrait pas être considérée comme une habitation, et dès lors le parc qui y serait attenant ne bénéficierait pas de l'exception.

140. — La troisième catégorie des bois qui peuvent être défrichés librement comprend tous les bois non clos d'une étendue au-dessous de dix hectares, pourvu qu'ils ne fassent pas partie d'un autre bois qui compléterait une contenance de dix hectares, et qu'ils ne soient pas situés sur le sommet ou la pente d'une montagne. Le but de cette disposition est facile à comprendre : les bois de moins de dix hectares, en général, n'ont pas une étendue suffisante pour exercer les heureux effets qui ont déterminé, à l'égard des bois d'étendue plus considérable, l'adoption de mesures restrictives du droit de propriété.

Mais ces bois ne pourront être défrichés librement qu'à la condition d'être isolés. S'ils faisaient partie d'un massif boisé d'une contenance totale de dix hectares, l'exception cesserait et on rentrerait dans la règle : autrement, il suffirait de morceler un bois pour arriver à le faire disparaître, parcelle par parcelle. On considère comme faisant partie d'un même bois les terrains boisés contigus, lors même qu'ils seraient divisés par un petit chemin (Cass., 28 août 1847). Dans l'espèce au sujet de laquelle est intervenu l'arrêt ci-dessus, le chemin n'avait que quatre pieds de largeur. Il en serait de même si ces terrains n'étaient séparés que par un ruisseau formant comme une dépendance commune des deux propriétés (Cass., 6 août 1846).

Il faut, en outre, que le bois ne soit situé ni sur le sommet ni sur la pente d'une montagne. En pays de montagnes, la conservation du bois est trop nécessaire au maintien des terres et à l'extinction des torrents pour que l'exception de l'article 224 puisse être admise. Nous verrons plus tard que l'État s'est imposé, en vue de la restauration des terrains en montagne, de lourds sacrifices : il eût été déraisonnable d'aggraver encore ces charges en permettant aux propriétaires de défricher librement des terrains que l'administration eût été forcée ensuite de reboiser.

Mais qu'est-ce qu'une montagne ?

La loi n'en a pas donné et ne pouvait pas en donner de définition qui pût servir à tous les cas. Il résulte d'un arrêt de la Cour de Cassation du 15 décembre 1884 qu'on doit entendre par montagne, au point de vue de l'application de l'article 224 du Code forestier, tout relief de terrain d'une certaine importance, représentant des pentes rapides ; la Cour a considéré comme remplissant ces conditions un bois situé sur une pente de 45 degrés, à une hauteur de 510 mèt. au-dessus du niveau de la mer, dans un pays de montagnes, la Savoie.

141. — Il nous est permis maintenant d'aborder résolument les articles 219 et suivants du Code forestier. Nous nous demanderons : 1° Quelles sont les formalités que doit remplir le propriétaire qui veut défricher ;

2° Quels sont les pouvoirs de l'administration forestière ;

3° Au moyen de quelles pénalités le législateur a assuré l'observation des règles qu'il imposait.

I. — *Obligations du propriétaire de bois qui veut défricher.*

142. — Aux termes de l'article 219, tout propriétaire qui veut défricher ou faire défricher, ne peut user de ce droit qu'après en avoir fait la déclaration à la sous-

préfecture, au moins quatre mois à l'avance. Cette déclaration contient élection de domicile dans le canton de la situation des bois, afin que l'administration forestière puisse adresser, à ce domicile élu, toutes les notifications nécessaires. Elle doit être faite par le propriétaire lui-même; faite par le fermier, elle serait considérée comme nulle (avis de la section de l'Agriculture du Conseil d'État du 14 juin 1887). Il importe peu d'ailleurs que le défrichement doive être accompli par le propriétaire lui-même, ou par son fermier, ou par tout autre agent d'exécution.

Il faut que la déclaration soit suffisamment précise pour qu'il n'y ait aucun doute sur l'identité de la parcelle à défricher. Si le propriétaire d'un bois ne voulait en défricher qu'une partie, il devrait indiquer nettement quelle est cette partie. Tant que cette désignation n'aurait pas été faite, le propriétaire devrait être considéré comme n'ayant pas fait de déclaration, et s'il défrichait, il serait passible des peines que nous ferons connaître dans un instant. Il serait impossible en effet à l'administration d'user de ses droits et de motiver régulièrement une opposition à un défrichement dont le périmètre serait incertain et dont l'emplacement ne serait connu que par la désignation vague d'un nom de mas ou de quartier (note de la section de l'Agriculture du Conseil d'État en date du 19 février 1884).

La déclaration doit être faite en double minute et remise ou envoyée à la sous-préfecture; l'une des minutes, visée par le sous-préfet, est rendue au déclarant, auquel elle fait office de récépissé; l'autre, visée également par le sous-préfet, est transmise à l'agent forestier supérieur de l'arrondissement, dont elle provoque l'intervention. Elle doit être rédigée sur papier timbré. D'après l'article 12 de la loi du 13 brumaire an VII, il est en effet de règle que toutes les demandes adressées aux administrations publiques doivent être formulées sur timbre ; l'une des lois qui, avant celle du 18 juin 1859, ont déterminé les règles applicables au défrichement, celle du 9 floréal an XI, avait même formellement exigé l'emploi du papier timbré. Comme cette prescription n'avait été reproduite ni par le Code forestier, promulgué le 31 juillet 1827, ni par l'ordonnance du 1er août rendue pour son exécution, le ministre des Finances (1) en avait conclu qu'elle n'était plus obligatoire, et par deux décisions des 10 juillet 1830 et 18 juillet 1832 il avait déclaré que les demandes d'autorisation de défrichement seraient exemptes de timbre. Mais le ministre est revenu le 19 novembre 1866 sur ces deux décisions. L'article 12 de la loi du 13 brumaire an VII doit donc être considéré en cette matière comme étant toujours applicable.

II. — *Quels sont les pouvoirs de l'administration forestière ?*

143. — L'administration forestière n'a le droit de faire opposition au défrichement que dans certains cas, après une instruction contradictoire à laquelle est convié le propriétaire, après un avis du préfet en conseil de préfecture, et un avis de la section de l'Agriculture du Conseil d'État.

Le premier acte de l'instruction administrative à laquelle il doit être procédé, lorsqu'un propriétaire a déclaré son intention de défricher, c'est la reconnaissance de l'état et de la situation du bois et la rédaction d'un procès-verbal détaillé de cette opération. La reconnais-

---

(1) Jusqu'en 1877 l'administration des forêts a fait partie du ministère des Finances. Ce n'est que le 15 décembre 1877 qu'elle a été rattachée au ministère de l'Agriculture et du Commerce.

sance, dont les résultats exerceront sur la décision à
prendre une influence prépondérante, ne peut avoir lieu
qu'autant que le propriétaire y a été convoqué huit jours
au moins à l'avance. Si la reconnaissance avait eu lieu et
si le procès-verbal avait été dressé avant l'expiration du
délai prescrit, l'instruction serait irrégulière. La section
de l'Agriculture du Conseil d'État a maintes fois décidé
qu'un procès-verbal de reconnaissance dressé dans ces
conditions ne pouvait servir de base à une opposition
valable, et il a refusé de maintenir l'opposition qui avait
été formée (avis de la section en date des 28 avril et
4 juin 1885). Toutefois la section a considéré comme
valables des opérations de reconnaissance qui avaient
eu lieu moins de huit jours après l'avertissement donné
au propriétaire, lorsque ce dernier y avait assisté :
elle a estimé que, dans ce cas, l'irrégularité était couverte (note de la section du 28 avril 1885).

La reconnaissance de l'état et de la situation du bois est
faite par l'inspecteur, le sous-inspecteur ou un des gardes
généraux de la circonscription. On relève les pentes, on
détermine la situation de la parcelle par rapport aux
bois voisins, son influence par rapport aux sources ou
aux cours d'eau, les essences dont la parcelle à défricher
se compose, etc.

On dresse ensuite un procès-verbal détaillé de l'opération
et, comme ce procès-verbal doit servir de base à toute l'instruction qui va suivre, on ne se borne pas à le communiquer
à l'intéressé, on le lui notifie, afin qu'il puisse en prendre
connaissance à tête reposée, et on l'invite à présenter ses
observations. Dans quel délai cette notification doit-elle
être faite à partir de la reconnaissance? La loi ne le dit
pas, mais il est certain que la notification doit toujours
être antérieure à l'opposition. La section de l'Agriculture du Conseil d'État a toujours tenu sévèrement la

main à ce que cette dernière condition fût remplie.
Elle a fait remarquer à plusieurs reprises (notes de la
section des 8 juin, 19 octobre et 22 décembre 1880)
que la notification du procès-verbal de reconnaissance
ne pouvait jamais, aux termes de l'article 219 du Code
forestier lui-même, ainsi qu'aux termes du décret du
22 novembre 1859 rendu pour l'exécution des nouveaux
articles, être postérieure à l'opposition, et que d'ailleurs
les conservateurs des forêts avaient le plus grand intérêt
à faire cette notification afin de pouvoir s'éclairer, avant
de former opposition, non seulement des constatations
de leurs agents, mais aussi des observations que les propriétaires sont invités à présenter. La section a même,
à plusieurs reprises, pensé qu'il y avait lieu, dans de
pareils cas, soit de recommencer l'instruction s'il en
était temps encore, soit de ne pas s'opposer au défrichement lorsque les délais fixés par la loi ne permettaient
pas au ministre de différer sa décision. Le Conseil d'État
statuant au contentieux (1) a de son côté annulé pour
excès de pouvoirs une décision ministérielle qui avait
maintenu une opposition au défrichement, alors que le
procès-verbal de reconnaissance des bois n'avait été notifié au propriétaire que postérieurement à l'opposition
(Conseil d'État, 17 mai 1878, Bonneau du Martroy).

144. — Ces deux formalités remplies, il appartient
à l'administration forestière de prendre parti et de décider s'il y a lieu ou non de former opposition.

La décision est prise par le conservateur. Elle doit
intervenir, au plus tard, dans les quatre mois qui suivent la déclaration du propriétaire. Passé ce délai, le
propriétaire qui a eu soin de faire une déclaration régulière peut défricher sans inquiétude. Il est à l'abri de

_____

(1) Le Conseil d'État, ainsi que nous l'avons déjà vu, joue un double
rôle. Il est à la fois un conseil et un juge.

toute poursuite, car le silence de l'administration équivaut à son consentement (article 219).

Si le conservateur fait opposition au défrichement, cette décision sert de point de départ à une nouvelle instruction qui se poursuit à Paris, devant l'administration centrale. L'opposition doit toujours être motivée, et il n'est permis de la former que dans un certain nombre de cas limitativement déterminés. Avant la loi du 18 juin 1859, l'administration n'était pas liée à cet égard; elle avait pleine latitude d'appréciation et pouvait former opposition pour toute espèce de cause. Aujourd'hui, il faut que la conservation du bois ait été reconnue nécessaire (article 220) :

1º Ou bien au maintien des terres sur les montagnes et sur les pentes;

2º Ou à la défense du sol contre les érosions et envahissements des fleuves, rivières ou torrents;

3º Ou à l'existence des sources ou cours d'eau;

4º Ou à la protection des dunes et des côtes contre les érosions de la mer et les envahissements des sables;

5º Ou à la défense du territoire dans la partie de la zone frontière qui a été déterminée par un décret du 3 mars 1874;

6º Ou à la salubrité publique.

L'administration ne pourrait donc motiver son opposition ni sur les besoins d'une agglomération voisine, ni sur les besoins de la marine nationale, ni sur l'intérêt même du propriétaire qui veut défricher, dans le cas où elle considérerait le sol comme impropre à la culture. Tout ce qu'il lui est permis de faire en ce cas, c'est d'éclairer de ses avis les intéressés.

La section de l'Agriculture du Conseil d'État veille d'ailleurs à ce que l'application des articles 219 et suivants du Code forestier soit aussi modérée que possible.

Elle exige toujours que l'opposition soit fondée sur des raisons précises : toutes les fois qu'elle s'est trouvée en face de considérations vagues, elle a refusé de se prononcer en faveur du maintien de l'opposition. Quelques exemples en fourniront la preuve. En 1877, l'administration forestière avait fait opposition au défrichement de 216 hectares situés dans l'arrondissement de Vervins et dont la conservation lui avait paru nécessaire à la salubrité publique : elle n'alléguait à l'appui aucune circonstance spéciale. La section a cru qu'il n'y avait pas lieu de maintenir l'opposition. Sans doute, l'air des bois est souvent plus salubre que celui de la plaine, mais ce n'est pas là une raison qui suffise à elle seule pour justifier une restriction du droit de propriété (avis du 12 mars 1878).

Au contraire, en 1883, la section fut saisie d'une opposition à un projet de défrichement qui était fondée également sur la salubrité publique, mais qui se présentait dans des conditions toutes différentes. Il s'agissait de 4 hectares de bois faisant partie d'un massif de plus de 200 hectares et situés dans l'Isère. Ce massif, dans son ensemble, domine la ville de Vienne et la protège contre les émanations malsaines qui proviennent des marais voisins. La section a considéré, dans ces conditions, que la conservation de tout le massif était nécessaire à la salubrité publique (avis du 18 juillet 1883), et l'opposition a été maintenue.

Les mêmes principes sont appliqués lorsqu'il s'agit d'oppositions fondées sur l'intérêt du maintien des terres et de la régularisation du débit des eaux. Les oppositions ne sont maintenues qu'autant que l'administration forestière justifie d'un véritable intérêt public.

145. — Voilà l'opposition formée : quel va être son sort?

L'opposition n'est pas dès à présent irrévocable : il faut, pour qu'elle le devienne, qu'elle ait été confirmée par le ministre.

Mais, avant de transmettre le dossier à l'administration centrale, le préfet donne, en conseil de préfecture, son avis sur l'opposition. Cet avis est notifié aux deux parties en présence, au représentant du service forestier dans le département, et au propriétaire, afin que ceux-ci soient en mesure de le discuter : il faut que l'instruction locale, en cas d'opposition à un défrichement, soit contradictoire du commencement à la fin. D'après le décret réglementaire du 22 novembre 1859, cet avis du préfet en conseil de préfecture doit intervenir dans le délai d'un mois au plus tard après la signification de l'opposition.

Le ministre de l'Agriculture prononce ensuite définitivement, mais il est tenu de prendre préalablement l'avis de la section de l'Agriculture du Conseil d'État, qui a hérité à cet égard des attributions qu'exerçait précédemment la section des Finances (1).

La décision du ministre de l'Agriculture doit être prise dans les six mois qui suivent la signification de l'opposition. Si dans ce délai la décision n'a pas été rendue et signifiée au propriétaire, il lui est permis de passer outre, et de procéder au défrichement de son bois. Le propriétaire qui veut défricher ne peut donc pas être tenu dans l'incertitude pendant plus de dix mois : l'administration a en effet quatre mois pour former opposition et six mois pour se prononcer définitivement sur son maintien (article 219).

146. — La décision ministérielle, lorsqu'elle est défavorable au propriétaire, est dans certains cas suscep-

---

(1) Les différentes sections administratives du Conseil d'État correspondent chacune à plusieurs ministères, et elles examinent les affaires qui y ressortissent.

tible d'un recours pour excès de pouvoirs devant le Conseil d'État statuant au contentieux. Ce recours pourrait être formé notamment si la décision avait été rendue sur une instruction irrégulière, ou si elle était motivée par un intérêt autre que l'un de ceux énumérés dans l'article 220. Il appartient dans ce cas au Conseil d'État, constitué en tribunal dans des conditions que nous examinerons plus tard, d'annuler la décision ministérielle, lors même qu'elle aurait été rendue conformément à l'avis de la section de l'Agriculture.

Mais, si elle n'est pas annulée par le Conseil d'État statuant au contentieux ou rapportée par le ministre lui-même, au cas où celui-ci reconnaîtrait s'être trompé, l'opposition est à la fois définitive et absolue. Elle est opposable aux nouveaux acquéreurs du bois aussi bien qu'à l'ancien propriétaire lui-même. L'opposition a en effet un caractère réel et non personnel; elle est fondée sur la nécessité de la conservation du bois; peu importe dès lors qui en est propriétaire. L'administration ne serait donc pas tenue de procéder à une nouvelle instruction si les nouveaux propriétaires lui déclaraient leur intention de défricher; la mutation de propriété qui a pu se produire pendant ou après l'instruction de la demande n'a pas modifié la situation du bois.

III. — *Quelles sont les peines établies par la loi pour le cas où il aurait été procédé indûment à un défrichement ?*

147. — Ces peines sont de deux sortes. Tout propriétaire de bois (nous savons ce qu'il faut entendre par cette expression) qui les aura défrichés sans s'être conformé aux règles que nous venons d'examiner sera, s'il ne se trouve dans un des cas d'exception prévus par l'article 220, con-

damné à une amende dont le chiffre est considérable.
L'amende sera de cinq cents francs au moins et de quinze
cents francs au plus par hectare de bois défriché.

En outre, pour enlever aux propriétaires de bois tout
intérêt à les défricher en dehors des conditions prescrites, la loi donne au ministre le droit d'ordonner le
rétablissement des lieux défrichés en nature de bois,
dans un délai qui ne peut excéder trois ans (art. 221).
En cas de refus du propriétaire de se conformer à cette
décision, il y serait procédé à ses frais. C'est là une peine
accessoire que le ministre prononcera toujours quand le
défrichement aura été opéré sur un bois dont la conservation est nécessaire. Il s'abstiendra au contraire d'ordonner le rétablissement des terrains en nature de bois
lorsqu'il s'agira de massifs dont le défrichement peut
être opéré sans danger.

Ces peines sont applicables aussi bien au propriétaire
qui aurait obtenu l'autorisation de défricher un bois à
la condition de le reboiser dans un délai fixé, et qui ne
tiendrait pas sa promesse, qu'à celui qui se serait passé
de toute autorisation (Lyon, 4 avril 1864).

Elles sont également applicables, du moins en général, au propriétaire de bois, lorsque les défrichements
irréguliers ont été accomplis par ses fermiers ou par des
tiers (Cass., 11 février 1846; 6 août 1846; 3 février 1848).
Il n'en serait autrement que si le propriétaire prouvait, lorsque le défrichement a été opéré par son fermier, que celui-ci a agi à son insu (Grenoble, 27 mars
1846), et lorsqu'il a été opéré par des tiers, qu'il a
exercé contre eux des poursuites (Cass., 11 mai 1849).
Tant qu'il n'aura pas fait cette preuve, on présumera que
le défrichement a été opéré pour son compte et par
son ordre.

D'après l'article 225 du Code forestier, les contreve-

nants doivent être poursuivis dans le délai de deux ans
à dater de l'époque où le défrichement aura été con-
sommé : passé ce délai, l'action est prescrite. On s'est
demandé si, malgré les termes formels de l'article 225,
le ministre de l'Agriculture ne pourrait pas cependant,
à défaut de poursuites dans le délai fixé par cet article,
ordonner le rétablissement des lieux en nature de bois.
Nous croyons que les termes de l'article 221 s'opposent à
cette interprétation : aux yeux des rédacteurs de ce dernier article, le rétablissement des lieux en nature de bois
constitue une sorte de peine accessoire, qui n'est prononcée qu'après la peine principale, laquelle consiste
dans l'amende : le contrevenant, porte-t-il expressément,
doit, *en outre,* replanter si le ministre l'ordonne. Il nous
semble difficile de traiter, au point de vue de la prescription, la peine accessoire autrement que la peine principale, alors surtout que l'article 225 de son côté déclare
prescrites par le délai de deux ans les actions qui ont
pour objet des défrichements commis en contravention.
Cette solution pourra, dans certains cas, n'être pas sans
inconvénients, mais elle nous paraît commandée par
les principes. Il n'est guère à craindre, d'ailleurs, que
l'administration forestière prenne l'habitude de laisser
impunis, pendant plus de deux ans à partir du dernier
arrachage de plantations, les auteurs de défrichements
qui pourraient compromettre la sécurité publique.

CHAPITRE III.

DES RÈGLES APPLICABLES A CERTAINES FORMES PARTICULIÈRES
DE LA PROPRIÉTÉ, COMME L'INDIVISION OU LA COPROPRIÉTÉ.

148. — Nous n'avons jusqu'à présent examiné que le cas où un héritage appartient à un seul propriétaire, et les difficultés que nous avons eu à résoudre sont celles qui provenaient de l'essence même des choses.

Nous allons nous trouver maintenant en face de complications qui proviennent de ce qu'au lieu d'appartenir à un seul individu, qui peut en faire tout ce qu'il veut (sauf les restrictions que nous avons admises), cet héritage appartient à plusieurs personnes.

Ce cas se présente fort souvent. Toutes les fois qu'une personne meurt, laissant plusieurs héritiers, le droit de ceux-ci se fixe immédiatement sur tous les biens de la succession. S'ils sont quatre, et s'ils ont un droit égal, chacun d'eux sera copropriétaire, jusqu'à concurrence d'un quart, des champs, des bâtiments, des instruments, des animaux qui composent l'exploitation rurale. Mais comme ce quart de propriété ne constitue pas un corps certain, comme il ne constitue qu'une part idéale, aucun d'eux ne pourra exercer ni sur la totalité des choses communes, ni même sur la moindre partie de ces biens, aucun acte matériel emportant exercice du droit de propriété. Aucun d'eux ne pourra se servir seul des chevaux, des bœufs ou des charrues, car s'il en est propriétaire, ce n'est que pour un quart. Il ne pourra pas davantage cultiver les terres sans le consentement de ses trois autres cohéritiers, ni donner la ferme à bail, ni faire des innovations auxquelles tous les autres n'auraient pas consenti.

Cet état, qui porte le nom d'état d'indivision, est éminemment défavorable à la bonne exploitation des terres, et il ne tarderait pas à amener l'abandon des cultures. Il n'est pas moins défavorable à la paix sociale, car il multiplie les occasions de conflit. Aussi le législateur le voit-il, en général, avec une défaveur extrême. Comme le seul moyen de sortir de cet état est le partage, il a pris soin de déclarer que le partage pourrait toujours être provoqué.

Le partage fixe le droit de chacun sur une partie seulement des choses communes, et il en exclut le droit des autres. Chacun, au lieu d'être copropriétaire du tout pour un tiers ou un quart, devient propriétaire exclusif des biens qui forment sa part, et peut dès lors, en toute liberté, exercer sur eux le droit de propriété qui lui appartient. Il sera même réputé en avoir hérité directement du défunt et ses cohéritiers n'avoir jamais eu sur eux aucun droit. En sorte que si, dans l'intervalle de temps qui s'écoule entre l'ouverture de la succession et le partage, l'un des cohéritiers avait grevé ces biens d'hypothèques, ces hypothèques tomberaient d'elles-mêmes dans le cas où le fonds grevé serait attribué à un autre copartageant. C'est ce qu'on exprime en disant que le partage est, non pas translatif de propriété, comme pourrait l'être une vente ou un échange, mais simplement dé-

claratif. Telle est la faveur que le législateur a attachée
au partage, qu'il interdit toute convention particulière
qui aurait pour effet de le suspendre pendant une durée
de plus de cinq ans : une telle convention, au delà de
cinq ans, ne serait plus obligatoire.

149. — Il y a pourtant des choses qui, par leur nature
même, se prêtent parfaitement à l'idée d'une copropriété : tels sont par exemple les sentiers ou chemins
d'exploitation, les puits, les abreuvoirs, les clôtures. Un
seul chemin peut procurer l'accès d'un grand nombre de
propriétés; un abreuvoir, servir à de nombreux troupeaux; un mur, procurer tout aussi efficacement la séparation de plusieurs fonds que la clôture d'un seul. Il y aurait une déperdition considérable de la richesse publique,
et une bonne partie du sol serait enlevée à la culture s'il
fallait que chaque propriétaire eût son chemin à lui, son
mur à lui, et s'il était interdit à tout autre que lui de s'en
servir. Pourquoi deux chemins, deux murs, si un seul
peut remplir le même but? Aussi cette seconde espèce de
copropriété, bien loin d'être l'objet de la défaveur de la
loi, est-elle au contraire l'objet de toute sa bienveillance :
le législateur en présume volontiers l'existence, et en favorise le maintien. On a donné à cette copropriété le
nom de copropriété avec indivision forcée.

150. — Il y a enfin la copropriété qui résulte de
l'existence, sur un même fonds, de deux droits de
propriété portant sur des parties matériellement déterminées de ce fonds. Cette situation se produira
toutes les fois, par exemple, que le propriétaire d'un
champ vendra à une Compagnie de chemin de fer
le sous-sol dont celle-ci a besoin pour construire un
tunnel, en conservant pour lui-même la surface; ou lorsqu'il vendra à un industriel la carrière souterraine que
renferme son fonds. Il existera alors sur le même héritage

deux droits de propriété superposés et portant, l'un sur la surface, l'autre sur le tréfonds. La loi ne favorise pas ce genre de copropriété comme elle favorise ce que nous avons appelé la copropriété avec indivision forcée, mais elle ne l'interdit non plus en aucune manière. Il y a même un cas dans lequel cette copropriété se produit de par sa volonté même : c'est celui où il est fait concession d'une mine à une personne autre que le propriéraire de la surface.

151. — De l'indivision proprement dite, nous ne nous occuperons pas en ce moment. Nous avons vu en quoi elle consistait et nous avons dit qu'elle cessait par l'effet du partage : nous donnerons à cette question les quelques développements qu'elle comporte dans cet ouvrage lorsque nous étudierons les successions.

Mais il en est autrement de la copropriété avec indivision forcée, et de la copropriété résultant de l'existence de deux droits de propriété sur des parties matériellement déterminées d'un même immeuble.

Nous leur consacrerons les deux sections suivantes.

SECTION PREMIÈRE.

De la copropriété avec indivision forcée.

152. — Les biens qui peuvent être l'objet de ce droit de copropriété ont un caractère commun, c'est qu'ils sont affectés à l'usage de deux ou plusieurs héritages appartenant à des propriétaires différents, comme des accessoires indispensables de ces héritages. Le caractère forcé de leur indivision provient de leur destination même, qui est exclusive de toute idée de partage. On conçoit aisément que lorsque plusieurs propriétaires

se sont entendus pour creuser un puits commun, pour
établir une cour ou une entrée commune, il ne puisse
pas dépendre de l'un d'eux de faire cesser un état de choses qui est profitable à tous. Pour le faire cesser, il faudrait l'accord de tous les intéressés.

Les biens qui sont le plus souvent l'objet de droits de
copropriété avec indivision forcée sont les allées, ruelles,
cours, fosses d'aisances, puits, abreuvoirs, pressoirs,
sentiers ou chemins d'exploitation, etc., et les clôtures
mitoyennes. L'état d'indivision forcée résulte tantôt
de conventions expresses, et tantôt de conventions
tacites. Au devant d'une ferme dont deux frères viennent d'hériter, se trouve une cour : les deux cohéritiers se partagent les bâtiments qui composent la ferme
et les terres qui en dépendent, mais ils stipulent, en composant les lots, que la cour restera indivise et que chacun en
usera en commun. Tous deux pourront y faire stationner
leurs voitures, y déposer momentanément leurs récoltes
avant de les engranger, etc., user, en un mot, de la cour
commune comme si chacun en était seul propriétaire.

Il en serait de même si deux propriétaires voisins
avaient creusé sur la limite de leurs fonds un puits ou
un abreuvoir : l'indivision forcée résulterait, dans ce cas,
d'une convention tacite (Cass., 17 mai 1887).

153. — Aussi longtemps que cette indivision dure,
chacun des copropriétaires doit contribuer, proportionnellement à l'étendue de son droit, à l'entretien et à la
réparation de la chose commune : si c'est une cour, les
frais de réfection du pavé seront répartis entre chacun
d'eux; si c'est un puits ou un pressoir, les dépenses
nécessaires seront également réparties entre les différents
communistes. Les copropriétaires n'ont qu'un moyen
de se soustraire à cette obligation, c'est de faire abandon de leur droit.

LÉGISLATION RURALE.   14

Quant à l'étendue et à l'exercice du droit de chaque copropriétaire sur l'objet resté en commun, s'ils ne sont pas réglés expressément par les conventions qui ont pu intervenir, ils le sont par l'usage.

Toutes ces solutions résultent des principes généraux du droit, et leur application ne comporte pas en général grande difficulté.

Mais il existe pour certaines de ces choses communes des règles particulières. La loi du 20 août 1881 sur les chemins ruraux a réglé, par cinq articles nouveaux, la condition légale des chemins et sentiers d'exploitation.

D'autre part, le Code civil contient un certain nombre de dispositions spéciales qui sont relatives aux clôtures mitoyennes, et dont l'application présente à la campagne un très grand intérêt.

I. — *Des chemins et sentiers d'exploitation.*

154. — Ce sont les chemins qui servent exclusivement à la communication entre plusieurs héritages ou à leur exploitation. Ces chemins peuvent être établis de deux façons différentes. Les propriétaires riverains peuvent mettre en commun la propriété même des parcelles nécessaires à l'assiette de ces chemins : ils peuvent au contraire conserver chacun la propriété de ces parcelles et se borner à en mettre en commun l'usage. Dans le premier cas, les chemins sont indivis quant à la propriété ; dans le second, les parcelles sur lesquelles on passe continuent d'appartenir privativement à leurs propriétaires, et sont seulement grevées d'une servitude de passage. En l'absence de titre, on doit présumer que les propriétaires en ont seulement mis en commun l'usage (Cass., 2 mai 1888).

Dans un cas comme dans l'autre, chacun des propriétaires dont l'héritage est desservi par les chemins a

le droit de s'en servir comme s'il en était seul propriétaire; l'usage en peut être interdit au public (article 33
de la loi du 20 août 1881).

Tous sont également tenus les uns envers les autres
de contribuer, dans la proportion de leur intérêt, aux
travaux nécessaires à l'entretien des chemins et à leur
mise en état de viabilité (article 34 id.).

Cette situation ne peut cesser qu'avec le consentement
de tous les propriétaires. Affectés à l'usage de certaines
propriétés en vertu de conventions, ces chemins ne peuvent être détournés de leur destination sans la volonté
de tous. Il est seulement permis à ceux qui trouveraient
la contribution trop lourde de s'en affranchir en renonçant à leurs droits sur les chemins (article 37 id.). Toutes ces règles ne sont que l'application des principes généraux du droit en matière de copropriété.

Lorsque des contestations s'élèvent entre les propriétaires riverains au sujet de *la répartition des frais
d'entretien et de mise en état de viabilité des chemins,*
c'est le juge de paix qui statue, sauf appel s'il y a lieu.
Cette attribution de compétence a été inspirée par un
désir d'économie et de simplification. Les contestations relatives *à la propriété et à la suppression des
chemins* ont été au contraire réservées aux tribunaux
d'arrondissement, qui devront les juger comme affaires
sommaires, c'est-à-dire suivant la procédure la plus
rapide et la moins coûteuse (article 36 id.).

Ces règles, il importe de bien s'en rendre compte, sont
uniquement applicables aux chemins privés, destinés à
l'exploitation de deux ou plusieurs héritages. Quant
aux chemins publics, à ceux qui sont établis, soit par
l'État comme les routes nationales, soit par le département comme les routes départementales, soit par la
commune comme les chemins vicinaux, les chemins ru-

raux et les rues, il existe à leur égard des règles toutes
spéciales dont la connaissance rentre dans le droit administratif.

II. — Du mur mitoyen.

155. — Le mur mitoyen est celui qui, placé sur
la ligne séparative de deux fonds, appartient en commun, ainsi que le terrain sur lequel il a été bâti,
aux propriétaires de ces deux fonds : de là le nom de
mitoyen (moi, toi). La mitoyenneté est une institution
d'origine française. Les Romains ne la connaissaient
pas. Leurs maisons étaient en effet isolées les unes des
autres ; on les appelait pour ce motif *insulæ* et la ruelle
qui les entourait avait reçu le nom d'*ambitus*. Au moyen
âge, le besoin de se grouper et de se défendre porta les
habitants des villes et des campagnes à adosser les constructions nouvelles aux constructions anciennes. On fit
alors tout naturellement la réflexion qu'il serait bien
inutile d'exiger, dans ce cas, l'érection d'un nouveau mur,
et qu'il y aurait avantage pour tout le monde à ce que
l'ancien pût servir aux deux constructions voisines : la
mitoyenneté fut ainsi consacrée par les coutumes. Elle a
été, à raison de son utilité, conservée par le Code. Nous
allons rechercher : 1° dans quel cas un mur est mitoyen,
ou réputé tel ; 2° quels sont les effets de la mitoyenneté.

156. — Dans quel cas un mur est-il mitoyen, ou
réputé tel ?

Un mur peut être mitoyen, en premier lieu, lorsqu'il
a été bâti à frais communs, sur la limite de deux fonds
voisins, par les deux propriétaires ; en second lieu,
lorsque, ayant été bâti par un seul de ces deux propriétaires sur son terrain, et étant ainsi devenu la propriété exclusive de ce dernier, l'autre propriétaire en a

acquis la mitoyenneté. D'après l'article 661 du Code civil, en effet, tout propriétaire joignant un mur a la faculté de le rendre mitoyen en tout ou en partie, en remboursant au maître du mur la moitié de sa valeur ou la moitié de la valeur de la portion qu'il veut rendre mitoyenne, et moitié de la valeur du sol sur lequel le mur est bâti. Il y a là une vente forcée de la mitoyenneté, une sorte d'expropriation; mais cette acquisition n'est possible qu'autant que le mur touche immédiatement le terrain de celui qui veut acquérir la mitoyenneté. De telle sorte qu'il est toujours possible, lorsqu'on bâtit un mur, de se soustraire à l'exercice de cette faculté en laissant entre le mur et le fonds voisin quelques centimètres de terrain indiqués par une borne (Cass., 26 mars 1862).

La loi a établi en outre, en faveur de la mitoyenneté du mur qui joint deux héritages, un certain nombre de présomptions. En règle générale, un mur est réputé mitoyen lorsque, par suite des conditions dans lesquelles il a été construit, il est également utile aux deux propriétés voisines. Ainsi le mur qui sert de séparation entre deux bâtiments, ou entre deux cours et jardins, ou même entre deux enclos dans les champs, est réputé mitoyen. Mais, pour qu'il en soit ainsi, il faut que les deux héritages auxquels le mur sert de séparation soient des héritages de même nature. On ne devrait pas considérer comme mitoyen un mur servant de séparation entre un bâtiment d'une part, et un jardin de l'autre, car il ne serait pas possible de dire dans ce cas que le mur présente la même utilité pour le bâtiment et le jardin. Il serait réputé appartenir exclusivement au propriétaire du bâtiment, car c'est surtout à ce dernier qu'il est utile (Cass., 4 juin 1845; Pau, 7 février 1862). Lorsqu'un mur sert de séparation entre deux bâtiments, il n'est réputé mitoyen sur toute sa hauteur qu'autant que les deux bâtiments ont une hauteur égale; sinon, il ne le serait que jusqu'à l'héberge, c'est-à-dire jusqu'au point du mur où finit la construction la moins élevée. Au delà de cette limite, le mur n'a plus d'utilité que pour l'un des deux voisins : il est naturel de présumer qu'il a été son œuvre exclusive. *Is fecit cui prodest* (article 653 du Code civil).

La mitoyenneté d'un mur survit aux raisons qui l'ont fait établir ou présumer. Si l'un des deux bâtiments venait à être démoli, le mur conserverait son caractère mitoyen.

157. — Mais ces présomptions ne sont pas des présomptions absolues, invincibles, devant lesquelles on soit toujours tenu de s'incliner. Elles peuvent être détruites par la preuve contraire, et même par de simples présomptions contraires.

La preuve contraire résultera le plus souvent de la production d'un titre (d'une convention, d'un acte de partage par exemple). Elle pourra résulter aussi de la prescription : si pendant trente ans l'un des deux propriétaires voisins s'était servi exclusivement du mur qui sépare les deux héritages, et avait empêché son voisin d'en user, la propriété du mur serait définitivement acquise au premier.

Quant aux présomptions de non-mitoyenneté, l'article 654 du Code civil a énuméré les principales :

Lorsque la sommité d'un mur est droite d'un côté, et présente de l'autre un plan incliné, de façon à diriger exclusivement l'égout d'un seul côté, le mur est censé appartenir exclusivement au propriétaire du côté duquel se trouve l'égout. Il en sera de même s'il n'y a que d'un seul côté un chaperon (on entend par chaperon la tuile qui couvre le sommet du mur et qui déborde d'un côté afin d'empêcher la pluie d'y causer des dégradations) :

le mur sera réputé appartenir exclusivement au propriétaire sur le fonds duquel les eaux sont rejetées. La même solution devra être admise lorsqu'il n'y aura que d'un seul côté des corbeaux (on entend par là des pierres qu'on place en saillie sur le mur afin de leur faire supporter des poutres). Il est naturel de supposer que s'il n'y a de corbeaux que d'un seul côté du mur, c'est qu'un seul des deux propriétaires voisins a le droit de s'en servir.

158. — Quels sont les effets de la mitoyenneté d'un mur ?

Chacun des copropriétaires doit l'entretenir et au besoin contribuer à sa reconstruction proportionnellement à son droit (article 655). Cette obligation ne cesserait que par l'abandon de la copropriété : encore cet abandon ne libérerait-il pas de l'obligation d'entretien le communiste qui continuerait à se servir du mur comme par le passé et qui lui demanderait les mêmes services.

A la condition d'entretenir le mur mitoyen, chaque copropriétaire a le droit de s'en servir comme s'il en était seul propriétaire. Chacun peut bâtir contre le mur, et même l'exhausser, sauf à supporter seul les dépenses et les conséquences de cet exhaussement (articles 657, 658 et 659), sans avoir, d'après la jurisprudence de la Cour de Cassation, besoin de justifier d'aucun intérêt (Cass., 11 avril 1864). Chaque copropriétaire peut faire placer des poutres ou solives dans toute l'épaisseur du mur, à cinquante-quatre millimètres près, sans préjudice toutefois du droit qu'a le voisin de faire réduire la poutre à l'ébauchoir jusqu'à la moitié du mur, dans le cas où il voudrait lui-même asseoir des poutres dans le même lieu, ou y adosser une cheminée.

Il n'y a que deux cas dans lesquels le copropriétaire du mur est tenu soit d'obtenir le consentement de son voisin, soit, à défaut de ce consentement, de faire au préalable régler par des experts les moyens nécessaires pour que le travail qu'il fait exécuter ne soit pas nuisible aux droits de celui-ci : c'est lorsqu'il s'agit de pratiquer dans le mur mitoyen un enfoncement, ou d'y appliquer ou appuyer un ouvrage (art. 661). En dehors de ces deux cas, les copropriétaires n'ont aucune autorisation à demander (Cass., 18 avril 1866).

III. — *Du fossé mitoyen.*

159. — Les fossés, comme les murs, peuvent être mitoyens; ils peuvent aussi être simplement réputés mitoyens.

Ils seront mitoyens lorsqu'ils auront été établis à frais communs sur la limite de deux fonds. Ils le seront encore, lorsque, l'un des deux propriétaires ayant creusé un fossé sur son terrain, le propriétaire voisin en aura acquis la mitoyenneté en vertu d'une convention. Mais, à la différence de ce qui a lieu pour le mur, le voisin dont l'héritage joint un fossé non mitoyen ne peut contraindre le propriétaire de ce fossé à lui en céder la mitoyenneté (article 668). La raison d'être de cette différence est facile à comprendre. Lorsque le voisin achète la mitoyenneté d'un mur (1), il acquiert un droit utile, car il peut se servir du mur mitoyen pour y adosser un bâtiment, ou pour y appuyer des espaliers. L'achat de la mitoyenneté du fossé, au contraire, ne lui serait d'aucun avantage. Il ne serait pas mieux clos après qu'avant, et il aurait exproprié son voisin sans aucune utilité réelle. On a fait remarquer en outre (2) que cette expropriation devrait comprendre non seulement le sol

(1) Exposé des motifs du projet du code rural, p. 133.
(2) Id.

du fossé, mais encore la bande de terre qu'on est tenu de laisser en avant si l'on veut empêcher l'éboulement des terres voisines. Or, en pareil cas, la loi n'admet pas que l'on puisse contraindre le propriétaire d'un mur à en céder la mitoyenneté; on ne voit pas pourquoi la loi se montrerait plus favorable quand il s'agit d'un fossé.

Le fossé sera réputé mitoyen : 1° lorsque les deux fonds voisins seront clos, 2° lorsque aucun d'eux ne sera entouré de clôture (article 666). Toute clôture, dit cet article, est réputée mitoyenne, à moins qu'il n'y ait qu'un seul des héritages en état de clôture. Il est dans ce cas naturel de penser que le fossé qui existe d'un côté appartient au propriétaire qui s'est également clos sur les trois autres côtés. Mais, en dehors de cette hypothèse, la présomption de mitoyenneté est la règle.

Cette présomption cède cependant, elle aussi, devant le titre ou la prescription contraires. Si le propriétaire d'un des deux fonds contigus produit un acte de partage, ou un procès-verbal de bornage d'où il résulte qu'il est propriétaire exclusif du fossé, la présomption de mitoyenneté disparaîtra. Il en sera de même si l'un des deux voisins justifie avoir fait seul pendant trente ans, sur le fossé, acte de propriétaire : s'il justifie notamment que c'est toujours lui qui a procédé au curage et qui a disposé des eaux et des vases qu'il pouvait contenir.

La présomption de mitoyenneté disparaîtra encore devant la marque contraire. Si, par exemple, la levée du fossé ou le rejet de la terre se trouve d'un seul côté, le fossé sera censé appartenir exclusivement à celui du côté duquel le rejet se trouve. De même si l'un des deux champs voisins est entouré sur les quatre côtés d'un fossé, et l'autre d'une haie sur trois côtés et d'un fossé sur le quatrième, on admettra que ce fossé est la pro-

priété exclusive de celui qui a adopté pour son champ
ce mode de clôture et qu'il a été creusé en même temps
que les trois autres. Il appartiendra aux tribunaux
d'apprécier.

160. — Lorsqu'un fossé est mitoyen, quels sont
les droits et les obligations de chacun des copropriétaires?

Les droits sont de peu d'importance. Ils consistent
dans la faculté pour les copropriétaires de profiter,
chacun pour leur part, des produits du curage du fossé,
ainsi que des eaux qui s'y déversent.

Les obligations ont pour objet l'entretien du fossé à
frais communs. Chacun peut s'y soustraire par l'abandon
de la mitoyenneté, conformément à la règle générale, à
la condition toutefois que le fossé ne serve qu'à la clôture. L'abandon du droit de copropriété ne suffirait pas
à affranchir de l'obligation d'entretien s'il s'agissait d'un
fossé servant habituellement à l'écoulement des eaux,
car dans ce cas les règles ordinaires sur la clôture ne
seraient pas seules en jeu. Le propriétaire qui a construit d'accord avec son voisin un fossé d'écoulement,
qui a dirigé de ce côté les eaux qui se trouvent sur son
fonds, n'a pas le droit d'imposer à son voisin la dépense
exclusive d'un ouvrage qui continue de lui profiter.
Il ne faudrait pas toutefois considérer comme servant
habituellement à l'écoulement des eaux tout fossé qui
se trouverait contenir de l'eau en quantité plus ou
moins considérable : un fossé creusé dans un sol humide ou en contre-bas de terrains voisins reçoit nécessairement une partie des eaux stagnantes qui séjour-
nent dans le sol ou des eaux pluviales qui s'y déversent;
il se peut, cependant, que son établissement n'ait eu
d'autre but que la clôture du fonds sur lequel il a été
creusé. La faculté d'abandon, dans ce cas, pourra donc

être exercée. Elle ne devra être refusée que si le fossé est
véritablement consacré à procurer l'écoulement des eaux
sur les deux fonds contigus et sur les fonds qui les
avoisinent (1). En cas de contestation sur le caractère du fossé, il appartiendrait au juge d'en reconnaître la destination.

Le copropriétaire d'un fossé peut également se soustraire à l'obligation de l'entretenir, en le remplaçant par
un mur. La nouvelle construction sera sansdoute plus
coûteuse, mais elle sera aussi plus utile. Le mur en
effet ne constitue pas seulement une clôture excellente :
son établissement peut être nécessaire pour permettre
la construction d'un bâtiment sur la limite des deux héritages. Le copropriétaire du fossé mitoyen pourra, dans
ce cas, le détruire jusqu'à la limite de sa propriété et
construire son mur sur cette limite. « Le voisin, comme
l'a dit avec beaucoup de raison l'auteur du rapport
déjà cité, n'a pas à se plaindre de la destruction d'un
fossé quand on le remplace par un mur. Sa propriété
est mieux close, et il peut rendre à la culture la part
de terrain que le fossé lui prenait et qui redevient
libre. »

Cette faculté ne peut d'ailleurs s'exercer, comme la
précédente, qu'autant que le fossé ne sert qu'à la clôture : le fossé devrait être maintenu s'il servait habituellement à l'écoulement des eaux.

IV. — *Des haies mitoyennes.*

161. — Les haies sont soumises, à peu de chose près,
aux mêmes règles que les fossés.

_____

(1) Rapport fait au Sénat par M. Clément.

Elles sont aussi présumées mitoyennes, à moins qu'il n'y ait qu'un seul des héritages en état de clôture : dans ce cas, la haie sera réputée appartenir au propriétaire de l'héritage clos (article 666).

La présomption de mitoyenneté cède également devant le titre, la prescription et la marque contraire. Nous savons déjà ce qu'il faut entendre par titre et par prescription. Il nous reste à indiquer ce qu'on doit entendre ici par marque contraire. La loi, en ce qui concerne les haies, ne nous a indiqué, à titre d'exemple, aucune des marques de non-mitoyenneté. Mais il est facile, à l'aide des indications qu'elle nous a données au sujet du mur et du fossé mitoyens, et de celles que fournissent les travaux préparatoires de la nouvelle loi, d'en faire connaître un certain nombre. Si, par exemple, la haie qui sépare les deux héritages est une haie vive, et que, de ces deux héritages, le premier soit entouré sur ses trois autres côtés de haies vives, et le second de haies sèches, la haie qui leur sert de clôture sera censée appartenir à celui qui a entouré tout son champ de haies vives, plutôt qu'à celui qui s'est clos par des haies sèches. On suivra la même règle lorsque l'un des deux champs sera entouré de jeunes haies, et l'autre de haies déjà anciennes. L'essence des arbustes qui forme la haie pourra également fournir des présomptions de non-mitoyenneté.

162. — Lorsqu'une haie n'est pas mitoyenne, et qu'elle appartient exclusivement à l'un des propriétaires voisins, celui-ci ne peut être contraint d'en céder la mitoyenneté. Cette solution, nous l'avons vu, a été également adoptée pour le fossé ; les raisons de décider toutefois ne sont pas absolument les mêmes dans les deux cas. Pour la haie comme pour le fossé, on a fait valoir, il est vrai, que la cession de la mitoyenneté impliquerait non seulement l'aliénation du sol de la haie, mais

encore celle de la bande de terre (50 centimètres ou deux mètres) qu'on est obligé, lorsqu'on veut planter sur son fonds, de laisser en avant de sa clôture, et à ce point de vue la situation de la haie et celle du fossé mitoyen sont les mêmes. Mais, pour le fossé, on a pu invoquer en outre l'absence d'intérêt du propriétaire, tandis qu'à l'égard des haies, il n'était pas possible de faire le même raisonnement. Dans certaines parties de la France, dans le pays de Caux notamment et dans plusieurs cantons de la Bretagne, les haies ont au contraire une grande importance. « Ce sont (1) de véritables murailles de bois vivant, très larges, très touffues, dans lesquelles il y a souvent de grands arbres et qui fournissent un bois de chauffage précieux dans un pays où les forêts n'abondent pas. » Ailleurs il existe des haies de moindres dimensions, constituant des oseraies ou des saulées dont la production a une grande valeur. Le propriétaire riverain aurait le plus grand intérêt à en acquérir la mitoyenneté, qui lui donnerait droit à la moitié des produits. Mais c'eût été imposer au proprié-taire qui a planté la haie une expropriation que rien n'au-rait justifié : ce n'est pas pour permettre de s'enrichir plus ou moins aux dépens d'autrui que les règles sur la mitoyenneté ont été établies, mais seulement pour éco-nomiser un mur, une haie, un fossé sur deux : or, le pro-priétaire qui joint un héritage clos par une haie est clos aussi sûrement que si la haie lui appartenait à lui seul.

163. — Lorsqu'une haie est mitoyenne, quels sont les droits et les obligations des copropriétaires ?

Ils se partagent les produits de la haie, ainsi que ceux des arbres qui s'y trouvent et qui sont mitoyens comme elle (articles 669 et 670). En retour, ils sont tenus d'entretenir la haie, sauf le droit qui leur appartient de

(1) Exposé des motifs, p. 139.

se soustraire à cette obligation, soit en renonçant à la mitoyenneté, soit en construisant un mur sur la limite des deux fonds (articles 667 et 668).

V. — Des arbres mitoyens.

164. — A défaut de haies, il peut se trouver des arbres sur la limite de deux propriétés voisines. La loi les répute aussi mitoyens. Lorsqu'ils meurent ou lorsqu'ils sont coupés ou arrachés, ils sont partagés par moitié. Les fruits sont recueillis à frais communs et partagés aussi par moitié, soit qu'ils tombent naturellement, soit que la chute en ait été provoquée, soit qu'ils aient été cueillis.

Mais si la loi répute ces arbres mitoyens, ce n'est pas à raison de la faveur avec laquelle elle les considère, car ils ne constituent pas une clôture ; c'est uniquement afin de prévenir des procès. Quant à leur conservation, elle n'y tient en aucune manière : comme ils peuvent devenir plus nuisibles à un héritage qu'à l'autre, elle réserve à chaque propriétaire le droit d'exiger que les arbres mitoyens soient arrachés (article 670).

VI. — De diverses clôtures mitoyennes.

165. — La loi n'a prévu expressément, comme clôtures mitoyennes, que le mur, le fossé et la haie, mais il est certain que les règles que nous venons d'exposer sont applicables à tous les autres modes de clôtures, haies sèches, palissades en bois, clôtures en fil de fer, etc. Les termes mêmes des articles 666 et 667 ainsi que les travaux préparatoires de la loi ne laissent aucun doute à cet égard. Ces clôtures seront donc, elles aussi, réputées mitoyen-

nes, à moins qu'il n'y ait qu'un seul des héritages en
état de clôture, ou qu'il y ait titre, prescription ou marque contraires.

Il y aurait marque contraire si, étant donnée une haie
sèche, ou une palissade, cette haie n'avait son soutien que
sur l'un des deux fonds voisins. La direction des atta-
ches en osier ou en fils de fer, qui sont toujours tordus à
l'intérieur de la propriété close, la disposition des clous
fourniront au juge des indications qui pourront ne lui
laisser aucun doute.

Chaque copropriétaire devra entretenir la clôture,
sauf à se soustraire à cette obligation par l'abandon de
la mitoyenneté (articles 666 et 667).

166. — Avant d'abandonner ce sujet, nous devons
faire une remarque qui est applicable à toutes les clôtures. Pour qu'il puisse y avoir lieu de leur appliquer
les présomptions établies par la loi, il faut qu'il n'existe
pas de bornes. Dans le cas contraire, il faudrait s'en référer avant tout à ce dernier signe. Une borne est quelque chose de plus qu'une marque de mitoyenneté ou de
non-mitoyenneté, elle implique chez les deux propriétaires voisins l'intention de régler définitivement leurs
limites; elle est l'expression d'une convention amiable
ou d'une décision judiciaire qui doit prévaloir sur de
simples présomptions ou de simples hypothèses.

SECTION DEUXIÈME.

II. — *De la copropriété restreinte à certaines parties
matériellement déterminées d'un immeuble.*

167. — Dans ce cas, chaque copropriétaire exerce
sur la partie de la chose qui est soumise à son droit,

toutes les facultés inhérentes à la propriété. Le propriétaire de la surface pourra labourer, planter, recueillir les
fruits qui naissent sur le sol. Le propriétaire du tréfonds
exploitera de son côté la carrière ou la tourbière qui existe
dans le domaine. La seule condition qui soit imposée à
l'un et à l'autre, c'est de ne pas nuire à l'exercice des
droits de l'autre copropriétaire.

Le cas le plus fréquent de ce genre de copropriété est
celui qui se présente lorsqu'il est fait concession d'une
mine : nous en connaissons les conséquences principales, et nous n'avons pas à revenir sur ce point.

168. — La même situation se présente lorsqu'un
propriétaire donne son immeuble à bail à convenant.
Dans ce cas, le fermier acquiert la propriété des édifices et
superfices qui se trouvent sur le domaine loué, tandis que
la propriété du fonds lui-même est retenue par le bailleur. Le bail à convenant, ou à domaine congéable, est
encore usité en Bretagne, et nous en dirons quelques
mots lorsque nous étudierons les baux à ferme.

169. — Enfin il existe dans le département de l'Ain
une propriété de nature toute particulière à l'égard de
certains étangs. C'est une propriété alternative. L'étang
est rempli d'eau et empoissonné pendant deux ans : c'est
la période de l'évolage. La troisième année, on le vide
pour y faire une récolte : c'est la période de l'assec. Or,
en vertu d'anciens usages, le propriétaire de l'évolage
n'est pas le même que celui de l'assec. Le premier est
un pêcheur, et le second un laboureur. C'est là une application du principe de la division du travail qui est
un peu en contradiction avec les idées modernes, mais
qui n'a rien de déraisonnable en soi et qui a été consacrée par la loi et la jurisprudence. Nous la retrouverons
également plus tard.

CHAPITRE IV.

DES MODES D'ACQUISITION DE LA PROPRIÉTÉ.

170. — On peut acquérir la propriété de sept manières différentes : 1° par occupation; 2° par accession; 3° par succession; 4° par donation entre vifs ou testamentaire; 5° par prescription; 6° par l'effet des conventions; 7° par l'effet de la loi.

I. — *De l'occupation.*

171. — L'occupation est la prise de possession d'une chose, avec l'intention de se l'approprier. C'est le mode primitif ou originaire d'acquisition de la propriété. On trouve, au début de toutes les sociétés, l'occupation plus ou moins violente du territoire sur lequel elles se sont paisiblement développées ensuite.

L'importance de l'occupation, considérée comme mode d'acquérir, a nécessairement diminué avec les progrès de la civilisation. Autrefois, en cas de guerre, tout était de bonne prise. Actuellement, il est de principe que les propriétés privées doivent être respectées. Il n'y a d'exception qu'en ce qui concerne les prises maritimes : en cas de guerre sur mer, non seulement les vaisseaux de guerre, mais encore les bâtiments de commerce qui appartiennent à l'ennemi, et les marchandises qu'ils transportent, à moins que ces marchandises n'appartiennent à des neutres, deviennent la propriété du vainqueur.

Il ne faudrait cependant pas croire que l'occupation suppose nécessairement un état de guerre ou de violence. Tous les jours, sur le territoire français, l'occupation fait acquérir, de la façon la plus légitime, plusieurs millions d'objets. C'est en effet par l'occupation que le chasseur devient propriétaire du gibier qu'il tue, et le pêcheur du poisson qu'il prend. Tant que le gibier et le poisson jouissent de leur liberté naturelle, ils n'appartiennent à personne; ils deviennent la propriété de quiconque est assez adroit pour s'en emparer. L'occupation fait encore acquérir la propriété du trésor qu'on découvre, ainsi que celle de certaines épaves. Il importe de connaître à quel moment, et dans quelles conditions, l'acquisition de la propriété peut ainsi se réaliser.

172. — Occupons-nous d'abord du chasseur. Comment devient-il propriétaire du gibier qu'il tue? La loi ne contient aucune disposition qui tranche cette question. Le Code civil se borne à renvoyer à la loi spéciale sur la chasse, et la loi du 3 mai 1844 a gardé sur ce point le silence le plus complet : la jurisprudence a donc été forcée de suppléer à la loi, et elle l'a fait en s'inspirant des principes généraux du droit, en même temps que des nécessités de la pratique.

Il est bien clair que quand une pièce de gibier est tombée foudroyée sous le coup de fusil du chasseur, ou qu'elle est prise par ses chiens, la propriété ne peut lui en être contestée. Mais il arrivera souvent que la prise de possession ne pourra pas être immédiatement réalisée. Si l'animal n'est que blessé, et si, pendant que les chiens sont à sa poursuite, un voisin peu délicat achève le gibier et le met dans son carnier, à qui ce gibier appartiendra-t-il?

A celui qui a tiré le premier coup de fusil si la blessure était mortelle (Cass., 29 avril 1862); sinon, à celui qui s'en sera emparé. La solution dépendra ainsi de la vérification d'une question de fait.

Il en serait de même si l'animal, au lieu d'être atteint d'un coup de fusil, avait été mis sur ses fins par une longue course : peu importe le fait qui l'a mis au pouvoir du chasseur.

Nous avons déjà vu, en étudiant le droit de chasse considéré comme un attribut de la propriété, que le chasseur acquiert définitivement le gibier qu'il tue aussi bien lorsqu'il chasse sans permission sur le terrain d'autrui que lorsqu'il chasse sur son propre fonds. Dans le premier cas, il commet, il est vrai, un délit, mais le gibier n'en devient pas moins sa chose. Il n'en serait autrement que si ce gibier se trouvait renfermé dans un enclos d'où il lui fût impossible de s'échapper : dans ce cas, il appartiendrait au propriétaire de l'enclos, et le chasseur, en se l'appropriant, commettrait un vol.

173. — Pour que l'acquisition de la propriété se réalise, il faut que l'animal poursuivi et abattu soit un gibier. Celui qui tuerait un pigeon, alors même qu'il l'aurait trouvé sur son fonds, au moment où il y causait du dommage, n'en deviendrait pas propriétaire. Il devrait le laisser sur place, ou le rendre à celui à qui il appartenait. Il n'en serait autrement que si le pigeon avait été tué à une époque où il aurait dû être tenu renfermé. Le décret du 4 août 1789, en même temps qu'il a aboli le droit seigneurial de fuie ou de colombier, a ordonné de tenir les pigeons renfermés aux époques fixées par les municipalités, et pour assurer l'observation de cette prescription,

il a disposé que pendant ce temps les pigeons seraient considérés comme gibier. Chacun aurait donc, à ce moment, le droit de les tuer et de se les approprier.

Cette disposition a été reproduite expressément par l'article 7 de la loi du 4 avril 1889, sur les animaux employés à l'exploitation des propriétés rurales.

174. — Le pêcheur devient propriétaire du poisson qu'il prend au moment où sa possession se réalise. La détermination de ce moment n'est pas de nature à donner lieu aux mêmes difficultés pour la pêche que pour la chasse.

La police de la pêche est réglée par un certain nombre de lois particulières que nous retrouverons plus tard. Il nous suffit d'indiquer quant à présent que la pêche maritime est réservée aux inscrits, que la pêche dans les rivières navigables appartient à l'État (1), la pêche dans les cours d'eau non navigables et non flottables aux riverains, et la pêche dans les étangs aux propriétaires de ces étangs.

Lorsqu'un individu pêche en délit dans un cours d'eau où il n'a pas le droit de pêche, il est tenu, indépendamment de l'amende qu'il encourt, de restituer le prix du poisson péché par lui : nous savons qu'il en est autrement pour le chasseur. Quant au fait de prendre du poisson dans un étang, il constitue un vol. (article 388 du Code pénal).

175. — C'est encore par l'occupation que celui qui découvre un trésor en devient propriétaire. Il ne faudrait pas attribuer au mot trésor le sens qu'il a dans le langage populaire et s'imaginer qu'il s'agit ici seulement de choses dont la découverte doive à jamais enrichir celui qui les trouve.

_____

(1) Sauf la pêche à la ligne flottante, à laquelle tout individu peut se livrer, le temps du frai excepté.

Le trésor, dans le sens juridique du mot, est toute chose cachée ou enfouie sur laquelle personne ne peut justifier sa propriété et qui est découverte par le pur effet du hasard (article 716 du Code civil).

Lorsqu'un trésor est découvert par le propriétaire du fonds dans lequel il est caché ou enfoui, il appartient pour le tout à ce propriétaire.

Lorsqu'il est trouvé dans le fonds d'autrui, il appartient pour moitié à celui qui l'a découvert, et pour l'autre moitié au propriétaire du fonds. L'application rigoureuse des principes de l'occupation aurait dû faire attribuer la propriété de tout le trésor à l'inventeur. On a cru devoir en réserver la moitié au propriétaire du fonds parce que, si ce dernier ne peut pas absolument prouver son droit de propriété sur l'objet découvert, il n'en est pas moins fort probable que c'est lui, ou l'un de ses auteurs, qui a déposé cet objet dans son fonds.

176. — Les épaves, que l'on peut acquérir également par la voie de l'occupation, sont des choses qui n'ont jamais eu de maître, comme le corail, le goémon, ou qui pour le moment n'en ont plus.

Nous ne nous occuperons pas des premières. Ce sont les épaves maritimes; leur condition est déterminée par l'ordonnance sur la marine de 1681 et par les décrets qui règlent les pêches côtières.

Parmi les secondes, qui sont les choses abandonnées ou perdues, nous ne nous occuperons que de celles que l'on trouve sur les chemins ou dans les champs. L'acquisition des objets qui ont été trouvés en mer et qui proviennent des naufrages est en effet réglée par l'ordonnance sur la marine, et celle des objets trouvés sur les fleuves par l'ordonnance de 1669 sur les eaux et forêts qui en attribue la propriété à l'État, à défaut de récla-

de réclamation du propriétaire. Quant à l'acquisition des objets trouvés dans les greffes, bureaux de douane, bureaux de poste, etc., elle a été l'objet d'un certain nombre de lois spéciales.

Parmi les choses qu'on trouve sur la voie publique, ou dans les champs, une distinction doit être faite. Certaines d'entre elles sont des choses de peu de valeur, des dépouilles d'animaux, des légumes, des comestibles avariés, etc. : le propriétaire les a abandonnées pour qu'elles deviennent la proie du premier occupant. Pour celles-là, pas de doute. Celui qui s'en empare en devient légitimement propriétaire.

Mais il en est qui ont une valeur quelquefois considérable : ce sont les animaux égarés par exemple, une vache, un cheval, ou tout autre animal errant sans conducteur (1). Un accident quelconque les a effrayés, jetés hors de leur route; ils parviennent ainsi dans une commune où personne ne les connaît. Que deviendront-ils?

Sous le régime de la féodalité, ils seraient devenus, à défaut de réclamation dans un certain délai, la propriété du seigneur, sous la déduction d'un tiers au profit de celui qui les aurait trouvés.

Actuellement, il n'y a pas de loi sur la matière. Le droit des seigneurs a été supprimé par l'art. 7, titre 1er de la loi des 13-20 avril 1791 (2), qui n'a pas indiqué à qui appartiendraient à l'avenir les choses trouvées. D'autre part, le Code civil est resté muet. Il a bien décidé que les biens vacants et sans maître, comme les successions abandonnées, appartiendraient à l'État (articles 539 et 713). Mais les animaux égarés ne sont pas des

---

(1) Le nom d'épaves vient du mot *expavescere* : il a commencé par s'appliquer uniquement aux animaux perdus.

(2) Cette loi a eu pour objet l'abolition de certains droits seigneuriaux, notamment de ceux qui étaient autrefois annexés à la justice seigneuriale.

biens sans maître. Ce sont seulement des choses perdues. Les rédacteurs du Code s'en étaient si bien rendu
compte qu'après avoir attribué à l'État la propriété des
biens vacants et sans maître, ils avaient déclaré que
celle des choses perdues dont le maître ne se représente
pas serait réglée par des lois particulières.

Il est bien certain qu'il ne suffit pas, pour qu'un
animal cesse d'appartenir à son maître, qu'il se soit
égaré. Celui qui le trouve n'en devient donc pas propriétaire. S'il le cachait, afin de se l'approprier, il commettrait un vol (Paris, 9 novembre 1855; Chambéry,
23 septembre 1861). Mais il n'en a pas moins acquis,
sur l'animal trouvé, un pouvoir de fait que n'ont pas
les autres, et qu'il pourra continuer à exercer tant que
le véritable propriétaire n'aura pas réclamé son bien.
Le propriétaire aura trente ans pour agir, si l'animal
est susceptible d'avoir une vie aussi longue, et pendant
tout ce temps l'inventeur devra se tenir prêt à restituer.
Celui-ci pourra seulement retenir l'animal jusqu'à remboursement complet de ses dépenses.

Celui qui trouve un animal égaré doit donc, s'il est
un honnête homme, chercher à connaître le maître de
l'animal, et dans ce but répandre le bruit de sa découverte. Il doit aussi avertir la municipalité. Autrefois, les coutumes imposaient aux inventeurs l'obligation de déclarer les objets qu'ils avaient trouvés. Ces
coutumes ne sont plus obligatoires, mais comme les
règles qu'elles contenaient sur ce point ne sont que
l'expression des principes les plus élémentaires de
la probité, on fera toujours prudemment de les suivre.
Il y a des communes dans lesquelles les municipalités
veillent soigneusement à la publication des objets perdus,
et dans lesquelles il est tenu à cet effet des registres :
on conçoit que le défaut de déclaration rapproché d'autres

circonstances semblables pourrait faire considérer l'inventeur comme ayant cherché à s'approprier le bien d'autrui et l'exposer à des poursuites.

II. — *De l'accession.*

177. — L'accession est un moyen d'acquérir la propriété d'une chose par le fait de son union ou de son incorporation à une autre chose qui nous appartient déjà.

C'est par l'accession que le riverain d'un cours d'eau acquiert la propriété des dépôts qui se forment le long de son fonds et en augmentent la consistance. C'est par elle encore que le propriétaire d'un fonds acquiert les plantations ou les constructions faites par un tiers sur son terrain.

Nous avons déjà fait connaître les principes généraux de l'accession, en étudiant le droit de propriété, car ce que le Code appelle accession constitue bien plutôt le développement normal de la propriété et la conséquence naturelle de ce droit que l'acquisition d'une propriété nouvelle. Nous n'avons pas à y revenir quant à présent.

III. — *Des successions.*

178. — La succession est la transmission de biens qui s'opère au profit de la famille du propriétaire décédé, lorsque celui-ci n'a pas réglé cette transmission par testament. Cette dévolution s'opère conformément à l'intention présumée du défunt. La loi appelle successivement : 1° les enfants et petits-enfants; 2° à défaut de descendants, les frères et sœurs et le père et la mère; 3° les grands-parents et les collatéraux; 4° l'époux survivant; 5° l'État.

179. — Les enfants et petits-enfants. Lorsque tous les enfants du défunt existent encore, la succession se partage entre eux par égales portions. Lorsque l'un d'eux est prédécédé, ses enfants prennent sa place, et le représentent, en sorte qu'ils obtiendront à eux tous la part qu'aurait eue leur père, sauf à la répartir plus tard entre eux.

Nous savons déjà que l'attribution de biens dépendant d'une succession, lorsqu'elle s'opère au profit de plusieurs héritiers, les constitue en état d'indivision, et qu'on sort de cet état par le partage. L'étude des règles et des formalités auxquelles est soumis le partage ne rentre pas dans le cadre de cet ouvrage. Nous nous bornerons à dire sur ce point que, lorsqu'il s'opère entre héritiers majeurs, ceux-ci sont libres d'y procéder dans la forme qui leur paraît la plus convenable : le partage peut alors être fait à l'amiable. Lorsqu'au contraire il y a parmi les copartageants des mineurs, des interdits, le partage ne peut être fait qu'en justice. Pour la solution des difficultés que peut faire naître le partage, nous ne pouvons que renvoyer aux ouvrages spéciaux, mais il est une question qu'il ne nous est pas permis de passer sous silence, car elle touche aux fondements mêmes de nos institutions sociales, c'est celle de l'égalité des droits successoraux et de l'égalité des lots.

180. — Lorsque fut promulgué le Code civil, en 1804, on était encore sous l'impression profonde des souvenirs de la féodalité et des inconvénients du droit d'aînesse. L'inégalité des droits des descendants avait amené la constitution de domaines trop vastes pour pouvoir être bien cultivés et qu'on laissait en friche, ou dont on faisait l'objet de baux à long terme. Le Code ne reconnut pas le droit d'aînesse, et il consacra formellement le principe de l'égalité des droits. Ce fut un

immense bienfait : sous l'influence du nouveau principe, les grandes réserves territoriales disparurent, et la terre fut remise en des mains capables de la cultiver.

Mais, pour assurer l'égalité des droits, le Code prescrivit l'égalité des lots à répartir entre les copartageants. De là d'une part l'article 887, d'après lequel tout copartageant qui a été lésé de plus d'un quart peut obtenir la rescision de l'acte de partage, et d'autre part, l'article 826, portant que chaque héritier peut demander sa part en nature des meubles et immeubles de la succession. Les auteurs du Code civil ne se sont même pas bornés à poser le principe de l'*égalité* des parts : ils se sont prononcés en faveur de leur *uniformité,* et, par l'article 832, ils ont prescrit de faire entrer dans chaque lot, s'il se peut, la même quantité de meubles, d'immeubles, de droits ou de créances de même nature et valeur. L'égalité de chaque lot se trouve ainsi assurée, non seulement quant à sa *valeur*, mais encore quant à la *nature* des biens qu'il comprend. S'il y a par exemple cinq héritiers, et une masse à partager de 500,000 francs, dont 400,000 francs de valeurs mobilières et un domaine rural de 100,000 francs, chaque cohéritier aura le droit de demander un cinquième de ce domaine, et, en cas de refus de la part des autres, il pourra s'adresser aux tribunaux. Il semble que les rédacteurs du Code avaient eux-mêmes pressenti les inconvénients que devait amener l'application de ce système, car dans l'article 832 lui-même ils ont recommandé d'éviter, autant que possible, de morceler les héritages et de diviser les exploitations. Mais les tribunaux, placés en face de deux prescriptions dont l'une, celle de l'article 826, est formelle, tandis que la seconde ne constitue qu'une simple recommandation, ont donné la préférence à la première. D'autre part, les intéressés, sous l'empire de l'amour passionné que le cultivateur porte à la terre et qui est tel que dans les Hautes-Alpes, certains pieds de noyer appartiennent à plusieurs familles (1), ne manquent pas de réclamer l'application intégrale du principe d'égalité. En sorte que depuis 1804 le principe de l'égalité des partages, non seulement en valeur, mais encore en nature, agit comme un diviseur continu qui finira, si l'on n'y prend garde, par amener un véritable émiettement des parcelles et, comme on l'a dit, une véritable pulvérisation du sol. Que cette situation soit déplorable au point de vue de la facilité des exploitations, nul ne le conteste. Il en résulte une foule d'enclaves qui rendent nécessaire la construction de nouveaux chemins d'exploitation et restreignent l'étendue des surfaces cultivées, ou qui rendent nécessaire l'établissement, sur les fonds voisins, de servitudes de passage qui gênent la culture et ne s'exercent pas d'ailleurs sans indemnité, ainsi que nous le verrons bientôt. Pour éviter de rendre cette servitude trop pesante, on suit servilement (2) la culture de son voisin. Si celui-ci cultive en céréales, on fera comme lui afin de n'être pas obligé de labourer, semer et récolter à une autre époque. Si l'on agissait autrement, on pourrait être forcé de passer sur des champs ensemencés et de faire des dégâts qu'il faudrait rembourser ensuite. Dans de telles conditions, aucun progrès n'est possible.

L'égalité des lots en nature amène également la dispersion des parcelles : de là un temps considérable perdu à aller d'une parcelle à l'autre et à y transporter ses chevaux et ses instruments. Comment entreprendre

(1) Briot, *Étude sur le régime pastoral des Hautes-Alpes*, p. 35.
(2) Voir l'étude présentée en 1873-1874 par M. Tisserand à la Société internationale des études pratiques d'économie sociale. (Bulletin de la Société, t. IV, p. 523.)

d'ailleurs, sur des parcelles aussi réduites, des travaux
d'irrigation ou de drainage? On est obligé d'adopter l'assolement et les procédés qui, par la force des choses,
s'imposent à tous les habitants de la commune.

Voilà pour l'intérêt de la culture. Quant aux inconvénients du système au point de vue social, ils sont
plus grands encore. L'émiettement du sol produit l'a-
bandon des campagnes : alors que le père de famille
vivait aisément du produit de son fonds, les enfants ne
pourront plus tirer de revenus suffisants d'un sol ainsi
émietté. Ils vendront leur petite parcelle, ou bien la
loueront et quitteront la commune.

Depuis longtemps, ces inconvénients sont signalés
par tous les agronomes. Le projet de code rural préparé en 1808, quatre ans après la promulgation du Code
civil, proposait déjà d'y remédier en interdisant les par
tages d'immeubles au-dessous d'un certain minimum
de contenance. La proposition, on le sait, n'aboutit
pas : elle ne le méritait guère d'ailleurs. Elle avait le
tort de soumettre tous les partages d'immeubles à un niveau commun, à une loi aveugle, et de faire obstacle à
des conventions qui peuvent être, dans certaines situations, des plus utiles. On chercha le remède d'un autre
côté : on s'efforça de favoriser, par la diminution des
droits d'enregistrement, la reconstitution des parcelles, et un certain nombre de lois, que nous rencontrerons lorsque nous étudierons le contrat d'échange de biens
ruraux, ont été rendues à cet effet. Mais ce ne sont là que
des palliatifs, et le remède est ailleurs. Il consisterait, à
notre avis, dans la suppression de l'égalité des lots
en nature lorsque cette égalité a pour effet d'amener le
morcellement exagéré d'un héritage. C'est en ce sens
que s'est prononcée la commission supérieure chargée
de recueillir les vœux émis lors de la grande enquête

agricole ordonnée en 1866. Un projet de loi que le Conseil d'État avait préparé et qui consacrait cette modification de notre législation avait été présenté au Sénat par le Gouvernement dans la séance du 28 juin 1870. Les événements n'ont pas permis de le discuter, mais la question vient d'être portée de nouveau devant la Chambre des députés, par une proposition de loi due à l'initiative parlementaire (1). Elle est d'ailleurs partout à l'ordre du jour. En Suisse, une loi du 7 juin 1886, rendue pour le canton de Bâle-Ville, a interdit à l'avenir la création de toute parcelle nouvelle qui n'aurait pas entrée directement sur un chemin public, ou tout au moins sur un chemin existant à titre de servitude.

181. — A défaut d'enfants ou de petits-enfants, sont appelés les frères et sœurs et le père et la mère : ils viennent concurremment entre eux. Le père et la mère prennent chacun un quart, et les frères ou sœurs le reste, quel que soit leur nombre. Si le père ou la mère est prédécédé, le survivant n'aura toujours droit qu'à un quart, et les frères ou sœurs recueilleront alors les trois quarts.

Au cas où l'un des frères ou sœurs serait prédécédé, ses enfants ou petits-enfants prendraient sa place et viendraient par représentation.

A défaut d'héritier appartenant à l'un des deux ordres ci-dessus, viennent les grands-parents ou ascendants et les collatéraux, mais seulement chacun dans leur ligne. Les biens dépendant de la succession se divisent en deux parties égales : l'une va aux parents paternels, l'autre aux parents maternels. Dans chaque ligne, c'est l'héritier le plus proche qui recueille la succession.

---

(1) Proposition de M. de Mun et d'un certain nombre de ses collègues.

L'époux survivant n'arrive qu'à défaut de collatéral au douzième degré.

L'État vient ensuite.

IV. — *Des donations entre vifs ou testamentaires.*

182. — La donation entre vifs est un contrat par lequel une personne se dépouille actuellement et irrévocablement de la chose donnée, au profit d'une autre personne qui l'accepte.

La donation testamentaire est une donation qu'on fait pour le moment où l'on ne sera plus.

La donation entre vifs est entourée de formalités considérables.

La donation testamentaire au contraire n'exige aucune forme : on peut faire son testament sur le premier morceau de papier venu. Il suffit de l'écrire en entier de sa main, de le dater et de le signer. La loi favorise l'expression des dernières volontés de chacun : elle n'exige en aucune façon l'intervention d'un notaire. Les développements que comporte cette matière nous entraîneraient trop loin pour que nous ne nous bornions pas à mentionner simplement ce mode d'acquérir. La donation exige d'ailleurs nécessairement la rédaction d'un acte notarié, et on ne fait guère son testament, dans la pratique, sans consulter un homme d'affaires.

Nous ne pouvons pas cependant passer entièrement sous silence une espèce particulière de donation très en usage dans les campagnes : le partage d'ascendants.

183. — Le partage entre cohéritiers, après le décès du testateur, donne souvent lieu à des dissensions que le législateur a cherché à prévenir. Il a pensé qu'il atteindrait ce but en donnant aux pères et mères, de leur vivant,

le droit de régler leur succession entre leurs enfants, au moyen d'un partage. Ce partage peut être fait entre vifs : il est alors soumis aux conditions de forme des donations. Il peut être fait aussi pour le moment où l'on ne sera plus, et il emprunte alors la forme d'un testament.

C'est le partage entre vifs qui est le plus fréquent, parce qu'il est le plus utile. Plus sûrement qu'un partage fait par testament, il produit l'accord entre les héritiers. Ceux-ci se trouvent contenus par l'autorité du père de famille, autant que par leur propre intérêt, et, bien que la loi leur reconnaisse le droit d'attaquer pour certaines causes le partage après la mort de l'ascendant donateur, on conçoit qu'il leur sera toujours difficile d'élever des contestations au sujet d'un acte qu'ils ont volontairement accepté. D'autre part, il permet à l'agriculteur, quand ses forces l'abandonnent, de transmettre à ses enfants, chacun suivant ses facultés, la direction de son domaine, et de régler, de concert avec eux, sa situation pécuniaire pour ses vieux jours. Tantôt il abandonnera sa propriété, moyennant une rente viagère; tantôt il se réservera la jouissance d'une partie de l'habitation; tantôt il stipulera que chacun de ses enfants le logera et le nourrira tour à tour. Le partage d'ascendant a, dans ce cas, un double caractère. Si on le considère au point de vue des rapports qui s'établissent entre l'ascendant et les descendants, c'est une donation avec charges : dans le cas où les conditions stipulées ne seraient pas exécutées, les tribunaux pourraient en prononcer la révocation. Mais si au contraire on considère les rapports qui s'établissent entre les descendants, l'acte est un partage. Le partage d'ascendant, quand il est fait entre vifs, et sous forme de donation, est donc un acte de nature mixte.

Il n'en est pas toujours de même du partage fait par testament. Lorsque l'ascendant s'est borné à distribuer

ses biens entre ses enfants ou petits-enfants, sans faire
d'avantages à aucun d'eux, l'acte est exclusivement un
partage. Il ne participe de la donation que si l'un des co-
héritiers reçoit plus qu'il n'aurait obtenu à défaut de
testament.

184. — Ce caractère mixte du partage d'ascendant
a fait admettre à son égard les règles suivantes. Le
partage, nous le savons, doit être égal. Il suit de là que
si l'un des descendants avait été omis, le partage serait
nul. Il en serait de même si, tous les descendants se trouvant appelés, l'égalité des lots en valeur et en nature
n'avait pas été respectée par le donateur. Lorsque le
partage effectué par l'ascendant lèse un des cohéritiers de
plus d'un quart, ou même lorsqu'il ne fait pas à chacun
d'eux une part égale dans les meubles et dans les immeubles, le cohéritier lésé peut en demander la rescision,
pendant 10 ans, si le partage a eu lieu entre vifs (article
1304 C. C.); pendant 30 ans, si le partage s'est fait sous la
forme d'un testament. On a critiqué, non sans raison, quelques-unes de ces règles. On admet sans difficulté le droit,
pour le cohéritier lésé de plus d'un quart, de demander
la rescision : il est en effet tout naturel d'admettre que si
l'ascendant, voulant faire un partage égal, lèse l'un de ses
descendants de plus d'un quart, le partage devra être recommencé. Mais on fait remarquer que, dans les conditions dans lesquelles elle aura lieu, cette rescision du
partage pourra fréquemment produire des conséquences absolument injustes. Pour savoir en effet s'il y a
lésion, il faut procéder à une estimation des biens; cette
estimation, en vertu de la législation actuelle, se fait
non pas d'après la valeur des biens au moment de la
donation, mais d'après leur valeur au moment de l'ouverture de la succession, puisque la donation d'ascendant
n'est qu'un partage, et qu'il est de règle, lorsqu'on pro-

cède à un partage, que la valeur des biens soit estimée à ce moment-là. Or, dans l'intervalle qui s'écoule entre la donation-partage et le décès de l'ascendant, la valeur des biens peut changer, soit par l'influence des forces de la nature, soit par suite de la direction bonne ou mauvaise que les cohéritiers auront pu donner à leur exploitation.

Si le phylloxéra envahit le domaine qui a été partagé entre deux frères, et si l'un d'eux, par son travail intelligent et opiniâtre lutte victorieusement contre le fléau, tandis que l'autre laisse anéantir ses vignes, l'égalité des lots, qui existait au moment du partage, n'existera plus à la mort du père; en sorte que le labeur, l'intelligence, la persévérance du premier des deux frères auront été dépensés pour l'autre : celui-ci pourra demander la rescision et le partage sera recommencé. On conçoit combien cette situation est de nature à favoriser les procès. Dans l'enquête agricole de 1866 on a cité un arrondissement, celui de Villeneuve-sur-Lot, dans lequel, en fort peu de temps, il y a eu quatre-vingts demandes en nullité de partages fondées sur ce que l'égalité des lots en valeur, qu'on ne contestait pas avoir existé au moment du partage, ne se retrouvait plus à la mort du père. Cette partie de notre législation appelle évidemment une réforme; il importe, à un moment où la fertilité des terres et par suite leur valeur dépendent de plus en plus de l'intelligence et de l'énergie de ceux qui les cultivent, « que le fils investi du droit de propriété par le père de famille sache bien que la maison qui lui a été donnée, le champ qui lui a été confié sont devenus, par l'effet de la démission du père, sa propriété incommutable, qu'il peut s'y consacrer, y travailler, améliorer avec la certitude qu'aucune cause ne viendra le troubler (1). »

(1) Enquête agricole de 1866. Rapport de M. Josseau.

L'application du principe de l'égalité des lots en nature aux partages d'ascendants a été également l'objet de vives critiques. Nous avons déjà montré les inconvénients de ce principe, lorsqu'on l'applique d'une manière absolue aux partages ordinaires. Les mêmes inconvénients se retrouvent ici. Nous devons cependant reconnaître que c'est moins au législateur qu'aux tribunaux que des reproches peuvent être adressés à cet égard. Rien n'obligeait ceux-ci à appliquer aux partages d'ascendants les articles 826 et 832, qui n'ont été faits que pour les partages ordinaires. Les partages d'ascendants ont été autorisés précisément pour permettre au père de famille d'assurer après lui la bonne exploitation du domaine, et c'est rendre sa tâche impossible que d'exiger l'application absolue du principe de l'égalité des lots en nature.

185. — Il ne faudrait pas conclure de ce qui précède qu'il n'est jamais permis à l'ascendant qui fait son partage d'attribuer exclusivement à l'un de ses enfants une part plus considérable que sa part héréditaire. Le père de famille n'est nullement tenu d'assurer l'égalité absolue entre tous ses enfants : il peut laisser à l'un plus qu'à l'autre. Mais il faut qu'il le dise, et qu'il témoigne de sa volonté formelle de donner à l'un de ses enfants plus que sa part. S'il ne le fait pas, s'il ne déroge pas, par une disposition formelle, au principe de l'égalité successorale, alors le principe de l'égalité des lots en valeur et en nature devra recevoir son application. Le droit qui lui appartient d'attribuer à l'un de ses enfants, au détriment des autres, une part plus forte que sa part héréditaire n'est d'ailleurs pas sans limites. D'après l'article 913, les libéralités, soit par actes entre vifs, soit par testament, ne peuvent excéder la moitié des biens du disposant s'il ne laisse à son décès qu'un en-

fant légitime; le tiers s'il laisse deux enfants; le quart s'il en laisse trois ou un plus grand nombre. La part dont le père de famille peut disposer a reçu le nom de quotité disponible; celle qu'il est tenu de laisser à ses enfants s'appelle la réserve. Si l'un des enfants recevait dans un partage une part plus forte que sa part hérédi- taire augmentée de la quotité disponible, les autres en- fants pourraient faire réduire la donation aux propor- tions qui sont déterminées par la loi. Cette action en réduction dure 30 ans, sans qu'il y ait à faire de dis- tinction entre le cas où le partage a été fait entre vifs et sous la forme d'une donation, et celui où il a été fait par testament.

186. — Le partage d'ascendant peut ne pas compren- dre tous les biens du père de famille. Quelquefois l'as- cendant se réserve une partie de ses biens : on fera alors, à son décès, un partage supplémentaire. Il en sera de même si, après avoir donné tous ses biens, il en ac- quiert de nouveaux.

Nous aurons terminé les quelques explications que nous a paru comporter le partage d'ascendant lorsque nous aurons dit qu'une loi du 21 juin 1875 a réduit en faveur des partages d'ascendants les droits d'enre- gistrement et de transcription.

V. — *Prescription.*

187. — Prescrire la propriété d'un meuble ou d'un immeuble, c'est acquérir cette propriété au moyen d'une possession revêtue de certains caractères et prolongée pendant un certain temps.

Ce mode d'acquérir est fondé sur un double motif. La loi présume que celui qui détient un fonds en est le véritable propriétaire, et que si personne ne s'op-

pose, pendant un délai qui pour les immeubles est de
dix ans au minimum, à l'exercice de son droit, c'est que
personne n'est en état de le lui contester. La prescription est fondée aussi sur la nécessité. Il ne suffit pas en
effet, pour prouver qu'on est propriétaire d'un fonds,
d'établir qu'on l'a régulièrement acquis, ou qu'on en a
hérité d'un de ses ancêtres ; il faut encore prouver que
ceux de qui on le tient en étaient eux-mêmes propriétaires. Or, sans la prescription, cette preuve serait impossible. Il faudrait remonter de génération en génération
jusqu'aux origines de la société elle-même et prouver
que, depuis le moment où le fonds a été occupé pour la
première fois, toutes les transmissions dont il a été l'objet ont été régulières. Aussi la prescription est-elle de
tous les pays et de tous les temps. Les Romains l'avaient
appelée la patronne du genre humain.

La prescription des immeubles et celle des meubles
sont soumises à des règles absolument différentes, que
nous étudierons successivement.

I. — Prescription des immeubles.

188. — Elle suppose, ainsi que nous venons de le
dire, une certaine possession prolongée pendant un
certain temps. Mais qu'est-ce que la possession ?

Il ne faut pas confondre la possession qui est ici nécessaire avec la simple détention d'un fonds. Le fermier
détient le domaine qu'il a pris à bail, mais il ne le possède pas dans le sens propre du mot. Pour posséder, il
faut non seulement détenir matériellement la chose,
mais encore la détenir avec l'intention de l'avoir pour
soi, se comporter à son égard *cum animo domini*.

La possession, ainsi caractérisée, est la seule qui mène
à la prescription. Mais ce n'est pas son seul avantage.

Elle permet, lorsqu'elle est accompagnée de la bonne foi, d'acquérir les fruits de l'immeuble dont on se croit propriétaire. Elle confère aussi les actions possessoires.

Nous avons fait connaître plus haut les règles applicables à l'acquisition des fruits par le possesseur de bonne foi et nous n'y reviendrons pas; mais il est nécessaire qu'avant d'aborder l'étude des effets de la possession au point de vue de l'acquisition de la propriété, nous examinions ses effets au point de vue des actions possessoires. La matière est des plus importantes, et son étude se rattache tout naturellement à celle de la prescription, vers laquelle l'exercice de ces actions n'est qu'un acheminement.

189. *Des actions possessoires.* — Lorsqu'une contestation s'élève relativement à la propriété ou à la jouissance d'un fonds, celui qui le possède se trouve, par le fait seul de cette possession, dans une situation infiniment préférable à la situation de celui qui élève le litige. Il a tous les avantages de la défensive; ce n'est pas à lui, mais au demandeur qu'incombe le fardeau de la preuve, et si ce dernier n'établit pas qu'il a plus de droits que le possesseur, celui-ci sera préféré. C'est là un avantage fort important, et qui résulte de la nature même des choses : le législateur n'a pu que le consacrer. Mais on a été plus loin et on a donné au possesseur le droit, dans certains cas, de prendre l'offensive, de traduire devant le juge ceux qui troublent sa jouissance et de se faire maintenir dans la situation privilégiée qui est la sienne, au moyen d'actions qui, fondées sur la possession et tendant au maintien de la possession, ont reçu le nom d'actions possessoires. Ces actions se divisent en deux catégories : les actions en réintégrande et les actions en complainte.

L'action en réintégrande, comme son nom l'indique.

est l'action au moyen de laquelle celui qui a été dépouillé par voie de fait de la possession d'un immeuble, ou de la jouissance d'un droit réel immobilier susceptible d'une action possessoire (1), demande à être réintégré dans sa détention ou dans sa jouissance.

La complainte est une action possessoire au moyen de laquelle celui qui est simplement troublé dans sa possession demande au juge de faire cesser ce trouble.

Ni l'une ni l'autre de ces deux actions ne procurera, en cas de succès, une quiétude sans réserve à celui qui les intente, car leur effet n'est pas absolu. Le jugement qui ordonne la réintégration du possesseur dans son immeuble ou la cessation du trouble dont il se plaint se borne à constater un simple fait, revêtu de certains caractères, et si le fait n'est pas conforme au droit, si le possesseur n'est pas le véritable propriétaire, le jugement rendu au possessoire ne fera pas obstacle à ce que le propriétaire obtienne plus tard la restitution de son fonds. Mais ce jugement n'en aura pas moins pour effet de mettre à la charge de ce dernier la preuve, souvent difficile à fournir, de son droit de propriété.

Nous rechercherons : 1° quelles sont les conditions requises pour l'exercice de l'action en réintégrande ; 2° quelles sont les conditions d'exercice de l'action en complainte ; 3° quels sont les droits qui peuvent être l'objet d'une action possessoire ; 4° devant qui ces actions peuvent être intentées ; 5° quels sont les effets d'une instance au possessoire. Les réponses que comportent ces différentes questions se trouvent contenues dans les articles 2228 à 2251 du Code civil et dans les articles 23 à 28 du Code de procédure.

---

(1) Nous verrons plus loin que l'usufruit et certaines servitudes peuvent être protégés par l'exercice d'actions possessoires.

190. — Quelles sont les conditions requises pour l'exercice de la réintégrande ?

Les conditions exigées pour ce cas sont fort peu nombreuses. La jurisprudence se contente de la simple détention : elle n'exige pas la possession proprement dite. Le fermier, qui ne possède pas *animo domini,* peut donc intenter une action en réintégrande (Cass., 4 mai 1868).

La réintégrande est en effet accordée, moins pour garantir et conserver la possession que pour permettre la réparation d'un acte illicite et d'une voie de fait. Celui qui réclame la possession d'une chose qui lui a été ravie brutalement doit l'obtenir, quelle que soit la cause et la durée de sa détention. *Spoliatus ante omnia restituendus.* Il lui suffira d'établir qu'au moment où il a été dépouillé de sa chose, il la détenait publiquement et d'une façon incontestée, à un titre quelconque, en une qualité quelconque, depuis un temps aussi bref que ce soit. S'il fait cette preuve, il sera remis en possession, lors même que la spoliation aurait été accomplie par le véritable propriétaire : celui-ci sera condamné, car il n'est jamais permis de se faire justice soi-même et de substituer la violence à l'action légale. Il en sera ainsi lors même que celui qui intenterait l'action en réintégrande ne se serait procuré lui-même la détention de la chose que par une voie de fait, pourvu qu'il se soit écoulé depuis la cessation de la violence un délai moral suffisant pour faire considérer sa détention comme paisible (Cass., 8 juillet, et 5 août 1845).

La seule condition prescrite pour l'exercice d'une action en réintégrande, c'est qu'elle soit formée dans l'année qui a suivi la voie de fait. Après l'expiration de cette année, l'action ne serait plus recevable (article 23 du Code de procédure civile).

La voie de fait dont il est ici question n'est pas du

reste nécessairement un acte délictueux comme la destruction de clôtures, le comblement de fossés, l'enlèvement de bornes, etc. Elle pourrait résulter de l'apposition d'une barrière sur un chemin d'exploitation (Cass., 1er février 1869).

191. — Quelles sont les conditions requises pour l'exercice de la complainte ?

Ici, les conditions sont beaucoup plus nombreuses : la raison d'être de la complainte ne provient pas d'un fait extérieur plus ou moins contraire à la paix publique ; elle réside dans le fait de la possession ; il faut, par suite, que cette possession se recommande assez par elle-même pour mériter l'appui de la loi.

Il y a deux sortes de complainte : la complainte proprement dite, et celle qui a reçu le nom d'action en dénonciation de nouvel œuvre. La complainte suppose un trouble actuel. La dénonciation de nouvel œuvre suppose au contraire des travaux, qui, sans causer un trouble actuel à la possession du demandeur, produiraient ce résultat s'ils venaient à être achevés. Les règles applicables sont les mêmes dans les deux cas, sauf que le juge de paix, auquel sont soumises toutes les actions possessoires, ne peut pas ordonner, en cas de dénonciation de nouvel œuvre, la destruction des travaux commencés, puisqu'ils ne nuisent encore à personne. Il doit se borner à les faire suspendre.

Les conditions d'exercice des actions en complainte tiennent : 1° au délai dans lequel elles doivent être intentées pour être recevables ; 2° à la nature des actes qu'on veut faire cesser ; 3° aux caractères particuliers dont la possession doit être revêtue.

Il faut d'abord que la complainte soit exercée, comme la réintégrande, dans le délai d'un an à partir du trouble.

Il faut en second lieu que les actes dont on se plaint et

qu'on veut faire cesser aient fait autre chose que causer un simple dommage, et qu'ils impliquent contradiction des droits possédés. Quelques exemples feront comprendre la portée de cette règle.

Mon voisin, par imprudence, dégrade ma clôture. Ou bien c'est un maraudeur qui s'empare de mes fruits : exercerai-je contre eux une action possessoire? Non, car le voisin qui par maladresse m'a causé un dommage, le maraudeur qui s'est caché pour prendre mon bien n'ont entendu ni l'un ni l'autre contester mon droit de propriété. Mais voilà ce même voisin qui plante des arbres près de mon fonds à une distance moindre que la distance légale; ou bien, alors que nous sommes séparés par une haie mitoyenne, ou un fossé mitoyen, le voilà qui tond sans me prévenir la haie sur ses deux faces, qui cure le fossé et qui s'en approprie les vases; le voilà en un mot qui se comporte en propriétaire exclusif. Ma possession est alors troublée, et je pourrai assigner mon voisin devant le juge de paix pour faire reconnaître que, jusqu'au moment du trouble, le fonds que je possédais n'était grevé vis-à-vis du fonds voisin d'aucune charge particulière à l'égard des plantations, et que je possédais la mitoyenneté de la haie et du fossé qui sépare nos deux héritages.

Il y a dans ces différents cas un trouble de fait qui suffit pour justifier l'exercice de la complainte.

L'exercice de l'action possessoire peut également être provoqué par ce qu'on appelle le trouble de droit. Prenons un exemple : j'ai loué ma ferme; un tiers, prétendant être le véritable propriétaire, donne congé à mon fermier, lui réclame le fermage, l'attaque devant le juge de paix pour le faire condamner à des réparations locatives. Ces différents actes portent à ma possession un trouble que j'ai intérêt à faire cesser : j'intenterai contre l'usurpateur une action en complainte, parce que les actes qu'il se permet ne me causent pas seulement du dommage, mais constituent une contradiction de mon droit lui-même.

Enfin, pour que la possession d'un immeuble puisse autoriser l'exercice de la complainte, il faut que cette possession soit revêtue de caractères particuliers, de nature à faire présumer que le possesseur est en même temps le véritable propriétaire.

Il faut, en premier lieu, que la possession ait duré un an au moins. Avant l'expiration de ce délai, la possession pourrait être considérée comme un fait accidentel.

Il faut, en second lieu, que la possession ait été continue. Une possession qui ne résulterait que d'actes accomplis de loin en loin ne serait pas une possession assez nettement caractérisée pour justifier l'exercice de la complainte. Il faut, par exemple, s'il s'agit d'un champ, d'un pré, d'un bois, que le possesseur ait fait à leur égard les actes que comporte habituellement l'exploitation de propriétés de ce genre, et, s'il s'agit d'un chemin d'exploitation, que le possesseur s'en soit servi pour ses labours, ses semailles et ses récoltes. Mais il n'est pas nécessaire que ces actes de possession aient été accomplis plus fréquemment que ne le comportent les nécessités de l'exploitation (Cass., 4 janvier 1875; 19 mars 1884). Il ne sera pas nécessaire, par exemple, s'il s'agit d'un chemin de vidange dans un bois, d'y faire circuler tous les ans des voitures chargées si le bois est aménagé de façon à ce que des coupes ne soient faites que tous les deux ou trois ans.

Il faut, en troisième lieu, que, pendant l'année au moins qui précède l'exercice de la complainte, la possession n'ait pas été interrompue.

Il faut encore qu'elle ait été paisible, non seulement durant son cours, mais à son origine. Si la possession s'était fondée sur un acte de violence, elle ne pourrait pas donner lieu à l'exercice de l'action en complainte; il en serait de même si, durant tout le cours de l'année, elle avait donné lieu à des contestations répétées de la part des voisins, car une possession ainsi contestée ne peut fournir en faveur du détenteur du fonds aucune présomption sérieuse. Il n'est pas nécessaire toutefois que la possession ait été paisible à l'égard de tous : il suffit qu'elle l'ait été entre le demandeur et le défendeur (Cass., 26 août 1884). Dans l'espèce visée par ce dernier arrêt, il s'agissait d'une île située au milieu d'un cours d'eau. Un sieur Merle des Isles invoquait des actes réitérés de possession sur cette île, et son adversaire lui opposait deux procès-verbaux dressés contre lui par des agents de l'administration des ponts et chaussées qui revendiquaient l'île comme propriété de l'État. L'arrêt décide que le défendeur n'avait pas à se prévaloir des contestations qui avaient pu surgir entre le sieur Merle des Isles et l'État et que ces contestations n'avaient pu empêcher la possession d'avoir, par rapport à lui, un caractère paisible. La question n'est pas en effet de savoir, dans ce cas, qui est propriétaire, mais qui est possesseur, et lequel des deux, du demandeur ou du défendeur, doit être maintenu dans la détention du fonds : peu importe, à ce point de vue, les démêlés que peuvent avoir le demandeur et le défendeur avec des tiers.

Il faut aussi que la possession soit publique. Quand la possession est clandestine, quand elle se cache, on conçoit que la loi ne lui attribue aucun effet. La réintégrande elle-même, dans ce cas, ne pourrait être exercée. Si mon fermier vendait une partie de mon fonds, après s'en être fait passer pour le propriétaire, et s'il en conservait l'exploitation, la possession de l'acquéreur serait clandestine à mon égard, car je n'aurais aucun moyen de m'en aper-

cevoir et par suite d'y mettre un terme : dès lors elle ne
me serait pas opposable. Il en serait de même si mon
voisin prolongeait une cave sous mon fonds, sans révéler cette usurpation par aucun signe extérieur. Dans les
deux cas, la possession, quelle que fût sa durée, serait réputée inexistante. Il en serait encore de même au cas d'anticipations insensibles faites sur un champ au moyen de la
charrue, aussi longtemps qu'elles seraient assez peu importantes pour qu'il fût impossible au propriétaire de
s'en apercevoir : ces empiétements ne constitueraient aucun acte de possession valable.

Il faut encore que la possession ait un caractère nettement déterminé, qu'elle ne soit pas équivoque. Des dépôts
de fumiers par exemple, des dépôts de bois, effectués sur
le fonds voisin, constitueraient des actes de possession
équivoque, car ils peuvent s'expliquer par de simples relations de bon voisinage et n'impliquent pas nécessairement l'idée d'une véritable appropriation.

Il faut enfin que la possession ait lieu à titre de propriétaire et qu'elle ne soit pas entachée de précarité. Le
fermier, par exemple, ne pourra pas exercer l'action
en complainte contre le propriétaire pour obtenir son
maintien en possession des terres qu'il cultive. Le tuteur
ne pourra pas davantage, en se fondant sur sa possession, refuser au mineur la restitution de ses biens, car
s'il les a possédés ce n'est pas pour son propre compte,
mais pour celui du mineur. Il en sera de même de l'usufruitier qui, après l'extinction de son droit, ne pourra
pas se prévaloir de ce qu'il a détenu le fonds pendant plus
d'un an pour refuser de le rendre. Cette détention en effet
ne prouve rien, car si elle a eu lieu, c'était en vertu d'une
convention ou d'une qualité du possesseur d'après laquelle celui-ci au bout d'un certain temps était obligé
de rendre le fonds.

Il faut en résumé, pour que la possession puisse autoriser l'existence de la complainte, qu'elle ait duré un an au moins, qu'elle ait été continue, non interrompue, paisible, publique, non équivoque, et non précaire.

192. — Alors même qu'elle réunit tous ces caractères, la possession peut ne pas autoriser l'exercice des actions possessoires, car celles-ci ne peuvent être intentées à l'égard de toute espèce de biens.

Les meubles ne peuvent jamais être l'objet d'une action de ce genre. Les articles 23 à 28 du Code de procédure et la loi du 25 mai 1838, qui a attribué au juge de paix la connaissance des actions possessoires, supposent toujours des contestations relatives à des immeubles.

Tous les immeubles même ne comportent pas l'exercice des actions possessoires. Pour qu'une action en complainte ou en réintégrande puisse être intentée au sujet d'un immeuble, il faut : 1° que cet immeuble soit dans le commerce ; 2° que le droit à la possession duquel on a porté atteinte soit de nature à justifier l'exercice d'une action possessoire.

Il faut que l'immeuble soit dans le commerce, c'est-à-dire qu'il ne fasse pas partie du domaine public. Nous avons déjà dit ce qu'il faut entendre par le domaine public : c'est cette partie du sol français qui est affectée à l'usage de tous, comme les routes, et qui dès lors a paru au législateur devoir être mise en dehors des conventions particulières. Le domaine public est inaliénable et imprescriptible : on n'acquiert pas de droit contre lui. L'exercice d'une action possessoire n'est donc pas possible à l'encontre du domaine public.

Mais il ne faudrait pas croire que si une complainte ne peut jamais être exercée *à l'encontre* d'un immeuble faisant partie du domaine public, elle ne puisse jamais l'être *à l'occasion* de cet immeuble. D'abord l'État, le dé-

partement, la commune qui en sont propriétaires peuvent
parfaitement exercer, pour défendre contre tout empiétement le domaine public, une action en complainte ou en
réintégrande. Lorsqu'un maire s'apercevra, par exemple,
que l'un des riverains d'un chemin rural reconnu (1) a
commis une anticipation sur le sol de ce chemin, il pourra,
s'il ne veut avoir recours à l'une des autres armes qu'il a
en main, et notamment requérir l'application de l'article
479 n° 11 du Code pénal, intenter contre l'usurpateur une
action possessoire. Le principe de l'inaliénabilité et de
l'imprescriptibilité du domaine public ne s'opposent
nullement à l'exercice d'une action semblable.

Bien plus, le particulier qui aurait obtenu de l'autorité administrative la concession précaire et toujours
essentiellement révocable de certains droits d'usage ou de
jouissance sur le domaine public pourrait, si des tiers le
troublaient dans la possession de ces avantages, intenter
contre eux une action en complainte.

Un exemple nous fera comprendre.

Les fleuves et les rivières navigables, à la différence
des petits cours d'eau, appartiennent au domaine public,
ce qui n'empêche pas l'administration de concéder, à
titre essentiellement précaire, les eaux dont la navigation
peut se passer. Ces concessions (2), soit qu'elles aient lieu
en faveur de l'irrigation, soit qu'elles aient pour but de
fournir la force motrice nécessaire à la mise en mouvement des usines, ne peuvent fonder aucun droit contre
l'État : si l'intérêt général l'exigeait, la concession pourrait être retirée sans indemnité. Mais ces principes si rigoureux ne doivent recevoir d'application qu'entre l'État

(1) Les chemins ruraux reconnus font, comme nous le verrons plus
tard, partie du domaine public.
(2) Le mot de concession dans la langue administrative a plusieurs sens:
ici le mot concession implique l'idée d'une autorisation.

et le concessionnaire. Lorsque celui-ci est troublé dans
sa jouissance, non par l'État, mais par des tiers n'ayant
aucune qualité pour se prévaloir de l'imprescriptibilité
du domaine public, il lui appartient d'assurer le libre
exercice de son droit au moyen de la complainte, ou, si
l'usurpation ne fait que commencer, au moyen de la
dénonciation de nouvel œuvre (Cass., 16 juillet 1872).

193. — Il faut en outre que le droit auquel il a été
porté atteinte soit de nature à justifier l'exercice d'une
action possessoire.

Nous avons vu que les rapports juridiques qui peuvent
exister directement entre nous et les biens meubles ou
immeubles sont de différente nature. Il est permis d'avoir
sur un bien ou un droit de propriété, ou un droit d'usufruit, ou un droit de servitude. Or, tous ces droits ne
sont pas également susceptibles de possession.

Pour le droit de propriété, aucun doute n'existe. Lorsqu'un trouble est apporté au libre et entier exercice de ce
droit, et que d'ailleurs toutes les conditions nécessaires
à l'exercice d'une action en complainte se trouvent remplies, il est permis de recourir à cette action pour faire
cesser le trouble.

Il en est de même de l'usufruit. Le titulaire de ce
droit peut recourir aux actions possessoires.

Mais pour les servitudes, nous verrons bientôt qu'une
distinction est nécessaire. La possession ne peut en principe fonder de droit que lorsqu'il s'agit des servitudes les
plus gênantes, de celles qui déprécient tellement un fonds
qu'il est inadmissible que le propriétaire les supporte sans
y être forcé. Pour celles dont l'exercice est moins préjudiciable, la loi présume que le propriétaire les supporte
par tolérance, pour rester avec ses voisins en rapports de
bon voisinage, et elle refuse tout effet à leur possession.
Nous reviendrons bientôt sur ce point.

194. — Devant quel juge l'action possessoire doit-elle être portée ?

D'après l'article 6 § 1er de la loi du 25 mai 1838 et l'art. 3 du Code de procédure civile, c'est le juge de paix qui statue sur les actions possessoires.

Le plus souvent, le juge de paix ordonne une enquête, afin de s'assurer de l'exactitude des faits de possession allégués. Il lui est permis d'examiner les titres produits devant lui, mais uniquement à l'effet de reconnaître le caractère des actes de possession. Si le possesseur est un fermier par exemple, le juge de paix pourra s'appuyer sur le bail pour déclarer que le fermier ne détient l'immeuble qu'à titre précaire. Mais le fond du droit excède sa compétence (article 24 du Code de procédure civile). Si, par suite, une discussion s'élève sur le point de savoir si l'immeuble possédé fait ou non partie du domaine public, il devra se dessaisir. Déclarer en effet qu'un immeuble est, ou non, imprescriptible, c'est statuer sur le fond du droit (Cass., 16 août 1869).

195. — Quels sont les effets d'une instance au possessoire ?

Il n'est jamais permis d'agir en même temps au possessoire et au pétitoire, et de se présenter à la fois devant le juge de paix comme possesseur et devant le tribunal civil comme propriétaire. D'après l'article 25 du Code de procédure, le possessoire et le pétitoire ne seront jamais cumulés. Dès qu'une instance au possessoire a été intentée, l'action pétitoire qui pourrait être formée au sujet du même immeuble est non recevable aussi longtemps que l'instance au possessoire n'a pas été vidée. Cette solution n'a pas besoin d'être justifiée à l'égard du demandeur : c'est lui en effet qui a choisi sa voie; il n'a plus le droit d'en changer et d'imposer de nouveaux frais à son adversaire. Quant au défendeur, en admettant même, comme il le prétend, qu'il soit le véritable propriétaire, il n'en est pas moins tenu de remettre d'abord les choses dans le même état qu'auparavant. Ce ne sera qu'après avoir satisfait à toutes les condamnations qui pourront être prononcées contre lui qu'il pourra se présenter devant un autre tribunal (article 27 Proc. Civ).

Lorsque c'est l'action pétitoire qui a été formée la première, celui qui l'a intentée n'est plus recevable à agir au possessoire; il est censé y avoir renoncé (article 26 Proc. Civ).

196. — Nous savons à présent comment la possession est protégée par l'exercice des actions possessoires. Voyons quelles sont les conditions requises pour qu'elle mène à l'acquisition de la propriété des immeubles.

Il faut en général que la possession ait duré 30 ans. Il faut en outre qu'elle soit revêtue de toutes les qualités requises pour l'exercice des actions possessoires (articles 2260 et 2261 du Code civil).

La propriété n'est acquise qu'autant que le dernier jour du terme est accompli.

Le délai de la prescription ne court pas contre tout le monde. Il est suspendu en faveur des mineurs et des interdits : on ne veut pas qu'ils puissent être victimes de la négligence de leur tuteur. Il l'est aussi, dans certains cas, au profit de la femme, pendant le mariage; et il ne court point entre époux.

197. — Souvent la propriété d'un immeuble se trouve acquise sans que la possession ait duré 30 ans. Lorsqu'une personne a acquis, de bonne foi, un immeuble d'une autre personne qui n'en avait pas la propriété et qui par suite ne pouvait pas conférer un droit dont elle était elle-même privée, la propriété est acquise

au moyen d'une possession de 10 à 20 ans (article 2265 C. C). Il y aura prescription au bout de 10 ans si le véritable propriétaire habite dans le ressort de la Cour d'appel dans l'étendue de laquelle l'immeuble est situé; au bout de 20 ans, s'il est domicilié hors dudit ressort. L'inaction du propriétaire se comprend plus difficilement dans le premier cas que dans le second : de là la différence des délais. Si le véritable propriétaire avait eu son domicile tantôt dans le ressort et tantôt hors du ressort de la Cour d'appel, il faudrait, pour compléter la prescription, ajouter à ce qui manque aux 10 ans de présence un nombre double d'années d'absence.

Pour que la propriété puisse être acquise ainsi, il faut que la possession soit fondée sur un juste titre, et accompagnée de la bonne foi. Un juste titre, c'est un acte qui eût été par lui-même translatif de propriété s'il émanait du véritable propriétaire, comme une vente, un échange, ou s'il avait été dressé suivant les formes prescrites pour sa validité, comme une donation ou un testament.

Il suffit que la bonne foi ait existé au moment du contrat (article 2269). Si plus tard l'acquéreur apprenait qu'il n'a pas traité avec le véritable propriétaire, et s'il devenait ainsi possesseur de mauvaise foi, il n'en continuerait pas moins d'acquérir l'immeuble par la possession de 10 à 20 ans. La survenance de la mauvaise foi est indifférente. Il eût été trop dur de considérer comme un simple usurpateur celui qui a acquis loyalement et le plus souvent à beaux deniers comptants l'immeuble qu'il détient.

II. — *Prescription des meubles.*

198. — La prescription des meubles est instantanée.
En fait de meubles, dit l'article 2279, la possession
vaut titre. La possession, en cette matière, crée une
présomption invincible de propriété.

Cette règle est indispensable à la sécurité des affaires.
Les meubles corporels circulent dans le commerce avec
la plus grande facilité, et leur transmission ne donne en
général lieu à la rédaction d'aucun écrit : elle s'opère
simplement de la main à la main. Imposer à l'acheteur
de meubles l'obligation de vérifier les droits de son vendeur, ce serait lui demander l'impossible, et porter en
même temps au commerce un coup mortel.

La règle cependant n'est pas absolue : elle ne s'applique qu'autant que la possession est revêtue de certains
caractères, et qu'il s'agit de certains meubles.

Pour pouvoir en invoquer le bénéfice, il faut être
non pas seulement détenteur, mais possesseur dans le
sens rigoureux du mot. Il faut en outre être possesseur
de bonne foi. Le possesseur qui se serait procuré la
détention d'une chose, et qui saurait que celui de qui il
la tient n'en était pas le véritable propriétaire, ne pourrait se prévaloir de l'article 2279.

Il faut enfin s'être procuré la possession en vertu
d'un juste titre, comme une vente, un échange, une donation; autrement, le possesseur ne pourrait pas être
de bonne foi. Mais l'existence du juste titre n'a pas besoin d'être établie par le possesseur : la preuve n'en est
pas à sa charge, car elle serait trop difficile. C'est à
celui qui revendique un meuble de prouver que la possession a lieu sans titre.

Ces deux conditions, la bonne foi et le juste titre

sont les seules qui soient exigées de la part du possesseur. Si, quelque temps après la vente qui lui a été
faite, l'acheteur apprenait que la chose qui lui a été remise appartenait à un autre que le vendeur, son acquisition n'en aurait pas moins été définitive. C'est là un cas
qui se présente tous les jours : un marchand vend à un
individu quelconque un animal domestique, et l'acheteur
s'éloigne. Vous vous présentez à votre tour, et vous
offrez pour le même animal un prix plus élevé que celui
qu'a offert le précédent acheteur. Le marchand, s'il est
un honnête homme, vous répondra que l'animal est
vendu, et que par suite il n'en est plus propriétaire.
Mais s'il est peu délicat, et s'il se laisse tenter par la
différence de prix, il ne vous parlera pas de sa première
vente ; il prendra votre argent, et vous remettra l'animal.
Vous en deviendrez alors propriétaire, non par l'effet
de la vente, qui est nulle, mais par l'effet de la possession, et si le premier acheteur vient vous réclamer
l'animal qui lui a été vendu, vous lui opposerez la
règle posée par l'article 2279.

Cette règle ne s'applique pas à toute espèce de meubles. Il faut que le meuble qui est l'objet de la possession soit un meuble corporel, c'est-à-dire un meuble
qui se puisse transmettre de la main à la main. La règle d'après laquelle possession vauttitre ne s'applique
pas, aux créances (1).

Elle ne s'applique pas non plus aux choses qui ont
été volées ou qui ont été perdues. Le propriétaire de ces
choses peut les revendiquer pendant 30 ans contre celui
qui les a soustraites ou qui les a trouvées, car celui-là n'a
ni juste titre ni bonne foi, et pendant 3 ans contre le
tiers possesseur. Si par exemple le marchand de bestiaux

(1) Elle s'applique toutefois aux titres au porteur, qui sont susceptibles
de tradition réelle.

dont nous parlions tout à l'heure avait trouvé sur la voie publique l'animal qu'il vous a vendu comme lui appartenant, vous seriez exposé, malgré votre bonne foi et votre juste titre, à la revendication du véritable propriétaire pendant 3 ans à compter du jour de la perte ou du vol. La loi a cru devoir faire exception, en faveur du propriétaire de choses volées ou perdues, au principe de l'acquisition instantanée des meubles : ce propriétaire en effet n'a rien à se reprocher, et il serait injuste de considérer comme valables à son égard des conventions qui ont pour point de départ une appropriation frauduleuse de son bien.

Mais le possesseur sera-t-il, dans tous les cas, tenu de restituer sans indemnité l'objet qui est revendiqué contre lui? On a fait une distinction. La restitution en général devra avoir lieu sans indemnité, mais si le possesseur avait acheté la chose dans un marché, dans une foire, dans une vente publique, ou même chez un marchand vendant des choses pareilles, alors le véritable propriétaire ne pourrait obtenir la restitution qu'en remboursant le prix. Rien en effet dans ce cas ne pouvait éveiller la défiance de l'acquéreur et lui faire supposer que son acquisition n'était pas régulière : il serait injuste qu'il pût être dépossédé purement et simplement.

L'exception que nous venons d'indiquer est d'ailleurs restreinte uniquement aux choses qui ont été l'objet d'un vol, c'est-à-dire d'une soustraction frauduleuse, ou qui ont été perdues, c'est-à-dire égarées. Quant au propriétaire qui aurait été privé de la possession de sa chose par suite d'un abus de confiance ou d'une violation de dépôt, il ne jouirait pas de l'action en revendication contre le tiers possesseur. C'est volontairement en effet qu'il s'est dessaisi de sa chose; il a suivi la foi de son dépositaire; s'il s'est rendu coupable d'imprudence et de naïveté, c'est à lui d'en supporter les conséquences (Cass. 6 juillet 1886). Il en serait de même si le propriétaire avait été victime d'une escroquerie. C'était à lui de ne pas se laisser tromper (Cass. 20 mai 1835).

Enfin, le droit de revendiquer les choses volées ou perdues ne s'applique pas aux pièces de monnaie et aux billets de banque. Quand une pièce de monnaie a été donnée en paiement, elle est censée éteinte, elle disparaît dans la circulation générale, et peu importe alors d'où elle vient. Il en est de même du billet de banque : on le considère comme faisant office de monnaie, malgré sa grande ressemblance avec un titre au porteur.

VI. — *Des conventions.*

199. — Les conventions, lorsqu'elles ont pour objet la transmission de la propriété, opèrent cette transmission par elles-mêmes, indépendamment de toute formalité. La propriété est acquise par le seul concours des deux volontés (article 1138 C. C).

Nous reviendrons sur ce point quand nous traiterons des contrats et notamment de la vente.

VII. — *La loi.*

200. — C'est la loi qui fait acquérir la propriété des fruits d'un meuble ou d'un immeuble par celui qui le possède de bonne foi. C'est encore elle qui permet d'acquérir la mitoyenneté d'un mur.

Nous verrons dans un instant qu'elle constitue également un des modes d'acquisition de l'usufruit et des servitudes rurales.

LIVRE II.

DE L'USUFRUIT.

201. — L'usufruit est le droit d'user et de jouir d'une chose, sans pouvoir en disposer (article 578 du Code civil).

Nous avons vu que le droit de propriété comporte trois attributs essentiels : le droit d'user, le droit de jouir, le droit de disposer. Quand ces trois attributs sont réunis dans la même main, la propriété est pleine et entière; quand ils sont séparés, elle est démembrée. Celui qui a droit aux fruits de la chose s'appelle usufruitier. Celui qui conserve le droit de disposer s'appelle nu-propriétaire.

Les règles relatives à l'usufruit peuvent être ramenées aux 3 divisions suivantes : 1° Comment s'établit l'usufruit; 2° Quels sont les droits et les obligations de l'usufruitier; 3° Comment l'usufruit s'éteint.

I. — COMMENT S'ÉTABLIT L'USUFRUIT.

202. — L'usufruit dérive de la loi ou de la volonté de l'homme.

De la loi. — Lorsque, dans une succession, le père ou la mère se trouvent en concurrence avec des collatéraux autres que les frères et sœurs, la loi leur attribue l'usufruit du tiers des biens recueillis par les collatéraux (article 754 du code civil).

De même, lorsqu'un enfant âgé de moins de 18 ans acquiert par donation, succession, ou testament, des biens plus ou moins importants, la loi en attribue l'usufruit au père, et à défaut du père à la mère, jusqu'à ce que l'enfant ait atteint cet âge (article 384 id.).

De la volonté de l'homme. — Le propriétaire d'un meuble ou d'un immeuble peut le démembrer à son gré, gratuitement ou à titre onéreux. Il lui appartient d'en donner l'usufruit entre vifs ou par testament, de le vendre cet usufruit ou de l'échanger, comme il donnerait ou vendrait la pleine propriété elle-même.

L'usufruit peut encore s'acquérir par prescription. Si pendant 10, 20 ou 30 ans, suivant les distinctions que nous connaissons, j'ai exercé un droit d'usufruit sur un immeuble, si j'ai recueilli les fruits, cultivé les terres, si en un mot j'ai exercé les facultés et rempli les obligations que comporte ce droit, je serai devenu définitivement usufruitier. L'usufruit est en effet un droit dont l'exercice est assez préjudiciable au nu-propriétaire pour que celui-ci ne puisse pas dire que s'il le supporte, c'est par pure tolérance. La possession de l'usufruit ménera donc à son acquisition au bout d'un certain temps; elle sera en outre, durant son cours, protégée par les actions possessoires.

203. — L'usufruit peut porter sur toute espèce de biens, sur des meubles comme sur des immeubles, et même sur les choses qui se consomment par l'usage, et dont on ne peut se servir qu'en les anéantissant, comme des denrées. Dans ce dernier cas, on dit qu'il y a un

quasi-usufruit. Le quasi-usufruitier peut exercer sur ces choses les droits d'un véritable propriétaire, sauf à en rendre de pareilles à l'extinction de l'usufruit. C'est un propriétaire grevé de l'obligation de restituer.

L'usufruit peut être établi purement et simplement, ou sous condition, ou à terme.

II. — DROITS ET OBLIGATIONS QUI DÉRIVENT DE L'USUFRUIT.

I. — *Droits de l'usufruitier.*

204. — L'usufruitier acquiert tous les fruits de la chose, les fruits civils comme les fruits naturels. Nous avons déjà expliqué, à propos de l'acquisition des fruits par le possesseur de bonne foi, ce qu'il faut entendre par fruits civils : ce sont les revenus qui sont perçus en exécution d'un contrat fait à l'occasion de la chose, en exécution d'un bail par exemple. L'usufruitier, qui a le droit de jouir de tous les produits périodiques de la chose, comme le propriétaire lui-même, peut, à son gré, exploiter ou donner à bail les meubles ou les immeubles soumis à l'usufruit. Les baux qu'il consentira seront obligatoires, non seulement à son égard, mais encore à l'encontre du nu-propriétaire. Ils le seront à son égard quelle que soit leur durée; et ils pourront être opposés au nu-propriétaire pendant une période de temps qui ne pourra excéder douze ans s'il s'agit d'un bien rural, et onze ans s'il s'agit d'une maison (article 595). Cette dernière solution est toute en faveur de l'usufruitier, car dans la rigueur des principes, le bail consenti par lui devrait s'éteindre en même temps que l'usufruit lui-même. Mais les rédacteurs du Code ont pensé qu'une pareille rigueur pourrait empêcher l'usufruitier de louer

avantageusement ses terres, et, dans son intérêt autant
que dans celui du nu-propriétaire lui-même qui doit
tenir à ce que son bien soit convenablement affermé,
ils ont décidé que le nu-propriétaire serait tenu,
après l'extinction de l'usufruit, de respecter les baux
consentis par l'usufruitier, pourvu qu'ils n'eussent
pas une durée trop grande. Cette durée a été fixée
par eux à neuf années. Si le bail passé par l'usufruitier
avait une durée plus grande, il ne serait obligatoire
à l'égard du nu-propriétaire que pour la période
de neuf années dans laquelle on se trouverait au moment où l'usufruit cesserait. Mais comme il est permis
à l'usufruitier de renouveler ses baux trois années avant
leur expiration, s'il s'agit de biens ruraux, et deux années
s'il s'agit de maisons, la période de neuf années pendant
laquelle le bail consenti par l'usufruitier sera opposable
au nu-propriétaire pourra se trouver portée à onze ou
douze ans.

Les fruits naturels et les fruits civils deviennent la
propriété de l'usufruitier, suivant les règles que nous
avons indiquées pour l'acquisition des fruits par le possesseur de bonne foi. Les fruits civils s'acquièrent jour
par jour, de telle sorte que si l'usufruit vient à cesser au
milieu de l'année, l'usufruitier aura droit à la moitié
des fermages et le nu-propriétaire droit à l'autre moitié.
Les fruits naturels s'acquièrent par leur séparation
du sol : jusque là ils sont immeubles par nature et
appartiennent au propriétaire, en sorte que si l'usufruit venait à cesser avant que la récolte fût faite, ce
serait le nu-propriétaire qui en profiterait. L'usufruitier,
ou ses héritiers, n'auraient droit au remboursement
d'aucune dépense.

205. — Lorsque l'usufruit porte sur des bois, l'étendue des droits de l'usufruitier varie suivant la nature

et l'âge de ces bois. Lorsque ce sont des bois taillis,
l'usufruitier a le droit de faire des coupes, en se conformant à l'aménagement ou à l'usage constant des
propriétaires. Mais si ce sont des bois de haute futaie, il ne peut les couper qu'autant que ces bois
ont été mis en coupes réglées par le propriétaire lui-
même, car dans ce cas seulement la coupe constitue
un revenu périodique et régulier qui a le caractère
d'un fruit. Lorsque le bois de haute futaie n'a pas été
aménagé, et que le propriétaire n'en tirait lui-même aucun revenu régulier, l'usufruitier doit s'abstenir de
tout acte d'exploitation, car la haute futaie dans ce cas
ne se distingue pas du fonds lui-même, que l'usufruitier
est tenu de conserver et de rendre. Il lui sera seulement
permis d'employer, pour faire les réparations dont il est
tenu, les arbres arrachés ou brisés par accident (les châ-
blis), et même d'en faire abattre pour cet objet s'il est
nécessaire, mais à la charge d'en faire constater la nécessité avec le nu-propriétaire. Il lui appartiendra également de prendre, dans le bois, des échalas pour les vignes,
des tuteurs pour ses arbres, et de recueillir les produits
annuels et périodiques de la forêt, comme le gland et la
faîne.

Quand l'usufruitier a le droit d'opérer une coupe, il
peut y procéder lui-même, ou la vendre sur pied.
Dans ce dernier cas, si l'usufruit venait à cesser avant
que la coupe vendue ait été faite, le nu-propriétaire
serait-il tenu de la laisser effectuer? La question a fait
doute. L'usufruitier en effet n'est pas propriétaire des
bois de coupe avant leur séparation du sol, et on a pu
soutenir que la vente qu'il avait faite de bois qui appartiennent au nu-propriétaire devait être considérée comme
nulle. Mais si cette solution rigoureuse avait été adoptée,
l'usufruitier d'un bois n'aurait plus trouvé d'adjudicataire.

La jurisprudence, s'inspirant de cette situation, a admis que la vente conclue dans ces conditions serait opposable au nu-propriétaire. Il est bien entendu d'ailleurs que c'est ce dernier qui en touchera le prix.

L'article 590 a pris soin de régler expressément les droits de l'usufruitier d'une pépinière. L'usufruitier peut prendre les arbres qu'on peut tirer de la pépinière sans la dégrader, à la charge de se conformer à l'usage des lieux pour le remplacement.

Quant aux arbres fruitiers, l'usufruitier peut en disposer lorsqu'ils meurent, et même lorsqu'ils sont arrachés ou brisés par accident, mais à la charge de les remplacer.

L'usufruit peut toujours être cédé. Il est permis de le vendre ou de le donner. L'usufruit dans ce cas continuera à résider sur la tête de celui en faveur duquel il a été constitué, et c'est à sa mort qu'il s'éteindra ; mais le droit sera exercé par l'acquéreur ou le donataire. L'usufruit est si bien susceptible d'être cédé qu'il peut être hypothéqué (article 2118) pour la sûreté d'une créance. A défaut de paiement de la créance, le droit d'usufruit sur lequel aurait été consentie une hypothèque serait vendu.

II. — *Obligations de l'usufruitier.*

206. — Ces obligations sont assez nombreuses. Les unes découlent de l'obligation qui incombe à l'usufruitier de restituer la chose sur laquelle porte son droit, les autres sont la conséquence des avantages que ce droit lui procure. Parmi les premières figurent l'obligation de faire inventaire et celle de donner caution, et parmi les secondes, l'obligation d'effectuer les réparations

d'entretien et plus généralement de supporter les dépenses auxquelles il est pourvu d'ordinaire avec les revenus.

207. — L'usufruitier doit tout d'abord faire inventaire. Cette obligation est absolue. Sans inventaire, la restitution des biens sur lesquels porte l'usufruit présenterait des difficultés insurmontables : c'est l'inventaire seul qui permet de déterminer le nombre, la nature, l'état actuel des biens qui, à l'expiration de l'usufruit, devront être rendus au nu-propriétaire ou à ses héritiers. Il constitue une opération indispensable, dont l'accomplissement a été exigé autant dans l'intérêt de l'usufruitier ou de ses héritiers que dans l'intérêt du nu-propriétaire. Aussi les tribunaux n'admettent-ils pas que l'usufruitier puisse jamais en être dispensé.

Il arrive pourtant assez souvent qu'un testateur, en laissant l'usufruit de ses biens à une personne, tienne à lui donner une dernière marque d'affection et de confiance en la dispensant de faire inventaire : le cas se présente surtout lorsque le défunt laisse après lui, en même temps que son conjoint auquel il a légué l'usufruit de tout ou partie de ses biens, des collatéraux plus ou moins éloignés. L'inventaire n'en devra pas moins être fait; mais au lieu de l'être aux frais de l'usufruitier, il le sera aux frais du nu-propriétaire. C'est le seul effet que puisse avoir une pareille dispense (Caen 30 avril 1855).

La seconde obligation qui découle pour l'usufruitier de ce qu'il est tenu de restituer les biens soumis à son droit consiste dans la fourniture d'une caution. On entend par là une personne qui intervient pour garantir l'exécution d'une dette contractée par une autre.

Ici l'obligation est moins stricte.

Il y a certains usufruitiers qui sont dispensés par la loi elle-même de l'obligation de fournir caution. Ce sont d'abord les père et mère, lorsqu'ils ont l'usufruit des biens de leurs enfants mineurs : la loi n'a pas voulu leur imposer une mesure qui a sa source dans un sentiment de méfiance et, elle a supposé que l'affection naturelle du père et de la mère pour leurs enfants suppléerait largement au défaut de caution. La loi dispense également de fournir caution le vendeur ou donateur qui en vendant ou donnant ses biens s'en réserve l'usufruit. La dispense de caution dans ce cas est fondée sur une interprétation de volonté : la loi présume que le vendeur ou le donateur sous réserve d'usufruit a entendu garder le fonds jusqu'à sa mort dans les mêmes conditions que précédemment.

D'autre part, celui qui constitue l'usufruit peut toujours dispenser de la caution (article 601).

Lorsque l'usufruitier doit fournir caution, et qu'il n'en trouve pas, il peut y suppléer en donnant un gage, ou toute autre sûreté analogue. A défaut de toute garantie, la loi détermine les mesures qui doivent être prises afin d'assurer le nu-propriétaire contre l'insolvabilité de l'usufruitier. Les immeubles sont donnés à ferme, les sommes d'argent placées, les denrées vendues, et le droit de l'usufruitier se borne à toucher les fermages et les intérêts des sommes placées (article 603).

208. — Les deux obligations qui précèdent doivent être remplies avant la prise de possession des biens par l'usufruitier. Celles qui vont suivre supposent qu'il est déjà entré en jouissance.

L'usufruitier, nous l'avons vu, acquiert tous les fruits et revenus du fonds ; or, c'est avec les fruits qu'on fait face aux réparations d'entretien et aux impôts. Il sera donc tenu des uns et des autres (articles 605 à 608).

Qu'entend-on par réparations d'entretien ?

La loi ne les a pas énumérées, mais elle a déclaré qu'il fallait considérer comme telles toutes celles qui ne constitueraient pas de grosses réparations, et elle a indiqué quelles étaient ces dernières. Les grosses réparations sont celles des gros murs et des voûtes, le rétablissement des poutres et des couvertures entières, celui des digues et des murs de soutènement et de clôture aussi en entier (article 606).

Cette énumération ne s'applique qu'aux grosses réparations des bâtiments. Quand l'usufruit porte sur une autre nature de biens, il faut considérer comme grosses réparations celles qui ont un caractère extraordinaire, qui sont nécessaires à la conservation de la chose, qui durent fort longtemps et dont la dépense excède les revenus du bien. On considérera au contraire comme réparations d'entretien celles qui se renouvellent à des intervalles périodiques, et dont la dépense n'est jamais excessive.

Les grosses réparations, ainsi définies, sont à la charge du nu-propriétaire, mais il ne faudrait pas en conclure que celui-ci soit obligé de les effectuer. Le nu-propriétaire n'est tenu d'aucune obligation personnelle vis-à-vis de l'usufruitier ; il n'est tenu que de laisser celui-ci exercer son droit sur l'immeuble. L'usufruitier n'a donc aucune action pour forcer le nu-propriétaire à faire les grosses réparations sans lesquelles le bien menace peut-être de tomber en ruines. Il pourra seulement, s'il le juge convenable, exécuter lui-même les travaux au nom du propriétaire, et se faire rembourser par lui de ses dépenses dans la mesure où il justifiera que ce dernier en aura profité. Il en est autrement des réparations d'entretien qui constituent non seulement une charge, mais encore une obligation pour l'usufruitier. Celui-ci ne pourrait s'en affranchir, s'il la trouvait trop pesante, qu'en faisant abandon de son droit lui-même : encore cet abandon ne le dispenserait-il des réparations d'entretien que pour l'avenir.

L'obligation en effet commence avec l'usufruit : dès ce moment, l'usufruitier doit exécuter les réparations d'entretien qui pourront devenir nécessaires. Elle ne cesse également qu'avec lui.

L'obligation de payer les impôts découle de la même source que celle d'effectuer les réparations d'entretien, et les mêmes principes lui sont applicables. L'obligation a été interprêtée par les tribunaux dans un sens large : l'usufruitier doit payer non seulement les contributions ordinaires, mais encore les contributions extraordinaires. Il a été jugé (Paris 7 juin 1856) que l'impôt des 45 centimes extraordinaires établi en 1848 devait être supporté par l'usufruitier. La même solution est applicable aux frais de curage de fossés, ruisseaux ou cours d'eau qui se trouvent dans la propriété. Il n'en serait autrement que si la contribution n'était pas de celles qui dans l'usage sont censées charges des fruits (article 608), comme pourrait l'être par exemple une contribution de guerre : celle-ci serait à la charge du nu-propriétaire. Le nu-propriétaire serait dans ce cas obligé de débourser les sommes nécessaires, mais l'usufruitier devrait lui tenir compte des intérêts. Si la somme avait été avancée par l'usufruitier, ce dernier en aurait la répétition à la fin de l'usufruit (art. 609).

209. — Les dégradations causées par le temps et les contributions publiques ne sont pas les seules charges qui puissent peser sur un immeuble. Il peut se faire que le propriétaire voisin exige le bornage : les frais seront alors supportés par le nu-propriétaire, mais l'usufruitier devra bonifier les intérêts de la somme avancée. Il peut se faire aussi qu'un procès s'engage au sujet de la pleine propriété du fonds sujet à usufruit, et qu'il intéresse ainsi l'usufruitier aussi bien que le nu-propriétaire : chacun d'eux devra contribuer au paiement des frais qui

seront mis à leur charge. Il va de soi que si le procès ne concernait que l'usufruit, l'usufruitier seul devrait en supporter les frais (article 613).

210. — L'usufruitier doit compter avec les fléaux qui peuvent ravager le fonds. En principe, il n'est pas tenu des cas fortuits; il n'est responsable que de ses fautes. C'est ainsi (article 614) que si l'usufruit est établi sur un animal qui vient à périr par accident, l'usufruitier n'est tenu ni d'en rendre un autre, ni d'en payer l'estimation. Mais la règle n'est pas la même lorsque l'usufruit porte sur un troupeau. Dans ce dernier cas, l'usufruitier est tenu de restituer, non pas tel ou tel animal, mais un troupeau; or, pour pouvoir restituer à un jour donné un troupeau, il faut nécessairement l'entretenir. L'usufruitier ne pourra donc disposer du croît qu'après avoir comblé les vides qui viendront à se produire. Cette obligation, lorsqu'une épizootie se déclare, peut devenir fort onéreuse. Si le croît d'une année ne suffit pas à remplacer le bétail qui a péri, l'usufruitier devra-t-il y pourvoir au moyen du croît des années précédentes? La question est vivement discutée, et elle n'a jamais été tranchée, à notre connaissance, d'une manière décisive. Nous pensons qu'elle doit être résolue par l'affirmative. Aux termes de l'article 616, en effet l'usufruitier est tenu de remplacer, *jusqu'à concurrence du croît,* les têtes des animaux qui ont péri; la loi ne distingue nullement entre le croît futur et le croît antérieur. C'est là une solution rigoureuse, sans doute, pour l'usufruitier, mais elle n'est après tout que l'application d'une règle générale. Il peut se faire qu'à un certain moment les réparations d'entretien d'un immeuble absorbent puis que les revenus de l'année et qu'il soit nécessaire, pour y faire face, de recourir aux revenus des années précé-

dentes; on n'a jamais soutenu pourtant que cette circonstance pouvait décharger l'usufruitier de ses obligations. Les deux situations nous paraissent identiques. D'ailleurs, si l'usufruitier du troupeau se voit forcé d'entamer ses réserves, il n'en conserve pas moins irrévocablement le produit du lait, de la tonte et des engrais. Il est au surplus dans la nature même de l'usufruit de comporter un certain aléa, et si cet aléa est plus considérable quand il s'agit d'un troupeau que quand il s'agit d'autres biens, ce n'est pas une raison pour déroger aux véritables principes.

Toutefois, si l'usufruitier est tenu *d'entretenir* le troupeau, il n'est pas obligé de le *remplacer* lorsqu'il a totalement péri. Il ne doit compte dans ce cas au nu-propriétaire que des cuirs ou de leur valeur. On chercherait vainement en effet la raison qui pourrait militer en faveur d'une autre solution. *Res perit domino.* Mais, pour que l'usufruitier ne soit pas tenu de la perte du troupeau, il faut que cette perte soit le résultat d'un cas fortuit. Si elle avait eu lieu par sa faute l'usufruitier en serait responsable.

211. — Mentionnons une dernière obligation, qui concerne spécialement le cas où l'usufruit porte sur tout ou partie d'une hérédité. L'usufruitier est tenu, dans ce cas, des intérêts des dettes et charges qui grèvent la succession. Les héritiers ou légataires de la nue-propriété, après avoir payé les dettes et s'être acquittés des charges ou legs particuliers, ont le droit d'exiger que l'usufruitier leur tienne compte des intérêts du capital aliéné. Si l'héritier n'était pas en état de payer, on vendrait jusqu'à due concurrence une partie des biens soumis à l'usufruit.

III. — COMMENT S'ÉTEINT L'USUFRUIT.

212. — La loi est peu favorable à l'usufruit : le partage des attributs de la propriété qu'il implique est défavorable à la bonne exploitation des terres. L'usufruitier hésite à faire des améliorations sur un bien qui n'est pas le sien et qui ne parviendra jamais à ses enfants. Le nu-propriétaire, privé de ses revenus, attend pour réaliser ces améliorations le moment où le fonds retournera entre ses mains. Trop souvent, tous deux laissent dépérir l'immeuble : l'usufruitier, faute de réparations d'entretien, et le nu-propriétaire, faute de grosses réparations.

L'usufruit n'est pas moins défavorable à la libre circulation des biens. On n'achète volontiers ni un droit d'usufruit, à raison de sa précarité, ni un droit de nue-propriété qui dans le présent n'implique que des charges. Aussi le code civil a-t-il multiplié les causes d'extinction de l'usufruit. Nous n'avons pas à en énumérer moins de neuf.

L'usufruit s'éteint toujours à la mort de l'usufruitier. S'il a été constitué sur plusieurs têtes, il finira avec le dernier mourant. Lorsque l'usufruitier est une personne morale, le droit s'éteint par l'expiration d'un délai de trente ans (article 617 et 619).

L'usufruit s'éteint également par l'expiration du temps pour lequel il a été constitué.

Il s'éteint par la consolidation, c'est-à-dire par la réunion sur la même tête de l'usufruit et de la nue-propriété. Ce résultat se produira toutes les fois que l'usufruitier acquerra par voie d'achat ou autrement la nue

propriété, ou lorsqu'au contraire ce sera le nu-propriétaire qui acquerra l'usufruit. L'usufruit dans ce cas
cesse d'être exercé comme un droit distinct de la nue-
propriété. Mais son extinction n'est pas absolue : elle
pourra n'être pas opposable aux tiers. Si le titulaire
d'un usufruit, après avoir donné hypothèque sur ce droit,
acquérait ensuite la nue propriété, on conçoit aisément
qu'il ne lui serait pas permis de dire à ses créanciers
hypothécaires : il n'y a plus d'usufruit, donc plus
d'hypothèque. L'usufruit continuerait d'exister, au re-
gard de ceux-ci, jusqu'au moment où se produirait un
autre mode d'extinction de ce droit.

L'usufruit se perd également par la renonciation.
Cette renonciation peut résulter, soit d'une convention
intervenue entre l'usufruitier et le nu-propriétaire, soit
même d'une simple déclaration de l'usufruitier. Il suffit
dans ce cas que la déclaration soit formelle (article
622). On a voulu quelquefois l'induire de certaines
circonstances, et notamment de la présence de l'usufruitier lors de la vente du fonds. La jurisprudence a refusé
de voir dans ce concours de l'usufruitier à l'acte de
vente la preuve d'une renonciation. Le changement de
propriétaire ne porte aucune atteinte au droit de l'usufruitier, et la présence de ce dernier s'explique tout
naturellement par l'intérêt qu'il peut avoir à éviter des
difficultés pour l'avenir avec le nouveau propriétaire
(Cass. 28 mai 1877).

L'usufruit s'éteint encore par le non usage pendant
trente ans. La même règle s'applique, ainsi que nous le
verrons bientôt, aux servitudes réelles. L'usufruit et les
servitudes tombent par cela seul qu'on n'en use pas. Il
en est autrement du droit de propriété, qui ne se perd
pas par le non-usage. Cette différence résulte de la nature
même des choses. Il faut toujours qu'une chose appar-

tienne à quelqu'un, tandis qu'il n'est nullement nécessaire que la propriété d'un fonds soit démembrée. On
ne peut se trouver dépouillé d'un droit de propriété
qu'autant qu'un autre s'en trouve investi lui-même :
rien n'empêche, au contraire, qu'on cesse d'être usufruitier sans qu'un autre le devienne.

L'usufruit s'éteint encore par la prescription. Si, avant
que l'usufruit s'éteigne par le non-usage, un tiers l'a
possédé pendant dix ou vingt ans, dans les conditions
requises par la loi pour prescrire, le premier usufruit
tombera pour faire place à un autre.

La perte de la chose est également une cause d'extinction de l'usufruit. Si la perte est partielle, l'usufruit
ne s'éteint que partiellement, et il continue de s'exercer sur ce qui reste. Si au contraire la perte est totale, l'usufruit s'éteint pour le tout (articles 623 et 624.)
La loi, dans ce dernier article, a joint l'exemple au précepte. Lorsqu'un usufruit est établi sur un domaine,
et qu'un des bâtiments qui en fait partie se trouve détruit par un incendie, l'usufruitier continue à jouir
du surplus, et il peut continuer à exercer son droit sur le
sol que recouvrait le bâtiment, ainsi que sur les matériaux.
Mais lorsque l'usufruit ne porte que sur le bâtiment
détruit, le droit tout entier s'évanouit, et l'usufruitier
n'a plus le droit de jouir, ni du sol, ni des matériaux.
La perte totale d'une chose s'entend d'ailleurs de non
seulement de son anéantissement matériel et de sa disparition complète, mais encore de tout événement qui
la change au point de lui faire perdre son nom et de la
transformer en une autre chose. C'est ainsi par exemple
que l'usufruit établi sur un étang s'éteindrait si l'étang
venait à être mis à sec par le retrait définitif des eaux ;
il en serait de même de l'usufruit qui serait établi sur
un champ, si ce champ devenait un marais, ou sur

une vigne, si cette vigne était détruite. Toutes les fois, en un mot, que la substance même de la chose sur laquelle porte l'usufruit sera perdue, le droit s'éteindra. Cette interprétation étendue du sens de ce mot perte totale, nous vient du droit romain. Les Romains poussaient si loin ce principe que chez eux l'usufruit établi sur un quadrige (1) cessait par la mort d'un seul cheval.

L'usufruit peut aussi cesser par l'abus que l'usufruitier fait de sa jouissance, soit en commettant ou en laissant commettre des dégradations sur le fonds, soit en le laissant dépérir faute d'entretien. L'abus de jouissance suppose des négligences ou des faits graves et répétés, de nature à compromettre le droit du nu-propriétaire. C'est aux tribunaux qu'il appartient, dans ce cas, de prononcer l'extinction de l'usufruit, et le pouvoir qu'ils exercent alors est un pouvoir discrétionnaire. Il leur appartient, suivant la gravité des circonstances, de prononcer son extinction absolue, ou son extinction partielle, ou de se borner à exiger des garanties de la part de l'usufruitier, ou enfin, lorsqu'ils ordonnent l'extinction de l'usufruit, de subordonner la rentrée du nu-propriétaire dans son immeuble à la charge de payer annuellement à l'usufruitier une somme déterminée. L'article 618 réserve expressément aux créanciers de l'usufruitier le droit d'intervenir dans l'instance pour la conservation de leurs droits : on n'a pas voulu que l'usufruitier, par son mauvais vouloir, pût anéantir le gage de ses créanciers, sans que ceux-ci pûssent se défendre.

L'usufruit s'éteint enfin par la résolution du droit de celui qui l'a établi. Si l'usufruit avait été constitué

---

(1) Le quadrige était un attelage de quatre chevaux.

par une personne qui à ce moment n'était propriétaire que sous condition résolutoire, et si cette condition
résolutoire venait à se réaliser, l'usufruit s'éteindrait.

213. — L'extinction de l'usufruit peut avoir pour
effet de rendre nécessaire, entre le propriétaire et l'usufruitier ou ses héritiers, un règlement de comptes. Il
est possible, ainsi que nous l'avons vu, que l'usufruitier ait fait certains débours pour le compte du nu-
propriétaire, et qu'il soit devenu, de ce chef, créancier
de ce dernier. Il se peut, à l'inverse, qu'il ait commis
des dégradations sur le fonds, qu'il n'ait pas exécuté
toutes les réparations dont il était tenu, qu'il n'ait pas,
en un mot, joui de la chose en bon père de famille.
En cas de difficultés, les tribunaux prononceront, et
le paiement des condamnations qui pourront intervenir sera garanti, à l'égard de l'usufruitier, par la valeur du fonds lui-même, et à l'égard du propriétaire par
la caution qui a dû lui être fournie.

Mais l'usufruitier n'a droit à aucune indemnité pour
les améliorations qu'il prétendrait avoir faites, et qui
résulteraient par exemple de constructions nouvelles,
ou de plantations. Ce n'est pas en effet dans l'intérêt
du nu-propriétaire qu'il a construit ou planté, mais dans
le sien; il a tiré profit de ses travaux aussi longtemps qu'a duré son droit : il n'a dès lors aucune reprise
à exercer (Cass. 23 mars 1825; 21 décembre 1863 et
4 novembre 1885). L'article 599 lui permet seulement
d'enlever les glaces, tableaux et autres ornements qu'il
aurait fait placer, mais à la charge de rétablir les lieux
dans leur ancien état.

214. — Avant de quitter la matière de l'usufruit, il
est nécessaire que nous consacrions quelques lignes à
l'usage, dont il est traité, au Code Civil, dans les articles
625 à 632.

L'usage est un usufruit restreint aux besoins de l'usager et à ceux de sa famille (1).

Il est soumis aux règles de l'usufruit, sauf les particularités suivantes.

L'usage n'est jamais établi par la loi : il dérive toujours de la volonté de l'homme.

Il est interdit à l'usager de donner son droit à bail. Cette interdiction s'explique aisément. L'usage est établi en faveur d'une personne déterminée, et il a pour mesure les besoins de cette personne et de sa famille : ce serait modifier le droit lui-même que de le faire reposer sur une nouvelle tête.

L'usage, par le même motif, ne peut pas être vendu, ni par suite être hypothéqué. Il ne peut pas davantage être l'objet d'une saisie, car la saisie aboutit toujours à une vente. Les créanciers de l'usager n'ont d'autre ressource que de saisir les fruits auxquels celui-ci a droit.

La faculté qu'a l'usager d'un fonds d'en prendre les fruits pour ses besoins et ceux de sa famille ou de ses serviteurs ne va pas jusqu'à lui permettre de prendre des fruits en excédant pour les vendre et pour subvenir, au moyen de leur prix, à ses autres besoins. Si l'usage porte sur un champ de blé, par exemple, le titulaire de ce droit pourra prendre du blé pour faire son pain, mais non pour le porter au marché et acheter ensuite des vêtements ou de la viande.

L'usager peut-il exiger que le fonds soit mis en sa possession? La question est controversée : elle doit se

---

(1) On donne souvent le nom d'usages à un certain nombre de servitudes qui s'exercent dans les bois. La dénomination n'est pas exacte. Nous verrons bientôt que ces prétendus usages constituent des démembrements de la propriété établis, non pas au profit des personnes, mais au profit des héritages, et qu'elles n'ont avec l'usage dont nous nous occupons en ce moment rien de commun que le nom.

résoudre, selon nous, suivant les espèces. L'usager pourra demander à occuper le fonds lorsque son droit en épuisera tous les produits, ou presque tous les produits. Il devra le laisser entre les mains du propriétaire dans le cas contraire, mais il ne sera alors tenu, ni de faire inventaire, ni de donner caution : n'ayant rien à restituer, il ne peut être soumis à aucune des obligations qui sont une conséquence de cette restitution.

L'usager est tenu des mêmes charges que l'usufruitier. S'il absorbe tous les fruits du fonds, il est assujetti à tous les frais de culture, à toutes les réparations d'entretien et au paiement de toutes les contributions. S'il ne prend qu'une partie des fruits, il contribue au prorata de ce dont il jouit (article 635). L'étendue des droits et des obligations de l'usager peut d'ailleurs être déterminée autrement par le titre qui l'a établi, et dont les dispositions sont obligatoires autant qu'elles n'ont rien de contraire à l'ordre public.

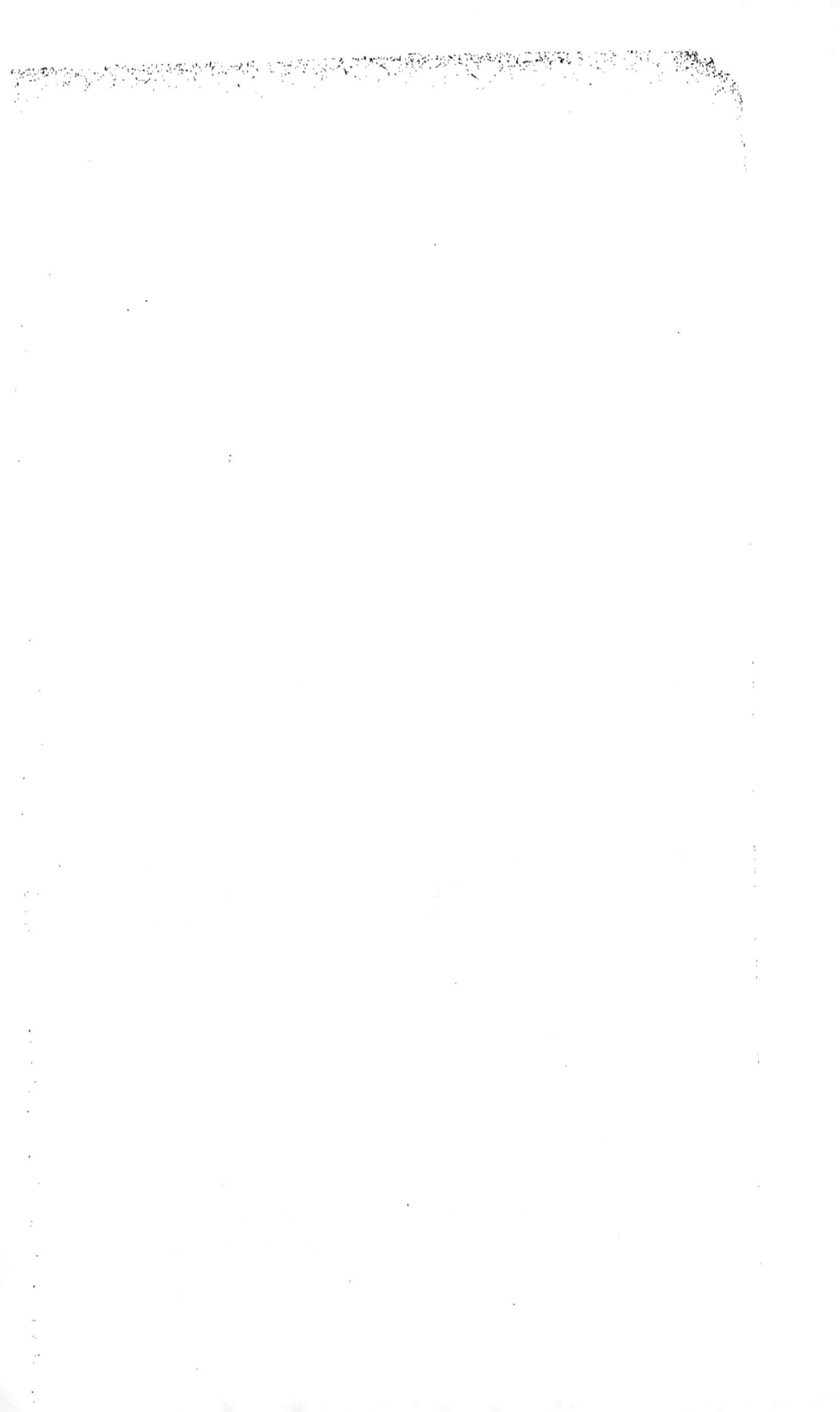

LIVRE III.

DES SERVITUDES OU SERVICES FONCIERS.

215. — Lorsque le droit de propriété est démembré, ce peut être au profit d'une personne ou au profit d'un fonds. Nous venons d'étudier les démembrements de la propriété qui sont opérés dans l'intérêt des personnes : ce sont l'usufruit et l'usage, qu'on appelle quelquefois servitudes personnelles. Il nous reste à faire connaître les démembrements de la propriété qui sont ou peuvent être établis non pas au profit d'une personne, mais au profit d'un fonds : ce sont les servitudes réelles ou prédiales, qu'on appelle aussi quelquefois services fonciers.

A la différence des servitudes personnelles, elles ne peuvent jamais être établies sur des meubles : elles sont, aux termes de l'article 637 du Code civil, des charges imposées sur les héritages pour l'usage et l'utilité d'héritages appartenant à d'autres propriétaires. Le sujet et l'objet du droit sont donc essentiellement des immeubles.

Le législateur voit les servitudes réelles avec faveur. Sans elles, la culture serait souvent entravée : les servitudes de pacage, d'abreuvoir, d'aqueduc, de passage rendent aux agriculteurs les plus grands services. La

loi en a créé elle-même un grand nombre et elle en reconnaît trois espèces : les servitudes qui dérivent de la
situation des lieux, les servitudes établies par la loi, et
les servitudes établies par le fait de l'homme.

216. Il faut reconnaître toutefois avec la jurisprudence
et avec la très grande majorité des auteurs que la plupart des servitudes classées dans les deux premières catégories n'en sont pas. Toute servitude en effet suppose
nécessairement une restriction du droit de propriété
imposée à un fonds déterminé au profit d'un autre
immeuble : qui dit servitude suppose un fonds dominant et un fonds servant. Or, la plupart de ces prétendues servitudes constituent en réalité le droit commun de la propriété : elles n'impliquent aucun démembrement de ce droit, ni aucune modification dans
l'exercice de ses attributs.

Considérons par exemple le droit d'exiger le bornage
et celui de se clore. Les rédacteurs du code les ont classés parmi les servitudes qui dérivent de la situation des
lieux, et cependant ni l'un ni l'autre de ces deux droits
ou de ces deux obligations, suivant le point de vue auquel on se place, n'implique aucun avantage d'un fonds
sur un autre. Le bornage est une conséquence légale du
voisinage : il peut être demandé soit par l'un soit par
l'autre des deux propriétaires voisins. Le droit de se
clore est un attribut essentiel du droit de propriété et
n'a rien de commun avec une servitude.

Le Code a également classé parmi les servitudes établies par la loi la mitoyenneté des murs, des fossés et
des haies. Ici encore la classification est inexacte. La
mitoyenneté, nous l'avons vu, est une forme particulière de la propriété. Ce n'est pas une servitude.

Parmi les nombreuses restrictions au droit de propriété que la loi a classées parmi les servitudes natu-

relles ou légales, il en est une pourtant qui a bien ce
caractère, c'est la servitude de passage établie en faveur
du fonds enclavé. Nous trouvons en elle les caractères
constitutifs d'une véritable servitude, car il en résulte
une charge, non réciproque, établie sur un fonds en
faveur d'un autre fonds. Il y a bien ici un fonds dominant, celui qui est enclavé, et un fonds servant, celui
qui doit le passage.

Nous étudierons successivement les règles relatives à
la servitude de passage en cas d'enclave, et celles qui
concernent les servitudes établies par le fait de l'homme.

I. — *Servitude légale de passage en cas d'enclave*
(articles 682 à 686 du Code civil) (1).

217. — Un fonds enclavé, c'est celui qui n'a pas
d'issue, ou qui n'a qu'une issue insuffisante sur la voie
publique. Si le propriétaire de ce fonds était tenu, pour
obtenir passage, de s'entendre avec ses voisins, ceux-ci
pourraient mettre à la concession de cette faveur un prix
inacceptable ou même refuser absolument le passage.
La loi n'a voulu permettre ni l'un ni l'autre. Elle a
décidé que le propriétaire du fonds enclavé pourrait réclamer un passage, à la charge d'une indemnité qui en
cas de désaccord serait fixée par les tribunaux.

Nous allons nous demander : 1° qui peut réclamer le
passage; 2° dans quels cas; 3° sur quels fonds; 4° à quelles
conditions; 5° jusqu'à quel moment.

218. — Qui peut réclamer le passage?

Pas de doute pour le propriétaire du fonds enclavé.
Pas de doute non plus pour l'usufruitier et l'usager.L'u-
sufruit en effet, c'est le droit de jouir des choses comme
le propriétaire lui même; il implique dès lors, en sa

(1) Ces articles ont été remaniés tout récemment, en même temps que
ceux relatifs aux clôtures mitoyennes et à la distance des plantations,
par la loi du 20 août 1881.

qualité de droit réel, la faculté de faire lever les obstacles qui s'opposeraient à son exercice. L'usage est un usufruit restreint qui comporte la même prérogative. Mais un simple fermier ne pourrait réclamer le passage : il faudrait qu'il le fît réclamer par le propriétaire ou l'usufruitier de qui il tient son droit.

219. — Dans quel cas le passage peut-il être réclamé?

Il faut que le fonds enclavé n'ait aucune issue sur la voie publique, ou n'ait qu'une issue insuffisante.

L'ancien article 682 n'accordait expressément le passage qu'autant qu'il n'y avait aucune issue sur la voie publique, mais la Cour de Cassation avait assimilé l'insuffisance des accès à leur absence complète. Elle l'avait fait en s'inspirant du but poursuivi par les rédacteurs du code. Ce but a été en effet de rendre possible l'exploitation des fonds enclavés; or, l'insuffisance d'issue peut constituer un obstacle absolu à la culture d'un champ. S'il faut pour parvenir à ce champ suivre un sentier étroit, impraticable pour les attelages et même pour les bêtes de somme, de telle sorte que l'enlèvement des récoltes soit impossible, autant vaudrait n'avoir aucune issue. La jurisprudence de la Cour de Cassation a été expressément consacrée par la loi du 20 août 1881, et aucune difficulté ne peut plus s'élever sur le principe. Mais quand devra-t-on considérer qu'une issue est insuffisante?

Il n'est pas possible de formuler sur ce point de règle absolue et universelle. Ce sera aux tribunaux d'apprécier chaque espèce. Ce qui est certain, c'est que le passage ne peut être réclamé qu'en cas de nécessité. Il ne suffirait donc pas, pour l'obtenir, de justifier d'un simple intérêt. Lorsqu'un fonds par exemple est entouré de trois côtés par une terre voisine et borné du quatrième par un fleuve qui permet au propriétaire, sans difficultés et incon-

vénients graves, d'accéder à son fonds et d'enlever ses récoltes en bateau, la servitude ne pourra pas être invoquée (Cass. 31 mars 1885). La même solution devrait
être admise à plus forte raison si le cours d'eau qui procure l'issue était guéable, ou s'il était desservi par un
bac (Cass. 30 avril 1855). Le propriétaire qui, de fait,
a une issue sur la voie publique ne pourrait pas non
plus réclamer le passage sous le prétexte que l'issue qu'il
possède n'est que le résultat d'une pure tolérance. Il
lui serait répondu que le droit de passage en cas d'enclave ne s'établit que par la nécessité, et qu'on ne peut
dire qu'il y a nécessité quand le passage est exercé sur
le fonds voisin, sans aucune réclamation de la part du
propriétaire (Cass. 19 mai 1884). Le passage pourrait
encore être refusé si, un fonds étant actuellement privé
de tout accès à la voie publique, il était possible de
lui procurer une issue au moyen de travaux faciles à
exécuter et peu dispendieux (Colmar 26 mars 1831).
Dans ce cas en effet, on ne peut pas dire que le passage
est nécessaire. Mais on considérera au contraire qu'il y
a enclave et que le passage peut être réclamé lorsqu'une
parcelle, bien que riveraine d'une voie publique, ne peut
pas cependant communiquer avec elle à raison de la dé-
clivité excessive du sol qui ne permet ni d'y faire monter
ni d'y faire descendre les chairots (Cass. 15 janvier
1868), car il n'y a véritablement pas dans ce cas d'issue
pour les attelages. Il en sera de même si, pour établir
une autre issue, le propriétaire est obligé de faire des
dépenses qui excèdent la valeur de son héritage (Cass.
17 janvier 1882).

Lorsque par suite d'un nouveau mode d'exploitation,
le passage exercé jusque-là devient insuffisant, le propriétaire du fonds enclavé pourra en demander l'élargissement, et même, lorsque cet élargissement n'est pas

possible, le déplacement. Si par exemple le propriétaire du fonds enclavé y découvre des gisements de phosphate de chaux, ou une carrière, et s'il se décide à exploiter ces richesses souterraines, la servitude pourra être considérablement aggravée sans que celui qui fournit le passage puisse prétendre à autre chose qu'un supplément d'indemnité. Cette solution avait été admise par la Cour de Cassation bien avant la loi du 20 août 1881 (arrêt du 8 juin 1836); il résulte des travaux préparatoires de cette loi, et notamment du rapport présenté au Sénat, que les rédacteurs du nouvel article 682 ont entendu consacrer cette interprétation.

Il n'y a pas d'ailleurs de distinction à faire suivant le caractère agricole ou industriel de l'exploitation du fonds enclavé : le passage est dû pour une usine ou pour un atelier aussi bien que pour une prairie ou un vignoble. Il est dû également pour un terrain bâti aussi bien que pour un terrain nu.

220. — Nous avons vu que la raison d'être de la servitude de passage en cas d'enclave était sa nécessité. C'est aussi la nécessité qui l'a fait admettre quelquefois pour les réparations à faire aux murs de clôture. Quand ces murs sont mitoyens, leur entretien est obligatoire pour les deux voisins, et chacun d'eux est tenu, non seulement de supporter la présence des ouvriers sur son fonds, mais encore de contribuer à la dépense. Aucune difficulté ne peut alors s'élever. Mais quand le mur appartient exclusivement à l'un des deux propriétaires, et qu'il joint immédiatement l'héritage voisin, comment ce propriétaire s'y prendra-t-il pour effectuer les réparations qui deviendront nécessaires sur la face extérieure de son mur? Pourra-t-il exiger de son voisin que celui-ci lui livre passage? Il le pouvait autrefois : le droit au passage existait dans notre ancien droit à titre de ser-

vitude légale. On appelait cette servitude le tour d'échelle. Mais elle n'a pas été conservée par le Code civil et elle a disparu en même temps que les anciennes coutumes (Grenoble, 17 mai 1870). Comme il faut malgré tout que les murs puissent se réparer, on a songé à faire usage de l'article 682 du Code civil, et on a soutenu que dans ce cas le passage est nécessaire pour l'exploitation du bâtiment dont fait partie le mur à entretenir. Mais la jurisprudence s'est montrée peu favorable à ce système (Poitiers, 17 février 1875; Bordeaux, 24 janvier 1882). La Cour de Bordeaux a, dans l'arrêt ci-dessus, fait remarquer avec raison que celui qui construit un mur à l'extrême limite de son immeuble commet une imprudence dont son voisin n'est pas tenu de supporter les conséquences.

221. — La servitude de passage en cas d'enclave pourrait-elle être réclamée en faveur de l'exercice du droit de vaine pâture?

La question, à notre connaissance, ne s'est pas présentée devant les tribunaux. Nous croyons qu'il faudrait la résoudre affirmativement. La conduite de bestiaux à la vaine pâture est un acte d'exploitation du domaine auquel ces animaux sont attachés; il rentre par là dans l'hypothèse prévue par l'article 682.

222. — Sur quels fonds le passage doit-il être accordé?

D'après l'article 683, le passage doit régulièrement être pris sur le fonds qui fournit le trajet le plus court du fonds enclavé à la voie publique; d'autre part, le fonds qui doit la servitude étant ainsi déterminé, le passage doit y être fixé dans l'endroit le moins dommageable.

La servitude de passage peut être imposée à tous les fonds voisins de l'héritage enclavé, quelle que soit leur nature physique : tous y sont virtuellement soumis, les enclos aussi bien que les terrains ordinaires. La seule

faculté que la loi réserve au propriétaire du fonds servant, c'est d'exiger que la servitude soit exercée dans
les conditions les moins préjudiciables, ce qui est d'ailleurs tout aussi conforme à l'intérêt de l'autre propriétaire qu'au sien, puisque l'indemnité sera, dans ce cas,
moins considérable.

Cette règle comporte toutefois trois exceptions importantes, résultant toutes les trois de la loi elle-même.

Il arrive souvent que l'enclave résulte de la division,
par suite de partage ou d'aliénation partielle, d'un
immeuble qui avait auparavant, dans son intégrité,
accès sur la voie publique. Les parties qui ont divisé
le fonds ne pourront pas, dans ce cas, imposer aux propriétaires voisins l'obligation de fournir un passage au
profit de la parcelle enclavée : l'exploitation devra toujours avoir lieu comme auparavant, et ce sera la parcelle
demeurée riveraine de la voie publique qui fournira le
passage à la nouvelle enclave. Il n'est pas permis, en
effet, à un propriétaire d'aggraver, par des conventions
intervenues entre lui et des tiers, la situation des fonds
voisins par rapport au sien. Lorsque la division du fonds
résulte d'une vente, d'un échange, d'un partage, les parties contractantes doivent se garantir l'une et l'autre
contre les inconvénients de cette division. Il ne leur appartient pas, dans tous les cas, de grever les propriétaires
voisins d'une servitude nouvelle : à l'égard de ces derniers, l'enclave nouvelle n'existera donc pas. Cette exception à la règle que le passage doit être fourni du côté
où le trajet est le plus court avait déjà été admise par la
jurisprudence sous l'empire des anciens articles du Code
(Cass., 27 avril 1868). Elle a été consacrée expressément par le nouvel article 684. C'est seulement au cas
où, par suite d'une modification matérielle de l'état des
lieux, ou d'un changement dans le mode d'exploitation

du fonds, il deviendrait impossible d'établir un passage suffisant sur la parcelle demeurée riveraine de la voie publique que les fonds voisins pourraient être tenus de le fournir (article 684, § 2; Cass., 25 février 1874).

La seconde exception résulte de l'article 683. Bien que la servitude soit, en principe, applicable à tous les fonds riverains, les rédacteurs du Code ont cependant réservé aux tribunaux un certain pouvoir d'appréciation. Au lieu de dire : le passage *ser a toujours pris* du côté où le trajet est le plus court, l'article 683 se borne à décider que le passage *doit régulièrement être pris* de ce côté. Si l'un des fonds voisins est bâti, et si les autres sont des terrains nus, le passage pourra être fixé sur l'un de ceux-ci, bien que le terrain bâti et enclos soit celui qui fournisse le trajet le plus court. Ce sera aux tribunaux, chargés d'appliquer la règle, de lui faire subir dans ce cas les exceptions qui pourront être commandées par les circonstances (Paris, 9 février 1866). Le propriétaire du fonds servant n'est d'ailleurs tenu de fournir le passage que dans la mesure où le mode d'exploitation du fonds le rend nécessaire. Il conserve toujours le droit de se clore, à charge de remettre une clef au propriétaire du fonds enclavé. Il peut exercer, en un mot, toutes les prérogatives du droit de propriété qui ne sont pas inconciliables avec l'existence de la servitude. C'est la nécessité seule qui justifie le passage; c'est elle qui détermine la mesure dans laquelle il peut être exercé.

La troisième exception résulte de l'article 685, qui n'a fait, lui aussi, que consacrer la jurisprudence antérieure. Cet article porte que l'assiette et le mode de la servitude de passage pour cause d'enclave sont déterminés par trente ans d'usage continu.

Il importe de bien se rendre compte de la portée de cette exception.

En décidant que le passage doit être pris du côté où le trajet est le plus court, la loi n'a fait que formuler le principe. Aux parties intéressées, et aux tribunaux d'en faire l'application. Lorsqu'un fonds est enclavé, on recherche d'abord quel est celui des fonds voisins qui offre le trajet le plus court et quelle est la partie de ce fonds sur laquelle le passage doit être pris : on détermine ainsi l'assiette de la servitude. On recherche ensuite de quelle manière le passage doit être exercé, en quelle saison, dans quelles conditions : on détermine ainsi le mode d'exercice de la servitude. Le plus souvent, il interviendra entre les intéressés un accord amiable, ou à défaut d'accord un règlement judiciaire. Mais il peut se faire aussi que sans rien demander à personne, le propriétaire du fonds enclavé exerce son droit de passage sur l'un des fonds voisins, et que cet état de choses dure plus ou moins longtemps. Aura-t-il au bout d'un an acquis les actions possessoires, et au bout de trente ans le droit lui-même ? C'est à cette question que répond affirmativement l'article 685.

La question pouvait faire doute. Nous avons déjà vu, en effet, en étudiant les actions possessoires, et nous verrons de nouveau en étudiant les modes d'acquisition des servitudes résultant du fait de l'homme, que les actes de simple tolérance ne peuvent fonder ni possession ni prescription; or, le passage est un acte de simple tolérance. Il semble donc que, dans la rigueur des principes, le fait d'avoir exercé le passage sur un fonds pendant un temps plus ou moins long aurait dû être considéré comme ne pouvant servir de fondement à aucun droit.

Le législateur se s'est pas cependant arrêté à cette objection, et il a eu raison, car la servitude de passage en cas d'enclave diffère essentiellement de la servitude de passage ordinaire. Il ne faut pas oublier que la première existe de par la loi, que son existence est indépendante de son exercice, et que ce qu'il s'agit de prescrire, ce n'est pas la servitude, mais seulement ses modalités. Si le propriétaire du fonds enclavé a le droit de passage, ce n'est pas parce que son voisin le tolère, mais parce que la loi le lui donne; son droit n'a rien de précaire, car il s'exerce en vertu d'un titre légal. Aussi la Cour de cassation a-t-elle toujours admis que ce propriétaire pouvait, pour la sauvegarde de ses droits, exercer les actions possessoires (Cass., 4 janvier 1875 et jurisprudence constante). Et si pendant trente ans, la servitude est exercée à la même place sans contestation de la part de celui qui la subit, il ne sera plus possible à ce dernier de prétendre que le passage doit être pris, soit sur un fonds voisin, soit sur une autre partie de son propre terrain : l'assiette et le mode de la servitude seront prescrits (1).

Il importe de remarquer que la prescription ainsi réalisée ne sera pas opposable seulement au propriétaire du fonds servant, et qu'elle le sera également au propriétaire du fonds enclavé. Celui-ci ne pourra plus demander un autre passage, car la servitude ne peut être réclamée qu'au profit de fonds qui n'ont pas d'issue, et telle n'est plus la situation du fonds au profit duquel un droit de passage a été acquis par prescription.

223. — Quelles sont les conditions auxquelles est subordonné le passage?

Il faut distinguer à cet égard, d'une part les conditions

(1) Sauf l'application de l'article 701 d'après lequel le propriétaire du fonds servant peut offrir au propriétaire de l'autre fonds un endroit aussi commode pour l'exercice de ses droits, sans que celui-ci puisse le refuser.

relatives à l'existence du droit et, d'autre part celles qui portent sur son exercice. La servitude, nous l'avons vu, existe par cela seul qu'un fonds n'a pas d'issue sur la voie publique, ou n'a qu'une issue insuffisante : le fait seul de l'enclave implique par conséquent le droit de passer sur celui des fonds voisins qui fournit le trajet le plus court. Le passage exercé dans ces conditions est licite, et son auteur n'encourt aucune des pénalités édictées par l'article 475 n°s 9 et 10 contre ceux qui passent eux-mêmes ou qui laissent passer leurs bestiaux sur les terres en état de production (Cass., 27 décembre 1884).

Mais l'exercice de la servitude ne peut avoir lieu qu'à la charge d'une indemnité proportionnée au dommage qu'elle peut occasionner.

Cette indemnité, en cas de contestation, sera fixée par le juge. Elle pourra cependant n'être pas due si l'enclave provient d'une division du fonds, c'est-à-dire d'une vente, d'un échange ou d'un partage : il est même naturel de supposer, dans ce cas, que les parties, en créant l'enclave, se sont tacitement donné ou réservé le droit d'exercer sans indemnité la servitude de passage, et que la charge qui en résulte se trouve compensée par d'autres clauses de l'acte qui est intervenu entre elles.

Lorsqu'une indemnité est due, son paiement doit être réclamé dans les 30 ans qui suivent le premier acte de passage. La prescription de l'action en paiement commence à courir dès ce moment (Cass., 2 mai 1869), lors même qu'il ne serait encore intervenu entre les parties aucun accord ni aucun jugement au sujet des conditions d'exercice de la servitude.

224. — Il nous reste à rechercher comment la servitude cesse.

La servitude cesse avec la cause qui l'a produite, c'est-à-dire avec l'enclave. Lorsque par suite de l'établissement d'un nouveau chemin, ou de la réunion du fonds enclavé à une parcelle riveraine d'une voie publique, ce fonds recouvre une issue, la servitude perd toute raison d'être.

Il n'en serait différemment, et la servitude ne pourrait survivre à la cessation de l'enclave que dans les deux cas suivants : ou bien si elle avait été exercée pendant 3o ans suivant une assiette et un mode déterminés (Cass., 19 juin 1872; 26 août 1874; 21 avril 1875); ou bien si l'enclave était le résultat d'un partage ou d'un acte d'aliénation partielle. Dans l'un comme dans l'autre de ces deux cas, le propriétaire du fonds enclavé peut en effet, à défaut de titre légal, invoquer une cause régulière d'acquisition. Le droit de passage lui est irrévocablement acquis, soit par l'effet de la prescription, soit par l'effet de la convention tacite intervenue au moment de l'acte de vente, d'échange ou de partage (Cass., 1er août 1861).

Lorsque, conformément à la règle générale, la cessation de l'enclave entraîne la cessation de la servitude, l'indemnité qui a pu être fixée antérieurement cesse d'être due si elle était annuelle, et elle doit être restituée au moins en partie si elle avait été payée en une seule fois.

225. — En dehors du cas d'enclave, il y a certaines circonstances dans lesquelles il est permis de passer sur le fonds d'autrui.

Lorsqu'un chemin public est impraticable, il est permis de passer sur les fonds riverains, lors même que ceux-ci seraient chargés de récoltes. Ici encore le droit de passage se justifie par la nécessité. L'indemnité qui peut être due aux propriétaires des héritages traversés est à la charge de la commune, qui aurait dû maintenir ses chemins en état de viabilité (Loi des 28 septembre — 6 octobre 1791, titre 2, article 41).

Nous savons encore que le propriétaire d'un essaim d'abeilles peut le poursuivre sur le fonds d'autrui, lorsque l'essaim s'y est posé. (Même loi, titre 1, section 3, article 5).

Enfin, on admet généralement que le propriétaire d'objets enlevés par les eaux peut, pour les ressaisir, pénétrer sur le fonds dans lequel ils ont été entraînés.

II. — Des servitudes établies par le fait de l'homme.

226. — Ce sont celles qu'il plaît aux propriétaires d'établir ou de laisser établir sur leurs fonds. On comprend sous ce nom : 1° les servitudes conventionnelles; 2° celles qui résultent de la prescription; 3° celles qui résultent de la destination du père de famille.

Les rédacteurs du Code ont pris soin de rappeler à ce propos que les servitudes réelles sont, par essence, des charges imposees à un héritage en faveur d'un autre héritage et qu'il n'est permis de les imposer ni à une personne ni en faveur d'une autre personne. C'est une règle sur laquelle nous sommes forcés de revenir un instant.

Il importe de bien se rendre compte de ce caractère essentiel des servitudes. Si deux propriétaires voisins convenaient que l'un d'eux, le propriétaire du fonds A, labourera le fonds B, cette convention ne créerait pas de servitude, car s'il est vrai, dans ce cas, que la charge stipulée est établie au profit d'un fonds, elle n'est pas imposée à un autre fonds, mais au contraire à une personne. Une telle convention ne pourrait constituer qu'un contrat de louage d'ouvrage, auquel devraient être appliquées les règles qui régissent ce dernier contrat et qui sont toutes différentes de celles qui s'appliquent aux servitudes. L'obligation de labourer notamment devrait prendre fin à la mort de celui qui l'aurait contractée, tandis que la servitude, de sa nature, est perpétuelle.

Prenons un autre exemple. Deux propriétaires conviennent que l'un d'eux, le propriétaire du fonds A, pourra se promener sur le fonds B. Auront-ils créé une servitude? Non, car si la charge est imposée sur un fonds, elle ne l'est pas en faveur d'un autre fonds. Le droit de promenade ainsi stipulé n'est pas de nature à augmenter la valeur d'un héritage; il ne procure à celui qui en est investi qu'un agrément personnel. La convention ne sera pas nulle, mais au lieu de créer une servitude, elle ne fera naître qu'un simple droit d'usage, qui s'éteindra, comme tout droit semblable, à la mort de celui qui l'aura acquis (article 686).

La règle ainsi posée par le Code n'a pas été sans donner lieu, dans l'application, à un grand nombre de difficultés.

Supposons que deux propriétaires voisins s'entendent pour que la chasse du fonds A soit attribuée à perpétuité aux détenteurs du fonds B. Cette convention créera-t-elle une servitude? Oui, si l'on peut considérer que c'est en faveur du fonds B que la stipulation a été faite. Non, si l'on ne peut y voir qu'une convention faite en faveur des personnes. La Cour de Cassation (4 janvier 1860) a résolu la question d'une manière affirmative. Mais cette solution est loin d'être acceptée par l'unanimité des auteurs.

Les mêmes difficultés se sont présentées au sujet de ce qu'on appelait autrefois les banalités. Quand la féodalité dominait en France, les habitants des communes étaient contraints à se servir de certains moulins, de certains fours, de certains pressoirs déterminés, et il leur était interdit de faire à leur usage aucune construction de ce genre. Ces moulins, fours ou pressoirs étaient banaux, et le droit qu'avaient leurs propriétaires d'en imposer l'usage s'appelait droit de banalités. Parmi ces banalités, il y en avait de légales, c'est-à-dire fondées sur les coutumes, et d'autres qui étaient conventionnelles. Les premières ont disparu avec les autres droits féodaux, mais les secondes ont été maintenues (Cass., 5 février 1816; Avis du Conseil d'État du 3 juillet 1808) (1). Il existe donc actuellement un certain nombre de banalités, et rien n'empêche que leur nombre ne s'accroisse encore, car il est toujours permis à deux propriétaires de convenir qu'ils se serviront du même pressoir, du même four, du même moulin. Y aura-t-il dans ce cas une servitude? Oui, si l'on peut y voir une charge imposée à un fonds au profit d'un autre fonds. C'est ainsi que la Cour de cassation a décidé que l'obligation pour le propriétaire d'un fonds dans lequel se trouve un moulin de moudre le blé provenant d'un fonds voisin constitue une servitude lorsque c'est en faveur, non pas de la personne, mais du fonds, qu'elle a été établie (Cass., 6 juillet 1874). La même solution devrait être admise s'il s'agissait d'un pressoir. Le propriétaire du moulin ou du pressoir pourra bien, quelquefois, être tenu à certaines prestations, mais ce ne sera que d'une manière tout à fait accessoire : le sujet et l'objet du droit n'en seront pas moins deux héritages.

227. — Les servitudes établies par le fait de l'homme se distinguent entre elles, soit au point de vue de leur objet, soit au point de vue de la manière dont elles s'exercent.

Au point de vue de leur objet, elles sont urbaines ou rurales. Sont urbaines, celles qui sont établies pour l'usage des bâtiments, que ces bâtiments soient situés

(1) Nous rappelons à nos lecteurs qu'à cette époque les avis du Conseil d'État, approuvés par l'Empereur, avaient force de loi.

à la ville ou à la campagne. Sont rurales, celles qui sont établies pour l'usage des fonds de terre. La distinction n'a pas, dans notre droit, d'intérêt pratique.

Au point de vue de la manière dont elles s'exercent, les servitudes se divisent en servitudes continues ou discontinues, apparentes ou non apparentes. Ces distinctions présentent, ainsi que nous le verrons bientôt, le plus grand intérêt au point de vue de l'acquisition ou de l'extinction des servitudes.

Les servitudes sont continues lorsqu'elles peuvent s'exercer sans le fait actuel de l'homme. Telle est une servitude de conduite d'eau, car une fois la conduite établie, l'eau y passe d'elle-même. Souvent, pour faire couler l'eau, il est nécessaire de lever une vanne, ou d'ouvrir une écluse : la servitude n'en sera pas moins continue, car si l'ouverture de la vanne ou de l'écluse exige le fait de l'homme, la servitude s'exerce ensuite toute seule (Cass., 25 octobre 1887).

Telle est encore la servitude d'égout. D'après le droit commun de la propriété, personne n'a droit de diriger ses eaux pluviales sur le fonds d'autrui ; mais, ce droit, on peut l'acquérir. Il constitue alors une servitude qui est de sa nature continue (article 687). Sans doute, il ne pleut pas toujours, mais quand il pleut, la servitude s'exerce d'elle-même.

Les servitudes de vue sont également des servitudes continues (Cass., 19 octobre 1886). Elles consistent dans le droit d'avoir des vues ou des fenêtres d'aspect sur l'héritage voisin, à une distance moindre que la distance légale.

Les servitudes discontinues sont au contraire celles qui ont besoin du fait actuel de l'homme pour être exercées. La servitude qui consiste pour un fonds à recevoir les eaux ménagères du fonds voisin, et qu'on appelle la servitude d'évier, est discontinue, car, pour que les eaux s'écoulent, il est nécessaire qu'elles aient été jetées par l'homme dans l'évier (Cass., 17 février 1875). Sont également discontinues les servitudes de passage, de puisage et de pacage, c'est-à-dire toutes ou presque toutes les servitudes rurales.

Les servitudes apparentes sont celles qui s'annoncent par un signe extérieur, comme une porte, une fenêtre, un aqueduc.

Les servitudes non apparentes sont celles qui n'ont pas de signe extérieur de leur existence, comme par exemple la prohibition de ne pas planter sur un fonds, ou de n'y pas cultiver certaines plantes (article 689).

On distingue encore les servitudes en servitudes positives et servitudes négatives. Les servitudes sont positives quand leur exercice consiste dans un acte que le propriétaire du fonds dominant peut faire, et que le propriétaire du fonds servant ne peut empêcher : le passage, par exemple.

Elles sont négatives quand elles consistent dans l'interdiction, pour le propriétaire du fonds servant, de faire certains actes, comme planter, bâtir, etc.

228. — Quelle est l'étendue des droits que peuvent conférer les servitudes ?

L'usage et l'étendue des servitudes établies par le fait de l'homme se règlent, avant tout, par le titre qui les constitue (article 686, § 2). S'il s'agit d'une servitude de passage, par exemple, ce sera à la convention qui aura créé la servitude qu'on devra se reporter pour savoir si cette servitude comporte le droit de passer en toute saison, ou seulement à certaines époques, si elle ne comporte que le passage à pied, ou si elle permet le passage en voiture. S'il s'agit d'une servitude d'abreuvoir, c'est encore au titre qu'on s'adressera pour

savoir à quelles heures le propriétaire du fonds dominant pourra exercer la servitude, combien il pourra y
envoyer de têtes de bétail, etc.

Mais il peut se faire que le titre (1) soit muet sur le
mode d'usage et sur l'étendue de la servitude. Le législateur a fixé lui-même, pour ce cas, les règles suivantes :

C'est au propriétaire du fonds dominant à faire tous
les travaux nécessaires pour l'établissement et la conservation de la servitude : le propriétaire du fonds servant
n'en est jamais tenu si le titre d'établissement de la
servitude ne dit formellement le contraire. Cette règle
se justifie aisément : quand on a sur un fonds un
droit réel, propriété, usufruit ou servitude, on peut
exiger de tous le respect de ce droit, mais rien de plus.
Le propriétaire peut exiger qu'on le *laisse faire*, mais
il ne peut pas demander, à moins qu'il ne l'ait formellement stipulé par une convention particulière, qu'on
fasse rien pour lui faciliter l'exercice de son droit. S'il
en est ainsi pour le propriétaire lui-même, on conçoit
qu'à plus forte raison il doit en être de même pour
celui qui n'est titulaire que d'un démembrement de
la propriété.

En règle générale, c'est donc au propriétaire du fonds
dominant qu'incombe l'empierrement du chemin par lequel il doit passer, l'établissement et l'entretien de la
rampe qui doit mener ses bestiaux à l'abreuvoir, les dépenses à faire pour mettre le puits en état. Le propriétaire
du fonds servant ne serait tenu d'y contribuer, dans le
silence du titre, que s'il usait lui-même des travaux exé-

---

(1) Si la servitude avait été établie, non par un titre, mais par prescription ou destination du père de famille, on devrait prendre pour guide, soit
l'étendue et le mode de la possession, soit l'intention de l'ancien propriétaire. Nous reviendrons bientôt sur ce point.

cutés par le propriétaire du fonds dominant et s'il con-
tribuait ainsi à rendre des réparations nécessaires.

Il est également de principe que les servitudes doivent
être restreintes à ce qui est indispensable. Comme
elles dérogent à la liberté naturelle des propriétaires,
elles doivent être appliquées restrictivement. Si j'acquiers un droit de passage sur le fonds d'autrui, sans
que mon titre indique l'endroit où je pourrai passer, je
n'aurai pas la liberté de choisir le passage qui me plaira;
ce passage me sera donné par l'endroit qui sera le moins
incommode au propriétaire du fonds asservi. Si le titre
ne me donne pas expressément le droit de passer à cheval et en voiture, je ne pourrai passer qu'à pied, à moins,
bien entendu, que le passage n'ait été stipulé en vue d'actes qui exigent nécessairement l'emploi de chevaux et de
voitures, comme l'exploitation agricole d'un fonds, et
que l'intention des parties contractantes ait bien été de
créer une servitude de passage en voiture.

Il est encore de règle que la servitude une fois établie
doit demeurer ce qu'elle est, et que le propriétaire du
fonds dominant ne peut faire aucun changement qui
aggrave la condition du fonds assujetti (article 702). Il
peut se faire cependant que, par la force même des
choses, cette servitude subisse une certaine aggravation,
sans que le propriétaire du fonds qui la doit puisse s'en
plaindre. Lorsque le fonds dominant vient à être divisé,
par suite d'un partage par exemple, la servitude de passage, ou celle de puisage pourront être exercées plus
souvent, car la servitude reste due en faveur de chaque
portion du fonds dominant, et chacun des nouveaux
propriétaires peut en user pour sa part comme s'il était
seul à le faire. L'article 700 exige, il est vrai, que la
condition du fonds assujetti ne soit pas aggravée plus
qu'il n'est nécessaire, et par exemple, lorsqu'il s'agit

de passage, que tous les propriétaires s'entendent pour l'exercer au même endroit, mais il n'en résulte pas moins, de ce fait, un certain supplément de charges.

229. — Nous savons que le propriétaire du fonds servant n'est pas tenu, du moins en règle générale, de faciliter l'exercice de la servitude. Il ne peut, en revanche, jamais rien faire qui tende à en diminuer l'usage ou à le rendre plus incommode. S'il doit le passage, il ne pourra se clore qu'à la condition de ménager au propriétaire du fonds servant une ouverture (Cass., 15 février 1870). Il ne lui appartiendra pas non plus de changer l'état des lieux, ni de transporter l'exercice de la servitude dans un endroit différent de celui qui lui avait été précédemment assigné (article 701). Les rédacteurs du Code ont toutefois admis un tempérament à cette dernière règle. Si l'assignation primitive était devenue plus onéreuse au propriétaire du fonds assujetti, ou si elle l'empêchait d'y faire des réparations avantageuses, il pourrait offrir au propriétaire de l'autre fonds un endroit aussi commode pour l'exercice de ses droits, et celui-ci ne pourrait pas le refuser.

Sauf ce tempérament, qui a été admis par le législateur moins encore dans l'intérêt du fonds assujetti que dans l'intérêt général de la propriété, la servitude, une fois établie, doit toujours s'exercer de la même manière. La division du fonds servant, par suite de partage, ne pourrait avoir aucun effet sur la servitude. Le propriétaire du fonds dominant passerait dans ce cas sur toutes les parcelles comme il passait auparavant sur le fonds non morcelé.

230. — Comment les servitudes s'acquièrent-elles ?

Les servitudes peuvent s'acquérir par titre, par prescription, par destination du père de famille.

Par titre. — On entend par là un acte juridique intervenu à l'effet de créer une servitude : vente, échange, donation. On peut créer de cette manière toute espèce de servitudes.

Par prescription. — On ne peut acquérir par prescription que les servitudes qui sont à la fois continues et apparentes. Quant à celles qui sont non apparentes ou discontinues, elles ne peuvent s'acquérir que par titre. Si en effet elles ne sont pas apparentes, on ne peut faire au propriétaire du fonds assujetti le reproche de ne pas en avoir interrompu l'exercice. Si elles ne sont pas continues, comme elles sont alors peu gênantes, on les considère comme étant le résultat d'une simple tolérance. Dans les deux cas, la possession, quelle qu'ait été sa durée, n'a fait naître aucun droit à l'encontre du propriétaire du fonds assujetti. Nous avons déjà rencontré cette règle lorsque nous nous sommes demandé quels sont les droits qui peuvent être l'objet d'une action possessoire. Elle n'est pas seulement conforme à la raison : sans elle, les relations entre propriétaires voisins seraient fort difficiles. Si l'on pouvait acquérir par prescription une servitude de passage, chacun interdirait à ses voisins d'une manière absolue l'accès de son champ, au préjudice de la bonne exploitation des terres. Eussé-je donc, pendant 30, 40, 50 ans, fait passer mes bestiaux sur le fonds qui borde ma prairie, puisé de l'eau à la fontaine de mon voisin, je n'aurai acquis aucune servitude, et le propriétaire de la fontaine dont je me sers ou du fonds sur lequel je passe pourra s'opposer, dès qu'il le voudra, à l'exercice de ce que je considérerais à tort comme un droit.

Cette règle, si importante, donne souvent lieu à des difficultés d'appréciation des plus délicates. On n'acquiert pas par prescription une servitude de passage, de pâturage, de puisage : c'est là un point bien acquis. Mais on peut parfaitement acquérir par prescription la propriété exclusive, ou tout au moins la co-propriété d'un chemin, d'un puits, d'un abreuvoir, d'un pâturage ; or, à l'égard de ces objets, l'exercice d'un droit de servitude ressemble singulièrement à l'exercice d'un droit de propriété. Dans sa forme extérieure, un acte de passage est toujours le même, que ce soit en qualité de propriétaire qu'on l'exerce, ou en vertu d'une servitude ; en sorte que c'est uniquement d'après les circonstances au milieu desquelles il s'accomplit qu'on pourra déterminer son caractère. Si celui qui invoque des actes de passage ne peut prouver qu'une seule chose, à savoir qu'il a passé, il n'aura rien acquis, car le fait de passer sur le fonds voisin ne constitue à lui seul que l'exercice d'une servitude discontinue (Cass., 20 fév. 1866). Mais s'il démontre qu'il a créé et entretenu un chemin, qu'il l'a entouré de clôture, qu'il l'a empierré, et qu'il en a usé exclusivement pendant le délai requis pour prescrire, il sera devenu propriétaire du chemin lui-même (Cass., 16 juin 1858).

La même observation doit être faite au sujet des servitudes d'abreuvoir ou de pâturage. Le propriétaire du fonds A envoie, depuis 3o ans, ses bestiaux paître ou s'abreuver sur le fonds B : en quelle qualité agit-il ainsi ? Est-ce en se prévalant d'un véritable droit de propriété à l'égard du fonds B, ou seulement d'un droit de servitude ? Pour le savoir, on recherchera dans quelles conditions le pâturage ou le droit d'abreuvoir ont été exercés. Si le propriétaire du fonds A s'est comporté en propriétaire exclusif, s'il a clos la prairie, s'il empêche d'autres bestiaux d'y paître, il en aura acquis définitivement la propriété. Toutes ces questions sont des questions d'espèce, que les tribunaux apprécient souverainement, et au sujet desquelles nous ne pouvons que donner des indications générales.

231. — Quelle est la durée de la prescription requise pour l'acquisition des servitudes ?

Les servitudes qui peuvent être prescrites ne le sont jamais qu'après un délai de 3o ans. La prescription de 10 à 20 ans, qui est admise en faveur du possesseur de bonne foi quand il s'agit de l'acquisition de la pleine propriété, ne l'est pas quand il s'agit de l'acquisition d'une servitude (article 690). La loi s'est ainsi montrée plus exigeante à l'égard de la prescription du démembrement de la propriété qu'à l'égard de la propriété elle-même. Cette différence se justifie aisément. Celui qui est dépouillé de sa propriété est inexcusable s'il laisse passer même 10 ou 20 ans sans revendiquer son bien, car il est impossible qu'il ignore ce que ce bien est devenu. Celui sur la propriété duquel s'exerce au contraire une servitude même continue et apparente peut l'ignorer pendant longtemps. Supposons par exemple qu'un fermier vende une servitude sur le fonds qu'il détient. Le propriétaire pourra ne l'apprendre que fort tard. Si l'on admettait que la constitution d'une servitude acquise dans ces conditions pût être rendue définitive par la possession de 10 à 20 ans, le véritable propriétaire pourrait se trouver grevé tout à coup de charges dont il n'aurait jamais eu connaissance, car il est clair que ce n'est pas le fermier indélicat que nous avons supposé qui s'empresserait de lui en faire connaître l'existence. Ainsi s'explique la nécessité, pour les servitudes qui peuvent être prescrites, d'une possession de 3o ans (Cass., 23 novembre 1875).

232. — Le troisième et dernier mode d'acquisition des servitudes, c'est la *destination du père de famille*. Nous avons eu déjà l'occasion de définir ce qu'on entend par destination du père de famille. C'est, avons-nous dit, un certain arrangement qu'un propriétaire fait chez lui et duquel résulterait une servitude si le fonds était divisé entre plusieurs propriétaires. J'habite, par exemple, une

maison qui m'appartient et qui est contiguë à un jardin dont je suis également propriétaire. J'ouvre dans le mur de ma maison une ou plusieurs fenêtres sur mon jardin à une distance moindre que la distance légale, qui est, comme nous l'avons vu, de 1^m,90 pour les vues droites. En agissant ainsi, je ne crée aucune servitude, car une servitude suppose nécessairement deux héritages appartenant à deux propriétaires différents, et, comme disaient les jurisconsultes romains, *nemini res sua servit*. Mais si je viens à mourir, et si la maison et le jardin sont divisés, ou bien si je vends ou donne l'un d'eux, alors la maison et le jardin se trouveront entre eux dans des rapports de fonds dominant et de fonds servant. Celui à qui j'aurai vendu mon jardin pourra-t-il exiger que je fasse fermer ma fenêtre? Non, car je lui répondrais que lorsqu'il a acheté il connaissait l'existence de cette fenêtre, qu'il n'a pas protesté et qu'il est maintenant trop tard pour le faire. La servitude naîtra ainsi d'une convention tacite.

Mais pour que cette convention tacite produise un pareil effet, il faut qu'il s'agisse de servitudes telles que l'acheteur ait pu les connaître, et que, les connaissant, il ait dû nécessairement réclamer leur suppression s'il n'entendait pas les supporter. Il faut que ces servitudes soient continues et apparentes.

Si au lieu de supposer l'établissement d'une servitude de vue, qui est à la fois continue et apparente, nous avions supposé une servitude de passage, qui peut quelquefois être apparente (lorsqu'elle se révèle par l'existence d'une porte ou d'un pavé) mais qui est toujours discontinue, la servitude dans le silence du contrat n'aurait pas pu prendre naissance (articles 692 et 693).

233. — Il est cependant possible d'acquérir par destination du père de famille une servitude discontinue :

le cas a été prévu expressément par les rédacteurs du Code dans l'article 694. Une servitude discontinue peut être acquise de cette manière pourvu d'une part qu'elle soit apparente (c'est là une condition dont la loi ne dispense jamais) et, d'autre part, que le titre en vertu duquel les deux fonds voisins ont été séparés soit représenté, et qu'il ne contienne rien de contraire au maintien de la servitude. Ainsi, lorsque par exemple la servitude consiste dans un droit de passage, que ce droit est révélé par l'existence d'une porte, et qu'il est certain, par la production même de l'acte de vente, que l'acheteur n'a pas réclamé contre son maintien, la loi présume que c'est parce qu'il a entendu la subir (Cass., 2 mai 1876; 5 novembre 1884).

Si au contraire l'acte de vente ou de partage n'était pas représenté, la servitude de passage, bien que révélée par un signe extérieur, ne pourrait s'exercer, car il serait dans ce cas impossible d'affirmer que l'acheteur, connaissant l'état de choses d'où résulte la servitude, l'a tacitement accepté.

234. — Lorsqu'une servitude est acquise par prescription, son étendue est déterminée par celle de la possession sur laquelle elle se fonde; c'est le cas de dire : *tantum præscriptum quantum possessum.* Lorsqu'elle est établie par destination du père de famille, son étendue et ses effets se déterminent conformément à l'intention présumée du propriétaire qui a créé l'état de chose d'où résulte la servitude. En cas de désaccord entre les parties, les tribunaux statueront en s'inspirant des circonstances au milieu desquelles cet état de choses a été établi.

235. — Il nous reste à faire connaître très brièvement, avant de quitter cet ordre d'idées, comment on peut prouver l'existence d'une servitude, lorsque cette

servitude est contestée. Il faut à cet égard distinguer, suivant que la servitude a été établie par titre, par prescription ou par destination du père de famille. Si elle a été établie par titre, elle se prouvera par la production de l'acte de vente, de partage, de donation qui sera intervenu; toutefois, pour avoir effet non seulement entre les parties contractantes, mais encore entre celles-ci et les tiers, il faudra que cet acte ait été transcrit dans des conditions que nous étudierons bientôt. Si cet acte avait été égaré, il pourrait être remplacé par une reconnaissance de la servitude, émanée du propriétaire du fonds assujetti ; à défaut de cette reconnaissance, son existence pourrait être établie par tout autre mode de preuve (Cass. 8 novembre 1886).

Lorsque la servitude a été établie par prescription, ou par destination du père de famille, elle se prouve le plus souvent par témoins, mais il appartient aux juges de s'inspirer d'autres raisons de décider et de tirer notamment des indications de fait qui pourraient résulter de l'examen de titres ou documents anciens, toutes conséquences utiles.

236. — Comment s'éteignent les servitudes?

Bien qu'à la différence de l'usufruit, les servitudes réelles soient considérées par le législateur avec une certaine faveur, elles n'en sont pas moins soumises à de nombreuses causes d'extinction. Elles s'éteignent par suite du changement de l'état des lieux entraînant impossibilité d'user de la servitude, par la confusion, par le non-usage, par la renonciation, par l'expiration du temps pour lequel elles ont été consenties, par la résolution du droit de celui qui les a établies, par l'expropriation du fonds servant.

Par le changement de l'état des lieux. — D'après l'article 703, les servitudes cessent lorsque les choses se trouvent en tel état qu'on ne peut plus en user. Si le puits où je prenais de l'eau vient à tarir, si le fonds sur lequel je passais devient un marais, la servitude s'éteint. Mais, pour que cette extinction se produise il faut que l'impossibilité d'user de la servitude soit absolue, qu'il n'y ait plus moyen de tirer de l'eau du puits, qu'on ne puisse plus passer sur le fonds ni en voiture, ni à cheval, ni même à pied. Il faut aussi que l'état primitif des lieux ne reparaisse pas : autrement, la servitude revivrait, à moins qu'il ne se fût écoulé, dans l'intervalle, un espace de temps suffisant pour opérer par lui-même l'extinction de la servitude (article 704).

Par la confusion. — On entend par là la réunion du fonds dominant et du fonds servant entre les mains du même propriétaire. L'état de choses qui constituait la servitude peut dans ce cas subsister : la servitude n'en aura pas moins disparu (article 705). Renaîtra-t-elle plus tard si les deux fonds viennent de nouveau à être séparés ? Oui, si cette dislocation nouvelle a lieu par suite de l'annulation ou de la résolution de l'acte qui avait produit la réunion des deux fonds, car, dans ce cas, leur réunion sera réputée n'avoir jamais eu lieu. Non, au contraire, si la séparation nouvelle se produit par un acte d'aliénation partielle.

Par le non-usage. — Toutes les servitudes établies par le fait de l'homme s'éteignent par le non-usage pendant trente ans. Seul, le droit de propriété, nous l'avons vu, survit au non-usage, quelle qu'ait été sa durée. Le point de départ de ce délai de trente ans n'est pas le même pour toutes les servitudes. Quand il s'agit d'une servitude discontinue, il commence à courir du jour où on a cessé d'en jouir, du moment où on a accompli par exemple le dernier acte de passage, ou pris de l'eau pour la dernière fois au puits ou à la fontaine. Quand il s'agit au contraire d'une servitude continue, le délai ne court que du jour où il a été fait un acte contraire à la servitude. Si la servitude consiste en une prohibition de planter ou de bâtir, et si le propriétaire du fonds servant a enfreint cette prohibition, le délai de trente ans ne courra que du jour où l'infraction a eu lieu, car cette infraction seule a mis le propriétaire du fonds dominant en demeure de défendre son droit.

Le non-usage peut n'être que partiel : il ne produira dans ce cas qu'une extinction partielle de la servitude. Si par exemple vous avez un titre qui vous donne le droit de planter à une distance moindre que la distance légale une allée d'arbres sur toute la longueur du fonds voisin, et si vous ne plantez que sur la moitié de cette longueur, vous aurez perdu après trente ans le droit que vous avez négligé d'exercer (article 708).

L'application de cette règle ne va pas toujours sans difficultés. Vous aviez le droit de passer sur le fonds ou sur le chemin d'autrui en voiture, et pendant trente ans vous n'avez passé qu'à pied : aurez-vous conservé ou perdu le droit de passer en voiture? La question est très controversée. Des auteurs considérables ont prétendu que le droit de passage était un droit unique, indivisible, qui ne comporte pas trois éléments, mais un seul, et que passer à pied conservait le droit de passer en voiture. D'autres ont répondu, avec raison suivant nous, que si le droit de passage est un droit unique, il n'y en a pas moins plusieurs manières de l'exercer, et qu'en s'abstenant pendant plus de trente ans d'user d'un de ces modes de passage on manifeste implicitement l'intention d'y renoncer. Dans cette dernière opinion, le propriétaire du fonds dominant n'aura donc conservé que le droit de passer à pied.

Il arrive quelquefois aussi que le propriétaire du fonds

dominant néglige d'exercer son droit, et en exerce un autre. Il peut se faire alors qu'il perde par le non-usage la faculté qui lui appartenait, et qu'il n'en acquière aucune en échange : cette situation se produira toutes les fois que la servitude exercée par lui ne sera pas de nature à pouvoir être acquise par prescription. Vous avez par exemple le droit de passer par mon jardin le jour; pendant trente ans, vous passez chez moi, non pas le jour, mais la nuit. Vous aurez, dans ce cas, perdu le droit de passer chez moi le jour, car votre servitude sera éteinte par l'effet du non-usage, et d'autre part vous n'aurez pas acquis par prescription le droit de passer chez moi la nuit, car la servitude de passage est toujours discontinue et souvent non apparente. En vain soutiendriez-vous qu'en passant la nuit vous avez conservé le droit de passer le jour. Ce sont là deux droits différents et indépendants l'un de l'autre.

Lorsque le fonds dominant est indivis entre plusieurs co-propriétaires, la jouissance de l'un empêche l'extinction de la servitude par le non-usage à l'égard de tous. Il en serait de même si parmi ces co-propriétaires il se trouvait un mineur ou un interdit à l'égard duquel la prescription fût suspendue; celui-là conserverait le droit de tous les autres (articles 709 et 710).

Par la renonciation. — La servitude réelle, qui est un démembrement de la propriété, s'éteint par cela seul que celui qui a le droit de l'exercer y renonce. Le fonds servant en est affranchi sans qu'il soit besoin d'aucune acceptation. Il suffira que la renonciation soit formelle, que celui de qui elle émane ait la capacité nécessaire et qu'elle ne soit pas faite en fraude des droits de ses créanciers. Elle devra en outre, pour produire effet vis-à-vis des tiers, être transcrite sur les registres de la conservation des hypothèques.

Par la résolution du droit du constituant. — Lorsque le droit de celui qui a constitué la servitude est résolu dans le passé, la servitude tombe, ou pour parler plus exactement, on s'aperçoit alors qu'elle n'a jamais existé légalement.

Cette hypothèse se présentera notamment lorsque la servitude aura été établie par un acheteur à réméré. La vente à réméré est celle dans laquelle le vendeur se réserve de reprendre la chose vendue, dans un délai qui ne peut jamais excéder cinq ans, moyennant le remboursement du prix et quelques restitutions accessoires. Tant que la faculté de rachat n'est pas exercée, l'acheteur est propriétaire, il peut constituer des servitudes et consentir des hypothèques, mais ces droits seront fragiles comme l'est le droit de celui qui les aura établis et si, dans le délai fixé, le rachat a lieu, les servitudes s'éteindront (articles 1673).

Par l'expiration du temps pour lequel la servitude a été établie. — Les servitudes rurales sont, de leur nature, perpétuelles; elles sont, en général, destinées à durer aussi longtemps que le fonds auquel elles sont attachées. Mais rien ne s'oppose à ce qu'un propriétaire stipule de son voisin, à titre temporaire, soit un droit de passage en attendant que le chemin qui doit desservir son héritage soit achevé, soit un droit d'abreuvoir en attendant que son puits soit creusé assez profondément pour lui fournir l'eau nécessaire. Dans ce cas, la servitude s'éteindra de plein droit par l'arrivée du terme.

Il peut se faire aussi que la servitude ait été établie, non par le propriétaire, mais par l'usufruitier qui, n'ayant qu'un droit temporaire, ne peut donner plus qu'il n'a lui-même. Les servitudes qu'il aura consenties sur le fonds soumis à son usufruit seront valables, à la condition de ne gêner en rien les droits du nu-propriétaire.

mais elles s'éteindront nécessairement à la mort de l'u-
sufruitier. Dans ce cas encore, la servitude s'éteindra
par l'arrivée du terme.

Par l'expropriation du fonds servant. — Lorsque le
fonds qui doit la servitude est exproprié pour cause d'u-
tilité publique, la servitude s'éteint (loi du 3 mai 1841,
articles 17 et suivants). Le droit du propriétaire du fonds
dominant est converti en un droit à indemnité. Nous
verrons plus tard quelles sont les règles à suivre pour
ce cas.

LIVRE IV.

SERVITUDES FORESTIÈRES.

237. — Ce sont des servitudes réelles discontinues qui appartiennent généralement à l'ensemble des habitants d'une communauté territoriale et qui consistent dans le droit d'exiger certains produits de la forêt d'autrui.

Tantôt ces servitudes consistent dans le droit de réclamer du bois de chauffage ou de construction : on les appelle alors droits *d'usages en bois*. Tantôt elles consistent seulement dans le droit d'user des produits accessoires de la forêt : on les appelle alors droits *d'usages dans les bois*. Tels sont notamment le droit de pâturage qui s'applique à tous les bestiaux, le droit de pacage qui est restreint à la dépaissance des bêtes aumailles et des bêtes chevalines, le droit de panage, qui n'est autre que le droit de mener les porcs paître dans la forêt, le droit de glandée qui comprend en outre le ramassage des glands, et le droit de paisson qui s'applique au produit du hêtre, à la faîne.

Leur origine se perd dans la nuit des temps. Autrefois, lorsque les forêts couvraient le territoire, formant plutôt un obstacle à l'accroissement de la population qu'elles ne servaient au développement de l'industrie, la concession de droits d'usage était encouragée. La loi des Bourguignons allait jusqu'à considérer comme un droit naturel l'usage au bois mort, et elle punissait d'amende le propriétaire de la forêt qui aurait entravé l'exercice de ce droit. D'autre part, un grand nombre de concessions ont été faites par les seigneurs. « Ceux-ci, dit Henrion de Pansey (1), avaient de grands domaines, des bois considérables, peu d'habitants et le désir d'en augmenter le nombre. Pour y parvenir, le moyen le plus efficace était d'améliorer la condition de leurs vassaux en favorisant l'agriculture. Pour cultiver, il faut des bestiaux; il faut un bâtiment au cultivateur; mais les bestiaux exigent des pâturages : et comment bâtir, comment subvenir à mille autres besoins, sans faculté de couper du bois dans les forêts? Les seigneurs se trouvaient donc dans une espèce de nécessité de permettre à leurs habitants le pâturage sur les terres de leurs domaines, et même l'usage de leurs bois : c'est aussi ce que la plupart ont fait. » L'affranchissement des communes a été en outre l'occasion d'un grand nombre de concessions nouvelles : beaucoup de celles-ci furent une des conditions du pacte même d'affranchissement.

La réaction ne se produisit que vers le quatorzième siècle. L'expérience démontra que l'exercice de ces droits d'usage ne tarderait pas à amener la disparition complète des bois. De réglementation en réglementation, on en arriva à la législation actuelle, qui se caractérise par une rigueur très grande. Lors de la discussion du Code forestier, en 1827, on en était arrivé à qualifier les droits d'usage dans les bois de servitudes dévorantes : de là

---

(1) Biens communaux, page 72.

les dispositions actuelles qui sont aussi défavorables à la création de nouveaux droits d'usages que favorables à l'extinction des anciens.

Ces dispositions sont différentes suivant que le droit porte sur une forêt de l'État, ou sur une forêt appartenant à une commune ou à un établissement public, ou sur une forêt appartenant à un particulier : nous devons donc étudier successivement ces trois hypothèses. Nous le ferons très brièvement.

I. — Des droits d'usage dans les bois de l'État.

238. — C'est surtout pour ceux-ci que les rédacteurs du Code forestier se sont montrés sévères. L'article 62 a décidé qu'il ne serait plus fait à l'avenir aucune concession de droit d'usage dans les forêts de l'État, et l'article 61, réglant le sort des concessions anciennes, a disposé que ceux-là seuls seraient admis à exercer des droits d'usage dans ces forêts dont les droits auraient été reconnus fondés, au jour de la promulgation de la loi, soit par des actes du gouvernement, soit par des décisions judiciaires, ou dont les droits seraient reconnus tels par suite d'instances alors engagées, ou qui, enfin, étant à ce moment en simple jouissance de fait, feraient reconnaître leurs droits dans les deux ans qui suivraient la promulgation du Code. Les droits d'usage qui ne se trouvent dans aucune de ces trois catégories ont donc été frappés de déchéance. Les rédacteurs du Code forestier ont voulu qu'il fût fait ainsi une sorte d'inventaire des droits d'usage qui peuvent être encore exercés dans les bois de l'État : cet inventaire est actuellement clos.

La défaveur du législateur à l'égard des droits d'usage s'est également manifestée au sujet de leur mode d'exercice, et au sujet de leurs modes d'extinction.

239. — Parmi les règles auxquelles sont soumis quant à leur exercice les droits d'usage, il en est qui dérivent de leur nature même; d'autres au contraire sont une création de la loi. Examinons d'abord les premières.

Les usages dans les bois sont des servitudes; or il est de principe que les servitudes ne s'exercent que dans la mesure des besoins des fonds auxquels elles sont dues. De là deux conséquences importantes.

En premier lieu, les droits d'usage ne peuvent jamais être cédés indépendamment de l'héritage auquel ils sont attachés. Les rédacteurs du Code forestier ont poussé si loin le principe de l'incessibilité des droits d'usage qu'ils l'ont étendu à leurs produits. D'après l'article 83, il est interdit aux usagers de vendre ou d'échanger les bois qui leur sont délivrés ou de les employer à aucune autre destination que celle pour laquelle le droit d'usage a été accordé. Il n'est pas permis, par exemple, d'employer à la reconstruction d'une maison le bois délivré pour la reconstruction d'une étable (Cass., 25 juillet 1839). C'est pour la même raison que l'article 70 n'admet au pâturage que les bestiaux attachés à l'exploitation des usagers, et non ceux dont ils font le commerce, c'est-à-dire qu'ils achètent dans l'intention de les revendre.

La seconde conséquence, universellement admise, de la règle d'après laquelle l'étendue de l'usage se détermine d'après les besoins du fonds, c'est que si l'usager néglige pendant quelque temps d'exercer son droit, il ne peut revenir sur l'abandon qu'il en a fait et réclamer ultérieurement la valeur des bois dont il n'a pas demandé la délivrance. En d'autres termes, les droits d'usage ne s'arréragent pas (Cass., 4 août 1884 et jurisprudence constante).

240. — A côté de ces règles, dont on peut dire que le

législateur n'a fait que les reconnaître, car elles découlent
de l'essence même des droits d'usages, il en est d'autres
qu'il a véritablement créées, à raison des inconvénients
que présente ce genre de servitude. Les unes s'appliquent
à tous les droits d'usage, quels qu'ils soient, les autres
sont spéciales, soit aux droits d'usage dans les bois,
soit aux droits d'usage en bois.

241. — Celles qui ont une application générale consistent dans la faculté, pour l'administration forestière, de
réduire les usages suivant l'état et la possibilité des forêts. L'état d'un bois, c'est son âge et sa consistance, et
même, lorsqu'il s'agit de l'exercice d'un droit de pâturage,
l'état du sol. La possibilité d'un bois, c'est la quotité
des matières qu'on peut en retirer annuellement sans
l'épuiser. Le législateur n'a pas voulu que l'exercice de
droits d'usage, quelque fondés qu'ils fûssent, pût jamais
amener la ruine d'un bois de l'État. L'administration
forestière peut donc, en présence du titre le mieux
établi, le restreindre à ce que peut donner la forêt. Elle
aura le droit, notamment, de fixer chaque année, avant le
Ier mars pour le pâturage et un mois avant l'époque fixée
par l'administration pour l'ouverture de la glandée et du
panage, le nombre des porcs qui pourront être mis en
panage et des bestiaux qui pourront être admis au pâturage. Il est facile de comprendre que, dans la pratique,
la question de savoir si l'état et la possibilité d'un bois
nécessitent ou justifient la réduction des droits d'usage
est de nature à soulever bien des contestations : la loi n'a
pas voulu que l'administration exerçât, en matière aussi
grave, un pouvoir discrétionnaire, et elle a réservé aux
usagers un recours devant le conseil de préfecture en
premier ressort et devant le Conseil d'État en appel
(articles 65, 68 et 69 du Code forestier).

242. — Recherchons maintenant quelles sont les rè-

gles spéciales qui s'appliquent aux différentes catégories d'usages.

La loi a d'abord réglé l'exercice des droits d'usage *dans les bois,* ce qui comprend le pâturage et le panage.

L'article 78 interdit le pacage des chèvres et des moutons dans les bois de l'État. Ces animaux sont le fléau des jeunes taillis : suivant l'énergique expression de Meaume, ils dévorent l'espérance (1). L'interdiction est absolue pour les chèvres, dont on connaît l'humeur inconstante et les habitudes de vagabondage. Quant aux moutons, dont l'humeur est plus tranquille, mais dont le piétinement est de nature à dégrader le sol des forêts et dont la dent est aussi fort meurtrière, il appartient au Président de la République de lever l'interdiction par un décret dans les localités où il serait reconnu que le pacage des moutons et des brebis ne peut causer de graves inconvénients.

Des motifs analogues ont fait restreindre à trois mois chaque année la durée de la glandée et du panage. Les mêmes préoccupations ont fait admettre, en outre, que le pâturage ne pourrait jamais être exercé que dans les parties de la forêt qui sont défensables, c'est-à-dire en état de se défendre contre la dent des bestiaux. Chaque année, l'administration forestière déclare quels sont les cantons défensables, et tous ceux qui n'ont pas été reconnus comme tels sont implicitement interdits. Le fait de mener des bestiaux dans un canton non déclaré défensable pour l'année courante constitue un délit, lors même que le bois aurait été déclaré défensable l'année précédente (Cass. 23 juillet 1842). Il est possible en effet que d'une année à l'autre l'aspect de la forêt soit changé, que de nouvelles plan-

_____

(1) Meaume, *Des droits d'usages dans les forêts*, t. 1er, page 424.

tations soient faites, et qu'il devienne nécessaire de déclarer non défensables les cantons déjà vieux. L'usager doit alors s'incliner devant les nécessités de l'exploitation forestière. L'article 67 lui a d'ailleurs réservé pour ce cas, devant le conseil de préfecture et le Conseil d'État, un recours semblable à celui qui peut être exercé lorsque l'administration réduit les droits d'usage en raison de l'état et de la possibilité de la forêt.

L'administration forestière a reçu également (article 71) le droit de désigner les chemins par lesquels les bestiaux devront passer pour aller au pâturage ou au panage et en revenir. S'il était loisible aux usagers de choisir leur route, la surveillance serait fort difficile et les cantons non déclarés défensables seraient souvent exposés à souffrir des divagations des animaux. De là l'attribution conférée aux agents forestiers. Leur pouvoir n'est d'ailleurs pas sans contrôle. Si les chemins désignés étaient d'une longueur telle que le voyage prît la plus grande partie de la journée et que l'exercice du droit de pâturage ou de panage devînt ainsi illusoire, les usagers pourraient présenter une réclamation au ministre de l'Agriculture et en cas de rejet se pourvoir devant le Conseil d'État.

Ce même article 71 confère à l'administration le pouvoir de provoquer, lorsque les chemins traversent des taillis ou des recrues de futaies non défensables, l'établissement de clôtures suffisantes pour empêcher les bestiaux de se répandre de ces chemins dans les bois. Mais c'est là une faculté qui n'appartient pas exclusivement à l'administration, et dont l'exercice est réciproque. Les deux parties ont en effet le même intérêt à l'établissement de la clôture : du côté de l'administration, la conservation du bois est mieux assurée, la surveillance plus facile ; du côté de l'usager, la responsabilité pécuniaire se trouvera moins souvent engagée du fait de la divagation des bestiaux. Il est donc de toute justice que l'établissement de ces clôtures puisse être demandé à la fois par l'administration et par l'usager. Il est non moins naturel que les dépenses d'établissement et d'entretien soient supportées à frais communs : c'est ce que décide l'article 71 § 2.

Il importe de remarquer que ce partage n'a trait absolument qu'aux dépenses faites pour la clôture du chemin, et que l'article 71 laisse exclusivement à la charge des usagers les dépenses d'entretien de ce chemin. Cette solution, à défaut de texte spécial en la matière, résulte de l'article 698 du Code civil, d'après lequel les ouvrages nécessaires pour user de la servitude sont aux frais de celui qui en jouit.

243. — Pour assurer l'application de ces différentes règles, la loi a édicté un certain nombre de mesures particulières : telles sont celles qui concernent l'obligation du pâtre commun, celle de la marque, celle des clochettes que chaque animal doit porter au cou. Elle a aussi édicté certaines pénalités.

L'obligation du pâtre commun se justifie d'elle-même. Lorsque le droit de pâturage est établi au profit de tous les chefs de maison d'une commune, ce qui est le cas le plus fréquent, la surveillance serait impossible si le droit pouvait être exercé individuellement par chacun. La loi a voulu que la garde du troupeau commun fût confiée à un pâtre choisi par l'autorité municipale. Tout usager qui conduirait lui-même ou ferait conduire ses bestiaux à garde séparée encourrait une amende de 2 francs par tête de bétail. Quant au pâtre commun, il lui est interdit dans le même but de confondre ses bestiaux avec ceux des autres communes.

C'est également afin de rendre plus facile la constatation des délits que la loi prescrit sous peine d'amende (article 73), l'apposition sur les porcs et bestiaux de chaque commune d'une marque spéciale, ainsi que la mise de clochettes au cou de tous les animaux admis au pâturage (article 74). « Les particuliers seront tenus, disait déjà l'article 7 du titre 19 de l'ordonnance sur les eaux et forêts de 1669, de mettre au col de leurs bestiaux des clochettes, dont le son puisse avertir des lieux où ils pourront s'échapper et faire dégât, afin que les pâtres y courent, et que les gardes se saisissent des bêtes écartées et trouvées en dommage hors les cantons désignés et publiés défensables.» Il va de soi qu'une sonnette dont le pâtre ou l'usager aurait arrêté ou enlevé le battant afin d'empêcher l'animal de trahir sa présence serait considérée comme n'ayant pas été apposée, et que l'auteur de la fraude encourrait l'amende fixée par l'article 75 en cas d'inaccomplissement de cette prescription. Il y a lieu de remarquer toutefois que l'obligation de mettre des clochettes au cou des bestiaux n'est applicable qu'au pâturage et non au panage. Les usagers ne peuvent être tenus de mettre des sonnettes au cou de leurs porcs.

Enfin les articles 76 et 77 édictent, soit contre le pâtre qui laisse errer ses bestiaux hors des cantons déclarés défensables ou hors des chemins indiqués pour s'y rendre, soit contre l'usager qui introduit au pâturage un plus grand nombre de bestiaux ou au panage un plus grand nombre de porcs que celui qui a été fixé par l'administration, des pénalités assez variables, qu'il nous suffira de signaler.

244. — Les usages *en bois*, comportent, eux aussi, un certain nombre de règles particulières.

C'est un principe absolu que l'usager en bois ne peut jamais prendre lui-même le bois auquel il a droit. Il doit toujours en demander la délivrance. Le

refus, même le moins justifié, ne donnerait pas à
l'usager le droit de passer outre : il ferait naître seulement une action en dommages-intérêts. Il en est
ainsi, soit qu'il s'agisse de bois de construction, soit qu'il
s'agisse simplement de bois mort (Cass., 26 août 1842).
Est-ce à dire que celui qui n'a d'autre droit que de prendre du bois mort, sec et gisant, ne pourra pas ramasser
ce bois lui-même? Non, sans doute. Mais il ne pourra
ramasser le bois qu'aux jours de la semaine qui auront
été fixés par les agents forestiers. La délivrance dans ce
cas ne consistera pas dans un fait matériel, mais elle n'en
aura pas moins pour effet de subordonner l'exercice du
droit à la volonté de l'administration. Au lieu de résulter de
la tradition réelle du bois, elle résultera de l'autorisation
d'aller le prendre. Il n'est d'ailleurs permis, pour le ramasser, de se servir d'aucun instrument. Comme il s'agit
uniquement dans ce cas du bois qui, étant déjà séché
sur pied, a été cassé et gît sur le parterre de la forêt, la
main peut suffire (article 80). La détention d'instruments permettant de détacher le bois serait punie d'une
amende de 3 francs.

Lorsqu'il s'agit de bois de construction, ou de chauffage, la délivrance a lieu généralement par coupe. Les
usagers nomment alors un entrepreneur spécial qui doit
être agréé par l'administration forestière (articles 81 et
82) et qui accomplit pour leur compte les opérations
nécessaires. L'emploi des bois de construction doit avoir
lieu dans le délai de deux ans.

245. — Comment s'éteignent les usages forestiers. —
Les usages forestiers constituent, nous l'avons dit, des
servitudes réelles. Nous en conclurons qu'ils s'éteignent
comme elles, et de la même manière.

Il semble que cette solution ne puisse faire aucun
doute. Il s'en faut de beaucoup, cependant, qu'elle soit

universellement admise. Cela tient à ce que tout le
monde n'est pas d'accord sur le véritable caractère des
usages forestiers. Un certain nombre d'auteurs estiment
que les droits d'usage constituent des usufruits restreints, et qu'ils sont dès lors soumis aux mêmes
causes d'acquisition et d'extinction que l'usufruit. On
invoque principalement en ce sens la place qu'occupe
dans le Code civil l'article 636, qui se borne d'ailleurs
à indiquer que l'usage des bois et forêts est réglé par
des lois particulières. Si cette dernière opinion était
admise, il faudrait décider que les droits d'usages
forestiers peuvent cesser notamment par l'abus de
jouissance. Nous ne croyons pas pouvoir nous y ral-
lier. Les usages forestiers, qu'ils consistent dans le droit
d'obtenir des bois de chauffage et des bois d'œuvre,
ou dans le droit de profiter des produits accessoires des
forêts, sont établis au profit des héritages et limités aux
besoins de ces héritages. C'est ainsi que le bois n'est
délivré aux ayants droit, lorsqu'il s'agit de bois de construction, que sur la présentation d'un devis constatant
les besoins du bâtiment qu'il s'agit de réparer ou de
construire (article 123 de l'ordonnance réglementaire
du 1er août 1827 pour l'exécution du Code forestier).
Lorsqu'il s'agit de déterminer le nombre des bestiaux
qui doivent être admis au pâturage, c'est également
l'étendue de l'exploitation agricole à laquelle ils sont attachés qu'on doit prendre pour base. Personne ne le
conteste. Or, ce sont bien là les caractères constitutifs
d'une véritable servitude réelle. Sur cette question, la
Cour de Cassation est partagée. Si en effet la chambre
civile (1), dans un arrêt récent (1er décembre 1880) a

_____

(1) Nous verrons à la fin de ce volume que la Cour de Cassation est divi-
sée en trois chambres, la chambre des requêtes, la chambre civile et la
chambre criminelle, qui se partagent l'examen des pourvois.

décidé que les usages forestiers ne constituent pas une servitude, mais un usage réel restreint aux besoins de l'usager, nous trouvons en sens contraire trois arrêts de la Chambre des requêtes, l'un du 15 juillet 1868, l'autre du 14 juin 1869, et le troisième du 23 juin 1880.

Les usages forestiers étant de véritables servitudes, nous admettrons donc qu'ils s'éteignent en premier lieu, comme toutes les servitudes réelles, lorsque les choses se trouvent en tel état qu'on ne peut plus en user. Si la forêt est dévorée par un incendie, l'exercice de la servitude sera suspendu aussi longtemps que le bois n'aura pas repoussé.

Les servitudes forestières s'éteindront aussi par la confusion, et par le non-usage. Si l'usager néglige pendant trente ans d'exercer son droit de pâturage, si pendant ce même délai il ne réclame pas la délivrance du bois de chauffage auquel il a droit, la servitude sera éteinte. S'il use partiellement de son droit, l'extinction ne sera que partielle. Lorsqu'une commune par exemple a droit, d'après son titre, au bois vif et au bois mort, et que depuis trente ans elle n'a exigé que du bois mort, le droit au bois vif est perdu (Cass., 27 janvier 1873).

246. — Les droits d'usage se perdent encore par le cantonnement et par le rachat. Ce sont là deux modes d'extinction spéciaux aux servitudes forestières et qui ne s'appliquent pas aux servitudes ordinaires.

Le cantonnement suppose toujours un droit d'usage *en bois*. Cantonner un droit de ce genre, c'est le convertir en un droit de pleine propriété sur une partie seulement du bois qui était auparavant soumis tout entier à la servitude. Il s'opère dans ce cas une sorte d'échange. L'usager abandonne son droit de servitude, et le propriétaire de la forêt, de son côté, aliène en faveur de l'usager une partie de sa propriété. Mais c'est un échange que le pro-

priétaire du bois peut seul provoquer. D'après l'article
63, l'action en affranchissement d'usage par voie de cantonnement n'appartient qu'au Gouvernement et non aux
usagers. Quand le ministre de l'Agriculture estime qu'il
est nécessaire d'éteindre dans une forêt domaniale les
droits d'usage par voie de cantonnement, il prend à cet
effet une décision qui n'est susceptible d'aucun recours,
et dont l'exécution est poursuivie par le préfet. Le cantonnement est, s'il se peut, réglé de gré à gré, et en cas
de désaccord les tribunaux civils prononcent.

Le rachat suppose au contraire l'existence de droits
d'usage *dans les bois*. Les droits de pâturage et de panage ne peuvent être convertis en cantonnement, pour
une raison facile à comprendre. Le propriétaire d'un
troupeau, qui a besoin de pâturages d'une certaine étendue, n'aurait que faire de l'attribution en pleine propriété d'une partie seulement du bois dans lequel il en-
voyait précédemment ses bestiaux. Mais ces droits pourront toujours être rachetés. Les conditions du rachat
seront réglées à l'amiable, comme celles du cantonnement; en cas de désaccord, elles seront déterminées par
les tribunaux (article 64).

247. — Il y a toutefois un cas dans lequel le droit de
pâturage ne peut être racheté, c'est lorsque son exercice
est devenu d'une absolue nécessité pour les habitants
d'une ou plusieurs communes. Il existe en effet, particulièrement dans les régions montagneuses, des localités
dans lesquelles le pâturage des bestiaux constitue l'unique ressource des habitants : le législateur n'a pas voulu
condamner ceux-ci à la misère. Mais, pour que le rachat
ne puisse être exercé, il faut d'une part que la nécessité de
son maintien soit générale et qu'elle concerne, non pas
quelques habitants isolés, mais l'ensemble des habitants
de la commune, et d'autre part qu'il s'agisse uniquement

du droit de pâturage proprement dit. Quand l'administration forestière veut racheter un droit de panage, l'usager ne peut jamais s'y opposer. La loi n'admet pas en effet que le maintien du panage puisse être considéré comme étant devenu d'une absolue nécessité pour les habitants. Cette dernière solution résulte tant des termes dont s'est servi l'article 64 que de la discussion qui a eu lieu en 1827 lors de l'élaboration du Code forestier. On avait demandé à cette époque d'admettre en faveur du panage la même exception qui a été admise en faveur du pâturage, et la proposition a été repoussée.

Il peut se faire que l'application de l'article 64 donne lieu à des contestations. Qui sera juge de la question de savoir si le pâturage est d'une absolue nécessité pour la commune? Ce ne seront pas cette fois les tribunaux civils : leur rôle est uniquement de constater l'existence, l'étendue et la valeur des droits d'usage, et de déterminer, soit la partie du bois qui doit être attribuée aux usagers en pleine propriété, soit le montant de la somme qui doit leur être allouée à titre de rachat. Or, la décision qui porte sur la nécessité du maintien du pâturage est une décision qui implique l'appréciation de l'existence d'un intérêt général, ainsi que la constatation de nécessités d'ordre administratif. Le litige devra donc être soumis au conseil de préfecture qui, après avoir ordonné une enquête de commodo et incommodo à laquelle pourront se présenter tous les intéressés, statuera sauf le recours au Conseil d'État. Le Conseil a eu à statuer sur une question de ce genre le 11 mai 1883 sur la requête d'un sieur Lévêque. Dans cette espèce, le propriétaire de la forêt était, il est vrai, un particulier, mais nous verrons dans un instant que les règles relatives au rachat des droits de pâturage sont applicables aussi bien aux bois des particuliers qu'à ceux de l'État.

II. — *Des droits d'usage dans les bois des communes et des établissements publics.*

248. — Il faut bien se garder de confondre ces droits d'usage avec l'affouage.

L'affouage est le droit qu'a tout chef de famille ou de maison de prendre sa part dans le produit des coupes provenant de la forêt communale, dont il est en quelque sorte co-propriétaire au même titre que les autres habitants de la commune. L'affouage est un mode particulier de jouissance de propriétés communales, et son étude rentre par là dans celle du droit administratif. Nous n'avons donc pas à nous en occuper quant à présent.

249. — Toutes les règles qui s'appliquent à l'exercice des usages forestiers dans les forêts de l'État s'appliquent également à l'exercice de ces droits dans les bois des communes (article 112) sans aucune exception.

S'il fallait cependant s'en tenir strictement aux termes de l'article 112, les droits d'usage dans les bois communaux différeraient des droits d'usage dans les bois de l'État sous les deux rapports suivants : 1° les usagers ne seraient pas tenus de marquer les bestiaux et les porcs d'une marque spéciale; 2° tandis qu'il est interdit aux usagers dans les forêts de l'État de vendre les bois qui leur sont délivrés, de les échanger, ou de les employer à aucune autre destination que celle pour laquelle le droit d'usage a été concédé, l'usager dans un bois communal pourrait disposer librement des bois qui lui ont été délivrés.

Mais on admet généralement que ces indications de l'article 112 ne doivent pas être prises à la lettre. On chercherait vainement en effet les motifs d'une pareille distinction, et lorsqu'on se reporte à la discussion de l'ar-

ticle on acquiert la certitude que ses auteurs n'ont
entendu déroger à l'obligation de la marque et à celle
qui consiste dans l'affectation stricte des produits des
droits d'usage à leur destination normale, qu'à l'égard
des habitants des communes qui envoient leurs animaux au pâturage dans leurs propres bois ou qui
disposent de produits de l'affouage : ces derniers seuls
pourront donc se dispenser de marquer leurs animaux
et disposer librement des bois qui leur auront été délivrés. Quant aux véritables usagers, toutes les règles imposées aux usagers dans les bois de l'Etat leur sont applicables. Ce qui prouve d'ailleurs d'une façon péremptoire
que les termes de l'article 112 ont trahi la véritable pensée du législateur, c'est que l'article 146 du règlement
d'administration publique rendu à la même époque
pour l'exécution du Code forestier a considéré comme
étant pleinement applicables aux usagers dans les bois
communaux les dispositions dont il s'agit.

III.— *Des droits d'usage dans les bois des particuliers.*

250. — Ces droits sont soumis dans leur ensemble
à la législation que nous venons d'exposer sommairement. Ils comportent toutefois un certain nombre de
règles spéciales, soit quant à leur mode d'acquisition
soit quant à leur mode d'exercice, soit quant à leur
mode d'extinction.

251. — *Règles relatives à leurs modes d'acquisition.*
— Nous ne trouvons, pour les droits d'usages dans les
bois des particuliers, aucune disposition qui interdise d'en
concéder à l'avenir, ou qui impose aux usagers, sous peine
de déchéance, l'obligation de faire reconnaître leurs droits
dans un délai déterminé (article 120). Il est donc tou-

jours permis au propriétaire d'une forêt de la grever
de droits d'usage, par vente, échange, donation entre
vifs ou testamentaire : aucun doute n'est possible sur ce
point. On peut toujours acquérir un droit d'usage par
titre.

L'usage peut-il être acquis par prescription?

Nous ne le pensons pas. L'usage forestier est une servitude réelle qui est à la fois discontinue et non apparente : or, les servitudes de ce genre ne peuvent donner
lieu à aucune possession utile (Cass. 15 juillet 1868;
14 juin 1869; 23 juin 1880). Nous tenons à rappeler cependant que la question est des plus controversées, et
qu'elle divise la Cour de Cassation elle-même. Aux yeux
des personnes qui considèrent les droits d'usage dans
les bois comme des usufruits restreints, ces droits peuvent être acquis par prescription.

252. — *Règles relatives à leur mode d'exercice.* —
Pour être exercés dans le bois d'un particulier au lieu de
l'être dans un bois de l'État, les droits d'usage ne changent pas de nature. Ils ne pourront donc pas être cédés,
ni leurs produits vendus. Ils ne pourront pas davantage
s'arrérager.

Ils devront être réduits suivant l'état et la possibilité
des forêts et leur exercice sera interdit de plein droit
dans les cantons qui chaque année n'auront pas été
déclarés défensables. Mais à la différence de ce qui a
lieu pour les bois de l'État, en cas de contestation, ce
n'est pas le conseil de préfecture que le propriétaire et
l'usager auront pour juge. S'il s'élève des difficultés sur
l'état et la possibilité de la forêt, ainsi que sur la défen-
sabilité des cantons, ces difficultés seront bien soumises
à l'appréciation de l'administration forestière comme
lorsqu'il s'agit des bois de l'État ou des communes; mais
si le désaccord persiste après que les agents forestiers, qui

jouent dans ce cas un rôle analogue à celui d'arbitres, auront donné leur avis, le litige devra être porté devant le tribunal civil, car il ne s'agit dans ce cas d'apprécier que de simples droits privés. Ce sera donc le tribunal d'arrondissement qui fixera le nombre des bestiaux qui devront être admis au pâturage, les cantons dans lesquels ils pourront être introduits, les quantités de bois qui pourront être délivrées aux usagers. Si l'administration forestière intervient, c'est d'une façon purement amiable : elle ne rend pas à proprement parler une décision, mais seulement un avis destiné à éclairer le juge civil et celui-ci pourra statuer en sens contraire sans crainte d'empiéter sur le domaine de l'administration. Ce sera également au tribunal d'arrondissement que devront être soumises les contestations relatives à la désignation des chemins par lesquels devront passer les bestiaux : cette désignation est faite par le propriétaire, sans aucune intervention des agents forestiers (article 119).

Toutes les autres conditions d'exercice des droits d'usage que nous avons rencontrées plus haut s'appliquent ici sans restriction. Telle est notamment l'obligation pour les usagers en bois d'attendre que la délivrance leur en soit faite, et pour ceux qui n'ont d'autre droit que celui de prendre le bois mort, sec et gisant, l'interdiction de se servir de crochets ou ferrements d'aucune espèce, ainsi que de recueillir le bois en dehors des époques convenues.

Telles sont encore, pour l'exercice des droits de pâturage, l'obligation de la marque, celle des clochettes que les animaux doivent porter au cou, l'obligation du pâtre commun, ainsi que l'exclusion de tous les bestiaux dont l'usager ferait le commerce.

Sont encore applicables aux droits d'usage dans les bois des particuliers les dispositions du Code forestier qui portent que la durée du panage et de la glandée ne peut excéder trois mois, et qui excluent du pâturage les chèvres et les moutons.

L'exclusion de ces derniers animaux rend toutefois une observation nécessaire. Nous savons que dans les bois de l'État, le pâturage est absolument interdit aux chèvres, mais qu'il peut être permis aux moutons dans certaines localités, en vertu de décrets spéciaux. Il est clair que cette partie de la législation des droits d'usage ne peut être appliquée sans modifications dans les bois des particuliers. S'il appartient au chef de l'État de lever, par une mesure toute favorable, l'interdiction de pâturage imposée aux moutons dans les bois domaniaux, on ne comprendrait pas qu'il pût intervenir dans les rapports des propriétaires entre eux, et ajouter aux droits de l'un en diminuant ceux de l'autre. Aussi l'article 120 déclare-t-il positivement que la dernière disposition de l'article 78, qui consacre le droit pour le Président de la République d'autoriser le pacage des moutons dans certaines localités, n'est pas applicable aux bois des particuliers. Faut-il en conclure que l'interdiction du pâturage des chèvres et des moutons ne pourra jamais être levée? Ce serait aller trop loin. On admet que ce que le Président de la République peut faire pour les bois domaniaux, tout propriétaire peut le faire pour ses propres bois. Il sera donc toujours permis au propriétaire de la forêt et à l'usager de convenir que les moutons seront admis au pâturage. La même convention serait-elle licite si au lieu du pâturage des moutons, il s'agissait de celui des chèvres? La question est des plus controversées. Il semble bien cependant résulter de la discussion de l'article 78 à la Chambre des députés qu'on a entendu laisser au propriétaire de la forêt le droit d'admettre au pâturage toute espèce de bestiaux.

253. — *Règles relatives aux modes d'extinction.*

Les droits d'usage dans les bois des particuliers sont soumis aux mêmes causes d'extinction que les usages dans les bois de l'État ou des communes. Ils s'éteignent par le cantonnement ou le rachat, ainsi que par la confusion, le non-usage, et l'impossibilité d'user de la servitude.

Nous n'avons rien à ajouter à nos précédentes explications en ce qui concerne les quatre premiers modes d'extinction, mais le cinquième a donné lieu à certaines difficultés spéciales que nous devons faire connaître.

Lorsque l'impossibilité d'user de la servitude résulte d'un accident, ou du fait d'un tiers, aucune contestation n'est possible, mais il peut se faire qu'elle résulte d'un acte du propriétaire du bois, et dans ce cas la question devient très délicate. Si en effet le propriétaire est tenu de respecter le droit d'usage, il conserve d'autre part le droit d'exploiter sa forêt. L'application stricte de l'article 701 du Code civil, d'après lequel le propriétaire du fonds débiteur de la servitude ne peut rien faire qui tende à en diminuer l'usage ou à le rendre plus incommode, non seulement rendrait impossible l'amélioration de toute forêt grevée d'un droit d'usage mais rendrait absolument inévitable son anéantissement dans un délai plus ou moins long. Le bois le plus compact et le mieux aménagé exige en effet, à certaines époques, des semis ou des plantations qui diminuent l'étendue de la servitude ou en rendent l'exercice plus incommode. Il n'est pas douteux que ces semis ou plantations pourront être effectués librement par le propriétaire, sans que l'usager puisse s'y opposer, et que la même solution doit être adoptée pour tous les travaux nécessaires à la conservation du bois. L'article 119 du Code forestier, en disposant que les droits d'usage ne pourront être exercés que dans les parties déclarées chaque année défensables, a reconnu formellement le droit du propriétaire. Mais que faudrait-il décider à l'égard d'opérations d'aménagement, de culture, d'amélioration que le propriétaire du bois pourrait être tenté d'entreprendre, et qui ne répondraient pas à une véritable nécessité.

Ici la réponse ne peut pas être absolue. Dans certains cas, l'amélioration du bois sera profitable à l'usager lui-même; dans d'autres, elle entraînera pour lui une perte sans compensation. Supposons qu'au milieu d'un bois dans lequel s'exerce un droit de pâturage se trouvent d'anciennes mares desséchées depuis de longues années, et sur lesquelles les bestiaux sont admis; nous ne pensons pas que dans ce dernier cas le propriétaire ait le droit d'y effectuer des plantations, car l'amélioration du bois s'accomplirait au détriment de l'usager. Qu'importe à celui-ci que la forêt soit plus riche en bois si elle l'est moins en pâturage? Le propriétaire n'aurait, dans ce cas, d'autre ressource que de racheter la servitude. Cette dernière solution devrait-elle être admise dans le cas où le propriétaire entreprendrait un défrichement? Ici encore il faudra s'en tenir à la règle d'après laquelle, en dehors des cas de nécessité, le propriétaire de la forêt ne peut rien faire qui nuise à l'exercice des droits d'usage et appliquer cette règle à chaque cas particulier. Lorsque l'usage consiste dans un droit de pâturage, comme le défrichement aurait pour effet de restreindre les limites dans lesquelles ce droit peut être exercé, l'usager pourra opposer à l'exécution des travaux (Cass., 28 avril 1847; 9 mai 1865). Il n'en serait autrement que si la forêt était tellement vaste, ou le sol de la partie à défricher si peu propice au pâturage que le défrichement de cette partie ne pût porter aucune atteinte au droit de l'usager. Lorsque l'usage consiste dans le droit d'exiger des

livraisons de bois, le propriétaire pourra opérer le défrichement toutes les fois que la partie conservée sera de
nature à suffire aux besoins de l'usager. C'est seulement
dans le cas où le défrichement aurait pour effet de mettre
obstacle à l'exercice du droit, ou de le diminuer, que
l'usager pourrait s'y opposer.

Lorsque par l'effet d'ensemencements, ou de défrichements, un droit d'usage ne peut plus être exercé, la
servitude est éteinte par l'impossibilité d'en user, sauf
à renaître plus tard (articles 702 et 703 du Code civil).
Mais si les modifications apportées à l'état du bois ont
été faites en violation des droits de l'usager, celui-ci
a contre le propriétaire une action en dommages-intérêts :
il peut lui demander compte des avantages dont il a
été privé et réclamer une indemnité. Ce sont les tribunaux civils qui devront être saisis de la contestation.

DEUXIÈME PARTIE.

DES RAPPORTS DE L'AGRICULTEUR AVEC SES SEMBLABLES. — DES DROITS PERSONNELS.

254. — Nous savons quels sont les rapports juridiques qui peuvent s'établir entre les personnes et les choses. Les droits qui en résultent peuvent s'exercer directement et sans intermédiaire sur les choses qui en sont l'objet : ils ont reçu, pour cette raison, le nom de droits réels. Sans doute, ils ne s'établissent pas en général tout seuls : à leur origine, on retrouve le plus souvent une convention, ou tout autre acte intervenu entre deux ou plusieurs personnes sans lequel ces droits ne se seraient pas établis. Mais ce qui les caractérise, c'est qu'une fois constitués au moyen d'une vente, d'un échange, d'une donation, etc., ils n'ont besoin pour être exercés de l'aide d'aucune personne étrangère. Le droit de propriété, même, est compatible avec l'isolement le plus absolu. Robinson, après son naufrage, était devenu propriétaire de son île par l'effet de l'occupation, et son droit était d'autant plus étendu qu'il ne connaissait pas de rivaux.

Les droits personnels ont un tout autre caractère. Non

seulement ils supposent toujours, à l'origine, des rapports établis entre les hommes, mais ils consistent uniquement dans un service personnel dû par certaines personnes à certaines autres. Quand je suis propriétaire, je puis demander à mon voisin de respecter mon droit, mais rien de plus. Quand je suis créancier, je puis exiger de mon débiteur qu'il *fasse* ce qu'il m'a promis, qu'il me transfère par exemple la propriété de son héritage, qu'il paie son fermage, qu'il laboure mon champ. Les rapports qui s'établissent ainsi entre créancier et débiteur prennent le nom d'obligations. L'obligation est donc un lien de droit, ou si l'on préfère, une nécessité juridique en vertu de laquelle une personne est tenue de *faire* quelque chose au profit d'une autre. Celui au profit duquel l'obligation a été contractée s'appelle le créancier. Celui à la charge duquel elle existe s'appelle le débiteur.

Quelquefois, le mot obligation est employé dans un autre sens : on a pris l'habitude de donner ce nom à certains titres soit nominatifs, soit au porteur, comme les obligations du Crédit foncier, ou celles des Compagnies de chemins de fer par exemple, confondant ainsi l'obligation elle-même avec l'écrit qui la constate.

255. — Les obligations proprement dites peuvent procéder de cinq sources différentes. La plus abondante est le contrat; la seconde, le quasi-contrat; la troisième le délit; la quatrième le quasi-délit, et la cinquième la loi. Les développements que nous aurons à donner à chacune de ces sources seront fort inégaux. Nous étudierons successivement :

1° Les règles générales qui président à la formation des contrats et aux effets qu'ils produisent.

2° Les règles spéciales qui s'appliquent aux contrats les plus usités dans les campagnes, la vente, l'échange, le louage, l'assurance, etc.

3° Les règles applicables aux obligations qui naissent de sources autres que les contrats, c'est-à-dire des quasi-contrats, des délits, des quasi-délits ou de la loi.

4° Les moyens que la loi a mis à la disposition du créancier pour lui permettre d'obtenir paiement : l'étude de ces moyens constitue celle du crédit réel et du crédit personnel.

5° Les particularités qui peuvent résulter de l'état des personnes liées entre elles par des obligations, et notamment les particularités qui sont les conséquences de la minorité, ou de l'état de femme mariée, ou de l'exercice de la profession de commerçant.

LIVRE PREMIER.

DES RÈGLES GÉNÉRALES QUI PRÉSIDENT A LA FORMATION DES CONTRATS ET A LEURS EFFETS.

256. — Qu'est-ce qu'un contrat?

C'est l'accord qui s'établit entre deux volontés en vue de produire un effet juridique. Cet accord peut s'établir dans le but de transférer un droit de propriété, d'usufruit ou de servitude. On peut aussi simplement s'engager à faire quelque chose, à labourer un champ, à soigner une basse-cour; ou s'engager à ne pas faire une chose qu'on a le droit de faire, par exemple à ne pas semer certaines plantes dont la culture est épuisante pour les terres, comme la chicorée, etc. Nous pourrions multiplier à l'infini ces exemples.

Les contrats peuvent être unilatéraux ou bilatéraux on les appelle aussi dans ce dernier cas synallagmatiques). Le contrat unilatéral est celui dans lequel une ou plusieurs personnes s'obligent envers une ou plusieurs autres sans que de la part de ces dernières il y ait d'engagement. Tel est par exemple le prêt : l'emprunteur est tenu de restituer, mais cette obligation est la seule qui résulte du contrat. Le contrat bilatéral ou synallagmatique est celui dans lequel les contractants s'obligent réciproquement les uns envers les autres. Tels sont par exemple la vente, le louage, etc. Nous verrons plus tard que cette distinction est fondamentale. Quand le contrat est synallagmatique, et que les parties contractantes en dressent un écrit, cet écrit doit être dressé en autant d'originaux qu'il y a de parties ayant un intérêt distinct; quand le contrat est unilatéral, il suffit d'un seul écrit, qui est remis au créancier. D'autre part, quand les engagements sont réciproques, l'inexécution des uns fait tomber les autres et résout le contrat; il ne peut au contraire se produire rien de semblable dans le contrat unilatéral.

Les contrats peuvent être encore commutatifs ou aléatoires. Ils sont commutatifs lorsque chacune des parties s'engage à donner ou à faire une chose qui est regardée comme l'équivalent de ce qu'on fait pour elle. Ils sont aléatoires lorsque l'équivalent consiste dans une chance de gain ou de perte pour chacune des parties, d'après un événement incertain. Tel est, par exemple, le contrat d'assurance. Si le sinistre en vue duquel le contrat est intervenu se produit peu de temps après sa conclusion, l'assureur aura subi une perte, et l'assuré aura fait une bonne affaire. Si le sinistre ne se produit pas, les rôles seront intervertis, car l'assuré aura versé ses primes sans rien recevoir en compensation.

257. — Pour qu'un contrat puisse se former valablement, trois conditions sont nécessaires. Il faut l'accord des parties, un objet licite et une cause licite.

Il faut l'accord des parties. Il ne suffit pas du consentement de la partie qui s'oblige; celui de la partie envers laquelle on s'oblige est également nécessaire. Le contrat n'est formé que quand l'offre de l'une des parties est acceptée par l'autre. L'offre et l'acceptation peuvent quel-

quefois n'exiger l'échange d'aucune parole. Je monte
en omnibus sans dire un mot au conducteur. Je n'en
aurai pas moins le droit de me faire conduire jusqu'à
la limite extrême du parcours suivi par la voiture, et
je serai tenu de payer ma place. Il s'est formé entre le
conducteur qui m'a laissé monter et moi un contrat
parfaitement valable.

Lorsque l'offre et l'acceptation ont lieu par correspondance, la question de savoir à partir de quel moment
le contrat s'est formé fait difficulté. Imaginons l'hypothèse suivante : j'ai une récolte à vendre, et je fais,
par correspondance, une offre de vente, pour un prix
déterminé, à un marchand de grains de la ville voisine.
Ce marchand accepte et m'en fait part par lettre. Mais
avant que sa lettre me soit parvenue, je change d'avis,
et je lui télégraphie d'avoir à considérer mon offre
comme non avenue : étais-je encore à temps pour le
faire, ou au contraire le contrat de vente s'était-il déjà
formé ? Les auteurs et les tribunaux sont divisés sur la
question. Les uns estiment que le contrat s'est formé
dès le moment où l'offre a été acceptée et où la lettre
faisant connaître cette acceptation a été mise à la poste :
il suffit, dans cette opinion, de la coexistence des deux
volontés. Les autres tiennent au contraire que les parties ne se trouvent liées qu'autant que celle qui a fait
l'offre a su que cette offre était acceptée : dans cette
opinion, la coexistence des volontés ne suffit pas; il
faut en outre leur concours. C'est cette dernière opinion
qui tend à prévaloir (Orléans, 26 juin 1885).

Pour que le consentement soit valable, il faut qu'il
émane d'une personne, non seulement capable de vouloir, mais encore capable de s'obliger, et qu'il ne soit
entaché ni d'erreur, ni de dol, ni de violence.

Si le consentement émanait d'un enfant ou d'un fou

dans un moment de délire, il n'y aurait que l'apparence du consentement, et aucun lien ne pourrait se former. Il n'y aurait pas non plus de consentement valable s'il avait été donné par erreur, et si cette erreur était substantielle. J'achète une montre dorée, croyant acheter une montre d'or ; je commande un tableau à un homme que je crois être un grand peintre, et qui n'est que l'homonyme de celui-ci : l'erreur est substantielle; le contrat pourra être annulé.

La violence est, elle aussi, une cause de nullité du contrat, pourvu qu'elle soit de nature à inspirer à celui sur lequel elle est exercée des craintes sérieuses pour sa personne ou sa fortune : telle serait une menace d'incendie, par exemple. Peu importe qu'elle ait été exercée par l'autre partie contractante ou par un tiers, qu'elle provienne du fait de l'homme ou d'un événement extérieur. Un homme, voyant sa maison dévorée par un incendie et craignant que sa femme ne pérît dans les flammes, promit un jour une somme immense à qui sauverait cette dernière. Quelqu'un se dévoua, mais quand le mari fut mis en demeure de tenir sa promesse, il répondit qu'il n'avait pas suffisamment réfléchi. Si l'on devait en croire Pothier, l'illustre commentateur de la coutume d'Orléans, la promesse, dans ce cas, serait valable, mais les circonstances au milieu desquelles elle avait été faite ayant fait perdre à son auteur l'appréciation exacte de ce que le service rendu pouvait comporter de reconnaissance, la somme promise pourrait être réduite par le juge. La Cour de cassation au contraire considérerait un tel engagement comme nul. Il en serait de même des promesses faites par le capitaine d'un navire échoué qui, pour arracher ce navire à une perte prochaine et fatale, subirait par nécessité les conditions léonines mises par le capitaine d'un remorqueur au concours de son bâtiment dans l'opération du sauvetage (Cass., 27 avril 1887).

Enfin le dol est également un vice du consentement qui peut donner lieu à l'annulation du contrat, mais à la condition seulement qu'il émane de l'autre partie contractante et que les manœuvres pratiquées par celle-ci soient telles qu'il est certain que, sans elles, le consentement n'aurait pas été donné. Le propriétaire d'un fonds de terre me persuade que son héritage renferme des gisements de phosphate de chaux, il soudoie des experts, leur fait rédiger de faux rapports qu'il me met sous les yeux; je me décide à acheter le fonds; le contrat sera annulable pour dol. J'achète un domaine que je crois être d'une fertilité exceptionnelle, et qui ne diffère pas, à ce point de vue, de la plupart de ceux qui font partie de la même région : si mon erreur n'est imputable qu'à moi-même, ou si elle provient des renseignements inexacts qui m'ont été fournis par les personnes que j'ai consultées, je serai tenu de respecter le contrat. Mais si j'ai été trompé par mon vendeur; si, pour me déterminer à faire l'achat de son domaine, il a falsifié ses livres et me les a montrés, je pourrai demander l'annulation de la vente.

258. — Quand un contrat s'est librement formé, il n'est pas permis à l'une des parties d'en demander la rescision sous le prétexte qu'il lui est préjudiciable. Si j'ai acheté huit cents francs une vache qui n'en vaut que trois cents, le contrat ne s'en sera pas moins définitivement conclu.

La lésion n'est pas, en principe, une cause de nullité des conventions. Elle ne peut être admise que dans trois cas :

1° Lorsque l'un des contractants est mineur ou interdit;

2° En matière de partage. Nous avons vu combien

le législateur tient à ce que toutes les parts soient égales : si l'un des co-partageants éprouvait une lésion de
plus d'un quart, le partage pourrait être rescindé;

3° En matière de vente d'immeubles. Si le vendeur
avait aliéné son bien à un prix tel qu'il perdît, à cette
vente, plus des sept douzièmes de ce que valait à ce
moment l'immeuble, on présumerait qu'il a agi sous
le coup d'une nécessité si pressante que son consentement n'a pas été libre.

259. — La seconde condition qui est nécessaire pour
qu'un contrat puisse se former, c'est qu'il ait un objet
licite.

L'objet du contrat, c'est la chose qu'une des parties
s'engage à donner, à faire, ou à ne pas faire. C'est en
un mot ce qui est dû.

Pour qu'un contrat puisse se former, il faut que la
chose qui en est l'objet existe : si au moment où je vends
un cheval, ce cheval est mort, il n'y aura pas de vente.
L'application de cette règle a donné lieu à certaines
difficultés en matière d'assurances. Lorsqu'ayant déjà
contracté une assurance avec une compagnie, je fais avec
un autre assureur un second contrat identique au premier, ce second contrat sera-t-il valable? La question
est controversée. Suivant les uns, le second contrat
n'aura pu se former faute d'objet, car l'objet d'un contrat d'assurance, c'est de couvrir un risque, et ce risque
était déjà couvert par la première assurance (Douai, 5
février 1877). Suivant les autres, rien ne fait obstacle
à ce que l'assuré cherche dans la seconde assurance un
supplément de garantie. C'est cette dernière opinion
qui tend à prévaloir.

L'objet du contrat peut être un objet futur. Je puis
vendre la récolte que j'espère obtenir de l'année prochaine, ou la laine que me donneront mes moutons.

Les ventes anticipées de récoltes ont quelquefois donné lieu à des difficultés lorsque, par suite d'accidents, la récolte vendue d'avance était absolument détruite. Lorsque la grêle ou l'inondation ont fait disparaître l'objet vendu, on peut se demander si l'acheteur devra néanmoins le prix stipulé. La question devra être résolue d'après l'intention commune des parties contractantes. Il peut se faire que celles-ci n'aient entendu vendre et acheter qu'une chance ou un espoir de récolte, un alea, et qu'elles aient laissé cet alea aux risques et périls de l'acheteur : on présumera volontiers l'existence d'une convention semblable lorsque le prix convenu sera notablement inférieur aux prix courants du pays. Il peut se faire, au contraire, que l'objet du contrat soit une véritable vente, subordonnée seulement à une condition, et que les parties contractantes aient entendu vendre et acheter non pas une chance de récolte, mais une récolte ; dans ce cas, la disparition de la récolte empêchera le contrat de se former, faute d'objet. On sera naturellement porté à présumer cette intention chez les parties contractantes quand le prix stipulé sera, ou à peu près, celui qui est d'ordinaire fixé pour les ventes fermes d'objets de même nature. Il en serait de même si la vente portait sur le croît d'un troupeau ou sur des produits éventuels.

Il faut que l'objet soit déterminé au moins quant à son espèce : la convention de donner un animal serait nulle, car le vendeur pourrait se libérer au moyen d'une prestation dérisoire.

Il peut se faire que la vente porte sur une certaine quantité, comme il arrive en cas de vente de blé par exemple. La loi n'exige pas dans ce cas que la quantité à livrer par l'acheteur soit déterminée par le contrat lui-même, pourvu que ce contrat contienne des éléments suffisants pour permettre de la fixer. Il en serait

ainsi notamment si la vente avait pour objet le blé renfermé dans un grenier déterminé.

Dans les contrats synallagmatiques, il y a deux objets
au moins, puisqu'il y a de la part des parties contractantes engagement réciproque. Ainsi, dans la vente,
l'objet de l'obligation du vendeur, c'est l'objet vendu;
l'objet de l'obligation de l'acheteur, c'est le prix. Le
prix peut, lui aussi, ne pas être fixé définitivement par le
contrat lui-même. On peut stipuler que ce sera celui que
détermineront les mercuriales du marché voisin, ou
qu'il sera laissé à l'arbitrage d'un tiers.

Il faut enfin que l'objet du contrat soit licite. Il n'est
pas permis de vendre une succession future, ni de conclure une convention avec une agence matrimoniale.
La loi n'admet pas plus les marchés portant sur les
dépouilles de personnes qui ne sont pas encore mortes
qu'elle n'admet les marchés qui ont pour objet le mariage.

260. — La troisième condition nécessaire pour l'existence d'un contrat, c'est une cause licite. La cause,
c'est le but immédiat que se propose la partie qui s'o-
blige, c'est le résultat qu'elle cherche à atteindre. Ainsi,
dans la vente, la cause de l'obligation du vendeur, c'est
le paiement du prix, parce que c'est pour obtenir ce prix
qu'il aliène sa chose; la cause de l'obligation de l'acheteur, c'est au contraire l'acquisition de la chose vendue,
car c'est pour l'obtenir qu'il s'oblige. Il ne faut pas
confondre la cause avec les motifs qui déterminent les
parties à s'obliger. On m'écrit que mon cheval va mourir; j'en achète un autre pour le remplacer, et mon
cheval guérit. L'acquisition que j'ai faite a été déterminée par des motifs erronés : elle n'en sera pas moins
valable. Mais le contrat ne se serait pas formé à défaut
de cause proprement dite. Si l'objet vendu n'existe plus

au moment de la vente, ce ne sera pas seulement l'obligation du vendeur qui ne se sera pas formée faute
d'objet, ce sera aussi celle de l'acheteur, faute de cause.
Si je loue ma ferme, et que celle-ci soit emportée par
une inondation, mon fermier ne sera plus tenu de payer
ses fermages, car son obligation a pour cause la jouissance de la ferme.

261. — Quels sont les effets des contrats?

Les conventions légalement formées, dit l'article 1134,
tiennent lieu de loi à ceux qui les ont faites. Les juges
ne peuvent les modifier, ni dégager les parties contractantes des obligations qu'elles ont assumées. Ils peuvent,
si les conventions sont douteuses, les interpréter conformément aux règles que les rédacteurs du Code civil
ont tracées dans les articles 1156 à 1165; mais, lorsque
leur existence a été reconnue et leur sens déterminé,
il ne leur appartient pas plus de refuser de les appliquer
qu'il ne leur appartiendrait de refuser d'appliquer la loi
elle-même.

Toutefois cet effet des conventions ne se produit qu'entre les parties contractantes; celles-ci seules sont obligées.
Quant aux tiers, ils n'ont pas à s'en préoccuper. Les
conventions qui se forment sans eux ne peuvent pas plus
leur profiter que leur nuire : ces conventions sont, à leur
égard, *res inter alios actæ*.

262. — Les conventions ne peuvent nuire aux tiers.
Si par exemple un héritage est dans l'indivision, et
qu'un des co-propriétaires vende sur cet héritage une
servitude sans le consentement des autres co-propriétaires, ceux-ci pourront, lorsque l'acquéreur leur opposera cet acte de vente, lui répondre avec l'article 1165
que les conventions n'ont d'effet qu'entre les parties
contractantes, et que, n'ayant pris à la vente aucune
part, ils ne sont pas tenus de la connaître.

Autre exemple : J'ai perdu la possession de mon immeuble, qui est entre les mains d'un possesseur de bonne foi. Je le revendique avant que la prescription soit acquise et j'en obtiens la restitution. Mais il se trouve que le possesseur avait vendu d'avance la récolte qui est sur pied. Lorsque son acheteur se présentera pour en obtenir livraison, je lui répondrai qu'elle est à moi, puisqu'elle est encore sur pied, et que je ne suis pas tenu d'exécuter les engagements qu'il a plu à l'ancien possesseur de contracter.

Ce principe, cependant, comporte un certain nombre d'exceptions. D'abord, les héritiers ne sont pas des tiers : les obligations contractées par leur auteur leur sont opposables, car ils sont censés continuer sa personne. *Heres personam defuncti sustinet.* Voilà donc un nombre considérable de personnes qui pourront être tenues des obligations d'autrui. De plus, il y a des cas dans lesquels un contrat peut être opposé même à de véritables tiers. Nous en avons déjà eu la preuve sous les yeux. Nous savons que l'usufruitier peut donner à ferme les biens sur lesquels porte son droit, et que s'il vient à mourir avant que le bail soit expiré, le bail sera opposable au nu-propriétaire; celui-ci, bien qu'il soit en réalité un tiers, puisqu'il n'est pas intervenu au contrat de bail, n'en sera pas moins tenu de le respecter. De même, lorsqu'un immeuble est vendu avec faculté de rachat, et lorsque cette faculté est exercée dans le délai stipulé, le vendeur est tenu de respecter les baux qui auront été faits sans fraude par l'acquéreur dans l'intervalle qui se sera écoulé entre la vente et le rachat, et cependant ces baux auront été faits sans lui, en l'absence de toute participation de sa part (article 1673). Enfin, lorsqu'un immeuble est vendu, l'acquéreur est tenu de respecter, à certaines conditions, les baux en cours (article 1743). C'est un

point sur lequel nous aurons à revenir quand nous étudierons le louage.

263. — Les conventions ne profitent pas non plus
aux tiers. Elles ne peuvent être invoquées par eux. J'ai
cessé, par exemple, d'être possesseur et celui qui a acquis
la possession a stipulé à son profit une servitude. Je rentre dans la possession de mon fonds : aurai-je le droit
d'exercer cette servitude? Non, car elle n'existe qu'en
vertu d'une convention à l'égard de laquelle je suis un
tiers et que par suite il ne m'est pas permis d'invoquer.
Si le propriétaire du fonds servant refuse de me la laisser
exercer, je n'aurai qu'à m'incliner.

Les effets des conventions sont donc, en règle générale, restreints aux personnes qui les ont contractées.

264. — Mais quels sont ces effets?

Ils diffèrent suivant qu'il s'agit d'une obligation de
donner, d'une obligation de faire ou d'une obligation de
ne pas faire.

La convention de donner produit par elle-même un
effet considérable : elle emporte, lorsque la chose qui en
est l'objet est individuellement déterminée, une mutation
de propriété immédiate (1). L'acheteur devient propriétaire
par le fait seul de l'échange des consentements, indépendamment de toute remise de l'objet vendu. Cette règle est
d'origine française et coutumière ; elle n'est pas d'ailleurs
sans comporter de graves inconvénients auxquels, ainsi
que nous allons le voir, il a été remédié dans une certaine
mesure.

Dans le système du droit romain, qui était autrefois
appliqué dans une partie de la France, la convention
de donner ne faisait naître que des obligations. Le ven-

(1) Les conventions de donner produisent en outre l'obligation de livrer
la chose et de la conserver jusqu'à la livraison. Nous nous expliquerons à
cet égard un peu plus loin.

deur était tenu, par l'effet du contrat, de transférer à l'acheteur la propriété de la chose vendue, et cette translation s'opérait au moyen d'une remise matérielle qui avait reçu le nom de tradition. Tant que cette tradition n'était pas intervenue, le vendeur demeurait propriétaire; s'il aliénait de nouveau l'objet vendu, et s'il en faisait la tradition au second acheteur, le premier pouvait sans doute obtenir des dommages-intérêts, mais il ne lui appartenait pas de se prévaloir de son contrat à l'encontre du second acquéreur et de revendiquer la chose elle-même, car si la vente de cette chose avait obligé le vendeur à lui en transférer la propriété, elle ne lui avait conféré directement aucun droit sur elle. Ce système était loin d'être parfait, puisqu'il livrait le premier acheteur à la mauvaise foi du vendeur, mais il avait l'avantage d'être très favorable aux tiers. Ceux-ci n'étaient pas exposés, après avoir obtenu tradition de la chose vendue, à ce qu'un premier acheteur vînt la leur reprendre.

Notre ancien droit avait d'abord adopté la théorie romaine, mais on ne tarda pas à supprimer la nécessité d'une tradition matérielle. On admit qu'il pourrait y être suppléé par une tradition feinte : on stipulait dans le contrat que le vendeur conserverait pendant un temps plus ou moins long la détention de la chose vendue, mais que ce serait pour le compte de l'acheteur, et que ce dernier deviendrait propriétaire comme si la chose lui avait été réellement livrée. Cette clause devint bientôt de style dans tous les contrats, en sorte qu'en 1789, la propriété se transférait en fait, sinon en droit, par la convention elle-même. La transmission de la propriété était devenue occulte, sauf deux exceptions. La donation, pour être opposable aux tiers, devait être l'objet d'une insinuation, formalité qui consistait dans la copie de l'acte sur un registre particulier tenu au greffe de chaque bailliage ou sénéchaussée et dont la communication devait être faite à toute personne le demandant. En outre, dans les pays du Nord, on avait continué d'exiger, pour tous les contrats impliquant aliénation de propriété ou d'autres droits réels, l'accomplissement de formalités spéciales qui constituaient une sorte de signe des aliénations consenties : ces formalités consistaient dans la transcription.

Ce système de la translation de la propriété des immeubles par le seul consentement était éminemment favorable à la fraude. Paul achetait un immeuble et en payait le prix. Quelque temps après, une personne se présentait qui alléguait et prouvait que huit jours avant la vente qui a été faite à Paul, elle avait acheté le même immeuble. La bonne foi de Paul avait été complète, et rien ne pouvait lui faire supposer que l'immeuble acheté par lui était déjà vendu. Il n'en était pas moins tenu de le restituer au premier acheteur, sauf à se retourner contre son vendeur qui, la plupart du temps, avait disparu. La même situation pouvait se présenter toutes les fois qu'une personne achetait comme libre de toutes charges un fond grevé d'usufruit ou de servitude. Il suffisait à l'usufruitier ou à l'acquéreur de la servitude, pour être préférés, d'établir l'antériorité de leurs droits.

Les créances hypothécaires elles-mêmes étaient à la merci des débiteurs de mauvaise foi, qui pouvaient toujours, en vendant l'immeuble quelques instants avant de concéder l'hypothèque, stériliser d'avance le gage conféré au créancier.

Ce système fut, de 1804 à 1855, pratiqué en France. Le Conseil d'État du premier empire, qui a préparé le Code civil, ainsi que toutes les grandes lois de cette époque, ne l'avait pourtant pas proposé. Il avait adopté un système intermédiaire, qui avait déjà fait ses preuves sous l'ancien régime et qui venait d'être consacré par l'article 26 de la loi du 11 brumaire an VII sur le régime hypothécaire. Si ce système avait été adopté, la vente, entre les parties, aurait été parfaite dès l'échange des consentements, mais à l'égard des tiers elle n'aurait été parfaite que pour les meubles, et les ventes d'immeubles, pour pouvoir être opposées aux tiers, auraient dû être transcrites. Le projet ainsi rédigé fut soumis au Corps législatif et le principe de la publicité des aliénations d'immeubles semblait devoir triompher lorsque dans la discussion se produisit une difficulté de rédaction qui amena le rejet du principe lui-même. On revint ainsi à la clandestinité des mutations immobilières, et la fraude reparut. M. Dupin, alors qu'il était avocat général à la Cour de cassation, caractérisait cette situation en disant : celui qui achète n'est pas sûr de rester propriétaire, celui qui paie, de ne pas être obligé de payer une seconde fois, et celui qui prête, d'être remboursé.

La loi du 23 mars 1855 est venue porter un remède à cet état de choses en consacrant le système intermédiaire que le Conseil d'État avait inutilement proposé en 1804. D'après cette loi, la vente opère toujours entre l'acheteur et le vendeur une mutation immédiate de la propriété, de telle sorte que si quelques instants après la conclusion du marché la ferme qu'on a vendue s'écroule ou est brûlée par la foudre, sa perte sera supportée par l'acheteur, car il est de principe que *res perit domino,* et ce dernier sera tenu de payer le prix. Mais il en est autrement à l'égard des tiers quand il s'agit d'une vente d'immeubles. Pour produire effet vis-à-vis d'eux, tout acte qui opère la translation d'un droit réel sur un immeuble doit être transcrit au bureau de la conservation des hypothèques, qu'il s'agisse d'une mutation de propriété, ou qu'il s'agisse soit de la constitution d'un droit d'usufruit, d'usage ou de servitude, soit de la renonciation à ces mêmes droits (1). De deux acquéreurs successifs, ce ne sera plus le premier en date qui sera préféré, mais celui qui aura le premier fait transcrire son titre. Les actes non transcrits sont à l'égard des tiers comme s'ils n'existaient pas. Il est dès lors possible à celui qui achète un immeuble de savoir qui en est propriétaire et quelles sont les charges qui grèvent le fonds : il suffit de demander au conservateur des hypothèques l'extrait du registre des transcriptions qui concernent l'immeuble. Si l'on n'y trouve rien d'anormal, on pourra, après avoir fait transcrire son titre, payer le prix convenu, sans avoir rien à craindre pour l'avenir.

On a ainsi constitué pour la propriété foncière un véritable état civil ; chaque fonds a maintenant sa généalogie, et cette généalogie est constatée sur un registre qui est tenu au courant de tout ce qui est de nature à l'affecter.

265. — Il s'en faut pourtant de beaucoup que notre législation ait atteint la perfection sur ce point. Elle mérite deux graves reproches.

D'abord le principe de la publicité des mutations immobilières n'a reçu d'application que pour les mutations entre vifs, comme les ventes, les donations, les échanges. Quant aux mutations de droits réels immobiliers qui se produisent journellement par succession ou par testament et qu'on appelle mutations à cause de mort, elles demeurent clandestines : la loi du 23 mars 1855 ne s'y applique pas.

D'autre part, les registres de transcription (et le même reproche peut être fait aux registres hypothécaires) sont établis d'une manière défectueuse. Déjà en 1866 le Président Bonjean se plaignait de ce qu'ils fussent dressés,

---

(1) La loi du 25 mars 1853 exige même la transcription de certains actes relatifs à des droits purement personnels, dont nous parlerons au sujet du louage.

non par parcelles, mais par noms de propriétaires. « Il en résulte, disait-il, que pour être certain que des droits réels n'ont pas été établis sur une parcelle je serai forcé de rechercher la série des propriétaires auxquels l'immeuble a successivement appartenu en remontant aussi haut que possible, mais en remontant au moins à 30 ou 40 ans dans le passé. Si j'en oublie un seul, je risque de n'obtenir du conservateur des hypothèques que des renseignements trompeurs, car c'est peut-être celui-là qui aura grevé l'immeuble. Si je me trompe sur les noms, prénoms, professions ou domiciles de ces propriétaires, si je prends le père pour le fils, l'oncle pour le neveu, mes recherches seront vaines, car, trompé par les indications erronées que je lui aurai fournies, le conservateur des hypothèques ne me donnera que des renseignements inexacts. »

Il y a des pays dans lesquels la transcription des droits immobiliers est liée à la tenue du cadastre. Là, le compte est ouvert, non pas aux personnes, mais aux propriétés. Chaque parcelle est inscrite sur un registre avec son numéro cadastral. Celui qui veut être renseigné sur l'état d'un immeuble n'a plus, dans ce cas, à rechercher laborieusement les noms de tous ceux dans les mains desquels l'immeuble a pu passer. Il lui suffit d'indiquer le numéro de la parcelle sur l'état de laquelle il veut être fixé. Le conservateur ira droit au folio consacré à cette parcelle, il y trouvera indiqués les noms de tous ceux auxquels elle a appartenu et les charges ou droits réels qui ont existé ou qui existent encore sur elle. Les erreurs, dans ce cas, deviennent très difficiles.

Dans l'état actuel du cadastre, une réforme radicale est impossible. L'établissement d'un système général de publicité des mutations immobilières qui reposerait sur l'individualisation de chaque parcelle (nous demandons qu'on nous pardonne ce mot) suppose un cadastre tenu au courant de chacune de ces mutations, et nous savons quels obstacles sa réfection totale rencontrerait fatalement. Mais rien n'empêche de s'acheminer dès maintenant vers le but à atteindre, et nous ne voyons pas quelles raisons sérieuses on pourrait opposer à ce que la réforme fût accomplie à mesure qu'a lieu, dans les différentes communes, la revision cadastrale (1). En Tunisie et en Algérie des efforts sont tentés en ce moment même pour l'établissement d'un état de choses analogue : l'administration s'efforce d'y créer, pour la propriété foncière, un régime qui reposerait avant tout sur le cadastre, conformément aux bases adoptées pour l'Australie par l'Act Torrens (2). Nous sommes loin de demander l'application intégrale de cette dernière législation à la métropole : nous reconnaissons très volontiers que cette application n'est avantageuse que dans les pays neufs, là où on ne risque pas de se heurter à des droits acquis, et qu'elle rencontrerait en France autant d'obstacles que la confection de ce bornage général dont le Sénat n'a pas voulu avec raison en 1866, mais la réforme que nous avons en vue en ce moment est beaucoup plus modeste. Elle ne toucherait en rien au droit de propriété lui-même, elle n'entraînerait la déchéance d'aucun droit; elle mettrait seulement plus d'ordre et de clarté dans la tenue des registres de transcription, et elle assurerait plus complètement la publicité des mutations immobilières. Ses effets ne seraient pas immédiats, mais chaque année les difficultés iraient en diminuant et elles finiraient par disparaître.

(1) Cette réforme se rattache intimement à celles que nous avons proposées relativement aux bornages généraux.

(2) On lira avec intérêt, dans le Bulletin de la société de Législation comparée de l'année 1886, deux importantes communications sur les principales dispositions de l'Act Torrens, l'une de M. Gide (page 288); l'autre de M. Dain (page 560).

266. — Quels sont les effets d'une convention de faire ou de ne pas faire quelque chose?

Dans un cas comme dans l'autre, il se forme une obligation dont l'inexécution se résout en un droit à des dommages-intérêts. La loi n'admet pas, en principe, qu'on puisse forcer matériellement le débiteur de s'exécuter. Si l'un de mes valets de ferme ne veut pas travailler, je ne pourrai pas lui mettre de force la charrue entre les mains, car en le faisant je porterais atteinte à sa liberté individuelle ; mais je pourrai le faire condamner au paiement d'une indemnité que je retiendrai sur ses gages. Si mon fermier s'est engagé à faire pour moi des charrois, et s'il refuse de tenir sa promesse, je ne pourrai également réclamer de lui qu'un dédommagement pécuniaire. Il en sera de même s'il ne fait qu'une partie des charrois, ou s'il les effectue dans des conditions autres que celles qui ont été stipulées, ou à une époque tardive. Par exception, le débiteur n'est tenu d'aucuns dommages et intérêts lorsque l'inexécution totale ou partielle de l'obligation provient d'un cas de force majeure.

La règle d'après laquelle toute obligation de faire ou de ne pas faire se résout en dommages et intérêts, en cas d'inexécution de la part du débiteur, cesse de recevoir son application toutes les fois qu'il est possible d'obtenir l'exécution matérielle de l'obligation sans porter atteinte à la liberté individuelle du débiteur. Vous vous êtes engagé par exemple à curer mes fossés, et vous n'exécutez pas votre obligation : je ferai curer les fossés à vos frais. Vous m'avez loué votre maison, et vous refusez de m'y laisser entrer : je m'en ferai ouvrir les portes par autorité de justice. Vous vous êtes engagé à ne pas semer sur votre fonds certaines plantes, et vous en semez néanmoins : je les ferai arracher.

267. — Quand l'obligation de faire ou de ne pas faire

est de telle nature que son exécution ne puisse être procurée directement, que doivent comprendre les dommages-intérêts dus au créancier?

L'indemnité doit comprendre deux éléments distincts :
le préjudice éprouvé par le créancier, et le gain dont il
a été privé par suite de l'inexécution de l'obligation. Si
je vous loue une ferme, et si je n'exécute pas le contrat,
je devrai vous indemniser non seulement des déboursés
que vous aurez faits en vue de votre installation, mais
encore du bénéfice que vous auriez réalisé pendant le
cours du bail. Ces dommages et intérêts sont d'ailleurs
quelquefois fixés par les parties elles-mêmes, au moyen
d'un forfait.

Ils sont toujours fixés par la loi quand l'obligation a
pour objet une somme d'argent (article 1153). Le juge
ne peut, dans ce cas, allouer une indemnité supérieure à
5 % en matière civile et 6 % en matière commerciale,
mais pour que cette indemnité soit due, un jugement n'est
pas nécessaire. Les intérêts d'une somme d'argent sont
dus dès qu'il y a retard, à la condition qu'ils soient l'objet d'une demande en justice. Si Pierre me doit 1,000
francs payables le 1er janvier, et s'il ne s'exécute pas, je
pourrai, dès le lendemain matin, faire courir à mon profit
les intérêts de cette somme, pourvu que je les demande
au tribunal compétent. Il suffira ainsi d'une simple mise
en demeure adressée au débiteur, dans une forme, il est
vrai, plus énergique que la forme habituelle. En règle
générale, une simple sommation d'huissier suffit pour
constater le retard du débiteur et le mettre en demeure
d'exécuter une obligation : ici, il faut une demande en
justice.

Les intérêts doivent être payés annuellement; s'ils ne
le sont pas, le créancier peut exiger qu'ils soient eux-
mêmes capitalisés pour produire intérêt à son profit.

Mais cette capitalisation des intérêts n'est possible qu'aux deux conditions suivantes : il faut qu'elle ait été l'objet d'une demande en justice, et que les intérêts dont on demande la capitalisation soient dus au moins pour une année entière. La demande en justice pourrait toutefois être remplacée par une convention spéciale, portant que les intérêts dus produiront eux-mêmes intérêts, et la jurisprudence admet que cette convention peut faire courir non seulement les intérêts des intérêts dus, mais encore les intérêts de ceux qui viendront à échoir par la suite. D'autre part, la règle d'après laquelle les intérêts ne peuvent être capitalisés qu'autant qu'ils sont dus pour une année entière reçoit deux exceptions. Dans la pratique commerciale, on admet pour les comptes-courants la capitalisation des intérêts tous les six mois ; en outre, l'article 1155 considère non pas comme des intérêts, mais comme des portions de capital les fermages, les loyers, les arrérages de rentes perpétuelles et viagères. Le créancier peut donc en demander les intérêts le lendemain même du jour où ils auraient dû être payés sans être en aucune façon tenu d'attendre qu'ils soient dus depuis une année entière.

268. — Les obligations peuvent être affectées de diverses modalités qui établissent entre elles des différences profondes. Il y a des obligations naturelles et des obligations civiles, des obligations pures et simples et des obligations conditionnelles, ou à terme, ou solidaires, ou indivisibles.

Par obligations naturelles, on entend certaines obligations qui prennent leur source dans la morale, dont la loi ne procure pas la sanction par voie de contrainte contre le débiteur, mais dont elle reconnaît et sanctionne l'accomplissement volontaire. En cas de jeu ou de pari, la loi n'accorde pas d'action au créancier, mais ce qui a été volontairement payé ne peut être répété. Un interdit a contracté dans un intervalle lucide, et son tuteur a fait annuler son engagement. Plus tard l'interdit recouvre complètement la raison et exécute volontairement son obligation : il ne pourra plus revenir sur le paiement qu'il a fait. Il en serait de même du débiteur qui se serait acquitté volontairement, bien que son obligation fût prescrite, ou qu'elle eût été déclarée nulle par un jugement. Ces exemples pourraient être multipliés à l'infini.

Les obligations civiles au contraire sont celles que la loi a reconnues et munies d'une sanction matérielle. Si le débiteur ne s'exécute pas, le créancier pourra l'y contraindre.

Par obligations pures et simples on entend celles qui ne sont affectées ni d'une condition ni d'un terme, et qui ne sont ni solidaires ni indivisibles.

Qu'est-ce donc qu'une condition ?

C'est un événement futur et incertain duquel dépend la formation ou la résolution d'un contrat. Dans le premier cas, la condition est suspensive : tant que l'événement ne se sera pas réalisé, l'obligation ne pourra pas prendre naissance. Dans le second, elle est résolutoire : si l'événement se produit, le contrat sera censé n'avoir jamais existé (articles 1168 à 1185).

Qu'est-ce qu'une obligation à terme ?

Le terme, nous dit l'article 1185, diffère de la condition en ce qu'il ne suspend point l'engagement, dont il retarde seulement l'exécution. L'obligation à terme est donc celle dont l'accomplissement est simplement différé. Lorsqu'on dit : Qui a terme ne doit rien, on entend simplement par là que le débiteur ne peut être poursuivi avant l'échéance. Le terme est toujours présumé stipulé en faveur du débiteur ; celui-ci peut par suite y renoncer et payer d'avance. Dans certains cas cependant, en vertu d'une disposition formelle du contrat, ou à raison des circonstances, le terme est en faveur du créancier : dans ce cas l'accomplissement de l'obligation ne pourrait être avancé. Lorsque le terme a été stipulé en faveur du débiteur, ce qui est de beaucoup le cas le plus fréquent, certains événements peuvent lui en faire perdre le bénéfice : il en sera déchu si par son fait il diminue les sûretés qu'il avait données par le contrat à son créancier. Si par exemple, après avoir donné à celui-ci hypothèque sur une forêt, il effectue dans cette forêt une coupe en dehors de tout aménagement régulier, ou si après avoir concédé hypothèque sur une maison, il la dégrade, l'obligation deviendra immédiatement exigible. C'était à raison de ces sûretés qu'il avait obtenu un terme : s'il les fait disparaître, il ne faut pas que le créancier soit victime de sa mauvaise foi. Il en serait de même s'il tombait en faillite, car le créancier ne lui avait accordé un terme que parce qu'il croyait à sa solvabilité ; les circonstances n'étant plus les mêmes, les conditions dans lesquelles l'obligation devait s'accomplir seront également changées (articles 1185 à 1189).

Il y a des obligations alternatives. Je vends, par exemple, à votre maître de labour, deux chevaux pour que vous choisissiez celui que vous voulez garder (articles 1189 à 1197).

Qu'est-ce qu'une obligation solidaire ?

L'obligation solidaire suppose la pluralité des débiteurs. En général, lorsqu'une somme d'argent est due par plusieurs personnes, chacune d'elles ne peut être poursuivie que pour sa part. Si mon frère et moi nous avons emprunté ensemble 10.000 francs, chacun de nous ne sera tenu que d'en rembourser 5.000. Mais il est permis de déroger à cette règle et de stipuler que le créancier pourra exiger de celui d'entre nous

qu'il lui plaira de choisir son remboursement intégral,
soit 10.000 francs. L'obligation sera dans ce cas solidaire. La solidarité est un puissant moyen de crédit.
Les chances de remboursement sont d'autant plus grandes que le nombre des débiteurs augmente, puisque,
aussi longtemps que parmi ceux-ci il s'en trouvera un
seul qui soit solvable, le créancier sera sûr d'être payé.
Elle est fréquemment employée par les membres des
syndicats agricoles pour leurs achats de semences ou
d'engrais. Dans un certain nombre de départements,
dans l'Ardèche et la Drôme notamment, ces syndicats
se sont organisés de telle façon que tous les membres
qui les composent sont solidaires les uns des autres pour
les opérations qu'ils font en commun. Le fournisseur,
dans ces conditions, n'a pas à s'enquérir de la solvabilité de ses acheteurs, qui répondent les uns des autres,
et il est d'autant plus facile d'obtenir de lui des conditions avantageuses.

La solidarité ne se présume pas, mais elle est quelquefois établie par la loi elle-même. C'est ainsi, par
exemple, que, d'après l'article 55 du Code pénal, ceux
qui ont été condamnés pour un même crime ou pour un
même délit sont tenus solidairement des amendes, des
restitutions, des dommages-intérêts et des frais. C'est
ainsi encore qu'en vertu de l'article 3 de la loi du
4 avril 1889, les propriétaires de chèvres conduites en
commun sont solidairement responsables des dommages qu'elles causent.

Les effets de la solidarité ont été déterminés par les
articles 1197 à 1217 du Code civil. Vis-à-vis du créancier, les co-débiteurs solidaires se représentent les uns
les autres. C'est ainsi que les poursuites dirigées contre
l'un d'eux interrompent la prescription à l'égard de tous.
Entre eux, la dette se divise suivant l'intérêt de chacun,

et celui qui a payé a son recours contre ses co-débiteurs, chacun pour leur part. Si l'un de ceux-ci était insolvable, cette insolvabilité serait supportée par tous les autres.

Les obligations sont indivisibles lorsqu'elles ont pour objet une chose qui dans la livraison ou un fait qui dans l'exécution n'est pas susceptible de division, soit matérielle soit intellectuelle. Lorsqu'il n'y a qu'un seul créancier et un seul débiteur, l'exécution de semblables obligations ne comporte pas de difficultés, mais il en est autrement lorsque le créancier ou le débiteur vient à décéder en laissant plusieurs héritiers. Dans ce cas, chaque héritier du créancier aura le droit d'exiger le paiement intégral, de même que chaque héritier du débiteur pourra être forcé de payer la totalité, sauf son recours contre ses co-héritiers (articles 1217 à 1226).

La solidarité et l'indivisibilité des obligations ont donné lieu à des difficultés nombreuses dont l'examen nous entraînerait fort loin et qui ne rentrent pas dans notre cadre. Notre but, en faisant connaître les règles générales qui président à la formation et aux effets des obligations, est uniquement de faciliter l'intelligence des règles applicables aux contrats spéciaux que nous examinerons bientôt.

269. — Il ne nous reste plus qu'à rechercher comment s'éteignent les obligations.

Une obligation s'éteint normalement par son exécution volontaire ou forcée, c'est-à-dire par le paiement. Quand l'obligation a pour objet une somme d'argent, le paiement peut être fait, soit en or, soit en argent. Le paiement est le mode d'extinction le plus ordinaire, mais il est loin d'être le seul : il y en a huit autres.

Ce sont :

La novation, ou le remplacement d'une obligation par une autre;

La remise de la dette ;

La compensation, qui s'opère lorsque le débiteur d'une obligation devient lui-même le créancier de son créancier : dans ce cas, les deux dettes s'éteignent jusqu'à concurrence de la plus faible ;

La confusion, qui suppose la réunion sur la même tête des qualités de créancier et de débiteur. Si, par exemple, le créancier devient l'héritier de son débiteur, l'obligation cessera d'exister ;

La perte de la chose, pourvu qu'elle soit le résultat de la force majeure, et qu'elle n'ait pas été causée par une négligence du débiteur : autrement, celui-ci demeurerait obligé ;

L'effet d'une condition résolutoire. Si la condition arrive, non seulement l'obligation sera éteinte, mais elle sera considérée comme ne s'étant jamais formée ;

L'expiration du terme. Si je ne me suis engagé que pour un temps, l'obligation cesse une fois que le terme convenu est arrivé. C'est de cette façon que s'éteignent le plus souvent les contrats de louage ;

Enfin la prescription libératoire, qui exige quelques explications.

Cette prescription résulte de l'inaction du créancier pendant un certain délai, qui est ordinairement de 30 ans. La loi présume alors que le débiteur s'est acquitté de son obligation, et le laps de temps qui s'est écoulé depuis le moment où sa dette est échue vaut pour lui quittance, à la condition bien entendu que pendant tout ce délai le créancier n'ait exercé aucun acte de poursuite et n'ait exigé de son débiteur aucune reconnaissance de la dette. Ce résultat peut paraître injuste au premier abord ; mais lorsqu'on y réfléchit, on est forcé de reconnaître que la prescription libératoire est aussi nécessaire que la prescription acqui-

sitive. Si l'on pouvait réclamer le paiement d'une
créance au bout de cent ans, il arriverait le plus souvent
que le débiteur, dans l'impossibilité où il serait de
retrouver dans ses papiers la quittance remise à son père
ou à son grand-père, se verrait obligé de payer deux fois.
Les tribunaux ne peuvent d'ailleurs opposer d'office la
prescription : il faut que le débiteur se décide à l'invoquer lui-même et à en assumer la responsabilité.

Souvent le délai de la prescription est de moins de
30 ans.

C'est ainsi que celui qui a fait construire un bâtiment
n'a que dix ans pour agir en garantie contre l'architecte
et l'entrepreneur en cas de ruine totale ou partielle de
l'édifice (article 2270).

Les revenus, les fermages, les loyers des maisons, les
arrérages des rentes perpétuelles ou viagères, et généralement toutes les sommes qui sont payables par années,
ou à des termes périodiques plus courts, se prescrivent
par cinq ans (article 2277).

La prescription est quelquefois de deux ans (article
2273). L'avoué qui ne réclame pas dans ce délai ses frais
et honoraires pour les affaires terminées s'expose à se
voir opposer la prescription.

Elle est assez souvent d'un an (article 2272). Parmi
les actions qui sont soumises à cette courte prescription, nous remarquons celle des domestiques qui se
louent à l'année : leur salaire est prescrit, s'ils ne le réclament pas dans l'année qui suit celle dans laquelle ils
l'ont acquis. Nous y trouvons encore la créance des marchands, pour les choses qu'ils vendent aux particuliers,
et celle des médecins, chirurgiens et pharmaciens pour
leurs visites, opérations et médicaments. Il faut y joindre aussi l'action qui peut appartenir aux vétérinaires
brevetés. Ceux-ci portaient, en effet, en 1804, époque à

laquelle le Code civil a été promulgué, le titre de médecins vétérinaires, et ils rentraient ainsi dans l'énumération de l'article 2271. Ils devront donc, comme les médecins, réclamer leurs honoraires dans le délai d'un an. Il serait d'ailleurs bizarre que ceux qui soignent les animaux fussent plus favorisés et eussent pour réclamer leurs honoraires un délai plus long que les médecins qui soignent leurs semblables (Cass., 11 juin 1884).

Enfin certaines créances se prescrivent par six mois. Telles sont l'action des ouvriers et gens de travail pour le paiement de leurs journées et de leurs fournitures (article 2271).

Les courtes prescriptions (on donne ce nom à toutes celles dont la durée est de cinq ans au plus) diffèrent sous deux rapports de la prescription ordinaire. Elles courent contre les mineurs. De plus, elles ne sont pas décisives. Lorsqu'un débiteur oppose à son créancier la prescription de trente ans, la présomption de paiement est invincible; il en est autrement lorsque la prescription invoquée est celle de 5 ans ou d'une durée moindre. L'article 2275 donne, dans ce cas, au créancier, le droit de déférer le serment au débiteur pour qu'il affirme que la chose a été réellement payée.

Après ces notions préliminaires, il nous est permis d'aborder l'étude des principaux contrats ruraux.

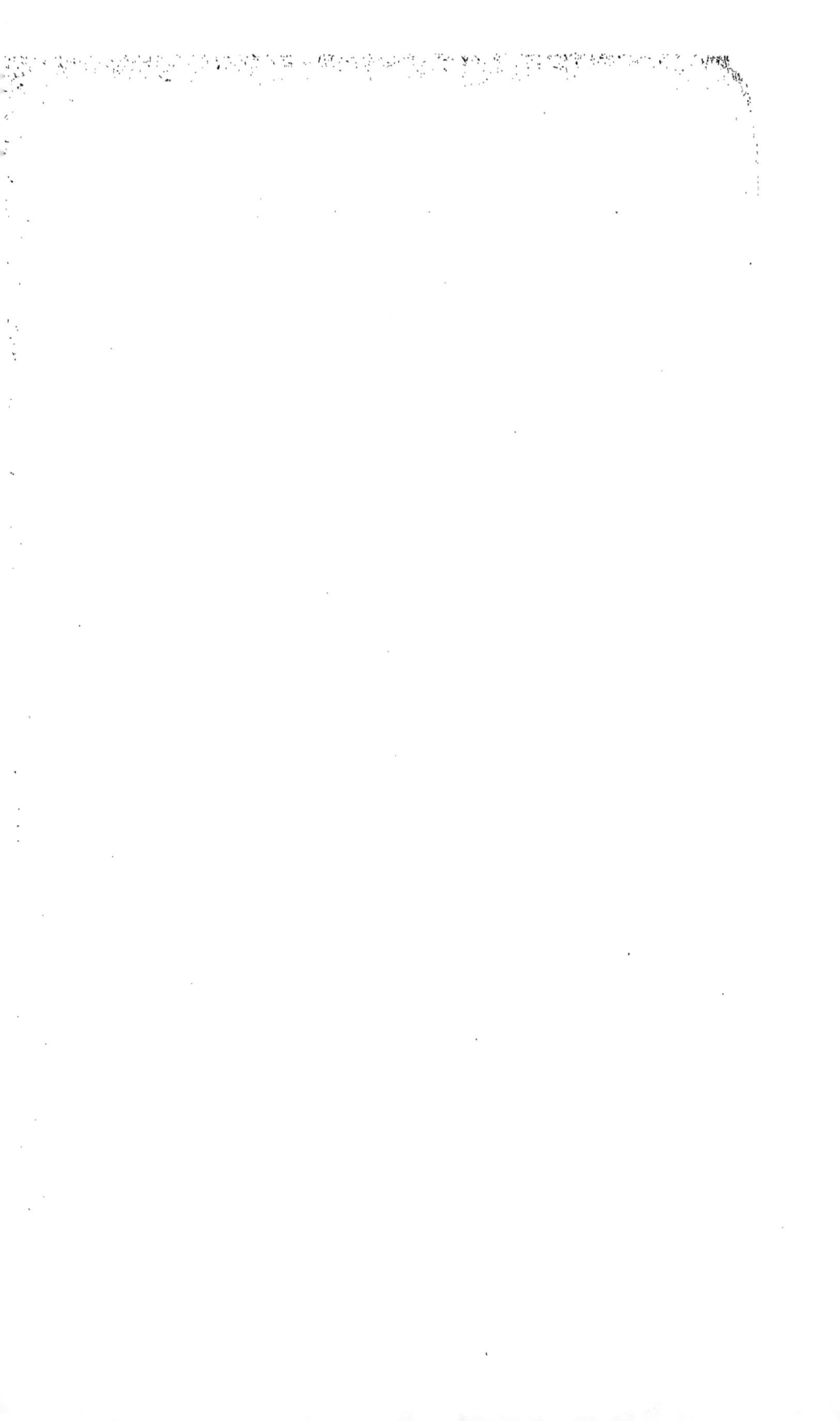

LIVRE II.

DES RÈGLES APPLICABLES AUX PRINCIPAUX CONTRATS RURAUX.

270. — Les contrats qui interviennent le plus souvent à la campagne sont la vente, l'échange, le louage, le transport, la société, le prêt, le mandat, le dépôt et l'assurance. Nous ferons connaître les règles essentielles de chacun d'eux en insistant particulièrement sur les trois premiers, qui sont les plus importants.

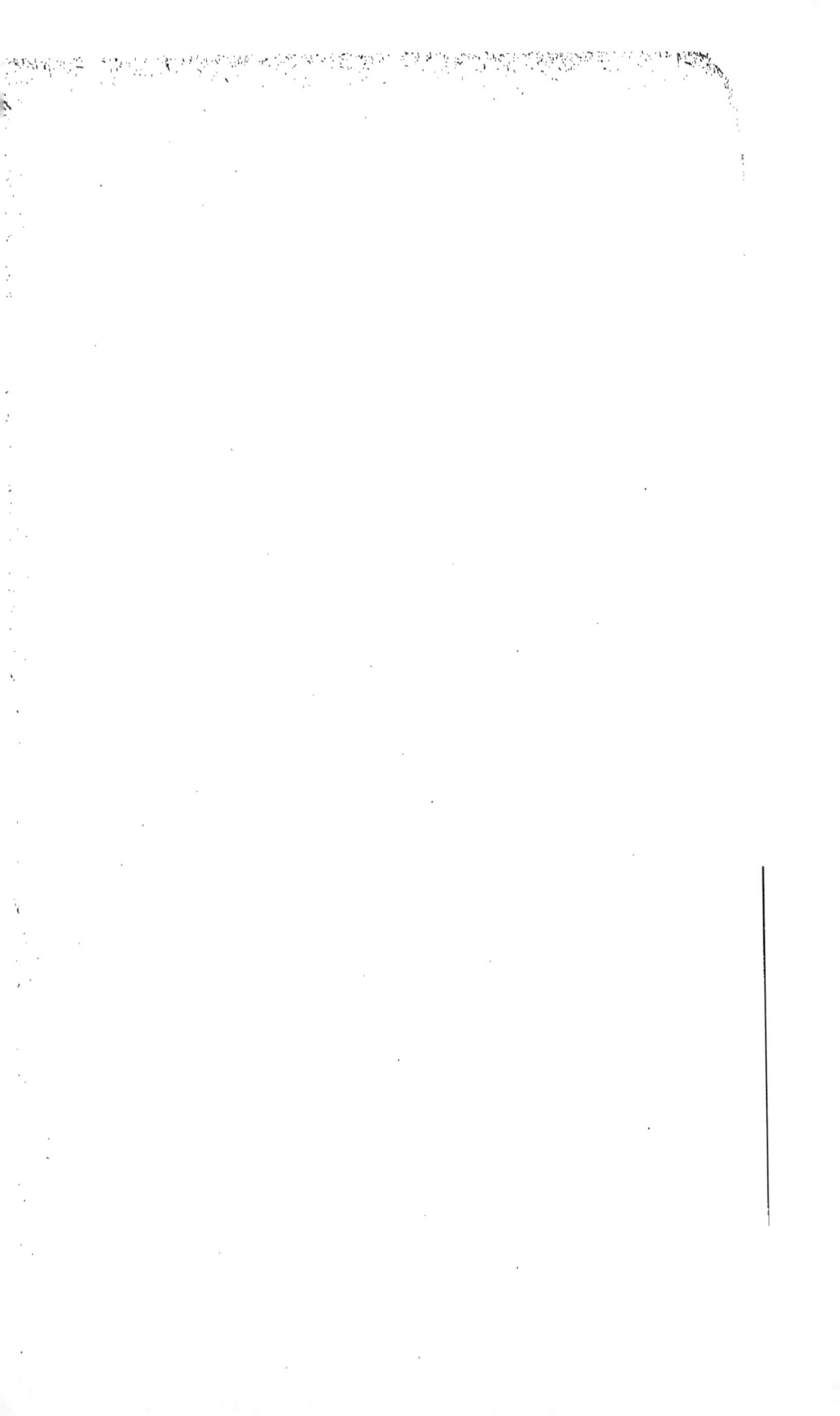

SECTION PREMIÈRE.

De la Vente (1).

271. — Qu'est-ce qu'une vente?

C'est une convention par laquelle l'un donne une chose et l'autre la paie. La vente suppose nécessairement l'intervention de la monnaie : c'est par là qu'elle diffère de l'échange.

Le contrat de vente est régi par la plupart des règles générales que nous venons d'exposer. Il comporte en outre l'application d'un certain nombre de règles toutes particulières qui concernent : 1" sa formation; 2° son mode extérieur; 3° ses effets; 4° certaines causes de résolution ou de rescision.

---

(1) Articles 1582 à 1702 du Code civil.

CHAPITRE PREMIER.

DES PARTICULARITÉS RELATIVES A LA FORMATION DU CONTRAT DE VENTE.

272. — Ces particularités tiennent aux personnes, aux objets vendus, ou à certaines stipulations accessoires qui peuvent accompagner le contrat de vente.

Celles qui tiennent aux personnes sont énumérées dans les articles 1594 à 1598 du Code civil. La loi a défendu la vente entre époux. Elle a défendu aux tuteurs, mandataires, administrateurs, avoués, notaires, officiers publics de se rendre adjudicataires soit par eux-mêmes, soit par personnes interposées, des biens qu'ils ont été chargés d'administrer ou de vendre. Le motif de ces interdictions se conçoit aisément.

Celles qui tiennent aux objets vendus sont les suivantes. D'abord, il y a des choses qui ne sont pas dans le commerce et qui ne peuvent jamais être l'objet de ventes particulières : il en est ainsi des armes de guerre, ainsi que du gibier aussi longtemps que dure la fermeture de la chasse. Longtemps la vente des blés en vert a été interdite. Cette interdiction remontait aux capitulaires de Charlemagne, et une déclaration de Louis XIV, en date du 22 juin 1694, qui la maintenait, nous fait connaître que son but avait été d'empêcher les usuriers et autres gens avides de gains illicites d'accaparer les grains pour ne les remettre en vente que dans les temps de disette. Plus près de nous, une loi du 6 messidor an 3 a de nouveau prohibé les ventes de grains en vert et pendants par racines, sous peine de confiscation des grains et fruits vendus : elle avait été provoquée par le grand nombre de ventes qui avaient eu lieu pendant le cours des années précédentes par suite de la présence de l'ennemi sur le sol français, et qui donnaient prétexte à des spéculations sans mesure. La prohibition n'a plus actuellement de raison d'être. Il serait difficile aujourd'hui, dans l'état d'esprit de nos agriculteurs, d'accaparer tous les grains de la France; aussi, la loi du 6 messidor an 3 est-elle tombée en désuétude. Elle vient d'être expressément abrogée par l'article 14 de la loi du 9 juillet 1889.

Il y a des objets qui ne sont considérés comme vendus qu'autant que l'acheteur, après les avoir goûtés, a déclaré vouloir définitivement les acquérir. Ce sont, par exemple, le vin, l'huile. Lorsqu'on fait sa provision de vin, on est censé n'avoir acheté que sous condition de goûter le vin et de l'agréer. L'existence d'une vente de ce genre est donc, en général, subordonnée au pur arbitre de l'acheteur, qui ne peut être tenu de prendre livraison d'une chose dont le goût lui déplairait (article 1587). Cette règle, toutefois, subit deux dérogations notables. D'abord, il est admis par tout le monde qu'elle ne constitue qu'une simple présomption de la volonté des parties qui cède devant la preuve contraire : si le vin a été livré et accepté sans que l'acheteur ait demandé à le goûter, ou s'il résulte, soit des termes du contrat, soit des circonstances du marché, que l'acheteur a renoncé à la faculté qu'il tenait de l'article 1587, la vente sera alors devenue définitive par le fait seul de l'accord des consentements.

D'autre part, lors même que l'acheteur n'aurait pas renoncé expressément ou tacitement à cette faculté, il ne lui serait pas permis de refuser livraison de la chose vendue si cette chose n'était pas destinée à sa consommation personnelle, et si elle était de qualité loyale et marchande. Lorsque j'achète des denrées pour les revendre, ou du cidre pour le faire consommer à mes ouvriers, je serai tenu de considérer la vente comme irrévocable, si la chose vendue est de nature à satisfaire le goût général (Cass., 5 décembre 1842).

Il y a des choses qu'on n'achète qu'après les avoir essayées : les règles ci-dessus leur seront également applicables. Lorsque j'achète un cheval de labour, je devrai le conserver s'il n'est ni méchant ni rétif, s'il peut faire en un mot le service auquel il est destiné. Si j'achète un cheval de luxe ou de promenade je jouirai d'une latitude d'appréciation beaucoup plus grande. Il suffira que son allure me déplaise pour qu'il me soit permis de le rendre : dès lors qu'il a été acheté pour mon usage personnel, et que je me suis réservé le droit de l'essayer, je puis exiger qu'il convienne à mon goût individuel. Le consentement de l'acheteur, dans ce cas, est donné en deux fois, et le contrat ne prend corps que lorsque le consentement a été donné sans réserves.

273. — Enfin, la formation du contrat de vente peut être influencée par certaines stipulations accessoires, comme celle qui porterait sur des arrhes, par exemple.

On entend par arrhes une certaine somme moyennant le paiement de laquelle chacun des contractants est maître de se départir de sa promesse. Je vous achète votre récolte 10.000 francs, et je vous donne 1.000 francs d'arrhes : cela signifie que je pourrai, en vous abandonnant ces 1.000 francs, tenir la vente pour nulle. Vous pourrez de votre côté vous soustraire à l'exécution du contrat en me restituant les 1.000 francs que je vous ai remis et en m'en payant 1.000 autres.

Dans la pratique, la question de savoir si la remise d'une certaine somme entre les mains du vendeur constitue des arrhes peut donner lieu à des difficultés. Quelquefois, en effet, l'une des parties remet à l'autre une certaine somme, non pas afin de pouvoir, moyennant l'abandon de cette somme, se dédire et retirer sa promesse, mais au contraire en signe de la conclusion définitive du contrat, et afin de bien marquer que la convention est irrévocablement formée : on appelle cette somme le denier à Dieu. D'autres fois encore, en remettant au vendeur immédiatement après le contrat une certaine somme, l'acheteur n'entend que fournir un à compte sur le prix.

Il importe de bien distinguer ces différentes hypothèses, puisque l'existence du contrat en dépend. Celui-ci pourra en effet se dissoudre au gré de chacune des parties si elles ont entendu donner et recevoir des arrhes ; il devra être exécuté si elles ont entendu donner et recevoir un denier à Dieu ou des à comptes.

Ce sont les tribunaux qui prononceront ; ils se détermineront d'après les circonstances, d'après les indications qu'ils pourront tirer des faits. Ils rechercheront, par exemple, si la vente est pure et simple, ou si elle est à terme. Dans ce dernier cas, il est une des trois hypothèses que nous avons prévues qu'ils pourront écarter de suite : la somme remise ne constituera probablement pas un à compte, car en général l'acheteur ne paie pas d'avance ; ils décideront donc que cette somme constitue ou des arrhes ou un denier à Dieu. Ils rechercheront aussi si la livraison de la chose vendue a eu lieu avant ou après la remise de la somme dont il s'agit : si cette livraison a eu lieu avant, ils présumeront qu'il y a eu simplement paiement d'un à compte; si elle n'a eu lieu qu'après, ils seront au contraire portés à décider que les parties ont entendu donner ou recevoir des arrhes. Ils auront égard enfin à l'importance de la somme remise, et c'est ainsi qu'ils distingueront le plus souvent les arrhes et le denier à Dieu, la somme remise à titre de denier à Dieu étant en général assez faible.

CHAPITRE II.

274. — La vente peut être privée ou publique.

La vente privée est celle qui a lieu dans les conditions
ordinaires et qui ne suppose en présence qu'un petit
nombre de personnes, le plus souvent un vendeur et
un acheteur seulement. Quelquefois, la vente privée a
lieu en présence d'un notaire, qui dresse acte du contrat;
d'autres fois elle a lieu entre les parties, sans l'assistance d'aucun officier ministériel. En général, les ventes
d'immeubles ont lieu par devant notaire; c'est chez ce
dernier seulement que l'acheteur pourra recueillir sur
la généalogie du fonds vendu et sur sa situation cadastrale les renseignements qui lui sont nécessaires : ce
sera en outre le notaire qui fera opérer la transcription
et qui veillera à l'accomplissement des formalités nécessaires pour assurer l'extinction des hypothèques, s'il
en existe. Les ventes de meubles, au contraire, se font
en général de la main à la main et sans témoins.

La vente publique est celle qui a lieu aux enchères
publiques et qui se termine par l'adjudication au plus
offrant et dernier enchérisseur.

On peut toujours recourir à une vente publique ; quelquefois, on y est obligé. La loi prescrit, dans un certain nombre de cas, la mise aux enchères afin que l'on soit certain que la chose sera vendue à sa valeur réelle. Cette mise aux enchères est ordonnée, tantôt dans l'intérêt des créanciers du vendeur, tantôt dans l'intérêt du vendeur lui-même. C'est ainsi que toutes les ventes forcées, celles qui ont lieu sur saisie, doivent se faire aux enchères publiques, dans l'intérêt des créanciers. C'est ainsi encore que les biens des mineurs doivent être également mis aux enchères, dans l'intérêt des mineurs eux-mêmes. Lorsqu'un propriétaire fait vendre publiquement, de son plein gré et sans être forcé de recourir à ce genre de vente, un ou plusieurs immeubles, il charge le plus souvent un notaire d'y procéder. Quand la vente publique a pour objet des meubles, elle doit nécessairement être faite par un officier public, commissaire-priseur, notaire, huissier, ou greffier de justice de paix.

Lorsque la loi exige que la vente ait lieu aux enchères publiques, il ne peut y être procédé que dans les formes déterminées par le Code de procédure civile. L'application de ces dispositions donnait lieu, jusqu'à ces derniers temps, à des frais exorbitants pour les immeubles de peu d'importance. Dans les ventes à l'amiable, les droits de mutation perçus par l'administration de l'enregistrement sont toujours de 7 %, environ : savoir 1,50 % pour la transcription ; 4 % pour les droits de mutation et deux décimes. Ces droits sont élevés, mais ils sont proportionnels à la valeur des biens vendus. Dans les ventes en justice, au contraire, les droits étaient inversement proportionnels à la valeur des immeubles : plus cette valeur était faible et plus les droits étaient relativement considérables. Lorsque le prix d'adjudication était inférieur à 5oo francs, les frais s'élevaient jusqu'à 125% de ce prix; si le montant de l'adjudication était supérieur à 5oo francs sans excéder 1.000 francs, la proportion des frais relativement au prix était de 5o%; au-dessus de 1.000 francs et jusqu'à 2.000, cette proportion était encore de 25% (1). L'exagération de ces frais tenait à diverses causes. Parmi les droits que perçoit l'administration de l'enregistrement sur chacun des actes au moyen desquels on peut parvenir à la vente en justice, les uns sont fixes, les autres proportionnels. Or, les droits fixes frappent de la même façon les ventes de petites propriétés et celles d'immeubles importants, et les droits proportionnels frappent plus les premiers mille francs que les autres. Une loi du 23 octobre 1884 a remédié à cette situation pour les immeubles dont le prix d'adjudication ne dépasse pas 2.000 francs. Elle dispose notamment que toutes les sommes payées au Trésor public pour droits de timbre, d'enregistrement, de greffe et d'hypothèques seront restituées aux parties. En outre, pour les ventes les moins importantes, celles dont le prix ne dépasse pas 1.000 francs, les notaires, avoués, greffiers, etc., qui concourent aux divers actes requis pour parvenir à l'adjudication subissent, sur les émoluments qui leur sont dus, une réduction d'un quart.

En dépit des améliorations très réelles contenues dans la loi du 23 octobre 1884, les ventes judiciaires d'immeubles n'en continuent pas moins à donner lieu à des frais souvent hors de proportion avec la valeur des biens vendus. Lorsqu'il s'agit d'immeubles de quelques centaines de francs, les émoluments dus aux officiers ministériels, malgré la réduction du quart qui leur est imposée par la nouvelle législation, absorbent souvent le produit

(1) Voir l'exposé des motifs de la loi du 23 octobre 1884.

de la vente. C'est faire payer bien cher au mineur la protection de la loi. La Chambre des députés est actuellement saisie d'une proposition tendant à permettre, dans certains cas, la vente à l'amiable des biens du mineur et à la soumettre seulement à l'homologation du tribunal. Cette proposition est assurément digne de retenir l'attention du législateur.

Au point de vue des effets qu'elles produisent, les ventes publiques volontaires et les ventes privées ne diffèrent pas entre elles. Peu importe à cet égard que j'aie vendu mon immeuble moi-même, ou que j'aie chargé mon notaire de le vendre aux enchères. Mais les ventes judiciaires, celles qui doivent avoir lieu nécessairement aux enchères publiques, ne donnent lieu ni à la garantie des vices rédhibitoires ni à la rescision pour cause de lésion (articles 1649 et 1684).

CHAPITRE III.

275. — Le plus important de ces effets nous est déjà
connu : il consiste dans la mutation immédiate de propriété qu'entraîne la vente aussi bien que les autres
conventions de donner, comme la donation et l'échange.
Nous savons qu'entre les parties cet effet se produit d'une
manière absolue, et qu'à l'égard des tiers une distinction
doit être faite suivant qu'il s'agit de meubles ou d'immeubles. Quand il s'agit d'immeubles, l'acte d'aliénation
doit être transcrit : nous n'avons pas à revenir sur les
explications que nous avons données à cet égard. Quand
la vente a pour objet des meubles, aucune transcription
n'est nécessaire : les meubles sont trop mobiles pour
qu'il soit possible de soumettre à de pareilles formalités
les actes d'aliénation qu'ils comportent à chaque instant.
Mais il ne faudrait pas croire pourtant que les ventes qui
les concernent soient soumises d'une manière absolue et
sans réserve au principe d'après lequel la vente rend
l'acheteur immédiatement propriétaire : l'application de
cette règle doit être combinée avec celle qui résulte de
l'article 2279. Il ne faut jamais oublier qu'en fait de
meubles la possession de bonne foi vaut titre. Il s'ensuit

que de deux acheteurs successifs d'un même meuble, celui-là doit être préféré qui en a été mis en possession le premier, encore que son titre soit postérieur en date : la seule condition requise de cet acheteur, c'est qu'il soit de bonne foi.

Au surplus, la mutation de propriété ne se produit, même entre les parties, qu'autant que le vendeur et l'acheteur l'ont entendu ainsi, et qu'ils se sont engagés réciproquement. Si le vendeur s'était engagé à vendre, sans que l'acheteur se fût engagé de son côté à acheter, il n'y aurait pas vente, mais seulement promesse de vente. Il en résulterait uniquement une obligation de faire à la charge du vendeur, et si, avant que l'acheteur se fût lié à son tour, l'objet de cette obligation venait à périr par cas fortuit, sa perte serait supportée par le vendeur, qui en serait resté propriétaire. C'est en ce sens que doit être interprété l'article 1589, d'après lequel la promesse de vente ne vaut vente qu'autant qu'il y a consentement *réciproque* sur la chose et sur le prix.

La vente ne rend d'ailleurs l'acheteur propriétaire et ne met la chose à ses risques que si la chose vendue est déterminée dans son individualité. Si la vente a pour objet non pas des marchandises déterminées, mais des marchandises à prendre dans des magasins, et à peser, compter ou mesurer, la vente sera bien parfaite dès l'échange des consentements, en ce sens que le vendeur sera obligé de livrer ces marchandises après les avoir prises dans ses magasins, et l'acheteur de les payer, mais les risques et la propriété ne passeront sur la tête de ce dernier qu'après le comptage, le mesurage ou le pesage. Si le magasin du vendeur venait à brûler, la perte serait pour ce dernier (articles 1585 ct 1586).

276. — Tel est le premier et le plus important effet de la vente.

Mais il en est d'autres. Indépendamment de la mutation de propriété que produit ce contrat, il fait naître
certaines obligations, soit à la charge du vendeur, soit à
la charge de l'acheteur.

Le vendeur est tenu : 1° de délivrer la chose vendue;
2° de garantir à l'acheteur la possession paisible et la
possession utile de cette chose.

§ Ier. — OBLIGATION DE DÉLIVRER LA CHOSE.

277. — La délivrance, c'est le transport de la chose
vendue en la puissance et possession de l'acheteur.

En ce qui concerne les immeubles, la délivrance se
consomme par le délaissement qu'en fait le vendeur, avec
remise des clefs et des titres de propriété. En ce qui concerne les meubles, elle s'effectue par leur tradition matérielle, ou par la remise des clefs des bâtiments qui les
contiennent. Elle doit se faire, sauf stipulation contraire,
au lieu où était lors de la vente la chose qui en a fait
l'objet, et comprendre tous les accessoires de cette chose,
notamment les fruits qu'elle a produits depuis le contrat.
Jusqu'à la délivrance, le vendeur est tenu d'apporter à la
conservation de cette chose tous les soins d'un bon père
de famille. Les frais de délivrance sont, en principe, à la
charge du vendeur, et ceux de l'enlèvement à la charge
de l'acheteur. Ce sera donc au vendeur de supporter
les frais de mesurage et de pesage, et à l'acheteur ceux
d'emballage et de transport.

L'obligation de délivrer la chose vendue a reçu une
sanction énergique. D'après les articles 1610 et 1611,
lorsque le vendeur manque à faire la délivrance dans le
temps convenu entre les parties, l'acquéreur peut ou se

faire mettre en possession ou demander la résolution de la vente, et dans tous les cas il a droit à des dommages-intérêts.

L'obligation de délivrer ne cesse que si l'acheteur, de son côté, ne remplit pas ses obligations, lorsque par exemple, la vente étant faite au comptant, il refuse de payer le prix, ou s'il devient hors d'état de remplir ses engagements, comme lorsqu'il tombe en faillite ou en état de déconfiture. Dans ce cas le vendeur pourra refuser de se dessaisir de la chose vendue.

278. — Toutes ces règles sont faciles à comprendre, et nous n'avons pas à y insister. Nous devons faire connaître toutefois les difficultés qui peuvent se présenter lorsque, dans une vente d'immeuble, le contrat porte indication de la contenance. L'obligation de délivrer la chose vendue est, dans ce cas, plus stricte que lorsque les parties ont entendu vendre et acheter un bien tel qu'il se comporte.

Cette mention de la contenance peut être insérée dans le contrat de deux manières :

1° La vente peut avoir lieu avec indication de la contenance, à raison de tant la mesure (article 1617). Je vous vends par exemple le fonds A, dont la contenance est de un hectare et demi, à raison de 3.000 francs l'hectare. Dans ce cas, tout déficit ou tout excédant de contenance, quelque peu important qu'il soit, donne lieu à une diminution ou à une augmentation proportionnelle du prix. L'acquéreur peut même se désister du contrat, si l'excédant est d'un vingtième au-dessus de la contenance déclarée (article 1618).

2° La vente peut avoir lieu, avec indication de la contenance, moyennant un prix fixé par le contrat, mais non à raison de tant la mesure. Par exemple : je déclare vous vendre le fonds A, qui a une contenance de 3 hectares, à raison de 9.000 francs. Que fera-t-on s'il y a une erreur de contenance en plus ou en moins? On ne tiendra pas compte des erreurs minimes, mais seulement de celles qui ont une certaine gravité. Lorsque l'erreur produit une différence de valeur d'un vingtième en plus ou en moins, il y aura augmentation ou diminution proportionnelle du prix. Par exemple, si la contenance réelle est de 3 hectares et demi, au lieu d'être seulement de 3 hectares, et si par suite la valeur réelle du fonds est de 10.500 fr., l'acheteur devra payer un supplément de prix de 1.500 francs, car la différence entre la mesure réelle et celle exprimée au contrat produit une différence de valeur qui excède le vingtième. Si nous supposons au contraire que la contenance réelle n'est que de deux hectares et demi, au lieu de 3, le prix devra, pour la même raison, subir une réduction de 1.500 francs (article 1619). Toutes les fois qu'il y a lieu à augmentation de prix, l'acheteur a la faculté de se désister du contrat; on ne saurait le forcer de faire une acquisition qui excède ses ressources. En cas de déficit, il ne peut que demander la diminution du prix, à moins qu'il ne prouve que le défaut de contenance du fonds rend celui-ci impropre à l'usage auquel il est destiné, ce qui peut arriver assez fréquemment pour les terrains à bâtir. Lorsque l'erreur est de moins d'un vingtième, elle est considérée comme minime, et la loi n'en tient pas compte.

D'après l'article 1622, l'action en augmentation de prix de la part du vendeur, et celle en diminution de prix ou en résiliation de la part de l'acheteur doivent être intentées dans l'année, à compter du jour du contrat, à peine de déchéance.

Il importe de remarquer que ces règles ne sont obligatoires qu'à défaut de conventions expresses sur les points qu'elles déterminent. Les parties peuvent toujours

par des stipulations spéciales, règler autrement les conséquences du défaut ou de l'excédant de contenance.

§ II. — Obligation de garantie.

279. — L'obligation de garantie est double : elle a pour
objet la possession *paisible* de la chose vendue, et sa possession *utile*.

Le vendeur doit tout d'abord garantir à l'acheteur la
possession *paisible* de la chose vendue.

Il doit par conséquent s'abstenir de tout acte qui aurait pour effet d'inquiéter l'acheteur dans sa jouissance
et de diminuer les avantages sur lesquels celui-ci a droit
de compter. Ainsi celui qui, étant propriétaire d'un
moulin et de prairies traversées par un cours d'eau non
navigable, vend son moulin, ne pourra pas, dans l'intérêt des prairies qu'il a conservées, provoquer auprès
du préfet l'abaissement de la retenue d'eau qui fait mouvoir l'usine (Cass., 8 janvier 1851).

Le vendeur n'est pas seulement tenu de son fait personnel, il l'est aussi de celui des tiers. Il est obligé de prendre fait et cause pour son acheteur lorsque celui-ci est
inquiété, soit par une personne qui se prétend propriétaire de la chose qui lui a été vendue, soit par un tiers
qui prétend exercer un droit d'usufruit ou de servitude.
Il doit prendre sa défense en justice, le soutenir dans les
procès qui lui sont intentés, et s'il ne réussit pas à faire
cesser le trouble, l'acheteur a droit à une indemnité qui
est calculée plus ou moins largement, suivant que le vendeur a été de bonne ou de mauvaise foi (articles 1626 à
1641).

280. — Le vendeur doit en outre garantir à l'a-

cheteur la possession *utile* de la chose vendue (articles 1641 à 1650 du Code civil; loi du 2 août 1884 sur les vices rédhibitoires dans les ventes et échanges d'animaux domestiques).

Le vendeur est par suite responsable des défauts cachés de la chose vendue qui la rendent impropre à l'usage auquel on la destine ou qui diminuent tellement cet usage que l'acheteur ne l'aurait pas acquise, ou n'en aurait donné qu'un moindre prix, s'il les avait connus. Ces défauts cachés ont reçu le nom de *vices rédhibitoires*.

Ils peuvent affecter des immeubles aussi bien que des meubles (Cass., 16 novembre 1873). Si j'achète, pour le cultiver, un fonds de terre tellement humide que les semences ne peuvent y germer ou si j'achète une maison dont les bois de charpente sont absolument pourris, je pourrai me retourner contre mon vendeur aussi bien que je pourrais le faire si la vente, au lieu d'avoir pour objet un fonds de terre ou une maison, avait eu pour objet de mauvaises semences.

Mais pour que la responsabilité du vendeur soit engagée, il faut que le vice soit caché. Le vendeur n'est pas tenu des vices apparents, dont l'acheteur a pu se convaincre lui-même. Si, par exemple l'humidité du fonds de terre dont il vient d'être parlé avait été visible, l'acheteur n'aurait à s'en prendre qu'à lui-même de sa propre légèreté. Il en est ainsi du moins toutes les fois que la vente a eu lieu en présence de la chose elle-même; dans le cas contraire, on ne pourrait pas, évidemment, opposer à l'acheteur la connaissance qu'il a eue ou qu'il a dû avoir de ces vices.

Aux défauts apparents, il faut assimiler les vices cachés dont l'acheteur aurait eu connaissance lors de la vente.

Enfin le vendeur n'est jamais tenu lorsque la vente a été faite avec une clause de non garantie, ni lorsque la vente a eu lieu par autorité de justice (articles 1641, 1643 et 1649).

Il est bien entendu que le vendeur ne peut jamais être garant, à moins de stipulation contraire, que des vices dont l'origine remonte à une époque antérieure à la livraison (Grenoble, 4 avril 1867). Dans l'espèce sur laquelle est intervenu cet arrêt, il s'agissait d'une vente de vers à soie que l'acheteur n'avait pu parvenir à faire éclore : la responsabilité du vendeur n'a pas été admise parce que l'acheteur n'a pu démontrer que ce défaut d'éclosion provenait d'un vice existant déjà au moment où les graines étaient encore entre les mains du vendeur.

281. — Lorsque la chose vendue est affectée d'un vice rédhibitoire, l'acheteur peut prendre, à son choix, l'un ou l'autre de ces deux partis : garder la chose en réclamant une diminution de prix; la rendre, et se faire restituer le prix et les frais accessoires de la vente. L'acheteur aurait droit en outre à des dommages-intérêts si le vendeur, en fait, connaissait les vices de la chose vendue, ou si, à raison de sa profession, il était censé les connaître. Le marchand de semences par exemple qui vendrait de mauvaises graines pourrait être condamné non seulement à la restitution du prix, mais encore au paiement d'une indemnité.

L'acheteur peut ainsi intenter deux actions différentes. Celle qui tend seulement à une diminution de prix a reçu le nom d'action estimatoire. Celle qui tend à l'annulation de la vente a été appelée action rédhibitoire. Toutes deux doivent être intentées dans un délai très court : passé ce délai, la loi présume que le vice dont se plaint l'acheteur est né depuis que la chose vendue

est en sa possession. Le délai est fixé par l'usage du lieu
où la vente a été faite. A défaut d'usage, il est arbitré
par le juge, qui se détermine d'après la nature du vice
(Cass., 16 novembre 1853; 12 novembre 1884). Le
tribunal de commerce de Nantes a été saisi, en 1869,
d'un litige qui, pour n'avoir rien de rural, n'en fait
pas moins bien saisir le sens et la portée de la règle que nous venons de poser. Il s'agissait d'une
vente de conserves alimentaires : le tribunal n'a admis comme point de départ du délai dans lequel l'action rédhibitoire doit être intentée que le moment à
partir duquel ces conserves entrent dans la consommation, parce que c'est seulement à ce moment que le
vice avait pu se révéler (Tribunal de commerce de
Nantes, 5 mai 1869). De même, s'il s'agit d'une maison,
le délai ne commencera à courir qu'à partir de la découverte de son défaut de solidité (Paris, 30 juillet 1867).

Quand le délai est fixé par l'usage, il commence à
courir du jour de la vente, ou, lorsque l'exécution de
la vente a été différée soit par l'effet de la convention,
soit par le défaut de livraison de la chose vendue, du
jour où la tradition a eu lieu, car c'est seulement à partir
de ce moment que l'acheteur est en situation de découvrir les défauts cachés de cette chose.

Tel est le droit commun en matière de vices rédhibitoires.

282. — Ces règles ont reçu, lorsque la vente a pour
objet des animaux domestiques, des dérogations nombreuses.

La diversité des usages avait amené, en ce qui concerne ces ventes, d'innombrables procès : tel vice était
réputé rédhibitoire en Normandie qui ne l'était pas dans
la Flandre, en sorte que les tribunaux se trouvaient
profondément divisés, et que les procès étaient gagnés

ou perdus suivant qu'on parvenait à attirer son adversaire devant tel ou tel tribunal. D'autre part, en subordonnant la durée de l'action en garantie à l'usage des lieux, et à défaut d'usage, à l'appréciation des juges, la loi avait fourni un nouvel élément aux controverses, en sorte que dans les ventes d'animaux domestiques, il n'y avait de sécurité pour personne : la ruse des maquignons pouvait se donner libre carrière.

Une réglementation précise était d'autant plus nécessaire que le nombre de ces ventes est plus considérable. Il résulte des statistiques dressées par les soins du ministère de l'Agriculture qu'il existait en France, au 31 décembre 1886 : 2.938.489 représentants de l'espèce chevaline; 242.763 mulets; 382.110 ânes; 13.275.021 représentants de l'espèce bovine; 22.688.230 béliers, brebis, agneaux ou moutons; 5.774.924 porcs et 1.420.112 boucs ou chèvres (1). La valeur de ces animaux est de plusieurs milliards, et bon nombre d'entre eux sont, dans le cours d'une même année, l'objet de plusieurs ventes successives.

Une loi du 20 mai 1838 régla pour la première fois la matière : elle établit une législation uniforme, énuméra limitativement les vices cachés qui, sauf stipulation contraire, mettent en jeu la responsabilité du vendeur, et fixa les délais dans lesquels l'action peut être exercée. Ses bases essentielles ont été conservées par la loi du 2 août 1884, mais le nombre des vices rédhibitoires a été notablement réduit.

Ces lois, ainsi que le faisait remarquer avec raison le rapporteur de la loi de 1838, « ne sont dirigées ni contre les vendeurs, ni contre les acheteurs, ni contre les éleveurs, ni contre les marchands; elles n'ont eu

(1) Voir le *Bulletin du Ministère de l'agriculture de* 1887, à la page 638.

d'autre but que de lever l'incertitude dans les marchés ;
d'y faire cesser la fraude ; de faire régner la bonne foi
et la probité dans un commerce d'où elles semblent trop
souvent bannies, et où l'on se fait trop souvent un jeu
de la ruse et de la supercherie. » Il n'en est pas moins
vrai que la limitation du nombre des vices rédhibitoires,
qui constitue le trait essentiel de ces deux lois, est essentiellement favorable aux éleveurs, et qu'en fait, quelle
qu'ait été l'intention du législateur, les lois de 1838 et de
1884 ont été des lois de protection pour l'agriculture.
Ainsi qu'on l'a fait observer très judicieusement, lors de
la discussion de la loi du 2 août 1884 devant la Chambre
des députés (1), la première vente d'un animal domestique est toujours faite par un éleveur, et presque toujours
l'acheteur est, non pas un autre éleveur ou un agriculteur, mais un intermédiaire, un marchand de chevaux ou
de bœufs. Cet intermédiaire n'a le plus souvent qu'un
capital restreint, avec lequel il va de foire en foire, ache-
tant dans l'une tout ce que l'argent qu'il a en mains lui
permet d'acheter d'animaux, et cherchant dans l'autre à
les revendre. S'il réussit, le vendeur n'a rien à craindre
de lui, mais si quelques animaux restent à sa charge, il
ne sera que trop tenté de leur découvrir des vices rédhibitoires ; il en fera naître au besoin, mènera les animaux
chez un vétérinaire, et armé des certificats qu'il aura
obtenus, se retournera contre son vendeur, et récla-
mera soit l'annulation de la vente avec remboursement
des frais accessoires, soit une diminution du prix. La
crainte d'un procès coûteux amènera le plus souvent
le vendeur à entrer en composition avec lui, et le marchand de bestiaux aura fait une dupe de plus.

   La crainte de ces pratiques frauduleuses avait amené

_____

(1) Voir le rapport de M. Maunoury.

dans ces derniers temps un certain nombre de vétérinaires distingués à demander la suppression de toute
garantie dans les ventes d'animaux domestiques (1). D'autres avaient cru trouver le remède dans une législation
qui, comme la législation anglaise, aurait laissé à l'acheteur et au vendeur le soin de régler la garantie par leurs
conventions. Ces différents systèmes n'ont reçu l'agrément, ni du Conseil d'État, ni du Sénat, ni de la Chambre des députés. On fit remarquer que la suppression
de toute garantie serait sans doute fort bien accueillie
dans les pays de production, mais qu'elle sacrifierait
complètement l'acheteur au vendeur et serait contraire
à la justice. On ajouta que le système anglais avait
donné lieu, en Angleterre même, à de grandes critiques;
que, dans la pratique, vendeurs et acheteurs suppléent
au défaut de législation par des conventions qui, nées
sur un champ de foire, rédigées par des contractants
souvent illettrés, quelquefois ivres, donnent lieu à des
procès innombrables. On fut ainsi amené à maintenir
les principes essentiels posés par la loi du 20 mai 1838.
Le législateur de 1884 s'est seulement attaché à réaliser quelques améliorations.

La loi nouvelle consacre, plus expressément encore
que la loi précédente, la liberté des conventions. Il est
toujours loisible aux parties contractantes d'augmenter
ou de restreindre le nombre des vices rédhibitoires,
de stipuler la garantie pour des vices qui ne sont
pas considérés comme tels par la loi, ou de l'écarter
au contraire pour ceux que le législateur a admis.
Rien ne s'oppose, par exemple, à ce que le vendeur
garantisse chez l'animal vendu certaines aptitudes
spéciales, comme la douceur chez un cheval (Tri-

(1) Voir l'exposé des motifs du projet du Code rural, page 104.

bunal de commerce de la Seine, 10 octobre 1867). La
Cour de cassation a même admis que la garantie d'un
vice non compris dans l'énumération de la loi pouvait
résulter d'une convention implicite. Un traité verbal,
intervenu entre deux parties, avait eu pour objet la
livraison, par voie d'échange (1), d'un baudet destiné à
la reproduction, et il se trouvait que l'animal, objet de ce
contrat, n'était pas propre à ce service : le contrat a été
annulé (Cass., 6 décembre 1865). Rien ne s'oppose
non plus à ce que le vendeur stipule qu'il ne sera pas
garant de tel vice, et même qu'il ne sera garant d'aucun
vice. Cette solution avait fait doute autrefois : on avait
soutenu (2) que le vendeur étant, de par la loi, présumé
connaître le vice, la convention par laquelle le premier
s'affranchirait de la garantie serait une convention frauduleuse. Cette opinion ne pourrait plus être soutenue
aujourd'hui. L'exposé des motifs l'a repoussée formellement, et c'est pour l'exclure que le législateur a cru devoir,
dans l'article 1er de la loi, déclarer de la façon la plus
nette (3) que les règles qui s'y trouvent ne sont obligatoires qu'à défaut de conventions contraires. La liberté
des parties contractantes ne connaît pas de limites, sauf
le cas de dol. C'est seulement dans le cas où le vendeur
n'aurait amené l'acheteur à accepter une clause de non-
garantie qu'au moyen de ruses ou d'artifices, que la
vente serait nulle ; la nullité résulterait alors moins de
la loi du 2 août 1884, que de l'application des principes
généraux qui régissent les conventions, et notamment
de l'article 1116 du Code civil.

A défaut de conventions spéciales, la loi nouvelle limite

(1) La loi du 2 août 1884 est en effet applicable dans les échanges aussi
bien que dans les ventes d'animaux domestiques.
(2) Voir le traité de MM. Galisset et Mignon, p. 35.
(3) Exposé des motifs, p. 107.

à l'espèce chevaline, asine ou mulassière, et aux espèces ovine et porcine les vices rédhibitoires qu'elle énumère; d'autre part elle réduit à 10 le nombre de ces vices, qui était de 17 sous l'empire de la loi du 20 mai 1838.

Elle fixe pour chacun d'eux, comme l'avait fait la loi précédente, le délai dans lequel l'action rédhibitoire doit être intentée.

Elle supprime toute action pour les ventes ou échanges d'animaux dont le prix ou la valeur ne dépasse pas cent francs.

Elle règle enfin, mieux que ne l'avait fait la loi de 1838, les conditions d'exercice de l'action rédhibitoire.

Son étude complète nécessite l'examen des cinq points suivants : 1º Quels sont les vices rédhibitoires. 2º Quand cesse la responsabilité du vendeur; 3º qu'arrive-t-il lorsque l'animal vient à périr dans le délai fixé par la loi pour intenter l'action; 4º comment, c'est-à-dire dans quels cas, dans quels délais, dans quelles formes, devant quel juge l'action peut-elle être intentée; 5º quelles sont les règles applicables aux ventes ou échanges d'animaux de boucherie.

283. — Quels sont les vices rédhibitoires?

Ils sont au nombre de huit pour les chevaux, ânes et mulets; quant à l'espèce ovine et à l'espèce porcine, il n'y en a qu'un pour chacune d'elles.

Les vices rédhibitoires admis pour les chevaux, ânes et mulets sont les suivants (1) :

La morve. — C'est une maladie qui est caractérisée par un écoulement jaunâtre d'un seul côté ou des deux côtés du nez, et par des ulcérations sur la cloison nasale. Elle est contagieuse, non seulement du cheval au cheval, mais du cheval à l'homme : on ne peut donc mé-

---

(1) Toutes les définitions qui vont suivre ont été prises dans le remarquable rapport de M. Labiche au Sénat.

connaître sa gravité. D'autre part, elle suppose des lésions anciennes qui existent toujours avant les symptômes qui la font connaître.

Le farcin. — C'est une inflammation suivie de ramollissement ulcéreux des ganglions et vaisseaux lymphatiques superficiels, ainsi que du tissu cellulaire sous-cutané. Elle ressemble beaucoup à la morve.

L'immobilité. — C'est une affection particulière au cheval, qui se manifeste par une sorte d'assoupissement de la volonté et de l'action. L'animal est presque dans l'impossibilité de reculer.

L'emphysème pulmonaire. — C'est l'infiltration de l'air dans le tissu du poumon. Son symptôme est la pousse, mais il ne faudrait pas en conclure que tout cheval poussif pourrait être l'objet d'une action rédhibitoire. La pousse est parfois le résultat d'une maladie chronique du cœur; dans ce cas, bien que la valeur de l'animal en reçoive une atteinte grave, l'action rédhibitoire ne pourra pas être intentée : le diagnostic de ces maladies a paru trop peu connu pour permettre de fonder sur elles l'annulation d'un contrat. La pousse peut être également le résultat de manœuvres de la part de l'acheteur, ou d'indispositions légères ; il n'y a pas lieu, dans les deux cas, d'en tenir compte.

Le cornage chronique. — Le cornage est un sifflement que font entendre certains chevaux en respirant ou en mangeant.

Le cornage aigu tient à une cause momentanée et n'a habituellement ni durée ni gravité, mais il en est autrement du cornage chronique. Celui-ci est un mal incurable qui diminue beaucoup l'importance et la durée des services de l'animal, et qui présente bien les caractères d'un vice rédhibitoire.

Le tic proprement dit, avec ou sans usure des

dents. — Il y a plusieurs espèces de tics. Les uns ne constituent que de mauvaises habitudes, comme le tic de lécher les murs, le tic de manger de la terre, le tic de l'ours : quelque désagréables qu'ils puissent être, ils ne diminuent pas d'une manière grave l'usage auquel la chose est destinée et ne sont pas des vices rédhibitoires. Mais il en est autrement du tic proprement dit. Celui-ci est caractérisé par une contraction spasmodique des muscles de l'encolure avec éructation. Ce tic se manifeste le plus souvent par l'usure des dents. Le législateur de 1838 ne l'avait admis qu'autant qu'il n'y avait pas usure des dents : il avait considéré que lorsqu'il y a usure, le vice est apparent, et l'acheteur a dû le connaître. La loi de 1884 n'a pas maintenu cette condition de la non usure des dents : l'usure peut n'être que fort peu visible, surtout pour des personnes peu expérimentées. On a donc admis, dans tous les cas, le tic proprement dit parmi les vices rédhibitoires.

Les boîteries anciennes intermittentes. — Il faut que les boîteries soient anciennes, pour qu'on puisse être certain qu'elles se sont déclarées chez le vendeur ; et il faut qu'elles soient intermittentes, pour qu'elles soient réputées vices cachés.

La fluxion périodique des yeux. — C'est une ophthalmie intermittente qui finit par amener la perte de la vision. Elle est fréquente dans les pays humides.

C'est un mal qu'il est facile, paraît-il, de simuler, et dont la constatation exige des vérifications longues et coûteuses. Le Conseil d'État et le Sénat proposaient de le supprimer. La Chambre des députés l'a rétabli sur la liste des vices rédhibitoires, dans la crainte d'amener une recrudescence de la maladie.

Ces vices rédhibitoires, au nombre de huit, sont les seuls qui soient admis pour le cheval, l'âne et le mulet. La loi de 1838 avait admis en outre l'épilepsie, la hernie inguinale intermittente et la maladie ancienne de poitrine. Ces trois vices ont été supprimés par la nouvelle loi à raison de la difficulté qu'il y avait à les constater. On a fait remarquer en outre que l'épilepsie et la hernie inguinale intermittente étaient rares chez le cheval, et que quand la maladie de poitrine était grave et véritablement ancienne elle amenait chez l'animal un tel amaigrissement qu'il était impossible de ne pas s'en apercevoir.

Le Conseil d'État avait proposé d'admettre la méchanceté, caractérisée par l'habitude de frapper et de mordre, et la rétivité, caractérisée par le refus de l'animal de se laisser employer au service auquel on le destine. Ni le Sénat ni la Chambre des députés n'ont adopté cette innovation. On a fait observer qu'il était trop facile de rendre un cheval méchant, et que si l'on admettait la rétivité, l'acheteur de mauvaise foi ne manquerait jamais de prétendre que le service dans lequel elle se manifeste est précisément celui auquel il destinait l'animal. La méchanceté et la rétivité ne pourront donc être une cause d'annulation qu'autant qu'il sera intervenu à leur égard une clause spéciale de garantie. Cette clause, la Compagnie des Omnibus de Paris et l'Administration de la Guerre la stipulent toujours.

284. — Pour l'espèce ovine, le seul vice rédhibitoire qui soit admis est la clavelée.

La clavelée est une maladie éruptive et contagieuse : aussi cette maladie reconnue chez un seul animal entraîne-t-elle la rédhibition de tout le troupeau, pourvu que celui-ci porte la marque du vendeur.

En exigeant cette dernière condition, la loi a voulu empêcher une fraude qui sans cela eût été facile : l'acheteur de mauvaise foi n'aurait pas manqué de joindre au troupeau tous les animaux dont il aurait cherché à se défaire. En n'admettant comme faisant partie de ce troupeau que les animaux marqués comme tels par le vendeur lui-même, on a rendu cette supercherie impossible.

La loi de 1838 avait admis, pour les moutons, le sang de rate. Il est aujourd'hui reconnu que cette maladie n'est autre chose que le charbon du mouton, et qu'il suffit pour infecter un troupeau de le laisser paître dans des endroits où ont été enfouis des animaux morts de cette maladie. Il n'était plus possible, dès lors, de rendre le vendeur responsable d'une maladie qui peut être due à la négligence ou à la mauvaise foi de l'acheteur.

285. — Pour l'espèce porcine, la loi de 1884 admet la ladrerie.

La ladrerie est caractérisée par le développement dans la chair du porc, surtout sous la langue, de nombreux cysticerques qui se transforment en ver solitaire dans les intestins de l'homme qui a mangé crue ou insuffisamment cuite la viande infectée de ladrerie.

La loi de 1838 ne l'avait pas admise. On croyait qu'elle était facile à reconnaître, et qu'elle n'avait pas pour effet de rendre la viande malsaine. C'était une double erreur. La plupart du temps, les vésicules sous-linguales qui pourraient trahir l'existence du mal ne sont pas visibles au moment de la vente, soit qu'elles aient été l'objet d'une opération qui porte le nom de raclage ou épinglage, soit que le moment de leur apparition ne soit pas encore arrivé. D'autre part l'insalubrité de la viande ladre n'est plus contestée par personne. Ce sont ces deux considérations qui ont déterminé le législateur de 1884 à inscrire la ladrerie sur la liste des vices rédhibitoires.

286. — En résumé, la loi n'admet de vices rédhibitoires qu'en ce qui concerne trois grandes espèces d'ani-

maux domestiques : l'espèce chevaline, asine et mulassière, l'espèce ovine, et l'espèce porcine.

Quant à l'espèce bovine et à l'espèce caprine, elles n'en
comportent aucun. Il en a toujours été ainsi pour l'espèce caprine, mais la loi de 1838 avait admis pour l'espèce bovine quatre vices rédhibitoires : la phtisie pulmonaire ou pommelière, l'épilepsie, le renversement du
vagin ou de l'utérus et les suites de la non-délivrance
après le part chez le vendeur. Ces quatre vices ont été
supprimés en 1884 : la pommelière à raison des fraudes
nombreuses qu'elle a occasionnées et des frais considérables auxquels elle donnait lieu (on a cité, dans l'exposé des motifs de la loi de 1884, un procès qui avait
coûté 3.000 francs alors que l'animal qui en était l'objet
en valait bien 300); l'épilepsie, pour les mêmes raisons
que celles qui l'ont fait supprimer pour le cheval; le
renversement du vagin, parce qu'il est moins une maladie qu'un accident, et qu'en outre il n'empêche pas d'u-
tiliser l'animal pour la boucherie; les suites de la non-
délivrance, parce que le mal est, dans ce cas, toujours très
récent, et le plus souvent apparent et facile à guérir. Il
n'y a donc plus depuis 1884, pour l'espèce bovine, d'autres vices rédhibitoires que ceux qui auraient été l'objet
d'une stipulation formelle de la part des contractants.

287. — De ce que la loi n'admet de vices rédhibitoires, à défaut de conventions des parties, que pour
les chevaux, ânes, mulets, moutons et porcs, et de ce
qu'elle n'admet pour chacune de ces espèces que certains vices limitativement déterminés, s'ensuit-il que
l'acheteur ne puisse jamais exercer d'action contre son
vendeur à raison de l'existence d'autres vices? La conclusion serait exagérée. Une première exception doit être
faite, nous l'avons vu, pour le cas de dol : une seconde,
pour le cas de vente d'animaux atteints de maladies con-

tagieuses. Parmi ces maladies, qui ont été énumérées par la loi du 21 juillet 1881, il en est qui n'ont pas été admises parmi les vices rédhibitoires, soit parce qu'elles sont apparentes, comme le typhus, soit parce qu'elles ont peu de gravité, comme la gale. Elles ne peuvent donc pas donner lieu à l'exercice de l'action rédhibitoire ; mais comme, d'après l'article 31 de la loi précitée, la mise en vente d'animaux atteints ou soupçonnés d'être atteints de maladies contagieuses constitue un délit, l'acheteur trouvera dans ce texte la base d'une action civile en réparation du dommage qui lui a été causé par ce délit. Il pourra donc réclamer, pendant trois ans à partir de la vente, sinon l'annulation du contrat, du moins des dommages et intérêts. La Cour de cassation avait admis cette solution avant la loi du 21 juillet 1881, bien que le fait de vendre des animaux atteints de maladies contagieuses ne fût pas alors considéré comme un délit et que l'article 459 du Code pénal n'eût réprimé que le fait d'avoir laissé sortir ces animaux (Cass., 17 juin 1847; 12 mai 1855). La loi nouvelle n'a fait que donner un fondement plus solide à cette jurisprudence.

288. — Quand cesse la responsabilité du vendeur, et quelle est l'étendue de cette responsabilité ?

La responsabilité du vendeur, à défaut de clause spéciale, cesse dans les deux cas suivants :

1° Parmi les vices considérés comme rédhibitoires, nous avons vu qu'il y en a un certain nombre qui sont contagieux : la morve, le farcin et la clavelée. Or, s'il est juste de présumer que les animaux chez lesquels ces maladies se manifestent peu de temps après la vente en étaient déjà atteints chez le vendeur, cette présomption cesse toutes les fois que le vendeur peut démontrer que depuis leur livraison ces animaux ont été mis en contact avec d'autres animaux atteints de ces maladies. Si après avoir acheté un cheval, je le mène dans une auberge où se trouvent des chevaux morveux, s'il mange dans leur auge, je ne pourrai plus m'en prendre à mon vendeur de la maladie qu'aura contractée l'animal qu'il m'a vendu. Il est alors infiniment probable que le cheval est devenu morveux, non pas chez le vendeur, mais dans l'écurie malsaine où je l'ai fait séjourner, et la responsabilité du vendeur prendra fin par cela même (article 11 de la loi du 2 août 1884).

2° La responsabilité du vendeur cesse encore si le vice était apparent au moment de la vente et si l'acheteur a pu s'en convaincre lui-même. La solution à laquelle nous croyons devoir nous arrêter sur ce point ne résulte pas, comme la précédente, d'une disposition formelle de la loi, mais des travaux préparatoires. Le projet rédigé par le Conseil d'État, dans son article 2, semblait exclure l'application de l'article 1642 sur les vices apparents. La Commission du Sénat a modifié cet article du projet dans le but déclaré de continuer à soumettre les ventes et échanges d'animaux domestiques aux principes généraux édictés par le Code sur la garantie, notamment en ce qui concerne les vices apparents. L'article 2 qui portait dans le projet : Sont réputés vices rédhibitoires et donneront seuls ouverture à l'action résultant de *l'article* 1641 du Code civil, les maladies ou défauts ci-après, porte maintenant : Sont réputés vices rédhibitoires et donneront seuls ouverture aux actions résultant des *articles* 1641 *et suivants* du Code civil les maladies ou défauts ci-après. La volonté du législateur de n'admettre l'action rédhibitoire que pour les vices non apparents n'est donc pas douteuse. On peut d'ailleurs invoquer encore en faveur de cette opinion les premiers mots du même article 2 : Sont *réputés*.

Les vices apparents ne peuvent donc pas être invoqués par l'acheteur. Il en serait autrement toutefois si des vices apparents de leur nature avaient été masqués par l'artifice du vendeur; l'annulation du contrat pourrait être, dans ce cas, demandée pour cause de dol (articles 1116 du Code civil et 1er de la loi du 2 août 1884).

289. — Quant à l'étendue de la responsabilité du vendeur, elle est régie par le droit commun, et les articles 1645 et 1646 du Code civil lui sont applicables.

Lorsque le vendeur a connu les vices de la chose (et la plupart des vendeurs sont, par profession, censés les connaître) il est tenu, outre la restitution du prix qu'il a reçu, de tous dommages et intérêts envers l'acheteur. Si le vendeur au contraire avait ignoré les vices de la chose (ce qui n'arrivera que tout à fait exceptionnellement) il ne serait tenu qu'à la restitution du prix et au remboursement à l'acquéreur des frais occasionnés par la vente.

290. — Que se passe-t-il lorsque l'animal vendu vient à périr dans le délai fixé par la loi pour intenter l'action?

Aux termes de l'article 10 de la loi nouvelle, la mort de l'animal vendu éteint toute action entre les mains de l'acheteur, à moins que celui-ci ne soit en état d'établir que la mort de l'animal est le résultat de l'un des vices admis comme rédhibitoires. Ainsi l'acheteur d'un cheval atteint de boîteries anciennes intermittentes ne pourra pas demander de réduction de prix, si son cheval meurt le lendemain de la vente, par suite d'un accident. Il aura beau démontrer que le cheval qu'il a acheté comme sain était taré, et invoquer les principes généraux en matière de garantie, on lui opposera l'article 10, en lui faisant remarquer qu'en admettant que son cheval fût taré, l'accident duquel il est mort (un incendie par exemple) ne l'en aurait pas moins fait périr s'il n'avait eu aucune tare.

Lorsqu'une contestation s'élève sur le point de savoir

quelle est la cause de la mort de l'animal vendu, l'autopsie fournit un moyen de vérification tout indiqué. C'est au juge de paix qu'il appartient de l'ordonner, ainsi que nous le verrons tout à l'heure.

Il faut toujours supposer, d'ailleurs, pour que l'action rédhibitoire soit recevable, que la mort de l'animal vendu s'est produite dans le délai légal, et que l'action a été intentée dans le même délai : autrement, la déchéance serait encourue, et le juge devrait rejeter la demande *de plano,* sans l'examiner au fond.

291. — Le principe d'après lequel la mort de l'animal vendu ne doit être supportée par le vendeur qu'autant que sa perte provient de l'un des vices considérés comme rédhibitoires conduit, en ce qui concerne les porcs atteints de ladrerie, à une conséquence singulière : c'est qu'en appliquant à la lettre l'article 10 de la loi, on arriverait à supprimer en fait, dans la plupart des cas, la ladrerie du nombre des vices rédhibitoires. Presque tous les porcs qu'on achète sont en effet destinés à être abattus, et il est bien rare qu'on leur laisse le temps de mourir de la maladie dont ils sont atteints, à supposer que cette maladie puisse les faire périr. Le lendemain de leur abattage, si l'acheteur découvre chez eux des signes de ladrerie, et s'il intente contre son vendeur l'action rédhibitoire, celui-ci pourra-t-il lui répondre qu'il n'est pas tenu de la garantie, la mort de l'animal provenant d'une cause accidentelle? Quelque formels que soient les termes de l'article 10, nous ne le pensons pas. Il résulte de la façon la plus certaine, tant de l'exposé des motifs que des rapports présentés au Sénat et à la Chambre des députés, que le législateur de 1884 a entendu admettre l'exercice de l'action rédhibitoire fondée sur la ladrerie aussi bien pour le cas où la ladrerie serait découverte après la mort de l'animal que pour celui où elle serait dé-

couverte avant, et qu'il importe peu que l'animal ait été
acheté pour l'abattoir ou pour l'engraissage. L'application littérale de l'article 10, dans ce cas, n'aurait donc
pas seulement pour effet de favoriser le vendeur de mauvaise foi, elle serait contraire à l'intention formelle du
législateur. La mauvaise rédaction de l'article 10 provient de ce que les rédacteurs n'ont pas aperçu que l'admission de la ladrerie changeait jusqu'à un certain point le
caractère de notre législation sur les vices rédhibitoires :
jusqu'en 1884, on n'avait admis comme tels que ceux
qui portaient atteinte à la valeur de l'animal considéré
comme bétail de ferme; en 1884, on s'est déterminé, en
admettant la ladrerie parmi ces vices, par des considérations tirées de l'hygiène publique et du danger qu'il y aurait à laisser livrer à la consommation des viandes insalubres. Les conditions d'application de l'article 10 se sont
trouvées dès lors profondément changées. Il aurait fallu
insérer dans la loi une disposition spéciale relativement
aux porcs, distinguer le cas où l'animal est mort, soit naturellement, soit accidentellement, de celui où l'animal
a été abattu, et déclarer formellement que dans ce dernier cas l'action pourra toujours être intentée, pourvu
qu'on se trouve dans le délai légal. Le législateur ne l'a
pas dit expressément, mais il n'est pas douteux qu'il
l'aurait dit s'il y avait pensé. C'est le cas, ou jamais,
de faire prévaloir l'esprit de la loi sur une rédaction
vicieuse et d'interpréter l'article 10 dans le sens avec lequel il peut avoir un effet plutôt que dans celui avec
lequel il n'en pourrait produire en quelque sorte aucun. Autrement, les charcutiers continueraient à livrer à
la consommation les viandes affectées de ladrerie, et le
but de la loi serait absolument manqué.

292. — Quels sont les divers partis auxquels peut recourir l'acheteur?

Dans les ventes d'animaux domestiques, comme dans les ventes de tous autres objets, l'acheteur a, en pareil cas, deux partis à prendre. Il peut demander l'annulation du contrat et le remboursement du prix et des frais accessoires. Il peut aussi demander une réduction du prix, en conservant la chose, pourvu toutefois que le vendeur le lui permette. L'article 3 de la loi du 2 août 1884, dans le but de prévenir la spéculation de la part des acheteurs et de mettre les vendeurs à l'abri des réductions arbitraires, a en effet réservé au vendeur actionné en réduction de prix la faculté de reprendre l'animal vendu, en restituant le prix et en remboursant à l'acquéreur les frais occasionnés par la vente.

Nous avons déjà dit que le nom d'action rédhibitoire proprement dite a été spécialement réservé à l'action en annulation de la vente et que l'action en réduction de prix a reçu le nom d'action estimatoire. La loi de 1838 n'avait pas admis cette dernière : on avait craint que le vendeur pût être amené à composition par un acheteur de mauvaise foi et que l'action estimatoire ne fût plus funeste au vendeur que ne le serait l'action rédhibitoire elle-même. Mais le but poursuivi n'avait pas été atteint. On fut obligé de reconnaître que les acheteurs de mauvaise foi amenaient les vendeurs à composition par la menace d'une action rédhibitoire aussi facilement qu'ils auraient pu le faire par la menace d'une action estimatoire. La loi de 1884 a rétabli sur ce point le droit commun, en conférant toutefois au vendeur la faculté de reprendre la chose vendue, dans le cas prévu par l'article 3.

293. — Quelles sont les conditions auxquelles est subordonné l'exercice soit de l'action rédhibitoire, soit de l'action estimatoire?

Nous allons les faire connaître en examinant succes-

sivement dans quels cas, dans quel délai, dans quelles
formes, devant quel juge ces actions peuvent être intentées.

Dans quels cas?

Il ne suffit pas que le vice rédhibitoire existe; il faut
aussi que l'animal vendu vaille les frais d'un procès. De
là l'article 4 de la loi, d'après lequel aucune action en
garantie, même en réduction de prix, ne sera admise
pour les ventes ou pour les échanges d'animaux domestiques si le prix, en cas de vente, ou la valeur, en cas d'é-
change, ne dépasse pas cent francs. Cette disposition, qui
est nouvelle, ne doit pas être entendue en ce sens qu'il
ne serait permis de réclamer que des réductions de prix
supérieures à cent francs : elle signifie que lorsque l'a-
nimal est d'une valeur qui ne dépasse pas cent francs,
l'acheteur est présumé avoir renoncé à l'action rédhibitoire. Il est d'ailleurs toujours permis aux parties contractantes d'écarter l'application de cette règle par une
stipulation contraire.

294. — Dans quel délai l'action doit-elle être intentée?

Nous avons vu que la détermination précise d'un
délai spécial pour chacun des vices admis comme rédhibitoires est une des marques distinctives des lois de
1838 et de 1884. Ce délai est de trente jours pour la
fluxion périodique des yeux et de neuf jours pour chacun
des autres vices. Si la maladie ne se manifeste pas dans
ce délai, c'est qu'elle est récente et qu'elle n'existait pas
encore chez le vendeur. C'est alors à l'acheteur d'en supporter les conséquences. Le délai de neuf ou de trente jours
est un délai franc, qui ne comprend pas le jour fixé pour
la livraison. Si j'achète un cheval le 1er, le délai ne commencera à courir que le 2; il n'expirera que le 10 à mi-
nuit, et j'aurai pour intenter l'action toute la journée du

10 (Cass., 6 mars 1867) (1). Si le 10 était un jour de fête légale, j'aurais même toute la journée du 11.

Ce délai est augmenté lorsque l'animal n'est plus au lieu du domicile du vendeur au moment où l'action est intentée. D'après l'article 6, lorsque la livraison de l'animal a été effectuée hors du lieu du domicile du vendeur, ou lorsqu'après la livraison l'animal a été conduit hors du lieu de ce domicile, le délai doit être augmenté proportionnellement aux distances. Ce délai est actuellement de un jour à raison de cinq myriamètres.

Après l'expiration de ce délai, aucune action n'est plus recevable, sauf la restriction contenue au § 3 de l'article 8, que nous étudierons dans un instant. Le juge de la validité du contrat devrait rejeter la réclamation sans l'examiner au fond, et le juge de paix devrait même refuser l'expertise, qui ne saurait être dans ces conditions qu'inutile et frustratoire.

Lorsque les parties contractantes ont stipulé la garantie d'un vice non admis par la loi, sans indiquer le délai dans lequel l'action devra être intentée, on doit présumer qu'elles ont entendu s'en rapporter au délai légal, qui est en général de neuf jours : l'action qui serait intentée le dixième jour serait donc non recevable.

295. — Dans quelles formes l'action doit-elle être présentée ?

L'action est introduite et jugée comme affaire sommaire : elle est par suite dispensée de tout préliminaire de conciliation devant le juge de paix.

Mais le préliminaire de conciliation a été remplacé par une formalité toute spéciale : l'expertise. L'acheteur est tenu, sous peine de déchéance, de provoquer dans le dé-

(1) Peut-être même pourrait-on soutenir que le délai ne comprend pas le jour où il expire : dans ce système, la demande pourrait encore être formée le 11. On fera bien, dans l'incertitude, de ne pas attendre jusque-là.

lai légal cette mesure de vérification. Dans un intérêt d'économie et de simplification, elle est ordonnée par le juge de paix du lieu où se trouve l'animal. L'acheteur n'est pas tenu de la provoquer par acte d'huissier, ni même par écrit; il peut présenter sa requête verbalement. Mais, comme il importe que l'accomplissement de cette formalité en temps utile soit constaté, puisque la recevabilité de l'action en dépend, le juge de paix, en même temps qu'il nommera les experts, devra relater dans son ordonnance la date de la requête.

Les experts devront opérer dans le plus bref délai possible. Ils ne sont pas tenus de prêter le serment préalable, ce qui entraînerait une perte de temps et une dépense inutile, mais à la fin de leur procès-verbal ils doivent affirmer la sincérité de leurs opérations. Leurs pouvoirs sont larges : ils peuvent, non seulement vérifier l'état de l'animal, mais recueillir tous les renseignements utiles, et entendre des témoins.

Le vendeur devra être appelé à l'expertise. L'acheteur devra donc lui adresser une citation par huissier dans le délai fixé pour l'introduction de l'action elle-même : la citation énoncera qu'il sera procédé en son absence. La loi tient beaucoup à cette convocation du vendeur. Il est bon, comme l'a fait remarquer l'exposé des motifs, que les faits soient constatés contradictoirement toutes les fois que la chose est possible. De plus, c'est à ce moment qu'une conciliation a le plus de chances d'aboutir. Toutefois, lorsque le vendeur est trop éloigné pour qu'il soit possible de l'attendre, comme cela pourra se produire lorsqu'il y aura une autopsie à faire, le juge de paix peut dispenser l'acheteur de l'accomplissement de cette formalité.

Lorsque le vendeur aura été appelé à l'expertise, le délai dans lequel l'action doit être intentée pour être recevable se trouvera quelquefois prolongé. Le législateur a pensé que lorsque les faits peuvent être vérifiés en présence du vendeur, on pouvait sans inconvénient retarder l'assignation devant le juge de la validité du contrat jusqu'à ce que la vérification fût terminée : la conciliation en sera plus facile, et l'assignation, si elle est nécessaire, sera donnée en pleine connaissance de cause. Le délai, dans ce cas, durera aussi longtemps que l'expertise, et il lui survivra même pendant trois jours. Si le vendeur a été appelé à l'expertise, porte l'article 8 § 3, la demande pourra être signifiée dans les trois jours à compter de la clôture du procès-verbal dont copie sera signifiée en tête de l'exploit. Il importe de remarquer qu'ici le délai de 3 jours n'est pas un délai franc. Il ne comprend pas, il est vrai, le jour dans lequel le procès-verbal est clos, puisque c'est à compter de la clôture de cette pièce qu'il commence à courir, mais la demande doit être formée dans les trois jours qui suivent. Pour permettre au vendeur de s'assurer de l'observation de ce délai, l'article 8 a exigé l'insertion d'une copie du procès-verbal en tête de l'exploit d'ajournement.

296. — Devant quel juge l'action doit-elle être intentée?

Il faut bien se garder de confondre à cet égard le juge chargé d'ordonner l'expertise, qui est toujours le juge de paix, et le juge qui a mission de statuer sur la validité du contrat. Ce dernier peut être, ou le juge de paix, ou le tribunal d'arrondissement, ou le tribunal de commerce. La compétence diffère suivant l'importance du litige et suivant la qualité du vendeur.

Lorsque le vendeur n'est pas un commerçant, si c'est un éleveur par exemple, l'action en annulation du contrat ou en réduction du prix devra être intentée devant le juge de paix ou devant le tribunal civil de son domicile, suivant que le litige portera sur une somme n'excédant pas 200 francs, ou sur une somme supérieure à ce chiffre (loi du 25 mai 1838 sur la compétence des juges de paix, article 1er).

Si le vendeur est un commerçant, l'acheteur pourra toujours le traduire devant le tribunal de commerce (1), car à l'égard du vendeur commerçant la vente est commerciale. L'acheteur sera même tenu de porter le litige devant ce tribunal s'il est lui-même commerçant, car, dans ce cas, la vente sera commerciale à l'égard des deux parties. Mais, dans le cas contraire, si l'acheteur ne fait pas le commerce des bestiaux, il lui appartiendra d'attirer le vendeur, soit devant la juridiction civile qui est la juridiction ordinaire, soit devant la juridiction commerciale (Cass., 22 février 1859; 21 juin 1867). La vente étant purement civile à son égard, il n'y a pas de raison pour le soustraire à ses juges naturels. Sous l'empire de la loi de 1838, ces distinctions n'avaient pas toujours été bien observées : on avait prétendu quelquefois que le juge de paix, compétent pour nommer les experts, l'était également pour statuer sur le litige lui-même. L'article 9 de la nouvelle loi a eu pour but de rendre à l'avenir cette confusion impossible. Il dispose que la demande doit être portée devant les tribunaux compétents, suivant les règles ordinaires du droit.

297. — Quelles sont les règles applicables aux cas de ventes ou d'échanges d'animaux de boucherie?

Il n'est pas douteux que la loi du 20 mai 1838 avait entendu laisser en dehors de son application les ventes d'animaux de boucherie, et qu'elle ne concernait que les

(1) Ce tribunal pourra être celui du domicile du vendeur, ou bien celui du lieu où la vente a été faite, ou enfin celui du lieu où le paiement devait être effectué, au choix de l'acheteur.

ventes d'animaux destinés au travail ou à la reproduction. Le rapporteur de la loi de 1838 à la Chambre des
députés, M. Lherbette, avait déclaré formellement dans
la séance du 24 avril 1838 que le projet laissait de côté
ce qu'il faudrait décider quand l'animal aurait été vendu
comme sain et net, pour la boucherie et non pour le
travail, et la Cour de cassation avait décidé, sur la
requête d'un sieur Boudard (arrêt du 19 janvier 1841)
que la loi du 20 mai 1838 ne s'appliquait pas aux ventes
d'animaux de boucherie. La Cour de Paris, dans un
arrêt du 26 mars 1867, en avait tiré cette conséquence
que les vices rédhibitoires admis par la loi de 1838 ne
pouvaient être invoqués dans les ventes de bestiaux destinés à l'abattage qu'autant que ces vices seraient de
nature à diminuer la valeur de la viande; qu'en revanche
l'acheteur pouvait intenter l'action rédhibitoire pour des
maladies autres que celles admises comme devant entraîner la rédhibition pour les animaux de travail, et que la
demande n'était soumise, ni par rapport au délai, ni par
rapport à la nécessité et à la forme de l'expertise, aux
dispositions de ladite loi. Ainsi, l'épilepsie ou le renversement de la matrice chez une vache vendue pour
être livrée à la consommation ne pouvaient donner lieu
à l'exercice de l'action rédhibitoire, parce que ces défauts ne diminuent pas la valeur d'un animal destiné à
la consommation. Il en était autrement du charbon,
bien que cette maladie ne fût pas classée parmi les vices
rédhibitoires, car le charbon rend insalubre et même
dangereuse la chair de l'animal qui en est atteint.

La loi du 2 août 1884 a-t-elle modifié cet état de
choses?

La question a pris, depuis le vote de la nouvelle loi,
plus d'importance encore qu'elle n'en avait sous l'empire de la loi de 1838. Il n'y a plus, en effet, maintenant,

de vices rédhibitoires admis par la loi pour les animaux de l'espèce bovine, de telle sorte que si la loi de 1884 était applicable aux animaux de boucherie, la fraude pourrait à leur égard se donner libre carrière, au grand détriment de la santé publique : aucune action rédhibitoire ne pourrait plus être intentée, si ce n'est pour les moutons en cas de clavelée et pour les porcs en cas de ladrerie. Le législateur de 1884 a-t-il entendu apporter dans les ventes d'animaux de boucherie une révolution semblable?

Nous ne le pensons pas. Il est bien certain que l'admission de la ladrerie au nombre des vices rédhibitoires a quelque peu ébranlé l'ancien système. Cette admission a eu pour but déclaré d'assurer la salubrité des viandes de porc livrées à la consommation publique : il n'est donc plus possible de dire d'une façon absolue que la loi de 1884 laisse de côté ce qu'il faut décider quand l'animal a été vendu pour la boucherie et non pour le travail. Mais nous croyons fermement que les rédacteurs de la loi de 1884 n'ont entendu déroger à l'ancien principe qu'en ce qui concerne la ladrerie, et que sur tous les autres points, ils ont entendu laisser les ventes d'animaux de boucherie sous l'application du droit commun. Il y aura donc lieu à garantie de la part du vendeur, toutes les fois que l'animal vendu se trouvera dans l'un des cas prévus par les articles 1641 et suivants du Code civil; on pourra tenir compte de tous les vices qui diminuent la valeur de la viande, ou qui la rendent impropre à l'usage auquel on la destine; le délai pour exercer l'action sera déterminé par l'usage du lieu où la vente aura été faite, et à défaut d'usage, par les tribunaux suivant la nature des vices rédhibitoires.

Nous devons cependant avertir nos lecteurs que la

Cour de cassation, dans deux arrêts récents (10 novembre 1885 et 23 mars 1887), a considéré la loi du 2 août 1884 comme s'appliquant, en principe, aux ventes d'animaux domestiques. Il est vrai qu'en même temps la Cour a écarté en fait l'application de cette loi en reconnaissant l'existence d'une obligation de garantie implicite de la part du vendeur. Il s'agissait de vaches qui avaient été vendues à des bouchers pour être abattues et qui avaient été signalées par le service de l'inspection comme étant atteintes de tuberculose, ce qui rendait leur chair impropre à la consommation. La Cour a décidé que l'obligation de garantie résultait de la nature même de la chose vendue ainsi que du but que les parties s'étaient proposé et qui formait la condition essentielle du contrat. Les deux arrêts cités plus haut sont donc, en droit, complètement opposés à notre opinion; mais en fait, ils aboutissent au même résultat, au moins sur les points essentiels.

298. — Les règles que nous venons d'exposer sont désormais applicables dans toute la France. Jusqu'à la loi du 2 août 1884, les bouchers de Paris jouissaient d'une législation spéciale qui n'était ni celle de la loi de 1838, ni celle du droit commun. D'après un arrêt de règlement rendu au Parlement de Paris le 13 juillet 1699 (1) et confirmé par lettres patentes de février 1743 et juin 1782, *les marchands forains étaient garants envers les marchands bouchers, dans les neuf jours depuis la vente, pour les bœufs, de quelque pays qu'ils vinssent, et pour toutes sortes de maladies.* La garantie était générale et absolue : elle portait sur toutes les maladies de l'espèce bovine. L'arrêt de règlement se bornait à prescrire aux bouchers de faire conduire les

_____

(1) Nous avons cité cet arrêt de règlement dans notre introduction.

animaux de Sceaux à Paris *en troupes médiocres et par un nombre suffisant de personnes; de les nourrir convenablement et de les héberger dans des bouveries nettes, bien couvertes et en bon état de réparations; en sorte que la mort desdits bœufs ne puisse être causée par la faute desdits marchands ou de ceux qu'ils préposeront à leur conduite.*

Cette législation spéciale pouvait se justifier à une époque où les bœufs, amenés de très loin sur les marchés de Sceaux ou de Poissy, y arrivaient exténués et fournissaient aux habitants de Paris une viande malsaine. Elle n'a plus aujourd'hui de raison d'être : les bœufs arrivent à Paris par chemin de fer et en très peu de temps; ils ne sont soumis à aucune cause de dépréciation exceptionnelle. Aussi la loi du 2 août 1884 a-t-elle, dans son article 12, abrogé ces anciens règlements. Paris est donc actuellement régi, comme le reste de la France, par le droit commun, en ce qui concerne les ventes d'animaux de boucherie.

§ III. — OBLIGATIONS DE L'ACHETEUR.

299. — La principale obligation de l'acheteur, c'est de payer le prix; il doit en outre enlever la chose ou la faire enlever à ses frais.

L'obligation de payer le prix a reçu de la loi une double sanction. Le vendeur peut, à défaut de paiement, demander la résolution de la vente, et la restitution de la chose vendue. Il peut aussi, tout en laissant la chose à l'acheteur et en tenant la vente comme définitive, exercer le privilège que l'article 2103 lui a conféré sur le prix de cette chose.

Les règles applicables à la résolution de la vente, à défaut de paiement du prix, sont contenues dans le chapitre 5 du titre de la vente, au Code civil (articles 1650 à 1658). Le cadre restreint de cet ouvrage nous oblige à y renvoyer nos lecteurs. Quant à celles qui concernent l'exercice du privilège résultant de l'article 2103, nous les retrouverons plus tard.

CHAPITRE IV.

DES PARTICULARITÉS DE LA VENTE QUI TIENNENT AUX
CAUSES DE RÉSOLUTION ET DE RESCISION DE CE CONTRAT.

300. — Nous n'en dirons qu'un mot.

Indépendamment de toutes les causes d'annulation ou de résolution de la vente que nous connaissons déjà, ce contrat en comporte deux d'une nature toute spéciale : il peut être résolu par l'exercice de la faculté de rachat et rescindé pour cause de vilité du prix.

La faculté de rachat ou de réméré résulte du pacte par lequel le vendeur se réserve de reprendre la chose vendue, moyennant la restitution du prix principal et le remboursement des frais accessoires et des réparations nécessaires ou simplement utiles faites par l'acheteur. C'est une clause que les vendeurs malheureux font insérer dans le contrat lorsque l'immeuble vendu a pour eux une valeur d'affection et qu'ils comptent sur un retour de fortune qui leur permette de le reprendre. Comme il importe que la propriété de la chose vendue ne soit pas longtemps incertaine, la loi exige que la faculté de rachat ne soit pas stipulée pour un terme excédant cinq années. Lorsque l'action de réméré n'est pas exercée dans le terme prescrit, l'acquéreur demeure propriétaire incommutable. Si elle l'est, le vendeur rentre dans son héritage et le reprend exempt de toutes les charges et hypothèques dont l'acquéreur l'aurait grevé. Il est seulement tenu d'exécuter les baux faits sans fraude par l'acquéreur, car ces baux ne sont que de simples actes d'administration que peut exiger l'intérêt de l'héritage autant que celui de l'acheteur (articles 1659 à 1674).

301. — La rescision pour cause de vilité du prix a lieu lorsque le vendeur a été lésé de plus des sept douzièmes dans le prix d'un immeuble. Si cet immeuble vaut 12.000 francs par exemple, la vente pourra être rescindée s'il a été vendu moins de 5.000. La loi considère dans ce cas que le vendeur a agi sous l'empire d'une nécessité si pressante que son consentement n'a pas été libre. La rescision doit, à peine de déchéance, être demandée dans les deux ans qui suivent le jour de la vente. Lorsqu'elle est admise, l'acquéreur a le choix ou de rendre la chose en retirant le prix qu'il a payé, ou de garder le fonds en payant le supplément du juste prix, sous la déduction du dixième du prix total. Il va de soi que, pour savoir s'il y a lésion, on estime l'immeuble suivant son état et sa valeur, non pas au moment de la demande, mais au moment de la vente (articles 1674 à 1686).

Nous terminons ici nos explications sur la vente. Il ne nous appartient, en effet, ni d'entrer dans l'examen des règles applicables à certaines ventes particulières qui, comme la cession de créances, n'ont rien de rural, ni d'aborder les difficultés qui sont de nature à exiger l'intervention des hommes d'affaires, et notamment des notaires, des avoués ou des avocats. Notre but, avant tout, est de faire nettement connaître aux agriculteurs leurs droits et leurs obligations, afin qu'ils puissent,

autant que possible, diriger leurs affaires eux-mêmes
et se passer d'intermédiaires : dès que l'acte qu'ils ont à
accomplir est de ceux qui les forcent à recourir aux
officiers ministériels, comme le serait un procès en résolution d'une vente pour défaut de paiement du prix,
nous ne pouvons que nous arrêter.

SECTION DEUXIÈME.

De l'Échange (1).

3o2. — L'échange est un contrat par lequel les parties se donnent respectivement une chose pour une autre. C'est sans doute le premier contrat qui a été passé sur la terre. La vente n'est venue qu'ensuite, car l'usage de la monnaie suppose un certain état de civilisation.

L'échange est en général régi par les mêmes règles que la vente. Il comprend les mêmes éléments, sauf que dans l'échange le prix consiste, non dans une somme d'argent, mais dans un objet que l'une des parties aliène pour acquérir la propriété d'un autre objet. Quelquefois l'échange comporte l'obligation, pour l'un des co-permutants, de remettre à l'autre, à titre accessoire, une certaine somme : cette somme, qu'on appelle une soulte, est stipulée par les parties lorsque les objets échangés sont d'inégale valeur.

Comme la vente, l'échange est interdit entre certaines personnes, entre époux par exemple (Pau, 5 janvier 1885).

Lorsque les co-permutants ont donné et reçu des ar-

(1) Articles 1701 à 1708 du Code civil.

rhes, chacun d'eux peut, comme il le pourrait en cas de vente, se départir du contrat, l'un en perdant les arrhes, l'autre en restituant le double (Lyon, 2 juillet 1875).

Les effets des deux contrats sont les mêmes. Entre les parties, la propriété de chaque chose est transférée par le seul échange des consentements : d'où la conséquence que si elle périt, c'est pour le compte de son nouveau propriétaire. Mais pour être opposable aux tiers, le contrat doit être transcrit.

Chacun des co-permutants est également tenu de garantir à l'autre la possession paisible et utile de la chose qui a été aliénée par voie d'échange. D'où il suit que si l'un des contractants n'était pas propriétaire de la chose qu'il a livrée, le contrat pourrait être annulé : le co-permutant qui est évincé de la chose qu'il a reçue en échange, dit l'article 1705, a le choix de conclure à des dommages et intérêts, ou de répéter sa chose. Il en résulte encore que chacune des parties est responsable vis-à-vis de l'autre de l'existence de vices rédhibitoires : la loi du 2 août 1884 est pleinement applicable aux échanges d'animaux domestiques.

303. — L'échange diffère pourtant de la vente à trois points de vue :

1° Au point de vue des formes dans lesquelles ce contrat peut intervenir. Il ne peut jamais avoir lieu qu'à l'amiable, et ne comporte pas dès lors les distinctions que nous avons dû faire entre les ventes, suivant qu'elles sont volontaires ou forcées, publiques ou privées;

2° Au point de vue de ses causes de rescision. La rescision pour cause de lésion n'a pas lieu dans le contrat d'échange. Celui qui aliène un objet mobilier ou immobilier contre un autre n'agit pas sous le coup d'une nécessité pressante : lorsqu'on est dans le besoin, ce n'est pas à l'échange qu'on a recours, mais à la vente ;

3° Au point de vue des droits perçus par le Trésor. Nous avons vu que le montant des droits perçus par l'Administration de l'Enregistrement pour les ventes est de près de 7 %. Ces droits ne sont au contraire que de 4 fr. 37 centimes pour 100 (1) pour les échanges, et dans certains cas ils se réduisent à 20 centimes pour 100 francs. Il importe en outre de remarquer que, bien qu'il y ait deux mutations de propriété, les droits ne sont jamais perçus que sur l'un des deux immeubles échangés, l'autre immeuble étant considéré comme le prix du premier. La soulte seule est soumise au paiement des mêmes droits de mutation que la vente.

Pourquoi cette faveur du législateur ?

Elle a deux causes. D'abord, les échanges sont inspirés, non par une pensée de lucre, mais par des motifs de convenance, et il n'en résulte pas, lorsque les immeubles aliénés sont d'égale valeur, d'enrichissement notable pour l'une des parties. En outre, certains de ces échanges présentent pour l'agriculture une utilité considérable : nous voulons parler des échanges d'immeubles qui ont pour effet, soit d'opérer le rapprochement des parcelles appartenant au même propriétaire et de rendre ainsi l'exploitation des terres plus facile et plus profitable, soit d'opérer la reconstitution d'héritages trop morcelés. Ces derniers échanges ne sont soumis qu'à un droit de 20 centimes pour 100 francs.

304. — La loi qui a réduit à ce chiffre les droits dus au Trésor pour les échanges d'immeubles ruraux est toute récente : elle date du 4 novembre 1884, et elle a eu principalement pour but de remédier à ce

_____

(1) 2 % pour droits de mutation, 1 fr. 50 % pour droit de transcription et deux décimes et demi (Loi du 24 juin 1875).

qu'on appelle l'émiettement du sol. Le morcellement exagéré de la propriété rurale, nous l'avons vu quand nous avons passé en revue les principaux modes d'acquisition de la propriété, est le résultat de l'égalité absolue des lots en matière de partage, et nous savons combien sont grands ses inconvénients. Ce n'est pas d'aujourd'hui seulement que le législateur s'en est rendu compte. Déjà, le 16 juin 1824, une loi avait abaissé à un droit fixe de un franc la taxe due à l'État pour les échanges d'immeubles ruraux. Mais cette législation de faveur n'avait duré que dix ans ; la loi du 24 mai 1834, article 16, l'avait abrogée, et pendant près de quarante ans les droits perçus pour les échanges d'immeubles ruraux ont été les mêmes que pour tous les autres échanges. Une loi du 27 juillet 1870 leur substitua un simple droit de vingt centimes, mais par crainte de la fraude elle exigea pour la réduction du droit des conditions si nombreuses qu'elle manqua à peu près complètement son but. Il résulte d'une communication faite par M. le Ministre des Finances à la commission de la Chambre des députés qui a préparé la loi actuelle (1), qu'en 1881, sur près de quarante et un mille échanges, quatre mille six cent trente-huit seulement avaient pu bénéficier des dispositions favorables de la loi du 27 juillet 1870. La loi nouvelle se distingue de celle qui l'a précédée par les facilités plus grands qu'elle procure aux échanges dont il s'agit.

305. — Elle n'est applicable qu'aux immeubles ruraux : l'échange des immeubles urbains reste toujours soumis aux droits ordinaires. « Pour savoir si un immeuble est rural ou urbain (2), c'est sa nature et

(1) Cette loi est due à l'initiative de MM. Alfred Girard et Jametel, députés.

(2) Rapport présenté à la Chambre des députés par M. Jametel.

non sa situation qu'il faut considérer. Le caractère de
l'immeuble se détermine par sa principale destination.
Est urbain l'immeuble principalement affecté à l'habitation ou à un usage, soit industriel, soit commercial.
Est rural l'immeuble principalement affecté à la production des récoltes agricoles, à la production des
fruits naturels ou artificiels, prairies, terres labourables
ou vignobles. » Il faut, pour que le bénéfice de la loi
nouvelle puisse être invoqué, que les immeubles échangés de part et d'autre soient tous deux des immeubles
ruraux; l'échange d'un immeuble rural contre un immeuble urbain donnerait lieu au paiement du tarif
ordinaire de 4 fr. 37 centimes. Mais la loi du 3 novembre 1884 ne fait aucune distinction entre les immeubles ruraux bâtis et les immeubles ruraux non bâtis :
sur ce point la loi nouvelle est plus favorable que la
loi de 1870, qui cessait d'être applicable dès que l'un
des immeubles échangés était un bâtiment.

306. — Il faut donc que l'échange ait pour objet
des héritages ruraux. Mais cette condition n'est pas la
seule : la loi en exige un certain nombre d'autres, qui
diffèrent suivant que l'échange a eu pour but d'opérer le
rapprochement de parcelles appartenant au même propriétaire, ou la *reconstitution* de parcelles morcelées.

Lorsque les terres qui dépendent d'une ferme sont
éloignées du centre de l'exploitation, et que leur propriétaire les aliène en échange de parcelles plus rapprochées, l'échange profite de l'abaissement du droit à
la seule condition qu'il ait pour objet des immeubles
ruraux situés dans la même commune ou dans des
communes limitrophes. La loi du 4 novembre 1884
n'exclut du bénéfice de la réduction que les échanges, fort rares d'ailleurs, d'immeubles qui seraient
séparés l'un de l'autre par une assez grande distance.

De pareils échanges, ainsi que l'a fait remarquer la commission du Sénat, ne se produisent généralement que par des raisons et dans des intérêts de pure convenance ou de simple agrément : ils n'ont pas pour mobile l'utilité des exploitations rurales.

Pour la seconde catégorie des échanges visés par la loi, c'est-à-dire pour les échanges qui ont pour but d'opérer la reconstitution de parcelles morcelées, la loi s'est montrée plus sévère. Elle n'exige pas, il est vrai, que les immeubles échangés soient situés dans la même commune ou dans des communes limitrophes; peu importe que l'un de ces immeubles soit situé à un bout du département et le second à l'autre bout, pourvu qu'il résulte du contrat une reconstitution de parcelles. Mais il est nécessaire : 1° que l'un au moins des deux immeubles transmis par voie d'échange soit contigu à un autre immeuble appartenant déjà au propriétaire qui le reçoit; 2° que les biens aient été acquis par acte enregistré depuis plus de deux ans ou qu'ils aient été recueillis à titre héréditaire. On comprend aisément pourquoi le législateur a exigé ces deux conditions. Sans contiguïté, la réunion des exploitations n'est pas possible. Si l'immeuble que j'acquiers par voie d'échange est séparé de celui dont je suis déjà propriétaire par un fleuve, par un chemin de fer bordé de clôtures, le but de la loi ne sera pas rempli, car il y aura toujours, après comme avant, deux parcelles distinctes. Toutefois il ne faudrait pas considérer comme faisant cesser la contiguïté l'existence d'une séparation quelconque entre les deux immeubles. On devrait, notamment, considérer comme contigus deux terrains séparés par un chemin vicinal ou rural, par un ruisseau, par un chemin de fer qui aurait été dispensé de l'obligation de la clôture (1) ou par toute autre voie

(1) D'après l'article 20 de la loi du 11 juin 1880 sur les chemins de fer

n'empêchant pas la communication d'un fonds à l'autre. Les deux fonds, dans ce cas, sont pour ainsi dire les parties d'un même héritage, ils peuvent être soumis à une exploitation commune ; c'en est assez pour que l'échange qui les a réunis dans la main du même propriétaire bénéficie du tarif réduit.

D'autre part, si la loi n'avait pas exigé que le fonds auquel l'immeuble échangé vient se réunir ait été possédé depuis un certain temps par le co-échangiste, la fraude aurait été trop facile. On aurait acheté quelques jours avant l'échange une minime portion de l'immeuble à recevoir, et après avoir ainsi créé une contiguïté factice, on aurait réalisé l'échange pour le surplus en profitant de la réduction du tarif. C'est afin d'éviter cette fraude que la loi du 3 novembre 1884 a exigé un intérêt ancien, et tel qu'on ne pût pas suspecter les co-permutants de l'avoir créé uniquement en vue d'échapper à la perception des droits ordinaires. De là la disposition qui exige que cet immeuble ait été acquis par acte enregistré depuis deux ans au moins (car il n'est pas naturel de supposer qu'une pareille acquisition ait été faite dans le but de faciliter un échange aussi éloigné) ou qu'il ait été recueilli à titre héréditaire, c'est-à-dire en vertu d'un fait indépendant de la volonté du co-permutant.

307. — Pour assurer l'accomplissement de ces conditions, l'article 2 de la loi porte que tous les actes d'échanges appelés à bénéficier de la réduction du tarif doivent mentionner la contenance, le numéro de la section, le lieu dit, la classe et la nature des immeubles d'après le cadastre. En outre, il a imposé aux parties l'obligation de remettre au bureau de l'enregistrement,

d'intérêt local, le préfet peut dispenser de poser des clôtures sur tout ou partie de ces chemins.

au moment où la formalité est requise, un extrait de la matrice cadastrale de chacun des immeubles échangés. Cet extrait est délivré, sans frais et sur papier non timbré, par le maire ou par le directeur des contributions directes.

Ces indications permettent à l'administration de déjouer les fraudes. Lorsque les échanges ont pour but d'opérer le *rapprochement* des immeubles, l'énonciation de leur contenance, du numéro de la section du cadastre dont ils font partie, du lieu dit ou tènement, de leur classe et de leur nature permet de vérifier sur les plans du cadastre si ces immeubles sont bien situés dans la même commune ou dans des communes limitrophes, et s'ils constituent bien des immeubles ruraux. La production de l'extrait de la matrice cadastrale qui les concerne a un autre avantage : comme cet extrait indique, non seulement le nom du propriétaire ou possesseur, mais encore le revenu imposable, elle permet à l'administration de s'assurer si les immeubles échangés sont d'égale valeur, et si, sous le nom et l'apparence d'échanges, les parties n'ont pas dissimulé de véritables ventes.

Lorsque l'échange a pour but de favoriser la *reconstitution* des parcelles, l'indication de la contenance, du lieu dit, etc., permet de s'assurer de la contiguïté des immeubles, et l'extrait de la matrice permet de s'assurer de la possession plus ou moins ancienne du fonds auquel l'un des immeubles échangés est venu se réunir. La matrice, en effet, indique non seulement quel est celui qui paie l'impôt foncier, mais encore quels étaient ceux qui le payaient avant lui.

Ces différentes énonciations ou formalités sont rigoureusement prescrites. Le bénéfice de la loi n'est acquis qu'aux actes renfermant ces énonciations et pour lesquels l'extrait matriciel est déposé au bureau du receveur lors de l'enregistrement. Si les co-permutants négligeaient de remplir ces formalités, les droits ordinaires pourraient être perçus. L'Administration de l'enregistrement n'admet pas qu'il puisse être suppléé à l'insuffisance des mentions de l'acte d'échange ou au défaut de dépôt de l'extrait matriciel au moyen d'une déclaration ou d'un dépôt postérieur (1).

308. — Lorsque toutes les conditions ci-dessus se trouvent remplies, le seul droit qui puisse être perçu est le droit de 20 centimes pour 100 francs. Sous l'empire de la loi du 27 juillet 1870, les co-échangistes devaient en outre payer un droit fixe de 1 franc. Ce droit a été supprimé.

Mais s'il y avait une soulte, le droit serait perçu sur cette soulte d'après le tarif des ventes. La soulte, en effet, détermine la mesure dans laquelle l'un des co-échangistes a augmenté sa fortune. La loi de 1870 fixait à 1 % seulement le droit dû sur les soultes, lorsqu'elles n'excédaient pas un quart de la valeur du moindre des deux immeubles : l'article 3 de la loi du 3 novembre 1884 abroge sur ce point la loi ancienne, et c'est désormais un droit de 7 % qui sera perçu.

309. — Nous avons vu que lorsque les co-permutants négligent de remplir, au moment de l'enregistrement, les formalités prescrites, ils s'exposent à se voir appliquer le tarif ordinaire des échanges. Le cas se présentera rarement. Mais il arrivera sans doute plus souvent qu'après l'enregistrement de l'acte l'Administration découvrira des fraudes, et reconnaîtra que l'acte qui lui a été présenté comme un acte d'échange d'immeubles ruraux n'est en réalité qu'un acte de vente simulée, ou que tout

(1) Voir la circulaire rendue pour l'exécution de la loi du 3 novembre 1884.

au moins il ne remplit pas toutes les conditions prescrites pour être admis au bénéfice de la loi du 3 novembre 1884. Pendant combien de temps pourra-t-elle réclamer les suppléments de droits qui lui seront dus?

La loi du 3 novembre 1884 n'a pas tranché expressément la question, mais il nous semble qu'elle l'a résolue indirectement. L'article 4 de la loi du 27 juillet 1870 avait, en effet, fixé à deux ans le délai dans lequel l'action de l'Administration devrait être exercée, et la loi nouvelle n'a pas abrogé cet article. Elle a, au contraire, maintenu toutes celles des dispositions de la loi du 27 juillet 1870 qui ne sont pas contraires aux prescriptions nouvelles. La réclamation devrait donc être, suivant nous, intentée contre les co-permutants dans le délai de deux ans sous peine de déchéance.

Telles sont les dispositions législatives qui ont pour but de remédier au morcellement exagéré du sol. Quelque bienfaisantes qu'elles puissent être, lorsqu'on les considère en elles-mêmes, nous craignons bien qu'elles ne constituent qu'un palliatif insuffisant au mal très réel que nous avons déjà signalé. Les échanges d'immeubles ruraux ne seront jamais aussi nombreux que les morcellements qui se produisent chaque année par suite de partages, en vertu des articles 826 et 832. Ce sont ces dernières dispositions qu'il faudrait, avant tout, modifier.

SECTION TROISIÈME.

Du louage de biens ruraux (1).

310. — Il y a, aux termes de l'article 1708, deux sortes de contrats de louage, le louage des choses et le louage d'ouvrages. Le louage des choses est un contrat par lequel l'une des parties (le propriétaire ou bailleur) s'oblige à faire jouir l'autre (le locataire ou fermier) d'une chose pendant un certain temps, moyennant un certain prix que celle-ci s'oblige de lui payer.

Le louage d'ouvrages est un contrat par lequel l'une des parties s'engage à faire quelque chose pour l'autre, moyennant un prix convenu entre elles.

Ces deux contrats ont, dans la vie agricole, une importance considérable. Si c'est par le louage des choses que le fermier peut obtenir la jouissance du domaine sur lequel il va exercer son activité, c'est par le louage d'ouvrages qu'il s'assurera les collaborateurs qui lui sont nécessaires, depuis le maître de labour jusqu'au dernier valet de ferme. Nous les étudierons séparément, car les règles qui leur sont applicables, tout en partant des mêmes principes, comportent cependant quelques différences.

(1) Articles 1708 à 1779 du Code civil.

311. — Le louage de biens ruraux peut se présenter sous cinq formes différentes : 1° sous celle d'un bail à ferme (c'est le cas le plus ordinaire); 2° sous celle d'un métayage; 3° sous celle d'un bail emphytéotique; 4° sous celle d'un bail à convenant; 5° sous celle d'un bail à cheptel.

CHAPITRE PREMIER.

DU BAIL A FERME.

312. — Les particularités du contrat de bail à ferme peuvent tenir : 1° aux conditions requises pour la formation du contrat; 2° à ses effets; 3° à la manière dont il s'éteint; 4° à cette circonstance que le propriétaire remet à son fermier, en même temps que les terres et les bâtiments qui constituent l'objet essentiel du bail, un certain nombre d'animaux de ferme.

§ I. — Particularités qui tiennent aux conditions requises pour la formation du contrat.

313. — Pour donner un immeuble à bail, il n'est pas nécessaire d'en être propriétaire, ni même usufruitier. Le tuteur pour les biens du mineur ou de l'interdit, le mari pour les biens de la femme peuvent consentir des baux, car le tuteur et le mari sont administrateurs de ces biens, et le louage est un acte d'administration courante. Le mineur devenu majeur, l'interdit qui a recouvré la raison, la femme mariée qui est devenue veuve devront donc tenir pour bons et valables les baux con-

sentis par ceux qui ont chargé d'administrer leurs biens pendant la durée de leur incapacité.

Mais, si la loi n'avait pas limité la durée des baux faits par les représentants des mineurs, des interdits, et des femmes mariées, ces derniers auraient pu se trouver dépouillés par avance et pour toute leur vie de l'administration de leur fortune. On peut, en effet, tainsi que nous le verrons bientôt, consentir des baux pour 99 ans : si les tuteurs et les maris pouvaient faire des baux semblables, et si les mineurs, les interdits, les femmes mariées étaient tenus de les respecter après la cessation de la minorité ou de l'interdiction ou après la dissolution du mariage, l'incapacité de ces derniers ne serait pas seulement temporaire comme l'a voulu la loi : elle deviendrait perpétuelle. Aussi les articles 481, 509, 595, 1429 et 1430 du Code civil ont-ils disposé que les baux faits par les représentants des incapables ne pourront être opposés à ces derniers, après la cessation de leur incapacité, pour une période de plus de neuf années. Si le bail a été fait pour une période plus longue, le mineur devenu majeur, la femme mariée devenue veuve ne seront tenus de l'observer que pour le temps qui restera à courir soit de la première période de neuf ans, si les parties s'y trouvent encore, soit de la seconde, et ainsi de suite, de manière que le fermier n'ait que le droit d'achever la jouissance de la période de neuf ans où il se trouve. Toutefois un bail de 9 ans peut être renouvelé 3 ans avant son expiration, ce qui porte à 12 ans la durée des baux que les incapables, après cessation de leur incapacité, peuvent être tenus de respecter.

314. — Nous avons vu que la même restriction est applicable aux baux faits par l'usufruitier. Mais ici, l'idée qui a guidé le législateur est différente. L'usufruitier n'est pas le représentant du propriétaire; ce n'est

pas au nom de ce dernier qu'il contracte, mais dans son propre intérêt : on ne saurait donc faire intervenir ici l'ordre d'idées qui a fait restreindre la durée des baux faits au nom des incapables. En droit strict, les baux consentis par l'usufruitier auraient dû tomber d'eux-mêmes, le jour où l'usufruit se serait éteint. C'est par des considérations tirées de l'intérêt général, que le Code civil a décidé que les baux consentis par l'usufruitier seraient opposables au propriétaire, après la cessation de l'usufruit, pour la même durée que celle qui a été assignée aux baux faits par les maris ou les tuteurs.

315. — A quel moment le contrat de louage se forme-t-il ?

Il se forme par le seul échange des consentements. Le bail existe dès que les parties sont d'accord sur la chose qui est l'objet du bail et sur le prix ou fermage. Aucun écrit n'est nécessaire. On peut louer verbalement.

Mais, si la rédaction d'un écrit n'est pas nécessaire pour la formation du contrat, elle est nécessaire pour sa preuve, et, dans la pratique, le fermier qui négligerait de faire constater le bail par écrit commettrait une imprudence, car il se mettrait par là à la discrétion du propriétaire. Quand l'existence d'un bail est contestée, la preuve n'en peut jamais être faite par témoins. La convention eût-elle été passée devant dix personnes, le fermier ne serait pas recevable à invoquer en justice leur témoignage. La loi a voulu éviter les procès, surtout ceux qui exigent des enquêtes et des productions de témoins, car ces procès sont toujours fort longs, et il importe que l'exploitation des terres soit suspendue le moins de temps possible (article 1715).

Sera-t-il donc toujours permis au bailleur de mauvaise foi, en niant le bail pour lequel il n'a pas été passé d'écrit, de se soustraire aux obligations qu'il a librement contractées?

Non. Le fermier pourrait, à défaut d'écrit, prouver l'existence du contrat de trois manières : 1° par la délation du serment; 2° par l'aveu du bailleur; 3° par l'exécution du bail.

Par la délation du serment. — Le fermier pourrait tenir au propriétaire ce langage : vous prétendez, par l'organe de votre avoué et de votre avocat, que vous ne m'avez consenti aucun bail. J'exige que vous l'affirmiez vous-même sous la foi du serment devant le tribunal. Le bailleur serait alors forcé de commettre un parjure ou de refuser le serment. S'il refusait le serment, le procès serait gagné par le fermier.

Par l'aveu du bailleur. — Il appartiendrait au fermier de provoquer cet aveu au moyen d'un interrogatoire par le juge (Cass., 26 janvier 1885).

Enfin, par l'exécution. — Lorsque le fermier s'est installé, qu'il a pris possession des bâtiments et des terres, qu'il a payé des fermages, l'existence du bail ne peut plus être contestée. Mais il n'en est ainsi qu'autant que cette exécution elle-même n'est pas contestée : autrement la preuve du commencement d'exécution du bail ne pourrait pas plus être faite par témoins que celle de l'existence du bail lui-même. Si la preuve testimoniale était admise, on verrait se produire les procès que le Code a voulu empêcher (Cass., 25 août 1884). Quand l'exécution du bail n'est pas contestée, et que la difficulté ne porte que sur le montant du fermage, on s'en réfère aux quittances, s'il en existe, et, s'il n'en existe pas, à une expertise dont les frais resteront au compte du fermier, si l'estimation excède le prix qu'il a déclaré (article 1716).

316. — Aucune forme spéciale n'est requise pour la

rédaction des écrits constatant des locations. Jusqu'à la loi du 23 août 1871, ces contrats n'ont donné lieu à la perception d'aucun impôt autre que le droit d'enregistrement, lorsque les parties recouraient à cette formalité ou lorsque l'acte constatant le bail devait être produit en justice.

Depuis la loi précitée, tous les baux indistinctement sont assujettis au paiement d'un droit annuel de 0,20 centimes pour 100 francs, plus les décimes. A défaut de convention écrite, il doit y être suppléé par une déclaration que le fermier, ou à son défaut le bailleur, est tenu de faire au bureau du receveur de l'enregistrement dans les trois mois de l'entrée en jouissance. Le droit est perçu soit annuellement, soit tous les trois, six, ou neuf ans lorsque le bail comporte ces périodes. Il est à la charge du locataire. Les locations verbales ne dépassant pas trois ans et dont le prix annuel n'excède pas cent francs ne sont pas assujetties à la déclaration ni, par voie de conséquence, au paiement du droit. Mais si le bailleur avait consenti plusieurs locations de ce genre, et si leur prix cumulé excédait cent francs annuellement, il devrait en faire la déclaration et acquitter lui-même les droits, sans recours contre ses différents locataires.

§ II. — Particularités qui tiennent aux effets du contrat.

317. — Nous aurons à rechercher à cet égard : 1° Quelles sont les obligations du propriétaire ou bailleur; 2° quelles sont les obligations du fermier; 3° quelle est la sanction de ces obligations; 4° ce qui arrive lorsqu'il se produit une cession de bail ou une sous-location.

I. — *Des obligations du bailleur* (1).

318. — Le bailleur est tenu : 1º de délivrer la chose louée; 2º de la maintenir en état de servir à l'usage auquel elle est destinée; 3º d'en faire jouir paisiblement le fermier pendant la durée du bail.

319. — *Il doit délivrer la chose louée.*
Cette obligation comprend la remise de la chose et de ses accessoires en bon état de réparations de toute espèce, et dans des conditions telles qu'elle soit propre à l'usage pour lequel elle a été louée. Ainsi, le fermier peut exiger, sauf stipulation contraire, que les granges soient closes, que la maison d'habitation soit couverte, que les étables, les clôtures, etc., soient en bon état.

La livraison doit être complète : le bailleur devra délivrer, avec les terres et les bâtiments, les pailles, les fourrages, les fumiers, les tonneaux, etc., que l'exploitation de la chose louée comporte. Mais il ne faudrait pas comprendre parmi ces accessoires le droit de chasse. Toutes les fois que ce droit n'est pas expressément attribué au fermier par le bail, le propriétaire est censé se l'être réservé. Le Sénat, saisi d'une proposition de loi sur la chasse, vient tout récemment de consacrer à nouveau cette solution (2). Il ne faudrait pas comprendre non plus parmi les accessoires de la chose louée les alluvions qui auraient procuré à cette chose, après le bail, un accroissement notable. Si cependant ces alluvions s'étaient produites avant le bail, elles se trouveraient comprises dans la convention et le propriétaire serait tenu de les délivrer avec la chose elle-même.

La chose louée peut, aussi bien que la chose vendue, présenter un excédant ou un déficit de contenance. Dans ce cas, on suit les mêmes règles que pour la vente. Si le fermage a été fixé à raison de tant la mesure, tout excédant ou tout déficit dans la contenance indiquée donne lieu à une augmentation ou à une diminution proportionnelle du fermage. Dans le cas contraire, il n'y a lieu de tenir compte de cet excédant ou de ce déficit et de modifier le montant du fermage qu'autant que l'erreur est de nature à entraîner une augmentation ou une diminution du prix d'un vingtième au moins. Lorsqu'il y a un excédant, le fermier peut-il demander la résiliation du contrat? L'article 1765, qui règle dans ce cas les obligations respectives du bailleur et du fermier, ne s'en explique pas expressément, mais il renvoie aux règles contenues au titre de la vente, et nous pensons qu'il y a lieu d'admettre en cas de louage la même solution qu'en cas d'aliénation; les motifs sont les mêmes, et il y a intérêt pour tout le monde à ce que le fermier ne soit pas tenu de conserver une exploitation qui excède ses forces ou ses ressources.

L'action en supplément de prix de la part du bailleur et celle en diminution de prix ou en résiliation de la part du fermier doivent être intentées dans l'année, ainsi qu'en cas de vente.

320. — *Le bailleur doit entretenir la chose louée en état de servir à l'usage auquel elle est destinée.*
De là dérive pour lui l'obligation d'exécuter les grosses réparations ou, plus exactement, les réparations autres que les réparations locatives. S'il négligeait de les faire, le fermier pourrait l'y contraindre et se faire même autoriser par le juge à les exécuter aux frais du propriétaire. En cas d'urgence, on va jusqu'à admettre que le fermier n'est pas tenu de se faire autoriser, pourvu

qu'il reste dans de justes limites (Douai, 23 mars 1842).

Le louage diffère profondément à cet égard de l'usufruit. Le nu-propriétaire n'est jamais tenu d'exécuter sur le fonds sujet à usufruit aucun travail, ni d'effectuer aucune dépense, car l'usufruit est un droit réel, et le nu-propriétaire n'est tenu que de le laisser paisiblement exercer. S'il lui plaît de laisser tomber en ruines les murs de clôture, les toitures des bâtiments, etc., l'usufruitier n'a pas d'action contre lui. Toute différente est la situation du fermier. Le propriétaire s'est engagé personnellement envers lui; il n'est pas tenu seulement de le laisser faire, mais de faire quelque chose, et ce quelque chose consiste dans l'obligation de lui procurer la jouissance de l'immeuble loué. Le bailleur ne pourra donc pas laisser tomber l'immeuble par vétusté. Il n'y a qu'un cas dans lequel il n'est pas tenu de reconstruire l'immeuble loué, c'est lorsque cet immeuble a été détruit par cas fortuit ou par force majeure. Dans ce cas, le bail cesse (article 1722).

En quoi consistent les réparations dont est tenu le bailleur?

Elles sont beaucoup plus nombreuses que celles qui incombent au nu-propriétaire en matière d'usufruit. D'après l'article 606, les grosses réparations qui demeurent à la charge du nu-propriétaire sont : celles des gros murs et des voûtes, le rétablissement des poutres et des couvertures entières; celui des digues ou des murs de soutènement et de clôture aussi en entier. Les grosses réparations, en matière de louage, comprennent, outre celles-là, un grand nombre des réparations qui, dans l'usufruit, sont considérées comme réparations d'entretien et incombent à l'usufruitier. La différence se comprend d'ailleurs aisément. L'usufruitier a tous les revenus de l'immeuble; c'est donc à lui d'entretenir le fonds. Le nu-propriétaire, qui ne perçoit rien, ne peut être tenu que des réparations nécessaires pour la conservation de son bien. Il en est tout autrement dans le louage : le bailleur perçoit annuellement ou à des époques plus rapprochées, sous forme de fermages, les fruits de son domaine ; c'est à lui de faire face, avec ces fermages, aux réparations ordinaires, puisqu'on fait en général celles-ci avec ses revenus. La loi n'a donc mis à la charge des fermiers que les réparations locatives ou de menu entretien, et elle n'a rangé dans cette catégorie que les réparations qu'elle présume être la conséquence d'une faute commise par le fermier. Toutes autres réparations sont à la charge du bailleur. Nous verrons un peu plus loin quelles sont les principales réparations locatives à la charge du fermier et, par voie de conséquence, quelles sont les séparations qui demeurent à la charge du bailleur.

321. — *Le bailleur est tenu de faire jouir paisiblement le preneur pendant la durée du bail.*

C'est encore là une conséquence de l'obligation personnelle qu'a contractée le propriétaire. Celui-ci doit procurer à son fermier la jouissance complète et paisible des avantages qu'il lui a promis.

Il est tenu, dès lors, de s'abstenir de tout acte qui aurait pour effet de diminuer ces avantages. Ainsi, lorsque l'immeuble loué est un moulin, ou une fabrique de sucre, il n'est pas permis au bailleur d'établir dans le voisinage de cet immeuble un établissement similaire, afin de faire concurrence au preneur (Cass., 8 juillet 1850 ; Montpellier, 26 juillet 1884 ; tribunal de Chambéry, 19 novembre 1884). Cette obligation d'assurer au fermier la jouissance paisible de l'immeuble ne va pas jusqu'à interdire au bailleur le droit d'effectuer les réparations que la conservation de la chose louée pourrait exiger, mais il doit faire en sorte qu'elles ne durent pas plus de quarante jours (article 1724), et il doit en outre prévenir le fermier, afin que celui-ci puisse prendre ses dispositions et éviter tout dommage. Le bailleur serait tenu du préjudice qui résulterait du défaut d'avertissement.

Le propriétaire ne peut pas davantage modifier la forme de l'objet loué, changer par exemple des terres arables en vignes, ou réciproquement.

322. — Ces différentes obligations ne sont que des obligations négatives, qui consistent seulement dans une abstention. L'obligation de faire jouir paisiblement le preneur pendant la durée du bail en a engendré d'autres qui sont positives.

En premier lieu, le bailleur répond des vices ou défauts de la chose louée qui en empêchent l'usage. Il en répond pendant toute la durée du bail, car l'obligation dont il est tenu est une obligation successive. Le fermier a droit, dans ce cas, non seulement à une diminution du prix, ou même à la résiliation du bail suivant la gravité du vice, mais encore à des dommages-intérêts si ces vices existaient déjà lors du contrat. Les rédacteurs du Code civil se sont ici montrés plus sévères qu'en cas de vente : lorsque la chose vendue est affectée de vices rédhibitoires, le vendeur de bonne foi n'est tenu que de restituer le prix en reprenant la chose, et il ne doit pas de dommages-intérêts (articles 1645 et 1646); au contraire, le bailleur en est tenu dans tous les cas. Quand on loue une chose pour un objet déterminé, comme un fonds de terre pour la culture, on doit savoir si la chose est propre à cet usage, et, en cas de vices y faisant obstacle, on en est pleinement responsable (Cass., 30 mai 1837). Il n'en serait autrement que si les vices n'étaient survenus que pendant le cours du bail : le propriétaire ne serait alors tenu que de subir une diminution de prix ou la résiliation, suivant les cas.

Cette responsabilité du bailleur n'est d'ailleurs pas sans limites. Le propriétaire ne répond pas des inconvénients naturels de la chose louée, soit qu'ils résultent de sa nature, soit qu'ils résultent de sa situation. Ainsi le propriétaire d'un moulin mis en mouvement par une chute d'eau n'est pas responsable du chômage de ce moulin en cas de sécheresse; ni le bailleur d'une cave des eaux qui y ont pénétré, si elle était exposée par sa situation à en recevoir.

323. — En second lieu, le bailleur répond dans certains cas du trouble apporté à l'exercice des droits de son fermier.

Il n'est pas tenu de garantir le preneur contre toutes voies de fait commises par des tiers. Des voleurs pillent la basse-cour, volent les fruits; un voisin, sans prétendre d'ailleurs exercer aucun droit de servitude, fait paître ses bestiaux sur les prairies de la ferme : ce sera au preneur à se défendre lui-même (article 1725). Il est la victime de ce qu'on appelle un simple trouble de fait, qui provient d'un sentiment de haine contre lui, ou qui a pour cause sa propre négligence, mais dont il ne lui appartient dans aucun cas de faire remonter la responsabilité au bailleur.

Mais il peut se faire que la jouissance du fermier soit troublée, non par une simple voie de fait, mais par suite d'une prétention juridique émise au sujet de l'immeuble loué. Un tiers prétend en être propriétaire, ou usufruitier, ou bien il exerce une servitude gênante : le fermier pourra, dans ce cas, se tourner vers le bailleur et lui demander de faire cesser le trouble (article 1726). Il en serait de même si le fermier était poursuivi par des tiers devant les tribunaux en restitution du domaine qu'il détient : il pourrait demander à être mis hors de

cause. Le propriétaire devrait prendre sa place, et s'il ne
réussissait pas à faire rejeter les prétentions émises au
sujet de l'immeuble loué, le prix serait réduit ou le bail
résilié (Cass., 7 juin 1836 et 6 août 1841).

Toutefois, l'obligation de garantie à laquelle est tenu
le bailleur cesserait si c'était par suite d'une négligence
commise par son fermier qu'il n'avait pu faire rejeter les
prétentions émises par des tiers sur la chose louée, et
notamment si ce fermier ne lui avait pas dénoncé en
temps utile le trouble apporté à sa jouissance (article
1768). Dans ce cas, le preneur n'aurait pas de recours
contre le propriétaire, à moins qu'il ne parvînt à prouver que ce dernier n'avait aucun moyen de faire cesser
le trouble.

Telles sont les obligations du bailleur. Elles se retrouvent dans tous les baux, car elles sont de l'essence
même du contrat de louage, et lorsqu'il intervient entre
propriétaires et fermiers des stipulations spéciales, ces
stipulations ne font jamais que régler l'application des
principes que nous venons d'exposer.

II. — Obligations du preneur.

324. — Le preneur ou fermier est tenu : 1° d'user
de la chose louée en bon père de famille ; 2° de conserver la chose ; 3° d'exécuter les réparations locatives ;
4° de remplir certaines obligations particulières lorsqu'il entre ou qu'il sort ; 5° de payer le prix.

325. — *Il doit user de la chose louée en bon père de
famille.*

C'est une obligation qui en engendre plusieurs autres :

Le fermier doit d'abord se mettre en état de cultiver
dans de bonnes conditions l'héritage qui lui est confié,
et dans ce but garnir cet héritage des bestiaux et des

ustensiles nécessaires (article 1766). Ces bestiaux et ces ustensiles, après avoir servi à l'exploitation de la ferme, garantiront en outre, ainsi que nous le verrons bientôt, le paiement du prix. Mais l'obligation contenue dans l'article 1766 n'a pas eu pour but d'assurer le paiement des fermages : elle a pour objet de pourvoir aux nécessités d'une bonne exploitation. Il suit de là que pour savoir si le fermier s'est pourvu d'un nombre suffisant d'animaux ou d'ustensiles, il faut examiner, non pas si ces bestiaux ou ustensiles offrent un gage suffisant pour l'exécution du bail, mais s'ils suffisent aux besoins de la culture (Paris, 10 décembre 1851). Cette obligation n'existe d'ailleurs qu'autant que le bail a pour objet une ferme proprement dite, comprenant à la fois des bâtiments et des terres : elle ne se concevrait même pas pour un simple louage de terres.

Le fermier est tenu de cultiver. Il ne pourrait laisser les terres en friche, car des terres abandonnées sont bientôt envahies par les mauvaises herbes et perdent leur fertilité. L'abandon de la culture par le fermier autoriserait le bailleur à demander la résiliation du contrat, sauf, bien entendu, le cas où l'abandon de la culture serait le résultat de la force majeure, comme la présence de l'ennemi ou les ravages du phylloxera. L'obligation de cultiver implique en même temps celle d'habiter, sinon la ferme elle-même, du moins une maison qui en soit assez voisine pour qu'il soit permis au fermier de surveiller et de diriger lui-même l'exploitation.

Il ne suffit pas de cultiver : il faut cultiver sans épuiser les terres et sans compromettre l'avenir. De là l'obligation de consommer sur la ferme le fumier des bestiaux, les pailles provenant des récoltes, et même les fourrages provenant de prairies artificielles, si ces fumiers, pailles et fourrages sont nécessaires à la ferme : le fermier ne

peut les distraire de l'exploitation que s'ils sont en excédant. De là aussi l'obligation de se conformer au système adopté pour la rotation des cultures. Autrefois, le
fermier devait suivre l'assolement : c'était un système
en vertu duquel les terres labourables composant un
domaine étaient divisées en trois parts qu'on appelait
soles ou saisons. Chacune de ces parts était alternative-
ment laissée en jachères, tandis que les deux autres
étaient semées, l'une en grains d'hiver, l'autre en grains
de mars. Il n'était pas permis au fermier de dessoler,
c'est-à-dire de déroger à ce système. Mais il est aujour-
d'hui reconnu qu'au lieu de laisser reposer la terre tous
les trois ans, il est préférable de varier les cultures et
d'augmenter les engrais, en sorte que l'usage est aujour-
d'hui défavorable aux anciens assolements. Il faudrait
une clause absolument formelle du bail pour que le
fermier fût tenu de suivre un système actuellement abandonné. A défaut d'une pareille clause il suffira que le
preneur se conforme à l'usage qui a prévalu, car c'est
cultiver en bon père de famille que faire pour la ferme
louée ce que les propriétaires du pays font pour leurs
propres terres. Faute par le preneur de remplir ces différentes obligations, le bail pourrait être résilié, et le
fermier condamné en outre à des dommages-intérêts
(article 1766 in fine).

326. — *Le fermier est tenu de conserver la chose
louée.*

C'est une conséquence de l'obligation qui lui incombe
de la restituer en fin de bail.

Il ne lui appartiendrait pas de mettre à sec des étangs,
ni d'arracher des vignes pour semer du blé à leur place :
ce sont là des actes qui sont réservés au propriétaire. Le
fermier, en vertu de la nature même de son contrat,
doit employer la chose louée conformément à sa desti-

nation. Cette obligation, toutefois, ne doit pas être prise
dans un sens trop absolu : autrement, toute amélioration sérieuse se trouverait interdite pendant le cours du
bail. Le fermier peut, sans aucun doute, défricher temporairement des prairies pour les renouveler, dessécher
des terrains marécageux ou exécuter tout travail analogue. La Cour de cassation admet même en sa faveur
le droit d'abattre du bois pour les besoins de la culture
(Cass., 27 mai 1872).

Il est tenu de garantir la chose qui lui est confiée
contre toute dégradation provenant de lui-même, ou des
membres de sa famille habitant avec lui, ou de ses domestiques, ou de ses sous-locataires, s'il en a (article
1735). Il est même tenu des dégradations ou des pertes qui arrivent pendant sa jouissance, à moins qu'il ne
prouve qu'elles ont eu lieu sans sa faute (article 1732).
Pour faire cette preuve, il ne lui sera pas nécessaire de
démontrer que les dégradations proviennent d'une cause
déterminée qui lui est étrangère; il lui suffira d'établir
qu'il a apporté à la conservation de la chose tous les
soins qu'il était tenu d'y apporter. Sa situation à ce point
de vue est donc assez favorable. Mais quand la perte totale ou partielle de la chose louée a été produite par un
incendie, ses moyens de preuve sont limités. Il ne lui est
possible de dégager sa responsabilité qu'à la condition
d'établir, ou que l'incendie est arrivé par cas fortuit ou
force majeure, ou par vice de construction, ou que le feu
a été communiqué par une maison voisine. S'il ne parvient pas à fournir la preuve directe que l'incendie provient de l'une de ces causes, s'il ne démontre pas qu'il a
été produit par la foudre, ou par un vice de construction
(comme le mode défectueux d'établissement d'une cheminée par exemple), ou que le feu a commencé chez le voisin, il sera responsable de tous les dégâts (article 1733).

Ces règles ont été consacrées récemment par la Cour de cassation, dans un arrêt qui indique bien leur portée. Une Cour d'appel, la Cour de Douai, avait cru devoir exonérer des locataires de la responsabilité d'un incendie, en se fondant sur ce que, chaque soir, après la fermeture des magasins occupés par ces locataires, ceux-ci remettaient au concierge, préposé par le propriétaire, les clefs des bâtiments : or, l'incendie avait éclaté pendant la nuit, alors que l'immeuble était sous la garde du concierge. La Cour avait, en outre, invoqué cette circonstance qu'au moment du sinistre le propriétaire occupait un local situé au-dessus du bâtiment incendié. Malgré ces circonstances, extrêmement favorables, l'arrêt de la Cour de Douai a été annulé. Les locataires sont absolument tenus de fournir l'une des trois preuves énumérées par l'article 1733 du Code civil : à défaut d'aucune d'elles, ils doivent supporter les conséquences de l'incendie qui a détruit l'immeuble loué (Cass., 26 mai 1884).

Enfin, l'obligation de conserver la chose implique celle d'avertir le propriétaire des usurpations qui peuvent être commises sur son fonds. C'est le fermier qui a la garde de la chose : lui seul la détient, lui seul peut connaître les anticipations des voisins et par suite les dénoncer. Lorsqu'il garde le silence, il se fait leur complice et engage sa responsabilité. S'il laisse le voisin acquérir la possession annale d'une partie de l'héritage sans prévenir le propriétaire, il sera tenu d'indemniser ce dernier du préjudice qu'il lui aura causé par sa négligence ou sa complicité. Il en serait de même s'il avait laissé perdre la possession d'une servitude. Il va de soi qu'en outre le fermier ne serait plus recevable à appeler le propriétaire en garantie contre l'usurpateur.

327. — *Le fermier est tenu d'effectuer les réparations locatives.*

Nous avons indiqué, il n'y a qu'un instant, la raison d'être de cette obligation : elle repose uniquement sur une présomption de faute de la part du fermier.

Les fonds de terre, aussi bien que les bâtiments, comportent des réparations locatives, mais, tandis que l'article 1754 indique un certain nombre de réparations locatives pour les bâtiments, aucun article de loi n'a fait connaître celles qui concernent les fonds de terre, en sorte que c'est seulement par analogie que ces dernières peuvent être déterminées.

Pour les bâtiments, les réparations locatives sont celles qui sont indiquées par l'usage des lieux. A défaut d'usage, ce sont les suivantes : les réparations à faire aux âtres, contre-cœurs, chambranles et tablettes des cheminées; au recrépiment du bas des murailles des appartements et autres lieux d'habitation jusqu'à la hauteur d'un mètre; aux pavés et carreaux des chambres, lorsqu'il y en a seulement quelques-uns de cassés; aux vitres, à moins qu'elles ne soient cassées par la grêle ou autres accidents extraordinaires et de force majeure dont le locataire ne peut être tenu; aux portes, croisées, planches de cloison, gonds, targettes et serrures, etc. Ces réparations cessent, d'ailleurs, d'être à la charge des locataires quand elles sont occasionnées par la force majeure : il en est de même quand elles sont occasionnées par la vétusté (articles 1754 et 1755).

Pour les terres, les principes à appliquer sont les mêmes. C'est d'abord l'usage des lieux qu'il faut consulter. A défaut d'usage, on se conformera aux règles suivantes.

Le fermier doit entretenir les clôtures. Si elles consistent dans des haies vives, il sera tenu, non seulement de les tailler, mais encore de remplacer les arbres morts. Si elles consistent dans des fossés, il devra les curer, à moins toutefois que son bail ne soit de si courte durée que l'époque à laquelle ce curage doit être fait ne se présente pas pendant son cours.

Il doit remplacer tous les objets attachés à l'exploitation qu'il a contribué à user : les perches, les échalas, les pressoirs. Il est tenu d'exécuter les arrêtés préfectoraux qui ordonnent la destruction des insectes, des cryptogames ou autres végétaux nuisibles à l'agriculture : l'article 2 de la loi du 24 décembre 1888 impose cette obligation aux fermiers d'une manière formelle.

Il doit entretenir les rigoles ou conduites d'eau pour l'irrigation ou le drainage.

Quant au curage des cours d'eau non navigables, la question de savoir s'il rentre parmi les réparations locatives a fait l'objet d'une controverse entre les auteurs. Nous pensons que cette question doit être résolue par l'affirmative, et que le curage est à la charge du fermier lorsqu'il a lieu, en vertu des règlements ou des anciens usages, à des termes périodiques qui viennent à échoir pendant la durée du bail. Si, au contraire, le curage n'avait lieu que de loin en loin, il serait au compte du bailleur, car il constituerait dans ce cas une charge de la propriété.

Les obligations du fermier à l'égard des réparations locatives qui doivent être faites sur les terres sont, on le voit, fort peu déterminées : c'est un point sur lequel il est bon que le contrat s'explique nettement.

328. — *Le fermier est tenu de certaines obligations spéciales lorsqu'il entre ou qu'il sort* (articles 1777 et 1778).

Lorsque la chose louée est une maison, le locataire qui sort et celui qui entre n'ont généralement entre eux aucun rapport. Le nouveau locataire ne se présente que quand l'immeuble est vide, et il n'a qu'à s'y installer. Il en est tout autrement quand la chose louée est une ferme. Le fermier qui va entrer a besoin de certaines facilités pour préparer les terres; celui qui sort peut n'avoir pas battu tous ses grains, pressé toutes ses pommes. De là la règle de l'article 1777, d'après laquelle le fermier sortant doit laisser à celui qui va lui succéder dans la culture les logements convenables et autres facilités pour les travaux de l'année suivante; et réciproquement le fermier entrant doit procurer à celui qui sort les logements convenables pour la consommation des fourrages et pour les récoltes restant à faire. Dans l'un et l'autre cas, on doit se conformer à l'usage des lieux.

Ainsi, c'est, encore une fois, l'usage qu'il faut consulter avant tout. Les facilités dont parle l'article 1777 varieront suivant les pays et suivant les cultures : la loi ne pouvait les déterminer d'une manière uniforme pour toute la France. Il y a des contrées dans lesquelles il est d'usage, notamment, que le fermier entrant fasse le charroi de la dernière récolte du fermier sortant : le fermier entrant ne pourrait s'y refuser.

L'article 1777 a été inspiré par le désir de faciliter pour le fermier entrant et pour le fermier sortant l'exécution du bail. L'article 1778 a eu le même but. Si le fermier sortant avait le droit d'enlever toutes les pailles provenant de ses récoltes précédentes et tous les fumiers produits par ses bestiaux, le fermier entrant pourrait avoir quelque peine à s'en procurer, et les terres seraient exposées à en souffrir. Aussi l'article 1778 dispose-t-il que le fermier sortant doit laisser les pailles et engrais de l'année s'il les avait reçus lors de son entrée en jouissance; et que, quand même il ne les aurait pas reçus, le propriétaire pourra les retenir suivant estimation.

Aux pailles et aux engrais il faut assimiler les foins, les fourrages artificiels et même les semences, dont l'article 1778 ne parle pas, mais qui sont tout aussi nécessaires à l'exploitation que les pailles et engrais. L'article 1778 doit être interprété d'une façon fort large.

L'abandon des pailles, engrais, etc., a lieu sans indemnité lorsque le fermier a lui-même reçu les pailles et engrais à son entrée en jouissance sans avoir à payer d'indemnité au fermier sortant. Si au contraire il en a payé l'estimation, il aura le droit de se faire rembourser de la valeur de ce qu'il laissera.

L'obligation de laisser les pailles et engrais cesserait si son exécution devenait impossible par suite d'un fait de force majeure, comme l'inondation, la grêle. Elle persisterait toutefois, si les pailles avaient été détruites par un incendie, en raison de la responsabilité légale qui pèse sur les locataires, et le fermier sortant devrait, dans ce cas, procurer au fermier entrant les pailles qui lui sont nécessaires, à moins qu'il ne parvînt à établir que l'incendie a été causé par un cas fortuit, ou par un vice de construction, ou qu'il a été communiqué par une maison voisine (Nancy, 14 février 1867).

329. — *Le fermier est tenu de payer le prix.* — Le paiement du prix est garanti, comme nous le verrons plus tard, par un privilège qui donne toute sécurité au bailleur. Pour assurer l'exercice de ce privilège, en tant du moins qu'il porte sur les récoltes, l'article 1767 prescrit au fermier d'engranger dans les lieux à ce destinés d'après le bail. Si les récoltes étaient engrangées dans un local appartenant à un autre propriétaire, celui-ci aurait lui-même un privilège sur ces récoltes pour le prix de sa location et il primerait le propriétaire de la ferme.

Le prix doit être payé aux termes convenus. Il est d'ailleurs susceptible d'être réduit dans un certain nombre de cas.

Il peut l'être : lorsque la chose louée est affectée de certains vices qui en empêchent l'usage (article 1721);
lorsque la chose louée périt partiellement par suite d'un
cas fortuit, comme il arrive quand la foudre met le feu à
une partie du corps de ferme (article 1722); lorsque les
réparations effectuées par le propriétaire durent plus de
quarante jours (article 1724), ou lorsqu'elles sont faites
sans avertissement donné au fermier et dans des conditions de nature à lui porter préjudice ; ou lorsque le fermier
est troublé dans sa jouissance, soit par suite d'une action
intentée contre lui, soit par suite du refus par un tiers
de laisser exercer une servitude appartenant à l'immeuble
loué (article 1726).

330. — Le prix peut encore être réduit en cas de pertes
de récoltes. Lorsque la moitié au moins d'une récolte est
enlevée par un cas fortuit, la loi vient au secours du fermier ; elle ne permet pas au propriétaire de consommer sa
ruine en réclamant tout le fermage, et elle dispose (articles
1769 et 1770) que le fermier sera déchargé d'une partie
proportionnelle du prix de sa location. Mais pour que le
bénéfice de ces dispositions favorables de la loi soit acquis au fermier, il faut : 1° que la perte des récoltes soit
causée par un cas fortuit ; 2° que la totalité ou la moitié
au moins de la récolte soit perdue ; 3° que les autres récoltes ne soient pas telles qu'elles indemnisent le fermier
de la perte qu'il a faite ; 4° qu'il n'ait pas renoncé à demander une réduction de prix.

Il faut que la perte de la récolte résulte d'un cas fortuit,
comme la grêle, une sécheresse extraordinaire, le ver blanc
(Paris, 22 juin 1872), et non d'un de ces accidents journaliers auxquels un fermier doit s'attendre, comme la
gelée par exemple. Lorsqu'on habite le Nord, on doit
compter sur les effets habituels du froid et de l'humidité,
et lorsqu'on habite le Midi, sur les effets de la sécheresse.

Le prix du fermage tient compte de ces éventualités, et ce n'est qu'autant que la gelée a pris des proportions exceptionnelles qu'il est permis de l'invoquer.

Il est néecssaire, en second lieu, que la perte soit au moins de la moitié de la récolte : au-dessous de la moitié, la loi estime que la perte n'est qu'un accident auquel le fermier devait s'attendre. La loi n'a d'ailleurs en vue que la perte des récoltes sur pied : si les récoltes étaient déjà séparées de la terre lorsqu'elles ont été atteintes par le fléau qui les a fait disparaître, leur perte est pour le fermier seul (article 1771) : celui-ci n'a qu'à s'en prendre à lui-même de ne pas les avoir enlevées plus tôt. Doit-on, pour savoir s'il y a perte, tenir compte de la quantité des fruits perdus, ou de leur valeur? La question est controversée. Suivant un bon nombre d'auteurs, le fermier a droit à une remise par celà seul qu'il a perdu la moitié des fruits : cette opinion s'appuie sur le texte des articles 1769 et 1770 qui ne parlent que de récoltes enlevées ou de fruits perdus. A notre avis, c'est à la valeur des fruits perdus qu'on devra s'attacher. Il peut se faire que l'enlèvement, par l'effet d'une inondation, d'une grande partie de la récolte ne cause, par suite du renchérissement des denrées semblables dans toute la région inondée, aucune perte au fermier, et il nous est difficile d'admettre que les rédacteurs du Code aient eu l'intention d'autoriser dans ce cas une réduction de fermage. Le résultat que nous indiquons se présentera fort souvent. Dans les années de sécheresse, le vin est rare, il est vrai, mais il se vend plus cher, et le gain et la perte se compensent en totalité ou en partie. Comment forcer le propriétaire à indemniser son fermier d'une perte qu'il n'a pas subie? Ce serait contraire, non seulement à l'équité, mais à tous les principes du droit. Nous ne pensons pas que les termes employés dans les articles 1769 et 1770 soient assez formels pour commander une solution aussi critiquable.

Il est nécessaire, en troisième lieu, que le fermier qui perd la moitié de ses récoltes ne soit pas indemnisé par celles des années précédentes. Lorsque le bail doit durer plusieurs années, aucune remise du prix ne peut être réclamée si les années antérieures ont présenté un excédant qui compense le déficit allégué par le fermier. Il faudra donc établir pour chacune de ces années un compte rétrospectif dans lequel on fera entrer les récoltes qu'elles ont données, et rechercher si, tout étant bien pesé, il subsiste une perte pour le fermier. Si celui-ci se trouve complètement indemnisé, sa demande devra être rejetée comme étant sans fondement. Si au contraire toute la perte ou une partie seulement de cette perte subsiste, l'estimation de la remise de prix à laquelle il a droit ne peut avoir lieu qu'à la fin du bail, auquel temps, dit l'article 1769, il se fait une compensation de toutes les années de jouissance. Le juge peut seulement dispenser provisoirement le preneur de payer une partie du prix en raison de la perte soufferte.

Il faut enfin que le preneur n'ait pas renoncé expressément ou tacitement au droit de demander la remise du prix. Il y aurait de sa part renonciation tacite si la cause qui a produit le dommage était existante et connue à l'époque où le bail a été passé (article 1771). Il en serait ainsi par exemple si la vigne qui a été donnée à bail se trouvait déjà au moment du contrat atteinte par le phylloxera, car le fermage a certainement été fixé en conséquence. Il y aurait renonciation expresse si le fermier s'était chargé des cas fortuits. Cette stipulation ne s'entend cependant que des cas fortuits ordinaires, comme la grêle, ou comme la sécheresse, la gelée et la coulure, lorsque ces derniers accidents peuvent être considérés comme ayant le caractère de cas fortuits. La stipulation ne s'appliquerait pas aux cas fortuits extraordinaires, comme l'invasion d'une armée ennemie ou une inondation à laquelle le pays n'est pas ordinairement sujet, et le fermier conserverait dans ce cas le droit de demander une remise, nonobstant la clause du bail par laquelle il se serait chargé des cas fortuits. Ce n'est pas qu'il lui soit interdit de renoncer à une remise du prix, même dans le cas où la perte de la moitié au moins des récoltes serait produite par la guerre ou par une inondation extraordinaire, mais il faut que sa volonté de supporter ces risques exceptionnels ne puisse être mise en doute.

Toutefois, il n'est pas nécessaire que la nature de ces risques ait été spécialement indiquée lors du contrat. On a considéré comme suffisante la déclaration faite par un fermier qu'il se chargeait de tous les cas fortuits ou imprévus, et, après la guerre de 1870, les tribunaux ont eu plusieurs fois à faire l'application de cette règle (Paris, 13 mai 1873; Cass., 9 décembre 1873).

331. — Indépendamment du prix, le fermier doit payer quelques-uns des impôts qui pèsent sur l'immeuble loué. L'impôt mobilier est à sa charge, car il est établi à raison de son habitation personnelle et sur les locaux servant à cette habitation. Il doit aussi l'impôt des portes et fenêtres (article 12 de la loi du 4 frimaire an VII).

Quant à l'impôt foncier, ce n'est pas à lui de le supporter, mais il doit en faire l'avance, sauf à en retenir le montant sur les fermages (article 147 de la loi du 3 frimaire an VII).

III. — *Quelle est la sanction des obligations, soit du propriétaire, soit du fermier?*

332. — Cette sanction consiste, suivant les cas, dans une indemnité, ou dans la résiliation du bail. Si l'infraction dont se plaint le propriétaire ou le fermier ne porte pas une atteinte trop profonde à ses droits, les tribunaux ne lui alloueront que des dommages intérêts : ils prononceront la résiliation dans le cas contraire.

Les juges de paix ont, en cette matière, un pouvoir fort étendu. Ce sont eux qui statuent, en dernier ressort jusqu'à la valeur de cent francs, et à charge d'appel jusqu'à concurrence de quinze cents francs : 1° sur les demandes d'indemnités présentées par le fermier pour non jouissance provenant du fait du propriétaire, pourvu que le droit à une indemnité ne soit pas contesté : autrement, ce serait au tribunal d'arrondissement qu'il appartiendrait de trancher le litige; 2° sur les demandes d'indemnités présentées par les propriétaires, lorsque ces demandes sont fondées sur des dégradations ou des pertes dont le fermier est responsable. Ils connaissent aussi des demandes relatives aux pertes causées par incendie ou inondation, lorsque ces demandes n'excèdent pas la somme de deux cents francs : jusqu'à la valeur de cent francs, la sentence des juges de paix est en dernier ressort (loi du 25 mai 1838, article 4).

Les juges de paix statuent également, sans appel jusqu'à la valeur de cent francs, et à charge d'appel quel que soit le montant de la demande : 1° sur les contestations relatives aux réparations locatives qui sont mises par la loi à la charge du fermier; 2° sur les actions en paiement de fermages, et même sur les demandes en résiliation de

baux fondées sur le seul défaut de paiement des fermages, pourvu que le prix du bail n'excède pas quatre cents
francs (articles 3 et 5 de la même loi).

On voit que les juges de paix ont reçu, pour l'exécution des baux, une compétence exceptionnelle. Mais leur
pouvoir cesse toutes les fois qu'il devient nécessaire d'interpréter les clauses du bail; dès qu'une question de ce
genre s'élève, ils sont tenus de se dessaisir.

IV. — *Qu'arrive-t-il lorsque le fermier cède son bail*
ou fait une sous-location?

333. — Le preneur a toujours, d'après l'article
1717, le droit de sous-louer et même de céder le bail
à un autre, si cette faculté ne lui a pas été interdite. Le
contrat de louage ordinaire n'est pas fait en considération de la personne même du fermier, et peu importe au
bailleur que son immeuble soit l'objet d'une sous-location ou que le bail de son immeuble soit cédé, si la bonne
exploitation du fonds et le paiement des fermages continuent d'être assurés. Or, ni la cession de bail, qui consiste dans la transmission à un tiers des droits et des
obligations que le bail confère ou impose au fermier,
ni la sous-location, qui constitue une location nouvelle
et laisse subsister le bail principal, ne modifient les conditions essentielles du contrat.

Lorsque le propriétaire a des raisons spéciales pour tenir
au fermier qu'il a choisi, il lui appartient d'exiger dans le
contrat l'insertion d'une clause spéciale, et d'interdire,
soit la cession de bail, soit la sous-location. Tantôt la
prohibition sera absolue; tantôt le bailleur se contentera
de stipuler que le fermier ne pourra sous-louer, ou céder

le bail sans son consentement ou sans son agrément. L'exécution de ces clauses a donné lieu à de nombreuses difficultés. On s'est demandé si, lorsqu'il a été stipulé que le preneur ne pourrait sous-louer sans le consentement du bailleur, celui-ci pourrait refuser son consentement sans avoir à donner de motifs. La jurisprudence s'est fondée en ce sens que le droit du bailleur était dans ce cas absolu (Cass., 19 juin 1839), et qu'une pareille clause avait pour effet d'interdire toute sous-location qui n'aurait pas l'agrément du propriétaire. Mais les tribunaux se sont montrés moins rigoureux à l'égard d'une disposition du contrat portant que le preneur ne pourrait sous-louer qu'à des personnes agréées par le bailleur. La Cour de Paris a décidé (6 août 1847) que les tribunaux pourraient, dans ce cas, autoriser la sous-location, si le refus du bailleur était purement arbitraire et si la personne présentée comme sous-locataire offrait toutes les garanties désirables de capacité et de solvabilité.

334. — Quels sont les effets d'une sous-location?

Entre le bailleur et le locataire primitif, les rapports qui existaient auparavant ne subissent aucun changement. Le propriétaire peut continuer de s'adresser pour le paiement des fermages à celui avec qui il a traité, il peut aussi lui demander la réparation des dégradations commises par le sous-locataire (article 1735). Il n'en serait autrement que si le propriétaire déchargeait son fermier des obligations du bail et acceptait à sa place le nouveau locataire : il y aurait alors une novation.

Quant au propriétaire et au sous-locataire, la jurisprudence leur reconnaît le droit de se contraindre l'un l'autre à l'exécution des obligations qui leur incombent : c'est ainsi que le cessionnaire du bail pourra actionner directement le propriétaire, et que celui-ci pourra, de son côté, lui réclamer les indemnités auxquelles il aurait droit pour

les pertes et dégradations de la chose louée (Cass., 24 janvier 1853; 31 juillet 1878; 8 novembre 1882) (1).

§ III. — DES PARTICULARITÉS DU CONTRAT DE LOUAGE QUI TIENNENT A LA MANIÈRE DONT IL S'ÉTEINT.

335. — Le contrat de louage prend fin : 1° par la
perte de la chose louée; 2° par le terme; 3° par la résiliation; 4° par l'aliénation de la chose louée.

336. — *Par la perte de la chose* (articles 1722 et
1741).

Cette perte peut être totale ou partielle. Dans le premier cas, le bal est résilié de plein droit; dans le second,
le preneur peut, suivant les circonstances, demander ou
une diminution du prix, ou la résiliation même du bail.
Lorsque la perte est le résultat de la force majeure, elle
ne donne lieu à aucun dédommagement au profit du
fermier; il en serait autrement si elle était imputable au
propriétaire.

La chose louée doit être considérée comme perdue,
non seulement lorsqu'elle a complètement disparu, mais
encore lorsqu'elle n'est plus en état de procurer au fermier les avantages sur lesquels il était en droit de compter. Lorsque le phylloxera détruit un vignoble, le preneur peut demander la résiliation du bail (Tribunal
civil de Marseille, 19 août 1873). Il en serait de même si,
à la suite d'une inondation des eaux de la mer, des herbages se trouvaient corrompus. La substance même de
la chose louée est alors perdue : il n'y a plus ni vignes

(1) Nous ne faisons qu'indiquer sur ce point les règles les plus essentielles. Peu de matières ont donné lieu à autant de difficultés que les cessions
de bail et les sous-locations.

ni herbages, et le bail fait à leur occasion n'a plus d'objet.

337. — *Par l'arrivée du terme* (articles 1774 à 1777).
C'est là le mode normal d'extinction du contrat de
louage. D'ordinaire, le terme est désigné par les parties
elles-mêmes. Lorsqu'il ne l'est pas, on répute le bail
fait pour le temps qui est nécessaire afin que le preneur
recueille tous les fruits de l'héritage affermé. Ainsi le
bail à ferme d'un pré, d'une vigne, et de tout autre
fonds dont les fruits se recueillent en entier dans le
cours de l'année, est censé fait pour un an. Le bail des
terres labourables, lorsqu'elles se divisent par soles ou
saisons, est censé fait pour autant d'années qu'il y a de
soles (article 1774). De même, le bail d'un étang qu'on
a coutume de pêcher tous les trois ans devra durer trois
ans. Quant aux baux des terres qui donnent plusieurs
récoltes dans une année, comme les jardins, on les répute faits pour la durée la plus courte qu'ait prévue le
Code, c'est-à-dire pour un an.

Que les parties soient convenues d'un terme, ou
qu'elles s'en soient remises, pour la durée du bail,
à l'application des principes posés par l'article 1774, il
n'est jamais nécessaire, dans le bail à ferme, que le
propriétaire donne congé au fermier. Le louage cesse
de plein droit, soit par l'arrivée du jour indiqué au
contrat, soit par l'expiration du temps pour lequel il
est censé avoir été fait. Un congé ne peut être nécessaire
que dans un seul cas, celui où le bail a été fait pour
une durée de trois, six ou neuf années, à la volonté
des parties ou de l'une d'elles : le propriétaire ne pourra
faire usage de cette faculté sans prévenir le fermier quelque temps à l'avance, un an en général.

Quand le terme est arrivé, et que le bail est expiré,
il peut se faire que le preneur reste en possession et
que le propriétaire l'y laisse. Il s'opère alors, par voie

de convention tacite ou, comme disent les commentateurs, par voie de tacite reconduction, un nouveau bail, qui sera censé fait pour le temps qui est nécessaire afin que le fermier recueille tous les fruits de l'héritage affermé (articles 1776 et 1774). Mais, pour qu'il en soit ainsi, il ne suffit pas que le fermier ait conservé la détention du domaine : il faut qu'il ait fait acte de fermier, qu'il ait labouré ou ensemencé par exemple après l'expiration du bail. C'est en ce sens que les expressions dont se sert l'article 1776 : *s'il reste en possession* ont toujours été entendues.

338. — *Par la résiliation.*

La résiliation peut avoir lieu à l'amiable ou être prononcée en justice, soit au profit du fermier, soit à celui du bailleur. Nous savons déjà que si le bail par exemple a été fait avec indication de la contenance, et si la contenance réelle est supérieure d'un vingtième au moins à la contenance déclarée, le fermier pourra demander la résiliation. Il en sera de même si la chose louée est affectée de vices rédhibitoires qui en empêchent absolument l'usage ou si le bailleur, pendant la durée du bail, change la forme de la chose louée. La résiliation pourrait encore être demandée si les bâtiments nécessaires au logement du preneur et de sa famille devenaient inhabitables ou si, sa jouissance étant troublée par des tiers, le bailleur ne réussissait pas à faire cesser ce trouble (articles 1765, 1721, 1723, 1724, 1726).

Le bailleur, de son côté, pourra demander la résiliation si le fermier ne garnit pas l'héritage loué des bestiaux et des ustensiles nécessaires à son exploitation, s'il abandonne la culture, s'il ne cultive pas en bon père de famille, s'il emploie la chose louée à un autre usage que celui auquel elle est destinée, s'il n'engrange pas dans les lieux à ce désignés (articles 1767), ou en général s'il n'exécute pas les clauses du bail et qu'il en résulte un dommage pour le bailleur (article 1766).

339. — *Par l'aliénation du fonds loué.*

En principe, l'aliénation du fonds, loué n'entraine pas la rupture du bail, et le nouvel acquéreur est tenu de laisser ce bail s'accomplir. Mais, pour qu'il en soit ainsi, il faut que le bail ait date certaine : autrement, le fermier ne pourrait pas l'opposer à l'acquéreur. Un bail, ou plus généralement un acte quelconque a date certaine lorsqu'il est authentique, ou qu'il a été enregistré, ou bien lorsque l'un de ceux qui l'ont signé est mort, ou enfin lorsqu'il a été relaté dans une pièce authentique. Jusque-là, rien ne prouve aux tiers que l'acte qui porte telle date n'a pas en réalité été passé beaucoup plus tard, et qu'il n'est pas le résultat d'un concert frauduleux destiné à les surprendre. Lorsqu'au contraire cet acte a été passé par devant notaire, l'intervention de cet officier ministériel donne toute garantie de sa sincérité; s'il a été enregistré, son existence avant l'accomplissement de cette formalité ne peut plus faire de doute; l'acte acquerra date certaine, pour des motifs semblables, le jour où celui dont il porte la signature sera décédé, ainsi qu'à partir de sa mention dans un écrit authentique, comme un acte notarié par exemple. Celui qui se rend acquéreur d'un fonds de terre et auquel on oppose un bail, est donc tenu de le respecter si ce bail a acquis date certaine antérieurement au contrat de vente : il pourra refuser absolument d'en tenir compte dans le cas contraire.

Il peut se faire que, dans le bail, il ait été stipulé qu'en cas d'aliénation le nouvel acquéreur pourrait expulser le fermier : cette clause sera alors exécutée, lors même que le bail aurait acquis date certaine, mais la loi a subordonné son exécution à l'accomplissement de conditions assez strictes. Le fermier ne peut être expulsé sans avoir été averti au moins un an à l'avance, et sans qu'une indemnité lui ait été payée préalablement. Cette indemnité est à la charge du bailleur; à défaut de paiement, soit par ce dernier, soit par le nouvel acquéreur, le fermier pourrait refuser de quitter la ferme. L'indemnité est, à moins de stipulation spéciale, du tiers du prix du bail pour tout le temps qui restait à courir. Si le bail devait encore durer trois ans par exemple et que le fermage fût de 1.000 francs par an, l'indemnité serait de 1.000 francs.

Telles sont les règles ordinaires en cas d'aliénation du fonds loué. En résumé, le bail n'a-t-il pas date certaine : l'acquéreur n'a pas à le connaître, et il lui appartient d'expulser le fermier, sauf le recours de ce dernier contre l'ancien propriétaire qui par son fait aura amené la rupture du contrat. A-t-il date certaine : l'acheteur sera tenu de le respecter, sauf stipulation contraire.

340. — Ces règles souffrent cependant exception lorsque le bail a une durée de plus de dix-huit ans. Dans ce cas, il ne suffit pas, pour qu'il soit opposable à l'acquéreur et que celui-ci soit tenu de le maintenir, qu'il ait date certaine; il faut de plus qu'il ait été transcrit, avant l'aliénation, sur les registres spéciaux de la conservation des hypothèques. Bien que le simple louage ne constitue jamais au profit du fermier que des droits personnels, le législateur a considéré que lorsque ces droits doivent durer plus de dix-huit ans, ils affectent dans une certaine mesure le fonds même qui en est l'objet, et il a exigé que, pour être opposables aux tiers, ils fussent rendus publics par la transcription (loi du 23 mars 1855, article 2).

341. — Le même article de loi a également soumis à la nécessité de la transcription les actes ou jugements constatant des quittances de sommes équiva-

lentes à trois années de fermage non échus. Le but du législateur a été de prévenir une fraude facile à commettre. Il arrivait quelquefois que le bailleur, quelque temps avant l'aliénation, se faisait payer de son fermier, par anticipation, un certain nombre d'années de fermages, en sorte que l'acheteur, lorsqu'il réclamait le prix au fermier, se heurtait à une quittance de l'ancien propriétaire. Actuellement, toute quittance donnée par anticipation pour trois années de fermages ou plus doit être transcrite : il sera dès lors toujours possible à l'acquéreur de connaître exactement, à ce point de vue, la situation de l'immeuble. Cette disposition est applicable à tous les baux, quelle que soit leur durée : il y a même raison de décider pour un bail de six années par exemple, que pour un bail d'une durée plus longue.

342. — Lorsque le bail prend fin, il arrive fréquemment qu'il y ait lieu de procéder, entre le propriétaire et le fermier, à certains règlements de comptes. Le fermier peut avoir dégradé l'immeuble, épuisé les terres, laissé par sa négligence les propriétaires voisins se constituer des droits sur l'héritage. Il peut, au contraire, avoir fait certaines avances pour le compte du bailleur, avoir payé l'impôt foncier par exemple. Les tribunaux statueront, à défaut d'accord, sur ces contestations qui n'appellent aucune observation particulière. Mais nous croyons devoir nous expliquer sur une question fort débattue en ce moment, et qui touche aux droits respectifs du bailleur et du preneur sur les améliorations réalisées par ce dernier en cours de bail. Actuellement, notre législation peut se résumer ainsi : Lorsque les améliorations consistent en plantations ou en constructions, le propriétaire peut les conserver, ou exiger leur suppression. S'il entend les conserver, il doit, d'après l'article 555 du Code civil, rembourser la valeur des maté-

riaux et le prix de la main d'œuvre, mais, comme il a
le droit d'exiger leur suppression, on conçoit qu'il lui
sera toujours facile de les reprendre à des conditions
plus avantageuses. S'il demande leur suppression, elle
est aux frais du fermier qui les a faites, sans aucune
indemnité pour ce dernier. La situation du fermier
s'aggrave encore lorsqu'au lieu de consister dans des
plantations ou constructions, les améliorations résultent
d'amendements ou de fumures : dans ce cas, aucune
indemnité n'est jamais due au fermier. D'excellents
esprits ont vivement critiqué notre législation sur ce
point. On lui reproche de décourager le fermier des
améliorations agricoles qu'il pourrait entreprendre ; et
on invoque souvent comme un modèle à suivre une loi
anglaise de 1883. Ces critiques nous semblent exagérées.
Il est bien vrai que le droit du fermier qui a planté ou
construit se réduit, en fin de bail, à fort peu de chose,
mais il importe de remarquer qu'en plantant ou en construisant sans le consentement du propriétaire sur l'héritage loué, il a excédé les droits d'un fermier ordinaire. Il
y a dans notre législation, comme nous le verrons bientôt,
des contrats dans lesquels le fermier exerce des pouvoirs
fort étendus : ce sont les contrats de bail emphytéotique, qui n'ont d'autre but, en fin de compte, que
de faciliter la réalisation des améliorations importantes.
Si le fermier ne veut pas recourir à ce contrat, il peut,
sans sortir du bail ordinaire, convenir avec le propriétaire qu'il aura droit à une indemnité pour les améliorations qu'il aura réalisées. Mais ce que nous ne pouvons pas admettre, c'est le droit pour le fermier d'accomplir sur le fonds loué des actes qui sont réservés au
propriétaire et de vouloir ensuite les faire payer à celui-ci. S'il a construit ou planté de sa seule autorité, on
ne voit vraiment pas de quel droit il pourrait imposer

au propriétaire des frais que la fortune de celui-ci ne lui permet peut-être pas de faire. S'il a simplement amélioré les terres par des amendements ou des fumures, il en a profité tout le premier, et dans le cas où ces amendements ou ces fumures seraient de nature à modifier notablement les conditions de l'exploitation, il aurait dû, avant de les entreprendre, s'entendre avec le bailleur. Les principes qui ont été admis par le Code civil nous paraissent donc devoir être conservés. Ils ne diffèrent pas essentiellement, d'ailleurs, de ceux qui ont été consacrés par la loi anglaise de 1883. On s'imagine généralement que cette loi a donné au fermier le droit d'exiger dans tous les cas une indemnité pour les plus-values réalisées en fin de bail. C'est une erreur complète. D'après l'article 3 de cette loi, aucune indemnité ne peut être due au fermier, pour un grand nombre d'améliorations agricoles, si le bailleur ou son agent dûment autorisé n'a pas consenti à l'exécution desdites améliorations. Pour beaucoup d'autres améliorations, prévues par l'article 4, et qui ont moins d'importance, le fermier est tenu de faire connaître au propriétaire l'intention qu'il a de les réaliser, et de chercher à s'entendre avec lui. Ce n'est qu'à défaut d'entente que la loi anglaise permet au fermier d'exécuter les améliorations qu'il a en vue et de réclamer en fin de bail une indemnité. On peut d'ailleurs se demander si, même réduit à ces proportions, le droit conféré au fermier en cas d'améliorations réalisées est conciliable avec le droit de propriété tel qu'il existe en France. En Angleterre, la propriété foncière appartient à l'aristocratie; en France, elle est aux mains de la démocratie. Les land-lords sont en état de se libérer sans peine des indemnités qui pourront être mises à leur charge : qui oserait dire qu'il en serait de même pour tous nos propriétaires ruraux, et qui pourrait affirmer que les obli-

gations qu'entraînerait la réforme proposée ne seraient
pas pour bon nombre d'entre eux une cause de ruine?

§ IV. — DES PARTICULARITÉS DU LOUAGE QUI TIENNENT A CE QU'IL COMPREND EN MÊME TEMPS LE BAIL D'UN TROUPEAU.

343. — Le bail des troupeaux a reçu de la loi le nom
de bail à cheptel (1). C'est, dit l'article 1808, un contrat
par lequel l'une des parties donne à l'autre un fonds
de bétail pour le garder, le nourrir et le soigner, sous
les conditions convenues entre elles.

Le bail à cheptel peut constituer un contrat principal :
il en est ainsi toutes les fois que l'objet du louage consiste uniquement dans un troupeau.

Il constitue souvent un contrat accessoire : il en es.
ainsi lorsque le propriétaire donne à bail une ferme
embétaillée, comme disait Pothier, c'est-à-dire une ferme
munie du bétail nécessaire à son exploitation.

Ce bétail peut consister dans toute espèce d'animaux
susceptibles de croît ou de profit pour l'agriculture
ou le commerce, comme des moutons, des chèvres, des
bœufs, des vaches, des chevaux, des porcs, des volati-
les.

Le cheptel, lorsqu'il est l'accessoire du bail à ferme,
porte le nom de cheptel de fer. Il est ainsi appelé, soit
parce qu'il est enchaîné à la ferme (2), vis-à-vis de laquelle il est un immeuble par destination (article 522

(1) Le nom de cheptel vient de captale ou capitale qui, dans le latin du
moyen, âge désignait toutes sortes de meubles et particulièrement le gros
et le menu bétail.

(2) C'est l'explication qu'a donnée Mouricault dans son rapport au tribunat.

du Code civil) et sans laquelle il ne pourrait être saisi; soit, comme disait Beaumanoir (1) parce que les animaux qui s'y trouvent compris ne peuvent mourir à leur seigneur. Dans l'ancien droit, en effet, leur perte était au compte, non du propriétaire, mais du fermier, et le Code a maintenu cette règle : d'après l'article 1821, le fermier doit laisser en fin de bail des bestiaux d'une valeur égale au prix de l'estimation de ceux qu'il a reçus.

344. — Quelles sont les règles qui le régissent?

Ce sont en général celles du louage. Tout ce que nous avons dit du bail à ferme lui est donc applicable, sauf les particularités suivantes :

D'abord, comme nous venons de le voir, la perte du troupeau, même totale et par cas fortuit, est en entier pour le fermier, s'il n'y a pas de convention contraire (article 1825). L'estimation du cheptel donné au fermier le met à ses risques (article 1822).

D'autre part, quoi qu'en dise l'article 1823 dont les termes trop absolus ressortent des articles suivants, tous les produits du troupeau n'appartiennent pas au fermier. Il faut établir à cet égard une distinction entre le lait et la laine d'une part, et le fumier, le travail et le croît des animaux d'autre part. Le fermier peut librement disposer des premiers : le lait lui appartient d'une manière absolue, ainsi que la laine; il peut tondre les moutons quand il veut. Mais le fumier appartient exclusivement à la métairie et ne peut en être détourné. Cette dernière règle s'explique d'autant mieux que c'est principalement en vue d'assurer la fertilité du sol que le bailleur a attaché un troupeau à la ferme. Il en est ainsi d'ailleurs, même dans le bail ordinaire, et nous savons que le fermier est tenu d'employer sur la ferme les

(1) Beaumanoir était un célèbre jurisconsulte, qui a commenté notamment d'une façon remarquable la coutume de Bretagne.

fumiers provenant du troupeau, quand ce troupeau lui appartient. Comment pourrait-il en être autrement quand le troupeau appartient au propriétaire?

Le fermier est également tenu d'affecter à la métairie le travail des animaux, qui ne pourraient être loués à des tiers par exemple. Quant au croît, le fermier ne peut en profiter qu'à la condition de conserver un nombre d'animaux suffisants pour que la restitution du troupeau à la fin du bail soit assurée (Cass., 6 mai 1835; Bordeaux, 20 février 1845). Il ne doit jamais disposer que de l'excédant.

345. — Le cheptel donné au fermier par le bailleur permet à celui-ci de stipuler un fermage plus élevé. Il lui permet aussi de se réserver une partie des profits. L'article 1823 n'attribue en effet les profits au fermier que sauf convention contraire.

On s'est demandé ce qui arriverait si le propriétaire venait à vendre le troupeau. Il y aurait lieu d'appliquer dans ce cas les principes ordinaires en cas d'aliénation de la chose louée. Si le bail de la ferme à laquelle est attaché le cheptel était authentique ou s'il avait date certaine, l'acheteur serait tenu de respecter le bail à cheptel, aussi bien que le bail principal. La même règle devrait être suivie en cas de vente forcée. Les créanciers du bailleur pourraient sans doute saisir le troupeau et le faire vendre, mais cette vente ne pourrait avoir lieu qu'à charge de maintenir le bail.

346. — Lorsque le bail vient à expirer, une liquidation intervient nécessairement entre le propriétaire et le fermier. Ce dernier doit représenter le cheptel en nature. Il ne lui serait pas permis de le retenir en payant l'estimation originaire (article 1826), car c'est pour féconder le domaine que les bestiaux y ont été attachés, et il n'appartient pas au fermier de les en dis-

traire. Il n'est pas nécessaire toutefois que les bêtes restituées par le fermier soient les mêmes que celles qu'il
a reçues, ni qu'elles soient en nombre égal. Il lui suffira
de rendre un cheptel de valeur pareille à la valeur de
celui qui lui a été remis. Il pourra donc ne restituer
qu'un moins grand nombre de bêtes, si elles ont une
valeur plus considérable, de même qu'il pourra être tenu
d'en rendre un plus grand nombre, si leur valeur a diminué. Pour faire cette estimation, on tiendra compte
de l'âge des animaux, de leur état d'engraissement, du
nombre de femelles pleines, etc.

CHAPITRE II.

DU MÉTAYAGE.

347. — Le métayage, qu'on appelle aussi colonage ou colonat partiaire, est une sorte de bail à ferme dans lequel le prix est remplacé par un partage des fruits entre le propriétaire et le fermier. Le mot métayer vient du mot latin *meta*, moitié, et ceux de colonage ou colonat partiaire dérivent du mot *partiri*, partager. Le métayage est très ancien : il a paru chez les Romains, dès que se constituèrent de grandes fortunes territoriales, et que le travail du propriétaire, de ses enfants et de ses esclaves ne suffit plus à cultiver les terres qui lui avaient été attribuées. On a cité dans le remarquable rapport présenté au Sénat le 7 mai 1880 (1) sur le métayage, une lettre de Pline le Jeune, dans laquelle il expliquait à son ami Paulin comment il se trouvait retenu loin de Rome, pour substituer dans ses terres, aux baux consentis à des fermiers qui ne payaient pas ou qui payaient mal, le fermage en nature en partageant les récoltes avec le fermier. Ce genre de

---

(1) Ce rapport est l'œuvre de M. Clément.

contrat n'a pas cessé d'être appliqué dans toute l'Italie.

Il a été longtemps en France l'objet d'une défaveur marquée de la part du législateur et de la part des économistes. Le rédacteur du Code civil l'a presque oublié : il ne lui a consacré que deux articles, les articles 1763 et 1764. La plupart des économistes considéraient le métayage comme un mode d'exploitation inférieur, usité dans les pays où le sol est plus ingrat et où, les entrepreneurs de culture étant plus rares, les grands propriétaires ne peuvent pas même former de petites fermes. M. de Gasparin regardait également le métayage comme la transition naturelle du servage à une exploitation libre ; à ses yeux le métayage constituait un état agricole inférieur au fermage. « C'est, a-t-il dit, un état nécessaire, forcé, qui ne mérite pas le blâme de ceux qui sont plus heureux, mais qui doit exciter l'émulation des pays qui y sont retenus, afin de s'élever plus haut (1). »

On apprécie mieux maintenant les avantages de ce contrat. M. Risler a parfaitement démontré (2) comment, en temps de crise agricole, l'abaissement des prix de vente était moins préjudiciable au métayer qui s'acquitte en nature qu'au fermier qui s'acquitte en argent et qui supporte seul les conséquences de l'avilissement des cours. Au point de vue moral, il présente également des avantages considérables. Il réalise une des formes les plus naturelles et les plus heureuses de la participation des ouvriers aux bénéfices. Il retient l'ouvrier à la campagne, sur le sol qu'il a cultivé dès ses plus jeunes années et qui lui donne une partie de ses fruits. Cet ouvrier n'a pas assez de capitaux pour

(1) Guide des propriétaires de biens soumis au métayage. — Conclusion.
(2) De la crise agricole.

prendre à ferme le bien sur lequel il vit, mais avec
l'aide du propriétaire, il n'en pourra pas moins obtenir
les jouissances de la propriété. L'un fournira la terre
et l'argent, le second son travail : ils s'aideront mutuellement, et leur association, en les rapprochant l'un de
l'autre, en leur faisant partager les mêmes craintes et
les mêmes espérances, rendra impossibles entre eux ces
haines de classe à classe qui ne naîtraient que rarement
si les hommes se connaissaient mieux. D'autre part,
le nombre des enfants n'est pas fait pour l'effrayer, car
il trouvera plus tard en eux des auxiliaires. Sismondi,
faisant connaître le résultat de ses observations personnelles sur le métayage en Italie, indique que le nombre
des métayers s'est accru à tel point que dans la province
de Gênes, dans l'ancienne République de Lucques et
dans plusieurs provinces de l'ancien royaume de Na-
ples ils ont été réduits à se contenter du tiers de la récolte au lieu de la moitié.

En dépit de l'indifférence du législateur, et du peu de
faveur qu'il a rencontré jusqu'à ces derniers temps, le
métayage occupe en France une partie considérable du
sol : il est particulièrement usité dans l'Ouest et dans
le Centre. Dans la Mayenne, notamment, l'heureuse
entente des propriétaires et des fermiers a fait la richesse des uns et des autres : le département de la
Mayenne est actuellement le premier des départements
français pour la production chevaline.

D'après la statistique internationale de l'agriculture
publiée en 1887, les différents modes d'exploitation
des terres se partagent le sol français dans les proportions suivantes :

Exploitation directe par le propriétaire.	19,380,089 hectares
Exploitation par fermiers...............	8,953,118 hectares
Exploitation par métayers.	4,539,322 hectares

Un contrat qui est appliqué sur plus de quatre millions et demi d'hectares mérite bien quelques explications.

Nous nous demanderons : 1° quelle est la nature du contrat de métayage et comment ce contrat peut se former; 2° quelle est, dans le métayage, la situation du propriétaire; 3° quelle est celle du métayer; 4° comment s'éteint le métayage; 5° quelles sont les règles qui s'appliquent lorsqu'un cheptel est joint à la métairie.

§ I. — Quelle est la nature du contrat de métayage et comment ce contrat se forme-t-il?

348. — Le demi-silence gardé par les rédacteurs du Code civil sur le métayage avait fait naître une vive controverse sur le point de savoir quelle est sa nature. Le métayage tient à la fois du louage et de la société; or les règles qui sont applicables à ces deux contrats diffèrent essentiellement entre elles. Le bail ne peut, en principe, être prouvé que par écrit : l'existence d'un contrat de société peut être établie, ainsi que nous le verrons bientôt, par les modes ordinaires de preuve. Non seulement, pendant la durée du contrat, les obligations réciproques du bailleur et du fermier sont différentes de celles des associés entre eux, mais les deux contrats ne s'éteignent pas de la même manière : la mort du fermier n'éteint pas le bail, tandis que la mort de l'un des associés amène la dissolution du contrat.

On peut juger par là de l'intérêt de la question.

Lorsqu'on se reporte aux travaux préparatoires du Code civil, on voit que ses rédacteurs, à l'exemple des anciens jurisconsultes, considéraient le métayage comme un contrat mixte : « Le *bail* qui intervient entre le colon partiaire et le propriétaire du fonds, écrivait le rédacteur de l'exposé des motifs du titre du louage, M. Galli, forme entre eux une espèce de *société* où le propriétaire donne le fonds et le colon la semence et la culture, chacun hasardant la portion que cette société lui donne aux fruits. » Ainsi, dans la définition même du contrat, on rencontre les deux idées de bail et de société. Mais de ces deux idées, quelle est celle qui doit être considérée comme prédominante?

Les rédacteurs du Code ne l'ont pas dit : ils se sont bornés, dans l'article 1763, à interdire au métayer la faculté de céder son bail ou de sous-louer, si la faculté ne lui en a pas été expressément accordée par le contrat, et dans l'article 1764, à reconnaître au propriétaire, en cas de contravention, le droit de rentrer en jouissance et de faire condamner le métayer aux dommages-intérêts résultant de l'inexécution du bail.

Si l'on consulte les lois postérieures au Code civil qui ont eu pour objet les contrats de louage, l'embarras ne fait qu'augmenter. La loi du 23 août 1871, qui a soumis tous les baux, écrits ou non écrits, à un droit de 20 centimes pour 100 francs, a laissé le métayage en dehors de son application, et le rapporteur de la loi justifiait cette dérogation en disant que le « *bail* à colonage ou à moitié de fruits est considéré en doctrine et en jurisprudence, pour l'application des lois fiscales, comme une *association* entre le propriétaire et le colon, et que par suite les dispositions nouvelles ne lui étaient pas applicables. » Ici, encore, dans la même phrase, se retrouvent les mots de *bail* et d'*association*.

L'année suivante, l'Assemblée nationale établit, par une loi du 28 février 1872, un droit gradué sur les sociétés. L'Administration de l'Enregistrement, à laquelle on venait d'interdire la perception du droit de 20 centimes pour 100 francs sur les contrats de métayage, entreprit de les soumettre au droit gradué sur les sociétés ; mais la Cour de cassation, par un arrêt du 8 février 1875, rejeta cette prétention.

Dans ces conditions, la majorité des auteurs avait considéré l'idée de société comme étant l'idée prédominante dans le contrat de métayage. Les tribunaux, au contraire, paraissaient plutôt disposés à faire prédominer l'idée de bail. On invoquait en ce sens la place qu'occupent dans le Code civil les articles 1763 et 1764. On ajoutait que, si le métayage était un contrat de société, le métayer pourrait, par son fait, obliger le propriétaire, car il est de l'essence même du contrat de société que l'associé qui administre le fonds social engage les autres associés. Or, tout le monde est d'accord pour reconnaître que le métayer, lorsqu'il fait un contrat en vue de l'exploitation du fonds, n'oblige que lui-même. Enfin on faisait remarquer qu'il est de l'essence du contrat de société que chaque associé contribue aux pertes. Or le bailleur, dans le métayage, ne peut jamais rien perdre : le seul risque qu'il puisse courir, c'est de ne retirer aucun produit de son fonds.

Cette controverse, aujourd'hui, n'a plus de raison d'être. La loi du 18 juillet 1889 a comblé sur ce point la lacune qui existait dans le Code civil. Elle a fait du métayage un contrat mixte, tenant à la fois du louage et de la société. Elle l'a défini : *le contrat* par lequel le possesseur d'un héritage rural le remet pour un certain temps à un preneur qui s'engage à le cultiver sous la condition d'en partager les fruits avec le bailleur. Le mot de *contrat* a été substitué par la Chambre des députés au mot de *louage* qui avait été proposé par le Sénat, afin de bien marquer le caractère mixte du métayage. Le législateur s'est efforcé en outre de supprimer tout intérêt pratique à l'ancienne controverse en réglant minutieusement, dans 13 articles, les principales règles applicables à ce contrat.

349. — Quelles sont les conditions requises pour la formation d'un contrat de métayage?

Ces conditions sont les mêmes que pour les baux ordinaires. Le métayage, comme le bail à ferme, est un acte d'administration. Le tuteur, le mari pourront donc donner à métayage les biens du mineur, de l'interdit, de la femme mariée. Le mineur émancipé et l'usufruitier auront le même droit. Ces baux seront en outre soumis, quant à leur durée, aux restrictions que nous avons fait connaître à propos des baux à ferme (article 13 de la loi nouvelle).

Le contrat de métayage, comme le bail ordinaire, n'est assujetti pour sa formation à aucune formalité, mais s'il est contesté, et s'il n'a pas été exécuté, il ne peut être prouvé que par écrit, ou par le serment.

Nous savons déjà qu'à la différence du bail ordinaire, le métayage n'est pas soumis à la perception du droit de 20 centimes établi par la loi du 23 août 1871.

§ II. — QUELS SONT, DANS LE MÉTAYAGE, LES DROITS ET LES OBLIGATIONS DU PROPRIÉTAIRE?

350. — La situation du propriétaire est celle d'un bailleur ordinaire, avec des obligations et des droits plus étendus.

Comme le bailleur, il est tenu de délivrer au métayer la chose louée, de l'entretenir en état de servir à l'usage auquel elle est destinée, et d'en faire jouir paisiblement le preneur pendant toute la durée du bail (article 3 de la loi nouvelle). De là toutes les conséquences que nous avons déjà fait connaître à propos du bail à ferme, soit en ce qui concerne la garantie qu'il doit au preneur à raison des troubles de droit, soit en ce qui concerne les réparations à faire à la métairie. A ce dernier point de vue, la situation d'un bailleur à métairie est moins favorable que celle d'un bailleur ordinaire, car il est tenu, non seulement des réparations d'entretien, mais encore, dans certains cas, des menues réparations, dites locatives, qui sont généralement à la charge des fermiers. Les réparations dites locatives sont en effet déterminées par l'usage des lieux; or cet usage, dans beaucoup de pays, ne laisse à la charge des métayers que les menues réparations des bâtiments qu'ils habitent et fait supporter celles qui concernent les bâtiments d'exploitation, granges, celliers, etc., par les propriétaires. Encore les métayers ne sont-ils jamais tenus, non plus que les fermiers, d'aucunes réparations locatives lorsqu'elles sont occasionnées par vétusté ou par force majeure. C'est ce que décide l'article 3 de la loi nouvelle : le bailleur, dit-il, doit faire aux bâtiments toutes les réparations qui peuvent devenir nécessaires. Toutefois les réparations locatives ou de menu entretien qui ne sont occasionnées ni par la *vétusté* ni par *force majeure* demeurent, à moins de stipulation ou d'usage contraire, à la charge du colon.

351. — Mais, d'autre part, le propriétaire de la métairie a des droits plus étendus, en ce qui concerne la surveillance de l'exploitation, que le propriétaire d'un bien donné à ferme. Le fermier à prix d'argent cultive comme il l'entend : pourvu qu'il use de la chose louée en bon père de famille, qu'il n'épuise pas les terres, qu'il remplisse en un mot toutes les obligations qui lui

incombent, il peut diriger l'exploitation à sa guise, car il cultive à ses risques et périls. Toute différente est la situation du métayer : suivant qu'il sera plus ou moins courageux, plus ou moins habile, le profit du propriétaire augmentera ou diminuera, car ce propriétaire supporte, aussi bien que le métayer, les profits et les pertes. Il suit de là que, tandis que dans le bail à ferme ordinaire le propriétaire n'est intéressé qu'à la conservation et à l'amélioration de sa terre, le propriétaire d'un fonds donné à métayage est intéressé, ainsi que le fait remarquer avec beaucoup de raison M. Clément dans le rapport déjà cité, au rendement annuel. De là pour lui le droit, universellement admis, de surveiller les travaux et de diriger l'exploitation générale, soit pour le mode de culture, soit pour l'achat et la vente des bestiaux. Dans les pays de production, comme la Mayenne, par exemple, c'est le propriétaire qui choisit les étalons, qui désigne les animaux à vendre, et ceux à castrer. C'est lui aussi qui indique les plantes à cultiver et qui choisit les semences.

L'exemple de ce département est là pour démontrer que ce système, qui est la base du métayage, est parfaitement compatible, quoi qu'on en ait pensé, avec une excellente situation agricole. Dans d'autres pays, où la culture exige moins d'initiative et de connaissances spéciales, la surveillance et la direction du propriétaire pourront être moins actives. Leurs limites seront déterminées par la convention, et à défaut de convention, par l'usage des lieux (article 5 de la loi du 18 juillet 1889).

Indépendamment de ce pouvoir de surveillance et de direction sur l'exploitation, le propriétaire d'une métairie a le droit de surveiller la récolte. Quand les fruits sont arrivés à maturité, le métayer doit prévenir le bailleur, afin que celui-ci puisse veiller à la conservation de sa part. Quelquefois, il est d'usage qu'il ne soit procédé au battage du blé qu'en présence du propriétaire ou de son représentant.

§ III. — Quels sont les droits et les obligations du métayer.

352. — Le métayer est soumis à toutes les obligations du fermier ordinaire, et il est même, à certains égards, tenu plus strictement que ce dernier.

Il doit, tout d'abord, cultiver en bon père de famille, et surtout cultiver lui-même.

C'est en raison de son habileté qu'il a été choisi; il manquerait à ses engagements s'il se substituait un autre colon. « Je vendrais bien un héritage à qui que ce soit, a dit M. Galli dans son rapport au Corps législatif sur l'article 1763 du Code civil, pourvu qu'il me le paie ce que j'en demande; mais je ne ferais pas un contrat de colonage partiaire avec un homme inepte, quelque condition onéreuse qu'il fût prêt à subir et quelques avantages qu'il voulût m'accorder. » Le métayage est un contrat qui doit être exécuté personnellement par le colon. C'est à raison de ce caractère particulier du contrat que l'article 4, § 3 de la loi nouvelle oblige le colon à résider dans les bâtiments affectés à son habitation : c'est là une obligation dont le fermier, ainsi que nous l'avons vu, n'est pas tenu; il suffit qu'il réside assez près de la ferme pour pouvoir surveiller et diriger l'exploitation.

Le métayer est tenu de conserver la chose louée. De là une première obligation : celle de faire les réparations locatives, sauf la restriction indiquée ci-dessus.

Il est tenu, en outre, de se servir des bâtiments d'exploitation qui existent dans les héritages qui lui sont confiés, et d'engranger dans les lieux à ce destinés. Il doit avertir le propriétaire des usurpations qui peuvent être commises sur son fonds (article 4). Il est tenu, en ce qui concerne l'emploi des pailles et fumiers sur la métairie, des obligations du fermier ordinaire.

Il répond des pertes et dégradations survenues pendant sa jouissance, à moins qu'il ne prouve qu'il a veillé à la garde et à la conservation de la chose en bon père de famille. Il en est ainsi même en cas d'incendie. A la différence du fermier ordinaire, le colon n'est pas tenu de prouver que l'incendie est arrivé par cas fortuit ou par vice de construction, ou qu'il a été communiqué par une maison voisine (article 4). Le colon, en effet, n'occupe pas la métairie dans son seul intérêt, mais en même temps pour le compte du propriétaire; celui-ci conserve sur l'exploitation de son immeuble un droit d'immixtion et de surveillance qui ne permet pas, comme dans le louage ordinaire, d'attribuer au métayer toute la responsabilité de l'accident. Pour échapper à cette responsabilité, il suffit au colon de prouver que l'incendie a eu lieu sans sa faute.

Le métayer entrant ou sortant est tenu des obligations qui incombent en pareil cas au fermier ordinaire (article 13). Nous n'avons sur ce point aucune explication particulière à donner.

Il est tenu de remettre au bailleur une partie de la récolte.

Cette part est plus ou moins importante, suivant la nature des propriétés, le mode de culture, la valeur des animaux attachés à la métairie. Si la métairie ne comprend que des herbages, le colon dont tout le travail consistera dans les soins à donner aux bestiaux se contentera d'une part plus faible que si la métairie se composait de terres cultivées en céréales ou en vignes. Si le bailleur attache au fonds les instruments de labour et les animaux nécessaires à son exploitation, il stipulera naturellement en sa faveur une part plus forte que s'il laissait au métayer le soin de garnir lui-même la ferme. Cette part sera fixée par la convention, et à défaut de convention, par les usages.

Elle est le plus souvent de moitié. Les fruits et produits se partagent par moitié, porte l'article 2, s'il n'y a stipulation ou usage contraire. Mais, dans la plupart des pays, le métayer commence par prélever les légumes nécessaires à sa nourriture et à celle de sa famille, soit que ces légumes proviennent de son jardin, soit qu'ils aient été cultivés dans les champs, comme les pommes de terre. Il a également le droit, en général, de s'attribuer exclusivement, pour son chauffage, le produit de l'émondage des arbres et des haies.

Indépendamment de la part de la récolte qu'il doit remettre au propriétaire, le métayer est quelquefois tenu, en vertu, soit de conventions, soit de l'usage, de certaines prestations connues sous le nom de menus suffrages, droits de cour, impôts, charges de culture. Ces prestations sont établies pour tenir compte, soit de la valeur locative des bâtiments consacrés à l'habitation du métayer, soit des autres avantages que le contrat peut présenter pour lui.

Le métayer ne doit, comme le fermier, d'autres impôts que l'impôt personnel-mobilier et celui des portes et fenêtres. Le paiement de l'impôt foncier peut lui être réclamé par l'administration, mais il a le droit, après l'avoir payé, de se le faire rembourser par le propriétaire.

L'exécution de toutes les obligations du métayer est garantie par le privilège créé par l'article 2102 au profit du propriétaire (article 10).

353. — Qu'arriverait-il en cas de perte de la moitié au moins de la récolte ?

Tandis que le fermier ordinaire peut, dans ce cas, réclamer une remise du fermage, le métayer doit supporter sans aucun recours sa part des conséquences de l'accident qui a enlevé tout ¡où partie des récoltes. Si, dans le cours de la jouissance du colon, porte l'article 9, la totalité ou une partie de la récolte est enlevée par cas fortuit, il n'a pas d'indemnité à réclamer du bailleur. Chacun d'eux supporte sa portion correspondante dans la perte commune.

La situation du métayer est donc, à ce point de vue, plus défavorable que celle du fermier. Il aura fourni pendant toute une année son travail, et sa rémunération pourra être nulle. Cette solution est une conséquence du caractère mixte du contrat : le métayer est l'associé du propriétaire, en même temps que son fermier ; il doit, par suite, prendre sa part dans les pertes comme dans les profits.

La perte des récoltes serait même pour le tout à la charge du métayer si elle avait eu lieu après que les fruits avaient été détachés du sol et après une mise en demeure par le bailleur d'avoir à lui livrer sa part de fruits. La perte, dans ce cas, aurait pour cause le retard apporté par le métayer dans l'exécution de ses obligations, et il en serait responsable. Il serait donc tenu d'indemniser le bailleur (article 1771 du Code civil).

§ IV. — Comment s'éteint le métayage ?

354. — Le contrat de métayage prend fin :

1° Par la vente du fonds loué, lorsque le bail n'a pas

date certaine, ou lorsqu'ayant date certaine il contient
une clause de résiliation en faveur de l'acquéreur;

2° Par la mort du colon;

3° Par la perte de la métairie;

4° Par l'arrivée du terme;

5° Par la résiliation, amiable ou judiciaire.

355. — *Par l'aliénation du fonds loué.*

Nous avons dit, à propos du bail à ferme, que l'aliénation de la chose louée n'entraîne pas nécessairement
la rupture du bail. Le même principe est applicable
au métayage, avec les distinctions qu'il comporte. L'acquéreur est tenu de continuer l'exécution du contrat
toutes les fois qu'il a date certaine, à moins qu'il ne
s'y trouve une clause spéciale autorisant l'acheteur à
expulser le preneur. Lorsque cette clause a été insérée
dans le contrat, le colon ne peut être expulsé sans avoir
reçu congé, et sans qu'une indemnité lui ait été payée.
C'est le droit commun en matière de louage. Toutefois
la loi du 18 juillet 1889 modifie sur deux points les règles ordinaires.

Dans le bail à ferme, le congé donné par l'acquéreur au fermier doit être remis à celui-ci au moins un
an à l'avance (art. 1748); dans le métayage, le congé
doit être donné au colon suivant l'usage des lieux (art. 7,
§ 1ᵉʳ). Dans le bail à ferme, l'indemnité, lorsqu'elle n'a
pas été fixée par le contrat lui-même, est du tiers du
prix du bail pour tout le temps qui reste à courir (article 1746); dans le métayage, comme il n'y a pas de
prix du bail, il a fallu adopter un autre mode de calcul.
L'indemnité, d'après l'article 7, § 2 de la nouvelle loi,
sera déterminée d'après les impenses extraordinaires que
le colon aura pu faire, et elle sera égale au profit qu'il
aurait pu en tirer pendant la durée de son bail. Il faudra
nécessairement, dans ce cas, recourir à une évaluation.

356. — *Par la mort du colon.*

La question a donné lieu, jusqu'en ces derniers temps, à une vive controverse.

Les auteurs et les tribunaux qui voyaient principalement dans le métayage un contrat de société, admettaient que la mort du colon produisait l'extinction du contrat : il est de principe, en effet, dans une société, que la mort de l'un des associés en entraîne la dissolution. Ceux au contraire qui considéraient l'idée d'un bail comme étant prédominante n'admettaient pas que la mort du métayer pût faire cesser le contrat (Paris, 21 juin 1856).

L'article 6 de la loi du 18 juillet 1889 a consacré la première de ces deux opinions. C'est, ainsi que l'a fait observer au Sénat le rapporteur du projet de loi, une conséquence naturelle du principe posé dans l'article 1763 du Code civil, qui refuse au colon partiaire le droit de sous-louer ou de céder son bail, ce qui implique également qu'il ne peut pas le transmettre à ses héritiers, sans le consentement du propriétaire.

Le métayage est un contrat fait essentiellement en considération de la personne du colon; il est naturel que, le colon disparaissant, le bail cesse. Ses héritiers peuvent d'ailleurs exercer des professions non agricoles, ou n'être encore que des enfants en bas âge, en sorte que le maintien du bail pourrait préjudicier gravement aux intérêts de tous.

Le contrat se trouve, en ce cas, résolu de plein droit, et le bailleur n'est pas tenu de donner congé aux héritiers. Toutefois, il ne lui serait pas permis de les expulser brusquement au cours d'une année culturale; il faut, dans l'intérêt de tous, que les travaux commencés soient achevés, la récolte faite, et les ensemencements terminés. De là, dans l'article 6, une disposition qui proroge la jouissance des héritiers jusqu'à l'époque consacrée par l'usage des lieux pour l'expiration des baux annuels. Il fallait éviter en outre que la résolution du contrat n'eût pour effet d'enrichir indûment le bailleur aux dépens des héritiers. De là, dans l'article 7, une disposition qui assure à ceux-ci, en cas d'impenses extraordinaires faites par le colon, une indemnité égale au profit qu'il aurait pu en tirer pendant la durée du bail.

Quant à la mort du bailleur, elle laisse subsister le métayage. Ce n'est pas en considération de sa personne que le colon a traité; il s'est déterminé d'après la qualité du fonds et d'après les avantages qui lui étaient offerts : à ce point de vue, la mort du bailleur ne modifie pas la situation.

357. — *Le métayage s'éteint encore par la perte du fonds loué.*

Nous avons vu, à propos du bail à ferme, ce qu'il fallait entendre par la perte, soit totale, soit partielle, des objets compris dans le louage. Les règles que nous avons fait connaître à ce moment-là s'appliquent sans restriction en cas de perte *totale* de la métairie : d'après l'article 8, le bail est alors résilié de plein droit. Mais en cas de perte *partielle,* les principes ordinaires du louage subissent plusieurs dérogations. En premier lieu, tandis que l'article 1722 du Code civil donne au fermier le droit de demander, à son choix, ou la résiliation, ou une diminution du prix du bail, l'article 8 ne laisse au colon que la faculté de réclamer la résiliation : en effet, comme il n'y a pas de prix dans le métayage, il ne peut être question de le réduire. D'autre part, la loi nouvelle confère au bailleur lui-même le droit de demander la résiliation. L'idée de société prend ici le dessus sur l'idée de louage. Toutefois, pour que le bailleur ne soit pas tenté de demander la résiliation dans le but de profiter sans bourse délier des améliorations faites par le colon avant que se produisît la perte partielle, l'article 8 lui fait un devoir d'en tenir compte à ce dernier au moyen d'une allocation calculée comme il a été dit ci-dessus.

En aucun cas, le bailleur n'est tenu de faire les réparations et les dépenses nécessaires pour remplacer ou rétablir les objets détruits par cas fortuits. Cette dernière règle n'est que l'application d'un principe de droit commun en matière de louage.

358. — *Le métayage s'éteint par l'arrivée du terme.* Quand le terme est fixé par le contrat, le bail cesse de plein droit à l'échéance, sans que le bailleur soit tenu de donner congé ; mais si, à l'expiration du bail, le preneur est laissé et reste en possession, il s'opère, par voie de tacite reconduction, un nouveau contrat de métayage.

Nous avons rencontré les mêmes règles dans le bail à ferme. Mais, à la différence de ce qui se passe pour ce dernier contrat, le nouveau bail à colonat partiaire n'est pas censé fait pour le temps qui est nécessaire afin que le preneur recueille tous les fruits de la métairie, et le bailleur peut toujours donner congé en observant les délais fixés par l'usage des lieux ; en d'autres termes, l'article 1774 du Code civil n'est pas applicable au métayage. Pour justifier cette solution, la Chambre des députés s'est fondée sur ce que la règle posée par l'article 1774 suppose l'ancienne rotation des cultures et constitue une disposition surannée qu'il n'y a pas lieu d'étendre au nouveau contrat. Le Sénat s'est déterminé par le motif que, le métayage étant une véritable association entre le capital et le travail, il y avait intérêt pour les deux parties à ne pas rester attachées l'une à l'autre malgré elles. L'accord s'est fait ainsi sur le même texte, bien que par des considérations différentes.

Quand le terme n'a pas été fixé par le contrat, le colon peut demeurer en possession jusqu'à ce qu'il ait reçu congé. La loi nouvelle exclut, ici encore, l'application de l'article 1774. Lorsque le colon a reçu congé, il ne peut, s'il a prolongé indûment sa jouissance, invoquer la tacite reconduction.

Toutes ces solutions, qui diffèrent profondément de celles adoptées en matière de bail à ferme, résultent des articles 1736 à 1741 du Code civil, rendues applicables au métayage par l'article 13 de la nouvelle loi.

359. — *Enfin, le métayage s'éteint par la résiliation amiable ou judiciaire.*

Toutes les fois que l'une des parties contractantes manque à ses engagements d'une manière grave, la résiliation peut être prononcée par le juge. Elle doit même l'être lorsque le métayer a cédé son bail ou sous-loué la métairie : l'article 1764 reconnaît au bailleur, d'une manière absolue, le droit de rentrer en jouissance, supprimant ainsi la faculté d'appréciation qui appartient au juge en toute autre matière. Ce juge, c'est le tribunal civil d'arrondissement.

360. — Lorsque le contrat s'éteint, il y a souvent un compte à débattre entre le bailleur et le colon : des contestations peuvent s'élever, soit au sujet de l'attribution des fruits, soit à propos du recouvrement des avances faites au métayer par le propriétaire, soit à l'occasion du paiement des charges de culture. Autrefois, la prescription était de trente ans. Elle n'est plus maintenant que de cinq ans. L'article 12 de la loi du 18 juillet 1889 a fixé le même délai, pour l'exercice des actions résultant du métayage, que pour celles qui tendent au recouvrement des prix de ferme des biens ruraux. Mais cette nouvelle prescription de cinq ans n'est pas spéciale à chaque année, comme celle qui s'applique aux prix des

baux à ferme; c'est seulement à partir de la sortie du
colon qu'elle commence à courir; elle ne s'applique pas
à la dette annuelle du colon, mais à l'ensemble de son
compte, tel qu'il se comporte à la fin du bail. Cette disposition nouvelle a pour but de hâter, après la sortie
du métayer, l'apurement du compte et de couper court
à des difficultés que le temps ne ferait qu'aggraver.

361. — C'est dans le même ordre d'idées qu'a été conçu
l'article 11, d'après lequel chacune des parties peut demander le règlement annuel du compte d'exploitation.
C'est, ainsi qu'on l'a fait remarquer (1), la pratique habituelle des maîtres et des métayers qui tiennent au bon
ordre de leurs affaires. La loi, en rendant cette pratique
obligatoire, assure l'exactitude des paiements et donne
un point d'appui aux réclamations légitimes.

Lorsque des contestations se produiront sur le règlement de ce compte, le litige devra être porté devant le
juge de paix, qui statuera définitivement et sans appel
si l'objet de la contestation ne dépasse pas le taux de sa
compétence générale en dernier ressort, actuellement
fixé à 100 francs. Toutefois, cette compétence exceptionnelle cesserait si la contestation soulevait des questions intéressant le fond du droit et portant, non sur des
chiffres, mais sur l'existence ou la portée du contrat lui-
même : dans ce cas, le tribunal civil d'arrondissement
devrait être saisi (2).

L'article 11 ne s'est pas borné à poser le principe de la
compétence du juge de paix, et à rendre ainsi la solution des procès plus prompte et moins coûteuse. Il a fa-

---

(1) Rapport de M. Clément.

(2) Le juge de paix connaît en outre, ainsi que dans le bail à ferme, des
difficultés relatives au paiement des loyers, à la privation de jouissance résultant du fait du bailleur, à la responsabilité du colon et aux réparations
locatives.

cilité la preuve, en permettant au juge de consulter les registres des parties et même d'admettre la preuve testimoniale, s'il le juge convenable. Ainsi qu'on l'a fait remarquer dans le rapport déjà plusieurs fois cité, le métayage crée entre le bailleur et le colon des relations continuelles; journellement ils font des recettes, des dépenses, des avances pour les besoins communs. Il n'était pas possible de les astreindre à fournir une preuve écrite de chaque acte de gestion. En pareille matière, rendre la preuve plus facile, c'est assurer le triomphe de la bonne foi.

§ V. — Du cas ou un troupeau a été joint a la métairie.

362. — Le Code, qui n'a consacré que deux articles au métayage lui-même, en a consacré quatre au cheptel donné au colon partiaire : les articles 1827 à 1832.

Les règles applicables à ce cheptel diffèrent profondément de celles qui s'appliquent au cheptel de fer.

Dans ce dernier, la perte par cas fortuit est pour le fermier, qui est toujours tenu de restituer au bailleur un troupeau d'une valeur égale à celui qu'il a reçu. Dans le cheptel donné au colon partiaire, il faut distinguer. Lorsque le troupeau périt en totalité, par suite d'épidémie ou de tout autre accident, la perte est supportée par le bailleur, et le métayer n'est tenu, dans ce cas, que de rendre les peaux des bêtes. Lorsqu'il ne périt qu'en partie, la perte est au compte du métayer qui doit rembourser la valeur des bêtes qui ont péri. Il va de soi que cette distinction n'est applicable qu'autant que la perte résulte d'un fait non imputable au métayer : si elle avait été causée par son fait, elle serait dans tous les cas à sa charge.

La règle d'après laquelle le métayer est tenu de la perte partielle, lors même qu'elle est arrivée sans sa faute, est vivement critiquée par la plupart des auteurs : nous reviendrons sur ce point lorsque nous étudierons le contrat de cheptel ordinaire.

363. — En second lieu, les droits du métayer sur le troupeau sont moins étendus que ceux du fermier ordinaire. Dans le bail à ferme, le fumier et le travail des animaux appartiennent au fonds loué, et le fermier ne peut disposer du croît, qu'à la condition de conserver un nombre d'animaux suffisant pour assurer la restitution du troupeau à la fin du bail. Mais il conserve la jouissance exclusive du produit des laitages et de la tonte des animaux, et il profite seul de tout l'excédant du croît.

Le métayer, au contraire, n'a d'autre profit exclusif que celui des laitages (articles 1804, 1811 et 1830 combinés). Le fumier et le travail des animaux appartiennent à la métairie par application de la règle, que nous avons déjà rencontrée, d'après laquelle le colon doit user de la chose louée conformément à la destination qui lui a été donnée par le bail ; et le métayer commettrait une grave dérogation à cette règle et s'exposerait, soit à une demande en dommages et intérêts, soit à une demande en résiliation, s'il faisait des charrois pour autrui ou si, d'une façon plus générale, il employait les bestiaux en dehors de la culture. Quant à la laine et au croît, au lieu d'appartenir exclusivement au colon, ils se partagent entre lui et le propriétaire.

364. — En revanche, tandis que dans le cheptel de fer toutes les conventions sont permises, la loi interdit, dans le cheptel donné au colon partiaire, certaines stipulations

dont l'exécution serait préjudiciable au métayer. Nous
trouvons ici la première application d'une règle générale créée en faveur des preneurs à cheptel. Les rédacteurs du Code sont partis de cette idée que le preneur
à cheptel est pauvre et ignorant, qu'il est incapable de
se défendre lui-même, et qu'il importe de le protéger
contre les prétentions exagérées que pourrait avoir le
bailleur. Ce point de vue, qui est généralement exact
lorsqu'il s'agit d'un cheptelier ordinaire, l'est moins
lorsqu'il s'agit d'un métayer ; aussi la loi n'a-t-elle pas
interdit dans le métayage toutes les conventions qu'elle
prohibe dans le cheptel simple. Elle se borne à interdire au bailleur et au métayer de stipuler que le colon, en cas d'épidémie ou de tout autre accident, sera
tenu de toute la perte (article 1828). Les rédacteurs
du Code ont considéré qu'une pareille clause pourrait
être ruineuse pour le métayer, qu'il l'accepterait d'autant plus facilement qu'elle se réfère à une éventualité
incertaine et lointaine ; et pour qu'il ne fût pas tenté d'y
souscrire, ils l'ont interdite. Les combinaisons nombreuses dont le métayage est susceptible permettent
d'ailleurs aux parties de régler, sauf sur ce point, leurs
rapports ainsi qu'elles l'entendent.

CHAPITRE III.

DU BAIL EMPHYTÉOTIQUE, OU DE L'EMPHYTÉOSE (1).

365. — On prend souvent, dans le langage courant, tout bail à long terme pour un bail emphytéotique : les deux expressions ne sont pourtant pas synonymes.

Le bail à long terme est celui dont la durée est de plus de dix-huit ans. Les règles qui lui sont applicables sont celles du contrat de louage; il ne fait jamais naître que des droits personnels. Dût-il durer 99 ans, comme le permet l'article 1er de la loi des 18-29 décembre 1790, les droits et les obligations du bailleur et du fermier ne seront jamais que celles d'un bailleur et d'un fermier ordinaires. La seule différence qu'il y ait entre un bail de plus de dix-huit ans et un bail d'une durée moindre, c'est que le premier doit être transcrit pour pouvoir être opposé aux tiers.

Tout autre est le contrat de bail emphytéotique; s'il ressemble, par sa durée, au bail à long terme, il en diffère profondément par la nature des droits qu'il fait naître. Il crée au profit du fermier un droit réel qui peut être hypothéqué et même vendu. Extrêmement fréquent

(1) Emphytéose vient de φυτευω, je plante, εν dedans. L'étymologie du mot indique bien le but du contrat qu'il désigne.

autrefois, le bail emphytéotique est devenu plus rare. Il
était né en droit romain du mode de tenure des fonds
appartenant aux personnes morales. Le droit d'emphytéose était alors perpétuel : le fermier et ses héritiers pouvaient rester en possession du fonds tant qu'ils payaient
la redevance. Du droit romain, l'emphytéose passa dans
notre ancien droit ; et comme elle se prêtait assez bien à
l'organisation féodale, sa faveur fut grande. L'Assemblée
constituante la conserva (loi précitée des 18-29 décembre 1790), mais le Code a gardé sur ce contrat le silence
le plus complet, en sorte que son existence même a été
mise en doute. La plupart des auteurs, cependant, considèrent l'emphytéose comme existant encore, et la Cour
de cassation a consacré ce système par un grand nombre
d'arrêts (26 juin 1822; 19 juillet 1832; 1er avril 1840;
24 juillet 1843; 18 mai 1847; 17 novembre 1852;
23 février et 26 avril 1853; 11 novembre 1861 ; 26 janvier 1864; 22 juin 1885).

Sur les bords de la mer, les lais et relais que le flot
forme ou découvre sont souvent l'objet de baux emphytéotiques, et les procès nombreux auxquels le contrat
d'emphytéose a donné lieu démontrent que son usage
est assez fréquent.

366. — Son utilité est réelle : lorsqu'une terre est in-
culte et qu'elle exige des travaux d'assainissement, de
marnage, de constructions ou de plantations, son propriétaire trouvera difficilement preneur dans les conditions du
bail ordinaire. Il aura beau stipuler une redevance aussi
faible que possible, abandonner la jouissance de son
bien pour un nombre d'années considérable, les fermiers
hésiteront à entreprendre la culture d'un domaine sur
lequel ils n'auront aucun droit, et qu'ils ne pourront en
aucune manière faire servir à leur crédit. C'est dans ces
conditions que l'emphytéose trouve sa raison d'être.

Elle permet au fermier qui a planté ou qui a construit, d'hypothéquer la plus-value qu'il a déjà donnée à l'héritage et de se servir des améliorations qu'il a faites pour se ménager le moyen d'en réaliser d'autres. Les hypothèques qu'il concède ne pourront, en aucun cas, porter préjudice au propriétaire, car elles ne dureront pas plus longtemps que le droit d'emphytéose lui-même, et elles procureront du crédit au fermier. Au bout de peu d'années, des lais et relais de mer mis en culture peuvent acquérir une valeur neuf ou dix fois plus grande que celles qu'ils avaient au moment de l'aliénation. Cette plus-value, dont la jouissance peut être assurée au preneur ou à ses héritiers, ainsi que nous l'avons vu, pour près d'un siècle, le fermier ordinaire ne pourrait pas l'affecter au remboursement des emprunts qui pourront devenir nécessaires; l'emphytéote, au contraire, pourra s'en faire un instrumeent de crédit.

Le projet de Code rural propose de reconnaître législativement l'existence de l'emphytéose : il lui consacre quatorze articles qui ne font pour la plupart que confirmer les solutions déjà admises par la jurisprudence.

367. — Quelles sont les règles qui sont applicables au contrat d'emphytéose?

Ce sont, avant tout, celles qui sont déterminées par la convention des parties.

A défaut de convention, on applique un certain nombre de règles qui, dans le silence de la loi, ont été déterminées par la jurisprudence, et qui se réfèrent à l'un ou à l'autre des quatre points suivants :

1° Comment se forme le contrat d'emphytéose?
2° Quelle est, dans ce contrat, la situation du bailleur?
3° Quelle est la situation du fermier ou emphytéote?
4° Quels sont les modes d'extinction d'un bail emphytéotique ?

I. — *Comment se forme le contrat d'emphytéose.*

368. — A la différence du bail à ferme et du métayage, le contrat d'emphytéose n'est pas un acte d'administration que le tuteur ou le mari pourraient faire :
c'est un acte de disposition réservé au propriétaire seul.

Il n'est soumis, pour sa naissance, à aucune forme. Il
n'est donc pas nécessaire pour sa validité qu'il soit rédigé par écrit, mais cette condition est nécessaire pour sa
preuve. En outre, pour qu'il soit opposable aux tiers, ce
contrat doit être transcrit (loi du 23 mars 1855, article 1, n° 1).

Il faut, d'ailleurs, que la volonté des parties contractantes ne soit pas douteuse, et qu'il soit bien certain que
c'est un bail emphytéotique qu'elles ont entendu conclure : autrement, on appliquerait les règles du louage
ordinaire. Sans doute il n'est pas nécessaire que le contrat soit passé en termes sacramentels et que le nom
d'emphytéose soit prononcé, mais il faut que les parties
aient voulu créer au profit du fermier un véritable
droit réel, susceptible d'être cédé et hypothéqué. Cette
intention pourra se déduire des termes de l'acte, mais la
seule durée du bail ne suffirait pas à la révéler. puisque,
comme nous l'avons vu, un bail de 99 ans peut n'être,
à la rigueur, qu'un bail à long terme.

Au point de vue des droits dus au Trésor, l'emphytéose diffère du louage ordinaire. Les baux emphytéotiques ne sont pas soumis au droit de 20 centimes pour 100
francs établi par la loi du 23 août 1871. Ils sont traités, au
point de vue fiscal, sur le même pied que les ventes; l'administration de l'enregistrement perçoit sur les baux emphytéotiques le droit dû pour les mutations immobiliè-

res, soit près de 7 %. La valeur du droit d'emphytéose
est déterminée par le capital que représente la redevance;
elle nécessite une évaluation difficile pour laquelle l'administration se montre en général peu rigoureuse.

II. — Quelle est, dans l'emphytéose, la situation du propriétaire?

369. — Pendant la durée de l'emphytéose, le propriétaire a les droits d'un bailleur et est tenu d'obligations
qui ressemblent à celles d'un vendeur.

Il a les droits d'un bailleur. — L'emphytéote doit
lui payer exactement la redevance; à défaut de paiement, le propriétaire pourrait provoquer la résiliation
du bail. Suffirait-il, comme dans le louage ordinaire,
du défaut de paiement d'un seul terme pour que la résiliation dût être prononcée? Il appartiendrait aux tribunaux d'apprécier. En général, la résiliation des baux
emphytéotiques n'est encourue qu'à défaut de paiement
de la redevance pendant deux années consécutives et après
une sommation restée sans effet. Cette pratique est facile
à justifier. L'emphytéote, à la différence du fermier, a des
dépenses considérables à faire au début de l'exploitation;
si un embarras momentané, un retard de quelques semaines dans le paiement pouvait autoriser la résiliation du
contrat, l'emphytéote se trouverait ruiné, en même temps
que le propriétaire s'enrichirait sans cause suffisante
de toutes les améliorations déjà réalisées. Le projet de
Code rural propose de rendre la pratique actuelle obligatoire pour les parties et pour les juges.

Le propriétaire a droit aux améliorations réalisées.
Lorsque le bail arrivera à son terme, le bailleur repren-
dra son immeuble tel qu'il se comportera à ce moment,

avec les améliorations qu'il aura reçues et les plantations qui auront été faites. Le bailleur deviendra également propriétaire des constructions élevées par le preneur, pourvu que le contrat les lui attribue expressément.
Si le contrat était muet sur ce point, le preneur conserverait
le droit d'enlever ses constructions pendant le bail, à la
condition de ne pas dégrader l'héritage (Cass.. 22 juin
1885), et les règles ordinaires du louage devraient être
appliquées, dans ce cas, à défaut de conventions contraires.

Quant aux obligations du bailleur, elles ressemblent
beaucoup à celles d'un vendeur. Il se dépouille temporairement de son héritage. Il cesse d'y exercer les droits
de chasse et de pêche.

En revanche, il n'est plus tenu de payer aucun impôt,
et si des réparations deviennent nécessaires, ce ne sera
pas à lui, mais à l'emphytéote de les effectuer.

III. — *Quelle est la situation de l'emphytéote ?*

370. — C'est une situation toute particulière que celle
de l'emphytéote.

Aussi longtemps que dure le bail, l'emphytéote jouit
de l'héritage à peu près comme pourrait le faire le propriétaire lui-même. Il a sur l'immeuble, à la différence
du fermier ordinaire, le droit de chasse et de pêche ; il
peut le cultiver librement, à la seule condition de ne pas
diminuer sa valeur ; il n'est pas tenu de respecter l'ancien
assolement ; il peut même changer le mode de culture, et
transformer, s'il le veut, une prairie en vignes ou en
bois. Tandis que le fermier ordinaire n'est qu'un simple
détenteur de la chose louée, l'emphythéote *possède*
dans le sens propre du mot et il peut exercer par suite

les actions possessoires. Il a un droit réel, susceptible d'être hypothéqué (Cass., 19 juillet 1832; 1er avril
1840; 11 novembre 1861 et 26 janvier 1864). Il peut
établir sur l'héritage des servitudes actives et passives, qu'il sera tenu de subir ou dont il pourra se
prévaloir en son propre nom vis-à-vis des fonds voisins.
Sans doute l'hypothèque qu'il consentira, les servitudes
qu'il établira ne seront que temporaires, et ne pourront
jamais excéder la durée du bail; mais, tant qu'elles dureront, elles seront soumises aux mêmes règles que si
elles avaient été créées par le propriétaire lui-même.

Ses obligations sont également fort étendues. L'emphytéote est tenu de faire toutes les améliorations convenues. Il doit effectuer à ses frais les réparations de toute
nature que réclament, soit les constructions existant
au moment du bail, soit celles qui ont été élevées en
exécution de la convention. Il est responsable des pertes et dégradations que subit l'héritage, et notamment de l'incendie dans les conditions prescrites par
les articles 1732 et 1733 du Code civil. Il est tenu de payer,
non seulement l'impôt mobilier et l'impôt des portes et
fenêtres, qui sont, comme nous le savons, à la charge
des fermiers ordinaires, mais encore l'impôt foncier
(Avis du Conseil d'État du 2 février 1809).

Il doit enfin s'acquitter de la redevance aux termes convenus, sans pouvoir demander de réduction pour cause de
stérilité ou de privation de récoltes. C'est, en effet, précisément à cause de la stérilité de son héritage que le
propriétaire a le plus souvent consenti un bail emphytéotique. Il serait inadmissible que le fermier, qui est tenu
de remédier à cette stérilité, pût l'invoquer pour réclamer
une réduction de sa redevance? D'ailleurs, le bail emphytéotique a pour le preneur un caractère aléatoire qui
met à sa charge les cas fortuits. La redevance, si faible

.qu'elle soit, est souvent onéreuse pour le fermier pendant les premières années du bail, lorsque les dépenses sont considérables et les recettes nulles. Plus tard, la situation se modifie à l'avantage du fermier. Lors de la conclusion du contrat, celui-ci a dû prévoir les années mauvaises et en tenir compte dans ses calculs.

IV. — *Comment s'éteint l'emphytéose.*

371. — L'emphytéose s'éteint : 1° Par la perte totale du fonds; 2° par l'arrivée du terme; 3° par la résiliation.

Par la perte totale du fonds. — A la différence de ce qui a lieu dans le louage ordinaire, la perte partielle ne peut autoriser la résolution du bail emphytéotique. Si les bâtiments qui servent à l'exploitation sont détruits par la foudre, l'emphytéote n'en devra pas moins poursuivre l'exécution de ses engagements. C'est le caractère aléatoire du contrat qui a fait adopter cette solution : l'emphytéote a dû se rendre compte qu'un bail aussi long que celui qu'il a conclu pourrait être traversé par beaucoup de péripéties qui ne se produisent pas dans le bail ordinaire. Il devra donc continuer la culture. Quant aux bâtiments ainsi détruits, ni lui, ni le propriétaire ne seront tenus de les reconstruire.

Par l'arrivée du terme. — La loi n'admet pas les baux perpétuels : l'article 1709 définit le louage un contrat par lequel une partie s'oblige à faire jouir l'autre d'une chose, moyennant un prix, *pendant un certain temps.* Si une personne louait à une autre son immeuble à perpétuité, le contrat ne serait pas un louage, mais une vente à charge de paiement d'une rente perpétuelle, et l'acquéreur pourrait toujours s'affranchir

du paiement de cette rente en la rachetant, c'est-à-dire
en payant le capital. Le fermier prétendu deviendrait
ainsi propriétaire incommutable de l'immeuble (article
53o du Code civil).

Lorsque le bail emphytéotique a été conclu pour un
certain temps (nous avons déjà vu que ce temps ne
peut excéder 99 ans), et lorsque le terme est arrivé, le bail
cesse. Si le fermier restait en possession, et s'il continuait à faire des actes de culture, le bail ne reprendrait
pas. A la différence du bail ordinaire, le bail emphytéotique n'est pas susceptible de renaître par voie de
tacite reconduction (Colmar, 16 août 1820).

Par la résiliation, amiable ou en justice. — C'est
surtout à l'égard des baux emphytéotiques que les tribunaux pourront faire usage de la faculté d'appréciation que leur a reconnue le Code civil en matière de
résiliation des contrats de louage. Si le propriétaire se
plaint de ce que l'emphytéote n'exécute pas les conditions du bail, ou de ce qu'il a commis des dégradations
sur le fonds, les juges apprécieront la gravité des négligences ou des fautes commises, et ils se détermineront
suivant les circonstances. Ils pourront même accorder
à l'emphytéote un délai pour s'exécuter.

Celui-ci pourra, de son côté, demander la résiliation en
se fondant sur le défaut de contenance, ou sur l'existence de vices rédhibitoires qui rendraient impossible
l'usage du fonds. Mais il ne pourrait pas se fonder sur
la lésion que lui ferait éprouver le bail, ni sur l'exagération de la redevance. L'emphytéose est un louage, et
la rescision pour cause de lésion n'est pas admise en
matière de louage. Lors même d'ailleurs qu'on devrait
considérer l'emphytéose comme une vente, il faudrait
encore refuser à l'emphytéote le droit d'invoquer la lésion, par le motif que la rescision pour cause de lésion

ne peut être prononcée à l'égard des contrats aléatoires.

372. — Sous l'ancien droit, on admettait que le preneur pouvait se soustraire à l'exécution de ses obligations en délaissant l'immeuble : cet abandon avait reçu le nom de déguerpissement. Ce mode d'extinction du bail emphytéotique n'est plus admis aujourd'hui. L'emphytéote, dans notre droit actuel, n'est pas seulement tenu à raison de la détention du fonds qu'il possède; il est tenu parce qu'il s'est obligé personnellement; il ne sera donc libéré qu'après avoir rempli ses engagements.

373. — Toutes les règles que nous venons de faire connaître se trouvent reproduites dans le projet de Code rural voté par le Sénat. Ce projet accentue encore, dans ce contrat, l'idée de bail en le soumettant au droit perçu pour les locations ordinaires : actuellement, ainsi que nous l'avons vu, le droit perçu est celui qui est dû pour les mutations immobilières.

CHAPITRE IV.

374. — Le bail à convenant, ou à domaine congéable, est un contrat qui est usité en Bretagne, dans les trois départements des Côtes-du-Nord, du Finistère et du Morbihan. Il est régi par la loi des 7 juin-6 août 1791.

C'est un contrat de bail par lequel le propriétaire, en même temps qu'il abandonne au preneur la jouissance du fonds, moyennant le paiement d'une rente annuelle qu'on appelle rente convenancière, lui transfère la propriété des édifices et superfices, moyennant le paiement, lors de l'entrée en jouissance, d'une somme désignée sous la dénomination de deniers d'entrée.

Le preneur ou domanier détient ainsi l'héritage en une double qualité : il détient les fonds de terre comme simple fermier, et les édifices et superfices comme propriétaire. On appelle édifices et superfices les bâtiments, les clôtures, les arbres, les ensemencements, les labours; en un mot tout ce que le travail de l'homme a pu ajouter au sol.

Ce contrat permet au propriétaire de s'affranchir des

embarras de l'administration de ses biens, et de se procurer en même temps des sommes plus ou moins importantes. Les capitaines au long cours, les négociants qui entreprenaient de longs voyages y avaient autrefois recours. Mais ce contrat n'aurait pas rempli son but, si le propriétaire, à son retour, ne pouvait rentrer dans la propriété de ses édifices ou superfices. De là, pour lui, la faculté perpétuelle et imprescriptible de congédier le fermier et de reprendre son immeuble en lui remboursant, à dire d'experts, la valeur des édifices et superfices. Le fermier peut, de son côté, réclamer ce remboursement en provoquant le congément.

Le bail à convenant doit être rédigé par écrit; cette condition est nécessaire pour son existence même.

La substitution de la navigation à vapeur à la navigation à voiles lui a d'ailleurs enlevé sa raison d'être.

Les règles qui lui sont applicables sont celles du louage, en ce qui concerne les droits du domanier sur le sol, et celles de la vente en ce qui concerne les édifices et superfices (1).

---

(1) Ceux de nos lecteurs qui auraient besoin d'approfondir ces questions, pourront consulter avec fruit les traités de M Carré et de M. Aulanier sur la matière.

CHAPITRE V.

DU BAIL A CHEPTEL.

375. — Nous savons déjà ce qu'il faut entendre par un cheptel, et nous avons vu qu'il y en a de plusieurs sortes. Nous avons étudié les règles relatives au cheptel de fer et au cheptel donné au colon partiaire. Il nous reste à faire connaître celles qui s'appliquent au cas où le cheptel constitue non un contrat accessoire, mais un contrat principal. Elles diffèrent suivant que ce contrat principal est un contrat de cheptel simple, ou un contrat de cheptel à moitié, ou le contrat improprement appelé cheptel.

§ I. — DU CHEPTEL SIMPLE.

376. — Le bail à cheptel simple est celui par lequel on donne à un autre des bestiaux à garder, nourrir et soigner, à condition que le preneur profitera de la moitié du croît et de la laine (1) et qu'il supportera aussi la moitié de la perte.

C'est un bail qui participe du contrat de société, com-

---

(1) L'article 1804 n'attribue au propriétaire du troupeau que la moitié du croît, mais il est complété par l'article 1811 qui attribue au propriétaire la moitié de la laine.

me le métayage. Le prix dû par le fermier consiste dans l'abandon d'une partie des produits, de la chose louée. C'est par là qu'il diffère du louage d'un troupeau : dans ce dernier contrat, le preneur garde tous les profits; en outre, le prix, au lieu de consister dans une redevance en nature, est représenté par une somme d'argent.

On peut donner à cheptel simple toute espèce d'animaux. Sous l'ancien droit, le cheptel de porcs était illicite, à raison de la cherté de leur nourriture qui, dans la pensée des anciens jurisconsultes, devait mettre fatalement le cheptelier en perte. Cette interdiction a été supprimée (article 1802).

377. — Le Code civil n'a pas indiqué les conditions requises pour la formation de ce contrat : nous en concluons qu'il y a lieu d'appliquer les règles ordinaires en matière de louage. L'article 1813 indique seulement que lorsque le preneur ou cheptelier est en même temps le fermier d'autrui, le contrat doit être notifié au propriétaire de la ferme, sans quoi ce dernier pourrait saisir le troupeau et le vendre pour ce que son fermier lui doit. Il est, en effet, de règle, ainsi que nous le verrons en étudiant les privilèges, que le bailleur peut se faire payer sur le prix de tous les objets qui garnissent la ferme, à moins qu'il n'ait su que ces objets appartenaient à autrui. En s'abstenant de faire la notification prescrite, le propriétaire du troupeau s'exposerait donc à un risque grave. On admet toutefois que l'absence de notification pourrait être suppléée par la preuve que le propriétaire de la ferme savait que le troupeau n'appartenait pas à son fermier (Cass., 7 mars 1843).

378. — Nous allons nous demander brièvement : 1° quels sont les droits du cheptelier; 2° quelles sont ses obligations; 3° comment s'éteint le contrat de cheptel simple.

I. — *Quels sont les droits du cheptelier?*

379. — Celui qui prend un troupeau à cheptel simple conserve le profit exclusif des laitages, du fumier et du travail des animaux. Il partage avec le bailleur la laine et le croît. On entend par croît, non seulement les petits des animaux, mais encore toute augmentation de valeur qui serait survenue dans le troupeau, par l'effet d'un engraissement, par exemple.

Pour garantir l'exécution de la disposition de l'article 1811 qui prescrit le partage par moitié de la laine, l'article 1814 interdit au preneur de tondre sans en prévenir le bailleur : il n'y a là que l'application d'une règle générale, que nous avons déjà rencontrée dans le métayage.

Là se bornent d'ailleurs les droits du cheptelier. Il lui est interdit de vendre les animaux qui lui ont été donnés à cheptel, car ils ne lui appartiennent pas. S'il le faisait, il commettrait le délit d'abus de confiance (Cass., 20 août 1880). Il est, en effet, de principe que l'estimation du cheptel, qui se fait d'ordinaire au commencement du bail, n'en transporte pas la propriété au preneur, et qu'elle n'a d'autre objet que de fixer la perte ou le profit qui pourra se trouver à l'expiration du louage (article 1805).

Il n'est même pas permis au cheptelier de disposer, sans l'assentiment du bailleur, de sa part dans le croît du troupeau. Le bailleur a le droit d'exiger que tout le croît soit conservé pour parer aux accidents qui viendraient à se produire et pour remplacer les animaux dont la perte pourrait être à la charge du preneur. Par voie de réciprocité, le bailleur ne peut disposer d'aucune bête, soit du fonds du troupeau, soit du croît, sans le

consentement du preneur (article 1812). On admet
généralement, cependant, que si la vente d'une partie des
animaux devenait nécessaire, et si le bailleur ou le preneur s'y opposait sans motifs légitimes, l'autorisation
pourrait en être donnée par les tribunaux.

Si, contrairement aux dispositions de la loi, le cheptelier avait vendu une partie des animaux, le propriétaire pourrait-il les revendiquer entre les mains de l'a-
cheteur? La jurisprudence et les auteurs sont d'accord
pour reconnaître que, par application de l'article 2279,
cette revendication ne serait pas possible à l'égard d'un
acheteur de bonne foi (Cass., 20 octobre 1820). Cet acheteur pourrait conserver les animaux vendus, lors même
que le preneur aurait détourné frauduleusement le
cheptel et commis ainsi un abus de confiance, car nous
avons vu, en étudiant la prescription acquisitive, que
c'est seulement pour les choses volées ou perdues que
l'article 2280 admet en faveur du propriétaire un droit
de revendication pendant trois ans.

On s'est demandé si, pendant le cours du bail, les
créanciers du propriétaire peuvent saisir les animaux
donnés à cheptel. La question doit se résoudre par l'affirmative, mais comme les créanciers du bailleur ne
peuvent avoir plus de droits qu'il n'en a lui-même, ils
devront obliger l'acheteur à laisser le troupeau entre
les mains du cheptelier jusqu'à l'expiration du bail.

II. — *Quelles sont les obligations du cheptelier?*

380. — Le preneur est tenu de garder les animaux, de
les nourrir et de les soigner en cas de maladie. Il doit,
nous dit l'article 1806, les soins d'un bon père de famille à la conservation du cheptel. Il est responsable
des pertes qui proviennent de son fait ou de celui de ses

domestiques, d'une négligence du pâtre par exemple.
La loi présume la faute du preneur, et lorsque le troupeau périt, elle met à sa charge la preuve du cas fortuit:
si un troupeau de moutons meurt de la clavelée, le preneur sera tenu d'établir l'existence de cette maladie.
Cette preuve lui sera généralement facile. Le preneur
peut même être rendu responsable du cas fortuit, lorsqu'il a été précédé de quelque faute de sa part sans laquelle la perte du troupeau ne serait pas arrivée. Il serait tenu, par exemple, de la perte des moutons morts
de la clavelée, s'il était établi qu'il les a mis en contact
avec des animaux atteints de cette maladie. Mais la
preuve de la faute imputée au preneur a été mise par la
loi à la charge du bailleur. En cas de contestation, dit
l'article 1808, le preneur est tenu de prouver le cas
fortuit et le bailleur est tenu de prouver la faute qu'il
impute au preneur.

En principe, et sous réserve du cas fortuit, le preneur est donc responsable de la perte du troupeau. Il est
tenu de rembourser la valeur de tous les animaux qui
ont péri, à moins qu'il n'établisse qu'ils ont péri par
suite d'un cas de force majeure.

Faut-il en conclure que lorsque les animaux ont péri
sans aucune faute du preneur, celui-ci est libéré? Ce
serait la solution la plus logique. Le troupeau est la propriété du bailleur, sa perte devrait dès lors être à la charge
de ce dernier. *Res perit domino.* Le preneur auquel on n'a
rien à reprocher devrait être exonéré de toute contribution à la perte du troupeau. Ce n'est pas cependant la
solution qui a été admise par les rédacteurs du Code.
Ils ont décidé que la perte totale serait pour le bailleur,
et que dans ce cas le preneur ne serait tenu que de rendre compte des peaux des bêtes (articles 1809 et 1810),
mais que la perte partielle serait supportée en commun.

Cette disposition a été vivement critiquée, et elle mérite de l'être. Elle amène un résultat profondément injuste. Lorsqu'une épidémie fond sur un troupeau, le preneur n'encourra aucune responsabilité si le troupeau périt tout entier. Mais si le preneur réussit, à force de soins, à sauver quelques bêtes, alors, comme la perte ne sera que partielle, il devra, à l'expiration du bail, rembourser la valeur de la moitié des animaux qui manqueront. Le preneur est ainsi intéressé, non pas à la conservation du troupeau, mais à sa disparition complète, toutes les fois que la maladie qui s'est déclarée dans son exploitation est assez grave pour faire craindre la mort d'un certain nombre d'animaux. La disposition de l'article 1810, que nous critiquons, a été imaginée dans l'intérêt du bailleur : elle lui est en réalité très préjudiciable.

Elle est également contraire aux principes sur lesquels est fondé le contrat de cheptel. Le cheptel simple est un louage, et la perte du fonds loué est toujours à la charge du bailleur. Dans le métayage, par exemple, qui ressemble particulièrement au cheptel en ce sens que, dans l'un comme dans l'autre contrat, le prix consiste dans le droit de partager les fruits ou les profits de la chose louée, on n'a jamais imaginé de décider qu'en cas de perte de la métairie par cas fortuit, le métayer serait tenu de contribuer à cette perte. Or, c'est absolument ce que les auteurs de l'article 1810 ont fait pour le cheptel. Ils ont étendu faussement à la chose louée elle-même l'idée d'association qui préside au partage des fruits ou profits de cette chose : ils ont fait ici prédominer, sans raison, l'idée d'un contrat de société sur celle d'un contrat de louage. Il y aurait lieu, selon nous, de mettre la perte fortuite, totale ou partielle, à la charge du bailleur, ou tout au moins d'appliquer au cheptelier la règle adoptée par le Code à l'égard de l'usufruitier. D'après l'article 616, lorsque le troupeau ne périt pas entièrement, l'usufruitier n'est tenu de remplacer que jusqu'à concurrence du croît les têtes des animaux qui ont péri. Il est vraiment difficile d'admettre qu'on puisse traiter le preneur à cheptel, qui est généralement pauvre et qui est toujours un contractant à titre onéreux, plus défavorablement que l'usufruitier, qui fort souvent tient son droit d'usufruit d'une libéralité.

381. — Les règles qui précèdent peuvent être modifiées par les conventions des parties, mais seulement dans une certaine mesure. La loi admet comme valables toutes les stipulations favorables au cheptelier. Il pourra être convenu, par exemple, que le preneur ne sera pas tenu de la perte partielle, ou qu'il n'en sera tenu que dans une proportion moindre que sa part dans les bénéfices. Mais la loi interdit les stipulations qui feraient au preneur un sort plus désavantageux que celui qu'elle a elle-même créé. Ainsi les parties ne pourraient pas convenir que le preneur supportera la perte totale du cheptel si elle arrive par cas fortuit : ce serait de la part du bailleur une clause léonine. Elles ne pourront pas stipuler davantage que le preneur supportera, dans la perte partielle arrivée par cas fortuit, une part plus grande que dans le profit : si la laine et le croît doivent, aux termes du bail, se partager également, il ne pourra donc pas être convenu que le preneur supportera les deux tiers de la perte, et s'il n'a droit qu'à un quart, ou à un tiers de la laine et du croît, il ne sera tenu de la perte que jusqu'à concurrence du quart ou du tiers. L'égalité proportionnelle doit toujours être maintenue au profit du preneur. On ne pourra pas non plus convenir que le bailleur prélèvera, à la fin du bail, quelque chose de plus que ce qu'il a fourni (article 1811). Toute

convention semblable serait nulle, et le preneur serait fondé à s'opposer à son exécution.

On s'est demandé s'il fallait considérer comme nulle la convention par laquelle le bailleur se réserverait, pendant le cours du bail, une part dans les profits plus forte que celle qui lui a été attribuée par la loi. Telle serait la clause par laquelle le bailleur se réserverait une partie du laitage, du fumier et du travail des animaux, contrairement à l'article 1811, d'après lequel le preneur en profite seul. La question est vivement discutée. Nous croyons qu'une pareille convention, bien qu'elle ne soit pas expressément prohibée par l'article 1811, devrait être considérée comme illicite. L'intention des rédacteurs du Code a été d'interdire les stipulations qui mettraient toutes les chances de gain du côté du plus riche et toutes les chances de perte du côté du plus faible et du plus pauvre. Or, ce serait là inévitablement l'effet d'une convention qui enlèverait au preneur les principales sources de son profit. Nous pouvons ajouter que cette solution était celle de l'ancien droit (1), et que rien dans les travaux préparatoires du Code n'indique que ses auteurs aient entendu déroger à cette tradition.

III. — *Comment s'éteint le contrat de cheptel simple?*

382. — Le cheptel simple s'éteint, comme le louage ordinaire, par la perte de la chose louée, par l'expiration du terme, par la résiliation. Il ne s'éteint pas par l'aliénation du troupeau, puisque, d'après l'article 1812, le bailleur ne peut disposer d'aucune bête du troupeau sans le consentement du preneur.

(1) Pothier, *Traité des cheptels,* n° 28 ; — Coquille, *Coutumes du Nivernais,* titre 21, article 4.

Nous avons fait connaître plus haut les règles qui s'appliquent au cas de perte de la chose louée, et nous n'avons pas à y revenir. Quant au terme du contrat de cheptel, il est celui qui a été fixé par les parties; à défaut de convention sur ce point, le bail, aux termes de l'article 1815, est censé fait pour trois ans. Lorsqu'après l'expiration du bail, le preneur reste et est laissé en possession, il s'opère par voie de tacite reconduction un nouveau bail. Quelle sera la durée de celui-ci? D'après les uns, elle sera déterminée par l'usage des lieux; d'après les autres, elle sera la même que celle du bail primitif; enfin, dans une troisième opinion, elle sera de trois ans. C'est cette dernière solution qui nous paraît devoir être admise : il est en effet de principe, dans les baux à ferme, que le bail résultant de la tacite reconduction est censé fait pour le temps qui est nécessaire pour que le preneur recueille tous les fruits de la chose louée (articles 1774 et 1775); or, pour le cheptel, c'est le terme de trois années qui a été choisi.

La résiliation du contrat de cheptel est soumise à l'application des règles ordinaires. C'est aux tribunaux d'apprécier si l'infraction sur laquelle se fonde le demandeur est assez grave pour justifier la résolution du bail.

On a soutenu (1) que la mort du preneur à cheptel mettait fin au contrat. Cette opinion, qui se conçoit de la part des personnes qui considèrent le cheptel comme un contrat de société, doit nécessairement être repoussée par ceux qui considèrent le cheptel comme un louage. C'est ce dernier point de vue qui a prévalu.

383. — Toutes les fois que le contrat de cheptel simple prend fin, une liquidation est nécessaire pour fixer les droits respectifs du bailleur et du preneur. Elle

(1) Troplong, t. II, n° 1186.

se fait conformément aux règles posées par l'article 1817. On fait l'estimation du troupeau, et on la compare à celle qui a été faite au commencement du bail. S'il en ressort une plus-value, cette plus-value se partage d'après les proportions admises par le contrat, ou, à défaut de stipulations expresses, par moitié. S'il y a un déficit, le bailleur prend les animaux qui restent, et les parties se font raison de la perte.

§ II. — DU CHEPTEL A MOITIÉ.

384. — Le cheptel à moitié est celui dans lequel chacun des contractants fournit la moitié des bestiaux, qui demeurent communs pour le profit et pour la perte (article 1818). C'est une société, et cependant la loi lui applique les règles du cheptel simple qui est un louage (article 1820).

La contradiction s'explique. Le plus souvent, le cheptel à moitié n'est qu'une modification du cheptel simple (1). Il arrive souvent que, dans ce dernier contrat, le cheptelier, au lieu de s'opposer à ce que le bailleur prélève immédiatement sa part dans le croît, laisse ce prélèvement s'opérer en cours de bail et remplace les animaux enlevés par le croît qui lui appartient. Il vient ainsi un moment où le troupeau devient commun et où le preneur y possède autant d'animaux que le bailleur lui-même. A partir de ce moment, la situation respective est déterminée, non par les règles du cheptel simple, mais par celles du cheptel à moitié. « Ce genre de cheptel, ainsi que l'a fait remarquer fort justement M. Troplong (2),

(1) Voir le rapport de M. Mouricault au Tribunat; Fenet, t. XIV, p. 346.
(2) Troplong, t. II, n° 1197.

ne se crée presque jamais à priori; il n'est usité que comme transformation du cheptel simple, comme modification d'un état de choses préexistant. »

385. — Les règles du cheptel à moitié ne diffèrent de celles du cheptel simple que sur un point :

Tandis que, dans le cheptel simple, la perte totale par cas fortuit est supportée par le bailleur seul; dans le cheptel à moitié, elle se partage entre le bailleur et le preneur. La situation du preneur est à ce point de vue plus désavantageuse dans le second cas que dans le premier, mais il était impossible d'admettre une autre règle. Le bailleur et le preneur, étant propriétaires chacun d'une moitié du troupeau, devaient supporter chacun la moitié de la perte. *Res perit domino*.

Pour le surplus, toutes les dispositions que nous avons rencontrées dans les articles 1804 à 1818 s'appliquent. Le preneur profitera seul des laitages, du fumier et des travaux des bêtes. Il aura droit à la moitié des laines et du croît. Toute convention par laquelle il accepterait dans les profits une part moindre que celle qui lui est attribuée par la loi serait nulle (article 1819).

§ III. Du contrat improprement appelé cheptel.

386. — C'est le contrat par lequel un propriétaire de vaches, en les livrant à un tiers qui se charge de les loger et de les nourrir, lui abandonne le laitage et le fumier et se réserve tout le croît (article 1831). Ce contrat se pratique notamment dans les Hautes-Alpes et dans le Jura (1).

(1) Voir l'*Étude sur le régime pastoral dans les Hautes-Alpes* de M. Briot, p. 100, et les *Mélanges* de M. Louis Passy, p. 52.

Les laitages n'appartiennent toutefois au preneur qu'à partir du moment où les veaux sont assez forts pour être retirés, c'est-à-dire au bout de trois ou quatre semaines. Jusque-là, le preneur doit les nourrir du lait de leur mère.

Lorsque les vaches tombent malades et nécessitent les soins d'un vétérinaire, les frais sont à la charge de leur propriétaire, le preneur n'étant tenu que de leur fournir le logement et la nourriture.

Lorsque la durée du contrat n'a pas été fixée par le contrat, le bailleur et le preneur peuvent retirer ou rendre les vaches quand bon leur semble, pourvu que ce ne soit pas à contre-temps. Le preneur ne pourrait pas, par exemple, après avoir reçu les vaches au commencement du printemps et en avoir joui pendant toute la belle saison, les rendre au commencement de l'hiver. Ces règles, qui étaient déjà acceptées sous notre ancien droit (1), ne font aucune difficulté.

(1) Pothier, *Traité des cheptels,* n°s 72 et suivants.

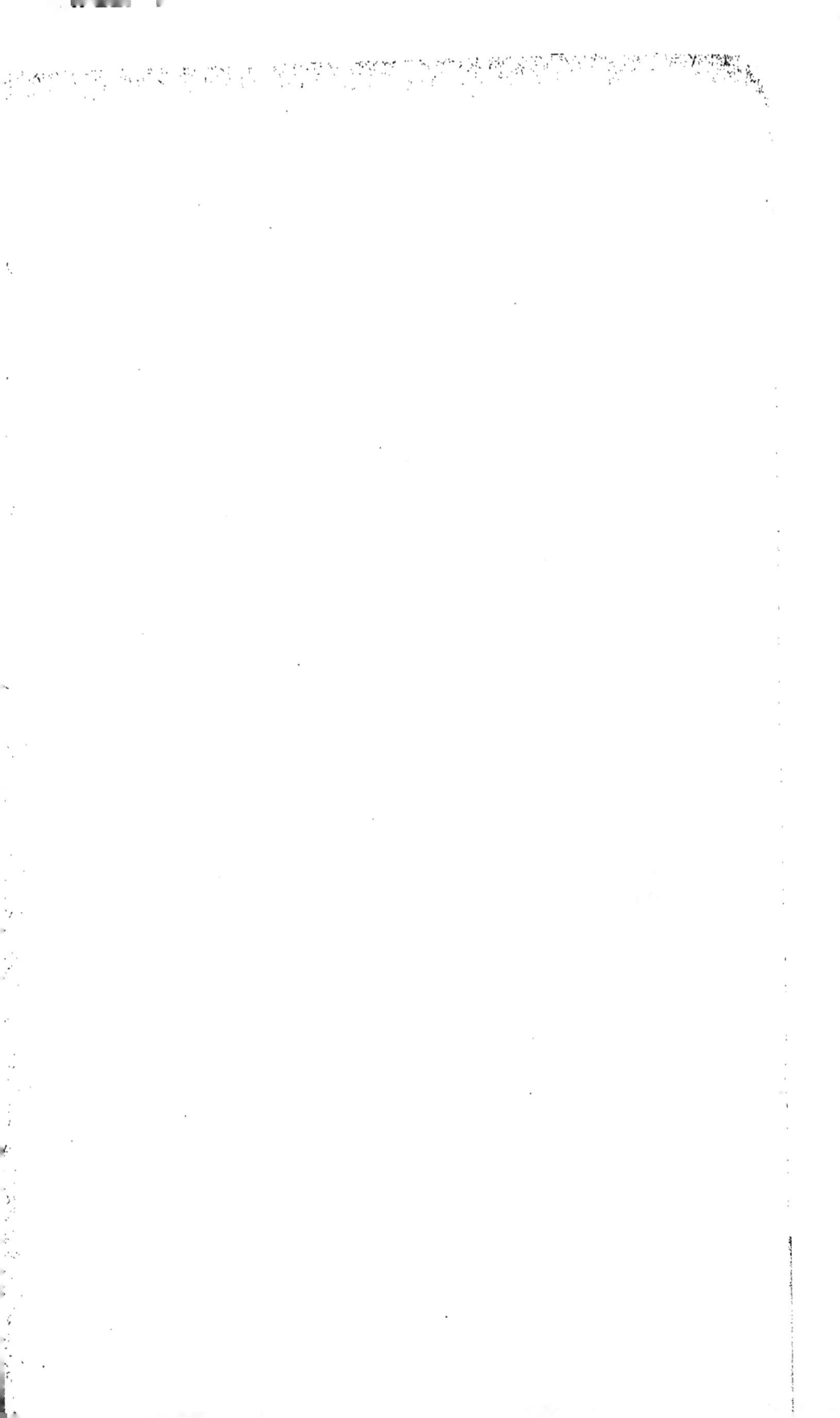

SECTION QUATRIÈME.

Du louage d'ouvrage (1).

387. — Il y a, aux termes de l'article 1779, trois espèces principales de louage d'ouvrage et d'industrie : 1° le
louage des gens de travail qui s'engagent au service de
quelqu'un ; 2° le louage des voituriers, tant par terre que
par eau, qui se chargent du transport des personnes ou
des marchandises ; 3° celui des entrepreneurs d'ouvrage
par suite de devis ou marchés.

De ces trois variétés du louage d'ouvrage, nous n'é-
tudierons que les deux premières ; le contrat passé pour
la construction d'une maison a un caractère exceptionnel qui ne nous permet pas de le faire entrer dans le cadre de cet ouvrage.

(1) Articles 1779 à 1800 du Code civil.

CHAPITRE Ier

DU LOUAGE DES GENS DE TRAVAIL (1).

Les particularités relatives à ce contrat tiennent :
1° à ses conditions de validité; 2° à sa preuve; 3° à ses
modes d'extinction.

I. — *A quelles conditions le contrat de louage d'ouvrage peut-il se former ?*

388. — Il faut d'abord que celui qui donne à bail ses
services, c'est-à-dire le domestique ou l'ouvrier, et le
preneur, c'est-à-dire le maître, soient tous deux capables de s'obliger. Un mineur, une femme mariée ne peuvent s'engager comme domestiques sans l'autorisation
de leurs père, tuteur ou mari.

Il faut aussi que l'engagement soit temporaire. D'a-
près l'article 1780, on ne peut engager ses services qu'à
temps, ou pour une entreprise déterminée. Les rédacteurs
du Code ont voulu interdire tout ce qui pouvait de près
ou de loin rappeler l'ancien servage. L'article 1780 n'est
que la mise en pratique du précepte contenu dans l'article 18 de la Déclaration des droits de l'homme. « La
loi, disait-on à cette époque, ne connaît pas de domestiques : il ne peut exister qu'un engagement de soins et
de reconnaissance entre l'homme qui travaille et
l'homme qui l'emploie. » Il n'est donc pas permis de

(1) Article 1780 du code civil.

s'engager pour toute sa vie au service d'une autre personne, ni de s'engager pour une entreprise d'une durée telle que l'engagement devrait, selon toute probabilité, lier jusqu'à sa mort celui qui l'aurait contracté. Un domestique âgé de cinquante ans par exemple, ne pourrait s'engager pour quarante ans, ni pour la durée d'un bail à très long terme. Il n'est pas permis, en effet, de faire indirectement ce qu'il est interdit de faire directement, et les tribunaux devraient annuler tout contrat fait en violation de la règle contenue dans l'article 1780. L'annulation, dans ce cas, peut être demandée par l'une ou l'autre des deux parties contractantes, car le principe sur lequel est fondé l'article 1780 est un principe d'ordre public dont la non-observation entache le contrat d'une nullité radicale. Cette nullité n'empêchera pas toutefois le domestique d'obtenir la rémunération de ses services jusqu'au momeut où le contrat sera rompu.

Il importe de remarquer que, s'il est interdit à un domestique de s'engager directement ou indirectement pour toute sa vie, il est parfaitement licite qu'un maître s'engage à conserver un domestique aussi longtemps que celui-ci vivra, car le domestique, dans ce cas, n'aliène rien de sa liberté.

II. — *Comment le contrat de louage d'ouvrage peut-il se prouver?*

389. — Il importe de distinguer à cet égard, d'une part la preuve de l'existence du contrat; d'autre part, la preuve des différents actes qui peuvent se rattacher à son exécution.

Lorsque la contestation porte sur l'existence même du contrat, la preuve de cette existence peut être fournie conformément au droit commun. Dès lors,

toutes les fois que le salaire n'excède pas la somme de
cent cinquante francs, la preuve testimoniale est admis-
sible; au-dessus de ce chiffre, cette preuve est encore
recevable s'il existe un commencement de preuve par
écrit. En un mot, l'existence d'un contrat de louage de
services n'est soumis, quant à sa preuve, à aucune règle spéciale.

Mais il peut se faire que l'existence même du contrat
ne soit pas contestée, et que la difficulté porte uniquement sur la quotité des gages qui ont été convenus, ou
sur les paiements faits par le maître à son domestique.
La règle, dans ce cas, sera la même; les modes de preuve
du droit commun seront encore admissibles, et cependant, par la force même des choses, le maître se trouvera
la plupart du temps désarmé vis-à-vis de son domestique.

De deux choses l'une, en effet. Ou les gages réclamés s'élèveront à plus de cent cinquante francs. Dans
ce cas, le maître ne pourra prouver sa libération que
par écrit, c'est-à-dire au moyen d'une quittance émanée
de son domestique. Or, tous les domestiques de ferme
ne savent pas écrire : dans ce cas, le maître, pour payer
avec sécurité, devrait exiger l'intermédiaire d'un notaire, ce qui est, en fait, impraticable. Ou bien les gages
s'élèveront à moins de cent cinquante francs, et alors la
preuve testimoniale sera admise, mais lorsqu'on paie le
salaire de ses domestiques, on n'a pas l'habitude de s'entourer de témoins. Les rédacteurs du Code civil avaient
décidé que, dans ce cas, le maître serait cru sur son affirmation. Une loi du 2 août 1868 a abrogé cette disposition
comme contraire à l'égalité des citoyens. Il en résulte
cette conséquence, sans doute non prévue par le législateur, qu'en cas de contestation ce sera, la plupart du temps,
non plus le maître, mais le domestique qui sera cru sur
son affirmation. Dans l'impossibilité où il se trouvera de

produire quittance, et de prouver par témoins sa libération, le maître en sera réduit à déférer le serment à son
domestique, en sorte que le gain du procès dépendra de
l'affirmation de celle des deux parties contractantes qui
mérite le moins de confiance. Il serait pourtant facile
de remédier à cette lacune de notre législation : il suffirait, comme l'avait proposé un député lors de la discussion de la loi de 1868, d'admettre la preuve tirée des livres du maître, et d'autoriser en outre la délation du
serment par le juge à l'une ou à l'autre des deux parties.
On pourrait aussi se servir dans ce but des livrets d'ouvriers, dans les régions où cette institution existe encore : le maître serait tenu, à chaque paiement, d'en
faire mention sur le livret, et cette mention servirait de
preuve contre le domestique sur le livret duquel elle aurait été apposée.

III. — *Comment s'éteint le contrat de louage d'ouvrage.*

390. — Ce contrat prend fin par l'arrivée du terme,
par l'inexécution des engagements, ou par la mort de
l'une ou de l'autre des parties.

Par l'arrivée du terme. — La durée de l'engagement
peut avoir été fixée par le contrat. Dans ce cas, pas de
difficulté : dès que le terme arrive, le louage d'ouvrage
prend fin.

La durée du contrat peut aussi se trouver déterminée
par la nature de l'ouvrage en vue duquel l'engagement
a été pris. Lorsqu'un ouvrier agricole loue ses services
pour la moisson, le contrat cesse quand la moisson est
terminée.

A défaut de stipulation expresse, et d'indication fournie par la nature de l'ouvrage, on s'en réfère à l'usage
des lieux. C'est ce que décide expressément l'article 15

de la loi du 9 juillet 1889, laquelle a eu principalement
pour objet la vaine pâture. S'il n'existe pas d'usage déterminant la durée de l'engagement, chaque partie peut
résilier le contrat quand bon lui semble, à la charge
de donner à l'autre un avertissement ou congé dans le
délai fixé par l'usage (Cass., 10 mai 1876; 4 août 1879;
7 mai 1887). La faculté de donner congé à tout moment est réciproque.

391. — *Le louage d'ouvrage prend fin par la résiliation.*

Cette résiliation peut intervenir à l'amiable. Elle peut
aussi être prononcée par le juge. Dans ce dernier cas,
elle suppose l'inexécution des obligations du maître ou
de l'ouvrier.

Voyons en quoi consistent ces obligations.

L'ouvrier est tenu d'exécuter le travail qu'il a promis
de faire. S'il s'est engagé pour la moisson par exemple,
il ne lui sera pas permis de quitter la ferme avant la
moisson finie. Sans doute le maître ne pourra pas le
retenir malgré lui, mais il lui appartiendra de le faire
condamner à une indemnité qu'il retiendra sur ses gages. Le domestique ne peut, lorsqu'il a pris un engagement d'une durée déterminée, quitter la ferme, même
pour un motif honnête, avant le terme de cet engagement : s'il donnait congé pour se marier, par exemple, ou pour aider son père et sa mère à faire eux-mêmes
leur moisson, ou pour contracter un engagement militaire, il devrait une indemnité à son maître. Ses obligations ne cessent que lorsqu'il se trouve dans l'impossibilité absolue de les remplir, comme lorsqu'il est
appelé au service militaire : dans ce cas, le louage de
services prend naturellement fin, sans que le domestique soit passible de dommages intérêts à l'égard du maître. Il arrive souvent que l'appel sous les drapeaux n'est

que temporaire : le domestique par exemple est convoqué pour une période d'instruction de 28 ou de 13 jours. Alors, le contrat ne sera pas résolu nécessairement; le maître pourra seulement retenir une partie des gages du domestique correspondant à la durée de son absence. Il en serait de même en cas de maladie, mais on admet que cette retenue ne pourrait avoir lieu si la maladie ne durait que quelques jours. Il peut se faire, d'ailleurs, qu'un appel même momentané sous les drapeaux produise nécessairement la résolution du contrat : si l'ouvrier s'est engagé pour faire les vendanges, et s'il est convoqué à son régiment pendant le mois de septembre, le contrat prendra naturellement fin. La même solution s'imposerait si la maladie du domestique se prolongeait et si elle le mettait pour longtemps hors d'état de servir. Il va de soi que, ni dans l'un ni dans l'autre cas, le maître n'aurait droit à une indemnité.

Le maître, de son côté, doit nourrir convenablement son domestique, le loger, s'abstenir de toute injure et de tout mauvais traitement et lui payer régulièrement son salaire : ce salaire consiste quelquefois dans une part de la récolte. Lorsqu'un événement de force majeure, comme une pluie persistante, empêche les domestiques ou ouvriers de travailler, le maître leur doit cependant tout leur salaire, à moins qu'ils ne soient employés à la journée. Dans cette dernière hypothèse, l'ouvrier n'aura droit qu'au prix des heures pendant lesquelles il aura pu travailler. Si je loue un jardinier pour un jour, et s'il pleut la moitié du temps, je ne serai tenu de lui payer que la moitié du salaire convenu. Mais pour être autorisé à lui faire supporter cette retenue, il faut que je ne sois pour rien dans la perte de temps qu'il a subie. Le fermier qui engagerait un nombre d'ouvriers trop considérable, eu égard au travail à exécuter, leur devrait à tous intégralement leur salaire.

Le paiement du salaire des ouvriers et domestiques, ainsi que nous le verrons bientôt, est garanti par un privilège pour ce qui est dû sur l'année échue et ce qui est dû sur l'année courante. Mais ce privilège n'appartient qu'*aux gens de service,* c'est-à-dire à ceux qui se sont engagés au service d'une personne ou d'une exploitation : il ne pourrait être invoqué par le simple journalier, qui reste son propre maître (Cass., 9 juin 1873).

392. — *Le contrat s'éteint enfin par la mort du maître ou du domestique.*

Par celle du maître, car celui qui s'est engagé à fournir ses services à une personne déterminée ne s'est pas obligé vis-à-vis de ses héritiers.

Par la mort du domestique, car on ne peut jamais louer que ses services, et non ceux de ses enfants.

393. — Lorsqu'une contestation s'élève au sujet des engagements respectifs du maître et de l'ouvrier ou domestique, la demande doit être portée devant le juge de paix. Jusqu'à la valeur de cent francs, le jugement est rendu en dernier ressort. Au-dessus de cette somme, l'appel doit être porté devant le tribunal d'arrondissement (loi du 25 mai 1838, article 5, n° 3).

394. — Toutes les règles que nous venons d'exposer seraient applicables au contrat qui serait passé avec un régisseur, sauf les deux différences suivantes :

1° Le régisseur ne pourrait pas invoquer, pour le recouvrement de ce qui lui serait dû, le privilège de l'article 2102, qui n'appartient qu'aux gens de service;

2° Les contestations qui pourraient s'élever entre le maître et lui ne pourraient pas être portées devant le juge de paix, qui n'est compétent que pour statuer sur les engagements des gens de travail et des domestiques ou gens de service.

CHAPITRE II.

DU CONTRAT DE TRANSPORT (1).

395. — Le contrat de transport est une des formes du louage d'ouvrage. C'est le contrat par lequel une personne s'engage, moyennant un certain prix, à transporter en un lieu déterminé une personne ou une chose.

Celui qui s'engage à effectuer le transport s'appelle voiturier. On peut entreprendre accidentellement un transport. On peut aussi en faire sa profession habituelle. Dans le premier cas, le contrat est purement civil; dans le second cas, le contrat est commercial, au moins à l'égard du voiturier, car la loi répute acte de commerce toute entreprise de transport par terre ou par eau (article 632 du Code de commerce).

Nous avons à nous demander : 1° Comment se forme le contrat de transport et comment il se prouve; 2° quelles sont les obligations du voiturier; 3° quelles sont les obligations du voyageur ou de l'expéditeur de la marchandise.

(1) Articles 1782 à 1787 du Code civil et 103 à 109 du Code de commerce.

I. — *Comment se forme et comment se prouve le contrat de transport?*

396.— Le contrat de transport exige, outre le consentement, la remise de la marchandise. C'est un contrat réel, en ce sens que les obligations du voiturier ne pourront naître qu'après qu'il aura reçu livraison de l'objet à transporter. Cette livraison doit être faite, soit au voiturier lui-même, soit aux personnes qu'il a préposées à cet effet. Une compagnie de chemin de fer, par exemple, ne serait pas obligée par la remise de la marchandise à un employé autre que celui qui est spécialement chargé de ce service.

Il n'est pas absolument nécessaire qu'il intervienne une convention expresse. Une voiture de messagerie traverse la localité que j'habite; je jette dans cette voiture un colis à destination de la ville voisine : le contrat se sera formé tacitement.

397. — Comment peut-il être prouvé?

Lorsque le transport est fait par une compagnie de chemin de fer, la preuve du contrat est facile. Au moment de la remise de l'objet à transporter, il intervient entre l'expéditeur et le voiturier un échange de pièces destinées à constater le contrat : l'expéditeur signe une déclaration dans laquelle il indique son nom, son adresse, le nombre, la nature et le poids des colis à transporter, etc.; la compagnie lui délivre un récépissé qui énonce la nature et le poids des colis, le prix total du transport, et le délai dans lequel ce transport doit être effectué. La déclaration que doit faire l'expéditeur est exigée par les tarifs généraux, dont nous parlerons plus loin, et le récépissé que doit donner la compagnie est exigé par l'article 49 du cahier des charges.

Mais le contrat peut avoir été passé avec un messager,

ou même avec une personne ne faisant pas des transports sa profession habituelle. Pendant le siège de Paris,
il est intervenu des contrats de transport par ballons.
Dans ce cas, lorsque le voiturier n'a pas délivré de récépissé, on distingue. Si ce voiturier est un commerçant,
la preuve testimoniale sera admise contre lui, conformément à la règle générale de l'article 109 du Code de
commerce. S'il n'est pas un commerçant, la preuve testimoniale sera admise jusqu'à concurrence de 150 francs
seulement; au-dessus de cette somme, l'expéditeur en
sera réduit à provoquer l'aveu de son adversaire ou à lui
déférer le serment (Douai, 17 mars 1847).

Lorsque le voiturier est un entrepreneur de voitures
publiques par terre ou par eau, ou de roulages publics,
les juges peuvent trouver en outre la preuve de l'existence du contrat sur le registre que ces entrepreneurs
doivent tenir et sur lequel ils sont tenus d'inscrire les
objets dont le transport leur est confié (article 1785). Il
va de soi que l'expéditeur conserve toujours, lorsque le
voiturier néglige de faire cette inscription, le droit de
prouver autrement la remise des marchandises (Grenoble, 29 août 1833; Alger, 16 décembre 1846) : il serait
sans cela trop facile au voiturier de se soustraire à l'accomplissement de ses obligations.

II. — *Quelles sont les obligations du voiturier?*

398. — Le voiturier doit remettre la marchandise à
destination dans le délai convenu. Il est responsable de
la perte de la chose, des avaries et du retard, à moins
qu'il n'établisse que cette perte, ces avaries, ce retard
ont été causés par la force majeure ou par le vice propre de la chose.

Qu'entend-on par force majeure et par vice propre de la chose?

La force majeure s'entend de tout événement que le voiturier ne pouvait empêcher, comme une inondation, une tempête, un vol à main armée. Le voiturier, dans ces différents cas, n'est pas responsable de la perte, à moins que ce ne soit par suite de sa négligence que la marchandise a été enlevée par les eaux d'inondation ou a péri dans la tempête. Si le danger de l'inondation avait été connu assez longtemps avant la perte de la marchandise pour que le voiturier eût le temps de mettre cette marchandise en sûreté (Cass., 6 janvier 1869); s'il avait substitué le transport par eau au transport par terre convenu avec l'expéditeur, ou le transport par bateau à voiles au transport par bateau à vapeur (Rennes, 19 mars 1850; Bordeaux, 9 avril 1869), le prix de la chose qui aurait ainsi péri pourrait lui être réclamé. Le voiturier est responsable du vol simple, car il est le gardien de la chose qui lui a été remise, mais il ne le serait pas dans le cas de vol à main armée. La jurisprudence considère le vol à main armée comme un fait de force majeure exonérant le voiturier de toute responsabilité (Paris, 9 août 1853 et 15 janvier 1862; Cass., 4 mars 1863).

A la force majeure, l'article 103 du Code de commerce assimile le vice propre de la chose. Si la marchandise était d'une fragilité exceptionnelle, et son emballage défectueux, le voiturier ne serait pas responsable. Il en serait de même dans le cas où des fûts contenant des liquides se desserreraient en route (Cass., 17 mai 1882; 22 avril 1885).

Le voiturier doit prouver le cas fortuit qu'il allègue. Il ne lui suffirait pas d'établir qu'il a apporté à la conservation de la chose les soins d'un bon père de famille. Mais, la preuve du cas fortuit une fois faite, c'est à l'expéditeur d'établir que ce cas fortuit a été précédé d'une faute du voiturier sans laquelle il n'aurait pas eu d'effet fâcheux. Si la marchandise a été enlevée par l'ennemi, et si l'expéditeur prétend que la perte n'est arrivée que parce que la compagnie s'était mise en retard, ce sera à lui d'établir ce retard.

399. — On voit que la responsabilité des voituriers est assez lourde : aussi ont-ils cherché souvent à l'alléger.

Dans ce but, certains d'entre eux ont eu autrefois recours à des annonces, à des prospectus ou affiches dans lesquels ils déclaraient ne se charger d'aucune responsabilité quant aux objets dont le transport leur serait confié. La jurisprudence a toujours considéré comme nul l'effet de ces prospectus ou affiches (Cass., 21 janvier 1807 ; Alger, 16 décembre 1846 ; Paris, 14 août 1847).

Les compagnies de chemins de fer, qui venaient de se créer au moment même où la jurisprudence se fixait définitivement en ce sens, imaginèrent alors de limiter leur responsabilité en insérant, dans les billets remis aux voyageurs et dans les récépissés délivrés aux expéditeurs, une clause portant qu'en cas de perte, elles ne seraient tenues que jusqu'à concurrence d'une certaine somme, cent cinquante francs en général. Cette seconde prétention n'eut pas plus de succès que la première. On fit valoir avec raison que l'insertion d'une pareille clause n'équivalait pas à un contrat, qu'elle ne constituait qu'une déclaration unilatérale, et qu'en présence de voituriers investis d'un monopole, les voyageurs qui s'étaient vus contraints de recevoir les bulletins que les compagnies leur imposaient n'avaient perdu aucun de leurs droits (Douai, 17 mars 1847 ; Paris, 14 août 1847 ; Tours, 23 novembre 1847). Les compagnies eurent alors recours à une dernière combinaison. Elles obtinrent du Gouvernement l'insertion, dans leurs *tarifs spéciaux,* d'une clause portant qu'en cas de perte elles ne seraient pas responsables. Nous expliquerons un peu plus loin ce que c'est qu'un tarif spécial : il nous suffit d'indiquer pour le moment que ces tarifs, n'étant jamais applicables que lorsqu'ils ont été réclamés par l'expéditeur, ont toujours un caractère contractuel, en sorte que les compagnies pouvaient tenir le langage suivant : « Nous avons établi pour le transport des marchandises des tarifs spéciaux, moins élevés que les tarifs ordinaires, et, en échange des avantages que ces tarifs procurent au public, nous avons stipulé qu'en cas de perte de l'objet transporté nous ne serions tenues d'aucune indemnité. Une telle convention est permise. Si les expéditeurs entendent conserver tous leurs droits en cas de perte ou d'avarie, qu'ils ne demandent pas l'application des tarifs spéciaux ; s'ils la demandent au contraire, qu'ils se soumettent à la loi du contrat. » La jurisprudence a néanmoins repoussé sur ce point encore les prétentions des compagnies. La Cour de cassation a toujours considéré comme nulle une pareille convention. La responsabilité du voiturier en cas de faute lui a paru être de l'essence même du contrat de transport. Si le voiturier pouvait, sans être tenu d'aucune indemnité, laisser se perdre ou s'avarier les marchandises qu'on lui confie, l'ordre public en recevrait une atteinte réelle. La Cour suprême a opposé aux voituriers l'article 6 du Code civil d'après lequel on ne peut déroger par des conventions particulières aux lois qui intéressent l'ordre public et les bonnes mœurs.

La clause de non responsabilité, lorsqu'elle est insérée dans un tarif spécial, produit cependant un effet important : elle déplace le fardeau de la preuve. Nous avons vu qu'en principe le voiturier est responsable de toute perte, de toute avarie, de tout retard, à moins qu'il ne prouve que cette perte, cette avarie, ce retard ont été

causés soit par la force majeure, soit par le vice propre
de la chose. Lorsqu'il existe une clause de non garantie, c'est à l'expéditeur de prouver que la perte ou
l'avarie provient d'une faute commise par les agents de
la compagnie, soit dans le transport, soit dans les manipulations que subit la marchandise. La Cour de cassation admet qu'on peut établir cette faute, non seulement
en prouvant directement qu'à tel jour, à telle date, une
maladresse ou une imprudence a été commise, mais
encore en justifiant que les marchandises étaient, par leur
nature ou grâce à leur emballage, en état de résister aux
diverses manipulations et à la fatigue du transport, si
celui-ci avait été opéré dans des conditions convenables.
Il existe en ce sens un très grand nombre d'arrêts. (Cass.,
10 juin, 7 juillet et 26 août 1884; 4 février 1885).

400. — Nous venons de voir dans quels cas le voiturier est responsable. Recherchons maintenant quelle
est l'étendue de sa responsabilité.

Le voiturier est tenu, en principe, de restituer la valeur des objets perdus ou avariés, ainsi que d'indemniser l'expéditeur du dommage que lui a fait éprouver le
retard. Cette règle, toutefois, n'est pas absolue.

Il peut se faire que l'indemnité à la charge de la compagnie soit inférieure à la valeur de l'objet perdu : c'est
ce qui se produit toutes les fois que, pour obtenir l'application d'un tarif moins élevé, l'expéditeur déclare sa
marchandise sous une qualification fausse. Celui qui
expédie des graines fourragères sous la qualification
de pois, parce que le tarif applicable aux pois est plus
favorable que celui des graines fourragères, n'aura
droit qu'au remboursement de la valeur des pois qu'il
a déclarés. S'il éprouve une perte de ce fait, il ne devra s'en prendre qu'à lui-même : quant au voiturier, il
est juste qu'il ne supporte d'autres risques que ceux assu-

més par lui lors du contrat (Bordeaux, 26 février 1872).

Il peut arriver au contraire que l'indemnité due par la compagnie excède la valeur des objets perdus, avariés ou simplement livrés en retard. C'est ainsi qu'il a été jugé que la perte d'une caisse d'échantillons appartenant à un commis voyageur donne lieu, non seulement au remboursement de la valeur des échantillons perdus, mais encore à l'allocation d'une somme équivalente aux profits que le commis voyageur aurait pu réaliser par la vente de ses produits jusqu'au moment où il pourra se pourvoir d'une nouvelle caisse semblable à la première (Cass., 22 novembre 1871). La perte d'engrais ou de semences, survenue au moment des labours ou des semailles, pourrait également donner lieu à l'allocation d'une indemnité supérieure à la valeur des objets perdus.

401. — Pendant combien de temps le voiturier est-il responsable du préjudice qu'il a causé? Quelle est la durée de l'action qui peut être intentée contre lui?

Il est nécessaire de distinguer. Si le voiturier n'est pas commerçant, s'il ne fait pas des transports sa profession habituelle, il pourra être poursuivi pendant trente ans.

S'il est commerçant, il sera protégé contre l'expéditeur par un certain nombre de dispositions extrêmement favorables du Code de commerce.

D'après l'article 105 de ce Code, toute action contre le voiturier, fondée sur des avaries ou sur la perte partielle, est éteinte par la réception sans réserves de la marchandise et le paiement du prix, si, dans les trois jours qui suivent la réception et le paiement, le destinataire n'a pas notifié au voiturier, par ministère d'huissier ou par lettre recommandée, sa protestation motivée. Peu importe que la marchandise ait été reçue et le prix payé par le destinataire lui-même, ou seulement par son mandataire : lorsqu'un camionneur, par exemple, a été chargé par le destinataire de prendre livraison d'une marchandise, la livraison opérée entre ses mains produit les mêmes effets que si elle avait eu lieu entre les mains du destinataire qui lui en a donné l'ordre (Cass., 24 août 1881 ; 8 décembre 1885).

En second lieu, les actions qui peuvent être intentées pour avaries, pertes ou retards, contre le voiturier commerçant, sont soumises à une prescription très courte. D'après l'article 108 du Code de commerce ces actions sont prescrites par un an, sauf le cas de fraude ou d'infidélité. Ce délai court, en cas de perte, du jour où le transport aurait dû être effectué, et, en cas d'avarie, du jour où la remise des marchandises a été faite.

Quant aux autres actions auxquelles le contrat de transport peut donner lieu, elles sont prescrites dans le délai de cinq ans.

On s'est demandé si les articles 105 et 108 du Code de commerce pouvaient être invoqués par le voiturier contre l'expéditeur, lors même que ce dernier n'est pas commerçant. La Cour de cassation, dans un arrêt malheureusement un peu ancien, rendu le 4 juillet 1816, a décidé que l'article 108 était inapplicable dans les rapports d'un voiturier commerçant avec un expéditeur non commerçant. Dans ce système, l'agriculteur qui expédie les produits de son exploitation aurait trente ans pour réclamer les indemnités qui pourraient lui être dues. On se fonde, dans cette opinion, sur le mot *marchandises* qui se trouve dans l'article 108 et qui ne peut s'appliquer qu'aux objets appartenant à un commerçant.

La Cour de Rennes, au contraire, dans un arrêt plus récent (25 mars 1852) a décidé que les articles 105 et 108 du Code de commerce pouvaient être invoqués par le voiturier commerçant à l'encontre de l'expéditeur non commerçant. On fait remarquer que le mot marchandises, dans l'article 108, a un sens général, et qu'il est synonyme du mot *objets transportés* qui se trouve dans l'article 105. On ajoute que ces deux articles ont eu pour but de faciliter l'industrie des entrepreneurs de transport et que le but ne serait pas atteint si la moitié au moins des transports était affranchie de la règle qu'ont édictée les auteurs du Code de commerce (1). C'est cette opinion qui nous paraît devoir triompher.

III. — *Quelles sont les obligations de l'expéditeur?*

402. — L'expéditeur doit payer le prix de transport, ainsi que les dépenses accessoires; comme les droits de douane ou d'octroi qui ont été acquittés pour son compte, les frais de nourriture des animaux, etc. Le paiement du prix et le remboursement des dépenses accessoires sont garantis par un privilège qui repose à la fois, comme nous le verrons bientôt, sur une idée de gage, et sur la plus-value que le transport a donnée à la marchandise (article 2102, § 6). Souvent l'expéditeur charge le destinataire de payer en son lieu et place le prix et les frais accessoires : c'est ce qui arrive toutes les fois que l'objet est expédié en port dû. Dans ce cas, si le destinataire refuse le paiement, le voiturier peut, de son côté, refuser la livraison.

403. — Le prix de transport est fixé par le contrat. Tantôt il est librement débattu entre les parties. Tantôt au contraire il est fixé d'une manière invariable : c'est ce qui arrive quand le voiturier est une compagnie de chemins de fer. Le prix est alors fixé par le tarif, qui est le même pour tout le monde. S'il était permis aux compagnies, qui sont investies d'un monopole et auxquelles

(1) Voir le *Traité du louage* de M. Guillouard, t. II, p. 292.

on ne peut se dispenser d'avoir recours pour les transports par voie ferrée, d'accorder aux uns des faveurs et de les refuser aux autres, elles dispenseraient souverainement autour d'elles la fortune ou la ruine. Aussi l'égalité est-elle une règle absolue en matière de transports par chemins de fer (articles 14 de la loi du 15 juillet 1845 et 53 du cahier des charges).

404. — Peu de questions ont été débattues aussi vivement que les questions de tarifs, soit dans le monde du commerce, soit dans le monde agricole; peu de questions méritent autant de l'être. Les tarifs de chemins de fer mettent en jeu une foule d'intérêts souvent contradictoires. Si la compagnie du Nord abaisse ses tarifs de houille et d'engrais de Lille à Paris, les bateliers qui exercent leur industrie sur les canaux du Nord, de l'Aisne et de l'Oise, se plaindront de la concurrence; si elle les élève, ce sera le commerce qui fera entendre ses doléances. Si la même compagnie abaisse les tarifs applicables à telle de ses lignes qui longe le littoral, les propriétaires des bateaux qui font le cabotage entre les différents ports de ce même littoral réclameront le relèvement des taxes. Lorsque les compagnies sont appelées à modifier leurs tarifs d'importation, elles se trouvent placées entre les revendications du producteur français, qui a intérêt à ce que ces tarifs soient aussi élevés que possible afin de décourager les importateurs, et les réclamations des consommateurs, qui sollicitent leur abaissement. Les tarifs de transit affectent également l'intérêt des grands ports maritimes qui aspirent à attirer vers eux les grands courants de circulation. De là des prétentions impossibles à satisfaire en même temps. La loi a tenu compte de ces difficultés dans la mesure où elle le pouvait.

Elle s'est efforcée de multiplier les garanties : les

tarifs de chemins de fer ne peuvent être établis ou modifiés qu'après une procédure longue et minutieuse, que nous indiquerons dans un instant.

405. — Les tarifs de chemins de fer comprennent deux éléments distincts. Les compagnies, en effet, ne se bornent pas à effectuer le transport des marchandises qu'on leur confie; ce sont elles qui, en général, exécutent, et ce sont toujours elles qui entretiennent les voies ferrées sur lesquelles s'effectue ce transport. Le tarif a donc une double destination : il doit tenir compte aux compagnies, d'une part des dépenses qu'elles ont déjà faites et de celles qu'elles effectuent chaque jour pour l'exécution ou l'entretien des travaux, d'autre part des dépenses que nécessite le transport proprement dit. En d'autres termes, le tarif doit comprendre à la fois le péage et le transport. Lors de la concession de tout chemin de fer, le législateur fixe dans le cahier des charges les tarifs que la compagnie concessionnaire est autorisée à percevoir. Ces tarifs, qu'on appelle tarifs *légaux ou maxima*, comportent un certain nombre de divisions, suivant la nature des objets transportés; mais, dans la pratique, ils ne sont pas appliqués. Les compagnies ont renoncé, autant dans leur propre intérêt que dans l'intérêt des expéditeurs, à appliquer les tarifs maxima, pour faire usage de tarifs moins élevés, qu'on appelle *tarifs d'application*.

406. — Les tarifs d'application se divisent en deux grandes catégories, les tarifs *généraux* et les tarifs *spéciaux*.

Quelques mots sur chacun d'eux.

Les tarifs *généraux d'application* sont ceux qui concernent les transports effectués par les compagnies dans les conditions de responsabilité et de délai qui leur incombent. Il y a des tarifs généraux de *grande vitesse*

et des tarifs généraux de *petite vitesse*. La marchandise
remise pour être transportée par la *grande vitesse* doit
être expédiée par le premier train de voyageurs de toutes
classes qui passe trois heures au moins après son dépôt, et être remise au destinataire dans les deux heures
qui suivent l'arrivée. La marchandise remise pour être
transportée en *petite vitesse* doit être expédiée le lendemain du dépôt, voyager à raison de cent vingt-cinq kilomètres par jour et être remise le lendemain de l'arrivée.
En 1866, on avait organisé, sur les lignes principales,
une vitesse intermédiaire, appelée moyenne vitesse : la
marchandise devait voyager à raison de deux cents kilomètres par jour. L'essai n'a pas réussi, et il n'y a plus
aujourd'hui que des tarifs de *grande* ou de *petite vitesse*.

407. — D'après quelles bases ces tarifs sont-ils établis?
Ces tarifs sont proportionnels à la distance parcourue,
mais cette proportionnalité est loin d'être absolue.
Bon nombre de tarifs ne s'élèvent pas autant que la
distance augmente. En effet, le prix de revient du transport proprement dit, qui constitue l'un des deux éléments du tarif, n'est pas exactement proportionnel au
parcours de la marchandise. Quelle que soit la distance,
les frais de chargement, de déchargement et de manu-
tention des marchandises, qui représentent dans les dépenses auxquelles donne lieu le transport une somme
plus forte que les frais de traction (1), sont toujours invariables. Il en résulte forcément que le prix de revient
d'une marchandise transportée à une grande distance
est proportionnellement inférieur à celui d'une marchandise transportée à une distance moindre. On conçoit, dans ces conditions, que le gouvernement ait autorisé les compagnies à consentir des réductions

(1) Les frais de chargement et autres sont en moyenne de 60 o/o et les
frais de traction de 40 o/o seulement.

pour les grands parcours. On a donné à ces tarifs le nom de *différentiels*. Ils ont eu pour effet de produire, à l'avantage des compagnies et du public, de grands courants de circulation, et notamment d'augmenter dans une mesure considérable le rayon d'approvisionnement des grandes villes. Le marché de Paris consomme journellement des denrées provenant de toutes les parties de la France et même de l'Algérie : avant les chemins de fer, son rayon d'approvisionnement n'était que d'une cinquantaine de kilomètres.

408. — Les *tarifs généraux d'application* sont infiniment plus nombreux que les tarifs *légaux* ou *maxima*. Ces derniers ne comprenaient que soixante-dix catégories de marchandises. Il y a plus de dix-huit cents *tarifs généraux d'application*.

Il en est, parmi ces derniers, qui sont établis en vue de favoriser l'entrée en France de certaines marchandises étrangères : comme ils peuvent avoir pour effet de diminuer la protection que notre système douanier assure aux produits français dans l'intérieur du pays, il importe de ne les établir que dans une mesure prudente. On les appelle *tarifs d'importation* ou de pénétration. D'autres ont reçu le nom de *tarifs d'exportation :* ce sont ceux qui tendent à favoriser l'exportation des produits français au moyen de tarifs réduits.

Il en est qui ont pour but d'attirer vers nos ports de commerce et vers nos lignes ferrées les marchandises qui viennent de l'étranger et qui voyagent à destination de l'étranger : on les appelle *tarifs de transit.*

Il y a enfin des tarifs qui sont combinés pour certaines marchandises entre deux ou plusieurs compagnies et qu'on appelle *tarifs communs.*

409. — Qu'entend-on par tarifs *spéciaux ?*

Les tarifs spéciaux sont des tarifs qui comportent certaines réductions de prix et qui sont offerts par les compagnies moyennant des conditions déterminées. On leur a fort justement donné le nom de tarifs *conventionnels,* car ils ne sont jamais applicables qu'autant que l'expéditeur les a réclamés, en déclarant se soumettre aux conditions qu'ils comportent. Les conditions les plus usitées sont les suivantes : 1° l'expéditeur fournira le chargement d'un wagon complet ; 2° les délais de livraison pourront être dépassés sans que la compagnie soit tenue d'aucune indemnité ; 3° le chargement et le déchargement seront faits par les expéditeurs et les destinataires eux-mêmes. Quelquefois aussi, les compagnies stipulent qu'elles ne seront pas responsables : nous savons quel peut être l'effet d'une pareille clause.

410. — Comment sont établis ces différents tarifs ?

C'est aux compagnies seules qu'il appartient de provoquer l'établissement de nouveaux tarifs. Elles jouissent en cette matière d'un droit absolu d'initiative, et si elles avaient entendu s'en tenir aux tarifs légaux ou maxima qui ont été fixés par leur cahier des charges, l'administration n'aurait pu triompher de leurs résistances.

Mais l'homologation des tarifs proposés par les compagnies appartient au ministre des Travaux publics. La décision ministérielle qui les approuve, ou qui refuse de les approuver, n'intervient qu'après un avis des préfets des départements intéressés, des ingénieurs chargés du contrôle des compagnies au nom de l'État, des chambres de commerce, et du Comité consultatif des chemins de fer. Ce comité, qui siège au ministère des Travaux publics, a été réorganisé récemment par un décret en date du 19 décembre 1889.

Lorsqu'une réduction de tarif a été homologuée, elle est applicable pour un an au moins. Si la compagnie

qui l'a proposée change d'avis et sollicite le relèvement
de la taxe, ce relèvement ne pourra avoir lieu que
l'année suivante. Le commerce, en effet, a besoin de
fixité : un relèvement brusque des tarifs sur la foi desquels de grandes opérations commerciales ont pu être
entreprises serait de nature à causer bien des ruines. Il
n'en est autrement que pour les tarifs de transit, dont le
relèvement n'est assujetti à aucun délai, et pour les
tarifs d'exportation, qui peuvent être relevés au bout de
trois mois.

Les expéditeurs sont tenus envers les compagnies du
paiement des frais accessoires, tels que ceux d'enregistrement, de chargement, de déchargement, de magasi-
nage, etc. Ces frais sont fixés annuellement par l'administration sur la proposition de la compagnie.

Enfin, lorsque le destinataire, au lieu de prendre livraison de la marchandise, a recours au camionnage, il
est tenu de payer une taxe supplémentaire, fixée également par l'administration.

SECTION CINQUIÈME.

Du contrat de société (1).

411. — Le contrat de société est l'un de ceux auxquels l'humanité doit le plus de reconnaissance. Il y a déjà plusieurs siècles, La Fontaine, dans sa fable intitulée : *l'Aveugle et le Paralytique*, a démontré d'une façon touchante comment, en s'entr'aidant, on pouvait remédier aux infirmités de la nature. Il était réservé à notre siècle de montrer quelles merveilles l'association des efforts et des capitaux peut produire. C'est au moyen de l'association que les chemins de fer ont été établis, que l'isthme de Suez a été percé, que se sont constituées ces puissantes compagnies de construction ou de navigation qui portent le renom français à tous les points du globe. Ce que la fortune d'un seul, si considérable qu'elle fût, aurait été impuissante à réaliser, l'épargne de tout le monde a permis de l'accomplir.

Dans le monde agricole, l'utilité de l'association, pendant longtemps, n'a pas été comprise. On formait bien des sociétés de chasse ; on mettait bien en commun

(1) Art. 1832 à 1874 du Code civil.

certains pâturages ou certains bois pour faciliter la
surveillance des pâtres ou des bergers, mais chacun
n'en continuait pas moins à diriger seul son exploitation et à préparer seul ses produits. C'est dans nos régions
montagneuses, comme le Jura, les Alpes, que se sont
constituées, sous le nom de sociétés fruitières ou laitières,
les premières associations agricoles de quelque importance. Elles se sont formées pour ainsi dire sous l'empire de la nécessité, et par suite des conditions mêmes
dans lesquelles se trouve placée l'industrie laitière.
Dans les localités éloignées des grands centres de consommation, il n'est possible de tirer du lait un parti
avantageux qu'en le transformant en beurre et en fromages. Or, pour faire certains fromages, comme le
gruyère par exemple, de grandes quantités de lait sont
nécessaires : il ne faut pas moins de 300 litres pour chacun d'eux. Peu de propriétaires, surtout dans les hautes
montagnes, possèdent des troupeaux assez nombreux
pour produire en un ou deux jours cette quantité de
lait : les intéressés se sont alors groupés pour recueillir
la quantité de lait nécessaire. Une pétition adressée à la
Chambre des députés par un certain nombre de froma-
gers francs-comtois, et renvoyée par la Chambre aux ministres compétents, en 1887, nous fait connaître les
conditions dans lesquelles opèrent ces associations. Les
laitiers d'une même commune se réunissent en une
société qui prend le nom de fruitière (du mot fruit qui
désigne ordinairement le produit annuel des vaches dans
les pays de montagnes). Autrefois, chaque participant
était tenu, à tour de rôle, de fabriquer chez lui un fromage, en se servant du lait que lui apportaient ses co-
associés. Ce fromage restait sa propriété personnelle,
sauf à rendre compte des quantités de lait qui lui
avaient été remises. Chaque participant avait ainsi, avec

chacun de ses associés, un compte-courant : on établissait le *doit* et *avoir* de tous au moyen de *tailles* semblables à celles que les boulangers des campagnes emploient encore. Chaque sociétaire possédait autant de
tailles qu'il avait d'associés, et devait y mentionner
toutes les livraisons faites ou reçues. Mais la fabrication
du fromage exige beaucoup de soins et d'aptitude, et tous
les associés ne possèdaient pas les qualités nécessaires; à
ce point de vue, l'ancien système d'association laissait à
désirer. D'autre part, il fallait presque chaque jour
transporter le matériel d'un sociétaire chez l'autre et
procéder à une installation nouvelle. Aussi, depuis
quelques années, un autre système d'association, d'origine suisse, a-t-il prévalu. Aujourd'hui, le fromage
se fait le plus souvent dans un bâtiment spécial, qui
a reçu également le nom de fruitière. Ce bâtiment
appartient, soit à la société, soit à la commune.
Les sociétaires apportent leur lait à un fromager qui
travaille pour leur compte. Les fromages ne sont plus
la propriété individuelle de chaque participant : ils
appartiennent à l'association qui, deux fois par an, vend
aux négociants la masse des fromages confectionnés.
La comptabilité est écrite : les livraisons s'inscrivent
sur des registres personnels. Quant à la direction de la
société, elle appartient aux intéressés eux-mêmes. Ceux-
ci nomment une commission qui administre l'établissement, surveille les opérations, vend les produits et partage les bénéfices.

La plupart de ces associations prospèrent. Leurs
membres y trouvent en effet pour leurs produits des
débouchés chaque jour plus importants. La manipula-
tion en commun produit une économie considérable de
temps et de travail. La grande quantité de lait versée
tous les jours à la fruitière permet de n'employer à la

confection du beurre que de la crème fraîche, alors que
dans les petits ménages on ne fabrique le beurre que
tous les huit ou quinze jours. La fabrication du fromage en grandes masses assure sa conservation. Sa confection par un ouvrier habile dans des locaux spécialement appropriés et par des méthodes perfectionnées, lui
donne une qualité supérieure. De telle sorte que les
fruitières, ainsi que l'a fait remarquer fort justement
M. Briot, inspecteur des forêts, dans son étude sur l'é-
conomie pastorale des Hautes-Alpes (1), font jouir la
petite culture des avantages de la grande propriété.
Nées pour ainsi dire au commencement de ce siècle, les
fromageries coopératives donnent à chacun des deux
départements du Doubs et du Jura un revenu de plus de
8 millions. Leur nombre, dans les Hautes-Alpes, est de
55, bien qu'il y a trente ans cette institution fût totalement inconnue dans le département. Ce nombre ne
fera certainement que s'accroître encore : depuis une
quinzaine d'années, l'administration forestière, heureuse
de constater que la création de fruitières avait pour effet,
non seulement d'augmenter la valeur des pâturages,
mais encore d'assurer la consolidation du sol, par la
substitution des vaches aux moutons et aux chèvres, a
pris l'habitude d'allouer à ces associations des subventions en nature ou en argent; et l'article 5 de la loi
du 4 avril 1882 a autorisé expressément cette pratique
pour l'avenir.

Les sociétés fruitières ou laitières se sont considérablement répandues aux États-Unis depuis 1850, et en
Angleterre depuis 1870. Il s'en est fondé récemment
dans le Milanais et dans le Danemark.

412. — Les sociétés fruitières ne sont pas, avec les

(1) *Revue des Eaux et Forêts*, de novembre 1880 à mars 1881.

sociétés de chasse et celles qui se forment en vue du
pâturage, les seules qui puissent se constituer entre
agriculteurs. Il s'est formé des sociétés d'assurances
mutuelles, peu nombreuses, il est vrai, et surtout peu
prospères, contre la grêle ou la mortalité du bétail. Sous
l'influence du syndicat agricole de l'arrondissement de
Poligny, une société de crédit mutuel vient de s'établir
dans cette ville, et cet excellent exemple ne pourra
manquer d'être suivi. Enfin, l'association peut avoir pour
but l'exploitation même d'un fonds rural. Autrefois, ces
sociétés étaient des plus fréquentes : avant 1789, dans
plusieurs coutumes, il suffisait que certaines personnes
eussent vécu ensemble, *à pot commun*, pendant l'an et
jour, pour qu'il se formât entre elles une communauté
universelle tacite, ce qu'on appelait alors une société
taisible. Le Code civil n'a pas reconnu les sociétés de ce
genre. Mais il arrive quelquefois, et le fait se produit à la
campagne plus souvent encore que partout ailleurs, qu'à
la mort du père les enfants continuent de vivre côte à
côte, se livrant aux mêmes travaux, mettant en commun
tout ce qu'ils possèdent, jusqu'au moment où l'un d'eux
se marie. Parfois même l'association continue, et nous
connaissons dans le département du Nord une ferme qui,
depuis trente-cinq ans, est exploitée en commun par les
deux frères : l'un d'eux s'est marié et a eu plusieurs enfants; l'autre est resté célibataire, mais n'a pas quitté la
maison. Il s'est ainsi formé entre ces deux frères, non
pas de plein droit et par le seul fait de la cohabitation,
comme sous l'ancien régime, mais par l'effet de leur
volonté et de leur consentement réciproque, un véritable
contrat de société, soumis aux règles que nous allons
maintenant faire connaître.

413. — Ces règles se réfèrent aux quatre points
suivants : 1° En quoi consiste exactement le contrat

de société? 2° Quelle est la situation des associés entre
eux? 3° Quelle est leur situation par rapport aux tiers?
4° Comment finit la société?

I. — *En quoi consiste le contrat de société?*

414. — La société, nous dit l'article 1832, est un contrat par lequel deux ou plusieurs personnes conviennent
de mettre quelque chose en commun dans le but de
partager le bénéfice qui pourra en résulter.

Chaque associé est tenu de fournir une mise ou apport. Cette mise peut comprendre tous ses biens, ou
une partie seulement de ses biens, ou son industrie
personnelle. A ce point de vue, les sociétés peuvent se
diviser en sociétés universelles et en sociétés particulières.

La loi permet aux associés de mettre en commun tous
leurs biens présents, meubles ou immeubles, et même
ceux qu'ils pourraient acquérir par la suite, à l'exception toutefois de ceux qui viendraient à leur échoir par
donation ou par succession, car de pareilles mises
seraient trop incertaines pour que les parties puissent
en faire l'objet d'un contrat sérieux. La société, dans
ce cas, est universelle; la loi l'appelle une société de
tous biens présents, mais cette dénomination est
inexacte, puisque cette société, ainsi que nous l'avons
vu, peut comprendre des biens à venir.

Les associés peuvent aussi mettre en commun, indépendamment de leur industrie, tous les meubles qu'ils
possèdent, ainsi que la jouissance de leurs immeubles :
l'association prend alors le nom de société universelle
de gains.

415. — Pour former valablement une société uni-

verselle, il faut que les contractants soient respective
ment capables de se donner l'un à l'autre et de recevoir
l'un de l'autre; autrement, ces sortes de conventions
offriraient un moyen trop facile d'éluder les dispositions
de lois qui prohibent les donations à certaines personnes. Serait donc nulle la société universelle contractée entre un médecin et son malade, entre un père
et son fils adultérin, etc.

Lorsque plusieurs personnes mettent en commun,
non plus l'ensemble de leurs biens, mais la propriété,
la jouissance ou l'usage d'objets individuellement déterminés, ou lorsqu'elles se réunissent, soit pour une
entreprise déterminée, soit pour l'exercice de quelque
industrie ou de quelque profession, la société prend
le nom de société particulière.

Dans aucun cas, la société ne doit nécessairement
être rédigée par écrit. Elle se forme par le seul consentement des parties contractantes, et lorsque son existence est contestée, la preuve peut en être faite par les
modes ordinaires. C'est ce qui résulte de l'article 1834,
tel qu'il a été interprété par la doctrine et la jurisprudence (Cass., 19 juillet 1852).

La société, sauf lorsqu'elle se forme en vue d'actes
de commerce, n'est pas une personne morale, ayant
une existence propre et distincte de celle des associés.
Il en résulte que ces derniers sont co-propriétaires des
objets composant le fonds commun, et qu'il n'y a pas, à
proprement parler, de fonds social. D'autre part, les associés doivent figurer en nom propre et individuel dans
les procès qui s'élèvent relativement aux affaires sociales, et le gérant ou administrateur n'a pas, de plein
droit, qualité pour les représenter; dans la société civile,
il n'y a donc pas de raison sociale (Cass., 21 juillet
1854). Ce n'est qu'exceptionnellement que la loi a re-

connu à certaines sociétés civiles, parmi lesquelles nous citerons les sociétés minières, le caractère de personnes morales.

II. — *Droits et obligations des associés entre eux.*

416. — Chaque associé a droit à une part des bénéfices réalisés. Cette part est le plus souvent déterminée par l'acte de société lui-même : à défaut de stipulations particulières, elle est proportionnelle à la mise de chacun. A l'égard de celui qui n'a apporté que son industrie, la part dans les bénéfices est réglée comme si sa mise eût été égale à celle de l'associé qui a le moins apporté (article 1853). Le loi ne limite d'ailleurs la liberté des conventions que sur un point : elle exige que tous les associés aient une certaine part dans les bénéfices et qu'ils ne travaillent pas uniquement pour autrui. La convention qui donnerait à l'un des associés la totalité des bénéfices serait nulle (article 1855, § 1er). Une telle société serait une société léonine.

Chaque associé a, en principe, le droit de prendre part à l'administration de la société. Ce que chacun fait, même sans avoir pris le consentement de ses co-associés, est valable à l'égard de ceux-ci, sauf la faculté qui leur appartient de s'opposer à l'opération avant qu'elle soit conclue. Mais l'exercice de ce droit comporte deux dérogations importantes. Il arrive le plus souvent qu'un des associés est chargé spécialement de l'administration : dans ce cas, il peut faire, nonobstant l'opposition des autres associés, tous les actes qui dépendent de l'administration, pourvu que ce soit sans fraude. Il lui appartiendra, par exemple, de louer des ouvriers, de vendre les produits de la ferme, d'acheter des engrais. Ce pouvoir d'administration, lorsqu'il a été conféré par une clause spéciale du contrat de société, ne peut être révoqué sans cause légitime, tant que la société dure; s'il n'a été donné que par acte postérieur au contrat de société, il est révocable à tout moment comme un simple mandat. D'autre part, l'un des associés ne peut faire d'innovations sur les immeubles dépendant de la société, même quand il les soutiendrait avantageuses à cette société, si les autres associés n'y consentent.

Les obligations des associés entre eux sont la contrepartie des droits que nous venons d'indiquer, et notamment du droit au partage des bénéfices. Ils sont tenus d'effectuer leur apport, et de contribuer aux pertes. La contribution aux pertes est soumise aux mêmes règles que le partage des bénéfices : c'est le plus souvent l'accord des parties qui la détermine; à défaut de stipulations spéciales, la part de chaque associé dans les pertes est proportionnelle à sa mise. La liberté des conventions est entière, sauf sur un point : l'article 1855, en même temps qu'il prohibe la convention qui attribuerait à l'un des associés la totalité des bénéfices, déclare nulle la stipulation qui affranchirait de toute contribution aux pertes l'apport d'un des associés.

III. — *Quelle est la situation des associés par rapport aux tiers?*

417. — A l'égard des tiers, les associés sont à considérer comme s'il n'existait entre eux aucun lien de société. Les engagements pris par l'un d'entre eux ne peuvent pas être opposés aux autres, même lorsqu'ils ont été pris au nom de la société. Il n'en serait autrement

que si le contrat avait été passé en vertu et dans les limites d'un pouvoir conféré tacitement ou expressément par les autres associés, ou si la chose avait tourné au profit de l'association. Encore chaque associé ne serait-il pas tenu, dans ce cas, de toute la dette, mais seulement d'une part virile, lors même que son apport serait plus considérable (articles 1862 à 1865).

IV. — Comment finit le contrat de société?

418. — La société finit d'une façon normale :

1º Par l'expiration du temps pour lequel elle a été formée ;

2º Par la consommation de l'affaire en vue de laquelle le contrat avait été passé.

Elle peut également finir :

1º Par la perte totale du fonds commun. Si, par exemple, un incendie dévore la fruitière dont nous avons parlé plus haut, avec tout ce qu'elle renferme, la société sera dissoute ;

2º Par la perte totale de l'apport d'un des associés, lorsque cet apport consiste dans la jouissance d'une chose. La raison en est que l'associé, en s'engageant à mettre en commun la jouissance d'une chose, promet une jouissance qui devra continuer pendant toute la durée de la société, et se trouve, du moment où cette chose vient à périr, dans l'impossibilité de remplir son engagement ;

3º Par la perte totale d'une chose formant, pour la propriété, l'apport de l'un des associés, lorsque cette perte se produit avant que les associés en aient acquis la co-propriété. La perte qui surviendrait postérieurement n'entraînerait pas la dissolution du contrat ;

4° Par la mort de l'un des associés. Le contrat de société exige, en effet, une confiance absolue entre les différents membres de l'association : c'est un contrat fait essentiellement en vue de la personne, et dans l'exécution duquel les héritiers ne représentent pas la personne du défunt. Toutefois la mort de l'un des associés ne résout pas toujours le contrat. D'abord, rien n'interdit aux parties de stipuler que la société continuera entre les survivants et les héritiers du défunt. De plus, il peut se faire, à raison des circonstances dans lesquelles le contrat s'est formé, qu'il soit manifeste que les parties ont voulu dans cette hypothèse maintenir le contrat : lorsque le nombre des associés est considérable, on admettra sans difficulté que la mort d'un des associés n'a pas été considérée par les parties contractantes comme devant entraîner la dissolution de la société. Un acte de prorogation ne sera donc pas nécessaire (Cass., 23 mars 1843);

5° Par l'interdiction, la faillite ou la déconfiture de l'un des associés, car, dans ce cas, il ne peut plus être à son égard question de confiance ;

6° Par la volonté qu'un ou plusieurs des associés expriment de n'être plus en société, lorsque la durée du contrat n'a pas été fixée. La loi n'a pas voulu qu'on pût être lié pour toute sa vie. Mais si la durée du contrat était limitée, ou si les parts sociales se composaient d'actions susceptibles d'être vendues (ce qui permet aux associés de se retirer lorsqu'ils le veulent), la dissolution de la société ne pourrait avoir lieu que du consentement de tous les associés, à moins de causes graves, dont l'appréciation serait laissée au juge.

Telles sont les règles applicables au contrat de société.

419. — Nous nous sommes abstenu de tout commentaire sur un genre d'association qui n'est autorisé que

depuis quelques années et qui a pris une extension considérable : nous voulons parler des syndicats agricoles.
Ces associations diffèrent des sociétés en un point essentiel : c'est qu'elles sont exclusives de toute idée de bénéfices. Nous en dirons quelques mots dans notre second
volume, lorsque nous étudierons les établissements d'u-
tilité publique, auxquels les syndicats agricoles se rattachent intimement.

SECTION SIXIÈME.

Des contrats de prêt (1).

420. — Il y a, nous dit l'article 1874, deux sortes de prêts : celui des choses dont on peut user sans les détruire et qui s'appelle prêt à usage ou commodat, et celui des choses qui se consomment par l'usage qu'on en fait. Ce dernier porte le nom de prêt de consommation ou simplement de prêt. Quelques mots sur chacun d'eux.

§ I. — Du prêt a usage (2).

421. — C'est le contrat par lequel l'une des parties livre une chose à l'autre pour s'en servir, à la charge par le preneur de la rendre après s'en être servi. Votre récolte est peu avancée, et la mienne est terminée ; je vous prête gratuitement un certain nombre de mes chevaux pour vous permettre d'achever votre travail dans de bonnes conditions : je vous fais ainsi un prêt à usage.

C'est un contrat essentiellement gratuit. Si, en vous prêtant mes chevaux, je stipulais un salaire, ce n'est pas

(1) Articles 1874 à 1909.
(2) Articles 1875 à 1892.

un contrat de prêt que nous ferions, mais un louage, et les règles qu'il y aurait lieu d'appliquer ne seraient pas celles qui sont contenues dans les articles 1875 à 1892, mais celles que nous avons étudiées précédemment.

La gratuité du prêt à usage entraîne, à la charge de l'emprunteur, des obligations assez strictes.

L'emprunteur doit veiller en bon père de famille à la garde et à la conservation de la chose prêtée, ne pas l'employer à un autre usage que celui auquel elle est destinée, faire les dépenses nécessaires pour qu'elle soit toujours en état de servir.

Si la chose prêtée périt ou diminue de valeur entre ses mains, par sa faute, il devra tenir compte au prêteur de cette perte ou de cette diminution de valeur : cela va de soi.

Si elle périt par cas fortuit, la perte est en principe pour le prêteur, qui n'a pas cessé d'en être le propriétaire. Mais la loi admet la responsabilité de l'emprunteur dans les trois cas suivants : 1° lorsqu'il a employé la chose à un autre usage ou pour un temps plus long qu'il ne le devait; 2° lorsque la chose prêtée a péri par un cas fortuit dont l'emprunteur aurait pu la garantir en employant la sienne propre, ou lorsque, ne pouvant conserver que l'une des deux, il a préféré la sienne; 3° lorsque la chose a été estimée au moment du prêt, car il est naturel de penser qu'en faisant cette estimation, les parties contractantes ont entendu fixer la somme qui, en cas de perte de la chose, devrait être restituée au prêteur.

Quant aux détériorations qui se produisent par le seul effet de l'usage, et sans aucune faute de l'emprunteur, ce dernier n'en est pas responsable.

422. — Le prêteur est tenu de laisser la chose entre les mains de l'emprunteur pendant le temps convenu,

ou, à défaut de convention sur ce point, pendant le temps nécessaire pour que la chose puisse servir à l'usage en vue duquel elle a été empruntée. Il doit aussi rembourser à l'emprunteur les dépenses extraordinaires que celui-ci a pu faire pour la conservation de la chose et qui auraient été à la fois nécessaires et tellement urgentes qu'il n'aurait pu en prévenir le prêteur. L'article 1889 permet toutefois à ce dernier, s'il lui survient un besoin pressant et imprévu de sa chose, de la réclamer à l'emprunteur, même avant que le besoin de celui-ci ait cessé.

Enfin, aux termes de l'article 1891, lorsque la chose prêtée a des défauts tels qu'elle puisse causer du préjudice à celui qui s'en sert, le prêteur est responsable, s'il connaissait ces défauts et n'en a pas averti l'emprunteur. Mais c'est là une obligation qui résulte beaucoup moins du contrat de prêt que du principe général consacré par l'article 1382 et d'après lequel tout fait qui cause du dommage à autrui oblige celui par la faute duquel il est arrivé à le réparer.

§ II. — DU PRÊT DE CONSOMMATION (1).

423. — Le prêt de consommation est un contrat par lequel l'une des parties livre à l'autre une certaine quantités de choses qui se consomment par l'usage, à la charge d'en rendre autant de même espèce et qualité. Si, ayant des fourrages en abondance, je vous en livre une certaine quantité au moment où vous en manquez, à charge par vous de m'en remettre après la fenaison une quantité équivalente, je vous fais un prêt de consommation.

(1) Articles 1892 à 1909.

Le prêt de consommation diffère du prêt à usage sous deux rapports essentiels. En premier lieu, l'emprunteur devient propriétaire de la chose prêtée, et si cette chose périt ou se détériore, c'est lui qui en supporte les conséquences : il n'en sera pas moins tenu de restituer ce qu'il aura reçu. En second lieu, le prêt de consommation n'est pas toujours gratuit : le prêteur peut stipuler un salaire, et ce salaire, lorsque le prêt de consommation porte sur une somme d'argent, prend le nom d'intérêt. Le prêt à intérêt n'est qu'une des variétés du prêt de consommation, mais c'est la plus fréquente.

424. — Longtemps la loi l'a interdit. Sans doute, il était permis de prêter à autrui une somme d'argent, mais le prêt devait être gratuit. Les idées philosophiques et religieuses étaient défavorables au prêt à intérêt, qu'on confondait volontiers avec l'usure ; on regardait comme profondément immoral l'acte de celui qui, ayant en caisse plus d'argent qu'il ne lui en fallait, profitait des besoins d'autrui pour accroître sa fortune. On ajoutait (1) que tirer des intérêts d'une somme prêtée, c'était demander des fruits à une chose qui de sa nature est stérile, et, aux yeux de Caton l'Ancien, prêter à intérêt ou tuer un homme, c'était la même chose (2). De pareilles raisons n'ont pas besoin d'être réfutées aujourd'hui, mais nous devons reconnaître qu'au temps où régnaient ces idées, on aurait pu invoquer contre le prêt à intérêt un argument sérieux. C'est que dans les sociétés pauvres, lorsque le capital ne circule pas et que l'emprunteur ne peut faire valoir l'argent qu'il reçoit, le prêt à intérêt le mène fatalement à la ruine (3). Il est vrai que les auteurs anciens qui ont écrit contre le prêt à intérêt ne

---

(1) Aristote, *Politique*, liv. Ier, ch. III, § 23.
(2) Cicéron, *De officiis*, liv. III, in fine.
(3) Glasson, *Éléments de droit français*, t. Ier, p. 605.

semblent pas avoir aperçu ce côté de la question, et depuis Moïse jusqu'à nos jours, c'est sur le sophisme d'Aristote.ainsi que sur des préceptes mal compris de philosophie et de morale que se sont fondés les adversaires de ce contrat.

L'Assemblée constituante ne fit aucune difficulté pour l'autoriser, et comme elle considérait l'argent comme une marchandise ordinaire, elle ne fixa pour l'intérêt aucune limite : il fut permis de prêter à 10, à 12 pour cent. Le Code maintint cette liberté. Mais le 3 septembre 1807, une loi limita le taux de l'intérêt et interdit aux prêteurs de stipuler plus de cinq pour cent en matière civile et plus de six pour cent en matière commerciale. Cette loi, dont le but a été de combattre l'usure, est restée complètement en vigueur, malgré de nombreuses attaques, jusqu'en ces derniers temps. Mais une loi du 12 janvier 1886 l'a abrogée en matière de commerce, la laissant subsister en matière civile. Les commerçants peuvent donc maintenant emprunter à n'importe quel taux; les non-commerçants, au contraire, parmi lesquels on doit ranger les agriculteurs, ainsi que nous le verrons bientôt, ne peuvent emprunter à un taux supérieur à 5 %.

Les raisons qui ont fait abroger partiellement la loi du 3 septembre 1807 sont tirées à la fois de la théorie et de la pratique. On a fait remarquer que la limitation du taux de l'intérêt était contraire à tous les principes; qu'elle était défavorable au débiteur, pour lequel il est préférable d'obtenir de l'argent même à un taux élevé que de ne pas en obtenir du tout. On a ajouté que la loi du 3 septembre 1807 était violée tous les jours sous les yeux des magistrats qui laissaient faire. Les grandes sociétés financières, lorsqu'elles empruntent au moyen de l'émission d'obligations, promettent souvent plus de

6 % à leurs prêteurs. Il est arrivé à l'État lui-même d'é-
mettre des emprunts à un taux supérieur à l'intérêt légal. Les banquiers, toutes les fois qu'ils font une opération d'escompte, perçoivent, indépendamment de l'intérêt légal des sommes qu'ils avancent, une commission
qui, jointe à cet intérêt, dépasse le taux de 6 %. Ces
mêmes banquiers, toutes les fois qu'ils font l'escompte en dedans, violent également la loi de 1807.
Déjà, le 9 juin 1857, une première brèche avait été faite
au système de la limitation de l'intérêt, et une loi avait
autorisé la Banque de France à élever son escompte
au-dessus de 6 %. La loi du 12 janvier 1886 n'a fait qu'é-
largir cette première brèche. Ses promoteurs avaient
demandé qu'on allât plus loin : d'après leur proposition,
toute limitation du taux de l'intérêt aurait été supprimée, en matière civile aussi bien qu'en matière commerciale. Le législateur n'a pas cru devoir aller jusque-
là, et il a maintenu en matière civile la loi du 16 septembre 1807. Son but a été de défendre contre l'usure
les habitants des campagnes. Il est permis de se demander si l'abrogation absolue de la limitation du taux de
l'intérêt n'eût pas été préférable. Lorsqu'en 1807 l'intérêt en matière commerciale avait été fixé à un taux plus
élevé qu'en matière civile, le législateur était parti de
cette idée que les prêts faits au commerce, entraînant
plus de risques que ceux faits à l'agriculture, comportent une rémunération plus élevée. C'est une idée qui
pouvait être juste à cette époque, mais qui, dans tous
les cas, ne l'est plus aujourd'hui. Autrefois, l'agriculteur empruntait peu : aujourd'hui, les progrès de la
science et la transformation des cultures l'obligent à recourir beaucoup plus fréquemment au notaire, qui est
son banquier habituel; et, lorsqu'il fait un emprunt, il
s'en faut que le remboursement en soit plus assuré que

celui des emprunts que ferait un commerçant. Sans parler des risques que font courir à ses produits la grêle,
la sécheresse, l'excès d'humidité, nous verrons bientôt
qu'au point de vue de ce qui constitue le crédit, c'est-à-
dire de la confiance que l'emprunteur doit inspirer au
prêteur pour obtenir de l'argent dans de bonnes conditions, l'agriculteur se trouve dans une situation moins
favorable que le commerçant. Tandis que ce dernier se
livre à des opérations à court terme, qui lui permettent
de renouveler fréquemment ses capitaux, l'agriculteur
n'a, pour se faire de l'argent, que des produits annuels.
Tandis que le commerçant peut donner en gage ses marchandises et obtenir ainsi à meilleur compte l'argent
dont il a besoin, l'agriculteur se trouve dans l'impossibilité matérielle d'user de ce moyen de crédit, car le
gage exige nécessairement la remise, entre les mains du
créancier, de la chose affectée au paiement de la dette ; et
cette remise n'est possible, ni pour les récoltes, à raison
de la difficulté de leur déplacement, ni pour le bétail,
dont la présence sur la ferme est indispensable, ni pour
les outils, sans lesquels ne pourraient s'exécuter les travaux multiples que comporte l'exploitation d'un domaine rural. Nous verrons encore, lorsque nous étudierons les moyens que la loi a mis à la disposition des
créanciers pour leur permettre d'obtenir paiement, que
le recouvrement des créances est beaucoup plus long et
plus hasardeux en matière civile qu'en matière commerciale. Il en résulte que les capitaux ne sont que trop
portés à se détourner de l'agriculture. A défaut du notaire, chez lequel on ne fait guère que des prêts sur
hypothèque, le cultivateur gêné n'a d'autre ressource que
de s'entendre avec l'usurier de profession qui lui fait
payer ses services d'autant plus cher qu'il s'expose aux
sévérités de la loi, aux yeux de laquelle l'habitude de

l'usure constitue un délit. Il est à craindre que la loi
du 12 janvier 1886 n'ait pour effet d'aggraver encore
cette situation.

Nous rechercherons plus loin quels pourraient être
les moyens d'y porter remède.

SECTION SEPTIÈME.

Du dépôt et du mandat, etc. (1).

425. — Nous ne dirons que quelques mots du dépôt, qui n'a rien de particulièrement rural.

Le dépositaire consent à recevoir la chose d'autrui, à la garder et à la soigner comme la sienne propre, et à la rendre en nature à première réquisition. Il lui est interdit de s'en servir, car il pourrait la détériorer.

Le dépôt est gratuit de sa nature : c'est à titre de service que le dépositaire assume les obligations qui résultent du contrat. Mais il n'est pas interdit de convenir d'un salaire au profit du dépositaire : dans ce cas, les obligations de ce dernier deviendront plus strictes. Il doit alors apporter, dans la garde de la chose, non pas seulement le soin qu'il apporte dans la garde des choses qui lui appartiennent, mais la diligence d'un bon père de famille.

Le dépositaire est tenu de rendre identiquement la chose qui lui a été confiée, à moins qu'il n'ait été con-

(1) (Articles 1915 à 1964 et 1984 à 2011).

venu qu'il pourrait la consommer, à charge d'en rendre une autre semblable. Ce genre de contrat intervient fréquemment entre un banquier et ses clients. Ceux-ci lui remettent les fonds qu'ils ont en excédant chez eux, et le banquier s'engage, en payant un intérêt généralement modique, à faire leur service de caisse ou à leur remettre à première réquisition les sommes déposées. Le banquier devient alors propriétaire des fonds qui lui sont remis : il en résulte cette conséquence importante, que si le banquier vient à faire faillite, le déposant ne pourra se présenter que comme créancier et réclamer un dividende.

426. — Le mandat ou procuration, nous dit l'article 1984, est un acte par lequel une personne donne à une autre le pouvoir de faire quelque chose pour le mandant et en son nom. Lorsque je charge un notaire de placer pour moi des fonds sur hypothèque, le contrat qui se forme entre nous est un mandat. Quand le président d'un syndicat agricole achète des engrais pour le compte des membres du syndicat, c'est comme mandataire qu'il agit. Il importe de remarquer que le mandataire, lorsqu'il passe un contrat pour le compte de son mandant, représente ce dernier vis-à-vis des tiers, de telle sorte que c'est sur la tête du mandant que se fixent les obligations et les droits que le contrat fait naître. Ce n'est pas le notaire qui place mes fonds qui devient créancier, mais moi-même; ce n'est pas non plus le président du syndicat agricole qui devient propriétaire des engrais achetés et débiteur du prix de vente, ce sont les membres du syndicat au nom desquels le contrat a été passé.

Le mandat peut être donné soit par écrit, soit par télégramme, soit même verbalement, à moins qu'il n'ait pour objet un acte pour lequel l'intervention d'un notaire ou la forme authentique soit nécessaire, comme une hypothèque : dans ce cas, le mandat lui-même doit être en la forme authentique (Cass., 23 décembre 1885).

Il est de sa nature gratuit, mais rien n'empêche le mandataire de stipuler un salaire. Cette stipulation se présume même le plus souvent, lorsque le mandataire est un agent d'affaires (Cass., 18 mars 1818) ou un notaire (Cass., 24 juillet 1832). Mais la responsabilité de celui qui reçoit un salaire est plus rigoureuse que la responsabilité de celui dont le mandat est gratuit. C'est ainsi que le notaire, qui s'était chargé de placer mes fonds au mieux de mes intérêts, et qui n'a stipulé que des garanties hypothécaires insuffisantes, pourra être condamné à réparer le préjudice que j'aurai subi par sa faute (Cass., 21 octobre 1885). Le mandataire qui n'aurait stipulé aucune rémunération aurait droit à plus d'indulgence.

Le mandat finit par l'expiration du temps pour lequel il a été donné, ainsi que par la consommation de l'affaire que les parties ont eue en vue. Il finit également par la révocation du mandataire, à la condition toutefois que le mandat n'ait été donné et accepté que dans l'intérêt du mandant seul. S'il avait été conféré dans l'intérêt du mandataire, il ne pourrait être révoqué que par le consentement du mandant et du mandataire, ou pour une cause légitime reconnue en justice, ou suivant les clauses et conditions stipulées par le contrat. Lorsque, par exemple, plusieurs co-propriétaires ont chargé l'un d'eux de l'administration des biens communs, et que la majorité des co-propriétaires veut révoquer ce mandat, le mandataire peut s'y opposer, parce qu'il a un intérêt pécuniaire à garder ses pouvoirs (Cass., 13 mai 1885).

Le mandat finit encore par la renonciation du mandataire, pourvu qu'elle ne préjudicie pas au mandant. Si la renonciation avait lieu à contre-temps, le mandataire serait responsable du dommage qu'il aurait pu causer. Enfin le mandat finit par la mort, l'interdiction ou la déconfiture, soit du mandant, soit du mandataire : cela tient à ce que le mandat est un contrat fait essentiellement en vue de la personne.

SECTION HUITIÈME.

Du contrat d'assurance.

427. — L'assurance est le contrat par lequel une personne ou une société (l'assureur) s'engage envers une autre personne (l'assuré) à l'indemniser des pertes ou dommages qu'elle pourra éprouver, à la condition que celle-ci verse dans la caisse de l'assureur une somme annuelle appelée prime.

L'assurance peut avoir pour objet la garantie des risques ou dangers qui menacent la vie des personnes, la durée des constructions, la conservation des récoltes et celle des animaux. On peut contracter des assurances sur la vie, des assurances contre les accidents, contre l'incendie, contre la grêle ou les autres causes de destruction des récoltes, contre la mortalité du bétail, et même contre les risques des transports.

Les règles relatives au contrat d'assurance n'ont pas été déterminées par les rédacteurs du Code civil. On ne connaissait en 1804 que les assurances maritimes, qui avaient pris naissance, à ce qu'on suppose, au quatorzième siècle, et qui avaient été déjà réglées par Colbert dans la célèbre ordonnance de 1681 sur la marine. Aussi se sont-ils bornés à dire dans l'article 1964 que le contrat d'assurance devait être rangé parmi les contrats aléatoires et qu'il était régi par les lois maritimes. Il y avait bien eu, en 1754 (c'est Pothier qui nous l'apprend), une compagnie d'assurances contre l'incendie qui avait essayé de se fonder à Paris, mais l'essai avait été infructueux; deux autres compagnies, autorisées en 1788, avaient été emportées par la tourmente révolutionnaire, de telle sorte qu'au moment de la promulgation du Code civil le contrat d'assurances terrestres était à peu près inconnu.

La situation est aujourd'hui profondément changée, et l'assurance a pris dans notre société une place considérable. Ce n'est que justice. Elle procure, en effet, au propriétaire et au travailleur le premier des biens et la source de beaucoup d'autres, la sécurité; elle tend à diminuer l'inégalité matérielle qui existe entre les hommes, en assurant à tous le lendemain; elle assure la reconstitution des capitaux détruits et remédie aux pertes que peuvent causer les forces aveugles de la nature. Son seul inconvénient est de diminuer l'intérêt à la conservation des choses : le propriétaire dont la maison est assurée contre l'incendie sera peut-être moins vigilant que s'il était menacé de tout perdre en cas de sinistre; les ouvriers qui se sont assurés contre les accidents et le patron qui les a assurés lui-même veilleront peut-être de moins près au bon entretien des machines et à l'accomplissement strict des précautions nécessaires. Mais cet inconvénient, bien que sérieux, est loin de prévaloir sur les avantages de l'assurance, qui n'en reste pas moins, au point de vue moral aussi bien qu'au point de vue économique, une des plus utiles institutions de ce temps.

428. — Il s'en faut de beaucoup que les différentes catégories d'assurances aient atteint le même développe-

ment. Tandis que les assurances sur la vie et les assurances contre l'incendie ont pris un essor considérable,
les assurances contre la grêle et contre la mortalité du
bétail sont encore dans un état voisin de l'enfance, et
cela par des causes auxquelles il sera difficile de remédier, car elles dérivent de la nature elle-même. Il est
relativement aisé de déterminer le risque de l'incendie,
et par suite le montant de la prime qui doit être stipulée
par l'assureur : ce risque dépend de la nature des constructions, du caractère plus ou moins inflammable des
choses qui s'y trouvent contenues, des opérations qui
s'y font, de la nature et de l'usage des constructions
adjacentes, etc.; il se trouve en outre diminué par
la création des corps de sapeurs-pompiers. Il en est
tout autrement du risque de la grêle ou de la gelée.
D'abord, le danger n'est en aucune façon susceptible
d'être conjuré ; ensuite, il varie considérablement suivant
la situation topographique. Il est d'expérience que la
grêle et la gelée sévissent toujours à peu près sur les
mêmes parties du territoire, tandis que les autres en sont
exemptes. Dans le même canton, dans la même commune, certains finages y seront plus ou moins exposés,
suivant qu'ils sont voisins ou non d'une montagne,
d'une forêt, d'un étang ou d'un cours d'eau. Le risque
est donc fort inégal. Qu'en résulte-t-il? C'est que, les
propriétaires habituellement épargnés ne s'assurant
pas, les compagnies d'assurances se trouvent forcées d'exiger une prime fort élevée, qui éloigne la plupart des autres, et que ceux-là seuls s'assurent qui
ont le plus à compter avec le fléau. Aussi la situation
financière des compagnies d'assurances contre la grêle
est-elle fort peu brillante : sur cinq compagnies à primes fixes qui existaient en 1880, trois (les plus importantes) présentaient un excédent plus ou moins consi-

dérable de sinistres relativement aux primes perçues pour y faire face. A côté de ces cinq compagnies à primes fixes fonctionnaient à la même époque une vingtaine de sociétés d'assurances mutuelles dont la situation était en général encore plus critique (1). Ces dernières sociétés ne font en effet, la plupart du temps, que des opérations restreintes à un ou plusieurs départements, de telle sorte que quand la grêle s'abat sur la contrée formant leur circonscription, il leur devient impossible de rembourser tous les sinistrés.

Le développement de l'assurance contre la mortalité des bestiaux a rencontré plus d'obstacles encore. Il y a des contrées dans lesquelles certaines maladies sont inconnues, et d'autres dans lesquelles elles règnent à peu près à l'état endémique. Ces maladies elles-mêmes se propagent plus ou moins aisément, suivant que le pâturage se fait en commun ou non, et leur issue dépend dans une mesure extrêmement large des soins donnés aux animaux. De là, pour les assurances qui ont pour objet des bestiaux, l'impossibilité d'établir l'égalité des primes. Mais les risques qui résultent de la maladie ne sont pas les seuls; le risque le plus difficile à saisir et à estimer, c'est celui qui résulte de la volonté de l'homme. Nous avons dit que l'assurance diminuait en général, chez l'assuré, l'intérêt à la conservation de la chose; ici l'assurance fait plus que diminuer cet intérêt, elle le supprime dans certains cas. Il est facile de concevoir que, trop souvent, l'assuré sera porté à préférer le remboursement de la valeur d'un animal domestique à la possession de l'animal lui-même, après la guérison d'une maladie qui lui aurait enlevé une portion de son prix.

(1) Les Assurances, par M. Chaufton, t. Ier, p. 469 et suivantes.

En dépit de toutes ces difficultés, il s'est constitué une compagnie à primes fixes pour l'assurance contre la mortalité du bétail; son siège est à Lille. M. Chaufton, dans l'ouvrage que nous avons déjà cité (1), fait connaître les noms d'une douzaine de sociétés mutuelles qui se sont constituées dans le même but.

429. — Faut-il donc désespérer de l'avenir des assurances agricoles? Non, mais ce n'est pas, à notre avis, dans l'adoption des propositions de lois soumises au Parlement dans ces dernières années, et qui tendent à faire de l'État l'assureur de tous les risques, que l'on trouvera le remède. Une proposition de loi présentée à la Chambre des députés par M. Langlois, et prise en considération dans la séance du 30 mars 1882, a eu pour but la création d'une grande mutuelle nationale, dans laquelle, moyennant une prime fixe, tous les biens meubles et immeubles exposés à un risque d'incendie, de grêle, de gelée, d'épizootie ou d'inondation, seraient obligatoirement assurés. Cette proposition, comme toutes celles qui ont été conçues dans le même esprit, encourt deux reproches également graves. En premier lieu, l'État s'est toujours montré un fort médiocre assureur : l'expérience en a été faite d'une manière concluante. Le 18 août 1850, une loi avait créé une caisse de retraites pour la vieillesse; elle n'a profité que dans une très faible proportion aux ouvriers. Une seconde loi, du 11 juillet 1868, a créé deux caisses d'assurances, l'une en cas de décès, et l'autre en cas d'accidents. Le second essai n'a pas mieux réussi que le premier, et toutes les tentatives du même genre qui ont été faites à l'étranger, notamment en Angleterre dans le cours de l'année 1864, en Belgique en 1849 et dans le

(1) Tome Ier, p. 471.

royaume de Saxe en 1859, ont eu le même sort. Les véritables principes en cette matière ont été établis par le Conseil d'État au moment où fut votée la loi du 11 juillet 1868, qui a créé les deux caisses d'assurances dont nous venons de parler. On avait pensé à créer une troisième caisse, qui aurait été destinée à garantir les agriculteurs contre la grêle, la mortalité des bestiaux et les inondations. Le projet avait séduit le chef de l'État lui-même, et le Conseil avait été convoqué aux Tuileries, comme il l'était alors dans les grandes circonstances. Là, un des membres les plus éminents du Conseil, M. Cornudet, fit valoir que c'était à l'industrie privée à faire les opérations de cette nature, en proportionnant les primes aux risques qu'elle courait, que si l'opération était bonne elle se ferait, que si elle était mauvaise, il serait contraire aux principes de la mettre à la charge de l'État. Sur ces observations, le projet fut retiré séance tenante (1). Les raisons qui s'opposaient en 1868 à son adoption n'ont rien perdu de leur valeur.

Le second reproche que mérite la proposition de M. Langlois, c'est qu'elle rend l'assurance obligatoire pour tous, assimilant ainsi l'agriculteur dont l'exploitation n'a jamais été ravagée par la grêle à celui dont les récoltes sont dévastées périodiquement; forçant l'herbager de Normandie, dont les animaux de choix ne quittent pas leurs prairies bien closes, à contracter assurance au même taux que le propriétaire de bestiaux nourris péniblement sur la lande communale, ou dans les bois soumis au droit d'usage. Un semblable système est inadmissible : le remède serait pire que le mal. Ce n'est pas à la contrainte, mais à la liberté qu'il faut demander ce remède.

(1) M. Aucoc, *Des limites de l'intervention de l'État.*

430. — Un exemple précieux nous est donné à cet égard par l'Alsace. En Allemagne, comme en France, les sociétés d'assurances agricoles ont obtenu peu de succès auprès des agriculteurs. Les compagnies d'assurances contre la mortalité du bétail exigeaient des primes s'élevant à 4 %, souvent à 6 % du capital assuré, et en cas de sinistres ne payaient que des indemnités de 60 à 70 pour 100; écrasées par leurs frais, qui s'élevaient généralement à 60 % des recettes, mal servies par leurs courtiers, 19 d'entre elles, sur 27, étaient tombées en faillite. Les sociétés mutuelles ne valaient guère mieux : on avait vu des assurés obligés de rapporter le triple de la somme originairement fixée à titre de prime (1).

On songea à organiser des sociétés mutuelles communales. On avait sous les yeux un certain nombre de sociétés de ce genre qui prospéraient dans le grand-duché de Bade, dans l'ancien royaume de Hanovre, etc., en ne demandant aux assurés qu'une cotisation de 1 à 1 1/2 p. 100 de la valeur du bétail. En Alsace même, une société locale, qui s'était fondée en 1846 dans la commune du Ban-de-la-Roche, comprenait en 1881, 280 assurés pour une moyenne de 330 vaches, et elle avait réussi, en ne prélevant qu'une cotisation de 1 1/2 p. 100 de la valeur des animaux assurés, à se constituer un fonds de réserve de 10,000 fr.

On forma donc des sociétés locales, entre agriculteurs se connaissant bien, exerçant les uns sur les autres une surveillance incessante, et ces sociétés ne tardèrent pas à prospérer. Les frais, si considérables pour les compagnies à primes fixes, se réduisirent à presque rien, car les sociétés locales n'ont pas besoin d'agents de propagande, et en cas de sinistres, elles se passent d'experts de pro-

(1) Lire dans l'*Économiste français*, 1888, t. I, p. 35, un très intéressant article de M. Muller sur ce sujet.

fession, les expertises étant faites gratuitement par les intéressés. La fraude de la part de l'assuré disparut, car s'il est facile à un homme peu scrupuleux de tromper les compagnies d'assurances, qui sont loin, il lui est plus difficile de duper ses nombreux associés, qui sont en même temps ses voisins. La société de Colmar, créée le 1er août 1886, comprenait à ce moment 371 membres; en décembre 1887, elle en comptait 525; en 1886, le nombre des chevaux assurés était de 251, d'une valeur de 76,200 marks, et en 1887 de 319 taxés à 92,164 marks; en 1886 le nombre des bêtes à cornes assurées était de 780 représentant une valeur de 190,200 marks, et en 1887 de 1,122 taxées à 244,975 marks. La cotisation annuelle étant de 1 p. 100 seulement pour les bêtes à cornes et de 2 1/2 pour les chevaux, la société a réalisé, du 1er août 1886 au 31 mars 1887, en huit mois, un bénéfice de 1,297 marks. Dans l'arrondissement de Molsheim, les sociétés locales comprenaient, au 1er janvier 1888, 1300 cultivateurs assurés pour 2,020 têtes de bétail d'une valeur totale de 365,000 marks. L'excédent des recettes sur les dépenses se chiffre par environ 7,000 marks dans le dernier exercice pour l'ensemble de ces sociétés.

Certaines de ces sociétés sont demeurées locales; d'autres se sont syndiquées entre elles. Toutes sont dirigées par un comité local, qui statue sur l'admission des nouveaux membres; c'est ce même comité qui procède à l'estimation du bétail. On fixe en général un chiffre, maximum pour les indemnités. Ce chiffre maximum, dans la société de Colmar, est de 400 marks pour les bêtes à cornes et de 500 marks pour les chevaux. L'estimation est renouvelée tous les six mois. En cas de sinistre, l'indemnité s'élève aux 8/10es de la perte évaluée par le comité local. Si les fonds en caisse ne permettaient pas de payer l'indemnité de 8/10es, les associés, réunis en assemblée générale, pourraient, soit augmenter la prime, soit réduire l'indemnité. S'il y avait au contraire des excédents, ces excédents s'accumuleraient jusqu'à ce que leur total atteignît le total des primes d'une année. Ce fonds de réserve une fois constitué, on pourrait augmenter l'indemnité ou diminuer la prime.

C'est ainsi qu'en Allemagne, à côté de la grande mutuelle nationale à laquelle patrons et ouvriers sont tenus de contracter assurance contre les accidents du travail (1), ont pu naître et se développer bon nombre de petites sociétés mutuelles, sous le régime de la liberté.

Rien n'empêcherait la création, en France, de sociétés semblables. Les organisateurs et les patrons de ces sociétés sont tout indiqués : ce sont les syndicats professionnels agricoles.

431. — Après ces notions générales, nous pouvons aborder l'étude du contrat d'assurance au point de vue juridique. Nous aurons à rechercher : 1° Comment, entre qui, à quelles conditions peut se former le contrat d'assurance? 2° Quelles sont les obligations de l'assureur? 3° Quelles sont celles de l'assuré? 4° Comment s'éteint le contrat? Nous laisserons de côté les assurances sur la vie, qui comportent un certain nombre de règles spéciales, pour ne nous occuper que des assurances contre l'incendie et des assurances agricoles, qui sont soumises à des principes identiques.

---

(1) On sait qu'une série de lois, dont la dernière a été rendue en mars 1886, ont rendu obligatoire en Allemagne l'assurance contre les accidents du travail. Nous ne pouvons que renouveler les réserves que nous avons déjà faites au sujet de ces tendances.

§ 1er. — COMMENT, ENTRE QUI ET A QUELLES CONDITIONS SE FORME LE CONTRAT D'ASSURANCE ?

432. — Nous avons dit plus haut que le Code civil n'a pas pris soin de régler ce contrat lui-même ; il en résulte qu'il est, plus encore que tout autre, tel que le fait la volonté des parties.

C'est un contrat synallagmatique, dans lequel la bonne foi est appelée à jouer le plus grand rôle. Les parties se bornent le plus souvent, pour constater leur accord, à signer, après l'avoir complétée, une police imprimée (1), qui est à peu près la même pour toutes les compagnies, et dont les divers articles constituent en quelque sorte le droit commun de l'assurance. Cette police n'est soumise à aucune formalité particulière, mais elle est assujettie au droit de timbre, en vertu de la loi du 13 brumaire an 7. En outre, les contrats d'assurances contre l'incendie donnent lieu à la perception d'un droit de 8 % sur le montant des primes, en vertu de l'article 6 de la loi du 23 août 1871. On a fait observer récemment, non sans quelque raison, qu'en prenant pour assiette de ce droit le montant des primes, le législateur avait pris pour base, non pas les facultés des contribuables, mais les risques qu'ils courent, et on a proposé (2) de calculer à l'avenir le droit sur le capital assuré.

433. — Entre quelles parties se forme le contrat d'assurance ?

Dans la plupart des cas, le rôle de l'assureur est rempli

---

(1) On a donné le nom de police à l'écrit qui constate un contrat d'assurance.

(2) Proposition de loi de MM. Bernard, Viette, députés, et de plusieurs de leurs collègues.

par une société d'assurances. Ces sociétés sont de deux sortes : les sociétés d'assurances à primes fixes et les sociétés d'assurances mutuelles. Les premières sont des sociétés commerciales, qui se sont constituées dans le but de réaliser des bénéfices et de les répartir entre leurs actionnaires. Ces compagnies, moyennant un prix convenu, prennent le risque à leur charge; en revanche, soit que les choses périssent, soit qu'elles restent intactes, l'assuré n'en doit pas moins la somme stipulée. Les sociétés mutuelles, au contraire, sont des sociétés civiles. Elles se composent des assurés eux-mêmes qui se réunissent, non dans une idée de spéculation, mais pour se garantir les uns les autres contre certains risques. Les assurés se trouvent ainsi leurs propres assureurs. Il n'y a jamais lieu à une répartition de bénéfices proprement dits : quand l'année a été bonne, la contribution des associés est seulement réduite dans une certaine proportion.

Ces deux espèces de sociétés ont chacune leurs avantages. Les compagnies à primes fixes se constituent seules et à leurs frais, sans rien demander aux assurés; la constitution d'une société mutuelle au contraire exige de la part des assurés une contribution qui, pendant un certain nombre d'années, s'ajoute à la prime, et qui est destinée à couvrir les frais d'installation.

Mais une fois formées, les sociétés mutuelles offrent aux assurés plus d'avantages que leurs rivales, car la prime qu'elles perçoivent, étant calculée de manière à couvrir seulement les pertes, se trouve généralement moins élevée. Pour contre-balancer cette cause de faveur, et soutenir la concurrence, les compagnies d'assurances à primes fixes admettent fréquemment leurs assurés à participer à leurs bénéfices, sous forme de réduction de primes.

Les règles relatives à la constitution et à l'administration des sociétés d'assurances ont été déterminées par un règlement d'administration publique rendu en exécution de la loi du 24 juillet 1867 sur les sociétés commerciales et portant la date du 22 janvier 1868. Il n'entre pas dans le plan de cet ouvrage de les exposer.

434. — L'assuré est, quelquefois, une société civile ou commerciale : tel est le cas où les membres d'une société fruitière assurent le local qui leur appartient. Plus généralement, c'est un individu. Pour que le contrat puisse se former, il est nécessaire que l'assuré ait un intérêt légitime à la conservation de la chose, qu'il soit propriétaire, usufruitier, créancier gagiste ou hypothécaire, ou tout au moins emprunteur, dépositaire ou fermier. Le propriétaire cherchera dans l'assurance un moyen de se garantir contre la perte de sa chose ; l'emprunteur ou le dépositaire, un moyen de se garantir, contre l'action en responsabilité que le prêteur ou le déposant pourrait intenter contre lui en cas de perte de cette chose (Cass., 11 février 1868 ; 8 juillet 1873) ; le fermier s'assurera contre le recours locatif, c'est-à-dire contre les effets matériels de la responsabilité à laquelle il est soumis, en cas d'incendie, conformément aux articles 1733 et 1734 du Code civil. L'assurance pourra également avoir pour but de garantir, soit le propriétaire, soit le fermier contre le recours des voisins, c'est-à-dire contre les suites matérielles de toutes actions que ces voisins pourraient intenter contre eux pour communication d'incendie, et qui seraient fondées sur des faits d'imprudence à eux reprochés. En cas de sinistre, l'assureur se mettra en leur lieu et place, défendra aux actions dirigées contre eux, et, en cas de condamnation, paiera l'indemnité fixée par le juge. Le fermier pourra encore assurer son propre mobilier ou ses récoltes contre l'incendie, ou ses propres animaux contre la mortalité du bétail, mais, dans ce

cas, ce n'est plus en qualité de fermier qu'il contracte, c'est en qualité de propriétaire.

435. — On peut faire une assurance non seulement pour soi, mais encore pour d'autres personnes. Les assurances contre les accidents en fournissent de nombreux exemples. Le patron, qui redoute l'action en responsabilité que pourront diriger contre lui ses ouvriers en cas d'accidents, commencera par s'assurer lui-même contre ce risque ; mais s'il veut une garantie plus complète, il assurera directement ses ouvriers contre tous les accidents qui pourront survenir, et ceux-ci deviendront personnellement créanciers de l'assureur (Cass., 1er juillet 1885).

436. — Nous avons déjà dit que, pour qu'un contrat quelconque puisse se former, il ne suffit pas du consentement des parties, et qu'il faut que ce contrat ait un objet et une cause. Le contrat d'assurance n'échappe pas à l'application de cette règle générale. L'objet de l'obligation de l'assureur, c'est la garantie d'un risque ; l'objet de l'obligation de l'assuré, c'est le paiement de la prime. A défaut de risque, le contrat ne pourrait pas se former. Nous avons indiqué, en traitant des obligations en général, les difficultés qui s'étaient élevées dans la doctrine et dans la jurisprudence sur la validité des seconds contrats d'assurance (1). Dans la pratique, ces difficultés se présentent rarement. Les polices d'assurance admettent en effet les assurances multiples, et réservent seulement au premier assureur le droit, dans ce cas, de résilier le contrat. En même temps, dans le but de faciliter l'exercice de ce droit de résiliation, elles exigent que l'assuré fasse connaître,

---

(1) Ces difficultés ne peuvent pas s'élever dans les contrats d'assurances sur la vie. En cette matière, le risque n'est jamais considéré comme couvert, et le nombre des contrats qui peuvent être passés est illimité.

lors de la signature de la police les assurances qu'il a pu souscrire antérieurement et s'engage à révéler celles qu'il pourrait souscrire par la suite. Lorsqu'il y a plusieurs assurances, et que le droit de résiliation n'a pas été exercé à l'égard de la première, le second assureur, d'après la jurisprudence de la Cour de cassation, ne devrait être tenu que subsidiairement, et à défaut du premier (Cass., 8 janvier 1878). Mais les polices contiennent une clause d'après laquelle la perte se partage entre les différents assureurs au prorata des sommes assurées par chacun d'eux, et la légalité de cette clause ne paraît pas avoir été contestée.

§ II. — QUELLES SONT LES OBLIGATIONS DE L'ASSUREUR?

437. — L'assureur est tenu, en cas de sinistre, de payer l'indemnité convenue. Cette indemnité ne peut jamais être dépassée, elle peut seulement être réduite. L'assurance, en effet, ne doit jamais être une cause de bénéfice pour l'assuré; elle ne lui garantit que l'indemnité des pertes réelles qu'il a éprouvées, et si ces pertes sont inférieures à l'estimation des objets assurés, c'est d'après la valeur réelle des objets perdus, et non d'après leur valeur supposée, que l'indemnité doit être liquidée. Il faut donc, en cas de contestation, procéder à une expertise, et ce ne serait que dans le cas où le sinistre aurait, par son étendue ou sa violence, mis les parties dans l'impossibilité d'apprécier exactement la valeur des objets détruits qu'on devrait se référer à l'estimation donnée par le contrat.

Lorsque la valeur des objets assurés est supérieure

à leur estimation et à l'indemnité correspondante, l'assuré est considéré comme étant son propre assureur pour l'excédent. Si la perte est totale, il ne lui est rien alloué au delà de la somme assurée. Si la perte n'est que partielle, il n'aura pas droit à l'allocation de l'indemnité tout entière et il devra supporter lui-même une partie de la perte. S'il a, par exemple, assuré pour 5,000 francs une récolte qui en vaut 10,000, et si la moitié de la récolte vient à être détruite, ce ne sera pas 5,000 francs qu'il recevra, mais seulement 2,500 francs. Il en serait de même du fermier qui n'aurait pas fait couvrir entièrement ses risques locatifs : il devrait, en cas de perte partielle, en supporter une part (Cass., 24 février 1869).

438. — Mais lorsqu'il est reconnu que la perte est égale ou inférieure au montant du capital assuré, l'indemnité doit être payée sans aucune déduction. Des compagnies d'assurances avaient émis la prétention de déduire du montant de l'indemnité due au propriétaire d'une maison incendiée la valeur des bois dont il pouvait, en vertu d'un droit d'usage, exiger la délivrance pour la reconstruction de sa maison. Après avoir triomphé devant la Cour de Besançon (22 janvier 1867), cette prétention a été condamnée par la Cour de cassation le 10 mai 1869. Ce qui détermine en effet le montant de l'indemnité, c'est la perte causée par le sinistre, et non la somme que l'assuré devra ou ne devra pas débourser ensuite pour remplacer les objets perdus.

439. — L'indemnité doit être payée à l'assuré lui-même. Jusqu'en ces derniers temps, il a été de jurisprudence que l'indemnité n'était pas la représentation de la chose incendiée, mais la compensation de la prime annuelle payée par l'assuré à l'assureur. L'application de ce principe donnait lieu, dans la pratique, à des

conséquences regrettables, fréquemment signalées par les auteurs, et qui se produisaient notamment dans les trois circonstances suivantes.

Des constructions ont été hypothéquées. Un incendie les dévore. Si l'immeuble est assuré, qui touchera l'indemnité, du créancier hypothécaire, ou de l'assuré? Sous l'empire de la jurisprudence que nous venons d'exposer, l'indemnité ne pouvait être payée qu'à l'assuré, en compensation de ses primes annuelles. Il en résultait que le créancier hypothécaire, qui aurait sans doute été remboursé intégralement si l'immeuble n'avait pas été détruit, entrait en partage avec les créanciers ordinaires sur le montant de l'indemnité d'assurance et ne touchait qu'un dividende.

Un fermier s'est assuré contre la responsabilité qui pèse sur lui en cas d'incendie; il a stipulé qu'en cas de sinistre, l'assureur prendra à sa charge le montant de la condamnation qui pourra être prononcée au profit du bailleur. Le sinistre s'est produit. L'indemnité devait-elle être payée au fermier, ou au propriétaire? Elle l'était au fermier. De telle sorte que le bailleur, au profit duquel l'assurance avait été en réalité souscrite, puisqu'elle n'avait d'autre but que de permettre au fermier de se libérer envers lui, pouvait n'obtenir qu'une partie de l'indemnité versée par l'assureur.

Enfin, voici le propriétaire ou le locataire d'une maison qui s'est assuré contre le recours du voisin et pour le cas où il communiquerait le feu aux bâtiments de ce dernier. L'accident prévu s'est réalisé, et l'indemnité d'assurance est due. Lequel des deux touchait cette indemnité, de l'assuré ou du voisin? C'était encore l'assuré. Quant au voisin, qui aurait dû être désintéressé tout le premier, il subissait le concours de tous les autres créanciers de l'assuré. La loi du 19 février 1889 (1) a porté remède à cette situation.

Elle décide que, dans les trois cas ci-dessus, les indemnités d'assurances seront considérées, non plus comme la compensation des primes annuelles versées par l'assuré, mais comme la représentation même de l'objet sinistré. En conséquence, elles devront être attribuées de plein droit, soit aux créanciers privilégiés ou hypothécaires, soit au bailleur, soit au voisin. L'assuré ne pourra désormais en réclamer le montant qu'après avoir désintéressé ceux dont l'assurance a eu pour but de garantir le remboursement, et ces derniers, faute de paiement par leur débiteur, auront la faculté de s'adresser directement à l'assureur et de se faire attribuer tout ou partie de l'indemnité, jusqu'à concurrence du montant de leurs créances. A cet effet, ils devront faire diligence et se faire connaître à l'assureur dans le plus bref délai possible. L'article 2 de la loi du 19 février 1889 porte en effet que les paiements qui seraient faits de bonne foi par l'assureur, avant toute opposition, seraient valables. L'ayant-droit au paiement de l'indemnité fera donc sagement de recourir sans retard à l'intermédiaire d'un huissier.

Toutes ces règles sont également applicables aux assurances contre la grêle, contre la mortalité des bestiaux ou les autres risques.

§ III. — QUELLES SONT LES OBLIGATIONS DE L'ASSURÉ ?

440. — Elles sont nombreuses et découlent, pour la plupart, du caractère même de l'assurance, qui est un contrat de bonne foi.

(1) Cette loi est intitulée : loi relative à la restriction du privilège du bailleur d'un fonds rural et à l'attribution des indemnités dues par suite d'assurances. Nous la retrouverons un peu plus loin, quand nous nous occuperons des privilèges.

Pour avoir droit au paiement de l'indemnité, il faut
que l'assuré ait loyalement déclaré les risques. D'après
la plupart des polices, toute tromperie de sa part, toute
réticence susceptible d'influer sur l'appréciation de ces
risques lui fait encourir la déchéance. Il en serait ainsi
par exemple d'un meunier qui, ayant fait assurer les
marchandises existant dans deux moulins, aurait déclaré ces moulins comme étant pourvus chacun de deux
paires de meules, alors qu'en réalité l'un d'eux en
avait trois (Rouen, 2 juillet 1869). C'est, en effet, d'après
les déclarations de l'assuré que sont rédigées les polices
d'assurances, et les compagnies se bornent à appliquer,
en raison de ces déclarations, les primes fixées par les
tarifs. C'est donc le risque déclaré, et celui-là seul, qui
se trouve couvert par l'assurance.

441. — La sincérité des déclarations ne suffit même
pas. Il faut que les risques soient restés les mêmes pendant la période d'exécution du contrat et qu'ils n'aient
pas été aggravés. De là l'obligation pour l'assuré d'a-
vertir la compagnie, lorsqu'il transporte les objets
assurés d'un lieu dans un autre. Il devra, de plus,
payer une prime additionnelle, sous peine de déchéance,
si le changement de local a eu pour effet d'augmenter
les chances de sinistre. Il en serait de même s'il s'était
avisé d'installer dans les bâtiments assurés une machine à vapeur (Paris, 30 juillet 1868), à moins que cette
machine ne fût une simple locomobile destinée à mettre
en mouvement une machine à battre, que son introduction dans la ferme n'eût été que momentanée, et que
le battage à la vapeur ne fût passé dans les habitudes
des cultivateurs de la contrée depuis une époque antérieure au contrat (Tribunal de Sens, 20 avril 1869;
Tribunal de Provins, 22 avril 1869).

442. — Il faut encore que le sinistre n'ait pas été causé

par le fait volontaire de l'assuré, car ce n'est pas le risque provenant d'un dol que les parties contractantes ont entendu couvrir. Toutefois, la jurisprudence, sur ce point, s'est montrée peu favorable aux compagnies. L'autorité judiciaire ne s'est pas bornée à exiger (ce qui allait de soi) que les compagnies fournissent elles-mêmes la preuve que le sinistre était le résultat, soit de la faute lourde intentionnelle, soit du dol de l'assuré (Douai, 5 août 1867; Poitiers, 12 mai 1875). Elle a considéré que le fait, par un individu en état de démence, d'avoir mis lui-même le feu à la maison qu'il avait fait précédemment assurer, rentrait, à moins de stipulation contraire, dans l'ensemble des risques que l'assurance a pour but de garantir, et qu'il obligeait, étant involontaire, l'assureur au paiement de l'indemnité (Cass., 18 janvier 1870). Il a été également jugé qu'une compagnie, qui avait assuré contre l'incendie divers objets mobiliers, parmi lesquels un fût d'essence de pétrole, était responsable des conséquences de l'explosion de ce fût, faute par elle d'avoir pu prouver que l'accident était le résultat d'une contravention au décret du 18 avril 1866 portant règlement pour l'exploitation des dépôts d'huiles minérales.

443. — En cas de sinistre, l'assuré doit employer tous les moyens en son pouvoir pour en arrêter les progrès, et veiller au sauvetage et à la conservation des objets assurés. S'il avait facilité les progrès de l'incendie, ou si, en cas d'assurance contre la mortalité des bestiaux, il avait laissé sans soins les animaux assurés, il serait déchu de tout droit à indemnité. Les polices d'assurances contiennent toutes sur ces différents points des stipulations fort nettes, qui sont d'ailleurs conformes aux principes généraux du droit. Est pareillement obligatoire la clause portant que l'assuré sera déchu de tout droit à indem-

nité, s'il exagère sciemment le montant des dommages éprouvés (Cass., 11 mai 1869). L'assuré qui exagérerait frauduleusement ses pertes pourrait, en outre, être déclaré coupable d'escroquerie.

444. — Il faut encore, pour que l'indemnité soit due, que les primes aient été exactement payées à l'échéance. Le paiement de la prime constitue pour l'assuré une obligation essentielle, et nous savons qu'il est de principe, dans les contrats synallagmatiques, que l'inexécution des engagements de l'une des parties contractantes entraîne la résolution du contrat (article 1184). La déchéance du droit à indemnité n'est donc que l'application du droit commun. Mais, ici encore, les polices d'assurances contiennent en faveur des compagnies un certain nombre de dispositions que nous devons faire connaître sommairement.

D'après le droit commun, la résolution du contrat devrait être demandée en justice (Cass., 24 novembre 1875). D'après les polices, à défaut de paiement dans les quinze jours qui suivent l'échéance, l'effet de l'assurance est suspendu, et l'assuré, en cas de sinistre, n'a droit à aucune indemnité. La compagnie se réserve, en outre, le droit de résilier le contrat pour l'avenir, au moyen d'une simple notification par lettre recommandée : cette clause a été reconnue licite et obligatoire (Cass., 2 août 1875). En second lieu, les primes, d'après le droit commun, seraient payables au domicile de l'assuré; elles seraient, pour employer l'expression consacrée, quérables. D'après les polices imprimées, elles doivent être payées au domicile de l'assureur; en d'autres termes, elles sont portables. En sorte que l'effet de l'assurance se trouve suspendu et la résiliation encourue par le fait seul que, dans le délai de quinze jours qui suit l'échéance, l'assuré a négligé de remettre la prime échue, soit au siège de la compagnie, soit au bureau de l'agence où la police a été souscrite. On voit combien ces droits sont rigoureux; nous devons ajouter que la jurisprudence en a, fort sagement, tempéré l'exercice. Elle a d'abord admis qu'en dépit des clauses que nous venons de citer, l'assuré, en cas de sinistre, n'était pas déchu du droit à indemnité lorsque, dans l'exécution donnée à la police, l'assureur avait dérogé lui-même à la convention en faisant recouvrer les primes à domicile, de façon à les rendre quérables, de portables qu'elles étaient (Cass., 31 janvier 1872). Elle a admis en outre que la compagnie qui, au lieu de faire exécuter rigoureusement ces clauses, ferait souscrire à l'assuré une reconnaissance des primes échues et non payées pourrait être considérée comme ayant renoncé à se prévaloir de la déchéance encourue par suite du défaut de paiement de ces primes (Cass., 5 mai 1868).

445. — Enfin, l'assuré encourrait la déchéance si, par son fait, il se mettait dans l'impossibilité de subroger l'assureur dans la plénitude des droits et actions dont il avait formellement promis de l'investir. Les polices d'assurance contiennent, en effet, un article d'après lequel l'assuré cède à l'assureur tous les droits, actions et recours qui peuvent lui appartenir contre toutes personnes garantes ou responsables du sinistre : cette cession constitue ce qu'on appelle la subrogation de l'assureur dans les droits de l'assuré. Son effet est important. Supposons un contrat d'assurance contre l'incendie passé entre une compagnie et le propriétaire d'un domaine rural. Ce domaine n'est pas habité par le propriétaire; il est entre les mains d'un fermier. Tout ou partie des constructions brûle avant l'expiration du bail. La compagnie commencera par indemniser le propriétaire; puis elle songera à exercer contre le fermier les droits

que l'article 1733 confère au bailleur et dans lesquels elle s'est fait subroger lors de la rédaction de la police. Ces droits, nous le savons, sont fort étendus, puisque le fermier, pour échapper à la responsabilité de l'incendie, est tenu de prouver que cet incendie est arrivé par cas fortuit, ou force majeure, ou par vice de construction, ou qu'il a été communiqué par une maison voisine. Il est donc fort probable que la compagnie, si le fermier n'est pas insolvable, pourra rentrer dans ses déboursés. Mais si le propriétaire, pour être agréable à son fermier, renonce à l'action étendue et à la présomption légale de faute que l'article 1733 crée contre les preneurs, la situation se trouvera singulièrement modifiée. Pour pouvoir obtenir condamnation contre le fermier, la compagnie devra fournir la preuve que l'incendie a été causé par le fait ou l'imprudence, soit du fermier, soit d'une personne dont il est responsable conformément à l'article 1384 du Code civil, et cette preuve, la plupart du temps, ne pourra pas être fournie. La compagnie se retournera dans ce cas contre le propriétaire par la faute duquel une des clauses essentielles du contrat n'aura pu recevoir son exécution, et elle se fera restituer au besoin l'indemnité d'assurance (Cass., 15 mars 1876).

§ IV. — COMMENT FINIT LE CONTRAT D'ASSURANCE?

446. — Le contrat finit normalement par l'expiration du temps pour lequel il a été passé. Souvent les polices contiennent une clause d'après laquelle l'assurance continue de plein droit après l'arrivée du terme, si l'assuré n'a pas fait connaître, dans un délai déterminé, son intention de ne pas renouveler le contrat. Cette clause, qui se rencontre fréquemment en matière d'assurances mu-

tuelles, et qu'on appelle clause de tacite reconduction, est parfaitement légale.

Le contrat finit encore par la perte définitive des objets assurés, par l'incendie d'une maison, par la mort des animaux assurés. Dans ce cas, l'assurance n'a plus d'objet. Mais ce dernier effet ne se produirait pas si l'assurance avait pour objet des récoltes : la destruction d'une récolte par la grêle ne ferait pas disparaître la convention pour l'avenir, car le risque de la grêle est un risque annuel et successif. L'assurance, en pareil cas, n'expire qu'autant que le bail est résilié ou que l'assuré cesse toute culture : alors seulement l'objet de la convention fait défaut.

On admet que le contrat d'assurance est résilié par la faillite de l'une des parties : cela résulte de l'article 346 du Code de commerce dont les dispositions, spéciales aux assurances maritimes, ont été étendues par la doctrine et la jurisprudence aux assurances terrestres. Mais ce qui est vrai de la faillite ne l'est pas de la déconfiture (on appelle ainsi l'état du non-commerçant qui a cessé de payer ses dettes) : la jurisprudence est nettement fixée en ce sens (Toulouse, 18 novembre 1854; Paris, 29 novembre 1852). Il en résulte que les agriculteurs, qui ne sont pas des commerçants, ne sont pas soumis à cette cause de résiliation de l'assurance.

La mort de l'assuré ne résout pas, en général, la convention. Il n'en serait autrement que si la police stipulait expressément cette clause de résiliation; on la rencontre fréquemment dans les assurances contre la mortalité du bétail, dans lesquelles la considération de la personne de l'assuré joue un rôle important.

Enfin le contrat d'assurance finit par l'inexécution des engagements de l'assuré, par le défaut de paiement des primes notamment. Nous n'avons rien à ajouter aux explications données plus haut sur ce point.

— Telles sont les règles les plus essentielles qui régissent le contrat d'assurance et qui déterminent sa physionomie. Le cadre de cet ouvrage ne nous permet pas d'y insister davantage, quelle que soit l'importance du sujet.

LIVRE III.

DES OBLIGATIONS QUI NAISSENT DE SOURCES AUTRES QUE LES CONTRATS.

447. — Ces sources sont au nombre de quatre : les quasi-contrats, les délits, les quasi-délits et la loi. Nous les étudierons dans les quatre sections suivantes.

SECTION PREMIÈRE.

Des quasi-contrats (1).

448. — Le quasi-contrat est un fait licite et volontaire, duquel la loi fait découler certaines obligations à l'égard de celui qui en est l'auteur, et quelquefois à l'égard d'autres personnes. Il suppose en général un fait de nature à faire l'objet de conventions. Un de mes amis, agriculteur comme moi, tombe gravement malade au milieu de la moisson et devient incapable, non seulement de s'en occuper lui-même, mais d'en charger un autre. Je me mets à la tête de sa ferme, je fais sa récolte, j'administre ses biens, afin qu'à sa guérison il retrouve tout en bon état. Nous ne sommes pas liés l'un à l'autre par un contrat : il n'est intervenu entre nous ni mandat, ni contrat de louage d'ouvrage; mais nous n'en sommes pas moins tenus d'obligations réciproques, comme s'il y avait eu un contrat. *Obligationes natæ sunt quasi ex contractu.* Elles consistent de ma part à terminer l'affaire dont je me suis chargé volontairement, à rendre compte, à gérer comme le ferait un bon

_____

(1) Articles 1371 à 1382 du Code civil.

père de famille. Elles consistent, de la part de mon voisin, à exécuter les obligations que j'ai contractées en son nom, à m'indemniser de tous mes engagements personnels et à me rembourser toutes les dépenses utiles ou nécessaires que j'ai faites. Ce quasi-contrat a reçu le nom de gestion d'affaires. Les engagements qu'il fait naître ne sont, pour celui dont l'affaire a été gérée, que l'application de ce principe général que nul ne doit s'enrichir injustement aux dépens d'autrui, et pour le gérant d'affaires, l'application de cette maxime que nous devons faire aux autres ce que nous désirons qu'on fasse pour nous.

449. — Ces principes ont reçu, pendant la funeste guerre de 1870-1871, une application fréquente, par suite des réquisitions de voitures, d'animaux ou de denrées exercées par l'armée allemande. En principe, les réquisitions exercées par l'ennemi chez les habitants sont des faits de guerre. L'État n'en est pas responsable, car il n'en est pas l'auteur; il fait même tout ce qu'il peut pour les empêcher. La commune n'en est pas responsable davantage, car il n'est pas possible de lui faire un grief de n'avoir su repousser l'envahisseur. Il semble donc qu'en cas de réquisitions exercées par l'ennemi le cultivateur n'ait aucun recours.

Ce n'est cependant pas à cette solution que s'est arrêtée la jurisprudence. L'autorité judiciaire a pensé qu'à raison des conditions toutes particulières dans lesquelles elles avaient eu lieu habituellement en 1870-1871, ces réquisitions devaient être considérées comme fournies pour le compte de la commune. C'était, en effet, toujours au maire que l'autorité allemande s'adressait; c'était lui qu'elle chargeait de la répartition des fournitures, conformément aux facilités des habitants; c'était en un mot au représentant de l'association communale qu'elle entendait avoir affaire. Dans ces circonstances, il a paru que la réquisition avait été imposée à la communauté elle-même, que les fournitures livrées par chacun étaient venues en déduction de celles des autres habitants, et les communes ont été déclarées responsables des réquisitions exercées, par application des règles soit du mandat, soit de la gestion d'affaires. La Cour de cassation a été jusqu'à admettre cette solution dans des cas où les réquisitions avaient été, par exception, adressées directement aux habitants, sans participation aucune de l'autorité municipale; cette dérogation aux règles habituellement suivies par l'autorité allemande ne lui a pas semblé modifier la nature de la réquisition elle-même (Cass., 23 février 1875; 11 décembre 1878).

450. — Des obligations que fait naître la gestion d'affaires, il faut rapprocher celles qui résultent du paiement de l'indu. Celui qui reçoit par erreur ou sciemment ce qui ne lui est pas dû s'oblige *ipso facto* à le restituer à celui de qui il l'a indûment reçu. Si même il avait reçu de mauvaise foi, il serait tenu de restituer, non seulement ce qui lui aurait été remis; mais encore les intérêts ou les fruits à partir du paiement (articles 1376 à 1382).

SECTION DEUXIÈME.

Des délits.

451. — Les délits sont des faits illicites et volontaires, c'est-à-dire commis avec l'intention de nuire. On entend par faits illicites ceux qui causent du dommage à autrui, et qui ont lieu sans droit de la part de la personne qui les accomplit. Celui qui ne fait qu'user de son droit n'est pas responsable du préjudice qui peut en résulter. Si en faisant pratiquer des fouilles sur ma propriété je taris une source qui jaillissait sur le fonds voisin, ou si en faisant bâtir sur mon fonds je supprime la vue sur la campagne dont vous avez joui jusqu'à présent, je ne dois ni dans l'un ni dans l'autre cas aucune réparation, car je n'ai fait qu'un acte licite.

452. — Les délits, c'est-à-dire les actions illicites par lesquelles on lèse sciemment et méchamment les droits d'autrui, donnent toujours lieu à une réparation pécuniaire, mais le plus souvent cette réparation n'est pas la seule. Comme ces actions apportent dans les relations sociales un trouble plus ou moins grave, le législateur a frappé la plupart d'entre elles de certaines peines. Ces peines peuvent être criminelles, correction-

nelles, ou de police. Les premières ne peuvent être prononcées que par la Cour d'assises : ce sont celles qui sont afflictives et infamantes, comme les travaux forcés, la déportation, la détention, la réclusion, ou infamantes seulement, comme le bannissement et la dégradation civique. Les secondes sont du ressort des tribunaux correctionnels ; ce sont : l'interdiction à temps de certains droits civiques, civils ou de famille, l'emprisonnement dès qu'il excède cinq jours, et l'amende, lorsqu'elle excède 15 francs. Les troisièmes sont du ressort du juge de paix; ce sont : l'emprisonnement, lorsqu'il n'excède pas cinq jours, l'amende, lorsqu'elle n'est pas supérieure à 15 francs, et la confiscation de certains objets saisis. Les faits incriminés portent le nom de crimes, délits proprement dits, ou contraventions selon qu'ils sont punis de peines afflictives ou infamantes, de peines correctionnelles, ou de peines de simple police.

453. — De là deux actions distinctes, ayant pour but d'assurer la répression des faits délictueux : l'action publique, qui tend à l'application de la peine, et l'action civile, qui tend à la réparation pécuniaire du dommage. La première appartient au ministère public (1); la seconde à la partie lésée. L'action publique ne peut être portée que devant les tribunaux de justice répressive; l'action civile au contraire peut être portée indifféremment, soit devant le juge civil, soit devant le tribunal répressif, conjointement à l'action pénale.

La partie lésée aura donc le choix entre les deux juridictions, mais dans un cas comme dans l'autre elle ne pourra demander qu'une indemnité : l'application

(1) Il y a cependant certains cas dans lesquels le ministère public ne peut agir sans la plainte de la partie lésée : en matière de chasse par exemple.

de la peine ne peut être requise que par le ministère public (Code d'instruction criminelle, articles 1 et 3).

454. — La sanction pénale constitue pour les citoyens paisibles une protection puissante, mais à certains points de vue elle n'est pas sans inconvénients. Elle a pour effet de réduire d'une manière notable le délai dans lequel la victime du fait incriminé peut réclamer la réparation pécuniaire à laquelle elle a droit. Lorsque l'acte illicite et volontairement nuisible dont je puis avoir à me plaindre n'est pas réprimé par la loi pénale, j'ai trente ans pour demander à l'auteur de ce fait ou à ses héritiers des dommages-intérêts. Lorsqu'au contraire ce fait est incriminé par la loi pénale, le délai de trente ans se trouve réduit à dix ans s'il s'agit d'un crime, à trois ans s'il s'agit d'un délit proprement dit, à un an s'il s'agit d'une simple contravention, à trois ou à six mois s'il s'agit d'un délit forestier, et à un mois s'il s'agit d'une infraction à la loi des 28 septembre-6 octobre 1791 (articles 2, § 3 et 637, 638 et 640 du Code d'instruction criminelle; article 185 du Code forestier; article 8, section 7, titre Ier de la loi de 1791). Peu importe que l'action en dommages-intérêts soit portée devant le tribunal civil ou devant le tribunal de justice répressive; l'action est toujours la même quant à son fondement et quant à son objet, et les raisons de décider sont aussi les mêmes. Le législateur n'a pas voulu qu'un fait, couvert par la prescription au point de vue de l'application de la peine, pût être invoqué par la partie lésée au point de vue de la réparation du dommage, et il a interdit des débats desquels aurait pu résulter la constatation solennelle que des faits interdits par le Code pénal étaient demeurés impunis.

455. — La réduction du délai dans lequel peut être

intentée l'action en dommages-intérêts n'est pas le seul
désavantage que produise l'existence des sanctions pénales. D'après l'article 3, § 2 du Code d'instruction
criminelle, lorsque l'action en réparation du préjudice
causé a été portée devant le juge civil, l'exercice en est
suspendu tant qu'il n'a pas été prononcé définitivement sur l'action publique intentée *avant* ou *pendant*
la poursuite de l'action civile. C'est ce qu'on exprime en
disant que le criminel tient le civil en état. Les juges
civils devront dans ce cas surseoir à statuer sur la demande
en dommages-intérêts, et ils ne pourront allouer d'indemnité qu'autant que l'existence du fait incriminé aura
été reconnue par le tribunal répressif. C'est là un inconvénient, mais la partie lésée peut l'éviter en pour-
suivant l'action civile en même temps et devant les
mêmes juges que l'action publique. Il est, d'ailleurs,
comme celui qui résulte de la réduction du délai de
prescription, hors de toute proportion avec les garanties de sécurité que procure l'existence de peines, car
les auteurs des crimes et des délits sont le plus souvent des gens sans ressources, que la crainte seule d'un
châtiment corporel peut retenir.

Il est, on le voit, d'un grand intérêt pour la victime d'un acte illicite de savoir si le fait dont elle a
souffert a été prévu par la loi pénale, puisque de
l'existence ou de la non-existence de la sanction pénale
dépendent la compétence des tribunaux devant lesquels
l'action peut être portée, et le délai dans lequel elle doit
être intentée. Il lui importe également de savoir s'il
lui appartient de dénoncer l'acte incriminé au ministère
public et de provoquer des poursuites. Nous croyons
qu'il ne sera pas inutile d'indiquer ici sommairement
quels sont, parmi les faits dont les agriculteurs ont le
plus habituellement à souffrir, ceux auxquels le légis-

lateur a attaché certaines peines. Ces peines ont été établies, soit par le Code pénal promulgué en 1810, soit par le titre 2 de la loi des 28 septembre-6 octobre 1791 encore en vigueur sur plusieurs points, soit par quelques lois postérieures. Leur nombre est considérable, et cependant tous les faits dommageables n'ont pas été prévus. Ainsi, le jet d'une semence nuisible sur le fonds d'autrui, lorsque le fonds n'est pas ensemencé, n'expose l'auteur de ce fait à aucune peine : on avait essayé de réprimer cette mauvaise action par l'application de l'article 444 du Code pénal, qui punit de l'emprisonnement la dévastation des récoltes sur pied ou des plants venus naturellement ou faits de main d'homme. La Cour de cassation a reconnu que pour que l'article 444 fût applicable, il fallait qu'au moment où ont été jetées les graines nuisibles, la terre fût déjà ensemencée (Cass., 18 juillet 1856). N'a pas davantage été prévu l'acte qui consiste à faire périr un essaim d'abeilles en empoisonnant des fleurs, ni l'acte qui consiste à les mettre en fuite en introduisant de la fumée dans la ruche : le propriétaire de l'essaim n'a d'autre ressource que l'action en réparation du dommage. Le projet de loi sur la police rurale, que le Conseil d'État examine en ce moment même, contiendra un certain nombre de peines nouvelles, et comblera à cet égard les lacunes de la législation existante.

456. — Les délits (1) ruraux peuvent se rattacher aux six catégories suivantes : 1° Délits contre les propriétés; 2° Délits contre les récoltes; 3° Délits contre les animaux; 4° Délits consistant dans l'altération ou la falsification de certains produits ruraux; 5° Délits de chasse;

---

(1) Le mot délit est pris ici dans un sens général : il comprend tout acte illicite commis avec l'intention de nuire et réprimé par la loi pénale, quelle que soit la nature des peines édictées contre lui.

6° Délits forestiers. On pourrait rattacher également à cette étude celle des délits de pêche, mais leur énumération exige la connaissance préalable des lois relatives à la pêche fluviale ; nous en traiterons, dans notre second volume, en même temps que du régime des eaux.

I. — *Délits contre les propriétés.*

457. — On peut ranger parmi ces délits : 1° les vols ; 2° certains actes de méchanceté ou de négligence qui diminuent la valeur des propriétés ; 3° certains actes frauduleux qui pourraient amener l'épuisement du sol.

§ I. — Les vols.

458. — Le vol est la soustraction frauduleuse d'une chose appartenant à autrui. Il est frappé de peines extrêmement variables, suivant qu'il a eu lieu avec ou sans circonstances aggravantes. Lorsqu'il a été commis la nuit, par plusieurs personnes, avec des armes apparentes ou cachées, à l'aide soit d'effraction extérieure, soit d'escalade, soit de fausses clefs, dans un lieu habité, et que les voleurs ont usé de violence ou menacé de faire usage de leurs armes, la peine est des travaux forcés à perpétuité (articles 381 et suivants du Code pénal). Cette peine s'abaisse à mesure que disparaissent les circonstances aggravantes indiquées ci-dessus.

Ces dispositions sont communes aux villes et aux campagnes et n'ont rien de particulièrement rural. Il faut aller jusqu'à l'article 388 pour trouver une disposition qui concerne spécialement le vol d'objets ayant un caractère agricole. Cet article a pour but de réprimer : 1° le vol ou la tentative de vol, dans les champs, des chevaux, des gros et menus bestiaux, et des instruments d'agriculture : il prévoit pour ce cas un emprisonnement d'un an au moins et de cinq ans au plus, et une amende de seize à cinq cents francs ;

2° Le vol de bois dans les ventes, de pierres dans les carrières et de poissons dans les étangs, viviers ou réservoirs : mêmes peines ;

3° Le vol ou la tentative de vol, dans les champs, des récoltes ou autres productions utiles déjà détachées du sol, ou des meules de grains faisant partie des récoltes : emprisonnement de quinze jours à deux ans, et amende de seize à deux cents francs. Si le vol a été commis la nuit, ou par plusieurs personnes, ou à l'aide de voitures ou d'animaux de charge, la peine s'élève : l'emprisonnement sera d'un an à cinq ans et l'amende de seize francs à cinq cents francs.

Ces peines ne sont applicables, il importe de le remarquer, qu'en cas de vol de récoltes ou productions détachées et abandonnées par leur propriétaire à la foi publique. Lorsque les récoltes sont encore pendantes, le fait de se les approprier constitue un simple maraudage, puni seulement d'une amende de six francs à dix francs lorsque le maraudeur emporte les fruits (article 475, n° 15) et d'une amende de un à cinq francs lorsqu'il mange les fruits sur place (article 471, n° 9). Mais le maraudage deviendrait un vol et serait puni de peines correctionnelles dans les deux cas suivants :

1° S'il avait été commis, non pas dans des champs ouverts, mais dans un lieu clos et attenant à une habitation (Cass., 31 janvier 1828); 2° s'il avait eu lieu, soit avec des paniers ou des sacs, ou autres objets équivalents, soit la nuit, soit à l'aide de voitures ou d'animaux de charge, soit par plusieurs personnes. La peine serait alors la même qu'en cas de vol de récoltes : emprisonnement de quinze jours à deux ans et amende de seize à deux cents francs. Ces distinctions sont faciles à justifier. Le maraudage dans les champs, lorsqu'il a lieu sans paniers, le jour, sans l'aide de complices, est un acte qui est à la fois peu dommageable et peu répréhensible : le fait, par un homme qui souffre de la soif, de prendre une pomme sur l'arbre qu'il trouve à sa portée n'est pas bien condamnable. On conçoit qu'il en doive être autrement lorsqu'il a été prémédité et accompagné de l'une des circonstances aggravantes indiquées par l'article 388, § 5. D'après la jurisprudence, la circonstance que des pommes tombées ont été ramassées la nuit, et non le jour, suffit pour faire considérer cet enlèvement comme un vol (Cass., 16 mai 1867).

Dans tous les cas de vols prévus par l'article 388 du Code pénal, le coupable peut, indépendamment de la peine principale, être interdit de tout ou partie des droits mentionnés en l'article 42 du même Code : droits de vote, d'éligibilité, de tutelle, de témoignage en justice, etc., pendant cinq ans au moins et dix ans au plus.

459. — L'article 388 ne prévoit qu'un certain nombre de vols limitativement déterminés : il n'est applicable ni au vol de ruches d'abeilles, ni à la soustraction de fruits tombés, lorsque cette soustraction a lieu dans des conditions qui ne permettent pas de la faire considérer comme un des vols prévus par l'article 388 ou comme un simple maraudage, ni enfin au maraudage ou vol de bois.

Le vol de ruches d'abeilles avait été l'objet d'une disposition formelle du Code pénal de 1791. D'après

l'article 27 de la section 2 de ce Code, ce vol était puni
de quatre ans de détention s'il avait été commis le jour
et de six ans s'il avait été commis la nuit. La peine a été
réduite par l'article 2 de la loi du 25 frimaire an 8, à un
emprisonnement de trois mois à un an dans le premier
cas et de six mois à deux ans dans le second. Ces dispositions n'ont pas été abrogées.

460. — L'article 388 n'est pas non plus applicable
au vol de fruits tombés. Un individu est surpris par
le garde champêtre, le jour, au moment où il ramasse
des pommes tombées sur le fonds voisin et où il les
cache dans une botte d'herbes qu'il se prépare à em-
porter chez lui. Cette soustraction ne constitue pas un
simple maraudage, car le maraudage s'entend d'un vol
de peu d'importance, et commis à l'égard de fruits encore
pendants : l'article 475 n° 15 ne trouve donc pas son
application dans l'espèce. Ce n'est pas non plus le vol
de récoltes prévu par l'article 388, car celui-ci suppose
la soustraction de récoltes détachées, soit du sol, soit
de leur tige, par le propriétaire lui-même ou par l'un
de ses préposés, et laissées sur place ou mises en tas; or,
les fruits dont il s'agit étaient tombés accidentellement
des arbres. Il n'est pas davantage possible d'invoquer la
disposition du même article 388 qui applique à l'enlèvement de récoltes non détachées les mêmes peines qu'à
l'enlèvement de récoltes confiées à la foi publique, lorsque
cet enlèvement a eu lieu la nuit ou avec toute autre
circonstance aggravante, car la soustraction a été commise de jour. Ce seront les peines édictées par l'article
401 qui devront dès lors être prononcées contre le coupable : emprisonnement d'un an au moins et de cinq
ans au plus, amende facultative de seize francs au moins
et de cinq cents francs au plus, interdiction facultative
des droits mentionnés en l'article 42 pendant cinq ans

au moins et dix ans au plus (Compiègne, 11 novembre 1884).

461. — Quant au fait de couper des branches d'arbres et de se les approprier, la Cour de cassation refuse de le considérer comme un maraudage ordinaire : le maraudage, en effet, ne concerne que l'enlèvement de récoltes ou de produits analogues aux récoltes ; or, des branches d'arbres ne sont pas des produits assimilables aux récoltes. La peine, dans ce cas, varie suivant le lieu où le délit a été commis. Lorsque l'enlèvement a été commis dans des bois, il y a lieu à l'application des dispositions spéciales du Code forestier. Lorsqu'il a été commis aux dépens d'une propriété rurale, la peine est, d'après l'article 36, titre 2 de la loi des 28 septembre-6 octobre 1791, toujours en vigueur sur ce point, d'un emprisonnement qui pourra être de trois mois, suivant la gravité des circonstances, et d'une amende double du dédommagement dû au propriétaire. Si le bois avait été pris dans une haie vive, la peine serait d'une amende de la valeur de trois journées de travail et, suivant la gravité des circonstances, d'une détention ou emprisonnement d'un mois au plus (article 17, sect. 2 de la même loi de 1791). Enfin, lorsque le fait, au lieu d'être accompli sur une propriété rurale, l'a été au détriment d'une plantation d'arbres située à l'intérieur d'une ville, ce sont les peines prévues par l'article 401 du Code pénal qui doivent être prononcées (Cass., 1er mars 1872).

Il importe de se rappeler que le vol de bois dans les ventes est mis par l'article 388 sur le même pied que le vol de récoltes et puni des mêmes peines.

462. — L'enlèvement sans autorisation, soit sur les chemins publics, soit sur les terrains communaux, de gazons, terres ou matériaux, n'est puni que d'une amende de 11 à 15 francs seulement. La peine n'est

d'ailleurs encourue qu'autant qu'aucun usage général n'autorise cet enlèvement (article 479, n° 12 du Code pénal).

§ II. — Des principaux actes de méchanceté ou de négligence au moyen desquels on peut causer des dommages aux propriétés rurales.

463. — Le plus grave de ces actes, c'est l'incendie (articles 434 et suivants).

L'incendie est considéré comme un crime, et il est puni, tantôt de la mort, tantôt des travaux forcés à perpétuité ou à temps, lorsqu'il a été mis à des édifices.

Lorsque le feu a été mis volontairement à des forêts, bois, taillis ou récoltes sur pied, la peine est celle des travaux forcés à perpétuité, si ces objets n'appartiennent pas à celui qui a causé l'incendie. Si ces objets lui appartiennent, le crime est puni des travaux forcés à temps lorsque son auteur a causé volontairement préjudice à autrui, à ses créanciers par exemple; et lorsque le crime a eu pour but et pour effet de communiquer l'incendie au bois ou à la récolte de propriétaires voisins, il est puni de la même peine que si le feu avait été mis directement à l'un de ces objets (article 434, §§ 3, 4, et 7).

L'incendie des pailles ou récoltes en tas ou en meules, ou des bois disposés en tas ou en stères donne lieu à des peines un peu moins sévères. Lorsque ces objets n'appartiennent pas à celui qui a mis le feu, le coupable est puni des travaux forcés à temps. Lorsque ces objets lui appartiennent, il est puni de la réclusion, si en mettant ou faisant mettre le feu il a volontairement causé un préjudice; et la peine redevient celle des travaux forcés à temps, si le coupable a communiqué l'incendie aux récoltes voisines, en mettant volontairement le feu à des objets quelconques, même lui appartenant, et placés de manière à communiquer ledit incendie. Dans tous les cas, si l'incendie a occasionné la mort d'une ou plusieurs personnes se trouvant dans les lieux incendiés au moment où il a éclaté, la peine sera la mort (article 434, §§ 5, 6, 7 et 8).

Ces peines sont extrêmement graves, et il fallait qu'elles le fussent. La simple menace d'incendie a été punie par l'article 436 de peines correctionnelles.

Toutefois, la Cour de cassation n'a pas considéré comme un édifice dont l'incendie doive être réprimé par l'article 434 une simple cabane de gardiens, consistant en quatre pieux plantés en terre et supportant quelques traverses couvertes de tiges de maïs et de broussailles. Elle a pensé que la destruction par le feu d'une pareille construction ne pouvait être réprimée que par l'article 451 qui prévoit spécialement la rupture ou destruction de cabanes de gardiens, sans distinguer entre les différents modes de destruction, et qui n'édicte qu'un emprisonnement d'un mois au moins, d'un an au plus (Cass., 15 avril 1869).

De même, un tas de bois n'est pas nécessairement une récolte : il y a lieu, en pareil cas, de tenir grand compte des circonstances (Cass., 27 mars 1863).

464. — L'incendie que la loi prévoit dans l'article 434, c'est l'incendie volontaire. Mais l'incendie peut avoir eu pour cause une simple imprudence, comme celle qui consiste à allumer des feux dans les champs à une trop faible distance, c'est-à-dire à moins de cent mètres des maisons, édifices, forêts, 'bruyères, bois, vergers, plantations, haies, meules, tas de grains, pailles, foins, fourrages ou tout autre dépôt de matières combusti-

bles. Lorsqu'un incendie a été ainsi causé, l'auteur de l'imprudence est, aux termes de l'article 458, passible d'une amende de cinquante francs au moins et de cinq cents francs au plus. On a fait remarquer avec raison que cet article 458, principalement à cause de sa mauvaise rédaction, était inefficace. Il n'a pas de sanction quand aucun incendie n'éclate. De plus, quand l'incendie se produit, le délinquant n'encourt qu'une simple amende. Le droit à la réparation civile reste, il est vrai, mais ce droit n'a d'efficacité que si l'auteur du fait incriminé est solvable, ce qui n'arrive que rarement. M. de Casabianca, dans son célèbre rapport, émettait déjà, au nom du Sénat, le vœu que l'article 458 fût modifié : le projet de loi sur la police rurale contient un article d'après lequel le fait d'allumer des feux dans les champs à moins de cent mètres des objets énumérés dans l'article 458 constitue dans tous les cas un fait punissable, lors même qu'il n'aurait déterminé aucun incendie.

465. — L'abattage d'arbres qu'on sait appartenir à autrui est puni d'une part, en vertu de l'article 445, d'un emprisonnement qui ne sera pas au-dessous de six jours ni au-dessus de six mois à raison de chaque arbre, sans que la totalité puisse excéder cinq ans ; et d'autre part, en vertu de l'article 455, d'une amende qui ne pourra excéder le quart des restitutions et dommages-intérêts ni être au-dessous de seize francs. Les ceps de vigne, d'après la jurisprudence, rentrent sous la dénomination d'arbres et sont protégés par l'article 445 (Cass., 14 décembre 1867).

466. — Les mutilations d'arbres sont régies à la fois par l'article 446 et par l'article 14, titre 2, de la loi des 28 septembre-6 octobre 1791. Lorsque l'arbre a été mutilé, coupé ou écorcé de manière à le faire périr, la peine est la même qu'en cas d'abattage (article 446).

Lorsque la mutilation n'est pas de nature à le faire périr, la peine consiste dans une amende double du dédommagement dû au propriétaire et dans un emprisonnement qui ne pourra excéder six mois (Aix, 1er août 1874; Nancy, 27 avril 1875).

467. — La destruction de greffes est moins sévèrement punie : l'emprisonnement est de six jours à deux mois pour chaque greffe, sans que la totalité puisse excéder deux ans (article 447). Quant à l'amende, elle est la même qu'en cas d'abattage ou de mutilation d'arbres (article 455). Il importe d'ajouter que toutes les fois que l'abattage ou la mutilation d'arbres ou la destruction de greffes ont lieu la nuit, le maximum de la peine doit être appliqué (article 450, § 3).

468. — Toute rupture ou destruction d'instruments d'agriculture, de parcs de bestiaux, de cabanes de gardiens, est punie d'un emprisonnement d'un mois au moins, d'un an au plus, et de la même amende que ci-dessus (articles 451 et 455).

469. — Le comblement des fossés, le bris des clôtures, de quelques matériaux qu'elles soient faites, la coupe et l'arrachage de haies vives ou sèches, le déplacement ou la suppression de bornes ou pieds corniers, ou d'autres arbres plantés ou reconnus pour établir les limites entre différents héritages, entraîne un emprisonnement qui ne peut être au-dessous d'un mois ni excéder une année, et une amende égale au quart des restitutions et dommages-intérêts, sans que cette amende puisse, en aucun cas, être inférieure à cinquante francs (article 456).

Quelques explications sont ici nécessaires.

Il importe de remarquer, d'abord, que le but de l'article 456 a été de réprimer toute *suppression* ou *déplacement* de clôture, et que la simple *dégradation* d'une clôture ou d'une borne ne tombe pas sous le coup de ses dispositions. La peine, pour ce dernier cas, est seulement, aux termes de l'article 17, titre 2 de la loi des 28 septembre-6 octobre 1791, d'une amende de la valeur de trois journées de travail; l'emprisonnement peut en outre être prononcé, suivant la gravité des circonstances, mais pour une durée d'un mois au plus.

Mais s'il est nécessaire, pour que l'article 456 soit applicable, qu'il y ait eu suppression, ou tout au moins déplacement de bornes ou clôtures, peu importe en quoi consistent ces dernières.

Que les bornes soient des pierres, ou de simples arbres; que les clôtures soient faites de fossés, de murs, de haies ou de barrières, ou qu'elles résultent seulement de l'apposition de chaînes au travers d'un passage (Cass., 14 juin 1884), les peines sont les mêmes. La jurisprudence les applique rigoureusement. Elle considère qu'il y a délit dans le fait de celui qui, prétendant avoir une servitude de passage sur le fonds voisin, détruit la clôture élevée par le propriétaire de ce fonds, au lieu de recourir aux voies légales (Cass., 9 janvier 1868). La préoccupation du prévenu de défendre son droit ne fait pas disparaître l'infraction à la loi pénale, et pour que la peine soit encourue, il n'est pas nécessaire que le bris de clôture ait été commis dans une intention malveillante : il suffit qu'il l'ait été volontairement. Le bris de clôture ne cesserait de constituer un délit que dans deux cas. En premier lieu, s'il était l'œuvre du propriétaire lui-même. Il est arrivé que, dans le but de faire déguerpir un locataire récalcitrant, un propriétaire avait enlevé les châssis des fenêtres de sa maison : un pareil acte (Douai, 19 avril 1858) ne tombe pas sous le coup de l'article 456, et est susceptible tout au plus de donner lieu à des dommages et intérêts au profit du locataire. Le bris de

clôture accompli par le propriétaire lui-même constituerait cependant un délit, si ce propriétaire n'était pas en
même temps possesseur de l'immeuble au sens légal du
mot : si cet immeuble était possédé de bonne foi et *animo
domini* par un tiers, le propriétaire qui aurait détruit
la clôture devrait être condamné, car la possession de
bonne foi doit être protégée, comme la propriété elle-
même, contre tous actes de violence (Cass., 11 novembre 1864). En second lieu, le bris de clôture ne fournit
pas davantage matière à condamnation lorsqu'il se produit dans le cas prévu par l'article 41, titre 2, de la loi des
28 septembre-6 octobre 1791. D'après cet article, lorsqu'un chemin public est impraticable, tout voyageur est
autorisé, pour continuer sa route, à se frayer un passage sur les fonds riverains, en faisant au besoin une
brèche dans leur clôture. La Cour de cassation a reconnu (9 décembre 1885) que ce droit existe alors même
qu'il y aurait un autre chemin plus long pour se rendre
au lieu de destination. Les dommages que peut causer
l'exercice de ce droit sont à la charge de la commune.
Ces dispositions de l'article 41 sont générales : elles
s'appliquent, non seulement aux chemins vicinaux, mais
encore aux chemins ruraux (Cass., 11 février 1879 et
10 mai 1881). Il suffit que le chemin qui a été rendu
impraticable soit un chemin public.

470. — L'article 457 auquel nous arrivons maintenant
a en vue une tout autre hypothèse. Il concerne uniquement les propriétaires ou fermiers de moulins, usines
ou étangs, et il porte que ceux d'entre eux qui auront
inondé les chemins ou les propriétés d'autrui en élevant
les eaux au-dessus de la retenue légale, encourront une
amende qui ne pourra excéder le quart des restitutions
et des dommages-intérêts, ni être au-dessous de cinquante francs. Lorsqu'il est résulté du fait quelques dé-

gradations, la peine est, outre l'amende, d'un emprisonnement de six jours à un mois.

Cet article n'est applicable que dans le cas où la hauteur de retenue des eaux a été déterminée par l'autorité administrative à laquelle il appartient, ainsi que nous le verrons plus tard, de régler la hauteur des eaux, soit sur la demande des parties intéressées, soit même d'office, de façon à ce que ces eaux ne nuisent à personne. Lorsque l'autorité administrative a négligé ou jugé inutile de fixer cette hauteur, il ne peut être question de l'article 457. Mais on applique alors l'article 15, titre 2, de la loi précitée de 1791 : aux termes de cet article, personne ne peut inonder l'héritage de son voisin, ni lui transmettre volontairement ses eaux d'une manière nuisible sous peine de payer, outre le dommage, une amende qui ne pourra excéder la somme du dédommagement. Cet article, on le voit, est extrêmement général, et n'exige nullement que la hauteur des eaux ait été réglée administrativement, mais il ne prévoit qu'une amende, tandis que l'article 457 établit en cas d'infraction une amende et un emprisonnement. La différence des peines se conçoit d'ailleurs aisément. Lorsque l'autorité administrative n'a pas jugé nécessaire de fixer la hauteur du déversoir d'une usine ou d'un étang, c'est qu'elle a pensé que des inondations n'étaient pas à craindre : on comprend donc que la loi ait établi des peines moins sévères dans ce cas que dans le cas contraire. Il faut remarquer en outre que, dans l'hypothèse prévue par l'article 457, l'acte dommageable se complique d'une infraction à une décision de l'autorité administrative.

471. — Il faut encore considérer comme un acte de méchanceté ou de négligence de nature à dégrader une propriété, la conduite d'animaux sur les terres d'autrui pour les y faire paître, tout au moins lorsque ces terres

ne sont ni ensemencées, ni couvertes de récoltes. Si ces terres étaient ensemencées, le délit commis serait un délit contre les récoltes; la peine serait plus sévère, ainsi que nous le verrons un peu plus loin. Lorsque la terre n'a reçu aucune préparation, comme dans le cas qui nous occupe, la peine consiste dans une amende de la valeur de deux journées de travail (article 25, titre 2 de la loi des 28 septembre-6 octobre 1791).

472. — Enfin l'article 33 de cette dernière loi punit d'une amende qui n'excédera pas la valeur de six journées de travail, le fait d'avoir enlevé des engrais dans les champs sans la permission du propriétaire ou fermier. Le juge peut en outre, dans ce cas, prononcer la peine de la détention de police municipale. Ces dispositions ne s'appliquent qu'autant que l'auteur de cet enlèvement n'a pas eu l'intention de s'approprier les engrais : autrement, le fait constituerait un vol.

§ III. — DE CERTAINS ACTES FRAUDULEUX DE NATURE A AMENER L'ÉPUISEMENT DU SOL.

473. — Nous classerons tout d'abord dans cette catégorie les infractions aux dispositions de la loi des 15 juillet 1878-2 août 1879 sur le phylloxera et le doryphora, qui interdisent les importations de plants suspects. Ces infractions sont punies d'une amende de 50 à 500 francs (article 12 de la loi) dans tous les cas, et indépendamment de toute intention coupable. Lorsque la mauvaise foi vient les aggraver, elles rendent leurs auteurs passibles, en outre, d'un emprisonnement de un à quinze mois (article 13 ; Cass., 12 août 1887).

474. — On pourrait y faire rentrer également les fraudes commises dans le commerce des engrais, car il n'est

pas douteux qu'en cette matière, le législateur s'est beaucoup moins préoccupé d'assurer la sincérité des transactions commerciales que de prévenir l'appauvrissement
du sol par l'emploi d'engrais malfaisants. Une loi du
4 février 1888 a établi dans ce but un certain nombre de
dispositions tant répressives que préventives. Mais, pour
être bien comprise, l'étude de cette loi doit être rattachée à celle de la législation relative aux falsifications
de produits ou denrées en général. Nous la retrouverons un peu plus loin.

II. — Délits contre les récoltes.

475. — Ces délits peuvent résulter du fait de l'homme
seul, ou tout à la fois du fait de l'homme et de celui des
animaux.

§ I. — Délits résultant du fait de l'homme seul.

476. — Nous avons indiqué plus haut les peines applicables au vol de récoltes : nous n'y reviendrons pas.

La dévastation de récoltes sur pied ou de plants venus
naturellement ou faits de main d'homme, donne lieu à un
emprisonnement de deux ans au moins, de cinq ans au
plus (article 444), et à une amende qui ne peut excéder le
quart des restitutions et dommages-intérêts, ni être au
dessous de seize francs (article 455). Nous avons indiqué déjà (1) que le fait d'avoir semé de l'ivraie ou autres
mauvaises herbes dans une terre ensemencée, de façon à

(1) Page 597.

étouffer la récolte, constitue le délit de dévastation de récoltes sur pied (Cass., 18 juillet 1856). La jurisprudence a étendu sur ce point le sens littéral des termes, car à proprement parler le jet d'une semence nuisible n'est pas un acte de dévastation. Au contraire, elle a refusé d'étendre les dispositions de l'article 444 aux dévastations de plants dans les bois et forêts. Dans ce cas, ce sont les peines édictées par l'article 195 du Code forestier qui sont applicables : l'article 444 ne réprime que les dévastations de plants venus, soit dans les champs, soit dans les pépinières (Cass., 22 février 1821).

La coupe de grains ou fourrages qu'on sait appartenir à autrui est punie d'un emprisonnement qui ne peut être au-dessous de six jours ni au-dessus de deux mois (article 449). L'amende est la même qu'en cas de dévastation de récoltes (article 455).

La coupe de grains en vert est punie plus sévèrement : l'emprisonnement est de vingt jours au moins et de quatre mois au plus (article 450); quant à l'amende, elle est la même que dans le cas précédent.

Lorsque la dévastation de récoltes ou de plants, ou la coupe de grains ou fourrages ont eu lieu la nuit, le coupable doit être puni du maximum de la peine établie par l'article auquel le cas se référera (article 450, § 3). Il va de soi que si l'auteur de ces actes avait cherché à s'approprier les récoltes, plants, grains ou fourrages, les peines applicables seraient celles prévues en cas de vol.

477. — Il faut aussi ranger parmi les délits contre les récoltes, les faits de passage de l'homme sur les champs ensemencés ou chargés de fruits. Le passage sur les champs préparés ou ensemencés donne lieu à une amende de un franc à cinq francs (article 471, n° 13), et le passage sur les terrains chargés de grains en tuyau, de raisins ou autres fruits mûrs ou voisins de la

maturité, à une amende de 6 à 10 francs (article 475 n° 9).

Pour que ces peines soient applicables, il n'est pas nécessaire que le prévenu ait causé un préjudice : le simple passage suffit (Cass., 27 avril 1867). Seulement, dans ce cas, il ne pourra pas être question d'action civile. Peu importe également que le prévenu se soit frayé à lui-même un passage ou qu'il n'ait fait que suivre un sentier précédemment tracé (Cass., 16 mai 1867). Peu importe encore qu'il s'agisse de terres plantées en céréales ou de prairies. Les dispositions ci-dessus s'appliquent dans tous les cas. On peut même dire que, pour les prairies naturelles, l'interdiction du passage est particulièrement stricte, puisque ces prairies, étant en état de production permanente, sont toujours considérées comme préparées ou ensemencées (Cass., 27 avril 1867).

Le passage sur une terre préparée, ensemencée, ou chargée de fruits n'est cependant pas toujours interdit. Il peut avoir été exercé en vertu d'une autorisation du propriétaire, usufruitier ou fermier. Cette autorisation peut être verbale (Cass., 14 mars 1861), mais il faut qu'elle soit non équivoque : l'autorisation de chasser, par exemple, n'implique pas celle de passer sur les champs préparés ou ensemencés. Il se peut encore que le passage ait été exercé en vertu d'un droit de servitude, comme il arrive en cas d'enclave par exemple, ou par suite de l'état impraticable du chemin. Dans tous ces cas, aucune peine ne peut être prononcée. Il en serait de même si le fait devait être considéré comme dérivant d'une nécessité de la culture : c'est ainsi qu'il a été jugé (Cass., 1er juin 1866) que le fait de la part d'un cultivateur d'avoir, en labourant son champ, fait tourner sa charrue et passer ses chevaux sur une terre voisine récemment labourée ne peut, à défaut de passage

personnel de ce cultivateur, constituer aucune contravention; mais si le champ voisin avait été non seulement
préparé mais encore ensemencé, et si le laboureur y
avait passé lui-même, la solution devrait être différente
(Cass., 15 avril 1853).

478. — Le glanage, râtelage ou grappillage dans les
champs non encore dépouillés et vidés de leurs récoltes,
ou avant le moment du lever ou après celui du coucher
du soleil, donne lieu à une amende de un à cinq francs
(article 471, n° 10). Le glanage est l'action de ramasser
les épis qui ont échappé au moissonneur. Il est réservé
aux indigents. Le râtelage est le glanage appliqué au
foin; et le grapillage, le glanage appliqué aux raisins ou
autres fruits. Ces droits ne peuvent être exercés que le
jour, et seulement lorsque les récoltes ont été enlevées
sur l'ensemble des terres de la contrée. Pour mieux en
assurer l'exercice aux indigents, l'article 22, titre 2 de la loi
des 28 septembre-6 octobre 1791 fait défense, même aux
propriétaires, de mener leurs bestiaux dans les champs
moissonnés pendant les deux jours qui suivent l'enlèvement des récoltes; le tout, sous peine d'une amende
de la valeur de trois journées de travail ou d'un emprisonnement de trois jours (loi du 23 thermidor an 4,
art. 2). Nous retrouverons cette matière dans notre second volume, lorsque nous aborderons l'étude de la
police rurale.

§ II. — DÉLITS QUI RÉSULTENT A LA FOIS DU FAIT
DE L'HOMME ET DE CELUI DES ANIMAUX.

479. — Il faut distinguer à cet égard : 1° l'abandon
des animaux; 2° leur passage sur le fonds d'autrui;
3° leur introduction; 4° leur garde à vue.

480. — L'abandon des animaux est prévu par les articles 3 et 12 du titre 2 de la loi des 28 septembre-6 octobre 1791 et par l'article 2 de la loi du 23 thermidor an 4. D'après les dispositions combinées de ces deux lois, la peine consiste en une amende égale au moins à la valeur de trois journées de travail.

Elle s'applique à l'abandon des bêtes de trait comme à celui des bestiaux proprement dits : l'article 12 de la loi de 1791 a eu pour but de réprimer les dégâts que les bestiaux de toute espèce laissés à l'abandon feront sur les propriétés d'autrui (Cass., 29 janvier 1870). Elle s'applique aussi à l'abandon de simples volailles : l'article 12 de la loi de 1791, confirmé par l'article 4 de la loi du 4 avril 1889 sur les animaux employés à l'exploitation des propriétés rurales, donne même à celui qui éprouve le dommage le droit de les tuer, mais seulement sur les lieux, au moment du dégât et sans pouvoir se les approprier. La partie lésée conserve en outre le droit de réclamer l'indemnité qui peut lui être due (Cass., 7 novembre 1873).

C'est l'auteur même de l'abandon qui encourt l'application de la peine. Lorsque des volailles, par exemple, ont été placées sous la surveillance d'un gardien, et que celui-ci les a laissées s'échapper, c'est à sa charge que l'amende sera prononcée. Quant à l'action en réparation du dommage, elle pourra, au gré de celui qui aura souffert les dégâts, être dirigée contre l'auteur de l'abandon ou contre le propriétaire des animaux. Le maître est en effet, comme nous le verrons un peu plus loin, civilement responsable des actes de son préposé. Pour mieux assurer la réparation du préjudice causé, l'article 1er de la loi du 4 avril 1889 donne au propriétaire lésé le droit de saisir lui-même les animaux non gardés ou dont le gardien est inconnu, à la condition de les conduire sans retard au lieu de dépôt désigné par le maire. Celui-ci, s'il connaît la personne responsable du dommage, la prévient immédiatement, afin qu'elle puisse réclamer les animaux saisis et réparer le préjudice causé. Si le propriétaire de ces animaux ne les réclame pas, ou si le dommage n'est pas payé dans la huitaine du jour où il a été commis, le juge de paix évalue l'indemnité due à la partie lésée et autorise la vente des animaux. Cette ordonnance du juge de paix doit être affichée sur papier libre et sans frais à la porte de la mairie, afin que les intéressés puissent en prendre connaissance.

Le paiement des dommages et des frais se prélève sur le prix de vente.

L'ordonnance par laquelle le juge de paix fixe le montant du dommage peut être attaquée par le propriétaire de l'animal dans le délai de huitaine qui suit la vente, par voie d'opposition. Il suffit d'un simple avertissement au juge de paix. Celui-ci peut d'ailleurs admettre l'opposition, même après le délai de huitaine, s'il reconnaît qu'il y a lieu, en raison des circonstances, de relever l'opposant de la rigueur de ce délai.

481. — Il y a passage d'animaux quand on leur fait volontairement ou qu'on leur laisse par négligence traverser le terrain d'autrui, sans avoir l'intention de les y faire paître. La peine consiste dans une amende de un à cinq francs lorsque le champ sur lequel a lieu le passage a été moissonné, mais que la récolte s'y trouve encore (article 471, n° 14) et dans une amende de six à dix francs (article 475, n° 10) lorsque le champ est ensemencé ou chargé d'une récolte (Cass., 23 janvier 1864). Aucune peine ne devrait être prononcée si le passage avait été autorisé par le propriétaire ou s'il avait été rendu nécessaire par un état d'enclave. C'est ainsi qu'il a été jugé que celui qui fait traverser par son troupeau,

en suivant la voie la plus directe, un terrain en nature de luzerne, pour conduire ce troupeau à un pâturage enclavé, ne commet aucune contravention (Cass., 2 mai 1861).

482. — L'introduction de bestiaux consiste dans l'acte de les mener sur le terrain d'autrui, avec l'intention de les y faire paître, mais sans les garder à vue. La peine prévue par la loi est une amende de onze à quinze francs (article 479, n° 10) et un emprisonnement de cinq jours en cas de récidive, c'est-à-dire en cas de condamnation, dans les douze mois précédents, pour contravention de police commise dans le ressort du même tribunal (articles 482 et 483). On s'est demandé ce qu'il fallait entendre ici par bestiaux, et on a reconnu que l'article 479 n'était applicable qu'aux bestiaux proprement dits. Cependant on y comprend les chèvres (Cass., 24 mars 1855). Il n'y a donc pas lieu d'appliquer à ces dernières les dispositions plus sévères de l'article 18, titre 2 de la loi de 1791 qu'il faut considérer comme abrogées.

483. — La garde à vue est punie plus sévèrement. D'après l'article 26, titre 2 de la loi de 1791, quiconque sera trouvé gardant à vue ses bestiaux dans les récoltes d'autrui sera condamné, en outre du paiement du dommage, à une amende égale à la somme du dédommagement, et pourra l'être, suivant les circonstances, à une détention qui n'excédera pas une année. C'est une peine correctionnelle qu'édicte cet article (Cass., 17 novembre 1865). Il n'appartient qu'au tribunal d'arrondissement de la prononcer.

III. — *Délits contre les animaux.*

484. — Ces délits doivent être rangés dans l'une des quatre catégories suivantes : 1° dommages causés à certains quadrupèdes et à certains poissons appartenant à autrui; 2° dommages causés aux animaux domestiques appartenant à autrui; 3° infractions à la loi sur la police sanitaire; 4° infractions à la loi Grammont.

§ I. — DOMMAGES CAUSÉS AUX QUADRUPÈDES OU AUX POISSONS.

485. L'empoisonnement des chevaux ou autres bêtes de voiture, de monture ou de charge, des bêtes à cornes, des moutons, chèvres ou porcs, ou des poissons dans les étangs, viviers ou réservoirs, est puni d'un emprisonnement d'un an à cinq ans, et d'une amende de seize francs à trois cents francs (article 452). Cette énumération est limitative : l'empoisonnement d'un animal autre que ceux désignés ci-dessus ne donnerait pas lieu à l'application de l'article 452. L'empoisonnement de volailles, par exemple, ne pourrait être réprimé au moyen de cet article (Cass., 17 août 1822). Il faut, au surplus, que l'empoisonnement de ces quadrupèdes ou poissons ait été volontaire, et que l'auteur de ce fait ait connu les effets de la substance vénéneuse qu'il employait (Cass., 7 octobre 1847).

486. — Le fait d'avoir tué *sans nécessité* (1) l'un des animaux désignés dans l'article précédent, fait encourir à son auteur un emprisonnement de deux mois à six mois si le délit a été commis dans un bâtiment ou sur un terrain dont le maître de l'animal tué était propriétaire ou fermier; un emprisonnement de six jours à un mois s'il a été commis dans des lieux dont le coupable était propriétaire ou fermier; un emprisonnement de quinze jours à six semaines s'il a été commis dans tout autre lieu (article 453). Le délinquant encourt en outre une amende qui ne peut excéder le quart des restitutions et dommages-intérêts, ni être au dessous de seize francs (article 455). Enfin, en cas de violation de clôture, le maximum de la peine est toujours prononcé (article 453, § 5).

487. — Mais ces dispositions sont loin de prévoir tous les dommages qui peuvent être causés aux animaux. Elles ne sont applicables que lorsque les animaux sont morts, soit par suite d'empoisonnement, soit par suite d'actes de violence directement exercés contre eux. Lorsque l'animal survit, ou même lorsqu'il meurt par suite d'un fait qui ne constitue ni un empoisonnement, ni un acte de violence nettement caractérisé, le coupable ne peut être poursuivi, ni en vertu de l'article 452, ni en vertu de l'article 453. Le propriétaire des bestiaux ne se trouve alors protégé que par l'article 30, titre 2 de la loi de 1791 et par les articles 475 n° 7, 479 n°s 2 et 3 et 480 du Code pénal.

488. — L'article 30, titre 2 de la loi des 28 septembre-6 octobre 1791 réprime toute espèce de blessures faites méchamment et de dessein prémédité à des bestiaux appartenant à autrui. Il a été jugé que cet article est

(1) Nous examinerons un peu plus loin les cas dans lesquels la destruction de ces animaux pourrait être considérée comme ayant été nécessaire.

encore en vigueur (Cass., 5 février 1818). Il porte que
toute personne convaincue d'avoir, de dessein prémédité, méchamment, sur le territoire d'autrui, *blessé* (1)
des bestiaux, sera condamné à une amende double de
la somme du dédommagement et pourra être détenu
un mois. La détention peut être du double si le délit a
été commis la nuit, ou dans une étable ou dans un
enclos rural. C'est cette disposition qui a permis de
réprimer le fait d'un individu qui avait administré à des
vaches paissant dans le champ de leur maître des pommes de terre renfermant des épingles crochetées (Aix.
15 janvier 1874).

489. — L'article 30 de la loi de 1791 suppose un
acte de méchanceté. Les articles 475 n° 7, 479 n°s 2 et
3 et 480 du Code pénal supposent au contraire de simples faits d'imprudence. L'article 479 n° 2 édicte une
amende de onze à quinze francs, à laquelle s'ajoutera
un emprisonnement de cinq jours en cas de récidive,
contre celui qui aura occasionné la mort ou la blessure
des bestiaux appartenant à autrui par l'effet de la divagation des fous ou d'animaux malfaisants ou féroces,
ou par la rapidité, la mauvaise direction ou le chargement excessif des voitures ou chevaux. Le propriétaire
d'un chien qui s'attaque aux passants ou aux animaux
et qui n'est pas tenu renfermé tomberait sous l'application de cet article en cas de dommages (Cass., 8 novembre 1867). Il en serait de même du charretier qui
aurait fait prendre à son attelage une allure excessive et
qui aurait par là occasionné la mort ou la blessure de
bestiaux appartenant à autrui.

L'article 475, n° 7 a été rédigé dans le même ordre

(1) Le texte vise également le cas où les animaux ont été *tués*, mais sur
ce point il a été abrogé par l'article 453 du Code pénal, et il n'y a plus
lieu de s'en occuper.

d'idées : son but a été de prévenir les dommages qui résulteraient de la divagation des fous et des animaux malfaisants en interdisant cette divagation lors même qu'elle n'a produit aucun accident. La peine consiste dans une amende de six francs à dix francs et dans un emprisonnement de cinq jours au plus en cas de récidive. Elle est, d'ailleurs, indépendante de celles que feraient encourir les contraventions aux règlements administratifs, et notamment aux réglements sur la circulation des chiens, s'il en avait été pris dans la commune.

Quant à l'article 479, n° 3, il se réfère à une hypothèse un peu différente. Il suppose que la mort ou la blessure des animaux a été causée par l'emploi d'armes sans précaution ou avec maladresse, ou (c'est l'hypothèse qui se réalise le plus fréquemment), par le jet de pierres ou d'autres corps durs. La peine est la même que celle prévue par le n° 2 du même article. Mais, aux termes de l'article 480, la peine de l'emprisonnement peut être prononcée dans ce cas pendant cinq jours au plus, suivant les circonstances, dès la première condamnation, et sans qu'il soit besoin d'attendre la récidive.

§ II. — Dommages causés aux animaux domestiques.

490. — On entend par animaux domestiques tous ceux qui vivent, s'élèvent, sont nourris et se reproduisent sous le toit de l'homme et par ses soins : tels sont les chiens, les chats, les pigeons de volière, les animaux de basse-cour (Cass., 17 août 1822) etc. On a même soutenu que les abeilles devaient être considérées comme des animaux domestiques, mais cette prétention a été repoussée avec raison (Toulouse, 3 et 30 mars 1876).

Lorsque ces animaux ont été tués ou empoisonnés sans nécessité (1), la peine varie suivant que le délit a été commis chez le propriétaire de ces animaux, ou dans tout autre lieu. Dans le premier cas, la peine consiste dans un emprisonnement de six jours au moins et de six mois au plus et dans une amende qui ne peut excéder le quart des restitutions ni être inférieure à seize francs. Lorsqu'il y a eu violation de clôture, le maximum de la peine doit toujours être prononcé (articles 454 et 455). Dans le second cas, la peine consiste uniquement dans l'amende de onze à quinze francs fixée par l'article 479, n° 1 du Code pénal et dans l'emprisonnement de cinq jours en cas de récidive : l'infraction rentre alors simplement parmi les dommages causés volontairement aux propriétés mobilières d'autrui (Cass., 21 décembre 1866). Si les peines sont sensiblement différentes, c'est que les actes qu'elles ont eu pour but de réprimer sont profondément dissemblables : le fait d'aller tuer chez son voisin les animaux qu'il possède, et le fait de les détruire chez soi lorsqu'ils se livrent à des incursions dommageables ne peuvent être assimilés en aucune manière au point de vue de leur criminalité.

Lorsque les animaux n'ont pas été tués, mais seulement blessés, l'article 30, titre 2 de la loi de 1791 est alors applicable si ces blessures ont été faites méchamment, de dessein prémédité, et sur le terrain d'autrui. Sinon, le coupable n'encourrait que l'application de la peine prévue par l'article 479, n° 1 du Code pénal (Cass., 7 juillet 1871).

491. — Il faut, pour que ces différentes peines puis-

_____

(1) La Cour de cassation a donné au mot *tué* qui se trouve dans l'article 454 un sens large ; ce mot prévoit toute espèce de destruction (Cass., 14 mars 1861).

sent être prononcées, que les animaux aient été tués ou blessés *sans nécessité*. L'article 454 fait lui-même cette réserve pour le cas le plus grave, celui dans lequel les animaux ont été tués chez celui à qui ils appartiennent, et il n'est pas douteux que la réserve s'applique à plus forte raison dans le cas où les dispositions de l'article 479, n° 1 sont seules applicables (Cass., 25 janvier 1873).

L'appréciation de cette nécessité est différente, suivant la catégorie à laquelle appartiennent les animaux tués ou blessés.

Pour les chiens, cette appréciation a été abandonnée aux tribunaux par la loi. On a considéré comme licite la destruction de chiens au moyen de pièges tendus dans un jardin clos de murs où ils causaient depuis quelque temps du dommage (Cass., 7 juillet 1871). Il n'y a pas non plus de contravention dans le fait de celui qui tue le chien d'autrui au moment où, dans sa maison, ce chien porte atteinte à sa propriété. Il a été jugé au contraire qu'un propriétaire de bois non clos qui avait semé sur son terrain des boulettes empoisonnées dans le but d'atteindre les chiens des chasseurs aussi bien que les loups et les renards avait encouru l'amende prévue par l'article 479, n° 1 du Code pénal (Compiègne, 3 juin 1873).

En ce qui concerne les pigeons et les volailles, la loi de 1791, confirmée par celle du 4 avril 1889, a posé des règles spéciales. D'après l'article 4 de cette dernière loi, lorsque des volailles causent des dommages sur une propriété, le propriétaire ou fermier peut les tuer, mais seulement sur les lieux au moment du dégât. Le droit de tuer implique celui d'empoisonner (Cass., 7 mai 1868). En conséquence, celui qui répand des substances vénéneuses sur un terrain lui appartenant et dans lequel les poules d'un voisin viennent habituellement faire des incursions dommageables, doit être considéré comme n'ayant fait que protéger ses récoltes. Le droit reconnu au propriétaire ou fermier par les dispositions législatives que nous venons de citer peut également s'exercer à l'encontre d'oies, canards ou cygnes qui, venant d'une propriété voisine, détruiraient le frai ou les alevins d'un canal ou d'un étang (Cass., 26 décembre 1868). Mais pour qu'il puisse être fait légitimement usage de ce droit de destruction, il ne suffit pas de la seule présence des volailles d'autrui sur le terrain ou dans les eaux dont le propriétaire ou fermier a intérêt à les éloigner, bien qu'il résulte de cette présence un péril imminent; il faut qu'il y ait un dommage actuel à faire cesser. A défaut de cette condition, l'article 479, n° 1 serait applicable (Cass., 16 janvier 1875).

492. — Le droit de tuer les volailles ne donne pas le droit de se les approprier : elles doivent être rendues à leur propriétaire ou tout au moins laissées sur place.

Les mêmes règles sont applicables aux pigeons (Cass., 9 janvier 1868). Leur enlèvement pourrait, comme celui des volailles, être déclaré constitutif du vol, si les circonstances du fait révélaient une intention de fraude, par exemple si les pigeons avaient été, par celui qui venait de les tuer, dissimulés sous ses vêtements. Toutefois, pendant le temps de la clôture des colombiers, qui est fixé chaque année, pour tout le département ou séparément pour chaque commune, par arrêté du préfet pris après avis du conseil général, les propriétaires et fermiers peuvent tuer et s'approprier les pigeons qui seraient trouvés sur leurs fonds, lors même qu'ils n'y causeraient aucun dommage (articles 6 et 7 de la loi du

4 avril 1889). Pendant ce temps, les pigeons sont considérés comme un véritable gibier.

§ III. — Infractions a la loi sur la police sanitaire des animaux.

493. — On peut causer du dommage aux animaux autrement qu'en leur portant des coups : il suffit pour cela de les mettre ou de les laisser en contact avec d'autres animaux atteints de maladies contagieuses. La loi du 21 juillet 1881 sur la police sanitaire des animaux domestiques a établi dans ce cas un assez grand nombre de pénalités. L'examen de cette loi ne pourrait être fait utilement en ce moment, car son application a été confiée à l'autorité administrative, et il importe de ne pas séparer l'étude des pénalités qu'elle établit de l'étude de la manière dont elle fonctionne. Nous ferons connaître cette loi avec les développements que le sujet comporte, dans notre second volume.

§ IV. — Infractions a la loi Grammont.

494. — Cette loi, qui a été promulguée le 2 juillet 1850, et à laquelle on a donné le nom de son principal auteur, a eu pour but de réprimer les mauvais traitements infligés aux animaux par leurs propriétaires ou par les personnes auxquelles ils en ont confié le soin ou la conduite. Elle ne contient qu'un seul article, d'après lequel sont punis d'une amende à cinq à quinze francs, et pourront l'être d'un emprisonnement d'un à cinq jours ceux qui auront exercé *publiquement* et *abusivement* de mauvais traitements envers les animaux domestiques. La

peine de la prison doit toujours être appliquée en cas de
récidive.

Il ne s'agit plus ici de réprimer des actes dommageables à autrui, mais d'éviter aux animaux des souffrances
inutiles et de punir les brutalités excessives. Les peines
ci-dessus ne s'appliquent que lorsque les mauvais traitements ont été exercés en public : lorsqu'ils le sont
dans l'intérieur des habitations, leur auteur ne peut
être ni recherché ni poursuivi. La loi suppose d'ailleurs
des actes de violence injustifiables et absolument abu-
sifs. D'après un arrêt de la Cour de cassation, du
14 mai 1868, le fait qui consiste, de la part d'un gar·
çon boucher, à mener son cheval ventre à terre et à le
fouetter à tour de bras, de telle manière que la sueur
dégouttait de tout son corps et qu'il n'avait pas un poil
de sec, ne constitue pas un mauvais traitement dans le
sens de la loi du 2 juillet 1850. Ce que la loi prohibe,
ce sont les actes de brutalité que rien ne justifie; or
l'allure désordonnée imprimée à un cheval peut avoir sa
raison d'être. Les mauvais traitements s'entendent d'ailleurs non seulement des actes directs de violence, mais
de tout acte volontaire ayant pour but d'occasionner des
souffrances aux animaux (Cass., 22 août 1857). Telle
serait la privation de boisson par exemple.

En dépit de la généralité des expressions dont la loi
s'est servie, la Cour de cassation a décidé le 4 avril
1853, en s'inspirant de l'intention des auteurs de cette loi,
qu'elle ne s'appliquait pas aux personnes étrangères, se
servant accidentellement d'un animal domestique, mais
seulement au propriétaire de cet animal et à ses préposés. D'après le paragraphe final de l'article unique
de la loi, les circonstances atténuantes peuvent toujours être appliquées.

La loi du 2 juillet 1850 est aujourd'hui passée dans

les mœurs, et elle a reçu, particulièrement à l'égard des chevaux, de nombreuses applications.

IV. — *Délits consistant dans l'altération ou la falsification de certains produits ruraux.*

495. — Il ne suffisait pas d'assurer la conservation des récoltes; il fallait encore pourvoir à ce que leur vente pût se faire dans des conditions avantageuses. De là un certain nombre de dispositions pénales qui ont eu pour but, soit de réprimer, soit de prévenir les tromperies sur la nature, la qualité ou la quantité de la chose vendue. Il est intervenu dans ce but, le 27 mars 1851, une loi qui interdit sous des peines sévères : 1° la falsification des denrées; 2° la vente des denrées falsifiées; 3° leur possession, sans motifs légitimes, dans des magasins ou autres lieux de vente; 4° la tromperie sur la quantité.

Une seconde loi, du 4 février 1888, réprime les fraudes dans le commerce des engrais.

Une autre loi, du 14 mars 1887, complétée par un règlement d'administration publique du 8 mai 1888, a eu pour but de réprimer les fraudes dans le commerce des beurres.

Enfin une dernière loi, du 14 août 1889, a eu pour objet d'indiquer au consommateur la nature du produit livré à la consommation sous le nom de vin et de prévenir les fraudes dans la vente de ce produit.

Nous étudierons successivement les règles applicables : 1° aux falsifications de denrées en général, ainsi qu'à la vente et à la possession sans motifs légitimes de denrées falsifiées; 2° aux fraudes dans le commerce des engrais; 3° aux fraudes dans le commerce des beurres; 4° aux fraudes dans le commerce des vins.

§ I. — Des falsifications en général.

496. — Les falsifications de denrées ont été l'objet de dispositions fort anciennes. Déjà, en 1775, un arrêt du Parlement de Rouen, rendu le 27 janvier, punissait ceux qui mettaient de la céruse dans les vins, cidres, bières, etc. Un second arrêt, du 27 juillet de la même année, établissait certaines peines contre ceux qui mettent des ingrédients ou corps étrangers dans le cidre.

Le Code pénal remplaça ces dispositions par celles de l'article 423, de l'article 475 n°s 6 et 14, et de l'article 477. Mais ces dernières dispositions étaient insuffisantes : elles ne prévoyaient pas tous les cas, et la sanction était trop molle. De là, la loi du 27 mars 1851 : son but a été de rendre plus efficace la répression de certaines fraudes dans la vente des marchandises. Rendue applicable aux ventes de boissons par une loi du 5 mai 1855, elle constitue, avec les articles 423 et 477 du Code pénal, la législation de droit commun en la matière.

Le premier des délits qu'elle réprime, c'est le délit de falsification des denrées.

Toute falsification ne tombe pas sous le coup de ses dispositions. Il n'en est ainsi qu'autant que les produits falsifiés sont destinés à être vendus, et qu'il s'agit de denrées alimentaires ou médicamenteuses, comme le vin, le cidre, le lait, la bière, le blé, le seigle, etc. Peu importe au législateur que le propriétaire d'une denrée la dénature s'il n'entend la faire servir qu'à son usage personnel. Mais la falsification s'entend dans un sens très large. On considère comme constituant une

falsification tout mélange frauduleux détériorant la substance d'une denrée au préjudice de l'acheteur, lors
même qu'il ne modifierait pas la nature de la marchandise et ne ferait qu'en altérer la qualité. Il en est
ainsi notamment : de l'addition au lait ou au vin d'une
certaine quantité d'eau (Cass., 2 mars 1855 et 20 mars
1885); du mélange de farine de seigles, maïs ou hari-
cots, avec de la farine de blé (Cass., 11 mars 1859); de
tout mélange ou coupage de boissons, même autorisé
par les usages du commerce, s'il a été fait avec déloyauté
et intention de tromper le consommateur (Cass., 24 juillet 1853). On a admis également qu'il y avait falsification dans le mélange de piquette de raisins secs avec le
vin annoncé par des étiquettes et par des prospectus
comme vin naturel (Cass., 5 novembre 1885) ainsi que
dans toute altération de boissons par l'addition d'un liquide étranger (Cass., 12 juillet 1855). Il en serait de
même de l'addition du plâtre si elle avait eu lieu dans
des proportions telles qu'il fût impossible de la considérer comme constituant l'emploi normal d'un procédé
de fabrication du vin (1).

Le délit de falsification de substances ou denrées alimentaires est puni des peines suivantes : emprisonnement pendant trois mois au moins, un an au plus;
amende qui ne peut excéder le quart des restitutions et
dommages-intérêts ni être au dessous de cinquante
francs; saisie et confiscation des objets falsifiés. Lorsque ces objets sont propres à un usage alimentaire, le
tribunal peut les mettre à la disposition de l'adminis-

---

(1) Deux circulaires du ministre de la Justice, en date des 27 juillet 1880
et 25 août 1886, avaient invité les membres du Parquet à poursuivre les
viticulteurs qui ajouteraient à la vendange plus de deux grammes de sul-
fate de potasse par litre; mais ces circulaires ne paraissent pas avoir reçu
d'exécution.

tration pour être attribués aux établissements de bienfaisance. Sinon, ils sont détruits ou répandus aux frais
du condamné, et devant l'établissement ou domicile de
celui-ci, si le tribunal le juge utile. Le tribunal peut, en
outre, ordonner l'affichage du jugement dans les lieux
qu'il désignera et sa publication intégrale ou par extrait
dans certains journaux, le tout aux frais du condamné.
Cette publication et cet affichage sont généralement ordonnés; il n'en est autrement que s'il existe dans l'affaire des circonstances exceptionnellement atténuantes.
En cas de récidive, c'est-à-dire de condamnation dans
les cinq années qui ont précédé le délit, la peine d'emprisonnement et celle de l'amende sont notablement
élevées. Toutes ces règles se trouvent contenues dans
l'article 4 de la loi du 27 mars 1851.

Lorsque la falsification est nuisible à la santé, l'amende
est de 50 à 500 francs, à moins que le quart des restitutions et dommages-intérêts n'excède cette dernière
somme, et l'emprisonnement est de trois mois à deux
ans. Cette aggravation des peines a lieu lors même que
la falsification nuisible serait connue de l'acheteur ou
consommateur.

497. — La vente de denrées ou substances falsifiées
constitue le second délit prévu par la loi du 27 mars
1851. Le Code pénal n'avait puni que la tromperie portant sur la *nature* de la marchandise vendue (article
423); pour que cet article pût être appliqué, il fallait
que la chose eût été altérée de telle sorte que sa nature
première eût disparu. On considérerait comme constituant
le délit de tromperie sur la *nature* de la marchandise
la livraison de bottes de foin, par exemple, dont l'intérieur contiendrait un fourrage avarié et parvenu à l'état
de fumier (Cass., 4 juillet 1862), ou la vente, comme excellentes et fécondes, de graines de vers à soie stériles et

improductives (Cass., 15 février 1866). Mais la livraison de sacs de blé dont la partie supérieure offrirait du blé de meilleure qualité que la partie inférieure ne serait pas regardée comme constituant à proprement parler une tromperie sur la *nature* de la marchandise. Cet acte ne donnerait donc lieu à aucune peine si la loi du 27 mars 1851 n'avait pas assimilé aux tromperies sur la *nature* de la marchandise la vente ou la mise en vente de denrées que le vendeur sait falsifiées ou corrompues (1). Les peines sont celles que nous avons mentionnées au numéro précédent.

498. — Le troisième délit prévu par la loi du 27 mars 1851 consiste dans la possession sans motifs légitimes de ces denrées dans des magasins, boutiques, ateliers ou maisons de commerce, ou dans les halles, foires ou marchés. La peine est beaucoup moindre : elle consiste dans une amende de 16 francs à 25 francs et dans un emprisonnement de six à dix jours, ou dans l'une de ces deux peines seulement, suivant les circonstances. Lorsque la substance falsifiée est nuisible à la santé, l'amende peut être portée à 50 francs, et l'emprisonnement à quinze jours (article 3 de la loi). Ces dispositions ne sont applicables que si celui qui a les denrées dans ses magasins, ateliers, etc., les sait être falsifiées ou corrompues.

499. — Quant à la tromperie ou tentative de tromperie sur la *quantité* de la chose vendue, soit au moyen de faux poids ou de fausses mesures, soit par des indications, manœuvres ou procédés frauduleux, elle donne lieu à l'application des peines prévues pour le cas de falsification. Ainsi, le marchand qui mêle frauduleusement du sable à la graine qu'il va livrer, afin d'en augmenter le poids (Cass., 4 juin 1869); le boulanger

(1) D'après la jurisprudence, l'échange de ces marchandises donnerait lieu à l'application des mêmes peines.

qui met en vente des pains d'un poids inférieur à celui que leur forme indique d'après l'usage des lieux ou d'après un arrêté municipal (Cass., 12 décembre 1856; 14 juillet 1860; 4 mars 1864), encourent les pénalités que nous avons indiquées ci-dessus.

Ces pénalités ne font pas obstacle, d'ailleurs, à l'application de dispositions plus rigoureuses, et notamment de celles qui sont relatives à l'escroquerie, lorsque les conditions constitutives de ce délit, telles qu'elles sont indiquées par l'article 405 du Code pénal, se trouvent réunies (Cass., 10 décembre 1858).

§ II. — DES FRAUDES DANS LE COMMERCE DES ENGRAIS.

500. — En ce qui concerne le commerce des engrais, ces dispositions étaient insuffisantes, et, jusqu'en 1867, la fraude put impunément, en cette matière, se donner libre carrière. Il ne pouvait être sérieusement question de réprimer la falsification des engrais au moyen de la loi du 27 mars 1851 qui prévoit spécialement la falsification des denrées alimentaires ou médicamenteuses. On avait essayé de recourir, d'une part, à l'article 8 de la loi du 23 juin 1857 sur les marques de fabrique, qui interdit l'usage de marques portant des indications propres à tromper l'acheteur sur la *nature* du produit, et d'autre part à l'article 423 du Code pénal, qui punit la tromperie sur la *nature* de toute espèce de marchandises. Mais la jurisprudence avait démontré l'inanité de ces efforts. Pour que l'application de ces articles puisse être encourue, il faut que la falsification ait altéré, non seulement la *qualité* du produit, mais sa *nature* même, son *essence*, son *identité;* il faut que la chose ait été donnée frauduleusement pour ce qu'elle

n'a jamais été (Cass., 30 décembre 1859), ou que par le mélange dont elle a été l'objet elle se trouve tellement altérée que sa nature première a disparu et qu'elle a été rendue impropre à l'usage auquel elle était destinée. Il suffisait donc de ne pas pousser la fraude jusque-là pour qu'elle demeurât impunie. La Cour de cassation avait dû reconnaître que la vente d'engrais indiqués comme contenant 60 % de phosphate de chaux alors qu'ils n'en contenaient réellement que 40 % ne constituait pas le délit de tromperie sur la *nature* du produit (arrêt précité). Elle avait, il est vrai, considéré comme tombant sous le coup de l'article 423 du Code pénal la vente d'engrais ne contenant qu'*un dixième* seulement de substances fertilisantes, parce que dans ce cas on pouvait dire que la *nature* première de la chose vendue avait disparu, et que les éléments étrangers qui y avaient été mélangés lui avaient enlevé son caractère propre et ses effets (Cass., 22 février 1861). Elle avait également réprimé (23 août 1861) le fait d'avoir enfermé dans des sacs vendus comme contenant 100 kilogrammes d'engrais une certaine quantité de matières inertes parce que, dans ce cas, la tromperie pouvait être considérée comme portant sur la *quantité* des choses vendues, et tombait ainsi sous le coup de l'article 423 qui assimile la tromperie sur la *quantité* à la tromperie sur la *nature* de la marchandise. La répression n'en était pas moins fort incertaine. Plusieurs préfets imaginèrent alors de réglementer par des arrêtés la vente de ces substances. Des écriteaux devaient en indiquer les différents éléments; des inspecteurs, vérifier les magasins où elles se débiteraient. Mais la Cour de cassation déclara ces arrêtés illégaux, et il fallut recourir à une loi. Cette loi intervint le 27 juillet 1867. Elle punissait d'emprisonnement et d'amende : 1° ceux qui, en vendant ou met-

tant en vente des engrais, tromperaient ou tenteraient
de tromper l'acheteur, non seulement sur leur *nature,*
mais sur leur *composition,* leur *dosage,* leur *provenance,* ou leur *nom;* 2° ceux qui, sans avoir prévenu
l'acheteur, vendraient ou tenteraient de vendre des engrais ou des amendements qu'ils sauraient être falsifiés,
altérés ou avariés.

501. — Les fraudeurs trouvèrent le moyen de tourner
la loi du 27 juillet 1867. Ses dispositions n'étaient pas
assez précises. Elle fut modifiée le 4 février 1888. La loi
nouvelle contient, indépendamment de dispositions répressives analogues à celles qui se trouvaient déjà contenues dans la loi de 1867, un certain nombre de prescriptions qui ont pour but de prévenir la fraude. On a
considéré qu'il était indispensable que le cultivateur,
avant de faire emploi de l'engrais acheté, pût s'assurer
qu'il renferme bien les éléments fertilisants qu'il demande ou dont il a besoin. A cet effet, la loi impose au
vendeur l'obligation de fournir à l'acheteur une facture
indiquant la composition et la provenance de l'engrais
vendu. Muni de cette facture, l'acheteur pourra faire
procéder immédiatement à l'analyse des substances fertilisantes, et si l'engrais est reconnu falsifié, dénoncer le
vendeur. C'est le système de la *facture obligatoire* (1).

502. — Les dispositions d'ordre purement répressif
qui se trouvent contenues dans la loi du 4 février 1888
sont les suivantes. D'après l'article 1er, sont punis d'un
emprisonnement de six jours à un mois et d'une amende
de cinquante francs à deux mille francs, ou de l'une de
ces deux peines seulement, suivant la gravité des circonstances, ceux qui en vendant ou en mettant en vente

(1) Toutefois les indications prescrites peuvent être également fournies,
au gré des vendeurs, dans le contrat même ou dans le double délivré à l'a-
cheteur au moment de la vente.

des engrais ou amendements, auront trompé ou tenté de tromper l'acheteur, soit sur leur nature, leur composition ou le dosage des éléments utiles qu'ils contiennent, soit sur leur provenance, soit par l'emploi pour les désigner ou les qualifier, d'un nom qui, d'après l'usage, est donné à d'autres substances fertilisantes. En cas de récidive dans les trois ans, la peine peut être élevée à deux mois de prison et à quatre mille francs d'amende. Les tribunaux peuvent toujours, en outre des peines ci-dessus, ordonner que les jugements de condamnation seront publiés dans les journaux qu'ils détermineront, et affichés sur les portes de la maison et des ateliers ou magasins du vendeur, et sur celle des mairies de son domicile et de celui de l'acheteur : en cas de récidive dans les cinq ans, ces publications et affiches sont même toujours prescrites.

Ces peines sont fort graves : elles ne sont cependant pas disproportionnées au préjudice que cause la vente d'engrais falsifiés. On évalue à 5.000.000 de quintaux métriques la consommation annuelle des engrais industriels en France. Le prix de ces engrais n'est pas inférieur à 100.000.000 de francs. La disposition qui permet aux tribunaux d'ordonner la publication et l'affichage du jugement et qui leur en fait même un devoir en cas de récidive contribuera puissamment, sans doute, à la répression de la fraude : la publicité exceptionnelle donnée à la condamnation constitue en pareille matière un supplément de peine plus efficace que la peine elle-même.

503. — Les dispositions d'ordre préventif sont contenues dans les articles 3 et suivants de la loi. L'article 3 exige que le marchand d'engrais fasse connaître à l'acheteur soit dans le *contrat* même, soit dans le *double* délivré à l'acheteur au moment de la vente, soit dans la *facture* remise au moment de la livraison, la provenance natu-

relle ou industrielle de l'engrais ou de l'amendement vendu et sa teneur en principes fertilisants. Toute infraction à l'article 3 est punie d'une amende de onze à quinze francs, et en cas de récidive dans les trois ans la peine de l'emprisonnement pendant cinq jours au plus peut être appliquée. La teneur en principes fertilisants, d'après l'article 4, doit être exprimée par les poids d'azote, d'acide phosphorique et de potasse contenus dans cent kilogrammes de marchandise. Lorsque la vente a lieu, non pas à prix ferme, mais à un prix qui sera déterminé d'après une analyse à faire, l'indication préalable de la teneur exacte n'est pas obligatoire ; mais on y supplée par la mention du prix du kilogramme de l'azote, de l'acide phosphorique et de la potasse contenus dans l'engrais, et par la mention de l'état de combinaison dans lequel se trouvent ces principes fertilisants.

Ces déclarations sont toujours obligatoires, sauf dans un cas. Celui qui vend sous leur dénomination usuelle des fumiers, des matières fécales, des composts, des gadoues ou boues de ville, des déchets de marché, des résidus de brasserie, des varechs et autres plantes marines pour engrais, des déchets frais d'abattoirs, de la marne, des faluns, de la tangue, des sables coquilliers, des chaux, des plâtres, des cendres ou des suies provenant des houilles ou autres combustibles, n'en est pas tenu (article 5). Ce sont là des engrais qu'on vend tels qu'ils se comportent, et sans garantie. Mais c'est la seule exception qui soit admise au principe. Il n'appartient pas à l'acheteur de dispenser le vendeur des déclarations prescrites par l'article 3 : autrement, la dispense serait devenue de style.

Le vendeur d'engrais pourra justifier de l'accomplissement de ces prescriptions par la production du contrat, par l'accusé de réception de l'acheteur, par son copie de lettres, ou par son livre de factures régulièrement tenu à jour.

504. — La loi du 4 février 1888 a, en résumé, établi deux délits distincts en matière de ventes d'engrais : 1° le délit de tromperie, qui existait déjà et qui avait été spécialement prévu par la loi du 27 juillet 1867; 2° le délit de défaut d'indication de la nature ou de la composition de l'engrais, qui est un délit nouveau.

Elle a été complétée par un règlement d'administration publique du 10 mai 1889 qui règle notamment les procédés d'analyse à suivre pour la détermination des matières fertilisantes des engrais.

Il est permis de se demander si l'obligation pour le vendeur d'indiquer dans le contrat même ou dans la facture la provenance de l'engrais, son nom, sa nature et sa teneur en principes fertilisants produira tous les effets qu'en attend le législateur. Cette obligation a en effet pour corollaire indispensable une analyse à laquelle, la plupart du temps, l'acheteur négligera de recourir. Nous avons entendu des personnes autorisées regretter que le législateur n'ait pas imposé au vendeur l'obligation d'indiquer, non seulement sur la facture qui accompagne l'objet vendu, mais sur la marchandise elle-même, lorsqu'elle est exposée et mise en vente, son nom, sa nature, sa provenance et sa composition. Les officiers de police judiciaire auraient pu, à tout moment, faire vérifier l'exactitude d'une déclaration ainsi rendue publique et assurer la sincère application de la loi. Dans ce système, ce n'est pas seulement la *facture* qui aurait été obligatoire, mais encore l'*étiquette*.

Il n'est pas douteux qu'une modification de la loi du 4 février 1888 en ce sens contribuerait puissamment à assurer la répression de la fraude, mais il appartient au législateur seul de l'ordonner.

§ III. — Des fraudes dans le commerce des beurres.

505. — L'expérience a également démontré l'insuffisance de la législation de droit commun à l'égard de la
vente des beurres. Depuis un certain nombre d'années,
les progrès de la science ont mis à la disposition du commerce des substances de nature à remplacer dans une
certaine mesure le beurre naturel. Des industriels peu
scrupuleux ont profité de ces découvertes pour tromper les acheteurs et vendre, comme étant le produit
exclusif du lait, du beurre plus ou moins mélangé
de margarine, d'oléo-margarine ou de graisses alimentaires. Ces fraudes n'avaient pas seulement pour effet
de procurer à ces vendeurs peu scrupuleux des bénéfices illégitimes : elles dépréciaient notablement sur
les marchés étrangers, et notamment sur le marché
anglais, les beurres français qui avaient été jusque-là,
à cause de leur réputation de pureté, l'objet d'une incontestable préférence. Cependant, ni l'article 423 du
Code pénal, ni la loi du 27 mars 1851 ne permettaient d'assurer leur répression. Ce qui faisait obstacle à l'application de l'article 423, c'était l'interprétation qu'il a reçue de la jurisprudence, interprétation
d'après laquelle il n'y a pas tromperie sur la nature
de la marchandise lorsque le mélange qu'elle a subi
ne l'a pas altérée d'une manière essentielle, de façon
à la rendre impropre à l'usage auquel elle était destinée (Cass., 8 avril 1864). Il suffisait donc à l'auteur
de la fraude de ne pas dépasser certaines limites pour
se trouver à l'abri des poursuites et pour mettre entre
l'acheteur et lui un obstacle légal insurmontable. Quant

à l'application des peines prévues par la loi du 27 mars 1851 sur la falsification des denrées, elle rencontrait. sinon un obstacle légal, du moins un obstacle de fait dans la difficulté de reconnaître le mélange de la margarine et du beurre. La loi du 14 mars 1887 a eu pour but de remédier à l'insuffisance de notre législation.

5o6. — Elle contient deux titres renfermant, le premier des dispositions répressives, le second des dispositions préventives.

L'article premier interdit l'exposition, la mise en vente, la vente, l'importation ou l'exportation, *sous le nom de beurre*, de la margarine, de l'oléo-margarine et, d'une manière générale, de toute substance destinée à remplacer le beurre, ainsi que des mélanges de margarine, de graisse, d'huile, et d'autres substances avec le beurre, quelle que soit la quantité qu'en renferment ces mélanges. En un mot, il est interdit de vendre, etc., sous le nom de beurre, autre chose que le produit exclusif du lait (article 1er).

Toute infraction à ces dispositions est punie d'un emprisonnement de six jours à six mois et d'une amende de cinquante à trois mille francs lorsque cette infraction a été commise *sciemment*, c'est-à-dire lorsque son auteur a su que la substance qui se trouvait entre ses mains était falsifiée ou corrompue. Le revendeur de bonne foi échappera donc à l'application de la peine : mais la loi le présume en faute toutes les fois qu'il ne peut indiquer le nom du vendeur ou de l'expéditeur.

L'article 3 prononce la confiscation des substances ou des mélanges frauduleusement vendus, exposés, etc. Ces substances pourront être mises à la disposition des établissements de bienfaisance ou détruites, suivant les règles prescrites par l'article 5 de la loi du 27 mars 1851 pour les marchandises falsifiées.

L'article 4 permet aux tribunaux d'ordonner la publication et l'affichage du jugement.

L'article 5 dispose qu'en cas de récidive dans l'année qui suivra la condamnation, le maximum de l'amende sera toujours appliqué et le jugement toujours publié et affiché.

Pour faciliter la mise à exécution de la loi, le règlement d'administration publique du 8 mai 1888 a conféré spécialement aux employés des contributions indirectes, des douanes et des octrois, ainsi qu'aux agents chargés de la surv eillance des halles et marchés qui seront dûment commissionnés et assermentés, le droit de prélever des échantillons des beurres qui sont exposés, mis en vente, transportés, importés ou exportés, afin d'en vérifier la pureté. Les voituriers, ainsi que les directeurs et agents des compagnies de transport, sont tenus de n'apporter aucun obstacle aux prises d'échantillons : ils doivent même faire connaître le nom et la demeure de la personne dont ils détiennent la marchandise. Les échantillons prélevés sont, en présence du détenteur, enfermés dans des vases ou flacons hermétiquement clos et scellés; ils sont ensuite transmis immédiatement à un des experts chargés par le préfet de cette vérification.

507. — Le titre 2 de la loi impose aux vendeurs, fabricants, expéditeurs, consignataires (1), etc., de margarine, d'oléo-margarine ou de graisses alimentaires, l'obligation de déclarer la nature du produit qu'ils vendent. Il ne suffit pas au marchand au détail, pour échapper aux peines établies par la loi, de s'abstenir de vendre sous le nom de beurre un produit qui n'en serait pas. Il faut, lorsqu'il vend de la margarine, ou un mélange de beurre et de margarine, qu'il en informe expressé-

---

(1) Le dépôt, en matière de commerce, prend le nom de consignation : le consignataire n'est donc autre chose qu'un dépositaire.

ment l'acheteur, qu'il lui fasse connaître que la substance ou le mélange par lui vendu n'est pas du beurre, et qu'il le livre dans un vase, flacon ou enveloppe portant en caractères apparents les mots : margarine, oléo-margarine ou graisse alimentaire (article 6). Celui qui vendrait de la margarine sans indiquer la nature de la chose vendue serait puni d'un emprisonnement de six jours à un mois et d'une amende de vingt-cinq à mille francs, ou de l'une de ces deux peines seulement. Le silence du vendeur constitue à lui seul le délit. En cas de récidive dans l'année qui suit la condamnation, le maximum de l'amende est toujours appliqué (articles 6 et 10).

508. — Le fabricant ou marchand en gros qui expédie ou qui reçoit en dépôt de la margarine ou des produits similaires est tenu, comme le marchand au détail, de les placer dans des fûts ou récipients marqués en caractères apparents imprimés ou creusés au feu, des mots : margarine, oléo-margarine ou graisse alimentaire. En outre, les factures, lettres de voitures, connaissements (1), qui accompagnent les produits de ce genre doivent indiquer que les marchandises ainsi expédiées sont vendues comme margarine, oléo-margarine, graisse alimentaire. Tout voiturier et toute compagnie de transport par terre ou par eau doivent également reproduire ces désignations sur leurs livres, factures et déclarations ou manifestes, sous peine d'une amende de vingt-cinq à cinq cents francs. En cas de récidive dans l'année, le maximum de l'amende serait applicable. C'est le système non plus seulement de la *facture* obligatoire, comme en matière de ventes d'engrais, mais de l'*étiquette* obligatoire.

(1) Le connaissement est la lettre de voiture d'une marchandise expédiée par eau.

Toutes ces règles sont applicables aux beurres importés aussi bien qu'aux beurres destinés à l'exportation. Le législateur a voulu sauvegarder tout à la fois le marché intérieur et le marché extérieur. Quant aux marchandises expédiées en transit, elles ont été l'objet de quelques-unes des dispositions du règlement d'administration publique du 8 mai 1888. Ces marchandises, beurres purs, beurres mélangés, margarines, oléo-margarines, ou graisses alimentaires, doivent être contenues dans des récipients fermés et indiquant en caractères apparents la provenance et la nature de la marchandise. Lorsqu'elles pénètrent sur le territoire français, les récipients qui les contiennent sont pesés, cordés et plombés par la douane, et il est délivré, au voiturier ou à la compagnie de transport par terre ou par eau chargée de les faire transiter, un acquit à caution pour les accompagner jusqu'au bureau de sortie. L'acquit à caution fixe le délai accordé pour la sortie de la marchandise.

Cette législation n'a fait que reproduire les dispositions essentielles d'une loi qui régit l'État de Colombie, et d'une autre loi, promulguée le 1er avril 1885 dans le Danemark. Des dispositions analogues ont été soumises aux Parlements en Angleterre, en Allemagne, et en Hollande.

§ IV. — Fraudes dans le commerce des vins.

509. — La loi du 14 août 1889, qu'on appelle quelquefois loi Griffe, du nom de son promoteur, a un caractère essentiellement préventif. Nous avons vu, en effet, que le mélange de piquette de raisins secs avec le vin annoncé comme naturel constitue, d'après la jurisprudence, le délit

de falsification prévu par la loi du 27 mars 1851, et
qu'il en est de même de toute altération de cette boisson
par l'addition d'un liquide étranger. Il n'était donc pas
nécessaire, pour réprimer les fraudes commises, d'établir de nouvelles peines. Le but de la loi du 14 août 1889
a été surtout d'empêcher de commettre ces fraudes, par
l'organisation d'un système analogue à celui qui protège
le commerce des beurres. A cet effet, l'article 1er pose en
principe que nul ne pourra expédier, vendre ou mettre
en vente, sous la dénomination de *vin*, un produit autre
que celui de la fermentation des raisins frais. Quant
aux *vins de sucre* et aux *vins de raisins secs,* ils ne pourront être expédiés, vendus ou mis en vente que sous la
qualification qui leur est propre, et les fûts ou récipients
les contenant devront porter en gros caractères : *vins de
sucre, vins de raisins secs.* Les mêmes règles s'appliquent au mélange de ces produits avec le vin. La loi définit elle-même le vin de sucre et le vin de raisins secs.
Le vin de sucre est le produit de la fermentation des
marcs de raisins frais avec addition de sucre et d'eau. Le
vin de raisins secs est le produit de la fermentation des
raisins secs avec de l'eau.

Nous retrouvons ici ce que nous avons appelé le système de l'étiquette obligatoire. La facture doit également faire mention de la nature du produit livré : il en
est de même des livres du commerçant, des lettres de
voiture et des connaissements qui suivent la marchandise en cours de route, ainsi que des titres de mouvement délivrés par l'administration des contributions
indirectes. Ces titres de mouvement sont de couleurs
différentes suivant la nature du produit qu'ils accompagnent. Toute infraction aux règles ci-dessus fait
encourir aux délinquants une amende de vingt-cinq à
cinq cents francs et un emprisonnement de dix jours à

trois mois. La peine peut être réduite par l'admission de circonstances atténuantes, mais en cas de récidive la peine de l'emprisonnement doit toujours être prononcée. Les tribunaux peuvent, en outre, ordonner l'impression dans les journaux et l'affichage, aux lieux qu'ils indiqueront, des jugements de condamnation aux frais du condamné. Le dernier article de la loi a pris soin de rappeler que toute addition au vin, au vin de sucre et au vin de raisins secs, soit au moment de la fermentation, soit après, du produit de la fermentation ou de la distillation de figues, caroubes, fleurs de mowra, clochettes, riz, orge et autres matières sucrées constitue la falsification de denrées prévue par la loi du 27 mars 1851. C'est ce que la Cour de cassation avait déjà admis. En conséquence, ceux qui font ces mélanges, ceux qui les vendent, et ceux qui les détiennent sans motifs légitimes dans des magasins ou boutiques, sachant que les denrées sont falsifiées, encourent l'application des peines établies par la loi précitée.

V. — *Délits de chasse.*

510. — La loi du 3 mai 1844 sur la police de la chasse a eu, nous l'avons dit déjà, un triple but : assurer le respect des propriétés, la conservation des récoltes, et la conservation du gibier.

Pour assurer le respect des propriétés, la loi a établi des peines contre celui qui chasserait (1) sur le terrain d'autrui sans consentement du propriétaire, ou qui prendrait

(1) Nous avons indiqué, aux pages 65 et suivantes, ce qu'il faut entendre par chasser.

ou détruirait sur le terrain d'autrui des œufs ou couvées de faisans, de perdrix ou de cailles (1) ou qui, étant fermier de la chasse, soit dans les bois soumis au régime forestier, soit dans les propriétés dont la chasse est louée au profit des communes ou établissements publics, contreviendrait aux clauses et conditions de son cahier des charges relatif à la chasse. La peine prévue est d'une amende de 16 à 100 francs, qui peut être doublée lorsque le délit consiste dans le fait d'avoir chassé sans permission sur le terrain d'autrui non dépouillé de ses fruits, ou lorsque le délit a été commis sur un terrain entouré d'une clôture continue faisant obstacle à toute communication avec les héritages voisins, mais non attenant à une habitation. Si ce terrain attenait en outre à une maison habitée ou servant à l'habitation, le coupable serait puni d'une amende de 50 à 300 francs et pourrait l'être d'un emprisonnement de six jours à trois mois. Si enfin le délit avait de plus été commis pendant la nuit, le délinquant serait puni d'une amende de 100 à 1,000 francs, et pourrait l'être d'un emprisonnement de trois mois à deux ans, sans préjudice, dans l'un et l'autre cas, des peines plus fortes qui pourraient être prononcées par le Code pénal (loi du 3 mai 1844, article 1er, nos 2, 4 et 5, et article 13).

Nous rappelons que dans le cas de chasse sur le terrain d'autrui, le ministère public ne peut exercer la poursuite sans une plainte de la partie lésée : le silence de celle-ci est considéré comme un consentement donné

---

(1) Ce n'est pas commettre un délit que de recueillir des œufs dans l'intérêt de la reproduction du gibier et chez soi, non plus que d'enlever et placer sous des poules couveuses les œufs trouvés dans des nids mis à découvert par les faucheurs. La couveuse ne revenant jamais à un nid découvert, ce serait aller contre le but poursuivi par le législateur que de prescrire de laisser les œufs sur place (Beaune, 30 juillet 1887 ; le Mans, 7 octobre 1887 ; la Flèche, 30 novembre 1887).

après coup. Toutefois, lorsque le délit a été commis sur des terres non encore dépouillées de leurs fruits, ou dans un terrain clos et attenant à une habitation, le délit est alors assez caractérisé pour qu'il soit permis au ministère public de poursuivre d'office. Dans la pratique, les Procureurs de la République n'usent de cette faculté qu'avec une grande réserve : lors même, en effet, qu'il est accompagné des circonstances aggravantes indiquées ci-dessus, le délit ne résulte jamais que de l'absence de consentement du propriétaire (article 26).

511. — Pour assurer la conservation des récoltes, la loi a limité le temps pendant lequel il serait permis de chasser, et limité le nombre des chasseurs. D'après l'article 3, les préfets déterminent, par des arrêtés pris au moins dix jours à l'avance, l'époque de l'ouverture et celle de la clôture de la chasse. Nul ne peut chasser, lorsque la chasse n'est pas ouverte, sauf dans ses possessions attenantes à une habitation et entourées d'une clôture continue faisant obstacle à toute communication avec les héritages voisins, ce qui s'entend d'une clôture tellement parfaite qu'il soit impossible de s'introduire, par un moyen ordinaire, dans la propriété (articles 1, 2 et 3). Celui qui chasse en temps prohibé est puni d'une amende de 50 à 200 francs et peut l'être, en outre, d'un emprisonnement de six jours à deux mois (article 12).

512. — Pour assurer autant que possible l'exécution des prescriptions administratives qui ordonnent la fermeture de la chasse, et pour aider à la répression du braconnage, la loi a interdit formellement de vendre, de mettre en vente, *d'acheter*, de transporter ou de colporter le gibier pendant le temps où la chasse n'est pas permise, sous les peines indiquées ci-dessus. Ainsi le marchand de comestibles qui revend ce gibier, la ménagère qui l'achète,

s'exposent à une amende qui peut s'élever à 200 francs et à un emprisonnement qui peut aller jusqu'à deux mois. En outre, le gibier est saisi et immédiatement livré à l'établissement de bienfaisance le plus voisin, en vertu, soit d'une ordonnance du juge de paix, soit d'une autorisation du maire, suivant que la saisie a été pratiquée au chef-lieu du canton, ou dans une autre commune. Il peut même être recherché à domicile chez les aubergistes et chez les marchands de comestibles, qui sont les recéleurs ordinaires du gibier en temps prohibé, et dans les lieux ouverts au public (article 4). L'interdiction de la mise en vente, du colportage, etc., du gibier en temps prohibé est générale ; elle s'applique même au gibier dont la provenance serait légitime et qui aurait été tué, dans un terrain clos et attenant à une habitation, par le propriétaire ou ses ayants droit. Si l'excuse fondée sur la provenance du gibier avait pu être admise, l'application de l'article 4 serait devenue impossible.

513. — Lors même, d'ailleurs, que la chasse est ouverte, il n'est pas permis de chasser à toute heure. La loi interdit de chasser la nuit, c'est-à-dire avant que le soleil soit levé ou après son coucher. C'est commettre un délit que de chasser à l'aube, avant que le soleil se soit montré à l'horizon, ou au crépuscule, pendant les dernières lueurs qui suivent sa disparition. La peine est la même que pour celui qui chasse en temps prohibé (article 12, n° 2).

514. — Le droit qui appartient aux préfets de déterminer l'époque de l'ouverture et de la clôture de la chasse n'est pas le seul qui leur ait été conféré dans le but d'assurer la conservation des récoltes. Il leur appartient également, sur l'avis des conseils généraux, de déterminer l'époque de la chasse des oiseaux de passage,

autres que la caille (1), la nomenclature de ces oiseaux, et les modes et procédés de chasse pour les diverses espèces. Il leur appartient aussi de prendre des arrêtés pour prévenir la destruction des oiseaux ou pour favoriser leur repeuplement (article 9 modifié par la loi du 22 janvier 1874). L'amende, dans ces deux cas, est de 16 à 100 francs (article 11, nᵒ 3).

Enfin, la loi, dans le même article, les a chargés de déterminer les espèces d'animaux malfaisants ou nuisibles que le propriétaire, possesseur ou fermier, pourra détruire en tout temps sur ses terres, et les conditions d'exercice de ce droit. Le but de cette dernière disposition est également d'assurer la protection des récoltes. Seulement, au lieu de protéger celles-ci contre les dévastations résultant du fait de l'homme, il s'agit de les protéger contre les déprédations des animaux. Nous retrouverons cette disposition de l'article 9 de la loi du 3 mai 1844 dans notre second volume : elle se rattache à la police rurale, et à l'étude des conditions dans lesquelles l'autorité administrative peut pourvoir à la destruction des animaux nuisibles.

515. — Nous avons dit plus haut que la loi du 3 mai 1844 avait cherché à limiter le nombre des chasseurs : c'est dans ce but que le permis de chasse a été rendu obligatoire. D'après l'article 1ᵉʳ de la loi, nul ne peut chasser s'il ne lui a été délivré un permis de chasse par l'autorité compétente. Ceux qui chassent sans permis sont punis d'une amende de 16 à 100 francs, à moins que le fait de chasse n'ait lieu dans un terrain attenant à une habitation et entouré de clôture faisant obstacle à toute communication avec les héritages voisins.

516. — Il ne suffit pas de demander un permis de

(1) La caille est toujours considérée comme un gibier ordinaire.

chasse pour l'obtenir. La loi donne au sous-préfet (c'est lui qui dans l'état actuel de la législation délivre les permis de chasse) le droit de le refuser dans certains cas, et lui en impose même l'obligation dans certains autres, notamment en cas de condamnation (articles 6, 7 et 8).

Le permis de chasse doit être renouvelé annuellement. Il doit être demandé par l'intermédiaire du maire de la commune dans laquelle l'impétrant a son domicile ou sa résidence. Le maire est appelé à donner son avis. La délivrance du permis donne lieu au paiement d'une somme de 28 francs, dont 10 au profit de la commune.

517. — Les prescriptions ci-dessus doivent incontestablement être rangées parmi celles qui ont pour but la protection des récoltes, parce que tel a été leur objet principal, mais il n'échappera certainement pas qu'elles sont de nature à exercer en même temps une influence considérable sur la conservation du gibier.

Il nous reste à indiquer brièvement les prescriptions qui ont été spécialement édictées dans ce dernier but.

518. — Pour assurer la conservation du gibier, la loi du 3 mai 1844 a limité les procédés de chasse, et elle a conféré aux préfets le droit de prendre certains arrêtés.

En ce qui touche les procédés de chasse, elle les a réduits à deux : la chasse à tir et la chasse à courre, à cor et à cris. Tous les autres moyens de chasse, à l'exception des furets et des bourses destinés à prendre les lapins, sont formellement interdits.

Il est défendu, notamment, de chasser à l'aide de filets, d'engins ou d'instruments, comme les pièges ou les trappes; de détenir ces mêmes objets; d'employer des drogues ou appâts de nature à enivrer le gibier ou à le détruire; de chasser avec des lévriers ou avec des appeaux, appelants ou chanterelles; le tout sous peine d'une amende de 50 à 200 francs, et si le juge le croit utile, d'un emprisonnement de six jours à deux mois (article 12). Ces peines peuvent être portées au double contre ceux qui auront chassé la nuit sur le terrain d'autrui et à l'aide de filets ou autres engins, si les chasseurs étaient munis d'une arme apparente ou cachée. Le dernier paragraphe du même article édicte en outre une aggravation de ces peines lorsque le délit a été commis par les gardes-champêtres, ou par les gardes forestiers.

519. — C'est aussi pour assurer la conservation du gibier que la loi du 3 mai 1844 a donné aux préfets le droit de régler le temps pendant lequel il sera permis de chasser le gibier d'eau dans les marais, sur les étangs, fleuves et rivières, ainsi que d'interdire la chasse pendant les temps de neige.

Les arrêtés préfectoraux qui interdisent la chasse en temps de neige n'emportent pas la prohibition de vendre et d'acheter du gibier pendant le même temps : cette prohibition, qui ne pourrait être établie que par une loi, a été restreinte par l'article 4 de la loi de 1844 au cas de chasse en temps prohibé. Mais les arrêtés dont il s'agit sont permanents et n'ont pas besoin d'être renouvelés chaque année. En cas d'infraction aux arrêtés concernant le gibier d'eau, ainsi que la chasse en temps de neige, la peine consiste dans une amende de 16 à 100 francs.

520. — Avant de quitter la loi du 3 mai 1844 sur la chasse, il nous reste à faire connaître quelques traits particuliers de cette législation.

D'après l'article 14, les peines prévues pour les différents délits de chasse mentionnés ci-dessus peuvent être portées au double si le délinquant était en état de récidive, c'est-à-dire si dans les douze mois précédents il a été condamné pour délit de chasse; s'il était déguisé ou masqué; s'il a pris un faux nom; s'il a usé de violences envers les personnes et s'il a fait des menaces.

La confiscation des filets, engins, et autres instruments de chasse, est de droit. Tout jugement de condamnation doit la prononcer, et ordonner en outre la destruction des instruments prohibés.

La confiscation des armes est également prononcée, excepté dans le cas où le délit a été commis par un individu muni d'un permis de chasse, dans le temps où la chasse est autorisée. Si les armes, filets, engins, etc., n'ont pas été saisis, le délinquant sera condamné à les représenter ou à en payer la valeur, laquelle ne sera pas au-dessous de 50 francs (art. 16). Les tribunaux peuvent en outre priver le délinquant du droit d'obtenir un permis de chasse pour un temps qui n'excédera pas cinq ans (art. 18).

Les articles 10 et 19 portent qu'une partie des amendes sera remise aux gardes ou gendarmes qui auront constaté le délit, et que le surplus sera attribué aux communes sur le territoire desquelles les infractions auront été commises.

Enfin l'article 463 sur les circonstances atténuantes n'est jamais applicable.

VI. — *Délits forestiers.*

521. — Nous avons déjà vu que le défrichement d'un bois, lorsqu'il est opéré par le propriétaire contrairement aux prescriptions des articles 219 et suivants du Code forestier constitue un grave délit. Les délits forestiers qui nous restent à étudier rentrent dans l'une ou

l'autre des 5 divisions suivantes : 1° Coupe, enlèvement ou mutilation de bois ; 2° Extraction ou enlèvement de menus produits ; 3° Délits de pâturage ; 4° Infractions à certaines mesures d'ordre ; 5° Constructions à distance prohibée.

§ I. — Coupe, enlèvement ou mutilation de bois (1).

522. — La loi a partagé les essences forestières en deux classes : la première comprend les bois durs, c'est-à-dire les chênes, hêtres, charmes, ormes, frênes, érables, platanes, pins, sapins, mélèzes, châtaigniers, noyers, alisiers, sorbiers, cormiers, merisiers et autres fruitiers ; la seconde comprend les bois blancs, comme les aunes, tilleuls, bouleaux, trembles, peupliers, saules, et plus généralement toutes les espèces qui ne sont pas comprises dans la première classe. Les peines sont plus fortes pour les délits commis à l'égard des arbres compris dans la première classe que pour ceux de la seconde. Elles varient aussi suivant la grosseur de l'arbre. La coupe ou l'enlèvement d'arbres ayant, à un mètre du sol, deux décimètres de tour et au-dessus, donne lieu pour les arbres de la seconde classe à une amende qui est de cinquante centimes pour chacun de ces deux décimètres, et qui s'accroît ensuite progressivement de cinq centimes pour chacun des autres décimètres. Si les arbres appartiennent à la première classe, l'amende est double. Dans les deux cas, il peut, en outre, être prononcé un emprisonnement, qui est de cinq jours au plus si l'amende n'excède pas quinze francs et de deux mois au plus si l'amende est supérieure à cette somme. Quand l'arbre a disparu, la mesure est prise sur la souche, déduction

(1) Articles 192 à 199 du Code forestier.

faite d'un cinquième; quand il ne reste, ni le trou, ni la souche, la grosseur de l'arbre est arbitrée par le juge d'après les documents produits.

Lorsque la grosseur de l'arbre est inférieure à deux décimètres de tour, l'amende est fixée, non plus par arbre, mais par charretée ou charge. Elle est, pour chaque charretée, de dix francs par bête attelée; de cinq francs par charge de bête de somme; de deux francs par fagot ou charge d'homme. Il peut, en outre, être prononcé un emprisonnement de cinq jours au plus. Toutefois, s'il s'agit d'arbres plantés ou semés depuis moins de cinq ans, les peines ne sont plus applicables à raison de chaque charretée ou charge, mais à raison de chaque arbre : elles consistent en une amende de trois francs par arbre quelle qu'en soit la grosseur, et en un emprisonnement d'un mois au plus (articles 192, 193 et 194).

Ces dispositions sont appliquées d'une manière rigoureuse. Lorsque la charrette qui a servi à l'enlèvement des bois est attelée de deux bœufs, l'amende, qui est de vingt francs, ne pourrait être modérée par le tribunal sous prétexte que la quantité de bois enlevé n'aurait pas été assez considérable pour exiger l'emploi de plusieurs bœufs (Cass., 16 août 1855). De même, quand il a été fait ou enlevé plusieurs fagots, l'amende est de deux francs pour chacun de ces fagots, alors même qu'il en faudrait plusieurs pour composer une charge d'homme (Cass., 18 juillet 1834). L'amende serait applicable lors même que le délinquant n'aurait coupé ou enlevé qu'un seul morceau de bois (Cass., 25 janvier 1862). La loi n'exige pas, du reste, que le bois ait été à la fois coupé *et* enlevé : il suffit qu'il ait été coupé *ou* enlevé. Rappelons en passant que ces dispositions ne sont pas applicables dans les ventes : là, l'enlèvement de bois constitue un vol ordinaire (article 388 du Code pénal), car dans ce cas, ce n'est plus le bois lui-même qu'il faut protéger contre les dévastations, mais le droit de l'adjudicataire : le délit échappe dès lors à l'action du Code forestier et retombe sous l'empire du droit commun.

523. — La mutilation des arbres, l'enlèvement des chablis et bois de délit sont passibles des mêmes peines que la coupe et l'enlèvement des arbres sur pied. Ainsi, l'élagage, exécuté par les riverains, et sans l'autorisation du propriétaire du bois, d'arbres qui avaient plus de trente ans lors de la promulgation du Code forestier donne lieu aux condamnations indiquées ci-dessus : ces arbres ayant plus de trente ans, les riverains ne peuvent plus se prévaloir à leur égard de l'article 672 du Code civil (article 150).

L'arrachage des plants est puni d'une amende de dix à trois cents francs; il peut, en outre, être prononcé un emprisonnement de cinq jours au plus. L'emprisonnement est toujours prononcé pour une durée de quinze jours à un mois si les plants proviennent d'une plantation ou d'un semis artificiel (articles 195, 196, 197 et 150).

Dans tous ces cas, il y a lieu, en outre, à la confiscation des instruments dont les délinquants ont été trouvés munis, à la restitution des objets enlevés ou de leur valeur et, selon les circonstances, à des dommages et intérêts (article 198, § 1er).

§ II. — Extraction ou enlèvement de menus produits (1).

524. — Toute extraction ou enlèvement non autorisé de pierres, sables, minerais, terres ou gazons, tourbes,

(1) Article 144 du Code forestier.

bruyères, genêts, herbages, feuilles, engrais, glands, faînes et autres fruits donne lieu à une amende qui est, par charretée, de dix à trente francs pour chaque bête attelée; par chaque charge de bête de somme, de cinq à quinze francs, et par chaque charge d'homme, de deux à six francs. Il peut en outre être prononcé un emprisonnement de trois jours au plus.

Lorsque le délinquant est un usager, ou un adjudicataire de glandée, panage ou paisson, l'amende est double (art. 57 et 85).

L'énumération contenue dans l'article 144 n'est nullement limitative : l'enlèvement ou même la simple extraction de mousses donne lieu à l'application des peines que prévoit cet article (Cass., 24 novembre 1848). Il en est de même de l'enlèvement de larves de fourmis en quantités importantes, alors surtout que pour l'effectuer il faut prendre en même temps tout ou partie des fourmilières et des détritus qui y adhèrent (Paris, 30 novembre 1872). Il en serait encore de même de l'enlèvement des truffes qui croissent spontanément dans les bois (Cass., 27 novembre 1869).

§ III. — DÉLITS DE PATURAGE.

525. — Les propriétaires d'animaux trouvés de jour en délit dans les bois de dix ans et au-dessus sont passibles d'une amende de un franc pour un cochon, deux francs pour une bête à laine, trois francs pour un cheval ou autre bête de somme, quatre francs pour une chèvre, et cinq francs pour un bœuf, une vache ou un veau. Quand les bois ont moins de dix ans, l'amende est double (article 199). Ces peines sont encourues par les propriétaires, non seulement dans le cas où les bestiaux

se trouvaient sans gardien, ou étaient gardés par les propriétaires eux-mêmes, mais encore lorsqu'ils étaient placés sous la garde d'un berger (Cass., 3 novembre 1832), ou d'un pâtre communal (Cass., 26 novembre 1851), et lors même que les propriétaires auraient fait défense au pâtre d'introduire leurs bestiaux dans les bois (Cass., 4 janvier 1849). Elles s'appliquent notamment aux usagers, lorsqu'ils font paître leurs bestiaux dans un canton non déclaré défensable (Cass., 16 janvier 1836); ou lorsqu'ils y envoient un nombre d'animaux supérieur à celui qui leur a été indiqué (Cass., 29 août 1889; article 77; ou lorsqu'ils y introduisent des bestiaux autres que ceux à leur propre usage (article 70).

526. — Les articles 72 et suivants contiennent un certain nombre de peines, applicables uniquement à ceux qui possèdent des droits d'usage. Nous en donnerons une énumération sommaire.

La conduite des bestiaux à garde séparée donne lieu à une amende de deux francs par tête de bétail.

Le fait, par le pâtre commun, d'avoir introduit dans son troupeau des bestiaux appartenant à une commune voisine ou à une autre section de commune que celle dont les animaux lui ont été confiés, est puni d'une amende de cinq à dix francs, et d'un emprisonnement de cinq à dix jours en cas de récidive (article 72).

Lorsque les animaux ne sont pas marqués, il y a lieu à une amende de trois francs par tête d'animal non marqué (article 73).

L'usager qui néglige de déposer l'empreinte de la marque au greffe du tribunal civil, et le fer servant à la marque au bureau de l'agent forestier local, encourt une amende de cinquante francs (article 74) (1).

_____

(1) Cette disposition n'est pas applicable dans les bois des particuliers.

Le défaut de clochettes au cou des animaux est puni de deux francs pour chaque bête trouvée sans clochette dans la forêt (article 75).

Le pâtre qui laisse ses animaux se répandre hors des cantons déclarés défensables, ou hors des chemins indiqués pour s'y rendre, encourt une amende de trois à trente francs; en cas de récidive, il peut être condamné en outre à un emprisonnement de cinq à quinze jours (article 76).

Le pâturage des chèvres et même celui des moutons, lorsque ce dernier n'a pas été régulièrement autorisé, donnent lieu (1), contre les propriétaires, à une amende double de celle qui est prononcée par l'article 199; et contre les pâtres ou bergers, à une amende de quinze francs, et en cas de récidive à un emprisonnement de cinq à quinze jours (article 78).

L'emploi de crochets ou ferrements, de la part des usagers qui n'ont d'autre droit que celui de prendre le bois mort, sec et gisant, est puni d'une amende de trois francs.

Enfin, aux termes de l'article 149 du Code forestier, l'usager qui, en cas d'incendie, refuse de porter des secours dans les bois soumis à son droit d'usage peut être privé de son droit pendant un an au moins et cinq ans au plus, sans préjudice de l'amende de six à dix francs prévue par l'article 475, n° 12 du Code pénal (2).

---

(1) Ces peines ne sont pas applicables non plus dans les bois des particuliers.

(2) Cette disposition n'est que l'application, au cas spécial d'incendie dans une forêt, du principe général posé dans l'article 475 du Code pénal et d'après lequel, en cas d'accidents calamiteux, nul ne peut refuser son concours, lorsqu'il en est légalement requis.

§ IV. — Des infractions a certaines mesures d'ordre.

527. — Il est défendu de porter ou d'allumer du feu, sans autorisation, dans l'intérieur et à deux cents mètres des forêts, sous peine d'une amende de vingt à cent francs (article 148), sans préjudice, en cas d'incendie, des peines portées par le Code pénal et de tous dommages-intérêts s'il y a lieu. Ces dispositions ne sont applicables que si le feu a été allumé par un autre que le propriétaire de la forêt : celui-ci peut toujours allumer du feu chez lui, pourvu toutefois que ce soit à plus de deux cents mètres de la forêt voisine, si cette forêt ne lui appartient pas également. Elles ne s'appliquent pas non plus aux possesseurs de maisons bâties à moins de deux cents mètres des forêts : ceux-ci peuvent donc faire du feu dans leurs maisons, mais dans leurs maisons seulement, et non dans leurs dépendances extérieures (Cass., 11 avril 1845).

Cependant, une loi du 13 avril 1870 a interdit l'emploi du feu, même aux propriétaires, dans la région des Maures et de l'Estérel (Provence) à certaines époques de l'année fixées par le préfet, sous peine d'une amende de vingt à cinq cents francs.

528. — Constitue également un délit, passible d'une amende de dix francs, le fait d'être trouvé dans la forêt, hors des chemins ordinaires, avec des instruments pouvant servir à commettre des délits (article 146).

Ceux dont les voitures, bestiaux, animaux de charge ou de monture sont trouvés hors des dits chemins, sont condamnés, pour chaque voiture, à une amende de dix francs dans les bois de dix ans et au-dessus, et de vingt francs dans ceux au-dessous de cet âge, et pour chaque tête ou espèce de bestiaux non attelés, aux amendes fixées pour délit de pâturage par l'article 199 (article 147). La loi ne s'est pas bornée à punir le délit; elle a proscrit en outre les moyens qui permettraient de le commettre.

§ V. — Des constructions a distance prohibée.

529. — A la différence des prohibitions que nous avons rencontrées jusqu'à présent, et qui sont applicables à tous les bois et forêts, celles qui concernent les constructions ne sont applicables qu'aux bois et forêts soumis au régime forestier, c'est-à-dire aux bois de l'État, des communes et des établissements publics. Les bois des particuliers ne sont pas protégés par ces prohibitions, à moins que l'État, les communes et les établissements publics n'aient dans ces bois des droits de propriété indivis, et que le régime forestier ne leur ait été par suite appliqué.

Il ne peut être établi, sans l'autorisation du gouvernement : 1° aucun four à chaux ou à plâtre, soit temporaire, soit permanent; aucune briqueterie ou tuilerie, dans l'intérieur et à moins d'un kilomètre des forêts, à peine de cent à cinq cents francs d'amende et de la démolition (article 151);

2° Aucune maison sur perches, loge, baraque, hangar, dans l'enceinte et à moins d'un kilomètre des forêts, sous peine d'une amende de cinquante francs et de la démolition dans le mois qui suivra le jugement qui l'aura ordonnée (article 152);

3° Aucune construction de maison ou de ferme, dans l'intérieur et à moins de cinq cents mètres des forêts, sous peine de démolition, à moins qu'il ait été présenté une demande d'autorisation, et que l'administration ait négligé d'y statuer dans les six mois (article 153); passé ce délai, la construction peut être effectuée. L'interdiction ci-dessus n'est d'ailleurs applicable, ni lorsque la maison à construire fait partie d'une agglomération d'habitants (article 156), ni lorsque la forêt voisine est une forêt communale d'une contenance au-dessous de deux cent cinquante hectares (article 153 § 4).

4° Il est également interdit d'établir sans autorisation, dans les maisons ou fermes isolées dont la construction aurait été autorisée en vertu de l'article 153, aucun atelier à façonner le bois, aucun chantier ou magasin pour en faire le commerce, sous peine d'une amende de cinquante francs et de la confiscation des bois (art. 154).

5° Aucune scierie ne peut non plus être établie, à moins qu'elle ne fasse partie d'une agglomération d'habitants, dans l'enceinte et à moins de deux kilomètres des forêts, sous peine d'une amende de cent à cinq cents francs, et de la démolition dans le mois qui suivra le jugement (article 155).

Enfin, dans les scieries dont l'existence a été autorisée dans le rayon prohibé, il est interdit de faire entrer d'autres bois que ceux qui ont été marqués du marteau du garde forestier local, sous peine d'une amende de cinquante à trois cents francs. En cas de récidive, l'amende sera doublée, et la suppression de l'usine pourra être ordonnée par le tribunal (article 158).

Ces prohibitions ont eu pour but de prévenir soit les incendies, soit les enlèvements et recels de bois.

530. — Ici doivent être présentées quelques observations qui s'appliquent à tous les délits forestiers.

D'abord, l'action publique, en cette matière, ne peut jamais être portée que devant les tribunaux correctionnels, quelque modique que soit la peine à prononcer (article 171).

Il est de règle, d'autre part, que les pénalités encourues sont toujours doublées : 1° en cas de récidive, c'est-à-dire lorsque dans les douze mois précédents il a été rendu contre le délinquant ou contrevenant un premier jugement; 2° quand les délits ou contraventions ont été commis la nuit, ou quand les délinquants ont fait usage de la scie pour couper les arbres sur pied (art. 201).

Il y a toujours lieu, outre l'amende, à la restitution des objets enlevés ou de leur valeur, et à la confiscation des instruments du délit (article 198).

Les dommages-intérêts, s'il y a lieu d'en allouer, ne peuvent être inférieurs à l'amende simple (article 202).

Enfin, les dispositions de l'article 463 du Code pénal sur les circonstances atténuantes ne peuvent pas plus être appliquées en matière de délits forestiers qu'en matière de délits de chasse. On sait que ces dispositions ont eu pour but de permettre aux tribunaux de tenir compte, dans une large mesure, des éléments moraux d'un procès et des circonstances qui peuvent diminuer la responsabilité de l'auteur du délit; elles permettent au juge de descendre au-dessous du minimum fixé par la loi. Mais l'article 463 n'est applicable, en principe, qu'aux crimes et délits de droit commun. En matière de délits forestiers, la flexibilité des peines, qui oscillent toujours, comme nous l'avons vu, entre un maximum et un minimum, est donc le seul moyen qui s'offre au juge de tenir compte du degré de culpabilité du délinquant.

531. — A un certain point de vue, cependant, les auteurs de délits forestiers se trouvent dans une situation plus favorable que les auteurs de délits ordinaires. Lorsque le fait incriminé a lieu dans un bois soumis au régime forestier, la transaction intervenue avant jugement définitif entre le délinquant et l'administration forestière chargée de poursuivre, concurremment avec le

ministère public, les contraventions et délits qui s'y commettent, éteint l'action publique (article 159; Cass., 24 décembre 1868), et l'auteur du délit se trouve dès lors à l'abri de toute poursuite.

SECTION TROISIÈME.

Des quasi-délits.

532. — Les quasi-délits sont, comme les délits, des faits illicites; mais ils en diffèrent en ce qu'ils sont commis sans intention de nuire. Ils donnent, comme les délits, naissance à une action en dommages-intérêts lorsqu'ils ont causé du préjudice, mais non à une action pénale. Par exception, cependant, l'homicide par imprudence et les blessures causées involontairement aux personnes sont punies d'emprisonnement et d'amende (articles 319 et 320 du Code pénal).

Bien que le quasi-délit soit un fait commis sans intention de nuire, il faut cependant, pour qu'il engage son auteur, qu'il ait été volontaire, et qu'il constitue de sa part une faute. Tout fait quelconque de l'homme, porte l'article 1382 du Code civil, qui cause à autrui un dommage, oblige celui par la faute duquel il est arrivé à le réparer. Un enfant sans raison, un aliéné ne sont pas plus capables de commettre un quasi-délit, qu'un délit, car ils ne savent pas ce qu'ils font (1).

_____

(1) Nous verrons dans un instant qu'à leur défaut il y a le plus souvent une autre personne qui est responsable de leurs actes.

Lorsqu'un dommage a été causé par un fait illicite, mais sans intention de nuire, il importe peu qu'il résulte d'un fait proprement dit ou d'une abstention : on est responsable de sa négligence ou de son imprudence autant que d'un acte formel (article 1383). Le propriétaire qui accumule chez lui une quantité considérable de fourrages et qui ne prend aucune des précautions nécessaires pour prévenir les incendies devra, si un incendie éclate et se communique à la maison voisine, indemniser le propriétaire de cette maison (Cass., 17 décembre 1878). Celui qui après avoir obtenu l'autorisation d'établir un établissement insalubre, une porcherie par exemple, ne prend pas toutes les mesures que commande l'intérêt du voisinage, sera également responsable des dommages qu'il cause (Cass., 18 novembre 1884). Le patron qui, dans son usine, néglige de munir ses machines des accessoires destinés à prévenir les accidents, devra indemniser ses ouvriers des conséquences des accidents qu'il. leur aura fait éprouver.

533. — C'est à celui qui réclame une indemnité qu'incombe l'obligation de prouver l'existence du quasi-délit sur lequel il fonde sa demande : les faits illicites ne se présument pas. Si l'ouvrier qui a été blessé par une machine invoque une imprudence ou une négligence de son patron, il faudra qu'il justifie sa prétention ; sinon, sa réclamation sera rejetée faute de preuves. Or, cette preuve est souvent difficile. L'accident peut n'avoir pas eu de témoins ; il peut s'être produit d'une manière foudroyante, et de telle façon qu'il soit impossible de déterminer les responsabilités effectives. Dans ces conditions, l'ouvrier serait exposé presque toujours à perdre son procès si, dans la pratique, la jurisprudence ne tempérait pas, dans les relations du patron avec ses ouvriers, ce que l'application stricte du droit commun

pourrait avoir de trop rigoureux. On a dit avec raison (1) qu'à l'égard des accidents du travail, nous vivons sous le régime de la preuve à la charge de l'ouvrier,
mais tempéré, au profit des victimes, par la bienveillance
des tribunaux. La Chambre des députés a pensé qu'une
réforme de notre législation sur ce point était nécessaire,
et elle a adopté un projet de loi, qui a été voté avec modifications par le Sénat, et d'après lequel la faute du patron
sera à l'avenir présumée. Celui-ci devra donc toujours
être condamné, à moins qu'il ne réussisse à faire la
preuve que l'accident est arrivé par suite d'une faute
lourde de l'ouvrier. Ce système nouveau se fonde sur
la théorie du risque professionnel. On entend par là le
risque afférent à une profession déterminée, indépendamment de la faute des ouvriers ou des patrons. « Malgré les précautions prises, dit M. Cheysson, il se produira toujours des accidents, sans que la plupart d'entre
eux résultent d'aucune faute. Quand le terrassier travaille avec sa bêche ou sa pioche, le bûcheron avec sa
hache, l'outil dans ses mains n'est que le prolongement
de ses propres organes; il en est le maître, et l'on peut
admettre à la rigueur qu'il en soit responsable. Mais
combien autre est le rôle de l'ouvrier vis-à-vis d'un haut-
fourneau, d'une chaudière, d'un laminoir, de ces métaux
en fusion, de ces appareils formidables et de ces forces
irrésistibles, dont l'attouchement est mortel! Il n'a plus
le choix de ses outils : il les subit. C'est au maître, qui les
lui impose, de supporter, aux termes de l'article 1384, la
responsabilité des choses qu'il a sous sa garde. La machine tue et blesse; la machine est sienne, donc il en répond. »

Cette théorie a été admise par la Suisse dès 1875, par

_____

(1) *Journal des Économistes*, n° du 15 mars 1888; article de M. Cheysson.

l'Allemagne le 6 juillet 1884, par l'Autriche le 28 décembre 1887. Dans quelle mesure ce système, qui soulève les questions les plus graves et les plus redoutables, sera-t-il admis définitivement? Comprendra-t-on dans la législation nouvelle l'ouvrier agricole à la disposition duquel on aura mis une machine à battre, ou le laissera-t-on sous l'empire de l'article 1382 et du droit commun? C'est ce qu'un avenir prochain nous apprendra.

534. — Le quasi-délit, lors même que son existence a été prouvée, n'engage pas la responsabilité de son auteur, si celui-ci peut invoquer la force majeure. Les faits de guerre, par exemple, ne peuvent jamais donner lieu à des réclamations d'indemnité. Ainsi la destruction par le Génie d'un pont situé sur le flanc d'une armée manœuvrant à une distance rapprochée de l'ennemi, la prise de possession d'objets mobiliers destinés à construire une barricade, un jour de bataille, l'ordre donné à un particulier d'enlever des matières inflammables déposées aux abords d'une place assiégée, la destruction de bois en chantier, dans le but de les soustraire à l'ennemi, constituent des faits de guerre qui ne peuvent donner naissance à aucune action contre l'État (Conseil d'État (1), 11 décembre 1874, 8 août 1873, 13 novembre 1874, 1er mai 1874).

535. — On est responsable, aux termes de l'article 1384, non seulement du dommage dont on est personnellement l'auteur, mais encore de celui qui est causé par le fait des personnes dont on doit répondre, ou des choses que l'on a sous sa garde. L'obligation, dans ce cas, ne naît pas d'un véritable quasi-délit : elle dérive plutôt de la loi elle-même. On peut dire cependant qu'elle repose sur une présomption légale de faute de la part de

---

(1) C'est devant le Conseil d'État, ainsi que nous le verrons plus tard, que doivent être portées les réclamations contre l'État en cette matière.

la personne qui est soumise à cette responsabilité, et cette observation justifie, dans une certaine mesure, l'assimilation qu'ont faite les rédacteurs du Code des quasi-délits et des cas de responsabilité.

Cette responsabilité a été imposée : 1° au père, et, après son décès, à la mère pour le dommage causé par leurs enfants mineurs ; 2° aux instituteurs ou artisans, pour le dommage causé par leurs élèves et apprentis pendant qu'ils sont sous leur surveillance ; 3° aux maîtres et commettants, pour le dommage causé par leurs domestiques et préposés dans les fonctions auxquelles ils les ont employés ; 4° aux communes, pour les dommages résultant de crimes ou délits commis à force ouverte ou par violence sur leur territoire par des attroupements ou rassemblements armés, ou non armés, soit envers les personnes, soit contre les propriétés ; 5° au propriétaire d'un animal et à celui qui s'en sert, pour le dommage que l'animal a causé, soit qu'il fût sous sa garde, soit qu'il fût égaré ou échappé; 6° au propriétaire d'un bâtiment pour le dommage causé par sa ruine lorsqu'elle est arrivée par une suite du défaut d'entretien ou par le vice de sa construction (articles 1384, 1385 et 1386). Quelques explications sont nécessaires sur chacun de ces cas de responsabilité.

536. — Le père, et après son décès, la mère, sont responsables du dommage que causent leurs enfants mineurs demeurant avec eux (article 1384, § 2). Le tuteur est soumis à la même obligation. Cette responsabilité cesse lorsque les enfants sont devenus majeurs, ou lorsqu'ils se sont mariés, car en se mariant ils sont devenus eux-mêmes chefs de famille, ou lorsqu'ils ont acquis un domicile séparé, ou lorsqu'ils ont été placés en condition, en pension, en apprentissage.

537. — Lorsqu'un enfant a été placé, non pas pour

quelques heures de la journée, mais d'une manière permanente, sous la surveillance et l'autorité d'un instituteur ou maître de pension, ou d'un artisan, c'est à ceux-ci que passe la responsabilité. Il leur est permis toutefois de s'y soustraire en prouvant qu'ils n'ont pu empêcher le fait qui a causé le dommage. Cette faculté appartient également aux père, mère, ou tuteur.

538. — Les maîtres et commettants sont civilement responsables du dommage causé par leurs domestiques et préposés, soit que le dommage résulte d'un délit, soit qu'il résulte simplement d'un quasi-délit. La responsabilité du maître comprend, non seulement les dommages-intérêts alloués à la partie civile, mais encore les dépens du procès, et lorsqu'il s'agit d'un délit réprimé par la loi pénale, les frais de poursuite dus au trésor; mais elle ne s'étend pas aux amendes, qui ont un caractère pénal et dont le paiement incombe à l'auteur même de la contravention ou du délit (Cass., 24 mars 1855). Il y a cependant certaines matières dans lesquelles les maîtres et commettants sont responsables, en vertu de dispositions spéciales, non seulement des réparations, mais encore des amendes : il en est ainsi en matière de douanes et de contributions indirectes (Cass., 16 juillet 1886).

Mais pour que les maîtres et commettants soient responsables du fait de leurs domestiques et préposés, il faut que l'acte dommageable ait été commis dans l'exercice des fonctions dont ceux-ci sont chargés. Si l'un de mes charretiers cause un accident en conduisant sa voiture, j'en serai responsable; mais il en serait autrement si, par vengeance ou méchanceté, ce même charretier mettait le feu à la maison d'un de mes voisins (Cass., 3 mars 1884). Je ne serais pas non plus responsable du dommage que causerait mon domestique s'il emmenait

avec lui un chien méchant, et si ce chien, ne m'appartenant pas, d'ailleurs, attaquait des animaux ou des personnes, car un pareil fait n'a aucun rapport avec les obligations de mon service. Je serais tenu, au contraire, de
réparer les dégâts que mon berger aurait laissé commettre par un de ses chiens.

Il résulte implicitement de l'article 1384 qu'à la différence des pères, mères, tuteurs, instituteurs et artisans,
les maîtres et commettants ne jouissent pas de la faculté
de décliner la responsabilité à laquelle ils sont soumis, en
offrant de prouver qu'ils n'ont pas pu empêcher le dommage (Cass., 11 mai 1846).

539. — C'est une question très grave et très débattue
que de savoir si l'État est responsable des fautes de ses
agents dans les conditions déterminées par l'article 1384.
Dans l'opinion qui a prévalu (1), et qui a pour elle l'autorité des décisions les plus récentes du Conseil d'État et
du Tribunal des conflits, l'article 1384 n'est applicable
que dans les rapports de particulier à particulier et non
dans les rapports des particuliers avec l'administration.
Il en résulte qu'à défaut de responsabilité générale créée
par la loi, la responsabilité de l'État ne peut se trouver
engagée que conformément à des lois spéciales. C'est à
raison de l'existence de lois particulières qu'on a admis
la responsabilité de l'État à l'égard des dommages causés
par l'administration, lors de l'exécution des travaux publics, ainsi qu'à l'égard des fautes commises par les
agents des douanes, par les employés des contributions
indirectes, etc. La loi du 3 juillet 1877 sur les réquisitions militaires (article 54), a admis également la responsabilité de l'État pour les dommages causés aux propriétés privées par le passage ou le stationnement des

(1) *Traité de la juridiction administrative*, de M. Laferrière, t. Ier,
p. 619 et t. II, p. 173.

troupes dans les grandes manœuvres. Il ne sera pas inutile de faire connaître, avec quelques détails, les règles applicables dans ce dernier cas.

540. — L'article 54 de la loi du 3 juillet 1877 avait posé le principe d'un droit à indemnité pour les dommages résultant des grandes manœuvres, et prescrit, sous peine de déchéance, le dépôt des réclamations à la mairie dans les trois jours qui suivront le passage ou le départ des troupes. Il a été complété par les articles 105 à 114 du règlement d'administration publique du 2 août 1877.

Aux termes des dispositions combinées de la loi et du règlement, on doit procéder de la façon suivante :

Le maire, dès qu'il a reçu avis du prochain passage des troupes, fait publier et afficher dans sa commune l'époque et la durée des manœuvres. Il invite les propriétaires de vignes ou de terrains ensemencés ou non récoltés à les indiquer par un signe apparent, afin que l'autorité militaire, avertie, évite autant que possible d'y faire passer les troupes. Il prévient les habitants que ceux qui subiraient des dommages par suite des manœuvres devront former leurs réclamations dans les 3 jours et les présenter à la mairie.

Les indemnités sont fixées par une commission spéciale composée d'un fonctionnaire de l'intendance, président, d'un officier du génie et d'un officier de gendarmerie nommés par le général commandant, et d'un membre civil désigné par le préfet. Cette commission est instituée quinze jours au moins avant le commencement des manœuvres, afin qu'elle puisse reconnaître à l'avance les terrains qui doivent être occupés et se renseigner sur les prix-courants du pays. Elle accompagne les troupes et se rend successivement dans les localités qui ont été traversées ou occupées, en prévenant à l'avance les maires du moment de son passage. Les maires ont, en effet, en pareil cas, une mission fort importante. Munis des réclamations qui leur ont été soumises par les propriétaires, ils remettent à la commission des états mentionnant la date de ces réclamations, la nature du dommage et la somme réclamée, après avoir eu soin d'avertir les intéressés du passage de la commission. Celle-ci, après avoir entendu les observations qui lui sont présentées, fixe le chiffre des indemnités à allouer. Si les intéressés acceptent, le paiement a lieu immédiatement. S'ils refusent, la commission insère dans un procès-verbal qui sera transmis plus tard au juge de paix ou au tribunal chargé de statuer sur la contestation, les renseignements nécessaires pour apprécier la nature et l'étendue du dommage; puis elle dresse l'état des indemnités qui n'ont pas été acceptées et le remet au maire. Alors seulement commence la phase litigieuse. Le maire, par une notification administrative, sans aucuns frais, met les propriétaires en demeure d'accepter les offres qui leur sont faites ou de les refuser définitivement dans un délai de quinze jours. Si les propriétaires refusent, ils doivent le faire par écrit et faire connaître leurs motifs : ces refus sont annexés à l'état qui a été transmis au maire par la commission. A l'expiration du délai de quinze jours, le maire transmet tout le dossier au président de la commission. Les indemnités qui n'ont pas été refusées expressément sont payées par les soins de ce dernier. Celles qui ont été refusées sont fixées par le juge de paix lorsqu'elles n'excèdent pas quinze cents francs, et par le tribunal d'arrondissement au-dessus de cette somme. Dans tous les cas, le juge de paix s'efforce d'abord de concilier les parties : il les convoque à cet effet au moyen de simples avertissements sans frais pour une date aussi rapprochée que possible. En cas de non-conciliation, il statue sur

le chiffre du dommage lorsque la réclamation n'excède
pas sa compétence, et sa décision est sans appel jusqu'à
une valeur de deux cents francs inclusivement. Lorsque
la réclamation excède quinze cents francs, il renvoie les
parties devant le tribunal de première instance, qui doit
juger comme en matière sommaire. Ce qui caractérise
toute cette procédure, c'est qu'elle est rapide, sans frais,
et dirigée en grande partie par le maire.

541. — Les règles ci-dessus ne sont applicables qu'aux
dommages causés par le passage des troupes. Quant aux
dégâts et dommages occasionnés par les militaires dans
leurs logements ou cantonnements, la loi du 3 juillet
1877 ne les a pas mis à la charge de l'État, mais à la
charge des troupes elles-mêmes. D'après l'article 14 de la
loi, les habitants qui auront des plaintes à formuler à
cet égard adresseront leurs réclamations, par l'intermédiaire de la municipalité, au commandant de la troupe,
afin qu'il y soit fait droit, si elles sont fondées. Ces réclamations doivent être présentées, sous peine de déchéance,
avant le départ de la troupe en temps de guerre, et en
temps de paix trois heures après, au plus tard. Un officier doit être laissé à cet effet par le commandant de la
troupe.

Il s'agit ici de dommages peu importants dont l'évaluation aura lieu presque toujours à l'amiable. S'il en
était autrement, l'indemnité serait fixée par le juge de
paix ou par le tribunal civil, suivant la distinction indiquée ci-dessus, et d'après le chiffre de la réclamation (1).

542. — La question de savoir dans quelle mesure les
communes peuvent être déclarées responsables des fautes
de leurs agents a été également fort débattue. La juris-

---

(1) Rapport présenté à la Chambre des Députés.

prudence du Conseil d'État et du Tribunal des Conflits l'a résolue en faveur des communes; elle n'admet pas, à l'égard de celles-ci, l'application de l'article 1384 du Code civil, sauf lorsque cette application est autorisée par des lois spéciales.

La responsabilité des communes a été admise notamment dans les deux cas suivants :

1° D'après l'article 72, § 3 du Code forestier, les communes ou sections de communes usagères sont responsables des condamnations pécuniaires qui pourront être prononcées contre les pâtres communs pour les contraventions ou les délits commis par eux pendant le temps de leur service. Ces pâtres sont, en effet, de véritables préposés de la commune, dans le sens que donne à ce mot l'article 1384;

2° D'après les articles 106 à 110 de la loi du 5 avril 1884 sur l'organisation et les attributions des conseils municipaux, les communes sont responsables des conséquences des troubles qui se sont produits sur leur territoire. Lorsque, par leur faute, leur négligence ou leur connivence, les administrateurs de la commune ont laissé des désordres éclater, les électeurs qui ont nommé ces administrateurs sont, pris collectivement, responsables.

Lorsqu'une commune a été condamnée au paiement de dommages et intérêts, ceux-ci sont répartis entre tous les habitants domiciliés dans ladite commune, en vertu d'un rôle spécial comprenant les quatre contributions directes. Le montant des réparations ne pourrait pas être payé au moyen de fonds libres, ni au moyen de l'aliénation de biens communaux. Ce n'est pas, en effet, la commune considérée comme être moral qui doit supporter la condamnation, mais les habitants qui la composent, et il ne saurait être permis à ceux-ci de rejeter sur leur postérité les conséquences de leurs fautes. Lorsque les crimes ou délits qui donnent lieu à des demandes d'indemnité ont été commis par des attroupements ou rassemblements formés d'habitants de plusieurs communes, chacune d'elles est responsable des dégâts et dommages causés dans la proportion qui sera fixée par les tribunaux. La responsabilité de la commune n'a pas lieu, au surplus, dans les trois cas suivants : 1° lorsqu'elle peut prouver que toutes les mesures qui étaient en son pouvoir ont été prises à l'effet de prévenir les attroupements ou rassemblements, et d'en faire connaître les auteurs; 2° lorsque la municipalité n'a pas la disposition de la police locale ni de la force armée, à Paris et à Lyon, par exemple; 3° lorsque les dommages causés sont le résultat d'un fait de guerre.

D'après l'article 109, la commune déclarée responsable peut exercer son recours contre les auteurs du désordre, et contre leurs complices. Nous pensons avec M. Morgand (1) que les habitants qui ont payé la part de contribution mise à leur charge ont le même droit et qu'ils pourraient, au refus de la commune, exercer en leur propre nom cette action récursoire. Ils ne sont en effet que débiteurs subsidiaires : les débiteurs principaux, ceux qui doivent supporter en fin de compte les condamnations, ce sont les auteurs des dégâts.

543. — D'après l'article 1385 du Code civil, le propriétaire d'un animal et celui qui s'en sert, pendant qu'il est à son usage, est responsable du dommage que l'animal a causé, soit que l'animal fût sous sa garde, soit qu'il fût égaré ou échappé.

Le principe posé par cet article reçoit tous les jours des applications nombreuses. Il est invoqué à chaque

_____

(1) _La Loi municipale,_ par M. Morgand, t. II.

instant, non seulement par les personnes étrangères qui peuvent avoir eu à souffrir du fait d'un animal, mais encore par les domestiques, lorsque ceux-ci ont été blessés, sans leur faute, par les animaux qui leur ont été confiés. C'est également l'article 1385 qu'invoquent les propriétaires riverains des bois lorsqu'ils se plaignent des ravages commis par le gibier.

La responsabilité du propriétaire des animaux qui causent du dommage repose sur une présomption de faute. Aux yeux de la loi, lorsqu'un animal cause un préjudice, c'est qu'il n'a pas été bien gardé. Mais cette présomption, qui est la base de la responsabilité du propriétaire, cesse lorsque celui-ci peut prouver que l'accident est imputable à un cas fortuit, ou à une faute commise par la victime. S'il peut établir que son cheval, par exemple, a été affolé par les mauvais traitements qu'il a reçus, le cocher, qui est la véritable cause de l'accident, n'aura droit à aucune indemnité (Cass., 9 mars 1886). Mais il ne suffirait pas au maître, pour se soustraire à toute responsabilité, d'établir que si son cheval avait certains vices, le serviteur les connaissait. Le maître qui conserve un animal vicieux et qui continue à profiter de ses services ne peut le faire qu'à ses risques et périls : il demeure donc responsable (Cass., 3 décembre 1882). Lorsque la faute est partagée, la question de savoir dans quelles proportions la responsabilité de chacun se trouve engagée, est abandonnée à l'appréciation du juge. Si par exemple le propriétaire d'un cheval qui s'impatientait, et qui bientôt après s'est emporté, a invité un enfant à le tenir en mains, et si le père de l'enfant n'a pas empêché celui-ci de faire ce qu'on lui demandait, la responsabilité de l'accident doit être partagée entre le propriétaire du cheval et le père de l'enfant (Paris, 17 février 1885).

544. — La responsabilité du maître à l'égard des dommages causés par ses animaux n'est pas toujours d'une application facile. Lorsque ces animaux sont gardés, rien de plus simple, d'ordinaire, que de connaître le nom de leur propriétaire. Mais lorsque l'animal est égaré ou échappé, il n'y a d'autre moyen, pour obtenir la réparation du dommage, que de s'en emparer en attendant que le propriétaire se fasse connaître. Nous avons vu que l'article 1er de la loi du 4 avril 1889 reconnaît ce droit à la partie lésée et organise une procédure spéciale de nature à concilier les divers intérêts en présence (1).

Cette dernière loi édicte, à l'égard des chèvres menées au pâturage, quelques dispositions originales. Mal surveillées, les chèvres, avec leur humeur capricieuse et vagabonde, sont très nuisibles. Les usages actuels varient beaucoup à leur égard. Dans certaines localités, on ne peut les mener au pâturage commun ou à la vaine pâture que conduites à la main ou attachées; dans d'autres, on les joint au troupeau de vaches ou de moutons qu'elles suivent avec plus ou moins de docilité. Les auteurs de la loi du 4 avril 1889 n'ont voulu, ni tout abandonner aux usages locaux, ni heurter les habitudes prises. Ils ont attribué aux préfets (article 2) le droit de prendre, après avis des Conseils généraux et des Conseils d'arrondissement, des arrêtés déterminant les conditions sous lesquelles les chèvres peuvent être conduites et tenues au pâturage.

Enfin l'article 3 a supprimé un abus qui, en fait, rendait inefficace la plupart des recours dirigés contre les propriétaires de chèvres. Il est fort difficile, ainsi que le faisait remarquer l'exposé des motifs, lorsque

(1) Voir page 617.

plusieurs chèvres sont conduites en commun, de reconnaître, dans le nombre, celle qui a commis une dévastation. Cette incertitude rend déjà la répression difficile, et le berger, trop souvent, augmente l'embarras en attribuant la faute à la chèvre dont le propriétaire est le moins solvable. La loi a fait cesser cette difficulté et a prévenu toute manœuvre frauduleuse en déclarant responsables *solidairement* du préjudice tous les propriétaires des chèvres. Il appartiendra à ceux-ci de rechercher entre eux le véritable coupable.

545. — La responsabilité des propriétaires de bois, ou des locataires de chasse, à l'égard des dommages causés par le gibier donne lieu chaque année à de nombreux litiges. Ce qui fait la difficulté, c'est que le gibier n'appartenant à personne, la règle posée par l'article 1385, qui a prévu le dommage causé par des animaux placés sous la garde de leur propriétaire, n'est pas de plein droit applicable. Cependant, la jurisprudence admet la responsabilité du propriétaire ou du locataire des terres ou bois dans lesquels on favorise la reproduction du gibier (Cass., 7 mai 1884). Lorsqu'un terrain a été par exemple disposé de façon à retenir des faisans, des chevreuils, des lapins, le propriétaire ou le locataire de la chasse est responsable des dégâts que ces animaux peuvent occasionner. Il en serait également responsable si, par négligence ou pour se ménager une plus belle chasse, il avait laissé les lapins se multiplier au point de nuire aux propriétés voisines. Dans tous ces cas, c'est plus encore en vertu des articles 1382 et 1383 qu'en vertu de l'article 1385, que le propriétaire peut être poursuivi.

Pour éviter les abus de la part des chasseurs, l'État, lorsqu'il met en adjudication la chasse dans ses bois, impose habituellement aux adjudicataires l'obligation de justifier chaque année de la destruction d'un nombre d'animaux déterminé par l'administration forestière.

Nous verrons plus tard que notre législation a organisé tout un ensemble de mesures destinées à assurer la destruction des animaux nuisibles : primes pour la destruction des loups ; battues organisées contre les loups, blaireaux, etc. et même contre les sangliers ; droit accordé au préfet par l'article 9 de la loi du 3 mai 1844 de déterminer les espèces d'animaux malfaisants ou nuisibles que le propriétaire, possesseur ou fermier pourra détruire en tout temps sur ses terres ; droit attribué au propriétaire ou fermier de détruire les bêtes fauves qui porteraient dommage à ses propriétés. Nous étudierons cet ensemble de mesures lorsque nous en serons arrivés à la police rurale.

546. — D'après l'article 1386, le propriétaire d'un bâtiment est responsable du dommage causé par sa ruine lorsqu'elle est arrivée par suite du défaut d'entretien ou par le vice de sa construction : dans les deux cas, le propriétaire est en faute. On devrait assimiler au propriétaire de bâtiments le propriétaire de terrains qui aurait laissé un vieil arbre tomber sur le fonds voisin en y causant des dommages, si la chute de cet arbre avait eu lieu par sa faute ou sa négligence.

547. — Les divers cas de responsabilité que nous venons d'examiner sont les seuls qui aient été reconnus par la loi. Il faut en conclure que le mari n'est pas, en principe, responsable des délits ou quasi-délits commis par sa femme. Cependant la responsabilité du mari a été reconnue pour les délits ruraux prévus par la loi des 28 septembre-6 octobre 1791 (article 7, titre 2 de ladite loi) ; pour les délits forestiers (article 206 du Code forestier) et pour les délits de pêche (article 74 de la loi du 15 avril 1829).

548. — L'action en responsabilité ne se prescrit que par trente ans, lorsque cette responsabilité est relative à des faits non incriminés par la loi pénale. Elle se prescrit au contraire par le même laps de temps que l'action publique, dans le cas contraire. Le délai sera donc, tantôt de dix ans, s'il s'agit d'un crime, de trois ans s'il s'agit d'un délit prévu par le Code pénal, d'un an s'il s'agit d'une contravention prévue par le même Code, d'un mois s'il s'agit d'un délit prévu par la loi de 1791, de trois mois s'il s'agit d'un délit de chasse et de trois à six mois s'il s'agit d'un délit forestier (1).

(1) Voir page 597.

SECTION QUATRIÈME.

Des obligations qui naissent de la loi.

549. — Certaines obligations dérivent d'une façon directe et exclusive de la loi elle-même, indépendamment de tout fait de l'homme. Telles sont les obligations qui résultent pour les propriétaires voisins des dispositions des articles 640 et suivants du Code civil, notamment l'obligation pour le propriétaire du fonds inférieur de recevoir les eaux qui découlent naturellement du fonds supérieur, l'obligation de concourir au bornage, etc.

On doit aussi ranger parmi les obligations de cette nature celles qui résultent de la loi du 3 juillet 1877 sur les réquisitions militaires et qui ont pour objet la fourniture des objets nécessaires à l'approvisionnement de l'armée. En vertu de cette loi, tout propriétaire de l'un de ces objets est tenu de s'en dessaisir, dans certains cas, au profit de l'autorité militaire : il peut même être tenu de fournir certains services personnels. Cette loi fait donc naître directement des obligations qui tiennent, tantôt de la vente, tantôt du louage de services, et qu'il importe aux agriculteurs de connaître aussi exactement que possible.

550. — Cette loi du 3 juillet 1877 sur les réquisitions militaires a réalisé un progrès sensible sur la législation antérieure. « Autrefois (1), en vertu d'une certaine cou-
« tume appelée droit de prise, le roi de France pou-
« vait faire main basse, partout où il passait, sur les
« bestiaux, grains, fourrages et autres biens meubles
« nécessaires pour l'entretien de sa maison. Les gens
« d'armes, de leur côté, ne se faisaient pas faute de
« s'approprier tout ce qui était à leur convenance. Aussi
« nos paysans fuyaient-ils sur le passage d'une armée
« même française comme à l'approche de la peste. On
« aurait dit des lièvres qui se blottissent au fond de leurs
« gîtes jusqu'à ce que les chasseurs aient disparu. »

Ce système, en même temps qu'il était pour le paysan une cause de ruine, était inefficace et dangereux pour l'armée. Inefficace, car les ressources ainsi gaspillées devenaient bien vite insuffisantes : Vauban se souvenait, dans les vieilles guerres, être demeuré trois semaines entières sans recevoir une ration de pain. Dangereux, car la troupe obligée de vivre de maraude perdait tout sentiment de discipline (2). Les ordonnances de nos anciens Rois s'efforcèrent de mettre de l'ordre à la place de ce qui était un véritable pillage, mais il faut remonter jusqu'à la loi du 18 brumaire an III pour trouver une organisation sérieuse du service des réquisitions militaires. Cette loi d'ailleurs était loin d'avoir tout prévu, et il avait fallu la compléter, en 1870, par des décrets rendus d'urgence par le Gouvernement de la Défense Nationale. La loi du 3 juillet 1877 a eu pour but de coordonner les dispositions antérieures et d'organiser un système de ré-

(1) *Histoire de Duguesclin*, par Siméon Luce.
(2) Rapport à la Chambre des Députés.

quisition qui fût à la fois efficace pour l'armée et tolérable pour les habitants.

Cette loi, depuis treize ans, a été souvent appliquée, et elle ne paraît avoir donné lieu à aucune critique grave. Un règlement d'administration publique du 2 août 1877 en a déterminé en détail les conditions d'application.

Les dispositions qui se trouvent contenues tant dans la loi que dans le règlement, se rattachent à l'une ou à l'autre des questions suivantes : 1° Quand est-il permis d'exercer des réquisitions; 2° quelles sont les choses qui peuvent en être l'objet; 3° dans quelle forme la réquisition doit-elle avoir lieu ; 4° comment sont réglées les indemnités; 5° quelles sont les règles spéciales qui ont été édictées pour la mobilisation des chevaux, mulets et voitures.

I. — *Quand est-il permis d'exercer des réquisitions?*

551. — D'après l'article 1er de la loi, l'exercice du droit de réquisition suppose, soit une mobilisation totale ou partielle de l'armée, soit un rassemblement de troupes. En cas de mobilisation totale, l'autorité militaire peut user immédiatement du droit de réquisition, jusqu'au moment où l'armée est remise sur le pied de paix. En cas de mobilisation partielle ou de rassemblement de troupes, quelle que soit la cause de ce rassemblement, l'autorité militaire doit attendre que des arrêtés du ministre de la guerre aient déterminé l'époque où pourra commencer l'exercice du droit de réquisition, et les portions du territoire sur lesquelles ce droit pourra être exercé.

Les réquisitions doivent toujours être faites par

écrit et signées du fonctionnaire de l'intendance ou de l'officier qui a qualité pour exercer ce droit. Ceux-ci ne doivent pas oublier, d'ailleurs, que les réquisitions ne constituent pas un mode normal d'approvisionnement de l'armée et qu'elles n'ont pour but que de suppléer à l'insuffisance des moyens ordinaires.

La loi du 3 juillet 1877 n'a attribué le droit de réquisition qu'à l'autorité militaire seule. La mission des autorités civiles se borne à assurer l'exécution des réquisitions ordonnées et à concourir au règlement des indemnités. Une loi du 5 mars 1890 a conféré à l'autorité militaire, en cas d'urgence, le droit de déléguer ses pouvoirs à l'autorité administrative, lorsqu'il s'agit de réunir les approvisionnements nécessaires à la subsistance des habitants des places de guerre. L'autorité militaire sera aux prises, dès le premier jour de la mobilisation et pendant toute la durée de la guerre, avec une tâche trop compliquée pour qu'elle puisse procéder seule à ces réquisitions. Un règlement d'administration publique déterminera les autorités civiles auxquelles le droit de requérir pourra être délégué, ainsi que les conditions et les formes dans lesquelles ce droit s'exercera.

II. — Quels sont les objets qui peuvent être requis?

552. — Une distinction doit être établie, suivant que les fournitures doivent être faites à un rassemblement de troupes ou à un corps d'armée mobilisé.

En cas de simple rassemblement de troupes, l'autorité militaire ne peut exiger que les cinq prestations suivantes :

1° Le logement et le cantonnement pour les hommes, pour les chevaux, mulets et bestiaux, et pour le matériel;

2° La nourriture journalière des officiers et soldats logés chez l'habitant, conformément à l'usage du pays;

3° Les vivres et le chauffage pour l'armée, les fourrages pour les chevaux, mulets et bestiaux, la paille de couchage pour les troupes campées ou cantonnées;

4° Les moyens d'attelage et de transport de toute nature, avec le personnel nécessaire;

5° Les bateaux ou embarcations qui se trouvent sur les fleuves, rivières et canaux.

Encore les moyens de transport dont il est question sous les numéros 4 et 5 ne peuvent-ils être requis, chaque fois, que pour une durée maximum de vingt-quatre heures, hors le cas de mobilisation.

Dans le cas de mobilisation totale ou partielle, l'autorité militaire peut exiger tous les objets, tous les services dont la fourniture est nécessitée par l'intérêt de l'armée, c'est-à-dire, indépendamment des prestations énumérées ci-dessus : les moulins et les fours; les matériaux et outils nécessaires pour l'exécution des travaux militaires; des ouvriers pour ces mêmes travaux; des guides, messagers ou conducteurs; des objets d'habillement, d'équipement, de campement, de harnachement, d'armement et de couchage; les médicaments et moyens de pansement, et jusqu'au traitement des malades et blessés chez l'habitant lui-même (article 5).

Cette nomenclature est d'ailleurs simplement énonciative. Les pigeons voyageurs dont la loi du 3 juillet 1877 n'avait pas parlé peuvent incontestablement être requis en cas de mobilisation. Quant aux établissements industriels, l'article 6 va jusqu'à permettre à l'autorité militaire de les détourner de leur destination et de les employer pour la fourniture de produits autres que ceux qui résultent de leur fabrication normale; mais, dans ce cas, la réquisition ne peut être exercée que sur un ordre spécial du ministre de la guerre ou d'un commandant d'armée ou de corps d'armée.

553. — Toutes les prestations donnent lieu, aux termes de l'article 2, à des indemnités représentatives de leur valeur, sauf l'exception relative au logement et au cantonnement des troupes. Aucune indemnité n'est due pour le logement et le cantonnement des troupes lorsque leur durée a été de trois nuits au plus par mois. Les habitants sont également tenus de fournir gratuitement : 1° le cantonnement des troupes pendant les grandes manœuvres; 2° le logement ou le cantonnement des troupes rassemblées pendant la période de mobilisation. Mais toutes les fois que les troupes sont logées ou cantonnées gratuitement, le fumier provenant des animaux appartient à l'habitant. C'est une rémunération bien légitime de l'hospitalité donnée à nos soldats.

554. — Il ne faudrait pas confondre ensemble le logement et le cantonnement, qui constituent deux fournitures distinctes. Le logement diffère du cantonnement en ce qu'il constitue une opération absolument régulière, tandis que le cantonnement est une opération transitoire, dans laquelle on s'inquiète uniquement d'abriter le mieux possible hommes et chevaux. Les conditions dans lesquelles le logement et le cantonnement doivent être fournis ont été réglées avec soin par les articles 8 à 19 de la loi : nous ne pouvons que renvoyer à ces articles. Mentionnons seulement l'article 16, d'après lequel les troupes, lorsqu'elles sont logées ou même cantonnées chez l'habitant, ont droit au feu et à la chandelle.

III. — *Dans quelle forme les réquisitions doivent-elles être exercées?*

555. — C'est un principe rigoureux que toute réquisition doit être adressée à la commune. La réquisition ne peut être adressée directement aux habitants que dans deux cas : lorsqu'aucun membre de la municipalité ne se trouve au siège de la commune, et lorsqu'une réquisition urgente est nécessaire sur un point éloigné de l'agglomération communale. Lorsque la réquisition, conformément au principe général, a été adressée à la commune, le maire peut y pourvoir de deux façons. Il peut acheter directement et livrer ensuite à l'autorité militaire les objets requis : les dépenses sont alors imputées sur le budget municipal, sans qu'il soit besoin d'autorisation spéciale. Il peut aussi répartir la réquisition entre les habitants et les contribuables de la commune. Dans ce second cas, le maire doit se faire assister, sauf le cas d'extrême urgence, de deux conseillers municipaux dans l'ordre du tableau. Le laisser seul procéder à la répartition, c'eût été lui créer vis-à-vis de ses administrés une situation trop délicate : on a voulu, en lui adjoignant une commission présentant toutes garanties d'impartialité et d'indépendance, alléger sa responsabilité, et rassurer en même temps les contribuables contre des abus possibles.

556. — Les réquisitions peuvent être mises à la charge, non seulement des habitants de la commune, mais de ceux qui, sans habiter la commune, y ont des propriétés et y sont contribuables : elles atteignent les absents. Mais la loi a veillé à ce que le domicile de ceux-ci fût autant que possible respecté. En temps de paix, il n'est pas permis de violer le domicile des absents pour y loger ou cantonner des troupes : le maire doit pourvoir, à leurs frais, au logement ou cantonnement des troupes dans d'autres locaux. En outre, l'article 40 du règlement exige que le maire, lorsqu'il y a lieu de requérir la prestation d'un absent, ne fasse ouvrir la porte et ne procède d'office à la livraison des fournitures requises qu'en présence de deux témoins, et qu'il dresse en outre procès-verbal de ces opérations . Lorsque les contribuables sont présents, le maire, après avoir reçu livraison des objets requis, leur en délivre des récépissés : il tient en outre registre des quantités fournies et des prix réclamés. Quand les contribuables sont absents, le procès-verbal tient lieu de récépissé.

557. — La loi de 1877 a attribué au maire un rôle des plus importants. C'est entre ses mains que doivent être remis tous les objets requis; c'est lui qui, dans un intérêt d'ordre, centralise toutes les opérations. Lorsque, par exception, il a été fait des réquisitions directes, les habitants qui en ont été l'objet doivent porter à la mairie les reçus de fournitures ou les certificats de services qu'ils ont obtenus de l'autorité militaire et les échanger contre des reçus de l'autorité municipale. C'est également le maire qui procède à la remise entre les mains de l'autorité militaire des objets requis. Il s'en fait donner un reçu, comprenant toutes les fournitures individuelles. En outre, lorsque la réquisition a pour objet des outils, machines, etc., c'est lui, si la réquisition est faite pour plus de dix jours, qui procède, contradictoirement avec l'intéressé, à l'estimation des objets requis. Il agit de même lorsqu'il s'agit de chevaux, voitures ou harnais dont le déplacement doit excéder cinq jours.

558. — Un autre principe de la loi du 3 juillet 1877, c'est que les réquisitions exercées dans une commune ne doivent porter que sur les ressources qui y existent, sans pouvoir même les absorber complètement. Il a paru impossible d'obliger la commune à se procurer à titre onéreux ce qui n'existe pas en nature chez elle, et on a pensé qu'il serait même bien rigoureux d'obliger les habitants à livrer tout ce qu'ils ont, sans rien se réserver pour eux-mêmes. On ne doit donc considérer, ni comme prestations disponibles, ni comme fournitures susceptibles d'être réquisitionnées : 1° les vivres destinés à l'alimentation d'une famille et ne dépassant pas sa consommation pendant trois jours; 2° les grains ou autres denrées alimentaires qui se trouvent dans un établissement agricole, industriel ou autre et ne dépassent pas la consommation de huit jours; 3° les fourrages qui se trouvent chez un cultivateur et ne dépassent pas la consommation de ses bestiaux pendant quinze jours.

559. — Toutes les dispositions ci-dessus sont contenues dans les articles 13, 19 et 20 de la loi, 34 à 42 du règlement d'administration publique.

Pour assurer leur exécution, les articles 21 et 22 de la loi ont édicté un certain nombre de peines, soit contre les maires, soit contre les habitants ou contribuables requis, soit contre les militaires, qui auraient refusé ou négligé d'accomplir les obligations mises à leur charge. En cas de refus de la municipalité de se prêter à l'exécution de la loi, le maire, ou celui qui en fait fonctions, peut être condamné à une amende de vingt-cinq à cinq cents francs. Lorsque le fait provient du mauvais vouloir des habitants, le recouvrement des prestations est assuré au besoin par la force; en outre, les habitants qui n'obtempèrent pas aux ordres de réquisition sont passibles d'une amende qui peut s'élever au double de la valeur de la prestation requise. Enfin, l'habitant personnellement requis de fournir un service, qui abandonne ce service, est passible en temps de paix d'une amende de seize à cinquante francs; en temps de guerre, il est traduit devant le conseil de guerre et peut être condamné à la peine de l'emprisonnement de six jours à cinq ans, dans les termes de l'article 194 du Code de justice militaire.

L'article 22 édicte, de son côté, des peines sévères contre le militaire qui, en matière de réquisitions, aurait abusé des pouvoirs qui lui sont conférés ou qui aurait refusé de donner reçu des quantités fournies.

IV. — *Comment sont réglées les indemnités?*

560. — Elles sont réglées par l'autorité militaire, sur la proposition de commissions spéciales composées, suivant l'importance et le nombre des opérations, de trois, cinq ou sept membres. Ces commissions, à la différence de celles qui sont chargées d'apprécier les dégâts qui peuvent résulter des grandes manœuvres, sont nommées par département et non par corps d'armée; de plus, la majorité y est assurée à l'élément civil.

Le maire de chacune des communes où des réquisitions ont été exercées doit adresser, dans le plus bref délai, au préfet, pour être envoyés à la commission : une copie de l'ordre de réquisition; un état d'ensemble comprenant l'indication des personnes qui ont fourni des prestations, la mention des quantités livrées, des prix réclamés et de la date des fournitures; les reçus ou certificats de l'autorité militaire constatant, soit la remise des fournitures, soit l'exécution des services requis. Il y joint son avis. La commission examine : il lui est permis de s'adjoindre, avec voix consultative, des notables commerçants pour l'établissement des prix ; elle peut aussi désigner des experts pour l'estimation des dommages qui auraient été causés aux voitures, chevaux, etc., réquisitionnés temporairement. Les frais d'expertise sont, dans ce cas, à la charge de l'administration. La commission prend ensuite parti et propose des indemnités. L'autorité militaire est tenue de prendre une décision dans un délai très bref : dans les trois jours de la proposition de la commission.

Cette décision n'est pas sans recours. Le maire, à qui elle doit être adressée, la communique administrativement aux intéressés dans les vingt-quatre heures. Ceux-ci ont quinze jours pour faire connaître au maire s'ils acceptent ou s'ils refusent l'offre qui leur est faite. S'ils acceptent, soit expressément, soit tacitement, car ceux qui ont négligé de répondre dans les quinze jours sont considérés comme consentant, le maire dresse un nouvel état des allocations acceptées et l'adresse au fonctionnaire de l'intendance chargé du règlement des indemnités. Un mandat de paiement collectif doit être délivré dans les huit jours au nom de la commune ; ce mandat doit être payé comptant, et chaque indemnitaire reçoit des mains du receveur municipal la part qui lui revient. En temps de guerre, toutefois, le mandat peut être remplacé par des bons du Trésor, portant intérêt à cinq pour cent du jour de la livraison.

S'ils refusent, ils doivent faire connaître leurs motifs et indiquer la somme réclamée. Leur demande est transmise alors par le maire au juge de paix, qui cherche d'abord à concilier les parties, et qui statue définitivement jusqu'à une valeur de deux cents francs inclusivement, et à charge d'appel jusqu'à quinze cents francs inclusivement. Au delà de ce dernier chiffre, c'est le tribunal d'arrondissement qui prononce. Nous avons déjà rencontré ces distinctions, en matière de compétence, lorsque nous avons étudié les dispositions de la loi du 3 juillet 1877 qui sont relatives aux grandes manœuvres (articles 24 à 29 de la loi, et 44 à 57 du règlement d'administration publique).

V. — *Quelles sont les règles spéciales qui ont été édictées pour l'acquisition des chevaux, mulets et voitures nécessaires à la mobilisation?*

561. — Ces règles sont contenues dans les articles 36 à 54 de la loi et dans les articles 74 à 105 du règlement d'administration publique. Elles sont conçues dans un autre ordre d'idées que celles que nous avons rencontrées jusqu'à présent.

En étudiant l'article 5 de la loi, nous avons bien vu que l'administration militaire pouvait requérir des moyens d'attelage et de transport de toute nature, ce qui implique certaines réquisitions de chevaux; mais les réquisitions prévues par cet article sont des réquisitions purement temporaires, destinées à procurer à un corps de troupes des équipages avec leurs conducteurs. Les opérations dont il est question maintenant sont plus importantes; il s'agit de préparer et d'assurer la mise et l'entretien de l'armée sur le pied de guerre, et de régler les conditions dans lesquelles l'autorité militaire pourra, en cas de mobilisation, acquérir à titre définitif, par voie de réquisition, les chevaux, mulets et voitures qui lui seront nécessaires. Afin d'éviter des désordres qui auraient été également préjudiciables à l'armée et aux propriétaires de chevaux, mulets et voitures, la mobilisation doit être préparée dès le temps de paix. De là, dans la loi et le règlement d'administration publique, trois ordres de dispositions : 1º dispositions relatives au recensement; 2º dispositions relatives à l'inspection et au classement; 3º dispositions relatives à l'appel. Un décret du 15 septembre 1885 y a ajouté quelques règles relatives au recensement des pigeons voyageurs.

562. — Le recensement est confié aux soins des municipalités. Il a lieu avant le 16 janvier, tous les ans pour les chevaux, juments et mulets, ainsi que pour les pigeons voyageurs, et tous les trois ans pour les voitures attelées. Le maire y procède sur la déclaration obligatoire des propriétaires, et au besoin d'office. Le recensement des chevaux doit comprendre tous les chevaux, juments, mules et mulets susceptibles d'être requis à raison de leur âge, c'est-à-dire ayant atteint au 1er janvier cinq ans ou plus pour les chevaux et juments, trois ans ou plus pour les mulets et mules. Toutefois, les animaux qui ont été déjà réformés par une commission de classement ne sont pas portés sur la liste. Le recensement des voitures comprend toutes les voitures attelées de chevaux et de mules, autres que celles qui sont exclusivement affectées au transport des personnes.

563. — Il peut être procédé tous les ans, du 16 janvier au 1er mars et du 15 mai au 15 juin, à l'inspection et au classement des chevaux ou mulets recensés; et tous les trois ans, aux mêmes époques, à l'inspection et au classement des voitures attelées. L'inspection a pour but de faire reconnaître les animaux ou les voitures propres ou non au service de l'armée, et le classement de déterminer la catégorie à laquelle ces animaux ou ces voitures appartiennent.

L'inspection et le classement ont lieu dans chaque commune, à l'endroit désigné d'avance par l'autorité militaire, et en présence du maire ou de son suppléant légal. Il y est procédé par une commission nommée par le général commandant le corps d'armée et composée : d'un officier, président, et ayant voix prépondérante en cas de partage, d'un membre civil choisi dans la commune, et d'un vétérinaire ayant voix consultative.

La commission élimine d'abord les animaux impropres au service en raison de tare, de mauvaise conformation, de défaut de taille, etc. Elle écarte, en outre, les animaux exemptés de réquisition. Ce sont : 1° les chevaux appartenant au chef de l'État; 2° les chevaux dont les fonctionnaires sont tenus d'être pourvus pour leur service; 3° les chevaux entiers approuvés ou autorisés (1) pour la reproduction; 4° les juments en état de gestation constatée, ou suitées d'un poulain, ou notoirement reconnues comme consacrées à la reproduction; 5° les chevaux qui n'avaient pas atteint l'âge de cinq ans, et les mulets qui n'avaient pas atteint celui de trois ans au 1er janvier; 6° les chevaux indispensables au service des chemins de fer et des administrations publiques.

La commission arrête définitivement le tableau de classement. Elle délivre aux propriétaires des animaux réformés un certificat de réforme, qui dispense de la présentation de ces animaux au classement suivant.

Il est procédé de la même façon pour les voitures attelées. Comme leur nombre est notablement supérieur au nombre de celles qui devront être réquisitionnées, on règle, au moyen d'un tirage au sort, leur ordre d'appel en cas de mobilisation.

564. — Nous avons vu que le recensement et le clas-

---

(1) L'approbation et l'autorisation sont des brevets délivrés par l'administration des haras à certains étalons.

sement ont lieu à la commune. L'appel, au contraire, a lieu à certains points de rassemblement choisis par l'autorité militaire.

Au jour fixé, les chevaux et mulets qui ont été précédemment classés, ainsi que ceux qui ont été introduits dans la commune depuis le dernier recensement, et ceux qui ont atteint l'âge légal depuis le dernier classement, doivent être conduits à l'endroit désigné par l'autorité militaire, avec une ferrure en bon état, un bridon et un licol pourvu d'une longe.

Là, une commission mixte les examine. Elle opère d'abord le classement des animaux qui n'ont pas encore été l'objet de cette mesure, puis elle statue sur les cas de réforme ou de maladie et sur les demandes de remplacement. On entend par demandes de remplacement celles qui sont formées en vertu de l'article 47 de la loi, d'après lequel le propriétaire d'un animal compris dans le contingent a le droit de présenter et de faire inscrire à sa place un autre animal non compris dans le contingent, mais appartenant à la même catégorie. Lorsque le classement de tous les animaux a été arrêté définitivement, la commission, en présence des maires, prononce la réquisition des animaux nécessaires pour la mobilisation. Lorsque le nombre des animaux présentés est supérieur au chiffre à requérir, la commission n'a pas le droit de faire son choix : c'est le sort qui détermine l'ordre dans lequel les animaux seront appelés.

Il ne reste plus qu'à payer le prix des animaux acquis par l'État. Ce prix est connu d'avance : c'est, pour chaque animal, le prix qui est porté au budget de l'année pour la catégorie à laquelle cet animal appartient, avec augmentation d'un quart pour les chevaux de selle et pour les chevaux d'attelage de l'artillerie, sans toutefois que cette augmentation soit applicable aux chevaux entiers.

Le paiement a lieu en un mandat payable à la caisse du receveur des finances le plus à proximité.

Pour les voitures attelées, il est procédé d'une manière analogue. Mais, leur valeur étant essentiellement variable, et n'ayant pu être déterminée à l'avance, la commission la détermine, pour chaque voiture, d'après les prix-courants du pays.

Ces acquisitions sont définitives, mais lorsque, l'armée étant replacée sur le pied de paix, les anciens propriétaires des animaux requis les réclament, ces animaux doivent leur être rendus, sauf restitution intégrale du prix, et sous réserve de la part de ces propriétaires, de rechercher eux-mêmes ces animaux dans les rangs de l'armée et d'aller les prendre, à leurs frais, au lieu de garnison des corps ou de l'officier détenteur.

565. — Les articles 51 et 52 de la loi dont il nous reste à dire un mot, édictent des peines assez élevées contre les propriétaires de chevaux, etc., et contre les maires qui ne se seraient pas conformés à ses dispositions.

Les propriétaires qui, en cas d'appel, n'auraient pas conduit leurs animaux classés ou susceptibles de l'être, ou leurs voitures attelées désignées par l'autorité militaire, au lieu de rassemblement, sans motifs légitimes admis par la commission, sont passibles d'une amende égale à la moitié du prix d'achat fixé par le budget pour la catégorie à laquelle appartiennent les animaux ou à la moitié du prix moyen d'acquisition des voitures ou harnais dans la région. L'amende ne fait d'ailleurs nullement obstacle à ce que la réquisition soit exécutée immédiatement, et sans attendre le jugement, par l'autorité militaire.

Quant aux autres infractions aux règles relatives à la réquisition des voitures et chevaux, soit de la part des maires, soit de la part des propriétaires, elles sont pu-

nies d'une amende de vingt-cinq à mille francs. S'exposerait notamment à cette peine le propriétaire qui n'aurait pas déclaré à la mairie les chevaux, mulets ou voitures attelées qu'il possède. En outre, ceux qui auraient
fait sciemment de fausses déclarations, dans le but par
exemple de tromper l'Administration sur l'âge de leurs
animaux, seraient passibles d'une amende de cinquante
à deux mille francs.

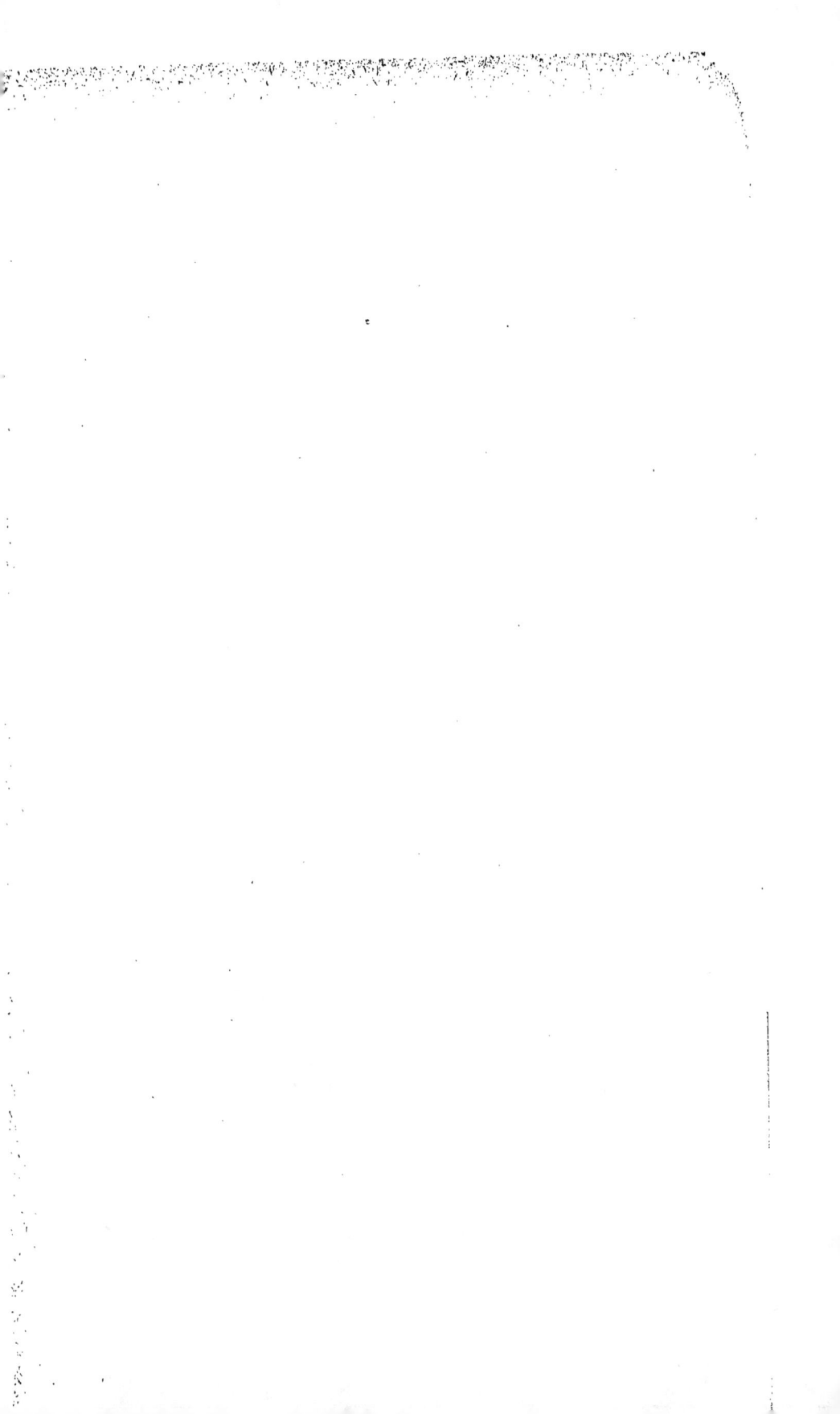

LIVRE IV.

MOYENS MIS PAR LA LOI A LA DISPOSITION DES CRÉANCIERS POUR LEUR PERMETTRE D'OBTENIR PAIEMENT.

566. — Il ne suffisait pas au législateur de déterminer les conditions auxquelles on devient créancier, et
les droits qui sont attachés à cette qualité. Il fallait, pour
que ces droits ne devinssent pas illusoires, en assurer la
jouissance.

Tout créancier est exposé à un triple péril : la mauvaise foi de son débiteur, qui peut le porter à nier
l'existence de sa dette, ou à s'appauvrir volontairement;
son mauvais vouloir, qui lui fera opposer la force d'i-
nertie aux plus pressantes réclamations; son insolvabilité, qui le mettra hors d'état de se libérer. Contre chacun de ces périls, la loi a créé des garanties. Contre le
premier, elle a organisé les modes de preuve, et elle a
attribué au créancier certaines facultés spéciales, prévues
par les articles 1166 et 1167 du Code civil; contre le
second, elle a organisé les voies d'exécution et la contrainte par corps; et contre le troisième les sûretés per-

sonnelles et les sûretés réelles. Nous étudierons ces garanties dans trois sections distinctes ; puis nous nous demanderons quelles sont les réformes qui pourraient être introduites dans cette partie de notre législation.

SECTION PREMIÈRE.

GARANTIES DU CRÉANCIER CONTRE LA MAUVAISE FOI DU DÉBITEUR.

I. — *Des modes de preuve* (1).

567. — Il est de principe, lorsque l'existence d'une obligation est contestée, ou plus généralement quand il se produit une allégation qui tend à modifier l'état actuel des choses entre deux personnes, que c'est à celui qui avance cette allégation à la prouver. Prouver, c'est produire devant le juge des éléments de conviction.

Les modes de preuve sont au nombre de cinq : la preuve littérale, la preuve testimoniale, les présomptions, l'aveu, et le serment.

568. — La preuve littérale, c'est la preuve par écrit. C'est celle que préfère le législateur, au moins en matière civile, mais il n'en a pas toujours été ainsi.

Sous le régime féodal, toutes les faveurs de la loi étaient pour le serment. Il ne pouvait être question de preuve littérale : trop peu de personnes savaient écrire.

(1) Articles 1315 à 1370 du Code civil.

Le serment, à cette époque de foi, était considéré comme la meilleure des preuves (1). On fut bien forcé cependant de reconnaître que, même à cette époque, il y avait des parjures, et que les parties, pour gagner leur procès, faisaient parfois de faux serments. On exigea alors l'intervention de tiers désintéressés, qu'on appelait *co-juratores*. L'expérience ne fut pas plus heureuse. Ces tiers se parjuraient pour de l'argent, ou pour faire triompher la cause de leurs parents et de leurs amis. On avait d'autant plus de *co-juratores* qu'on était plus puissant.

Plus tard, on préféra les épreuves, et le combat judiciaire. On devait combattre en personne d'abord, mais bientôt il fut permis de se faire représenter par un champion auquel on donnait le nom, devenu plus pacifique, d'avoué.

On en vint à la preuve testimoniale, mais l'ordonnance de Moulins, rendue en 1566, l'interdit au dessus de cent livres, comme donnant lieu à trop de corruption. Il était passé en proverbe de dire : qui mieux abreuve, mieux preuve, et dans sa comédie des *Plaideurs* Racine a pu mettre dans la bouche d'un de ses personnages les vers suivants :

> Ce grand homme là, sec, qui me sert de témoin
> Et qui jure pour moi lorsque j'en ai besoin.

569. — Actuellement, la preuve testimoniale n'est admise, en principe, que lorsqu'il s'agit d'une somme n'excédant pas cent cinquante francs : le législateur a pensé que, lorsque la dette n'excédait pas cette somme, les débiteurs de mauvaise foi ne réussiraient guère à suborner des témoins (2).

---

(1) M. Glasson, *Éléments de droit civil*, t. II, p. 153.
(2) Il y a même certains cas dans lesquels la preuve par témoins n'est

Au-dessus de cent cinquante francs, la preuve testimoniale est admise dans un certain nombre de cas : 1° en matière commerciale, car les commerçants se contentent habituellement de la parole donnée et ne rédigent pas leurs conventions par écrit; 2° lorsqu'il existe un commencement de preuve par écrit qui rend la demande vraisemblable, une lettre de l'adversaire par exemple; 3° lorsqu'il a été impossible de se procurer une preuve écrite, ce qui se produit notamment lorsque l'obligation résulte d'un délit ou d'un quasi-délit.

570. — Il y a deux sortes d'écrits : l'acte authentique et l'acte sous seing privé. L'acte authentique est celui qui a été reçu par officiers publics ayant le droit d'instrumenter dans le lieu où l'acte a été rédigé, et avec les solennités requises (article 1317). Les officiers publics dont il est question dans cet article sont les notaires, les greffiers, les huissiers, etc., et certains administrateurs, comme les préfets et les maires : les préfets, quand ils passent des contrats relatifs à la gestion des biens de l'État ou des départements; les maires, quand ils agissent comme officiers de l'état civil et quand ils passent des contrats au nom de la commune.

Les actes authentiques font foi pleine et entière, jusqu'à inscription de faux, de leur date et de tout ce qui s'y trouve contenu, pourvu toutefois qu'il s'agisse de choses que l'officier public affirme avoir personnellement constatées.

Ils font foi, par eux-mêmes, à l'égard des tiers.

Ils ont généralement force exécutoire, ce qui veut dire que celui qui en est armé peut, sans avoir besoin de s'y faire autoriser par un jugement, poursuivre son débiteur et faire saisir ses biens. Il en est ainsi notam-

jamais admise, en matière de louage par exemple; mais c'est là une exception à la régle générale.

ment des actes rédigés par les notaires et, dans certains cas, par les préfets. Ceux des maires, au contraire, n'ont pas force exécutoire.

571. — Les actes sous seing privé sont ceux qui sont rédigés par les particuliers. Les parties contractantes peuvent toujours, sauf les cas où l'intervention d'un officier public est prescrite (comme les dations d'hypothèques par exemple), constater leur accord elles-mêmes; il n'est même pas nécessaire que l'acte sous seing privé soit écrit par la partie qui s'oblige, et l'on peut recourir à l'écriture d'un tiers. Mais il faut que l'écrit porte la *signature* du débiteur. Ceux qui ne savent pas signer leur nom sont forcés de recourir à l'intervention du notaire.

Il faut aussi, lorsqu'il y a plusieurs parties qui s'obligent, que l'acte soit fait en autant d'originaux qu'il y a de parties ayant un intérêt distinct, et la mention que l'acte a été fait en double ou triple original doit être insérée sur chaque original.

Enfin, lorsque l'obligation a pour objet une somme d'argent ou une chose appréciable en argent, il faut, si le billet n'a pas été écrit en entier de la main de celui qui l'a souscrit, qu'indépendamment de sa signature, ce dernier y ait écrit de sa main un *bon* ou un *approuvé* portant en toutes lettres la somme due ou la quantité de la chose. A défaut de cette dernière mention, le billet ne pourrait servir que de commencement de preuve par écrit.

Toutefois, la mention du *bon* ou *approuvé* n'est pas obligatoire, lorsque l'acte émane de marchands, artisans, laboureurs, vignerons, gens de journée ou de service : la seule signature de ces derniers suffit.

Lorsqu'un acte sous seing privé est contesté, et que le débiteur prétendu dénie sa signature, la vérification en est ordonnée en justice, au moyen d'une procé-

dure spéciale qui a reçu le nom de procédure en vérification d'écriture : la preuve de l'authenticité de la
signature incombe à celui qui invoque l'acte sous seing
privé.

Alors même que la signature est reconnue, l'acte sous
seing privé ne fait foi de sa date et de ce qu'il contient
qu'à l'égard des parties. Pour qu'il fasse foi de sa date à
l'égard des tiers, il faut qu'il se soit produit l'un des
trois événements suivants : 1° qu'il ait été enregistré :
dans ce cas il prendra date du jour de l'enregistrement;
2° que celui ou l'un de ceux dont il porte la signature
soit mort : l'acte prendra date du jour du décès; 3° que sa
substance ait été constatée dans des actes dressés par
des officiers publics, comme des procès-verbaux de
scellés ou d'inventaire.

572. — Les présomptions sont des conséquences que
la loi, ou le magistrat, tire d'un fait certain à un fait incertain. La présomption qui est établie par la loi elle-
même ne peut être détruite par la preuve contraire : elle
est invincible. Telle est la présomption de paiement qui
résulte de l'accomplissement de la prescription libératoire. Lorsque la prescription d'une dette est acquise, le
créancier n'est pas recevable à prouver qu'en dépit de la
présomption établie par la loi, le débiteur ne s'est pas
libéré. Quant aux présomptions qui ne sont pas établies
par la loi, elles sont abandonnées aux lumières et à la
prudence du magistrat, qui ne doit se déterminer que
d'après des présomptions graves, précises et concor-
dantes.

Les présomptions autres que celles établies par la loi
ne peuvent être admises que dans les cas où la preuve
testimoniale est permise.

573. — L'aveu, c'est la reconnaissance de la dette. Il
est extra-judiciaire ou judiciaire.

Dans le premier cas, c'est-à-dire lorsqu'il s'est produit hors la présence du tribunal, son existence ne peut être établie que par les modes de preuve ordinaires.

Dans le second cas, comme il est recueilli par le tribunal lui-même, il fait pleine foi contre son auteur.

574. — Il y a deux sortes de serments : le serment décisoire et le serment supplétoire.

Le serment décisoire est celui qu'une partie défère à l'autre pour en faire dépendre le jugement de la cause. Ce n'est pas à proprement parler un mode de preuve, mais un moyen de se dispenser de la preuve. J'ai perdu, par exemple, l'écrit qui constatait ma créance, et mon débiteur, qui le sait, prétend ne me devoir rien. S'il n'est pas absolument un malhonnête homme, je lui déférerai le serment. S'il jure qu'il n'est pas mon débiteur, je perdrai le procès; s'il refuse au contraire de prêter serment, le juge le condamnera envers moi, à moins qu'il ne prenne un troisième parti, celui de me référer le serment à moi-même. Ce sera de moi, dans ce cas, que dépendra l'issue du litige.

Le serment supplétoire est celui que le juge défère d'office à l'une des parties. Les tribunaux ne peuvent y avoir recours que lorsque le fait allégué n'est ni pleinement justifié ni totalement dénué de preuves, ou lorsqu'il s'agit de déterminer le montant de la condamnation et qu'il est impossible de constater autrement ce qui est dû.

575. — Avant de terminer ces explications sommaires, nous devons dire un mot des procès-verbaux qui constatent les crimes, les délits ou les contraventions. Les procès-verbaux ne reposent que sur la preuve testimoniale, car les rédacteurs de ces sortes d'écrits ne font jamais que constater ce qu'ils ont vu ou entendu. Mais leur force probante est beaucoup plus grande que celle qui résulte de témoignages ordinaires. Lorsqu'ils ont

été rédigés par des officiers de police judiciaire, comme les maires, les gardes champêtres ou forestiers, ils font foi par eux-mêmes, soit jusqu'à preuve contraire, de telle sorte que la condamnation est certaine si le prévenu ne parvient pas à prouver l'inexactitude des faits qui s'y trouvent relatés, soit même jusqu'à inscription de faux.

Nous indiquerons, en traitant de la police rurale, les conditions dans lesquelles doivent être rédigés les procès-verbaux pour pouvoir produire ces effets.

II. — *De la garantie qui résulte pour le créancier des articles 1166 et 1167 du Code civil.*

576. — La mauvaise foi des débiteurs peut les porter, non seulement à nier leur dette, mais à se rendre insolvables. Or, on peut se rendre insolvable de deux manières : en négligeant d'exercer ses droits, et en passant avec les tiers des conventions ruineuses.

Lorsque le débiteur néglige d'exercer ses droits, l'article 1166 du Code civil permet à ses créanciers de les exercer en son nom. Si par exemple mon fermier néglige de se faire payer le prix du blé qu'il a vendu, je pourrai poursuivre l'acheteur en son nom, afin d'assurer le recouvrement de mes fermages. Mais, pour que cette faculté puisse être exercée par le créancier, il faut qu'il s'agisse d'intérêts pécuniaires : quand le droit que le débiteur a négligé d'exercer est un droit exclusivement attaché à la personne, comme celui de demander la révocation d'une donation pour cause d'ingratitude, l'action ne peut pas être intentée par le créancier.

577. — Lorsque le débiteur se rend sciemment insolvable en passant avec d'autres personnes des conven-

tions ruineuses pour lui, ou lorsqu'étant déjà insolvable il augmente ainsi son insolvabilité, ses créanciers peuvent faire tomber les actes faits en fraude de leurs droits (article 1167). Mais, pour que l'annulation de ces actes puisse être obtenue, il faut la réunion tantôt des deux, tantôt des trois conditions suivantes.

Il est nécessaire, en premier lieu, que, par ces actes, le débiteur ait créé ou tout au moins augmenté son insolvabilité : tant qu'il a plus de biens que de dettes, il peut disposer librement de ce qui lui appartient, sans que ses créanciers aient le droit de se plaindre. Il faut, en second lieu, que le débiteur ait agi sciemment, qu'il ait connu sa situation, qu'il n'ait pas ignoré qu'il se rendait insolvable : l'article 1167 suppose toujours des actes faits *en fraude*.

Les deux conditions ci-dessus sont exigées dans tous les cas, mais elles suffisent pour faire prononcer l'annulation des actes accomplis par le débiteur *à titre gratuit*. Quand, au contraire, l'acte attaqué est un acte *à titre onéreux,* une vente par exemple, la complicité des tiers est nécessaire. C'est ainsi que la donation faite en fraude des droits des créanciers pourra être annulée, lors même que le donataire serait de bonne foi : entre celui-ci, qui cherche à s'enrichir, et le créancier, qui lutte pour éviter de s'appauvrir, la loi préfère ce dernier. Un acte de vente au contraire ne pourra être annulé que si l'acquéreur est de mauvaise foi, s'il a su qu'en traitant avec lui le débiteur se rendait insolvable ou plus insolvable qu'il ne l'était déjà.

SECTION DEUXIÈME.

GARANTIES CONTRE LE MAUVAIS VOULOIR DU DÉBITEUR.

Ces garanties sont : 1° les voies d'exécution; 2° la contrainte par corps.

I. — *Des voies d'exécution.*

578. — Les voies d'exécution ne sont que la mise en œuvre d'un principe posé par l'article 2092 du Code civil, d'après lequel quiconque s'est obligé personnellement est tenu de remplir son engagement sur tous ses biens mobiliers et immobiliers, présents et à venir. Payer sa dette est une obligation de droit et de morale. Or, pour s'acquitter, un honnête homme peut se trouver forcé de vendre tout ou partie de ses biens. Ce qu'il fera spontanément, la loi l'imposera aux débiteurs moins scrupuleux; et si ces derniers ne veulent pas réaliser ce qui leur appartient, la loi permet à leurs créanciers de le faire à leur place.

579. — Le premier des actes d'exécution, c'est la saisie : c'est par elle qu'on arrive à la vente. Mais, pour pouvoir provoquer une saisie, il faut être porteur d'un titre exécutoire, c'est-à-dire d'un acte notarié ou de tout autre acte authentique produisant les mêmes effets. A défaut de titre exécutoire, le créancier est tenu de s'adresser au tribunal et d'obtenir un jugement (1). Le jugement obtenu, il n'aura plus qu'à s'adresser à un huissier. C'est celui-ci qui opèrera la saisie.

Les règles d'après lesquelles il peut être procédé à une saisie diffèrent notablement, suivant que la saisie a pour objet des meubles ou des immeubles.

La saisie des meubles se divise en saisie-exécution, saisie-brandon et saisie-arrêt.

580. — La saisie-exécution, c'est celle des meubles proprement dits. Dans une ferme, par exemple, la saisie-exécution portera sur les animaux qui ont été attachés au fonds par le fermier. Elle ne pourrait pas porter sur les animaux attachés au fonds par le propriétaire, car ces objets sont immeubles par destination.

Elle est très rapide : 1° commandement de payer; 2° un jour après, procès-verbal de saisie; 3° apposition d'affiches annonçant la vente; 4° vente, laquelle peut avoir lieu huit jours après la notification de la saisie au débiteur. Les meubles sont adjugés au plus offrant et dernier enchérisseur : à défaut de paiement par l'acquéreur, il est procédé à une réadjudication à la folle enchère de celui-ci, ce qui veut dire que, si la seconde adjudication donne un prix moindre que la première, c'est le premier adjudicataire qui paie la différence.

Nous avons déjà vu que les ventes judiciaires ne donnent jamais lieu, ni à l'action pour vices rédhibitoires

---

(1) Sauf, comme nous allons le voir, pour la saisie-arrêt.

(article 1649) ni à l'action en rescision pour cause de lésion (article 1684).

Les règles de détail suivant lesquelles il doit être procédé aux saisies-exécution sont tracées par les articles 583 à 625 du Code de procédure civile. Leur application exige l'intervention des hommes d'affaires et nous n'avons pas à les exposer en détail. Mais nous ne pouvons nous dispenser de signaler les articles 592 et 593 relatifs aux choses insaisissables. D'après ces articles, ne peuvent être saisis, si ce n'est pour certaines créances privilégiées (1), les farines et menues denrées nécessaires à la consommation du saisi et de sa famille pendant un mois; non plus qu'une vache, ou trois brebis, ou deux chèvres, au choix du saisi, avec les pailles, fourrages et grains nécessaires pour la litière et la nourriture desdits animaux pendant un mois. Le coucher nécessaire des débiteurs et de leurs enfants vivant avec eux, ainsi que les habits dont les débiteurs sont vêtus et couverts, ne peuvent même être saisis pour aucune créance.

De ces règles, inspirées par une pensée d'humanité, il faut en rapprocher un certain nombre d'autres, qui ont eu pour but, non seulement l'intérêt des débiteurs, mais encore l'intérêt, soit des créanciers, soit de l'agriculture. Telle est la règle posée par l'article 594, et d'après laquelle, en cas de saisie d'animaux et d'ustensiles servant à l'exploitation des terres, le juge de paix peut, sur la demande du saisissant, le propriétaire et le saisi entendus ou appelés, établir un gérant à l'exploitation. La loi du 4 avril 1889, sur les animaux employés à l'exploitation des propriétés rurales, contient en outre, en ce qui concerne la saisie des ruches à miel et des vers

(1) Parmi ces créances privilégiées, se trouvent celles du vendeur, de celui qui a prêté pour acheter, du bailleur, et du créancier pour frais de moissons.

à soie, quelques dispositions spéciales. D'après l'article 10 de cette loi, dans le cas où les ruches à miel pourraient être saisies séparément du fonds auquel elles sont attachées, elles ne peuvent être déplacées que pendant les mois de décembre, janvier et février. D'après l'article 11, les vers à soie ne peuvent non plus être saisis pendant leur travail. Il en est de même des feuilles de mûrier qui leur sont nécessaires. La loi des 28 septembre-6 octobre 1791 avait déjà prescrit sur ces deux points des règles identiques. On s'était demandé si le Code de procédure civile, qui s'était abstenu de les reproduire, ne les avait pas implicitement abrogées. La loi du 4 avril 1889 leur donne une nouvelle force.

581. — La saisie-brandon a été organisée par les articles 626 à 636 du Code de procédure. Bien qu'elle ait pour objet les fruits encore pendants, elle est cependant mobilière. Son nom lui vient de ce qu'autrefois on plaçait aux limites des champs dont les fruits étaient saisis, des faisceaux de paille, auxquels on donnait le nom de brandons.

582. — La saisie-arrêt a été réglée par les articles 557 à 583. C'est la saisie par le créancier, entre les mains d'un tiers, de sommes et effets appartenant ou dus à son débiteur.

A la différence des saisies précédentes, la saisie-arrêt n'est pas un acte d'exécution; c'est une simple mesure conservatoire. Aussi n'exige-t-elle pas de titre exécutoire; mais à défaut de titre, il faut obtenir la permission du juge.

583. — La saisie immobilière exige une procédure longue et coûteuse.

Les auteurs du Code de procédure civile n'ont pas voulu que le propriétaire d'immeubles fût exproprié trop vite; ils ont tenu à ce qu'il eût le temps de se retourner. La vente des immeubles a lieu aux enchères, à l'audience du tribunal, et elle doit être suivie par des avoués. Le jugement d'adjudication doit être transcrit. L'acquisition n'est définitive que si, dans les huit jours, personne n'a demandé que l'immeuble fût remis en adjudication, en garantissant une surenchère d'un sixième. En cas de non paiement du prix, il y aurait réadjudication à la folle enchère de l'adjudicataire.

II. — *De la contrainte par corps.*

584. — La contrainte par corps constitue également une garantie contre le mauvais vouloir du débiteur. Autrefois, à Rome, les créanciers pouvaient s'emparer de la personne de leur débiteur, et le faire vendre comme esclave : la loi des douze tables leur permettait même de le partager entre eux.

Les progrès des mœurs amenèrent à cet égard des adoucissements tels qu'on en est arrivé à supprimer, dans la plupart des cas, le pouvoir que l'ancien droit reconnaissait au créancier sur la personne de son débiteur.

Le Code civil l'avait maintenu (articles 2059 et suivants), mais il avait donné à la contrainte par corps le caractère, moins d'une voie d'exécution, que d'une épreuve d'insolvabilité. Le créancier n'y avait pas recours quand il savait que son débiteur était réellement insolvable, car il était tenu de le nourrir en prison. Mais lorsque l'insolvabilité n'était qu'apparente, la contrainte par corps intervenait comme une menace. Elle complétait la saisie pour les valeurs faciles à dissimuler et empêchait la fraude. Elle a été supprimée en matière civile par la loi du 22 juillet 1867, et n'a été conservée qu'en matière criminelle, correctionnelle ou de police pour garantir le recouvrement des amendes, des restitutions, des frais de justice et des dommages-intérêts. Des *amendes,* car il n'est pas possible d'admettre que, faute de biens, le coupable ne subisse aucune peine. Des *restitutions, des frais de justice* et des *dommages-intérêts,* car les uns et les autres ont également un caractère pénal, et il importe à l'ordre social que la peine, lorsqu'elle ne peut être subie d'une façon, le soit sous une forme équivalente.

La contrainte par corps, dans ces conditions, a changé de caractère : elle n'est plus une épreuve d'insolvabilité, mais une véritable voie d'exécution et une sorte de peine. Aussi ne peut-elle être prononcée que contre les auteurs mêmes des faits délictueux, à l'exclusion des personnes civilement responsables du crime, du délit ou de la contravention (Cass., 25 avril 1884).

SECTION TROISIÈME.

GARANTIES CONTRE L'INSOLVABILITÉ.

585. — Quand un débiteur a plus de dettes que de biens, et qu'à la suite de la saisie et de la vente de ses biens meubles et immeubles ses créanciers se présentent pour obtenir paiement, chacun d'eux, s'il n'a pas stipulé de garanties spéciales, ne recevra qu'une partie de ce qui lui est dû, un dividende : comment éviter ce résultat?

Il y a deux moyens, pour un créancier, de se garantir contre le risque qui peut résulter de l'insolvabilité du débiteur. Il peut stipuler des sûretés personnelles, ou des sûretés réelles.

CHAPITRE PREMIER.

SURETÉS PERSONNELLES.

586. — Les sûretés personnelles consistent dans la solidarité et dans le cautionnement.

Le créancier peut exiger, au moment où il prête par exemple, que d'autres personnes s'engagent pour et avec le débiteur. Le crédit de celui-ci, c'est-à-dire la confiance qu'il inspire, s'augmente du crédit des personnes qui s'obligent avec lui.

Ces personnes peuvent s'engager dans les conditions de la solidarité, de telle sorte que chacune d'elles puisse être poursuivie par le créancier comme si elle était le débiteur lui-même (article 1200 du Code civil). Sans doute celui qui aura payé pour le véritable débiteur aura recours contre ce dernier, mais le créancier n'a pas à s'en préoccuper. Il lui appartient de poursuivre qui il veut. Il en résulte qu'aussi longtemps qu'un seul d'entre ceux qui se sont engagés envers lui sera solvable, le créancier aura la certitude d'être remboursé (1).

587. — La seconde sûreté personnelle que peut stipu-

(1) Voir à la page 362.

ler le créancier consiste dans le cautionnement. Il ne
s'agit pas ici du dépôt d'une somme d'argent dans une
caisse déterminée, avec affectation de cette somme au
paiement de certaines obligations : ce cautionnement là
n'est autre chose que le gage. Il s'agit de l'engagement
que contracte une personne de payer une dette déterminée, si le débiteur ne la paie pas lui-même. La personne
qui s'engage ainsi a reçu le nom de caution, et le contrat
qui se forme celui de contrat de cautionnement. Celui
qui a donné caution n'est qu'un débiteur subsidiaire : à
la différence du co-débiteur solidaire, il lui appartient
de forcer le créancier à poursuivre d'abord le débiteur
principal, à condition toutefois de lui indiquer les biens
sur lesquels celui-ci pourra exercer ses poursuites. Il
lui appartient aussi, après avoir payé la dette, de se faire
rembourser par le débiteur principal. Mais le créancier
n'en a pas moins deux débiteurs au lieu d'un ; et aussi
longtemps que l'un de ces deux débiteurs sera solvable,
il aura la certitude d'obtenir paiement.

588. — Les sûretés personnelles offrent de grands
avantages, mais elles présentent aussi un grand inconvénient : c'est de dépendre jusqu'à un certain point de la volonté du débiteur-adjoint, qui peut lui-même devenir insolvable. Elles ne sont donc pas d'une efficacité absolue
et à l'abri de tout risque, à moins que le nombre des
débiteurs ne soit considérable, ce qui ne peut se ren-
contrer que dans la solidarité. En règle générale, pour
obtenir une sécurité complète, on a recours aux sûretés
réelles et on exige l'affectation au paiement de la dette,
d'une chose, d'un bien appartenant soit au débiteur,
soit à un tiers. Cette chose se trouve alors elle-même
engagée à l'exécution de l'obligation; elle est grevée
d'un droit réel que le créancier pourra opposer à tous
et qui lui permettra d'être payé par préférence sur le

prix de cette chose, et de la suivre en quelques mains qu'elle passe. Les sûretés réelles sont, pour cette raison, plus recherchées que les sûretés personnelles. Aussi longtemps que la chose existe, à moins que sa valeur ne diminue hors de toute prévision, le créancier qui a stipulé une sûreté suffisante jouit d'une sécurité complète.

CHAPITRE II.

589. — Les sûretés réelles peuvent porter sur les meubles ou sur les immeubles. Celles qui portent sur les meubles sont toujours des privilèges. Celles qui ont pour objet des immeubles sont, tantôt des privilèges, tantôt des hypothèques.

Nous étudierons successivement : 1° les privilèges sur les meubles; 2° les privilèges sur les immeubles; 3° les hypothèques; 4° les réformes qui pourraient être introduites dans cette partie de notre législation.

§ I. — Privilèges sur les meubles.

590. — Le premier privilège que l'on rencontre en suivant l'ordre des articles du Code civil, c'es tle gage (articles 2071 à 2085).

Le gage est un privilège, mais c'est un privilège qui résulte d'un contrat. Tous les autres dérivent de la loi elle-même. Ils sont attachés de plein droit à certaines créances que les rédacteurs du Code civil ont considérées comme méritant une faveur particulière. Il en est parmi ces privilèges qui portent non seulement sur tous les meubles, mais en même temps sur tous les immeubles du débiteur, et qu'on appelle privilèges généraux.

Il en est d'autres qui portent seulement sur certains meubles.

I. — *Du gage.*

591. — Le gage est l'affectation d'une chose mobilière au paiement d'une obligation. Il a été la première forme qu'ait revêtue le crédit réel, les autres sûretés réelles n'ayant été imaginées que beaucoup plus tard. Il donne toute sécurité au créancier, mais il présente plusieurs inconvénients. D'abord, il implique la remise de la chose donnée en gage entre les mains du créancier ou d'un tiers, de telle sorte qu'une chose ne peut, quelle que soit sa valeur, garantir qu'une seule dette, et être utilisée comme moyen de crédit qu'une seule fois. En outre, le gage prive le débiteur d'une partie de son capital, qui devient pour lui stérile, et il charge le créancier de la garde et des risques d'une chose qui n'est pas à lui. Nous avons déjà montré qu'en fait ces inconvénients rendaient impossible la constitution de gages agricoles (1); c'est une situation dont il faut prendre courageusement son parti, car ces inconvénients tiennent à l'essence même du gage. La loi a dû exiger la remise de la chose entre les mains du créancier ou d'un tiers afin de rendre le gage en quelque sorte public. On a voulu empêcher que, séduit par la fortune apparente d'une personne, par le grand nombre de meubles qui paraissent lui appartenir, on ne lui prêtât des sommes dont le remboursement ne serait garanti que par des apparences, ce qui arriverait fatalement si l'on pouvait conserver par devers soi les choses données en gage. On a cherché dans ces dernières années à organiser, dans l'intérêt de l'agriculture, un gage qui n'exigerait pas le dessaisissement du débiteur. Il aurait été suppléé à la

(1) Voir page 559.

remise matérielle de la chose par une inscription de l'acte constitutif du gage sur les registres du receveur de l'enregistrement; en outre, le débiteur qui, après avoir donné une chose en gage, l'aurait vendue ou engagée de nouveau après l'avoir présentée comme libre, aurait été passible des peines établies par l'article 408 du Code pénal pour l'abus de confiance. Le Sénat, dans ses séances des 29 et 30 décembre 1883, a rejeté cette proposition. Il a pensé que son adoption aurait pour effet de rendre les créanciers d'autant plus exigeants et d'autant plus défiants qu'ils auraient plus de difficulté à reconnaître la consistance réelle des biens libres de leur débiteur, et qu'au lieu d'améliorer le crédit, elle ne ferait que le rendre plus précaire.

Le contrat de gage paraît donc destiné à conserver, pour les agriculteurs, un caractère absolument exceptionnel. Il ne semble pas pouvoir porter sur autre chose que sur des titres ou créances, ou sur certains objets personnels, comme des bijoux.

D'après l'article 2074, le gage n'est constitué, lorsqu'il porte sur un objet corporel, qu'autant qu'il en est dressé un acte public, ou sous seing privé dûment enregistré, contenant la déclaration de la somme due, ainsi que l'espèce et la nature des choses remises en gage. Toutefois la rédaction et l'enregistrement d'un acte écrit ne sont exigés qu'en matière excédant cent cinquante francs. D'après l'article 2075, lorsque le gage porte sur une créance mobilière, un acte public ou sous seing privé enregistré est toujours nécessaire; cet acte doit, en outre, être signifié au débiteur de la créance donnée en gage.

II. — *Des privilèges généraux.*

592. — Les créances dont le recouvrement est garanti

par des privilèges généraux sont énumérées dans l'article 2101. Ce sont :

1° Les frais de justice, notamment ceux de saisie, de vente, d'administration des biens pendant la saisie. Ces frais ont été faits dans l'intérêt des créanciers : il est juste qu'ils soient prélevés sur l'actif;

2° Les frais funéraires, c'est-à-dire les frais d'ensevelissement, de garde, de service funèbre, de sépulture et même d'achat d'un monument. Ce sont des motifs de salubrité publique qui ont fait admettre ce privilège : il ne faut pas que les inhumations puissent être retardées. Aussi le privilège s'applique-t-il, non seulement aux frais funéraires du débiteur, mais à ceux de ses proches. Les autres créanciers ont d'ailleurs toujours le droit de contester l'exercice de ce privilège lorsque les frais ont été exagérés;

3° Les frais quelconques de la dernière maladie, frais de médecin, de pharmacien, de garde-malade. La dernière maladie s'entend de celle dont le débiteur est mort, et non de celle dont il aurait été atteint peu de temps avant la saisie et la vente de ses biens (Cass., 21 novembre 1864). Ce privilège a été inspiré par une pensée d'humanité : la loi n'a pas voulu que, faute d'argent, une personne malade restât sans soins;

4° Les salaires des gens de service, pour l'année échue et ce qui est dû sur l'année courante. On entend par gens de service les serviteurs attachés dans les conditions de la domesticité, soit au service des personnes, soit à celui des habitations, soit à celui des exploitations (Cass., 5 juillet 1886). Les simples journaliers ne peuvent invoquer ce privilège (Cass., 9 juin 1873);

5° Les fournitures de subsistances faites au débiteur et à sa famille, savoir : pendant les six derniers mois par les marchands en détail, tels que boulangers, bou-

chers et autres; et pendant la dernière année, par les
maîtres de pension et marchands en gros.

Enfin le Trésor a privilège pour le recouvrement des
droits de douanes, des contributions indirectes, etc.

III. — *Des privilèges spéciaux.*

593. — Les privilèges qui ne portent que sur certains
meubles sont fort nombreux. Les uns sont fondés sur
une idée de gage, les autres sur une idée de plus-value.
Ces derniers supposent que, par le fait d'un des créanciers, la valeur du patrimoine qui sert de gage commun
à tous les autres se trouve augmentée : la loi admet,
dans ce cas, au profit du créancier qui a enrichi tous les
autres une cause de préférence.

594. — Le plus important des privilèges spéciaux fondés sur une idée de gage, c'est le privilège du bailleur.
Il s'exerce sur le prix de tout ce qui garnit la maison ou
la ferme et de tout ce qui sert à l'exploitation de celle-ci
(article 2102, § 1er).

Tous les meubles qui garnissent la maison ou la
ferme sont soumis à ce privilège, même le linge, la vais-
selle, etc. Il n'y a d'exception que pour les actions ou
obligations industrielles et les billets de banque, qu'on
ne saurait considérer comme des meubles garnissants.
Afin de mieux assurer l'exercice de ce droit de préférence,
la loi interdit au fermier de déplacer ses meubles sans
le consentement du bailleur : en cas d'infraction à
cette prescription, le bailleur aurait le droit de les revendiquer pendant quarante jours, même entre les mains
d'un acquéreur de bonne foi.

Quelles sont les créances que garantit ce privilège?
Jusqu'au vote de la loi du 19 février 1889, que nous

avons déjà rencontrée dans la matière des assurances, on distinguait suivant que le bail avait, ou non, date certaine. Lorsque le bail avait date certaine, le privilège garantissait au bailleur le paiement, non seulement de tous les fermages échus, mais de tous les fermages à échoir jusqu'à l'expiration du bail. Quant aux autres créanciers du fermier, ils n'avaient d'autre droit que de relouer la ferme à leur profit : encore ne pouvaient-ils user de cette faculté qu'à la charge de payer au bailleur, après la vente du mobilier, tout ce qui lui serait encore dû.

Lorsque le bail n'avait pas date certaine, le privilège garantissait le paiement de tous les fermages échus, de ceux de l'année courante et d'une année à échoir. Dans ce dernier cas, la loi suspectait le bail : elle craignait qu'il ne fût intervenu entre le bailleur et le fermier un accord frauduleux pour prolonger la durée du bail ou augmenter le montant des fermages.

On a reconnu que les créances garanties au profit du bailleur étaient beaucoup trop étendues. Le privilège du propriétaire dont le bail a date certaine n'était pas seulement ruineux pour les autres créanciers; il conférait au bailleur une situation souvent meilleure que celle qu'il aurait eue si le fermier s'était enrichi. Au lieu de toucher annuellement ses fermages sous forme de revenus, il les touchait en une seule fois sous forme de capital. Lorsqu'une ferme avait été louée pour dix ans moyennant un loyer de dix mille francs, et que le fermier tombait en déconfiture un an après, sans avoir payé aucun terme, le propriétaire prélevait sur le prix du mobilier cent mille francs, c'est-à-dire tout ou presque tout. On a critiqué également avec raison la disposition d'après laquelle le privilège garantissait le recouvrement de tous les fermages échus, lors même que le bail n'avait pas date certaine. Dans l'hypothèse admise ci-dessus d'un bail de 10,000 francs, le bailleur qui n'avait jamais exigé le paiement d'aucun terme et qui s'était contenté d'exiger de son fermier chaque année une reconnaissance de sa dette, de manière à empêcher la prescription quinquennale de s'accomplir, pouvait, au bout de dix ans, prélever également sur le prix du mobilier de ferme cent mille francs. Souvent même il avait le droit d'exiger davantage, car aux loyers échus se joignaient les sommes qui lui étaient dues pour tout ce qui concernait l'exécution du bail, et des dommages-intérêts le cas échéant. La loi du 19 février 1889 porte que le privilège ne pourra jamais être exercé, même lorsque le bail aura date certaine, que pour les fermages des deux dernières années échues, de l'année courante, et d'une année à partir de l'expiration de l'année courante, soit en tout quatre années, ainsi que pour tout ce qui concerne l'exécution du bail et pour les dommages-intérêts qui pourront être dus au bailleur. Toutefois, les baux passés avant la loi du 19 février 1889, et ayant acquis date certaine avant sa promulgation, demeurent soumis à la législation ancienne : c'est une conséquence du principe que la loi ne dispose que pour l'avenir et n'a pas d'effet rétroactif.

595. — C'est également à l'idée d'un gage qu'on peut rattacher le privilège que l'article 2102 confère à l'aubergiste sur les effets du voyageur, ainsi que le privilège conféré aux personnes qui auraient été victimes de prévarications et d'abus commis par les fonctionnaires ou officiers ministériels, sur le cautionnement de ces derniers.

Ces deux privilèges n'ont rien de rural, et nous ne faisons que les indiquer en passant. Le privilège des aubergistes a été établi pour faciliter le logement des voyageurs : sans lui, les aubergistes, qui n'ont ni le temps ni les moyens de s'enquérir de la solvabilité des voyageurs qui se présentent, hésiteraient à les recevoir. Le privilège sur le cautionnement des fonctionnaires, et notamment des officiers ministériels, repose sur cette idée qu'ils exercent un monopole, et que le public, qui n'est pas libre d'user ou de ne pas user de leur intermédiaire, a droit à une garantie spéciale lorsqu'il est victime de leurs malversations. Mais pour que ce privilège puisse être exercé, il faut que l'abus qui a causé le préjudice et fait naître la créance ait été commis dans l'exercice des fonctions. Lorsqu'un propriétaire charge un notaire de recevoir ses fermages, et que le notaire abuse de la confiance de son client, la créance du propriétaire n'est pas privilégiée, car un notaire, lorsqu'il reçoit des rentes, ne fait pas un acte en raison de son monopole et de ses fonctions.

596. — Les privilèges fondés sur une idée de plus-value sont assez nombreux.

Ce sont : 1° le privilège du voiturier sur le prix de la chose transportée, dont le transport a augmenté la valeur; 2° le privilège des frais faits pour la conservation de la chose, car ces frais ont profité à tous les créanciers. Il en est ainsi par exemple des frais dus à un vétérinaire : celui-ci sera remboursé par préférence sur le prix des animaux qu'il aura contribué à sauver.

Lorsque les frais ont été faits, non pour la conservation d'une chose mobilière, mais seulement pour son amélioration, la créance n'est garantie par aucun privilège : la loi a reculé devant les difficultés pratiques qu'auraient entraînées la vérification de l'existence et de la mesure de l'amélioration réalisée.

597. — Le privilège du vendeur de meubles se fonde également sur une idée de plus-value.

Nous avons vu, au chapitre de la vente, que le vendeur avait le droit, à défaut de paiement du prix convenu, de retenir la chose, et que, lorsqu'il s'en était dessaisi, il pouvait obtenir la résolution du contrat. A ces deux garanties, l'article 2102 en a ajouté deux autres : le vendeur d'effets mobiliers a un privilège sur le prix de ces effets; il a en outre, si la vente a été faite au comptant, le droit de reprendre ou de revendiquer ce qu'il a vendu.

L'exercice du privilège conféré au vendeur de meubles est soumis aux deux conditions suivantes. Il faut que la chose vendue soit restée entre les mains de l'acheteur, ou, si elle en est sortie, que celui qui la détient n'en soit pas devenu propriétaire par application de l'article 2279. Il faut, en second lieu, que la chose vendue soit restée dans le même état, ou tout au moins qu'elle ait conservé son individualité. C'est ainsi que le vendeur d'une machine ne peut plus exercer son privilège lorsque cette machine a été immobilisée dans l'usine, car elle est devenue dans ce cas une partie de l'immeuble, elle fait alors corps avec lui et ne peut en être vendue séparément. Si cet immeuble était grevé d'hypothèques, ce serait donc le créancier hypothécaire qui serait payé par préférence sur le prix de la machine, en même temps que sur le prix de l'usine elle-même. La question s'est présentée récemment pour des appareils dont le prix n'avait pas été payé et qui avaient été placés dans une sucrerie (Cass., 11 janvier 1887).

Quant au droit de reprise ou de revendication qui appartient au vendeur d'objets mobiliers, il exige, pour pouvoir être exercé, que la vente ait eu lieu au comptant, que les objets se retrouvent dans le même état, et que la revendication ait lieu dans la huitaine de la livraison.

598. — Il faut rattacher au même ordre d'idées le privilège du bailleur sur les récoltes.

Indépendamment du privilège qui lui appartient sur ce qui garnit la ferme et sert à son exploitation, et qui est fondé sur une idée de gage, le propriétaire d'un bien rural a privilège sur les fruits de la récolte de l'année. Ces fruits ne sont entrés en effet dans le patrimoine du fermier que par suite du bail, et par le fait du propriétaire : il est juste que celui-ci prélève sur l'actif ce qu'il vient d'y apporter.

599. — Il en est de même du privilège qui appartient au vendeur de semences et au créancier pour les frais de la récolte de l'année, sur le prix de cette même récolte.

Ce privilège prime celui du propriétaire lui-même, car, à défaut de semences ou de travaux fournis pour la récolte, la terre n'aurait rien produit. Mais la jurisprudence ne l'a pas étendu au vendeur d'engrais (Cass., 9 novembre 1857). On a proposé à plusieurs reprises d'assimiler le vendeur d'engrais au vendeur de semences, et au cours de ces dernières années la Chambre des députés a été saisie de diverses propositions en ce sens (1). Ce qui a fait écarter jusqu'à présent cette assimilation, c'est que l'efficacité des engrais n'est pas certaine, et dépend beaucoup de la composition du sol et de leur mode d'emploi : or, lorsqu'aucune amélioration ne s'est produite, il ne peut être question de privilège. De plus, l'engrais exerce souvent son action sur plusieurs récoltes successives : il faudrait donc, en bonne logique, répartir le privilège sur plusieurs récoltes, et faire cette répartition proportionnellement à l'influence que l'engrais aurait eue sur chacune d'elles. Ce serait provoquer des difficultés nombreuses et à peu près insolubles.

(1) Proposition de loi de M. de Sonnier, présentée en 1884, et proposition de M. Maxime Lecomte, présentée en 1889.

600. — Le Trésor a également privilège, sur les fruits de la récolte, pour le recouvrement de l'impôt foncier. C'est le prix de la protection que nos lois donnent à la propriété territoriale.

Enfin, le Crédit foncier de France a privilège sur la récolte pour les prêts faits en vue de travaux de drainage (lois des 17 juillet 1856 et 28 mai 1858).

601. — Tels sont les privilèges qui portent sur les meubles.

Lorsqu'il y a concours de plusieurs créanciers privilégiés sur le prix du même meuble, la priorité ne s'établit pas sans difficulté, la loi n'ayant posé à cet égard qu'un petit nombre de règles.

En cas de concours de privilèges généraux, on suit l'ordre dans lequel l'article 2101 les énumère.

En cas de concours de privilèges spéciaux entre eux, celui du propriétaire du fonds rural passe avant celui du vendeur de meubles, à moins qu'il ne soit prouvé que le propriétaire avait connaissance que ces meubles n'avaient pas été payés par le fermier : dans ce dernier cas le vendeur serait préféré (article 2102, § 4).

En cas de concours du propriétaire avec le vendeur de semences ou le créancier pour frais de récoltes, c'est ce dernier qui est préféré (article 2102, § 1).

Lorsqu'il y a plusieurs créanciers invoquant un privilège fondé sur une idée de gage, c'est le plus ancien qui prime les autres.

Lorsque, parmi les créanciers, les uns invoquent un privilège fondé sur une idée de gage et les autres un privilège fondé sur une idée de plus-value, les créanciers qui ont apporté cette plus-value passent les premiers si la plus-value est postérieure à la constitution du gage, et les seconds dans le cas contraire.

Enfin, lorsqu'il y a concours de privilèges généraux

et de privilèges spéciaux, on les classe, dans la pratique, d'après l'ordre suivant : 1° privilège pour frais de justice; 2° privilège pour frais funéraires; 3° privilège pour frais de conservation de la chose; 4° privilège du bailleur, du vendeur de meubles, de l'aubergiste, du voiturier et de ceux qui ont été victimes d'abus de la part des fonctionnaires; 5° privilège pour frais de dernière maladie, pour salaires des gens de service et pour fournitures de subsistances.

A défaut d'accord des parties, un jugement interviendrait.

§ II. — PRIVILÈGES SUR LES IMMEUBLES.

602. — L'article 2103 en a énuméré cinq : 1° celui du vendeur d'immeuble; 2° celui du créancier dont les deniers ont été prêtés pour l'acquisition d'un immeuble; 3° celui des co-héritiers, sur l'ensemble de la succession, pour la garantie des partages faits entre eux; 4° celui des architectes, entrepreneurs, maçons et autres ouvriers employés pour édifier, reconstruire ou réparer des bâtiments, canaux ou ouvrages quelconques; 5° celui du créancier dont les deniers ont été prêtés pour rembourser ces ouvriers.

Le privilège du créancier qui prête des deniers pour l'acquisition d'un immeuble, et celui des co-héritiers pour la garantie des partages faits entre eux n'ont rien de rural. Le privilège conféré aux ouvriers sur les améliorations qu'ils réalisent en édifiant, reconstruisant ou réparant des bâtiments, canaux ou autres ouvrages, est tombé en désuétude, sans doute à raison des formalités compliquées dont il a été entouré par la loi. De tous les privilèges énumérés par l'article 2103, le privilège du vendeur d'immeuble est donc le seul dont nous

devions nous occuper. Mais il est nécessaire d'y ajouter :
1º le privilège des entrepreneurs de dessèchement de marais sur la plus value réalisée (loi du 16 septembre 1807);
2º le privilège du Crédit foncier sur la plus value résultant de travaux de drainage, pour le recouvrement des prêts faits en vue de cette opération (1).

603. — Ces divers privilèges confèrent au créancier, non seulement un droit de préférence sur le prix, mais encore un droit de suite sur l'immeuble : en quelques mains qu'il passe, cet immeuble demeure affecté au remboursement de la créance du vendeur par exemple, et continue à garantir le recouvrement du prix de vente et de ses accessoires, notamment des intérêts dûs, des frais d'acte et des frais de transcription lorsque le vendeur en fait l'avance (2).

S'il y a plusieurs ventes successives dont le prix soit dû en tout ou en partie, le premier vendeur est préféré au second, le second au troisième, et ainsi de suite.

604. — Le privilège du vendeur d'immeubles, ainsi que celui de l'entrepreneur de dessèchement de marais, et celui du Crédit foncier pour le recouvrement des prêts faits en vue du drainage, ne peuvent être invoqués qu'autant qu'ils ont été inscrits sur le registre du conservateur des hypothèques. Le privilège du vendeur doit être inscrit dans les 45 jours de l'acte de vente (loi du 23 mars 1855, article 6), mais la transcription de l'acte de vente à la requête de l'acheteur équivaut à inscription. Le privilège du Crédit foncier doit l'être dans le délai de deux mois qui suit l'acte de prêt (loi du 17 juillet 1856, ar-

(1) Les prêts du Crédit foncier en vue de travaux de drainage donnent lieu à deux privilèges, l'un qui porte sur la récolte, et que nous avons indiqué à la page 731 ; l'autre sur la plus-value acquise par l'immeuble (lois des 17 juillet 1856 et 28 mai 1858).
(2) Le privilège du vendeur existe également au profit des co-échangistes; il garantit dans ce cas le paiement des soultes.

ticle 7). L'inscription du privilège de l'entrepreneur de dessèchement n'est, au contraire, soumise à aucun délai.

Quand l'inscription de ces privilèges a été régulièrement prise, le privilège remonte au jour même où est née la créance qu'il garantit. Ainsi le vendeur dont le privilège a été inscrit dans les 45 jours de l'acte de vente a privilège du jour de la vente. A ce point de vue le privilège diffère essentiellement de l'hypothèque : l'inscription de l'hypothèque lui *confère* son rang; l'inscription du privilège ne fait que le lui *conserver*.

605. — Lorsque le privilège n'a pas été inscrit dans le délai fixé par la loi, il n'est pas perdu pour cela; mais au lieu de remonter à la date même de la créance, il n'existe qu'à partir du jour de l'inscription et se trouve par conséquent primé par les privilèges antérieurs.

Il vient même un moment où aucune inscription ne peut plus être prise. Lorsque l'acquéreur de l'immeuble l'a lui-même vendu et que le nouvel acquéreur a régulièrement transcrit l'acte de vente, il est trop tard pour que le premier vendeur songe à établir des droits réels sur cet immeuble, qui n'appartient plus à son débiteur. Il en serait de même si l'acquéreur était tombé en faillite, ou s'il était mort et que sa succession n'eût été acceptée que sous bénéfice d'inventaire : dans ces deux cas, la liquidation des biens de l'acquéreur est commencée, et il n'est plus temps d'établir au profit d'un créancier et au détriment des autres des causes de préférence.

Aux termes de l'article 2107, les privilèges généraux énoncés en l'article 2101 sont dispensés de la formalité de l'inscription. Les règles ci-dessus ne leur sont donc pas applicables.

606. — Lorsqu'il y a, sur le prix d'un immeuble, concours de plusieurs créanciers privilégiés, on désin-

téresse d'abord les créanciers munis d'un privilège général (article 2105). Les autres sont appelés dans l'ordre
de succession de leurs créances.

La répartition est faite, en cas d'accord entre les
créanciers, par les soins d'un juge chargé spécialement
de ces sortes d'affaires et qui a reçu le nom de juge
commis aux ordres. En cas de désaccord, le litige est
tranché par un jugement.

§ III. — Des hypothèques.

607. — Les hypothèques diffèrent des privilèges à plusieurs points de vue. Les privilèges sont créés par la loi :
il n'en est autrement que pour le gage. Les hypothèques,
au contraire, naissent le plus souvent de conventions.

Les privilèges peuvent avoir pour objet des meubles
ou des immeubles. Les hypothèques ne peuvent jamais
porter que sur des immeubles (1). Les privilèges peuvent donc être un moyen de crédit mobilier; les hypothèques ne peuvent jamais être qu'un moyen de crédit
immobilier.

Enfin les privilèges passent avant les hypothèques.
Lorsqu'un créancier privilégié et un créancier hypothécaire ont pris inscription le même jour sur le même
immeuble, c'est le créancier privilégié qui est préféré.

608. — On peut hypothéquer : 1º les immeubles par
nature, pourvu que ces immeubles soient dans le commerce; 2º les immeubles par destination, pourvu que
l'hypothèque porte en même temps sur l'immeuble dont
ils constituent l'accessoire; 3º l'usufruit de ces mêmes

(1) Par exception, la loi du 10 décembre 1874 a permis d'hypothéquer
les navires, et le décret du 16 janvier 1808 les actions de la banque de
France.

biens pour le temps pendant lequel il doit durer;
4" l'emphytéose (Cass., 19 juillet 1832).

609. — Il y a trois sortes d'hypothèques : les hypothèques conventionnelles, les hypothèques légales et les
hypothèques judiciaires. Après avoir défini chacune
d'elles, nous rechercherons quels sont les droits qui en
résultent, et comment elles prennent fin.

610. — Pour pouvoir constituer une hypothèque
conventionnelle, il faut :

1° Être propriétaire, usufruitier ou emphytéote des
biens sur lesquels on veut l'établir ;

2° Être capable d'aliéner, car l'hypothèque mène fréquemment à l'aliénation de l'immeuble sur lequel elle
porte ;

3° Faire dresser devant deux notaires ou un notaire
et deux témoins l'acte de constitution d'hypothèque : la
concession d'un droit comme celui-là est une mesure
assez grave pour qu'elle mérite d'être entourée d'une
certaine solennité. On est toujours persuadé qu'on rem-
boursera facilement quand on emprunte ; il est bon qu'on
ne puisse emprunter sur hypothèque qu'après avoir
pris le temps de la réflexion. L'acte notarié doit désigner spécialement la somme pour laquelle l'hypothèque
est consentie, et la nature ainsi que la situation de chacun
des immeubles hypothéqués.

4° Prendre inscription sur le registre du conservateur
des hypothèques sur chacun des biens hypothéqués.
Cette dernière condition, qui est toujours exigée pour
les hypothèques conventionnelles, ainsi que pour les
privilèges spéciaux immobiliers, se retrouve dans toutes
les législations modernes. L'inscription des hypothèques a pour but de les porter à la connaissance des tiers
qui pourront dès lors, en demandant au conservateur
des hypothèques un extrait de la partie de ses registres

qui concerne les biens de leur débiteur, s'assurer de l'existence de ces hypothèques, de leur rang, et du montant des créances garanties.

La publicité des hypothèques complète l'état civil de la propriété foncière. Au moyen de la transcription des mutations de droits réels, des baux de plus de dix-huit ans, et des quittances anticipées de fermages pour plus de trois ans, on peut savoir quel est le propriétaire d'un fonds déterminé, si la propriété de ce fonds est démembrée, si elle est affectée de servitudes actives ou passives. Au moyen de l'inscription des hypothèques, les tiers peuvent apprécier le crédit qu'offre le propriétaire et la confiance qu'il est permis d'avoir en lui. Le principe de la publicité des hypothèques n'est pas un principe nouveau. Il était connu des Grecs, qui plaçaient sur les immeubles grevés de droits réels au profit de créances une pierre destinée à prévenir les tiers. Les Romains l'introduisirent également dans leur législation. Mais, dans notre ancien droit, l'hypothèque devint occulte. Henri III en 1580, Colbert en 1673 essayèrent de la rendre publique : leurs tentatives échouèrent contre les résistances de la noblesse, dont le crédit aurait été ruiné, et celles des gens de justice qui vivaient des procès que cette situation faisait naître. La publicité de l'hypothèque ne fut organisée définitivement en France que par la loi du 9 messidor an III, et le Code civil l'a conservée. Dans le droit actuel, sans inscription, il n'y a pas d'hypothèque conventionnelle : lorsque le conservateur des hypothèques néglige de prendre l'inscription requise, le créancier a un recours personnel contre lui à raison de sa négligence, mais l'hypothèque n'en existe pas davantage.

Nous retrouvons ici les imperfections législatives que nous avons déjà signalées plusieurs fois au cours de cet ouvrage. La dispense de publicité des mutations par décès, le mode de constatation des droits réels qui portent sur les immeubles, peuvent être la source de graves erreurs. Nous avons indiqué, soit à propos du bornage, soit à propos de la vente, les réformes que nous voudrions voir adopter.

611. — Avant de quitter cette matière, nous devons à nos lecteurs quelques courtes explications sur certains prêts hypothécaires d'une nature toute spéciale : nous voulons parler des prêts hypothécaires consentis par le Crédit foncier.

Ces prêts sont, en général, des prêts à long terme, qu'on rembourse partiellement chaque année au moyen d'une petite somme d'argent qui s'ajoute aux intérêts et qu'on appelle prime d'amortissement. Actuellement, l'intérêt stipulé par le Crédit foncier étant de 4 francs 85 centimes, sans commission, la somme annuelle que le débiteur devra payer pour un prêt de soixante-quinze ans sera de 4,98 pour 100 et, pour un prêt de soixante ans, de 5 francs 13 ; au bout de ce temps, la dette sera complètement éteinte. Le délai de remboursement est d'ailleurs stipulé en faveur du débiteur, qui peut toujours y renoncer et se libérer par anticipation, à la condition toutefois de payer une indemnité d'un demi pour cent.

Ce mode de remboursement est éminemment favorable au débiteur, mais le Crédit foncier exige en échange de fortes garanties. D'après ses statuts, cette société ne peut jamais prêter que sur première hypothèque, et sur des biens dont le revenu est durable et certain. Le montant de la somme prêtée ne peut jamais excéder la moitié de la valeur du gage, et, lorsque ce gage consiste en vignes ou en bois, le tiers.

La Société du Crédit foncier a fait, depuis sa création,

qui remonte seulement au 28 mars 1852, des prêts considérables, dont le montant excède de beaucoup son capital social (1). Elle se procure les sommes dont elle a besoin
en empruntant elle-même, et en émettant dans ce but
des obligations dont le remboursement se trouve garanti
par les hypothèques qu'elle a acquises. Ces obligations
sont de véritables lettres de gage, qui mettent pour
ainsi dire en circulation l'hypothèque elle-même et qui
sont fort recherchées du public.

Nous savons qu'indépendamment de ces prêts, le
Crédit foncier peut effectuer des prêts en vue du drainage, et que le recouvrement des sommes prêtées est
garanti par un double privilège.

Il peut également faire des prêts hypothécaires à
court terme, sans amortissement, pour une durée de un
à cinq ans.

Enfin le Crédit foncier fait des prêts aux départements
et aux communes et se procure les sommes nécessaires
au moyen de l'émission d'obligations purement chiro-
graphaires, dites obligations communales.

612. — Les hypothèques légales dérivent de la loi,
comme les privilèges, mais au lieu d'être attachées,
comme ceux-ci, à la qualité de la *créance,* elles le sont à
la qualité du *créancier.*

Les deux plus importantes sont : 1° celle de la femme
mariée sur les biens de son mari ; 2° celle du mineur ou
interdit sur les biens de son tuteur.

Elles existent par elles-mêmes et indépendamment de
toute inscription : ni la femme, ni le mineur ou interdit
n'auraient assez d'énergie ou d'intelligence pour prendre
hypothèque sur les biens du mari ou du tuteur ; il fallait dès lors les en dispenser.

---

(1) Ce capital est de 155.000.000 de francs.

La dispense d'inscription n'est pas indéfinie : elle cesse avec la cause qui l'a fait édicter. Après la dissolution du mariage, ou la cessation de la tutelle, la femme et le mineur, ou leurs héritiers, doivent prendre inscription dans le délai d'un an. Prise dans ce délai, l'inscription conserve à l'hypothèque son rang primitif; le délai expiré, l'hypothèque peut encore être inscrite, mais elle ne prend rang que du jour de son inscription.

Ces hypothèques sont générales, soit quant à l'étendue des créances qu'elles garantissent, soit quant à l'étendue des biens sur lesquels elles portent. Elles peuvent toutefois être restreintes à certains immeubles, dans les conditions prévues par les articles 2140 et suivants du Code civil.

La femme peut renoncer à son hypothèque légale : elle peut même la céder et en faire l'objet de ce qu'on a appelé une subrogation. Lorsqu'elle subroge un tiers à son hypothèque légale (ce tiers est le plus souvent un créancier de son mari), elle fait plus que perdre le bénéfice de la situation que la loi lui avait conférée, car son hypothèque se retourne contre elle. Dans le but d'empêcher les femmes mariées de consentir trop facilement ces subrogations, la loi du 23 mars 1855 (article 9) a exigé l'intervention d'un notaire.

La même loi exige que les créanciers subrogés à l'hypothèque légale de la femme mariée fassent inscrire cette subrogation : s'il est juste de dispenser la femme mariée d'inscrire son hypothèque légale, il n'y a aucune raison pour en dispenser également ses créanciers ou ceux de son mari.

613. — Les hypothèques judiciaires garantissent l'exécution des jugements. Elles frappent tous les immeubles du débiteur contre lequel il a été nécessaire de provoquer un jugement.

Ces hypothèques ne sont pas dispensées de l'inscription.

614. — Qu'elle résulte d'une convention, de la loi, ou d'un jugement, l'hypothèque confère au créancier 1º un droit de préférence; 2º un droit de suite sur l'immeuble qui en est grevé.

Le droit de préférence est déterminé par le rang d'inscription. Le créancier inscrit le premier prime ceux qui n'ont été inscrits qu'après lui, et ainsi de suite. Le droit de préférence s'exerce, non seulement à l'égard du capital et des intérêts qui étaient échus au moment où l'hypothèque a été consentie, et qui faisaient dès lors partie du capital, mais encore à l'égard des intérêts des deux années suivantes et de ceux de l'année courante (article 2151 du Code civil). Si l'hypothèque garantissait le paiement d'intérêts plus considérables, le principe de la publicité de l'hypothèque ne serait plus respecté. Mais il est toujours permis aux créanciers de prendre des inscriptions nouvelles pour les intérêts autres que ceux conservés par la première inscription.

Les inscriptions ne conservent l'hypothèque que pendant dix ans; leur effet cesse lorsqu'elles n'ont pas été renouvelées avant l'expiration de ce délai.

615. — L'hypothèque confère aussi un droit de suite. Celui qui acquiert un immeuble hypothéqué le reçoit avec le droit réel qui le grève. Sans le droit de suite, l'hypothèque ne donnerait qu'un droit illusoire, puisque, pour la faire tomber, le débiteur n'aurait qu'à aliéner son immeuble.

L'aliénation d'un immeuble hypothéqué n'a donc nullement pour effet de l'affranchir, et le créancier conserve toujours le droit d'exiger son paiement sur le prix de cet immeuble. L'acquéreur ne peut échapper aux poursuites que de l'une ou de l'autre de ces trois façons : en payant la dette hypothécaire, en délaissant l'immeuble, ou en le purgeant. S'il paie la dette hypothécaire, il sera subrogé aux droits que les créanciers qu'il a désintéressés avaient contre son vendeur, mais comme celui-ci est généralement insolvable, ce premier procédé n'est guère mis en pratique. Le second procédé, qui consiste dans le délaissement, est plus rare encore. Le plus souvent, l'acquéreur provoque la purge de l'immeuble. La purge consiste dans l'offre, faite aux créanciers hypothécaires, du prix d'acquisition ou d'une somme représentant la valeur de l'immeuble (articles 2181 et suivants). Si les créanciers acceptent ces offres, l'immeuble est libéré; si l'un ou plusieurs d'entre eux ne les acceptent pas, l'immeuble est mis en adjudication, mais le créancier non acceptant est obligé de s'engager à faire porter le prix de l'immeuble à un dixième en sus. Toutes les fois que l'offre est raisonnable, les créanciers s'empressent de l'accepter.

616. — L'hypothèque, qui est un droit accessoire, s'éteint en même temps que la créance qu'elle garantit.

Elle s'éteint en outre : par la renonciation du créancier au bénéfice qu'elle lui confère; par l'accomplissement des formalités de la purge, et par la prescription. Quand l'hypothèque est éteinte, on peut demander sa radiation sur le registre du conservateur. La radiation d'une hypothèque, c'est son acte de décès.

§ IV. — DES RÉFORMES QUI POURRAIENT ÊTRE INTRODUITES DANS NOTRE LÉGISLATION DANS L'INTÉRÊT DU CRÉDIT.

617. — Parmi les réformes qui ont été proposées dans ce but, les unes ont pour objet le mode de cons-

titution des hypothèques conventionnelles, les autres ont pour objet l'organisation du crédit agricole.

Les premières tendraient à la réforme radicale de tout notre système hypothécaire. Dans notre droit actuel, l'hypothèque n'est jamais qu'un droit accessoire; elle ne se conçoit pas sans une obligation principale à laquelle elle est attachée et dont elle garantit l'exécution; elle naît avec cette obligation et meurt avec elle. On a proposé de modifier ce caractère essentiel de l'hypothèque, qui pourrait désormais être constituée indépendamment de toute créance. C'est ce qui existe en Prusse, en vertu d'une loi du 5 mai 1872, et ce qui a existé pendant quelque temps en France sous l'empire de la loi du 9 messidor an III.

Ces deux lois reposent sur le même principe : leur but est de favoriser la circulation de la propriété foncière. D'après l'article 36 de la loi du 9 messidor an III, tout propriétaire d'immeubles pouvait prendre sur lui-même une hypothèque, jusqu'à concurrence des trois quarts de la valeur de ses biens et pour une durée de dix ans. Ce propriétaire recevait, au bureau des hypothèques, un titre représentatif de la valeur de chaque immeuble : ce titre, auquel on avait donné le nom de cédule hypothécaire, pouvait être partagé en un nombre plus ou moins considérable de titres secondaires, qui étaient susceptibles d'être cédés comme le sont actuellement les billets et les effets de commerce. C'est ce système dont on a proposé le rétablissement.

Il ne nous paraît pas acceptable. L'assimilation des immeubles aux meubles, au point de vue des conditions de leur circulation, n'est ni possible ni désirable. Elle est contraire à la nature des choses, car si les meubles sont faits pour circuler, les immeubles sont faits pour demeurer. Elle aurait en outre les plus graves inconvénients tant au point de vue social, qu'à celui de l'agriculture. Il importe en effet à la société que les mutations de propriété ne soient pas trop fréquentes, car elles augmenteraient fatalement le nombre des déclassés et favoriseraient la désertion des campagnes. L'agriculture elle-même est intéressée à une certaine fixité, sans laquelle il n'est possible de réaliser aucune amélioration sérieuse. Enfin, tandis que les aliénations de meubles se font le plus souvent de la main à main et sans frais, les aliénations d'immeubles donnent lieu à des débours tels qu'une propriété foncière qui changerait de mains tous les trois ou quatre ans ne produirait plus rien : ses revenus seraient absorbés, et au delà, par les dépenses. La facilité avec laquelle les hypothèques pourraient être réalisées, dans le système proposé, ne tarderait pas à produire un ébranlement général de la fortune immobilière : on en viendrait à ne plus être propriétaire que pour la forme. Que l'Angleterre, dans sa colonie d'Australie, cherche par tous les moyens possibles à faciliter l'acquisition du sol par les colons ; qu'en Tunisie et même en Algérie le gouvernement se préoccupe de faire passer rapidement et sans frais entre les mains de nos nationaux les terres appartenant aux Arabes, rien de mieux. Mais, en France, la situation est toute différente. Nous n'habitons pas un pays neuf. Chez nous, la propriété rurale appartient presque tout entière aux agriculteurs eux-mêmes, et les quatre cinquièmes des biens ruraux recensés sont exploités directement par leurs propriétaires (1). C'est là une condition favorable aux progrès agricoles; il ne faut pas y toucher. Prenons garde de faire passer le sol des mains de ceux qui le cultivent entre les mains des

(1) Statistique agricole de 1882, p. 323 et suivantes.

banquiers, et de créer au profit de ces derniers ces propriétés énormes qui ont fait tant de mal à l'ancienne
Rome. *Latifundia perdidere Italiam.*

618. — Les réformes qui ont été proposées dans le second ordre d'idées ne se heurtent pas à de pareilles objec-
tions de principe : elles tendent à la constitution de ce
qu'on appelle le Crédit agricole. On entend par Crédit
agricole la facilité avec laquelle l'agriculteur peut trouver
à emprunter sans donner d'hypothèque. L'hypothèque
est un moyen de crédit absolument sûr, mais coûteux :
les prêts hypothécaires, surtout lorsqu'ils sont de peu
d'importance, entraînent des frais considérables. On a
cherché, dans ces derniers temps, par quels moyens on
pourrait faciliter les prêts non hypothécaires et on a proposé, dans ce but, un certain nombre de réformes législatives qui, en rassurant le prêteur, devaient permettre la
constitution de banques agricoles. C'est ainsi qu'on a proposé la création d'un gage qui n'aurait pas exigé le dessaisissement du débiteur : nous avons vu que cette proposition a été rejetée par le Sénat en 1883. On avait pensé,
dans le même ordre d'idées, à commercialiser les billets
à ordre souscrits par les agriculteurs. Dans le système
qui a été soutenu, le recouvrement de ces billets aurait été soumis aux règles fixées par le Code de commerce; or ces règles, nous le verrons dans un instant,
sont extrêmement dures pour le débiteur, et par suite
extrêmement favorables au créancier. En matière commerciale, il faut que le paiement n'éprouve aucun
retard : le juge lui-même ne peut pas accorder de délai
de grâce. Le paiement ne peut pas davantage être frac-
tionné et il faut qu'il soit intégral : sinon, le lendemain
même de l'échéance, le billet est protesté et le débiteur
assigné en justice. Les auteurs de la proposition espé-
raient qu'en étendant aux agriculteurs ces prescriptions

rigoureuses, et en assurant ainsi le recouvrement des billets souscrits par eux, on attirerait les capitaux vers l'agriculture. On a répondu que cette assimilation de l'agriculteur et du commerçant était contraire à la nature des choses. Le commerçant, lorsqu'il a besoin d'argent, peut toujours s'en procurer par la vente de ses marchandises, et il lui est facile de les engager au besoin. L'agriculteur au contraire ne récolte qu'une fois par an, quand il récolte; il est donc impossible, alors qu'il ne dispose que de ressources à longue échéance, qu'il prenne des engagements à court terme, dans les conditions du droit commercial. On a ajouté que rien ne s'opposait à ce que l'agriculteur prît des engagements à court terme lorsque la nature des opérations qu'il entreprend lui permet de renouveler ses capitaux rapidement, et on a cité l'exemple des herbagers de la Nièvre dont la Banque de France accepte depuis longtemps les billets dans les conditions du commerce. Mais c'est là une exception qu'on ne saurait généraliser, et il faudrait bien prendre garde, sous prétexte d'apprendre aux agriculteurs l'exactitude dans les paiements, de rendre leur ruine inévitable. Le système dit de la commercialisation des billets à ordre souscrits par des agriculteurs a été repoussé par le Sénat dans sa séance du 3 février 1888.

On a également proposé la création d'une ou de plusieurs banques agricoles, mais ces propositions ne paraissent pas destinées à un meilleur sort que les précédentes. Il a existé autrefois, en France, une banque dite du Crédit agricole : elle avait été annexée au Crédit foncier en vertu d'une loi du 17 juillet 1860. Son but était de procurer des capitaux ou du crédit à l'agriculture en prêtant au plus tard pour 90 jours : elle n'a pas pu vivre et nous craignons bien qu'il n'en soit de même de toutes les entreprises du même genre.

Il est en effet d'expérience que les banques d'escompte ne peuvent prospérer qu'à la condition de renouveler fréquemment leurs capitaux et de ne faire par suite que des prêts à court terme; or nous avons vu que le prêt à court terme est le plus souvent impraticable pour l'agriculteur.

La situation est-elle donc sans issue?

Nous ne le pensons pas. Le remède peut être trouvé, soit dans la mise à la disposition de l'agriculture d'une partie des fonds déposés dans les caisses d'épargne, soit dans la création de sociétés de crédit mutuel sous les auspices des syndicats professionnels agricoles.

Dans beaucoup de pays étrangers, les caisses d'épargne peuvent disposer librement des fonds qui leur sont confiés, et il ne paraît pas que l'intérêt des déposants y ait été moins bien sauvegardé qu'en France, car ce système tend partout à se généraliser. En Belgique, une loi du 15 avril 1884 a réglé d'une manière complète les conditions dans lesquelles les caisses d'épargne peuvent faire des prêts à l'agriculture. Ces prêts sont réalisés par l'intervention de comptoirs agricoles que l'on établit dans les localités où l'utilité en est reconnue. Ces comptoirs, composés d'agents qui vivent auprès des agriculteurs, qui connaissent leurs ressources, leur moralité, leur capacité, sont les organes essentiels des prêts agricoles. Ils garantissent aux caisses d'épargne le remboursement de leurs avances. En Italie, une loi du 23 janvier 1887 a été édictée dans le même but.

Des sociétés de crédit mutuel, créées par les syndicats professionnels agricoles, pourraient aussi rendre les plus grands services. En Allemagne et en Italie, il existe de nombreuses banques agricoles, fondées sur le principe de l'association, qui ne prêtent qu'à leurs

membres, et qui, grâce au soin avec lequel elles se re-
crutent, ont pleinement réussi. A Milan, l'une d'elles
possède de vastes magasins où elle conserve les soies que
ses associés lui remettent en gage des prêts qu'elle leur
fait (1). En général, chaque membre de ces sociétés a
droit à un prêt double de son apport; s'il offre des cau-
tions ou des garanties, le Conseil d'administration de
la société peut autoriser un prêt plus fort.

C'est par là seulement que pourra se développer le
Crédit agricole. Il appartient aux syndicats professionnels, qui ont déjà rendu tant de services, de démontrer
une fois de plus ce qu'on peut obtenir par l'esprit d'initiative et par la liberté. Quant à la modification du régime auquel sont actuellement soumises les caisses
d'épargne, elle ne peut être obtenue que par voie législative.

(1) *Les Associations coopératives en France et à l'étranger*, par M. Hu-
bert-Valleroux.

LIVRE V.

DES PARTICULARITÉS QUI TIENNENT A L'ÉTAT DES PERSONNES.

619. — Jusqu'à présent, nous avons étudié les droits que l'on peut avoir sur les personnes ou sur les choses, abstraction faite de ceux qui les possèdent. Nous avons supposé le plus souvent que ces droits étaient entre les mains de personnes majeures et capables, libres de les exercer et d'en disposer à leur gré, et nous avons écarté toutes les complications qui pourraient provenir de circonstances plus ou moins exceptionnelles, telles que l'âge, l'aliénation mentale, la qualité de femme mariée, l'exercice d'une profession commerciale. Le moment est venu d'exposer sommairement les particularités qui résultent de ces différentes circonstances. On peut être appelé fréquemment à traiter avec un mineur ou avec une femme mariée : il importe de savoir à quelle condition les engagements pris, soit par ces personnes elles-mêmes, soit par d'autres personnes agissant en leur nom, sont valables. Fréquemment aussi, les agriculteurs passent des marchés avec des commerçants : il

faut qu'ils sachent dans quelle mesure les droits et les obligations qui résultent pour eux du marché peuvent se trouver affectés par la circonstance qu'ils ont traité avec un commerçant.

Le plus souvent, ces circonstances n'exercent aucune influence sur la *nature* et sur *l'étendue* des droits eux-mêmes. Le droit de propriété, par exemple, ne varie pas suivant l'âge de celui qui en est investi, et ses éléments restent toujours les mêmes. Ce qui varie, c'est leur *mode d'exercice*. Tandis que le majeur a pleine capacité pour faire lui-même tous les actes juridiques que comporte le droit de propriété, ou bien pour passer bail, pour faire un contrat d'assurance, poursuivre son débiteur, hypothéquer ou aliéner son fonds, le mineur doit laisser agir à sa place le tuteur qui a mission de le représenter. De même la femme mariée, au moins dans la plupart des cas, est tenue d'obtenir l'autorisation de son mari ou de le laisser agir en son nom.

Il y a quelque chose de plus en matière de commerce. Là, ce n'est pas seulement le *mode d'exercice* des droits qui change, c'est la *nature* et *l'étendue* des droits eux-mêmes. Nous avons déjà vu que les droits du porteur d'un effet de commerce sont notablement plus étendus que ceux du possesseur d'une créance civile. Nous verrons bientôt que cette dérogation est loin d'être la seule qui ait été apportée au droit commun dans l'intérêt du commerce.

Nous allons indiquer rapidement les particularités essentielles du régime auquel se trouvent soumis les mineurs, les interdits, les femmes mariées et les commerçants.

§ I. — Des mineurs (1).

620. — On n'est majeur que lorsqu'on a atteint l'âge de vingt et un ans accomplis. Jusque-là, l'homme est présumé incapable d'administrer sa fortune. Il est représenté par son père tant que dure le mariage, et par un tuteur après sa dissolution ; ce tuteur est, sauf exception, le survivant des deux époux. Lorsque le père et la mère sont tous deux décédés, et que le dernier mourant n'a pas désigné de tuteur, la tutelle passe à l'ascendant le plus proche, l'ascendant paternel étant toujours préféré à l'ascendant maternel au même degré. A défaut d'ascendant, le tuteur est choisi par le conseil de famille.

Le conseil de famille est une réunion de parents et d'amis qui délibère sous la présidence du juge de paix. Il nomme un subrogé-tuteur, qui contrôle les actes du tuteur, et qui prend même sa place quand les intérêts de celui-ci sont en opposition avec ceux du mineur.

Le tuteur est responsable de chacun de ses actes, et l'exercice de cette responsabilité est garanti, comme nous l'avons vu, par une hypothèque légale qui grève tous ses immeubles. Il doit, à la cessation de la tutelle, rendre des comptes ; en outre, pour mieux assurer la conservation de la fortune du mineur, la loi lui prescrit de faire convertir en titres nominatifs tous les titres au porteur qu'il trouve au début de la tut

Ses pouvoirs sont limités. Il ne peut faire seul que les actes d'administration, comme passer un contrat de bail, conclure une assurance, provoquer un bornage, etc.; encore faut-il dans ce dernier cas que la propriété ne soit

(1) Articles 388 à 488 du Code civil.

pas contestée. Lorsqu'il s'agit d'accepter ou de répudier une succession, d'intenter ou de soutenir une action relative à un immeuble, de vendre un titre, même de moins de quinze cents francs, l'autorisation du conseil de famille est indispensable.

S'il croit nécessaire d'emprunter, ou d'hypothéquer, ou d'aliéner un immeuble ou un titre de plus de quinze cents francs, il ne peut le faire qu'après avoir obtenu l'autorisation du conseil de famille et l'homologation du tribunal.

Enfin certains actes lui sont absolument interdits. Il ne peut jamais donner les biens du mineur, ni les acheter.

Quant au mineur, les actes qu'il aurait passés lui-même seraient toujours rescindables : la lésion seule suffit pour les faire annuler.

621. — Entre la minorité pure et simple et la majorité, il y a une situation intermédiaire : c'est celle du mineur émancipé, qui peut administrer ses biens lui-même. On est émancipé de plein droit par le mariage. On peut l'être par la volonté ou déclaration du père, ou de la mère survivante, ou à défaut de père et mère, par le conseil de famille.

Pour les actes plus graves que ceux de simple administration, le mineur émancipé doit être assisté d'un curateur qui est tenu d'obtenir l'autorisation du conseil de famille et même celle du tribunal, suivant les distinctions établies par la loi pour le tuteur lui-même.

§ II. — Des interdits (1).

622. — Aux mineurs il faut assimiler les interdits judiciaires, c'est-à-dire ceux que le tribunal a reconnus

(1) Articles 489 à 516 du Code civil.

se trouver dans un état habituel d'imbécillité, de démence ou de fureur. Les règles ci-dessus leur sont applicables.

623. — La loi du 30 juin 1838 permet de prendre à l'égard des aliénés une demi-mesure : l'internement. Dans ce cas, les biens de l'aliéné sont gérés par un administrateur provisoire, qui est nommé par le tribunal, et dont les pouvoirs sont restreints aux actes d'administration.

624. — Enfin la loi a organisé, pour les prodigues et les faibles d'esprit, un régime spécial. Il leur est nommé par le tribunal un conseil judiciaire sans lequel ils ne peuvent rien faire, pas même recevoir le capital mobilier qui leur serait dû, mais avec l'assistance duquel il leur est permis de faire même des actes de disposition.

§ III. — Des femmes mariées (1).

625. — Avant et après le mariage, la femme possède, au point de vue de la vie civile tout au moins, les mêmes droits que l'homme, et elle peut les exercer de la même façon. Mais, pendant le mariage, comme elle est soumise à l'autorité maritale, elle se trouve frappée d'incapacité et ne peut passer aucun acte sans l'autorisation de son mari.

Cet état de dépendance n'est cependant pas absolu. D'abord, la femme mariée peut toujours tester sans autorisation. Ensuite, même dans les cas où l'autorisation du mari est nécessaire, il peut y être suppléé, lorsque le mari la refuse sans motif, par une autorisation du tribunal. Enfin, l'incapacité de la femme varie suivant ses conventions matrimoniales. La loi a indiqué comme types de conventions matrimoniales quatre régimes dif-

(1) Articles 215 à 227 et 1387 à 1582 du Code civil.

férents, que les parties contractantes peuvent d'ailleurs modifier comme bon leur semble.

626. — Ces régimes sont les suivants :

1° La communauté. Le mari *administre* les biens propres de sa femme, et il *dispose* des biens de la communauté;

2° Le régime sans communauté. C'est un régime dans lequel les revenus seuls sont mis en commun. Le mari *dispose* de ces revenus, et il *administre* seul les biens de sa femme.

3° La séparation de biens. La femme n'est tenue que de contribuer pour une part déterminée aux charges du mariage. Elle *administre* elle-même ses biens et elle en jouit.

4° Le régime dotal. Les biens apportés en dot par la femme sont inaliénables et imprescriptibles : le mari les *administre* et jouit de leurs revenus. Mais les autres biens de la femme sont administrés par elle : ils ont reçu le nom de biens paraphernaux.

Lorsqu'on traite avec une femme mariée, il est donc essentiel de connaître le régime matrimonial qui est le sien. Pour permettre aux tiers de se renseigner facilement sur un fait qui leur importe à un si haut degré, la loi du 10 juillet 1850 a prescrit aux officiers de l'état civil de mentionner d'après la déclaration des parties, sur l'acte de mariage lui-même, s'il a été fait ou non un contrat, et, dans le cas de l'affirmative, à quelle date et devant quel notaire. Les intéressés n'auront qu'à demander à l'officier de l'état civil une expédition de l'acte de mariage de la femme avec laquelle ils sont sur le point de traiter. Si cet acte porte qu'il n'a pas été fait de contrat, ils pourront en conclure sûrement que le régime adopté par les deux époux est la communauté, puisque c'est celui qui, à défaut de stipulations spéciales, forme le droit commun. Si l'acte porte qu'il a été fait un contrat, ils pourront, avant de s'engager, en exiger la représentation.

§ IV. — DES COMMERÇANTS (1).

627. — Sont commerçants ceux qui exercent des actes de commerce et en font leur profession habituelle (article Ier du Code de commerce).

Il y a trois espèces d'actes de commerce :

1° Les actes de spéculation qui ont pour objet des meubles ;

2° Les opérations de banque, de change ou de courtage. Tout banquier est un commerçant. Serait également considéré comme tel le notaire qui, au lieu de se borner aux actes de sa fonction, ferait habituellement la banque et le courtage et négocierait des effets de commerce ;

3° Certains actes qui, sans être commerciaux par eux-mêmes, le deviennent parce qu'ils se rattachent à l'exercice d'une profession commerciale. Quand la voiture d'un commerçant, en transportant des marchandises, cause un accident, cet accident est un acte de commerce.

628. — Il y a un intérêt considérable à distinguer les actes de commerce de ceux qui n'ont pas ce caractère.

D'abord, quand une contestation s'élève au sujet d'un acte de commerce, c'est au tribunal de commerce qu'il appartient le plus souvent d'en connaître. Ce tribunal est élu par les commerçants eux-mêmes ; il se compose des plus honorables et des plus habiles d'entre eux; il juge sommairement, sans ministère d'avoués, et la loi

(1) Code de commerce.

l'autorise fréquemment à statuer conformément aux usages.

En second lieu, quand on a l'habitude de faire des actes de commerce, on est assujetti au paiement d'une contribution spéciale, la contribution des patentes. Nous verrons d'ailleurs plus tard que cette contribution frappe aussi certaines professions qui ne sont pas commerciales, comme celles de l'avocat et du médecin.

En troisième lieu, les commerçants sont obligés de tenir des livres.

Enfin, ils sont soumis, en ce qui concerne les droits et obligations qui résultent des contrats, leur mode de preuve, leur mode d'exécution et leurs garanties de paiement, à des règles spéciales.

Ces règles spéciales tiennent aux conditions mêmes qu'exige le commerce pour pouvoir se développer. Le commerce ne peut pas vivre sans crédit, c'est-à-dire sans confiance et sans bonne foi; il ne peut pas vivre davantage sans le secret des opérations commerciales, et sans la rapidité des mêmes opérations : ce sont ces conditions qui expliquent et justifient toutes les particularités que nous devons faire connaître.

629. — Le Code de commerce a d'abord établi un certain nombre de principes qui dominent la matière. Il a voulu que la capacité des parties contractantes ne pût jamais donner lieu à aucun doute. Aussi le mineur émancipé et âgé de dix-huit ans au moins, ainsi que la femme mariée, lorsqu'ils ont été autorisés à faire le commerce, ont-ils pleine capacité pour s'obliger (titre Ier du Code de commerce; article 487 et 220 du Code civil).

En matière de commerce, la prescription est en général de peu de durée : cinq ans pour les créances des associés entre eux; cinq ans pour les souscripteurs d'effets de commerce; un an en faveur du voiturier; un jour en faveur des endosseurs de lettres de change. La prescription de trente ans aurait tout arrêté : il faut que le commerçant, lorsqu'une opération est finie, puisse se livrer tout entier, sans arrière-pensée, à d'autres entreprises. Dans la pratique, d'ailleurs, les commerçants ne font pas de grâce : ils exigent à l'échéance l'exécution de l'obligation contractée, et la loi leur fait un devoir de cette sévérité.

En matière de commerce, la preuve est infiniment plus facile qu'en matière ordinaire. En droit civil, quand une obligation est contestée, il faut, en général, un acte écrit ; en droit commercial, toute preuve est admise, la preuve testimoniale aussi bien que la preuve littérale. On admet même le mode de preuve qui résulte de la production des livres tenus par le créancier lui-même.

L'obligation civile n'a date certaine et n'est opposable aux tiers que si elle a donné lieu à la rédaction d'un acte authentique, ou à la rédaction d'un acte sous seing privé enregistré, ou s'il a été mentionné dans un acte authentique, dans les conditions prévues par l'article 1328 du Code civil. L'effet de commerce, au contraire, fait preuve de sa date par lui-même.

Enfin l'exécution des obligations est beaucoup plus expéditive et beaucoup plus rigoureuse en droit commercial qu'en droit civil. D'abord, la solidarité existe de plein droit à l'encontre de tous les souscripteurs ou endosseurs d'effets de commerce. En outre, à défaut de paiement, le créancier n'a pas à recourir aux formalités longues et compliquées des saisies. Dès que les paiements ont cessé, le commerçant est dessaisi de l'administration de ses biens, s'il ne veut procéder à sa liquidation lui-même ; un syndic est nommé à sa place, et sous les yeux d'un membre du tribunal de commerce qu'on appelle juge commissaire, il est procédé à la liquidation de l'actif et au paiement des dettes. Ce régime, c'est celui de la faillite.

630. — Indépendamment de ces règles générales, le Code de commerce a édicté, à l'égard de la plupart des contrats, lorsqu'ils ont pour objet des actes de commerce, des dérogations spéciales. La vente, le contrat de transport, la société, le mandat, le prêt, le dépôt, ont subi des modifications plus ou moins profondes, que nous allons indiquer sommairement. Ces modifications, d'ailleurs, n'affectent ces divers contrats qu'autant qu'ils ont pour objet la vente, le louage etc., de meubles. Les immeubles sont du domaine exclusif du droit civil et les conventions dont ils sont l'objet tombent toujours sous l'empire de ce même droit.

631. — Les règles qui s'appliquent à la vente commerciale ne diffèrent notablement de celles de la vente en matière civile que lorsque ce contrat a pour objet une vente ou cession de créances.

En droit civil, quand un créancier a obtenu de son débiteur une reconnaissance de l'obligation, sous la forme d'un billet, par exemple, il se borne, le plus généralement, à le mettre dans son portefeuille, où il le garde jusqu'au jour de l'échéance, qui doit être également celui du paiement. Si, dans l'intervalle de temps compris entre la signature du billet et son échéance, le créancier se trouve lui-même à court d'argent, il aura le droit, il est vrai, de vendre sa créance, mais cette vente exigera une double formalité. Il devra remettre le titre entre les mains de l'acheteur, et prévenir en même temps, au moyen d'une signification par huissier, son débiteur de la vente qu'il vient de faire. A cette condition seulement la vente sera parfaite : l'acceptation de la cession par le débiteur, dans un acte authentique, équivaudrait d'ailleurs à la signification qui lui en serait faite par le créancier (articles 1689 et 1690). Par l'effet de la cession, l'acheteur de la créance deviendra le véritable créancier ; il acquerra cette créance telle qu'elle se comporte, avec tous ses accessoires, caution, privilège ou hypothèque, mais aussi avec tous ses risques. Le vendeur ou cédant ne garantit que l'existence de la créance : il ne répond ni de la solvabilité actuelle, ni à plus forte raison de la solvabilité future du débiteur cédé. Si celui-ci était déjà insolvable au moment de la vente, ou s'il l'est devenu depuis, la perte sera donc pour l'acheteur.

En cas de vente d'un effet de commerce, ces règles subissent des modifications notables.

Dans les usages du commerce, les billets ou reconnaissances de dettes sont libellés de la façon suivante : à telle date, je paierai à M. X, mon créancier, ou à son ordre, la somme de... Une fois muni de ce billet, le créancier en opérera la vente avec une facilité extrême. Il le remettra à son cessionnaire ou acheteur (1), après avoir écrit au dos du billet : Payez à l'ordre de M. Y., mon cessionnaire. Cette inscription, qui s'appelle endossement, équivaut à la signification prévue par l'article 1690 du Code civil, et le débiteur sera tenu, le jour de l'échéance, de payer entre les mains de la personne qui lui aura été ainsi désignée par son créancier.

La cession d'un effet de commerce diffère en outre de la cession d'une créance civile au point de vue des effets qu'elle produit. Ici le vendeur garantit, non seulement l'existence, mais encore la solvabilité du débiteur; il répond du paiement, et comme rien n'empêche celui qui a acquis ce billet à ordre de le vendre à son tour, le recouvrement de ce billet se trouve bientôt assuré d'une manière complète. Plus un billet a été endossé

(1) L'acheteur ou cessionnaire d'un effet de commerce s'appelle aussi escompteur.

de fois, et plus il a de chances d'être payé. Aussi la Banque de France, pour faire l'escompte d'un effet de commerce, exige-t-elle trois signatures, ce qui suppose deux endossements.

Ces différences sont plus sensibles encore pour les lettres de change. En matière ordinaire, quand on veut se procurer une reconnaissance écrite de la créance qu'on possède, il faut la demander à son débiteur. En matière commerciale, le créancier, pourvu que le débiteur n'habite pas la même ville, peut user d'une autre ressource. Il disposera sur celui qui lui doit, et tirera sur lui une lettre de change, dont la formule sera celle-ci : A telle date, veuillez payer à M. X, ou à son ordre, la somme de..... Il se créera ainsi un titre à lui-même, et quand son débiteur, prévenu, l'aura accepté, ce titre pourra circuler comme un billet à ordre. Le créancier qui l'aura ainsi créé pourra ensuite le céder dans les conditions que nous venons d'indiquer, et chaque endossement lui conférera une garantie nouvelle.

On conçoit aisément la faveur dont jouissent, dans ces conditions, les effets de commerce. Pour mieux assurer encore leur recouvrement, la loi commerciale a assimilé à certains égards la caution d'un effet de commerce au co-débiteur solidaire. Le donneur d'aval (c'est le nom qui a été donné à la caution d'un effet de commerce en souvenir du mot avaloir, qui signifiait faire valoir), ne jouit pas du bénéfice de discussion : il ne lui est pas permis d'exiger du créancier qu'il commence par poursuivre le débiteur principal. Aussi le billet à ordre et la lettre de change circulent-ils comme une véritable monnaie.

632. — Le louage commercial est assez rare, du moins le louage de choses. Le louage d'immeubles, en effet, n'est pas un acte de commerce, et le louage des

meubles n'est commercial que lorsqu'il est fait en vue d'une sous-location. Tel serait par exemple le contrat par lequel un entrepreneur de battage prendrait à bail une machine agricole en vue de la sous-louer à des agriculteurs. Le louage commercial est d'ailleurs soumis, au point de vue du fond, aux mêmes règles que le louage civil.

En ce qui touche le contrat de transport, qui n'est qu'une forme du contrat de louage d'ouvrages, nous avons déjà fait connaître les particularités qui tiennent au caractère civil ou commercial de ce contrat, nous nous référons simplement à nos explications antérieures.

633. — Les sociétés commerciales sont régies par des règles profondément différentes de celles qui s'appliquent aux sociétés civiles.

A la différence des sociétés civiles, les sociétés de commerce sont des personnes morales. Elles ont un nom, c'est la raison sociale; un patrimoine, c'est le fonds social; un domicile distinct de celui des associés, c'est le domicile social. Aussi faut-il que leur existence soit révélée aux tiers. Tandis que les sociétés civiles, qui ne se distinguent pas de la personne des associés, se forment par le seul consentement des parties, un acte écrit est nécessaire pour la formation d'une société commerciale. Cet écrit doit en outre être rendu public par le dépôt d'un double des actes constitutifs au greffe de la justice de paix et du tribunal de commerce, et par la publication d'un extrait de ces actes dans le journal désigné pour recevoir les annonces légales. Au moyen de cette publicité, les tiers qui désireront faire des affaires avec la société pourront savoir s'il est prudent de contracter avec elle, et dans quelle mesure.

Il y a cinq espèces de sociétés commerciales : les

sociétés en nom collectif, les sociétés anonymes, les sociétés en commandite, les sociétés à capital variable et les sociétés en participation.

Les sociétés en nom collectif sont celles dans lesquelles tous les associés sont solidairement et indéfiniment responsables. Chacun d'eux peut obliger tous les autres, lors même que ceux-ci ne lui auraient pas donné pouvoir à cet effet.

Les sociétés anonymes sont des sociétés de capitaux. Elles se désignent généralement par le but qu'elles poursuivent. Telles sont les compagnies de chemins de fer, la société du Crédit foncier, etc. Les parts d'associés, qu'on appelle actions, peuvent être nominatives ou au porteur.

Les sociétés en commandite comprennent un ou plusieurs associés en nom collectif, et des commanditaires qui ne sont pas tenus au delà de leur apport, à moins qu'ils ne se soient immiscés dans l'administration de la société. La commandite peut être simple ou par actions. En cas de commandite simple, il n'est pas permis au commanditaire de se retirer avant la fin de la société : sa part prend le nom d'intérêt. Quand cette part est négociable, elle prend le nom d'action, et le commanditaire peut toujours cesser de faire partie de la société en vendant sa part.

Les sociétés à capital variable constituent une forme particulière de la société anonyme. Elles permettent à de nouveaux adhérents d'entrer dans la société, et aux anciens associés de retirer tout ou partie de leurs fonds.

Les sociétés en participation sont celles qui se fondent en vue d'une opération passagère. Un navire vient d'entrer dans le port, avec une cargaison de froment : un certain nombre de spéculateurs s'associent pour acheter cette cargaison, et la revendre ensuite. Ces sociétés ne sont pas assujetties, pour leur formation, aux conditions de publicité exigées des autres sociétés commerciales, car il importe qu'elles puissent se créer instantanément. Mais elles ne constituent pas des personnes civiles.

634. — Le mandat commercial porte le nom de commission. Celui qui donne mandat s'appelle le commettant, et celui qui l'accepte, le commissionnaire. Parmi les mandataires commerciaux figurent les agents de change et les courtiers. Les agents de change ont le monopole des ventes et négociations d'effets publics : on appelle ainsi les rentes sur l'État et les actions ou obligations cotées à la Bourse. Pour les valeurs en banque (on appelle ainsi celles qui ne sont pas cotées à la Bourse), l'intermédiaire des agents de change n'est que facultatif : ces valeurs peuvent être négociées dans la coulisse.

Les courtiers sont également des intermédiaires, mais leur profession est libre. Toutefois, les tribunaux de commerce ont l'habitude d'inscrire sur une liste les plus recommandables d'entre eux : l'inscription ne leur confère d'ailleurs aucun privilège.

Le mandat commercial présente deux particularités notables : 1º il n'est pas gratuit de sa nature, car dans le commerce on ne fait rien pour rien ; 2º le commissionnaire s'oblige lui-même, et ne fait pas connaître son mandant. S'il devait indiquer le nom de celui pour le compte duquel il opère, l'autre partie contractante perdrait un temps précieux à s'enquérir de la solvabilité du commettant, et l'opération serait le plus souvent compromise. Si l'agent de change qui achète ou vend pour le compte de telle ou telle grande maison de banque ne gardait pas le secret, la combinaison projetée avorterait sans doute.

635. — Le dépôt commercial a reçu le nom de consignation. A la différence du dépôt ordinaire, il est inté-

ressé, et il peut toujours être prouvé par témoins, même au-dessus de cent cinquante francs.

Le dépôt commercial donne lieu, fréquemment, à l'é mission de chèques. Le banquier dans la caisse duquel des fonds ont été remis en dépôt, remet au déposant deux carnets : un carnet de compte et un carnet de chèques. Le carnet de compte est destiné à constater le doit et avoir du déposant. Le carnet de chèques se compose d'un certain nombre de feuillets divisés en deux fractions, dont l'une reste attachée au carnet pour former souche, et dont l'autre est au contraire détachée et mise en cir- culation : cette dernière est ce qu'on appelle un chèque. Le déposant, lorsqu'il a un paiement à effectuer, dé- tache un chèque de son carnet, y inscrit la somme à payer par le banquier, et le remet à son créancier : celui- ci n'a plus qu'à se présenter à la caisse.

Le chèque n'a, par lui-même, rien de commercial; il peut être pratiqué par un notaire comme par un banquier.

Quelquefois, le chèque est revêtu de la clause à ordre : il devient alors cessible par voie d'endossement.

636. — Le prêt commercial, est soumis aux mêmes règles de fond que le prêt civil : il n'y a d'autre différence notable que celle qui est relative au taux de l'intérêt.

637. — Le gage commercial, au contraire, diffère es- sentiellement du gage civil. Rien n'est plus facile que de le constituer lorsqu'il a pour objet une chose corporelle : aucun acte écrit n'est nécessaire. La loi a même créé dans l'intérêt du commerce des docks ou magasins gé- néraux dans lesquels sont reçus les objets mis en gage. Lorsqu'un commerçant veut emprunter en donnant ga- rantie sur des marchandises, rien de plus simple. Les marchandises sont amenées au dock. Là, le préposé qui les reçoit remet au commerçant deux titres : le *récé- pissé,* qui lui permettra de vendre, et le *warrant,* qui

lui permettra d'engager ses marchandises. Ce warrant, quand il est séparé du récépissé et remis à un tiers, vaut nantissement au profit de celui-ci, car le dock détient pour le compte du prêteur.

On peut également donner en gage un effet de commerce. Le contrat se forme, dans ce cas, au moyen d'un simple endossement. La formule est la suivante : passé à l'ordre de M. X., à titre de garantie de la somme de... exigible tel jour.

En matière civile, nous savons que le gage exige le plus souvent un acte public ou sous seing privé dûment enregistré et contenant la déclaration de la somme due ainsi que l'espèce et la nature des choses remises en gage, et qu'il exige en outre, lorsqu'il porte sur une créance, une signification au débiteur cédé.

638. — Il nous reste maintenant à rechercher dans quelle mesure et dans quels cas ces particularités peuvent être applicables aux agriculteurs.

En thèse générale, les agriculteurs ne sont pas des commerçants. Cette solution résulte de la façon la plus nette de l'article 638 du Code de commerce, d'après lequel ne seront point de la compétence des tribunaux de commerce les actions intentées contre un propriétaire, cultivateur ou vigneron, pour vente de denrées provenant de son crû. Mais si l'agriculteur n'est pas un commerçant, il peut le devenir en accomplissant habituellement des actes de commerce. S'il pratiquait d'une manière suivie des achats de meubles en vue de les revendre, s'il faisait de la banque, du change ou du courtage, il serait alors soumis à toutes les obligations spéciales qui pèsent sur les commerçants : il serait obligé de tenir des livres; il serait passible de la contribution des patentes; en cas de cessation de paiements, il serait soumis au régime de la faillite, etc.

L'agriculteur peut aussi, sans faire précisément des actes de commerce sa profession habituelle, en accomplir de temps en temps : dans ce cas, il gardera sa qualité d'agriculteur, mais l'acte de commerce qu'il aura fait sera régi, quant aux droits et aux obligations qui en naîtront, par le droit commercial.

Enfin, l'agriculteur peut, sans sortir de sa profession, traiter avec un commerçant; dans ce cas il ne fait pas lui-même acte de commerce, mais il suffit que le contrat soit commercial par rapport à l'autre partie pour que les droits et les obligations qui en résultent se trouvent modifiés dans une certaine mesure.

639. — Nous allons, en passant en revue les principaux actes qui se rattachent à l'exploitation d'un fonds rural, rechercher quels sont, parmi ces actes, ceux qui sont le plus exposés à revêtir un caractère commercial. Nous rechercherons ensuite quelles sont les conséquences à tirer de ce qu'un acte, civil à l'égard de l'agriculteur, est commercial à l'égard de l'autre partie contractante.

Prenons d'abord le plus fréquent de tous les contrats ruraux, la vente.

L'agriculteur, lorsqu'il se borne à *vendre* les produits de son fonds, fait un acte purement civil. C'est précisément à l'occasion de ces ventes que l'article 638 du Code de commerce a posé en principe le caractère civil des opérations se rattachant à l'exploitation des fonds ruraux. Il suit de là que les ventes qui ont pour objet la laine, le lait, le fumier, la cire, le miel, les œufs, la volaille, etc. provenant d'un domaine rural, ne relèvent en aucune façon du droit commercial. Il en est de même lorsque la vente a pour objet un produit plus ou moins transformé. L'agriculteur qui vend le vin fait avec le produit de ses vignes, le cidre fait avec le produit de ses vergers, le sucre provenant de ses betteraves (Cass., 12 mai 1875), la farine obtenue par la mouture de ses blés, ne fait pas acte de commerce.

Mais pour qu'il en soit ainsi, il faut que le produit vendu provienne du fonds lui-même. Le pépiniériste qui ne se borne pas à vendre les plants et arbustes venus de ses semis ou greffés par lui, mais qui, pour satisfaire aux besoins de sa clientèle, achète habituellement une partie de ses fournitures, doit être considéré comme commerçant (Cass., 20 mai 1878). Il en serait de même de l'agriculteur qui, au lieu de se borner à moudre son propre blé, achèterait habituellement des grains pour les convertir en farines qu'il revendrait ensuite; ou de celui qui, au lieu de se livrer à la fabrication du sucre avec ses betteraves, en achèterait à ses voisins. Il en serait de même enfin de celui qui, en dehors de l'exploitation d'un domaine rural, entreprendrait l'incubation artificielle des œufs et l'engraissage des volailles (Tribunal de commerce de la Seine, 31 octobre 1884).

En ce qui concerne les *achats* faits par les agriculteurs, la question est plus délicate. L'article 632 du Code de commerce répute en effet acte de commerce tout achat de denrées et marchandises pour les revendre, soit en nature, soit après les avoir travaillées et mises en œuvre, ou même pour en louer simplement l'usage. Or, parmi les choses que les agriculteurs achètent habituellement, il y en a qu'ils ne se procurent qu'en vue de les revendre : tels sont les animaux qu'ils achètent pour les engraisser. La Cour de cassation admet cependant depuis longtemps que cette opération ne constitue pas un acte de commerce lorsqu'elle se lie intimement à l'exploitation agricole et n'en est qu'une dépendance. Le cultivateur qui achète des animaux maigres pour les placer dans ses herbages comme bestiaux d'embouche, c'est-à-dire pour consommer sur place les produits de la ferme, fait une opération civile. Peu importe que ces herbages lui appartiennent, ou qu'il les ait seulement loués ; l'achat des animaux ne constitue, dans un cas comme dans l'autre, qu'un acte d'exploitation rurale (Cass., 7 avril 1869 ; Bourges, 9 février 1885), qui ne rend pas l'agriculteur passible de la contribution des patentes (Conseil d'État, 11 mars 1887). Il n'en serait autrement que si les achats d'animaux, au lieu de n'être qu'une opération accessoire, constituaient une opération principale : si l'acheteur était moins un agriculteur qu'un marchand de bestiaux, et si son but était uniquement de mener dans ses herbages les animaux achetés pour leur donner du repos, les nourrir pendant quelques jours et les revendre, l'achat qu'il ferait serait un acte de commerce. Il en serait de même de l'achat de porcs qui ne devraient pas être engraissés uniquement avec les produits de la ferme ; celui qui ferait habituellement des achats de ce genre serait imposable à la contribution des patentes (Conseil d'État, 11 mars 1887).

640. — Les contrats de louage passés par les agriculteurs sont presque toujours des contrats purement civils.

Le louage de services, en effet, lorsqu'il a lieu en vue d'opérations civiles, comme celles que comporte l'exploitation d'un fonds rural, a lui-même un caractère civil : le louage de domestiques, de valets de ferme, ou d'ouvriers agricoles n'est pas, en soi, un acte de commerce.

Il en est de même du louage des choses. Le louage d'objets servant à l'exploitation, comme les outils et instruments agricoles, est toujours un acte civil de la part de l'agriculteur qui les prend à bail, car un tel acte n'implique de sa part aucune idée de spéculation, et il a le même caractère à l'égard du bailleur, car le louage est un mode normal d'exercice du droit de propriété. Il ne constituerait un acte de commerce que si le bailleur était lui-même locataire et s'il spéculait sur la sous-location. Nous ne parlons pas du bail à ferme qui constitue par essence une opération civile.

Quant au transport, il ne constitue un acte de commerce que s'il est effectué par un entrepreneur (article 632). Quand un agriculteur fait accidentellement un charroi pour autrui, il accomplit un acte civil : pour qu'il fît ainsi acte de commerce, il faudrait qu'il se constituât entrepreneur de transport.

641. — Les autres contrats gardent presque toujours, à l'égard des agriculteurs, leur caractère civil.

Les sociétés qui se constituent en vue de l'exploitation de fonds de terre ne peuvent être que des sociétés civiles. La même solution a été admise pour les sociétés fondées en vue de l'exploitation d'une prise d'eau et de canaux d'irrigation (Cass., 21 1873), parce que l'irrigation n'est qu'une opération accessoire de l'exploitation du sol.

Le prêt fait à l'agriculteur ou par lui est un contrat civil, tout au moins à son égard. Il en est de même du mandat, du dépôt, du contrat d'assurance : ces différents actes juridiques n'impliquent, de sa part, aucune idée de spéculation.

642. — Mais si ces actes n'ont pas, à l'égard de l'agriculteur, le caractère d'actes de commerce, ils ont fréquemment ce caractère vis-à-vis de l'autre partie contractante. Le plus souvent, l'agriculteur vend sa récolte à un marchand de grains, qui ne l'acquiert que pour la revendre; il achète les animaux dont il a besoin à des marchands de bestiaux; il emprunte à des banquiers; il dépose ses fonds dans leur caisse; il donne mandat d'acheter ou de vendre à des commissionnaires; il assure sa récolte au-

près d'une compagnie d'assurance à primes fixes. Ces marchands, ces banquiers, ces compagnies d'assurance, ces commissionnaires sont des commerçants : de telle sorte que le contrat de vente, de prêt, de dépôt, de mandat, d'assurance, sera un contrat civil si l'on considère l'agriculteur, et commercial si l'on considère l'autre partie contractante. Que décider dans ce cas? Sera-ce le caractère civil de l'acte qui l'emportera, et traitera-t-on l'opération comme étant entièrement civile? Fera-t-on prédominer au contraire son caractère commercial, et lui appliquera-t-on les règles spéciales édictées par le Code de commerce? On s'est décidé à scinder l'opération. Le contrat sera donc civil à l'égard de l'agriculteur; son existence ne pourra être établie contre lui que par les modes ordinaires de preuve; son recouvrement ne pourra être poursuivi que par les modes d'exécution admis en matière civile, et devant le tribunal ordinaire. Le même contrat sera commercial à l'égard du marchand, du commissionnaire, du banquier, de l'agent de change, etc., avec lequel l'agriculteur aura traité : ce marchand, banquier, etc., pourra être poursuivi devant le tribunal de commerce ou devant le tribunal civil, au choix de l'agriculteur; l'existence du contrat pourra être établie par tous les genres de preuve; et en cas de cessation de paiements, la faillite pourra être déclarée (Jurisprudence constante; voir notamment Aix, 15 janvier 1884; Douai, 5 mai 1869; Montpellier, 7 mai 1887; Colmar, 4 février 1868).

Toutefois, le côté commercial l'emporte plus ou moins sur le côté civil dans le contrat de transport et dans le contrat de change. Nous avons déjà vu que les prescriptions et les déchéances spéciales établies par les articles 105, 106 et 108 du Code de commerce sont applicables, au moins dans notre opinion, aux expéditeurs ou destinataires non commerçants aussi bien qu'aux commerçants.

D'autre part, l'agriculteur qui appose sa signature sur une lettre de change, et celui qui endosse un billet à ordre souscrit ou endossé par un commerçant, se trouve par cela seul soumis à toutes les règles établies par le Code de commerce pour le recouvrement des effets de commerce. Les règles de la faillite, toutefois, ne pourront lui être appliquées, à moins qu'il n'ait fait, de ces signatures ou endossements, sa profession habituelle, et qu'il ne soit ainsi devenu un véritable commerçant.

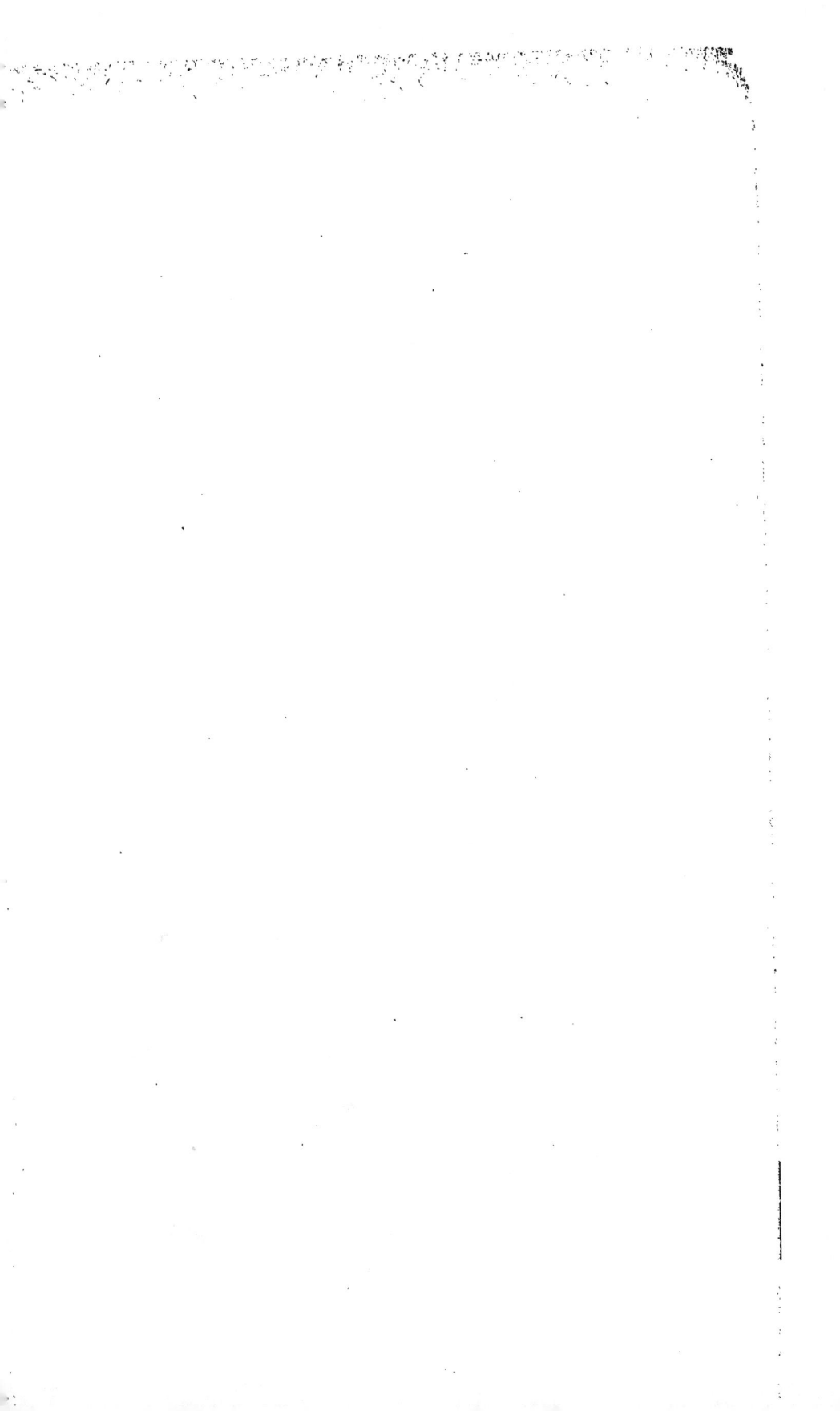

APPENDICE.

DES TRIBUNAUX JUDICIAIRES.

643. — Il n'est permis à personne de se faire justice lui-même. De là l'institution de tribunaux chargés de résoudre pacifiquement les contestations qui naissent tous les jours, soit entre les particuliers, soit entre les particuliers et la puissance publique.

En Angleterre, le pouvoir judiciaire statue sur toutes les contestations, quelles que soient les parties entre lesquelles elles s'élèvent; le juge peut même adresser des injonctions et des défenses aux agents de l'administration.

En France, et dans la plupart des pays d'Europe, on a fait une distinction entre le cas où l'intérêt privé est seul engagé, et celui où l'intérêt public est en cause. Quand la contestation ne met en jeu que des intérêts privés, l'autorité judiciaire seule peut en connaître. Quand la contestation s'élève entre un particulier et la puissance publique, l'autorité judiciaire doit au contraire refuser de statuer : la connaissance du litige appartient aux tribunaux administratifs.

Il ne faudrait pas croire, cependant, que toutes les contestations qui s'élèvent entre les particuliers et l'État soient soustraites à la juridiction des tribunaux judiciaires. Lorsqu'il s'agit de réprimer des actes interdits par la loi, et d'appliquer des peines, ce sont ces tribunaux qui statuent le plus souvent. Ce sont eux aussi qui prononcent sur certains actes de l'administration, lorsque celle-ci fait, en vue d'intérêts généraux, ce qu'un simple citoyen pourrait faire en vue d'intérêts particuliers (1). Lorsque l'État fait un contrat d'échange, lorsqu'il loue la chasse dans ses bois, lorsqu'il met une coupe en adjudication, il agit comme un propriétaire ordinaire, et les contestations que pourra faire naître l'exécution de ces contrats devront être déférées à l'autorité judiciaire. Il en est de même, lorsqu'en exécution de la loi du 3 juillet 1877 il requiert des denrées ou des services. Mais quand les agents de l'administration exercent la puissance qui leur a été déléguée, quand ils procèdent par voie d'injonction et de commandement, quand ils font opposition à un défrichement par exemple, leurs actes ne peuvent être soumis qu'à l'administration elle-même ou aux tribunaux qui ont été créés spécialement pour en connaître. Autrement, l'autorité judiciaire aurait dominé et entravé l'administration, et la séparation des pouvoirs eût cessé d'être effective.

On divise les juridictions en trois grandes catégories : juridictions civiles, juridictions criminelles, et juridictions administratives.

Nous ne nous occuperons quant à présent que des juridictions civiles et criminelles : l'étude des juridictions administratives trouvera sa place plus tard, lorsque nous serons fixés sur la nature des rapports qui peuvent s'éta-

---

(1) *Traité de la juridiction administrative*, par M. Laferrière.

blir entre les agriculteurs et l'administration à l'occasion des principaux actes de la vie rurale; elle fera l'objet d'un autre appendice à la fin de notre second volume.

644. — Les juridictions civiles et criminelles sont régies par un certain nombre de règles essentielles qui dominent toute l'administration de la justice, et qui sont les suivantes :

Première règle. — Aucun tribunal ne peut statuer si son action n'a été provoquée, soit par un particulier, soit par le représentant de l'intérêt social. Il n'est pas permis aux juridictions d'agir spontanément.

Deuxième règle. — Les décisions des tribunaux n'ont d'effet que pour les contestations au sujet desquelles elles ont été rendues. Nous avons vu, dès les premières pages de ce livre, que les tribunaux, à la différence des anciens Parlements, ne peuvent plus statuer par voie de disposition générale ou règlementaire (article 5 du Code civil).

Troisième règle. — Si le juge ne peut intervenir d'office dans aucune contestation, d'autre part, lorsqu'il est saisi, il est tenu de statuer. S'il refusait, il commettrait un déni de justice, ce qui est un grave délit. S'il ne répondait pas à tout ce qu'on lui demande, s'il statuait *infra petita*, sa décision serait viciée. Il en serait de même s'il répondait au delà de ce qu'on lui demande, s'il statuait *ultra petita*.

Quatrième règle. — Les membres des tribunaux ont été divisés en deux catégories : les juges, et le ministère public. Les juges sont seuls appelés à rendre les décisions, et pour mieux assurer l'indépendance et l'impartialité de leurs sentences, le législateur leur a conféré le bénéfice de l'inamovibilité. Cette règle de l'inamovibilité ne s'applique pas toutefois à tous les juges. Les juges de paix sont amovibles. D'autre part, les membres des tribunaux de commerce ne sont nommés que pour un temps.

Cinquième règle. — Les tribunaux sont composés en général de plusieurs juges. La pluralité des juges est un obstacle à la corruption; en outre, plusieurs juges présentent plus de garanties d'impartialité et de savoir qu'un seul. Cette règle n'a reçu d'exception qu'en ce qui concerne les juges de paix, qui sont chargés des affaires les moins importantes.

Sixième règle. — La justice est rendue publiquement. Les portes sont ouvertes, pendant les audiences, à quiconque veut y assister, et lorsque l'intérêt des bonnes mœurs exige le huis-clos, le jugement est rendu en la présence du public. Les juges assistent au prononcé du jugement, pour témoigner de la sincérité de la décision.

Septième règle. — Tout jugement doit être motivé. Il faut qu'il porte en lui-même la preuve qu'il n'a été rendu qu'après un sérieux examen.

Huitième règle. — La justice est rendue gratuitement. Les juges reçoivent leur traitement de l'État et n'ont plus droit à des épices.

Il faudrait toutefois se garder de penser qu'un jugement peut être obtenu sans frais. D'abord, toutes les pièces produites doivent être présentées sur timbre et soumises à la formalité de l'enregistrement; les expéditions des jugements ont lieu également sur papier timbré, et leur délivrance donne lieu au paiement de certains droits au profit du greffier, le tout sans préjudice des sommes dues à l'huissier et à l'avoué. Mais c'est le perdant qui supporte ces frais, et il est juste que ceux qui mettent en mouvement la justice supportent tout au moins une partie des dépenses qu'ils ont occasionnées. Le seul reproche que l'on puisse adresser à notre législation, c'est, dans certains cas, l'exagération de ces frais.

Neuvième règle. — Les décisions rendues par les tribunaux, en général, ne sont pas définitives. La partie condamnée peut interjeter appel, à moins que l'affaire ne soit de trop peu d'importance. Mais l'appel, quand il est possible, ne peut jamais avoir lieu qu'une seule fois.

Dixième règle. — A côté des juges, se trouve le ministère public. C'est l'organe du pouvoir exécutif, ou plutôt de la loi dont il est chargé de requérir l'exécution.

Il a pour fonction principale de saisir les tribunaux des infractions à la loi pénale et d'en demander la répression. En matière civile, il se borne le plus souvent à venir en aide à celle des parties en cause qui lui paraît fondée dans sa réclamation. Il peut toujours demander à être entendu : il doit même le demander dans les affaires qui intéressent l'État, les mineurs, les incapables. Les magistrats dont se compose le ministère public sont toujours amovibles.

645. — Aux tribunaux sont attachés un certain nombre d'officiers publics, qui sont les auxiliaires de la justice. Ce sont notamment les greffiers, les huissiers et les avoués. Un mot sur chacun d'eux.

Les greffiers sont à la fois des secrétaires et des archivistes. Comme secrétaires, ils tiennent note des actes des juges, des incidents d'audiences, de la composition du tribunal. Comme archivistes, ils conservent les minutes de tous les jugements et en délivrent des expéditions ou des grosses conformément aux tarifs (les grosses sont des expéditions revêtues de la formule exécutoire).

Les huissiers sont à la fois les messagers officiels des plaideurs et les agents d'exécution des jugements. Ce sont eux qui communiquent aux parties les actes de procédure, qui font les significations de pièces, et qui portent les assignations; sans eux, ce service pourrait être fait irrégulièrement ou même déloyalement; on chercherait à surprendre ses adversaires. Leur intervention est nécessaire, parce qu'elle constitue une garantie pour tout le monde. Ce sont eux aussi qui pratiquent les saisies. Les actes d'huissiers sont rédigés en original et en copie. L'huissier garde l'original et remet la copie.

Les avoués sont les représentants nécessaires des plaideurs devant le tribunal civil et devant la Cour d'appel. Ils font toutes les écritures que comporte l'instruction du litige et déposent des conclusions au nom des parties : conclure, c'est exposer sommairement les prétentions des plaideurs. On a critiqué l'obligation où se trouvent les parties de recourir à leur intervention, mais à tort. Sans eux, les gens inexpérimentés commettraient des erreurs qui pourraient compromettre le fond du droit ; sans eux, on craindrait de produire et de communiquer certaines pièces que l'adversaire aurait intérêt à faire disparaître, et qu'on n'hésite pas à leur confier. Ce qui prouve l'utilité des avoués, c'est que là où il n'en existe pas, on a créé une institution analogue. Les tribunaux de commerce ont leurs agréés. Auprès des justices de paix, ce sont les agents d'affaires qui représentent les plaideurs, avec l'ignorance en plus et quelquefois l'honorabilité en moins.

Tous ces officiers publics sont nommés par l'État, et ils exercent leurs fonctions sous la surveillance des tribunaux et des chambres de discipline qu'ils nomment eux-mêmes. Quand ils cessent d'exercer leurs fonctions, ils ont le droit de présenter leurs successeurs au choix du Gouvernement. En réalité, ils vendent leurs charges, sauf ratification par la Chancellerie du choix du successeur et des conditions de la cession. Leurs offices constituent entre leurs mains une véritable propriété. Cette situation n'est pas absolument sans danger pour les plaideurs, car les offices se vendent souvent fort cher, et il arrive quelquefois que leurs titulaires, pour rentrer plus vite dans leurs déboursés, multiplient les frais sans utilité. Le montant des droits qu'ils peuvent percevoir pour chaque acte de procédure a été, il est vrai, fixé par des tarifs, mais ces tarifs n'ont pas pu déterminer d'avance le nombre des actes que les avoués pourraient faire au cours de chaque litige, et, pour que les frais ne soient pas exagérés, il est nécessaire que le nombre des actes de procédure ne le soit pas lui-même. Pour remédier à ce danger, on a souvent proposé de racheter les offices, mais la valeur totale de ceux-ci est d'environ un milliard, et le législateur a jusqu'ici reculé devant une pareille dépense. En fait, d'ailleurs, l'insuffisance du pouvoir disciplinaire qu'exercent les chambres d'avoués et les tribunaux eux-mêmes n'est nullement établie.

A côté des officiers ministériels, sont les avocats. Leur intermédiaire n'est pas obligatoire : les parties peuvent plaider elles-mêmes leur propre cause ; mais elles s'exposent, si elles se perdent dans leurs explications, ou si elles manquent de déférence envers le tribunal, à ce que le Président les arrête et leur enjoigne de prendre un avocat.

Devant le Conseil d'État statuant au contentieux et devant la Cour de cassation, les avocats jouent en même temps le rôle d'avoués et ils en cumulent les droits et les charges. Ils portent le nom d'avocats au Conseil d'État et à la Cour de cassation.

Après avoir ainsi indiqué les traits généraux de notre organisation judiciaire, nous devons entrer dans quelques détails sur le fonctionnement de la juridiction civile, de la juridiction criminelle, et de la Cour de Cassation qui les domine toutes les deux.

§ I. — *Des juridictions civiles*.

646. — La juridiction civile comprend les justices de paix, les tribunaux d'arrondissement, les Cours d'appel et quelques tribunaux d'exception. Nous consacrerons quelques lignes aux justices de paix, aux tribunaux d'arrondissement, aux cours d'appel, et nous indiquerons ensuite sommairement la marche à suivre lorsqu'on veut faire reconnaître ses droits en justice.

I. — DES JUSTICES DE PAIX.

647. — Il y a un juge de paix par canton. Il est nommé par décret et peut être révoqué de même, car il est amovible. Il juge seul.

Auprès de lui sont deux suppléants, nommés comme lui, et un greffier.

Il n'y a pas, au siège de la justice de paix, de ministère public, au moins en matière civile, et nous savons que l'intervention des avoués n'y est pas obligatoire.

Les fonctions du juge de paix sont variées et nombreuses. Il a été investi d'attributions extra-judiciaires. C'est ainsi qu'il préside les conseils de famille; procède à l'apposition et à la levée des scellés; ordonne la vente des bestiaux laissés à l'abandon lorsqu'ils n'ont pas été réclamés et que le dommage n'a pas été payé dans le délai de huit jours fixé par la loi du 4 avril 1889; établit en cas de saisie d'animaux et ustensiles servant à l'exploitation des terres, un gérant à l'exploitation, lorsque le créancier saisissant le demande, conformément à l'article 594 du Code de procédure; assiste à l'introduction, dans l'intérieur des maisons et enclos, des gardes champêtres et forestiers à la recherche d'un délit. Mais ses attributions les plus importantes sont celles qu'il exerce, soit comme conciliateur, soit comme juge.

648. — L'institution du préliminaire de conciliation ne date, en France, que de la loi du 24 août 1790. Notre ancien droit ne la connaissait pas : elle nous vient de Hollande : « La meilleure loi, écrivait Voltaire en 1745, le plus excellent usage, le plus utile que j'aie vu, c'est en Hollande. Quand deux hommes veulent plaider l'un contre l'autre, ils sont obligés d'abord d'aller au tribunal des juges conciliateurs appelés faiseurs de paix. Si les parties arrivent avec un avocat ou un procureur, on fait d'abord retirer ces derniers comme on ôte le bois d'un feu qu'on veut éteindre. Les faiseurs de paix disent aux parties : vous êtes de grands fous de vouloir manger votre argent à vous rendre mutuellement malheureux. Nous allons vous accommoder sans qu'il vous en coûte rien. »

Actuellement, le juge de paix connaît comme conciliateur de toutes les contestations qui sont de nature à se terminer par une transaction. Le principe souffre toutefois un certain nombre d'exceptions, énumérées par l'article 49 du Code de procédure civile : les affaires qui requièrent célérité, notamment, sont dispensées de ce préliminaire. Lorsqu'une transaction intervient devant lui, le juge de paix la constate au moyen d'un procès-verbal. Lorsque les parties ne comparaissent pas, ou lorsqu'elles refusent de transiger, le juge de paix dresse également procès-verbal, puis il juge l'affaire si elle est de son ressort, ou renvoie les plaideurs devant le tribunal compétent. Le nombre des conciliations obtenues ainsi chaque année est considérable : les juges de paix réussissent à éteindre de cette façon plus du tiers des procès.

649. — Comme juges, les juges de paix n'ont pas une mission moins importante que comme conciliateurs. En 1790, on ne voulait leur confier que le jugement des affaires les plus simples : « Il faut que tout homme de bien, disait Thouret dans son rapport, pour peu qu'il ait d'expérience et d'usage, puisse être élu juge de paix. La compétence doit être bornée aux choses de convention très simple et de la plus petite valeur, et aux choses de fait qui ne peuvent être bien jugées que par l'homme des champs, qui vérifie sur les lieux mêmes l'objet du litige et qui trouve dans son expérience des règles de décision plus sûres que la science des termes et des lois ne peut en fournir aux tribunaux. » Mais il s'en est fallu de beaucoup que l'Assemblée Constituante ait restreint la compétence des juges à des questions aussi simples. Elles les a chargés de la connaissance des actions possessoires, qui sont le plus souvent fort délicates, et, depuis, la compétence des juges de paix a toujours été en augmentant.

Cette compétence est aujourd'hui déterminée par la loi du 25 mai 1838, qui a été modifiée sur plusieurs points par une loi du 2 mai 1855 et complétée par plusieurs lois postérieures.

Le juge de paix connaît de toutes les demandes personnelles jusqu'à concurrence de deux cents francs. Ainsi les demandes en paiement de primes d'assurances, les demandes en réparation d'un dommage etc., sont de sa compétence, pourvu que les sommes réclamées soient inférieures à deux cents francs. Au-dessous de cent francs, la décision rendue par lui est même définitive : elle n'est pas susceptible d'appel. Tel est le principe.

650. — Mais ce principe comporte un grand nombre d'exceptions. Dans beaucoup de cas, le juge de paix statue, définitivement ou à charge d'appel, bien que la

somme réclamée soit supérieure à deux cents francs. Nous allons faire connaître les plus importants d'entre eux.

Nous avons vu, en traitant du louage, que le juge de paix est fréquemment appelé à statuer en la matière. Sans doute, les contestations qui portent sur l'existence ou sur l'interprétation du bail ne peuvent être soumises qu'au tribunal d'arrondissement, mais la loi a déféré au juge de paix la connaissance d'un grand nombre de difficultés se rattachant à l'exécution de ce bail. C'est ainsi que le juge de paix connaît, sans appel jusqu'à cent francs, et à charge d'appel, à quelque valeur que la demande puisse s'élever : des actions en paiement des fermages, des demandes en résiliation des baux qui sont fondées uniquement sur le défaut de paiement des fermages, des expulsions de lieux, pourvu que la location n'excède pas annuellement quatre cents francs.

Il connaît en outre, sans appel jusqu'à cent francs, et à charge d'appel, jusqu'à concurrence de quinze cents francs : 1° des indemnités réclamées par le fermier pour non-jouissance provenant du fait du propriétaire, lorsque le droit à indemnité n'est pas contesté et qu'il s'agit seulement d'en déterminer le montant; 2° des indemnités réclamées par le propriétaire à raison des dégradations ou pertes causées par le fermier ou par les personnes dont il est responsable (1).

Il connaît également, sans appel jusqu'à la valeur de cent francs, et à charge d'appel, à quelque valeur que la demande puisse s'élever, d'un certain nombre de contestations parmi lesquelles nous relevons : 1° les actions en réparation de dommages faits aux champs, fruits et récoltes, soit par l'homme, soit par les ani-

(1) Toutefois, en cas d'inondation ou d'incendie, le juge de paix n'est compétent que jusqu'à la valeur de deux cents francs.

maux; 2° les actions relatives à l'élagage des haies ou des arbres, et celles relatives au curage, soit des fossés, soit des canaux servant à l'irrigation des propriétés ou au mouvement des usines, lorsque les droits de propriété ou de servitude ne sont pas contestés; 3° les réparations locatives mises par la loi à la charge du fermier; 4° les contestations relatives aux engagements respectifs, soit des gens de travail au jour, au mois, et à l'année, et de ceux qui les emploient, soit des maîtres et des domestiques ou gens de service à gages. Quelques explications sur ces divers points ne seront pas inutiles.

651. — Les actions en réparation de dommages faits aux champs, fruits et récoltes sont loin de donner lieu à la compétence du juge de paix aussi souvent qu'on pourrait être tenté de le croire à raison des termes généraux de la loi du 25 mai 1838. D'abord, il appartient toujours à la partie lésée, lorsque le fait dommageable constitue un délit proprement dit, de porter sa réclamation devant le tribunal correctionnel. En second lieu, le juge de paix ne peut être saisi qu'autant qu'il s'agit d'un dommage causé à la surface, aux arbres d'une pépinière par exemple ; si le dommage avait été causé au fond de la propriété, le tribunal civil d'arrondissement pourrait seul en connaître. (Cass., 25 août 1869). Le juge de paix doit se dessaisir également toutes les fois que le défendeur, en réponse à la réclamation dirigée contre lui, invoque un droit de propriété ou de servitude. Si par exemple le dommage résulte d'un fait de passage, et si l'auteur de ce fait prétend n'avoir fait qu'user d'une servitude lui appartenant, la question ne pourra pas être tranchée par le juge de paix, car elle implique l'examen d'une prétention qui excède les limites de sa compétence (Cass., 5 juin 1872). Si le dommage résulte du débordement d'un étang, et si le propriétaire de cet étang prétend que, d'après ses titres,

il a le droit de tenir les eaux à toute hauteur, le juge de paix ne sera pas non plus compétent pour prononcer sur le litige (Cass., 5 juillet 1870). Enfin, la compétence exceptionnelle du juge de paix en cas de dommages aux champs, fruits et récoltes, cesse toutes les fois que le dommage a pour cause l'inexécution d'une obligation contractuelle. Lorsqu'un fermier poursuit le bailleur qui s'est réservé la chasse des terres affermées en réparation du dommage causé à ses récoltes par le gibier, et qu'il invoque à l'appui de sa demande le contrat de bail, le tribunal qui doit connaître de la contestation est le tribunal d'arrondissement (Cass., 11 mars 1868), car l'article 5, n° 1 de la loi du 25 mai 1838, qui a établi pour les dommages aux champs la compétence du juge de paix même au-dessus de deux cents francs, suppose un dommage résultant d'une faute ou d'un quasi-délit. En fait, la plupart des réclamations qui ont été présentées devant les juges de paix en vertu de cet article, ont été provoquées par les dégâts causés par les lapins sur les propriétés riveraines des bois.

652. — Les actions relatives à l'élagage des arbres ou haies, et au curage des fossés ou canaux ne donnent également lieu à la compétence du juge de paix que si les droits de propriété ou de servitude ne sont pas contestés.

L'élagage dont il est ici question consiste dans l'enlèvement des branches qui avancent sur la propriété voisine (article 673). Si le propriétaire de ces arbres ou haies, en réponse à la réclamation du voisin, prétend qu'il a acquis le droit d'avoir des arbres avançant leurs branches sur le fonds contigu, à plus forte raison s'il prétend être lui-même propriétaire de ce fonds, le juge de paix devra se déclarer incompétent et renvoyer les parties devant le tribunal d'arrondissement.

La même observation doit être faite relativement au

curage. D'ailleurs, la loi du 14 floréal an XI a chargé l'administration d'assurer le curage des canaux et rivières non navigables, de sorte que la compétence du juge de paix se réduit, en fait, à la connaissance des contestations relatives au curage des simples fossés.

653. — La loi du 25 mai 1838 a également attribué au juge de paix la connaissance des actions relatives aux engagements respectifs des gens de travail au jour, au mois et à l'année, et de ceux qui les emploient, ainsi qu'aux engagements des maîtres et des domestiques ou gens de services à gages. Presque tous les contrats de louage d'ouvrages lui sont donc soumis en cas de contestation : soit qu'il s'agisse des domestiques ou serviteurs, comme ceux qui sont particulièrement attachés à la personne ou à l'exploitation, valets de cour, jardiniers, gardes; soit qu'il s'agisse de simples ouvriers, ayant leur habitation particulière et se bornant à travailler habituellement dans la ferme.

On s'est demandé s'il fallait considérer comme serviteur à gages un garde particulier dont la rétribution comprenait, indépendamment du traitement et du logement, le produit de quelques parcelles de terre dépendant de l'exploitation; la question a été résolue par l'affirmative (Angers, 19 février 1869).

654. — Les juges de paix connaissent encore, mais toujours à charge d'appel : des actions possessoires; des actions en bornage; des actions relatives à la distance prescrite par la loi, les règlements particuliers et les usages des lieux, pour les plantations d'arbres ou de haies, lorsque la propriété ou les titres qui l'établissent ne sont pas contestés; des actions relatives aux constructions et travaux énoncés dans l'article 674 du Code civil, lorsque la propriété ou la mitoyenneté du mur ne sont pas contestées, etc.

Nous avons étudié avec détails les actions possessoires, et nous n'avons pas à y revenir, mais nous devons encore quelques explications sur les actions relatives aux bornages, aux plantations, et aux constructions et travaux qui ne peuvent être faits qu'à certaine distance de la propriété voisine.

655. — En matière de bornage, le juge de paix cesse d'être compétent si la propriété ou les titres qui l'établissent sont contestés. Toutes les fois que l'une des parties impute à l'autre d'avoir empiété sur son héritage, et invoque à l'appui de sa prétention un titre, ou une prescription accomplie, le juge de paix doit se dessaisir.

Mais il ne faudrait pas croire que le juge de paix cesserait d'être compétent si, après avoir fait sur le terrain l'application des titres produits et non contestés, il constatait soit un excédent, soit un déficit. En cas d'excédent, le juge de paix devrait en faire la répartition entre les héritages voisins. La Cour de cassation a été jusqu'à lui reconnaître en pareil cas le droit, lorsqu'il fait cette répartition, surtout lorsqu'il y procède du consentement des parties, de modifier la configuration des fonds contigus, et, après avoir attribué à l'un de ces fonds un excédent supérieur à celui auquel il a droit, d'en retrancher une certaine portion correspondante à ce qu'il a reçu en trop dans cette attribution et de la réunir au fonds contigu (Cass., 2 mai 1866; 14 février 1872). En cas de déficit, le juge de paix devrait également répartir ce déficit entre les fonds voisins, à moins que l'une des parties ne prétende qu'il doit porter sur une propriété plutôt que sur une autre (Cass., 6 août 1860).

656. — Les actions relatives à la distance prescrite pour les plantations sont de la compétence du juge de

paix, aussi bien quand il s'agit d'arbres ou de bois qui sont venus naturellement que quand il s'agit de plantations faites de main d'homme (Cass., 13 mars 1850). Mais cette compétence cesse également lorsque la propriété ou les titres qui l'établissent sont contestés.

Il en est encore de même pour les actions relatives à la distance prescrite pour certaines constructions. Nous avons vu que, d'après l'article 674, celui qui veut, soit creuser près de son mur, ou tout au moins près d'un mur dont il a la mitoyenneté, un puits, ou une fosse d'aisance, soit y adosser une cheminée, une étable, ou un amas de sel ou autres matières corrosives, est obligé de laisser la distance prescrite par les règlements particuliers sur ces objets, ou même de faire certains ouvrages intermédiaires, conformément aux mêmes règlements et usages, pour éviter de nuire à son voisin. Le juge de paix est compétent pour apprécier les réclamations fondées sur ce que ces ouvrages ont été établis à une trop faible distance du mur séparatif, ou sans les précautions requises; mais si, au cours de l'instance, le demandeur élevait des prétentions à la propriété exclusive du mur au pied duquel ces ouvrages ont été construits, la contestation changerait de caractère; elle porterait, non plus sur la question de savoir si la distance requise a été observée, mais sur une question de propriété, et le juge de paix devrait s'en dessaisir.

657. — Enfin la compétence du juge de paix a été notablement accrue par un certain nombre de lois récentes. C'est le juge de paix qui, aux termes de la loi du 10 juin 1854, statue sur les contestations auxquelles peut donner lieu la conduite sur le fonds d'autrui des eaux drainées; c'est lui aussi qui, en vertu de la loi du 3 juillet 1877 sur les réquisitions militaires, statue, jusqu'à concurrence de quinze cents francs, sur le règlement des

indemnités dues, soit pour la fourniture des prestations nécessaires à l'armée, soit pour les dommages causés aux propriétés privées lors des grandes manœuvres : jusqu'à la valeur de deux cents francs inclusivement, sa décision est sans appel.

C'est à lui que les lois des 15 juillet 1878 et 2 août 1879 sur le phylloxera et le doryphora ont attribué le règlement des indemnités dues pour la perte de récoltes détruites par mesure de précaution. Le juge de paix est compétent en cette matière, à quelque valeur que la demande puisse s'élever, et, jusqu'à la valeur de cent francs, sa sentence est définitive.

Aux termes de l'article 34 de la loi du 20 août 1881 sur les chemins et sentiers d'exploitation, le juge de paix statue sur les difficultés relatives aux travaux d'entretien et de mise en état de viabilité de ces chemins et sentiers.

On peut voir, par l'énumération incomplète que nous venons de faire, combien les attributions du juge de paix sont importantes : il est question de les étendre encore. D'après un projet de loi, présenté à la Chambre des députés, les juges de paix pourront, notamment, connaître de toutes les demandes personnelles ou mobilières jusqu'à concurrence de quinze cents francs.

II. — Tribunaux d'arrondissement.

658. — Les tribunaux d'arrondissement se composent de trois juges au moins, dont un président. Ces juges sont inamovibles. Le ministère public comprend un procureur de la République et un ou plusieurs substituts. Un greffier est attaché à chaque tribunal.

Devant les tribunaux d'arrondissement, le ministère des avoués est obligatoire.

Le tribunal d'arrondissement est le tribunal ordinaire. C'est devant lui que doivent être portées toutes les affaires qui n'ont pas été attribuées spécialement à une autre juridiction civile. Dans les contestations relatives aux affaires personnelles ou mobilières au-dessous de quinze cents francs et aux actions immobilières qui portent sur les immeubles dont le revenu n'est pas supérieur à soixante francs, son jugement est en dernier ressort. Il est compétent pour statuer sur les contestations entre commerçants, lorsqu'il n'y a pas de tribunal de commerce dans l'arrondissement. Enfin, il connaît des appels formés contre les décisions rendues en premier ressort par les juges de paix.

Il y a des cas dans lesquels le président du tribunal juge seul : ce sont les cas d'urgence. Le jugement rendu porte le nom d'ordonnance de référé. Ces ordonnances ne prescrivent jamais que l'exécution de mesures provisoires et ne pouvant compromettre le fond du droit.

Les tribunaux d'arrondissement ont aussi des attributions extra-judiciaires : c'est ainsi qu'ils sont appelés à homologuer certaines délibérations des conseils de famille.

III. — COURS D'APPEL.

659. — Le nombre des Cours d'appel est de vingt-sept. Elles se composent de conseillers et de présidents, en nombre plus ou moins considérable, suivant l'importance de chaque Cour.

Le ministère public y comprend un procureur général, chef du parquet de tout le ressort de la Cour, des avocats généraux qui portent avec lui la parole, et des substituts du procureur général, principalement chargés du service intérieur.

Il y a auprès de la Cour un greffier en chef, avec des commis greffiers, et des avoués spéciaux.

Les Cours connaissent en appel : 1° des jugements en premier ressort des tribunaux d'arrondissement et des tribunaux de commerce; 2° des ordonnances de référé rendues par les présidents des tribunaux d'arrondissement.

660. — Telles sont les juridictions civiles auxquelles les citoyens ont le plus souvent recours. Il y en a en outre d'exceptionnelles, comme les tribunaux de commerce dont nous avons déjà dit un mot, le jury d'expropriation, les conseils de prudhommes qui statuent sur les différends entre patrons et ouvriers, et enfin les arbitres. On a rarement recours à l'arbitrage; lorsqu'une décision arbitrale a été provoquée, elle doit être rendue exécutoire par une ordonnance du président du tribunal.

IV. — Quelle est la marche a suivre pour faire reconnaitre ses droits en justice ?

661. — Cette marche se trouve indiquée dans le Code de procédure civile.

Après la tentative de conciliation, le demandeur adresse à son adversaire une assignation ou une citation par ministère d'huissier : il lui donne rendez-vous devant le tribunal compétent.

Mais quel est ce tribunal?

Ce sera, suivant les cas, et d'après la nature des af-

faires, la justice de paix, le tribunal d'arrondissement,
ou le tribunal de commerce. Mais quand ce premier
choix sera fait, une seconde difficulté se présentera :
devant quel juge de paix, devant quel tribunal d'arrondissement le litige devra-t-il être porté ?

Lorsque la contestation s'élève au sujet d'un immeuble, le tribunal compétent est celui dans le ressort duquel est situé cet immeuble. Cependant, même dans ce
cas, la tentative de conciliation doit avoir lieu devant le
juge du domicile du défendeur.

Lorsque l'action est personnelle ou mobilière, le litige doit être porté devant le tribunal dans le ressort
duquel le défendeur a son domicile, c'est-à-dire son
principal établissement. C'est au demandeur de se déplacer tant qu'il n'aura pas fait la preuve du droit qu'il
invoque. Cette règle comporte cependant quelques dérogations. Souvent les parties contractantes conviennent
d'un domicile autre que leur domicile réel pour le jugement de toutes les difficultés auxquelles pourra donner
lieu l'exécution du contrat. C'est ainsi que les polices
d'assurance contiennent généralement une clause portant que les contestations à naître seront soumises dans
tous les cas au tribunal du siège principal de la compagnie : c'est ce qu'on appelle élire domicile. Une telle
convention est obligatoire. D'autre part, en matière
commerciale, le demandeur peut avoir le choix entre
plusieurs tribunaux. L'agriculteur qui intente un procès
à un commerçant, peut assigner celui-ci soit devant le
tribunal de commerce de son domicile, soit devant celui
dans le ressort duquel la promesse a été faite et la marchandise livrée, soit enfin devant celui dans le ressort
duquel le paiement doit être effectué (article 420 du
Code de procédure civile).

662. — L'assignation doit désigner l'avoué choisi par

le demandeur et contenir tous les renseignements nécessaires pour que le défendeur sache ce qu'on lui réclame et pourquoi on le lui réclame.

L'adversaire choisit à son tour un avoué et signifie
son choix au demandeur. L'instance est alors liée; les
parties disparaissent; leurs avoués les représentent; ils
font pour eux toutes les écritures, toutes les productions,
et prennent en leur nom toutes les conclusions nécessaires. Quand l'affaire est en état, elle est portée au rôle,
les avocats plaident, le ministère public intervient s'il y
a lieu, et le tribunal juge.

Quelquefois, l'affaire est jugée sommairement : la
procédure est plus rapide : on ne fait aucune écriture;
on plaide immédiatement. On juge ainsi les affaires
qui présentent le moins d'importance ou le moins de
difficulté, comme les appels de justices de paix, les affaires inférieures à quinze cents francs de capital, les
contestations relatives aux indemnités dues pour les réquisitions militaires (loi du 3 juillet 1877 article 26),
celles qui portent sur la propriété ou la suppression des
chemins ou sentiers d'exploitation (loi du 20 août 1881
article 36), etc.

Devant les juges de paix, toutes les affaires sont jugées sommairement, d'après une procédure spéciale. Il
n'est jamais signifié aucune défense, et les parties comparaissent et se défendent elles-mêmes.

663. — Souvent, avant de se prononcer, le juge ordonne certaines mesures qui ont pour but d'éclairer sa
religion : une enquête, une expertise, une vérification
d'écritures. Ces mesures sont ordonnées par des jugements qui sont tantôt préparatoires, et tantôt interlocutoires.

Ils sont préparatoires quand ils ne préjugent en rien
la solution à intervenir et réservent tous les moyens des

parties. Ils sont interlocutoires dans le cas contraire. Si mon voisin me poursuit en réparation d'un dommage, et si je ne dénie pas ma responsabilité, le jugement qui ordonne une expertise pour évaluer le montant du préjudice causé est purement préparatoire, car il ne tranche aucun litige. Si, au contraire, j'avais prétendu n'être pas responsable du dommage causé, et si le tribunal avait passé outre, le même jugement serait interlocutoire. Les jugements préparatoires ne sont pas susceptibles d'appel : comme ils ne font grief à personne, l'appel ne ferait que grossir inutilement les frais du procès.

Vient ensuite le jugement sur le fond. Le greffier délivre une grosse du jugement à la partie gagnante : celle-ci le fait signifier à son adversaire par ministère d'huissier et exécuter ensuite.

664. — Les jugements rendus au fond sont susceptibles, suivant les cas, de divers recours. Ils peuvent avoir été rendus par défaut, ou contradictoirement.

Les jugements par défaut peuvent être attaqués au moyen d'une opposition, par la partie défaillante, devant le tribunal qui les a rendus.

Les jugements contradictoires peuvent être, en général, attaqués par la voie de l'appel. L'appel est porté devant le tribunal supérieur : il suspend l'exécution du jugement, à moins que le tribunal n'ait ordonné, à raison de l'urgence par exemple, que le jugement sera exécuté nonobstant appel.

La décision rendue sur l'appel est définitive. Il ne peut jamais être fait appel d'un même jugement plus d'une fois. Quand les deux degrés de juridiction ont été épuisés, les plaideurs sont tenus de s'incliner. *Res judicata pro veritate habetur.*

665. — Il existe cependant, indépendamment de l'op-

position et de l'appel, quelques autres moyens de faire tomber les jugements.

Citons d'abord la tierce opposition, qui appartient aux tiers et qui leur permet de faire tomber les jugements qui préjudicieraient à leurs droits. Un tribunal vient de prononcer la séparation de biens entre deux conjoints : les créanciers du mari, s'ils estiment que cette séparation a été provoquée en fraude de leurs droits, pourront attaquer ce jugement par la voie de la tierce opposition devant le tribunal même qui l'a rendu.

La requête civile a un caractère différent. C'est une demande de rétractation, fondée sur la violation des régles essentielles de la procédure, sur la production de pièces fausses, etc. Elle est portée devant le tribunal qui a rendu le jugement attaqué.

Enfin le pourvoi en cassation constitue également une voie de recours extraordinaire contre les jugements rendus en dernier ressort. Nous en dirons plus loin quelques mots.

§ II. — *Des juridictions criminelles.*

666. — C'est en général le même personnel qui concourt à l'administration de la justice civile et à l'administration de la justice criminelle, sauf les trois particularités suivantes : 1° il n'y a pas d'avoués devant les tribunaux criminels, excepté lorsque la partie lésée saisit la cour d'assises ou le tribunal correctionnel d'une action civile : dans ce cas, les conclusions tendant à la réparation du dommage ne pourront être déposées que par un avoué; 2° les jurés jouent à la Cour d'assises un rôle fort important; 3° enfin, il y a auprès des juridic-

tions criminelles des personnages tout nouveaux, les officiers de police judiciaire.

667. — Parmi les officiers de police judiciaire, les uns constatent les faits incriminés par la loi pénale et en dressent des procès-verbaux. Les autres recherchent les preuves ; puis ils poursuivent et livrent aux tribunaux les auteurs des faits incriminés.

Parmi les premiers se trouvent les gardes champêtres, les gardes particuliers, les gardes-pêche, les gardes forestiers, les commissaires de police, les officiers de gendarmerie, les maires et adjoints. Leurs procès-verbaux font foi, tantôt jusqu'à preuve contraire, tantôt jusqu'à inscription de faux, lorsqu'ils relatent des faits qu'ils ont mission de constater. Leur compétence est quelquefois restreinte à la constatation de certaines infractions particulières : les gardes champêtres par exemple ne peuvent dresser de procès verbaux que pour les délits ruraux, le mot délit étant pris dans son sens générique, et pour les contraventions à la police municipale. Les procès-verbaux qu'ils dresseraient pour constater toute autre infraction n'auraient devant le juge que la valeur de simples renseignements, à moins qu'il ne s'agît d'une des matières dans lesquelles les gardes champêtres ont reçu compétence en la matière en vertu d'une disposition de loi spéciale. Les gardes champêtres n'ont pas non plus le droit de s'introduire seuls dans les maisons et d'y effectuer des visites domiciliaires (article 16, § 3 du Code d'instruction criminelle). Il faut qu'ils se fassent assister du juge de paix ou de son suppléant, ou du commissaire de police, ou du maire ou adjoint.

Les agents chargés de la recherche des preuves et de la poursuite des coupables sont le procureur de la République et le juge d'instruction. C'est ce dernier qui ordonne les arrestations, sauf dans les cas de flagrant délit où l'arrestation peut être faite par tout agent, pourvu que la peine soit au moins de l'emprisonnement. C'est aussi le juge d'instruction qui décerne les mandats d'amener et les mandats d'arrêt, et qui ordonne les perquisitions, les saisies etc.

668. — Il y a trois juridictions répressives : le tribunal de police, le tribunal d'arrondissement et la Cour d'assises. Le tribunal de police, c'est la justice de paix. Le juge de paix statue sur les simples contraventions, c'est-à-dire sur les faits qui n'entraînent ni une amende de plus de quinze francs ni un emprisonnement de plus de cinq jours. Sa sentence est sans appel lorsqu'elle ne prononce pas l'emprisonnement et que l'amende n'excède pas cinq francs. Nous verrons plus tard qu'indépendamment des contraventions reconnues par le Code pénal, ou par les lois qui l'ont complété, il appartient à certains agents administratifs, notamment aux maires et aux préfets, d'en créer de nouvelles, par voie d'arrêtés de police. Ces arrêtés, lorsqu'ils ont été légalement faits, sont obligatoires, et quiconque les enfreint encourt une amende de un à cinq francs (article 471, n° 15 du Code pénal). Mais pour que ce pouvoir des maires et des préfets ne puisse dégénérer en oppression pour les citoyens, la loi, indépendamment du recours qu'elle a organisé devant le Conseil d'État contre les arrêtés qui seraient entachés d'excès de pouvoir, a conféré au juge de paix, à l'égard des contraventions ainsi créées, des attributions plus étendues qu'à l'égard des contraventions établies par la loi elle-même : elle lui a donné le droit d'examiner la légalité de ces arrêtés, et de leur refuser la sanction pénale lorsqu'ils lui paraissent avoir été pris illégalement.

Il y a auprès du juge de paix, statuant en matière de police, un ministère public. C'est le commissaire de police ou , à son défaut, le maire du chef-lieu de canton qui en remplit les fonctions.

669. — Les tribunaux correctionnels ne sont autres que les tribunaux d'arrondissement : ils statuent sur les délits proprement dits. Leurs jugements sont toujours susceptibles d'être déférés à la Cour d'appel.

Certains délits, par exception, doivent être portés directement devant la première chambre de la Cour d'appel. Tels sont ceux qui seraient commis par un officier de police judiciaire, par un garde champêtre, par exemple, ou même par un garde particulier (Paris, 30 avril 1885).

670. — Les Cours d'assises ont pour principale mission de réprimer les crimes. Elles se composent de juges chargés d'appliquer les peines et de jurés qui prononcent sur le fait et tranchent la question de culpabilité. Il n'appartient pas seulement aux jurés de vérifier l'existence matérielle des faits imputés à l'accusé; ils ont à décider si l'accusé est coupable d'avoir agi comme il l'a fait, s'il a agi sciemment, et s'il doit être considéré comme responsable. Les jurés, en outre, peuvent influer notablement sur l'application des peines par l'admission de circonstances atténuantes.

La Cour d'assises ne peut jamais être saisie que par un arrêt d'une des chambres de la Cour d'appel, de la Chambre des mises en accusation. Ici, une simple ordonnance du juge d'instruction ne suffit plus. Mais l'arrêt de la Chambre des mises en accusation n'est pas rendu public; sa publicité nuirait trop à l'accusé.

Devant la Cour d'assises, l'accusé est toujours assisté d'un avocat.

§ III. — *Cour de cassation.*

671. — La Cour de cassation domine tous les tribunaux judiciaires. Elle ne constitue pas à proprement parler un degré de juridiction. Elle ne juge pas les procès, et jamais elle ne s'immisce dans la constatation des faits, qu'elle abandonne complètement aux tribunaux et aux cours; mais elle juge les jugements eux-mêmes, et elle les casse lorsqu'ils contiennent une violation de la loi.

La Cour de cassation se compose : de présidents et de conseillers, d'un procureur général et d'avocats généraux répartis entre trois chambres, la chambre des requêtes, la chambre civile et la chambre criminelle. Il y a auprès d'elle un greffier, des avocats et des huissiers spéciaux.

La chambre des requêtes a pour mission d'éliminer les pourvois en matière civile manifestement mal fondés. Quand elle rejette, elle donne les motifs de sa décision; mais quand elle admet, ses arrêts ne sont pas motivés. C'est la chambre civile qui prononce.

La chambre criminelle statue directement sur les pourvois en matière criminelle, correctionnelle ou de police.

Quand la chambre civile et la chambre criminelle estiment qu'un arrêt ou un jugement contient une violation de loi, elles le cassent, mais sans substituer à la décision qu'elles annulent une décision nouvelle : elles renvoient l'affaire à une autre cour ou à un autre tribunal. Si la nouvelle décision est la même que la première fois, la Cour de cassation statue alors toutes chambres réunies, et si elle casse de nouveau l'arrêt ou le jugement, elle renvoie à une nouvelle cour ou à un nouveau tribunal. Cette fois, la cour ou le tribunal saisi par ce renvoi devra statuer dans le même sens que la Cour de cassation. Les juges sont liés, mais seulement pour l'affaire qui leur a été renvoyée : vienne le lendemain une affaire identique, et ils recouvreront pleine liberté d'appréciation.

Telles sont les règles essentielles qui président, en France, à l'administration de la justice. Nous n'avons pu qu'en donner une idée fort sommaire, et nous n'avons insisté quelque peu que sur les attributions des juges de paix. Nous avons cherché, avant tout, à donner à nos lecteurs les renseignements qui leur permettront de faire les premiers actes nécessaires pour la sauvegarde de leurs droits : le reste regarde les hommes d'affaires, huissiers, avoués, avocats, dont l'intervention est toujours utile, et le plus souvent obligatoire. A nos lecteurs de les bien choisir.

FIN.

TABLE ANALYTIQUE

DES MATIÈRES.

INTRODUCTION.

PREMIÈRE PARTIE.

DES DROITS QUI PORTENT SUR LE SOL.

LIVRE PREMIER.

DE LA PROPRIÉTÉ.

CHAPITRE Ier.

QUI PEUT ÊTRE PROPRIÉTAIRE, ET QUELLES SONT LES CHOSES SUR LESQUELLES LE DROIT DE PROPRIÉTÉ PEUT PORTER.

§ I. — Du bornage.

§ II. — Des clôtures.

SECTION DEUXIÈME.

Limites du droit de propriété.

§ I. — Restrictions du droit d'user.

I. — Règles relatives aux constructions.

II. — *Règles relatives aux plantations.*

III. — *Règles relatives aux fouilles.*

§ II. — RESTRICTIONS AU DROIT DE JOUIR, OU DE PERCEVOIR LES FRUITS OU PRODUITS DE LA CHOSE.

CHAPITRE III.

DE LA CO-PROPRIÉTÉ.

SECTION PREMIÈRE.

De la co-propriété avec indivision forcée.

LIVRE II.

DE L'USUFRUIT.

LIVRE III.

DES SERVITUDES OU SERVICES FONCIERS.

LIVRE IV.

SERVITUDES FORESTIÈRES.

DEUXIÈME PARTIE.

DES DROITS PERSONNELS.

LIVRE PREMIER.

DES RÈGLES GÉNÉRALES QUI PRÉSIDENT A LA FORMATION
DES CONTRATS ET A LEURS EFFETS.

LIVRE DEUXIÈME.

DES RÈGLES APPLICABLES AUX PRINCIPAUX CONTRATS RURAUX.

SECTION PREMIÈRE.

De la vente.

CHAPITRE Ier.

DES PARTICULARITÉS RELATIVES A LA FORMATION DE CE CONTRAT.

CHAPITRE II.

DES FORMES DE LA VENTE.

CHAPITRE III.

EFFETS DE LA VENTE.

CHAPITRE IV.

PARTICULARITÉS DE LA VENTE QUI TIENNENT A SES CAUSES DE RÉSO-
LUTION OU DE RESCISION.

SECTION DEUXIÈME.

De l'échange.

SECTION TROISIÈME.

Du louage de biens ruraux.

CHAPITRE Ier.

DU BAIL A FERME.

CHAPITRE II.

DU MÉTAYAGE.

CHAPITRE III.

DE L'EMPHYTÉOSE.

SECTION HUITIÈME.

Du contrat d'assurance.

LIVRE III.

DES OBLIGATIONS QUI NAISSENT DE SOURCES AUTRES QUE LES CONTRATS.

SECTION PREMIÈRE.

Des quasi-contrats.

SECTION DEUXIÈME.

Des délits.

I. — *Délits contre les propriétés.*

§ Ier. — DES VOLS.

§ II. — ACTES DE MÉCHANCETÉ OU DE NÉGLIGENCE.

SECTION TROISIÈME.

Des quasi-délits.

SECTION QUATRIÈME.

Des obligations qui naissent de la loi.

LIVRE IV.

MOYENS PAR LESQUELS LES CRÉANCIERS PEUVENT OBTENIR PAIEMENT.

LIVRE V.

DES PARTICULARITÉS QUI TIENNENT A L'ÉTAT DES PERSONNES.

APPENDICE.

DES TRIBUNAUX JUDICIAIRES.

§ I. — DES JURIDICTIONS CIVILES.

FIN.

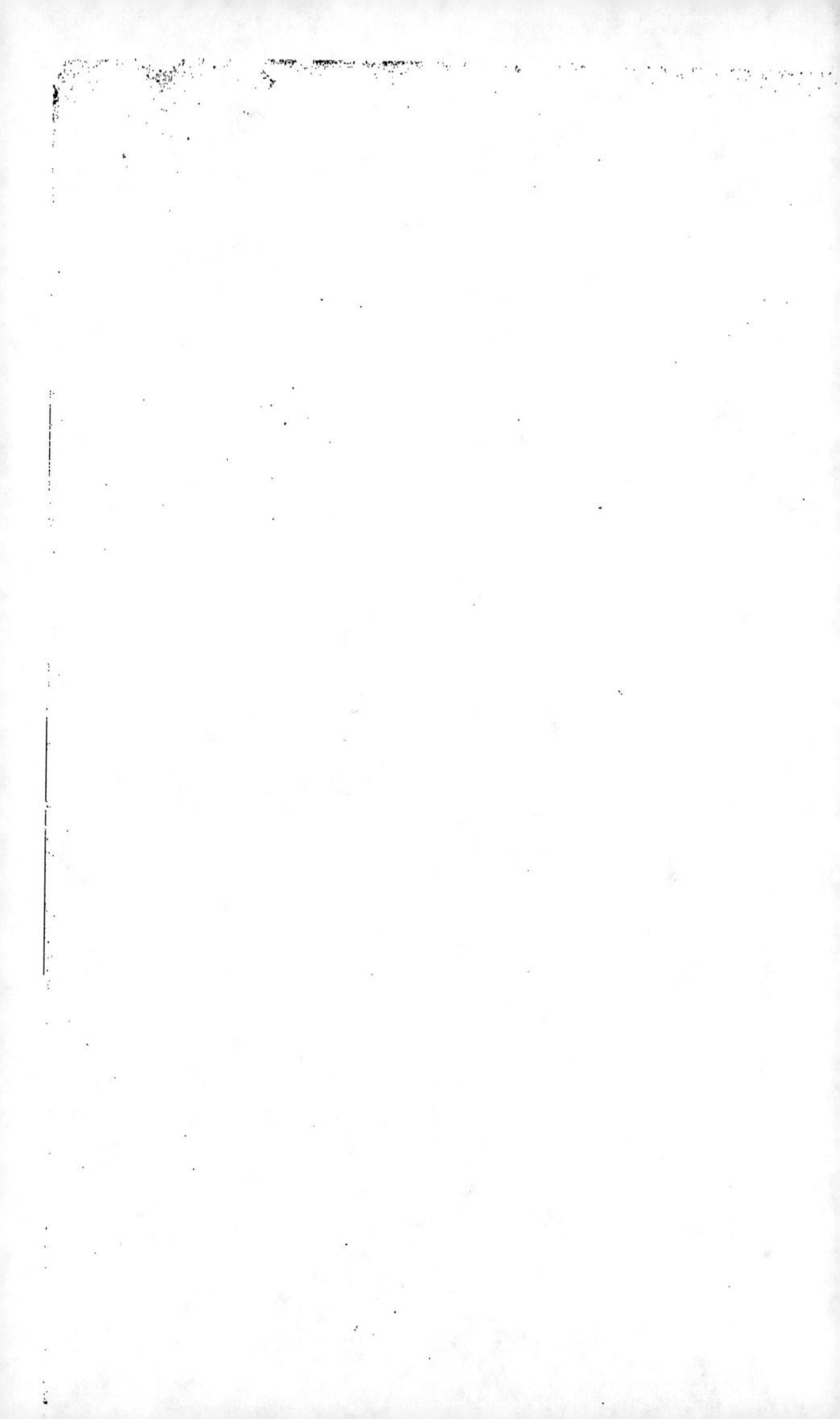

BIBLIOTHÈQUE DE L'ENSEIGNEMENT AGRICOLE

OUVRAGES PUBLIÉS

Prairies et Herbages, un volume de 759 pages avec 120 figures dans le texte, par M. BOITEL.

Les Plantes vénéneuses considérées au point de vue de l'empoisonnement des animaux de la ferme. — Volume d'environ 500 pages, avec 60 figures dans le texte, par M. CORNEVIN.

Les Engrais : Tome I, comprenant l'alimentation des plantes, les fumiers, les engrais de villes et les engrais végétaux. — Volume de 570 pages, avec figures dans le texte, par MM. MUNTZ et A.-CH. GIRARD.

Les Engrais : Tome II, comprenant les engrais azotés et les engrais phosphatés. — Volume de 600 pages, par MM. MUNTZ et A.-CH. GIRARD.

Les Méthodes de Reproduction : croisement, sélection, métissage. — Volume de 500 pages, avec 67 figures dans le texte, par M. BARON.

Le Cheval considéré dans ses rapports avec l'économie rurale et les industries de transport; Tome I. Alimentation, écuries, maréchalerie. — Volume de 483 pages, avec 89 figures dans le texte, par M. LAVALARD.

Les Irrigations : Tome I. Les eaux d'irrigation et les machines. — Volume de 720 pages, avec 192 figures dans le texte, par M. RONNA.

Les Irrigations : Tome II. Canaux et systèmes d'irrigation. — Volume de 609 pages, avec 360 figures dans le texte, par M. RONNA.

Législation rurale. — Volume de 831 pages, par M. GAUWAIN.

Ouvrages sous presse :

Les Irrigations : Tome III, par M. RONNA.

Agriculture générale, par M. BOITEL.

Les Engrais : Tome III, par MM. MUNTZ et A. CH. GIRARD.

Les Machines agricoles, par M. GRANDVOINNET.

Pour paraître incessamment :

Agriculture française, par MM. BOITEL et H. BERTHAULT.

Les Semences agricoles, par M. SCHRIBAUX.

La Viticulture pratique, par M. PULLIAT.

La Richesse agricole de la France, par M. TISSERAND.

Les Maladies des Plantes, par M. PRILLIEUX.

Les Industries du lait, par M. LÉZÉ.

Le Cheval : Tome II, par M. LAVALARD.

TYPOGRAPHIE FIRMIN-DIDOT. — MESNIL (EURE).

www.ingramcontent.com/pod-product-compliance
Lightning Source LLC
Chambersburg PA
CBHW052007230326
41598CB00078B/2133